BOLSHOI
CONFIDENCIAL

SIMON MORRISON

BOLSHOI CONFIDENCIAL

OS SEGREDOS DO BALÉ RUSSO DESDE O
REGIME TSARISTA ATÉ OS DIAS DE HOJE

tradução de
CRISTINA CAVALCANTI

1ª edição

EDITORA RECORD
RIO DE JANEIRO • SÃO PAULO
2017

CIP-BRASIL. CATALOGAÇÃO NA PUBLICAÇÃO
SINDICATO NACIONAL DOS EDITORES DE LIVROS, RJ

M858b

Morrison, Simon
Bolshoi confidencial: Os segredos do balé russo desde o regime tsarista até os dias de hoje/Simon Morrison; tradução de Cristina Cavalcanti. – 1ª ed. – Rio de Janeiro: Record, 2017.

il.
Tradução de: Bolshoi confidential
Inclui índice
ISBN: 978-85-01-10918-7

1. Teatro Bolshoi – História. 2. Rússia – História. I. Cavalcanti, Cristina. II. Título.

17-41265

CDD: 792.80947
CDU: 792

Copyright © Simon Morrison, 2016

Título original em inglês: Bolshoi confidential

A tradutora agradece a colaboração de Fernando Thebaldi (música), Juliana Turano e Raymundo Costa (balé).

Todos os direitos reservados. Proibida a reprodução, armazenamento ou transmissão de partes deste livro, através de quaisquer meios, sem prévia autorização por escrito.

Texto revisado segundo o novo Acordo Ortográfico da Língua Portuguesa.

Direitos exclusivos de publicação em língua portuguesa para o Brasil adquiridos pela
EDITORA RECORD LTDA.
Rua Argentina, 171 – 20921-380 – Rio de Janeiro, RJ – Tel.: (21) 2585-2000, que se reserva a propriedade literária desta tradução.

Impresso no Brasil

ISBN 978-85-01-10918-7

Seja um leitor preferencial Record.
Cadastre-se em www.record.com.br e receba informações sobre nossos lançamentos e nossas promoções.

EDITORA AFILIADA

Atendimento e venda direta ao leitor:
mdireto@record.com.br ou (21) 2585-2002.

Para Nika, que se aposentou do balé antes de completar 5 anos.

SUMÁRIO

Nota sobre transliteração e datas   9
Introdução   11

1. O mágico trapaceiro   29
2. Napoleão e depois   65
3. Veloz como um raio:
   A carreira de Ekaterina Sankovskaya   99
4. Imperialismo   131
5. Depois dos bolcheviques   203
6. Censura   255
7. Eu, Maya Plisetskaya   319

Epílogo   391
Agradecimentos   403
Notas   407
Índice   463

Nota sobre transliteração e datas

O sistema de transliteração usado neste livro foi criado foneticamente por Gerald Abraham para o *New Grove Dictionary of Music and Musicians* [Novo Dicionário Grove da Música e dos Músicos] (1980), com as modificações introduzidas por Richard Taruskin em *Mussorgski: Eight Essays and an Epilogue* [Mussorgski: oito ensaios e um epílogo] (1993). O sistema representa a letra russa ы como ï e a combinação аи no nome Михаил como Mikhail. As exceções ao sistema são a grafia de nomes e lugares russos de uso comum (por exemplo, Alexei em vez de Aleksey, Dmitri em vez de Dmitriy, Maddox em lugar de Medoks, São Petersburgo e não Sankt-Peterburg) e os sufixos dos sobrenomes (Verstov*ski* e não Verstovski*y*). Para facilitar a leitura, preferi Ekaterina em vez de Yekaterina e Elena no lugar de Yelena. Contudo, nas citações bibliográficas, o sistema de transliteração é aceito sem exceções (Dmitri em lugar de Dimitriy etc.). Os sufixos dos sobrenomes permanecem intactos e os sinais suaves foram mantidos como apóstrofos diacríticos.

A RÚSSIA MANTEVE o uso do calendário juliano desde a Antiguidade até o dia 1º de janeiro de 1918, quando os bolcheviques comandados por Lenin decretaram a conversão ao calendário gregoriano da Europa ocidental. Anteriormente ao reinado de Pedro, o Grande (1682-1725), os russos marcavam o início do ano em 1º de setembro, não em 1º de janeiro, e numeravam os anos a partir da data da criação da Terra, não do nascimento de Cristo. Pedro, o Grande, reformou a contagem dos anos, mas manteve o uso do calendário juliano em deferência à Igreja Ortodoxa russa. Desse modo, antes da derrubada do tsar Nicolau II pelos bolcheviques, o calendário russo estava doze dias atrasado com relação ao calendário europeu ocidental. Neste livro, as datas são apresentadas segundo o calendário em uso na Rússia: juliano antes de 1918 (abreviado como C.A. — calendário antigo) e gregoriano a partir de então.

INTRODUÇÃO

Na noite de 17 de janeiro de 2013, Sergei Filin, diretor artístico do Balé do Teatro Bolshoi, regressou ao seu apartamento perto do anel rodoviário central em Moscou. Ele estacionou seu Mercedes preto diante do prédio e com dificuldade avançou até a entrada debaixo da neve. Seus dois filhos dormiam no apartamento, mas ele esperava que a esposa, Mariya, uma bailarina, estivesse acordada esperando-o. No entanto, antes que pudesse digitar o código de segurança para abrir o portal metálico, um homem rechonchudo veio na sua direção a passos largos e gritou um alô sinistro. Quando Filin se virou, o atacante encapuzado atirou no seu rosto o ácido de bateria que levava em um frasco e correu em direção a um carro que o esperava. Filin caiu no chão e gritou por socorro enquanto esfregava neve no rosto e nos olhos para aliviar a ardência.

O crime jogou no caos uma das mais ilustres instituições russas: o Teatro Bolshoi, a joia da coroa na era imperial, emblema do poder soviético no século XX e vitrine da nação renascida no século XXI. Até os artistas maiores ou menores cujas carreiras haviam terminado em tristezas pessoais ou profissionais acreditavam justamente que as suas vidas haviam sido abençoadas pelo palco que tinham honrado. Os bailarinos do Bolshoi transcendiam as articulações rotas, os músculos distendidos e os pés machucados, que fazem parte dos riscos do balé, para exibir poses quase perfeitas e um equilíbrio ímpar. Órfãos transformavam-se em anjos nas escolas que serviram ao teatro em seus primórdios; depois, o Bolshoi alimentou os grandes clássicos do balé do século XIX e, mais recentemente, a destreza dos seus bailarinos redimiu, ao menos em parte, o lixo ideológico do balé soviético. O ataque a Filin desmantelou as ideias românticas da arte e dos artistas como seres etéreos, e substituiu as histórias sobre o impressionante atletismo poético no palco do Bolshoi por contos de sexo e violência nos bastidores — literatura realista barata. Contudo, os jornalistas das páginas policiais, os críticos políticos e culturais, os analistas e blogueiros de balé recordaram aos seus leitores que, frequentemente, o teatro passava por turbulências. Em vez de ser uma aberração terrível, o ataque tinha precedentes no passado rico e complicado do Bolshoi. Nesse passado, há feitos notáveis interrompidos, e inclusive alimentados, por acessos de loucura periódicos.

A história do Bolshoi caminha par a par com a história da nação. O que sucede na Rússia sucede no Bolshoi — ao menos desde a Revolução Russa, quando o centro do poder mudou de São Petersburgo para Moscou. Com os tsares, na capital imperial de São Petersburgo, o Teatro Mariinski (também conhecido como Teatro Kirov) detinha o prestígio maior; a cidade de Moscou, seu balé e sua sala de ópera precariamente financiados eram considerados provincianos. No entanto, dependendo de quem olha, e de onde olha, um teatro, uma cidade, uma linhagem ou outra podem ocupar o primeiro plano de uma longa tradição. No século XX, o Bolshoi ocupou um lugar proeminente na Rússia e no cenário internacional como emissário não só da tradição russa de balé, mas também do Estado soviético. Na Realpolitik, os corpos falam. O balé russo não privilegia a abstração, e os coreógrafos que, em contadas ocasiões, buscaram criar obras não narrativas e não subjetivas se equivocaram ao imaginar que a abstração poderia expressar quaisquer conceitos que desejassem. Assistir às gravações em vídeo de hoje e buscar nos arquivos remanescentes do passado confirma que nem a dança nem a música a ela ligada são, ou foram, consideradas puras. A ousadia e a projeção do poder são essenciais à política e à cultura, em especial no contexto da postura agressivamente nacionalista do presidente Vladimir Putin. Hoje, o Bolshoi tenta recobrar a preeminência perdida após o colapso da União Soviética.

Desde a era vagamente definida da fundação da nação, os governantes russos — tsares, revolucionários bolcheviques, Stalin e seus sequazes, os *siloviki* (membros do sistema de segurança militar) do atual regime de petrorrublos — encararam o Bolshoi como um símbolo, fosse ele imperial, ideológico ou comercial. O teatro é quase tão antigo quanto os Estados Unidos, mas teve muitas vidas. Com a bênção de Catarina, a Grande, em 1780 um príncipe russo e um artista inglês o ergueram nos pântanos de Moscou, em um terreno próximo ao Kremlin; o teatro incipiente e o assento do governo têm sido vizinhos ao longo de diversas catástrofes. O que faz sentido, já que na Rússia a política pode ser teatral e o teatro pode ser político.

Em seguida a um incêndio, em 1853, o arquiteto Alberto Cavos transformou o Bolshoi em um paraíso neoclássico em pedra com colunas estriadas, paredes de espelhos e vasos de alabastro; uma escultura das musas gregas foi instalada acima do pórtico. Após a Revolução de 1917, os bolcheviques chegaram a pensar em derrubar o Bolshoi por considerá-lo um ícone decadente do passado imperial russo, mas, em vez disso, o saquearam, arrancaram o piso de mármore e cobriram os afrescos com tinta. O teatro tornou-se um símbolo cultural do novo Estado, que em pouco tempo tinha ambições imperiais próprias; na verdade, a União Soviética nasceu no Bolshoi. Em 30 de dezembro de 1922, ele abrigou o congresso político que votou pela criação do bloco.

Stalin ratificou a Constituição soviética no palco do Bolshoi e discursou diante de membros intimidados do Partido Comunista; ninguém queria ser o primeiro a parar de aplaudir. A partir de então, tornou-se o lugar de muitos negócios do Partido e inclusive serviu como local de votação até a construção de um palácio adequado dentro dos muros do Kremlin. O Bolshoi era o único lugar onde os governantes da Rússia e seus súditos entravam em contato. Como explicou um especialista no Kremlin, "Aparecer no Teatro Bolshoi significava que você pertencia aos mais altos escalões do poder; e desaparecer dali indicava a perda dos favores e a morte".[1] No Bolshoi, os balés começavam após os discursos de funcionários que haviam supervisionado assassinatos em massa — a execução, em escala assombrosa, de supostos sabotadores, traidores, "quinta-colunistas" antissoviéticos e outros indesejáveis. "Os que se sentavam no palco", informa o historiador Karl Schlögel, "tinham assinado milhares de sentenças de morte aprovadas pelas comissões extraordinárias, inclusive com participação direta — em interrogatórios e mediante o uso da força física."[2]

O repertório do Teatro Estatal Acadêmico Bolshoi, como ficou conhecido, passou ao controle do Partido Comunista. Os seus diretores-gerais tinham ordens de produzir balés e óperas sobre temas soviéticos previamente aprovados. Niveladoras transitavam pelo palco representando a construção da utopia comunista para grupos de camponeses e operários instruídos sobre quando aplaudir. Em 1939, o personagem de Lenin chegou a aparecer em cena na ópera de propaganda política intitulada *V buryu*, ou *Na tempestade*. Em uma fotografia da época, operários ouvem uma apresentação de Tchaikovski em comemoração ao vigésimo aniversário da polícia secreta de Lenin. Para os diretores que não concordavam com balés sobre fazendas coletivas e usinas hidrelétricas, ater-se aos clássicos era a única alternativa segura sancionada pelo governo.

Na Segunda Guerra Mundial, parte do *foyer* do teatro foi destruída por uma bomba alemã. Foram feitos consertos mal-ajambrados no pós-guerra, mas a acústica já havia sido comprometida por Stalin, que mandara fechar com cimento o camarote do tsar no centro do primeiro nível. (O documento ordenando esse reforço especial supostamente foi cimentado nas paredes.) Na década de 1980, o Bolshoi caiu junto com a União Soviética, mas o poder e a majestade do balé russo resistiram, transmitido às massas como o último vestígio do orgulho nacional na fábrica de munições falida conhecida como URSS.

Quando assinou o contrato como diretor artístico do Bolshoi, em 2011, aos 40 anos, Filin era o príncipe do balé russo. Nascido em Moscou, ele tinha construído uma carreira notável como principal bailarino do Bolshoi e fora condecorado como Artista do Povo da Federação Russa, a maior honraria artística do país. Os pais dele não tinham interesse especial pelo balé; no entanto, no intuito de canalizar a inquietação do menino, conseguiram que aprendesse danças folclóricas. Sua energia logo encontrou um foco e, aos 10 anos de idade, Filin foi para a Academia de Balé Bolshoi, graduou-se dez anos depois e conseguiu entrar para a companhia profissional. O seu primeiro papel importante foi como o vilão endiabrado Benedick, em *Amor por amor*, adaptação de *Muito barulho por nada*, de Shakespeare. O balé, musicado por Tikhon Khrennikov, talvez mereça o esquecimento, mas a experiência despertou o fascínio duradouro de Filin por Shakespeare. A imagem que ele tinha de si mesmo como um bailarino destinado à grandeza foi temperada por Marina Semyonova, sua treinadora profissional. Ela faleceu em 2010, aos 101 anos — a encarnação da tradição do Bolshoi. Em suas últimas décadas de vida, Semyonova incentivou seus alunos a superarem as limitações do estilo do Bolshoi imposto e praticado no período soviético. Filin a apontou como sua mentora e confidente mais importante. Semyonova contou-lhe "coisas que não compartilhava com ninguém", e chegou a guiar sua vida pessoal, aconselhando-o abertamente a não se casar "com esta" nem "com aquela", supostamente por causa das pernas "disformes" ou da má educação das candidatas.[3]

O que fez de Filin uma estrela foi principalmente seu alcance: o espectro que era capaz de cobrir, abrangendo a exibição técnica (como em *Dom Quixote*, um dos carros-chefes do repertório do Bolshoi), a expressividade poética e as caracterizações sutis. A sua boa aparência aos 20 anos era perfeita para o papel de um hedonista vivaz; mais tarde, vieram papéis mais experimentais. Uma contusão forçou-o a deixar o palco em 2004, mas ele lutou para voltar à ribalta enquanto, ao mesmo tempo, terminava uma pós-graduação em artes cênicas na Universidade de Moscou. Em 2008, aos 37 anos, tornou-se diretor artístico do Teatro Stanislavski de Moscou; três anos mais tarde, foi indicado para o mesmo cargo no Bolshoi. Seu trabalho, basicamente como o segundo depois do então diretor-geral Anatoli Iksanov, deu-lhe o controle do repertório, a escolha do elenco e as indicações e demissões. Foi uma escolha sensata. Filin conhecia intimamente o teatro e suas tradições. Além disso, não era um agitador, mas uma pessoa tranquila.

As pessoas bem informadas sobre o Bolshoi suspeitaram que o ataque a Filin tivesse sido motivado por ressentimentos pessoais e profissionais. A polícia pensou o mesmo. No entanto, a mídia russa — os canais de televisão monitorados pelo governo, além dos jornais e portais de notícias on-line menos controlados — atiçou o público com teorias barrocas sobre o crime. As notícias foram compiladas em um livro russo intitulado *Cisnes negros*, e a rede de televisão HBO lançou um documentário sobre o ataque intitulado *Bolshoi Babylon*.[4] (As filmagens de bastidores mostram Filin, após o martírio, sendo constrangido pelo diretor-geral a permanecer em silêncio diante dos bailarinos: "Pedi a você para não falar", diz Vladimir Urin a Filin diante da companhia reunida. "Não vou discutir com você... Por favor, sente-se.") As fofocas e ex-funcionários isolados jogaram a culpa em elementos obscuros ligados a funcionários do Kremlin intrometidos — uma teoria que não parecia absurda, já que o Bolshoi é uma instituição política, além de artística. Filin negou as alegações de extorsão, e de que haviam sido cobradas taxas para audições e a escolha de papéis. É verdade que ele havia promovido a sua gente, como costumam fazer os diretores artísticos; ele também havia decidido quem estaria à frente dos programas, quem sairia em turnê e quem se apresentaria nas ocasiões de gala — decisões com consequências financeiras de peso para os bailarinos. Havia quem cobiçasse seu cargo e achasse que ele desfrutava de demasiados benefícios.

As especulações sobre o crime centraram-se primeiro no extravagante bailarino veterano Nikolai Tsiskaridze, um crítico incansável do seu empregador. Há anos ele vinha reclamando de tudo no Bolshoi: da renovação de cima a baixo do prédio, que durara cinco anos, dos dirigentes, dos diretores artísticos, das estrelas em ascensão. Porém, ele pareceu estranhamente alegre ao se defender, alegre demais ao dar entrevistas e declarar que se recusara a fazer o teste de detecção de mentiras. Ao ser indagado a respeito das suas queixas, Tsiskaridze recordou a sua carreira e se equiparou a outros grandes dos palcos que haviam sido perseguidos, como a cantora de ópera Maria Callas, embora ela fosse mais modesta e, no palco, usasse menos maquiagem do que ele. Ele relembrou suas apresentações em *O quebra-nozes* no réveillon em Nova York, divertidas, inocentes e lucrativas: "Os ingressos estavam a 1.500 dólares no preço oficial", jactou-se ao telefone, "e Iksanov diz que eu não sei dançar." Em maio de 2013, seu advogado ameaçou processar o Bolshoi em retaliação às reprimendas que ele vinha recebendo por suas fofocas. Em junho, o jornal nacionalista *Zavtra* noticiou que os dois contratos de Tsiskaridze com o Bolshoi, como bailarino e professor, haviam sido cancelados. Ele se defendeu com uma bravata característica: "O que você esperava? Aquilo lá é uma quadrilha." Os fãs organizaram um protesto diante do teatro, inspirados em sua declaração ao jornal francês *Le Figaro* de que *"Le Bolchoï, c'est moi"*.

Tsiskaridze expôs o antigo conflito no Bolshoi entre progressistas e conservadores, que contrapunha os bailarinos que se beneficiavam de um sistema de patrocínio arcaico aos que não contavam com ele. Elena Malinovskaya foi diretora do teatro no século XX, na era dos bolcheviques e da Revolução Cultural. Figura apagada e inexpressiva que foi alçada à fama pelos círculos marxista-leninistas, ela dirigiu o Bolshoi com desagrado entre 1919 e 1935. Vez por outra ameaçava se demitir, alegando que as pressões e ameaças que recebia de artistas contrariados haviam minado a sua saúde, mas os seus protetores no Kremlin a mantinham no cargo. Embora a sobrevivência de Malinovskaya tenha garantido a continuidade do funcionamento do Bolshoi, ela foi criticada por purgar o teatro de suspeitos de dissidência. Mais tarde foi repreendida por estragar o repertório, acusada de transformar até a arte clássica do balé em uma ferramenta da ideologia e de imprimir-lhe uma consciência pesada.

Assim começou o embate entre os defensores da tradição aristocrática e os seus críticos, e entre os que se amoldavam aos ditames oficiais e os que permaneciam em silêncio, cientes de que não tinha sentido resistir. A doutrina artística oficial do realismo socialista obrigava os libretistas do balé e da ópera a embutirem conteúdo marxista-leninista até mesmo em obras sobre o passado distante, maculando-as com anacronismos ideológicos. A preocupação em tornar o balé acessível ao povo levou ao palco de Moscou danças cossacas, ciganas e camponesas que não se viam desde a era napoleônica. Os libretos reforçavam maniqueísmos rasteiros: a coragem pró-bolchevique *versus* a covardia antibolchevique; soviéticos contra fascistas; fazendeiros coletivizados *versus* o sol escaldante e a terra ressecada. A pantomima e o exotismo camponês foram a essência do repertório ao longo da década de 1930 e da Segunda Guerra Mundial.

Tsiskaridze se alinhava com a velha guarda, a dos bailarinos ligados às encenações tradicionais do repertório russo, em detrimento das produções inovadoras que Iksanov e Filin encenavam. A sua demissão foi um alívio até para os que o apoiavam, pois amenizava o foco sobre o escândalo. Porém, após umas férias curtas, ele retomou a postura de velho crente ortodoxo perseguido. Aparentemente, ele tinha pouco a temer, porque desfrutava da proteção de interesses poderosos. Assim como Rasputin havia enfeitiçado a imperatriz Alexandra antes da queda da dinastia Romanov, em 1918, dizia-se que o magnético Tsiskaridze impressionara a esposa do presidente da Rostec, uma empresa estatal de sistemas bélicos avançados. Ele não ficou muito tempo sem trabalho. Em outubro de 2013, o ministro da Cultura Vladimir Medinski o nomeou reitor da Academia de Balé Vaganova, em São Petersburgo, uma das mais prestigiosas escolas de balé do mundo.

Alexei Ratmanski, o antecessor de Filin na direção artística, não ajudou a esclarecer o ataque, mas comentou no Facebook: "Muitas doenças do Bolshoi são uma bola de neve — aquela claque repugnante amiga dos artistas, dos especuladores e dos cambistas de ingressos, os fãs meio enlouquecidos prontos a cortar a jugular dos que competem com os seus ídolos, os amadores cínicos, as mentiras na imprensa e as entrevistas escandalosas com pessoas que trabalham lá."[5] A claque é formada por membros profissionais da audiência, cuja tarefa é aplaudir ostentosamente os seus bailarinos favoritos do Bolshoi em troca de ingressos que depois revendem. O misterioso balé-maníaco Roman Abramov atualmente lidera esta "elegante quadrilha de proteção teatral".⁶ Ele figura no documentário do HBO e se gaba de assistir a centenas de apresentações a cada ano.

Ratmanski deixou o Bolshoi em 2008, depois de reviver balés soviéticos eliminados e de refazer clássicos empoeirados. Ele não tolerou a pressão interna e externa, principalmente quando interferia em suas decisões criativas. Ao encenar o balé soviético de 1930 *O parafuso*, por exemplo, retirou uma cena potencialmente ofensiva que teria sido cômica alguma vez, embora de um modo canônico. Ela envolve um reverendo ortodoxo embriagado e uma catedral dançante. A caricatura fora politicamente correta para os bolcheviques de 1930, mas teria sido uma heresia para os senhores da nova Igreja de 2005. Por isso foi cortada. Ao se mudar para Nova York, Ratmanski esperava escapar às maquinações para criar o que quisesse. O Bolshoi lamentou a sua partida, mas até mesmo a porta-voz do teatro, Katerina Novikova, entendeu a sua decisão. Tsiskaridze tornara a vida dele insuportável, ela reconheceu. Ratmanski também tivera de tolerar grosserias de outros bailarinos, como o que foi enfim condenado pelo ataque a Filin.

Em março de 2013 a polícia detem Pavel Dmitrichenko, um dos bailarinos principais, acusando-o de planejar o ataque. Ele supostamente havia pagado 50 mil rublos (1.430 dólares) a um homem com antecedentes criminais. Ao falar com os repórteres em seu quarto de hospital, Filin confirmou que havia muito tempo suspeitava de Dmitrichenko, solista tatuado e irascível que lhe guardava rancor porque ele havia descartado a sua namorada bailarina para papéis de destaque. Tatyana Stukalova, a advogada gótica chic de Filin, disse em uma entrevista à TV que Dmitrichenko não devia ter agido sozinho. Em pouco tempo, soube-se que havia dois cúmplices: Yuri Zarutski, um ex-presidiário desempregado que atirou o ácido, e Andrei Lipatov, o motorista. Dmitrichenko confessou que havia planejado o ataque, mas alegou que pretendia apenas assustar Filin, impondo-lhe o temor a Deus. O ácido tinha sido ideia de Zarutski. Com os olhos esbugalhados, Dmitrichenko admitiu a sua "responsabilidade moral" enquanto se lamentava de ter sido enganado.⁷ O diretor artístico não lhe concedera as promoções que merecia; a sua namorada, a aspirante a bailarina Anjelina Vorontsova, tinha sido preterida para o papel duplo de Odette/Odile em *O lago dos cisnes* em resposta a um acontecimento do passado, apesar da gentileza sincera com que Filin e sua esposa a trataram ao longo dos anos. Os apoiadores de Dmitrichenko fizeram uma petição insinuando que haveria corrupção financeira no Bolshoi — como se isso, ou qualquer outro motivo, justificasse mutilar alguém irreversivelmente. Cego do olho direito e com a metade da visão no outro, Filin chorou ao depor.

Direitos, leis e regulamentos podem ter pouca importância na Rússia, e as ligações pessoais, ou as animosidades, podem fazer toda a diferença. Dmitrichenko implicava com Filin menos por cobiçar o seu posto (como ocorria com Tsiskaridze) do que por nutrir ressentimentos ante os conflitos de interesse flagrantes nos *profsoyuzï*, os sindicatos dos artistas. Estes deveriam representar os artistas e suas preocupações ante a administração do Bolshoi. No entanto, os sindicatos eram dirigidos não por representantes da classe, e sim por membros da administração. Assim, os que dirigiam o teatro alistavam os sindicatos à sua própria causa, uma situação problemática que remontava à era soviética, quando escoltas comunistas e agentes do KGB comandavam os sindicatos para manter os artistas no cabresto. Dmitrichenko contestou a posição de Filin como dirigente do sindicato dos bailarinos. Além disso, como revelou a jornalista Ismene Brown, ele desafiou o sistema que distribuía bônus polpudos aos bailarinos favoritos de Filin. O "comitê trimestral de 'subvenções'", dirigido por Filin, "tradicionalmente acatava as suas sugestões", explicou Brown. "Ele concedia bônus aos bailarinos por atuação, segundo uma classificação antiga do valor de um solo. Porém, os bailarinos que não eram escolhidos para se apresentar não eram qualificados para o prêmio. Instado pelo tímido corpo de baile a representar seus interesses, sem a menor cerimônia Dmitrichenko estabeleceu que todos os bailarinos, tivessem ou não sido escolhidos para um balé, cumpriam com o seu trabalho, como lhes era exigido, e que assim, portanto, deveriam ter direito a uma parte dos bônus trimestrais." Contudo, Filin "se incomodava com a atitude negligente de vários bailarinos que sumiam para fazer outras coisas ou pediam licença por questões de saúde sem aviso prévio", informou Brown, o que o fez rejeitar a reivindicação de Dmitrichenko de distribuição proporcional dos bônus.[8]

Em julho de 2013, Svetlana Zakharova, primeira bailarina absoluta do Bolshoi e ex-representante da Cultura no Parlamento russo, aborreceu-se ao saber que havia sido designada para o segundo elenco de *Onegin*, de John Cranko. Ela abandonou a produção, desligou o celular e saiu da cidade. O governo se fartou de tanto caos. Iksanov foi demitido e substituído por Vladimir Urin, o respeitado diretor-geral dos teatros Stanislavski e Nemirovich-Danchenko. O Stanislavski já havia socorrido o Bolshoi no passado, como na nomeação de Filin em 2011. Urin não tinha paciência para as intrigas, muito menos para as investidas diabólicas e reacionárias de Tsiskaridze. Segundo a jornalista, socialite e ex-bailarina Kseniya Sobchak, à sugestão de que Tsiskaridze regressasse ao Bolshoi, Urin respondera com o equivalente russo de "só por cima do meu cadáver".[9]

Como novo diretor-geral do Bolshoi, Urin planejou várias mudanças. No começo de 2014, apresentou um novo acordo coletivo em que descartou algumas iniquidades e deixou claro, em termos legais, o que antes ficava subentendido. A superestrela Zakharova, que desfruta de uma carreira internacional, dirige uma instituição de caridade que leva o seu nome e conta com um motorista para buscá-la e levá-la ao estúdio, se absteve do acordo. O regateio de bônus trimestrais era assunto do corpo de baile, não dela. A calma foi restaurada no Balé Bolshoi, mas os conflitos de classe persistiram entre estrelas e solistas, solistas e corpo de baile, entre os favorecidos e os desfavorecidos. Os bailarinos se definem por seus papéis — não só em termos de categoria, como também dos personagens que representam. Antes que alguém fosse detido pelo ataque a Filin, os administradores do Teatro Bolshoi arriscaram que teria sido cometido por algum bailarino que assumira o papel de vilão. Filin havia representado heróis galantes; o georgiano étnico Tsiskaridze gravitava ao redor dos feiticeiros. Dmitrichenko atuava em balés trágicos, mas também assumira o papel de um gângster no satírico *A era dourada*, de Yuri Grigorovich. No fim das contas, em cena e fora dela, Dmitrichenko representava o papel de Teobaldo para o Romeu de Filin.

Um ano após o crime, a juíza Elena Maksimova, da Corte Distrital de Meshanski, em Moscou, condenou Zarutski a dez anos de prisão, Dmitrichenko a seis e o motorista Lipatov a quatro anos. Os três foram obrigados a pagar uma indenização de 3,5 milhões de rublos a Filin, equivalentes a 105 mil dólares. (Mais tarde, as sentenças foram reduzidas a respectivamente um ano, seis meses e dois anos). O espetáculo de um solista popular do Bolshoi e dois criminosos comuns enjaulados na corte, como costuma suceder com os réus na Rússia, remeteu a períodos anteriores e mais sórdidos na história do balé — como o baixo status às vezes alcançado na França, Itália e na Rússia durante o século XIX. Naquela ocasião, como agora, tal arte sofisticada parecia arruinada pelo desespero, a exploração, a dor e as rivalidades prejudiciais pelas quais passavam os artistas. Dmitrichenko parecia encarnar o estereótipo pernicioso do artista rebelde, impulsivo e descontrolado: ele alegou ter sido forçado a entrar para o balé na infância, e que fora "o vândalo" na escola, "atirando bombas nos professores".[10] Ele tinha se unido aos seus pares para enfrentar a administração do Bolshoi. Mas não cometera o crime em nome de um clichê. Por trás das reportagens distorcidas, das agendas pessoais, das prioridades institucionais e dos escândalos nos tabloides, há uma verdade básica sobre como os negócios são geridos no Bolshoi — bem como na Rússia.

Quando o ciclo do noticiário russo avançou, empurrando o crime para fora das primeiras páginas em favor do conflito na Ucrânia, o terrível episódio parecia a ponto de ser esquecido como uma crise momentânea dirimida com a nomeação do comedido Urin para o comando. Contudo, a violência que assolou recentemente o Bolshoi ecoa fatos que ocorreram na fundação no teatro, no fim do século XVIII. Histórias fascinantes — algumas escabrosas, outras inspiradoras — estão descritas em milhares de documentos em arquivos, museus e bibliotecas russos, guardados a sete chaves pela burocracia, nas memórias de bailarinos aposentados e atuantes, bem como na notável erudição dos especialistas russos em balé. Os registros são leituras estranhas. Porém, por mais fantásticas que sejam as figurações dos balés no palco do Bolshoi, a ficção não se equipara à verdade. Nos bastidores, a verdade não existe, declarou Maya Plisetskaya, uma das maiores bailarinas do período soviético. Artista excêntrica e explosiva que obtinha e perdia o favor oficial, ela acreditava no Bolshoi, onde dançou inúmeras vezes *O lago dos cisnes* de Tchaikovski, para alguns de modo extático, para outros de forma demasiadamente lenta, ao mesmo tempo que se comprometia com a noite escura da alma conhecida como o repertório de propaganda política. Os críticos se surpreendiam com a sua iconoclastia. Ela podia ser imprudente no palco, e também fascinante, dona de um vocabulário físico que ia do toureiro que avança para a matança até a modelo que desfila com passos de gato. Entre os 20 e os 30 anos, Plisetskaya gravitou em direção às garotas más do repertório, às que criavam confusão, mas também às de espírito livre. A captura e o desaparecimento de seus pais durante os expurgos estalinistas a deixaram desolada, e ela era desafiadora e rude com os agentes do KGB que a seguiam indo e vindo ao teatro devido ao seu romance com um funcionário da Embaixada inglesa. O cinismo alimentou sua sedição, mas ela nunca fugiu e, em grande medida, limitou seus protestos às apresentações heterodoxas. O regime soviético, desesperado por celebridades, precisava dela em casa e no exterior. Ainda assim, era tratada com rudeza, e lembra-se de ter se encolhido quando Leonid Brejnev, embriagado, a tocou em sua limusine depois de uma apresentação. "Na única vez em que fui ao Kremlin", recordou-se, indignada, "tive de cruzar Moscou a pé na volta para casa."[11] Semiaposentada, encarou com carinho uma vida inteira passada no teatro, e qualificou o Bolshoi como o seu guardião. "Era uma criatura familiar, um parente, um parceiro vivo. Eu falava com ele e lhe era grata. Eu havia dançado e dominado cada tábua, cada fresta. O palco do Bolshoi me fazia sentir protegida; era o meu lar."[12] Ela escreveu essas palavras em suas memórias, um best-seller internacional para os padrões do balé e que ecoa o drama recente do Bolshoi. Os bailarinos destituídos de 2013, e os de hoje, seguem o roteiro fornecido por Plisetskaya.

O período soviético continua a assombrar o teatro, mas os oligarcas do século XXI desenvolveram um interesse particular pelo Bolshoi, agora que a sujeira se transmutou em ouro. Em seus esforços para restaurar o prestígio da nova Rússia, o presidente Vladimir Medvedev aprovou a restauração completa do teatro, e abriu o cofre da Gazprom, gigante estatal de petróleo e gás. O Bolshoi fechou as portas em 1º de julho de 2005, após a última apresentação de dois clássicos russos: *O lago dos cisnes* e a ópera histórica trágica *Boris Gudonov*. Seis anos depois, a comemoração de gala da restauração, que custou mais de 680 milhões de dólares, foi um acontecimento político de outra ordem. Em 28 de outubro de 2011, um Medvedev ansioso exaltou o Bolshoi como um dos poucos "símbolos unificadores e um dos tesouros pátrios entre as chamadas marcas nacionais" da Rússia.[13]

Contudo, o caráter russo do Bolshoi permanece em discussão. O próprio conceito é carregado e paradoxal, não tem base nos fatos etnográficos e inspirou reivindicações espúrias de exclusividade, alteridade e excepcionalidade. O crítico de dança Mark Monahan deleita-se com o "pescoço como o de um cisne" de Olga Smirnova e com a ondulação "indubitavelmente russa" dos seus braços, mas a sua sintaxe e expressão são neoclássicas e neorromânticas, e devem muito a tradições alheias à Rússia.[14] E a contribuição do *maître de ballet* Marius Petipa ao balé russo do século XIX teve continuidade não nos círculos soviéticos, mas nas criações de George Balanchine nos Estados Unidos e de Frederick Ashton na Grã-Bretanha. Os anais do Bolshoi não corroboram a excepcionalidade russa. Talvez a excepcionalidade de Moscou, mas até isso é controverso, já que a maior parte dos grandes bailarinos russos do passado e do presente transitou entre as academias e palcos da antiga capital imperial de São Petersburgo e a nova, em Moscou.

De qualquer modo, o Bolshoi como "marca" continua sendo primordial. O teatro e seus bailarinos sempre foram vendidos no exterior. Com Kruchev e Brejnev, o balé funcionou para o Kremlin como uma operação de intercâmbio cultural e um conduto para a espionagem de baixo nível dos agentes que vigiavam os bailarinos. Alguns artistas desertaram, como a primeira bailarina do Kirov, Natalya Makarova. O mesmo fez o solista Mikhail Baryshnikov, que desabrochou no Ocidente. Em entrevista a um jornal em julho de 2013, Baryshnikov, que segue em atividade, comparou os acontecimentos passados e presentes no Bolshoi, no palco e fora dele, a um "vaudevile ininterrupto e feio".[15]

Na verdade, o Bolshoi surgiu como um salão de vaudevile. O cofundador e força motriz tinha problemas infames (ao menos para o século XVIII) com credores, e, por motivos políticos e financeiros, foi forçado a recrutar artistas amadores em um orfanato para o seu teatro incipiente. Antes que se abatesse uma catástrofe na forma de um incêndio, meninos e meninas do Lar Imperial dos Expostos de Moscou ocuparam o palco como atores em entretenimentos ligeiros. Mas o Bolshoi só se tornou o Bolshoi — um símbolo da própria Rússia — após a invasão napoleônica de 1812. A partir da década de 1830, produziu uma enorme quantidade de artistas excelentes. Desde então, os bailarinos do Bolshoi são estereotipados em virtude das proezas atléticas e da cultura física. No entanto, eles também são contadores de histórias e mímicos talentosos. As primeiras grandes bailarinas do século XIX foram treinadas por atores, e a mescla de mímica sem dança e dança sem enredo persistiu no Bolshoi muito depois de ter sido abandonada em outras partes.

Durante aqueles primeiros anos, a estrela mais fulgurante no palco do Bolshoi era Ekaterina Sankovskaya, moscovita que inspirou uma geração de intelectuais com sua liberdade de expressão e a expressão de liberdade. Ela se apresentou entre as décadas de 1830 e 1850, e, segundo os fãs mais ardorosos, que incluíam estudantes liberais da Universidade de Moscou, ela emulava e rivalizava com as ilustres bailarinas românticas europeias Marie Taglioni e Fanny Elssler. A sua interpretação em *La sylphide* inspirou um séquito de aduladores, uma "claque" cuja obsessão com a bailarina, e com o balé em geral, deixava a polícia de Moscou em alerta.

O teatro que ela habitava foi criado como instituição imperial com a abertura, em 1856, do novo prédio de Cavos, renascido das cinzas após o incêndio devastador em 1853. Porém, o balé quase foi destruído; os bailarinos das classes pobres exploradas sobreviviam como lavadeiras, moleiros ou prostitutas e chegavam a passar fome nas ruas. Apesar disso, quase à própria revelia, o Bolshoi e seus maquinistas promoveram uma impressionante nova montagem de *O corsário*, além das premières de *Dom Quixote* e *O lago dos cisnes*. Os "relatórios de incidentes" anuais no teatro das décadas de 1860 e 1870 detalham as disputas por gás comercial em Moscou (que afetava o Bolshoi, cuja iluminação era a gás), além das excentricidades da diretoria dos Teatros Imperiais, que supervisionavam o funcionamento do teatro sob os últimos tsares. Os balés sobrevivem em versões distantes dos originais, que se perderam e sem dúvida seriam pouco atraentes mesmo se fosse possível remontá-los a partir do que resta das plantas dos pisos, litografias, partituras e lembranças. O autor do libreto original de *O lago dos cisnes* era desconhecido até 2015 e, de fato, a música de Tchaikovski parece calibrada para um enredo que já não existe. As lacunas de conhecimento não se devem a falhas dos arquivistas oficiais, que foram extremamente meticulosos quando se tratava de pôr em prática os sonhos loucos e belos de coreógrafos e cenógrafos. A busca de um burro confiável para a montagem de *Dom Quixote* em 1871 foi pretexto para dezenas de páginas de manuscritos burocráticos conscienciosos; encontrar os adereços para a cena 3 da aranha levou um escriba a superar a aracnofobia.

Maya Plisetskaya, a personificação da bravura do Bolshoi durante o período soviético, morreu pouco antes de seu 90º aniversário, que o Bolshoi celebrou em 20 e 21 de novembro de 2015 com um memorial de gala intitulado "Ave Maya". Ela continua sendo a fonte de alguns dos atributos mais duradouros sobre o balé do Bolshoi, e também da afirmação de Jennifer Homans de que o Bolshoi da era Kruchev seria, de certo modo, "mais estranho" do que outras trupes, "mais oriental, guiado menos pelas regras do que pelas paixões — e pela política".[16] Ao homenagear uma das suas maiores bailarinas, uma artista profundamente passional, ao mesmo tempo enaltecida e limitada pela política, o teatro revisitou a sua própria história turbulenta, enquanto tentava se reerguer após o ataque macabro ao seu diretor artístico.

Filin chegou ao término de seu contrato, mas permanece no teatro como encarregado de um ateliê para coreógrafos emergentes. Após meses de conjeturas, Makhar Vaziev foi nomeado novo diretor artístico do balé. Ele vem de Milão, tendo passado por São Petersburgo, e a sua contratação, como resumiu Ismene Brown, "satisfaz tanto a necessidade dos conservadores do Bolshoi de um diretor com perfil convencional confiável e currículo de liderança adequado para obter a aquiescência dos bailarinos como a pressão por um guia para a renovação".[17]

A reparação da atual cisão permite refletir sobre as rupturas e suturas do passado. Porém, a história do Teatro Bolshoi, do seu balé, da Rússia e da política russa só pode ser traçada em gestos e revelada contra panos de fundo variados, com closes eventuais. Este livro começa com cenas selecionadas do início, mas termina longe do final. Aqui, o foco está unicamente no balé, embora, obviamente, o Bolshoi também seja uma famosa sala de ópera; esta foi excluída da discussão, exceto quando ilumina o balé, o produto que leva a marca nacional. Em última instância, assim como o balé, este livro é paradoxal por documentar verdades às vezes desalentadoras — as vidas complicadas dos bailarinos, a sua arte, e o seu cenário — na esperança de, ao menos, sugerir o que pode ser sublime, o que redime, o que não obstante pode nos elevar acima de tudo isto.

· 1 ·

O MÁGICO TRAPACEIRO

DESDE SUA CRIAÇÃO, o Teatro Bolshoi foi contaminado por intrigas políticas e financeiras. Em 17 de março de 1776 (C.A.), Catarina, a Grande, concedeu ao príncipe Urusov, de Moscou, direitos exclusivos sobre a oferta de entretenimentos com artistas estrangeiros e locais, e também dos teatros de servos. A licença foi concedida por dez anos, mas meros quatro anos depois, em 1780, foi parar nas mãos do inglês Michael Maddox. Ele levou o teatro, que então se chamava Petrovski, à ruína. A lenda sobre suas misteriosas práticas de negócios era anterior às produções sensacionais do Bolshoi, porém ele fez do teatro algo fascinante.

NA JUVENTUDE, MADDOX fora matemático ou funâmbulo, e o teatro que ajudou a fundar em Moscou ora empregou atores profissionais, ora explorou os talentos dos órfãos — tudo depende da lenda semiesquecida em que se crê. As provas são escassas. Maddox anunciou os seus shows de mágica nos jornais de Moscou e São Petersburgo, assinou documentos oficiais e implorou perdão a funcionários governamentais quando se viu em apuros com os seus inúmeros credores.

As histórias sobre os seus anos na Inglaterra têm muito episódios suspeitamente semelhantes aos de Johann Faust, o mágico andarilho, vidente e charlatão que ficou conhecido, a partir do século XIX, pela peça *Fausto*, de Goethe. Assim como Fausto se gabava de seus arranjos com o demônio para se autopromover, Maddox também embelezava os fatos nas histórias que contava sobre si. Assim como Fausto, ele foi imortalizado na ficção após a morte; o escritor russo Alexander Chayanov usou o Teatro Petrovski como pano de fundo em um dos seus contos góticos. Planejado para quatro anos, mas construído em apenas cinco meses, o Petrovski apresentou todo tipo de entretenimentos, do balé à ópera, dos dramas de Shakespeare em traduções excelentes às mascaradas. Restam relatos superficiais sobre as máquinas fabulosas capazes de reproduzir fenômenos sísmicos e meteorológicos surpreendentes. Os personagens pareciam atravessar piso e paredes, enquanto meninas adolescentes expunham partes íntimas no corpo de baile. Maddox garantia entretenimentos "cumulativos" (isto é, "harmoniosos"), mas entrou em conflito com os censores imperiais e perdeu grandes atores para uma trupe rival de São Petersburgo.[1] Ele também competia com os nobres que mantinham orquestras de servos, entre eles o magnata Nikolai Sheremetyev, que contava com recursos para apresentar balés e óperas a elites seletas em sua propriedade nos arredores de Moscou. A competição se intensificou quando Maddox, um homem do teatro popular, superou o burlesco e passou a apresentar gêneros mais substanciais. Ele não conseguiu aumentar a sua audiência. Os nobres de mais alta linhagem tinham os próprios servos para entretê-los, e aqueles que eram religiosos, dentre os quais havia antigas famílias de comerciantes moscovitas, mantiveram-se distantes. Maddox faliu e depois, em 1805, seu teatro se incendiou — como podia suceder com os teatros com teto de madeira, iluminados a vela e aquecidos a carvão. A culpa pelo fiasco foi atribuída à sua condição de judeu, e circularam rumores antissemitas, embora ele tivesse sido batizado como católico.[2]

MADDOX NÃO DEIXOU retratos, e não há referências à sua aparência além da menção ao casaco carmesim que trajava ano após ano. A descrição do teatro na história ficcional de Chayanov se baseia em pesquisas da esposa do autor, Olga, uma historiadora da cultura. Quanto a Maddox, o autor se baseou na própria imaginação e edulcorou os relatos contemporâneos a respeito da "vontade diabólica" do empresário e as referências ao seu "bafo infernal". O protagonista da história vislumbra Maddox durante a apresentação de uma ópera, iluminado pelos candelabros acesos para a apresentação, como era costume à época. Ele é retratado sentado em meio a "ondas de fraques azuis e pretos, leques esvoaçantes e binóculos com longos cabos, corpinhos de seda e capas de renda belga". Maddox deixa o auditório antes do segundo ato; o protagonista segue por corredores parcamente iluminados, sobe e desce escadarias de pedra, passa pelo camarim de uma soprano que canta a parte de uma escrava acorrentada. Ele é descrito como um homem alto de cabelos grisalhos que leva um casaco de corte antiquado, e tem uma expressão estranhamente vaga. "Não havia línguas de fogo rodeando-o, nem o fedor do enxofre; tudo nele parecia bastante comum e ordinário", escreve o romancista, "mas a sua mediocridade estava saturada de significado e poder".[3]

Maddox vai e vem na história, que termina na lama, diante do teatro, com o protagonista envolto pela noite de Moscou em uma atmosfera neurótica.

O verdadeiro Michael Maddox nasceu na Inglaterra em 14 de maio de 1747, embora alegasse ter antepassados russos. Seus ancestrais protestantes haviam emigrado para a Rússia no século XVII fugindo da perseguição religiosa na época da monarquia católica dos Stuart. Ele era o único filho sobrevivente do ator inglês Tom Maddox, que, "com toda a família e a sua trupe", pereceu no naufrágio de um cargueiro perto do porto de Holyhead — todos, "exceto por uma criança que flutuou em um berço até a costa".[4] O órfão foi criado pelo tio Seward, um trompetista. Seguindo os passos do pai, Maddox tornou-se um artista do entretenimento e fez malabarismo na corda bamba nos anos 1750 no Teatro Haymarket e no Covent Garden, em Londres. Ele se equilibrava a apenas 90 cm acima do palco, menos para reduzir os riscos próprios do que os riscos para a plateia. No final do ato, ele se equilibrava em pé só enquanto mantinha uma vareta na ponta de um copo e dedilhava uma rabeca. Outras anedotas de Londres o descrevem soprando um corno e tocando um tambor na corda bamba. Ele também dava cambalhotas e fazia experimentos físicos e mecânicos inespecíficos. Fora de Londres, atuou em teatros e manipulava marionetes — sua favorita era o violento Punch. Em York, "na semana nas corridas", ele e sua trupe se apresentavam pela manhã e à noite no Merchants Adventurers' Hall, entre outros lugares.[5] Na cidade inglesa de Bath, entreteve damas e cavalheiros, além dos criados, que guardavam os assentos para os patrões enquanto estes circulavam pelos Salões Simpson. "Por um salário considerável", Maddox fez piruetas e girou acima da audiência enquanto equilibrava uma roda de carro mantendo no ar uma dúzia de bolas.[6]

Reza a lenda que Maddox estava envolvido em negócios misteriosos por toda a Europa, o que talvez explique as suas ligações com os diplomatas ingleses e russos (George Macartney e Nikita Panin), que financiaram a sua primeira visita à Rússia, em janeiro de 1767. Em outubro daquele ano, sua apresentação na corda bamba foi noticiada em São Petersburgo. A linguagem no jornal sugere o frenesi da época das curiosidades em torno da estreia de Maddox na capital imperial: "Declara-se aqui que o célebre equilibrista inglês Michael Maddox fará uma demonstração de sua arte na casa invernal de madeira, à qual todos os indivíduos respeitáveis que desejarem estão convidados."[7]

Maddox foi à Rússia sem recursos — e sem conhecer a língua —, mas conseguiu encontrar trabalho divertindo Pavel I, filho da imperatriz russa Catarina, a Grande, depois de declarar falsamente que tinha sido educado em Oxford e possuía alguma experiência em educação. Pavel ficou encantado com o curso do novo tutor, *"Cours de recréations mathématiques et physiques"*.[8] Ele deve ter superado as expectativas, pois Catarina expressou a sua gratidão na forma de uma carta oficial de recomendação. Isso o manteve longe da plebe dos parques de diversão.

Ele regressou a Londres para dirigir um teatro, mas na década de 1770 foi atraído de volta a São Petersburgo. Maddox guardou na gaveta os shows de mágica em prol da confecção de relógios e a criação de belos autômatos, que incluíam bailarinas de caixinhas de música. Em tributo à sua benfeitora, Catarina, a Grande, ele criou um relógio cujas figurinhas em bronze e cristal eram alegorias dos feitos da imperatriz. Rodeada por três colunas, a figura de Hércules, representando a supremacia russa sobre a Suécia, adornava a tampa de uma caixa de música. Na base, estátuas de donzelas apontavam para os quatro cantos da Terra. A cada 5 minutos — a duração preferencial das reuniões na corte de Catarina —, sinos dobravam e águias em miniatura no alto das colunas atiravam joias nos bicos abertos de seus filhotes aninhados. A vinheta dourada ilustrava como o Império Russo alimentava os territórios conquistados. Gravados no pedestal e no alto da caixa de música havia estrelas, planetas e os raios do sol. Contudo, a própria Catarina, a Grande, nunca viu nem ouviu o relógio, pois morreu de um derrame cerebral, em 1796, dez anos antes de Maddox terminá-lo. Ele foi vendido a um colecionador particular e mais tarde exibido ao público, e durante a revolução foi confiscado pelo Estado. Em 1929, foi parar no arsenal do Kremlin.

As peregrinações dos artistas levaram a apresentações em outras cidades russas, e até na comparativamente atrasada Moscou, onde o jornal universitário não governamental *Moskovskiye vedomosti* (Gazeta de Moscou) anunciou a exibição das curiosidades de Maddox. Aparentemente, o show teve audiência. Em outro boletim, de fevereiro de 1776, ele agradeceu profusamente (por intermédio do seu escriba russo) ao público de Moscou por fazer do show um sucesso tão grande, acrescentando, solícito, que "no final deste mês o show vai terminar e, para não privar de prazer os que desejarem vê-lo novamente, estendemos o convite para tal, com toda a deferência".[9] Ele estava atento para a competição com outros apresentadores. O "mecânico e matemático M. Megellus" também vendeu seu peixe no mesmo jornal, e anunciou exibições de "várias maravilhas" na paróquia de São João Batista, por um rublo (50 copeques pelos assentos mais baratos).[10] O jornal está repleto de sátiras da cena social, cultural e econômica do momento. Anúncios de livros de história em francês, traduções de publicações inglesas sobre cultivo, venda de retratos e leilões de terras aparecem junto a epigramas à imperatriz e poemas sobre o ano-novo. Além de dar espaço a Maddox, Megellus e o show de horrores de ocasião, o *Moskovskyie vedomosti* trazia histórias de lugares remotos: a do argentino de 175 anos de idade e a dieta de carne e milheto que o sustentava, a da "menina de 7 ou 8 anos, na aldeia francesa de Savigné-l'Évêque, que tinha pelos por todo o corpo e barba e bigodes até a altura dos ombros".[11] As informações sobre o clima eram posteriores aos fatos: "Houve raios e trovões ontem às 5 da tarde e caiu um pouco de granizo, mas não durou muito."[12]

Em Moscou, Maddox se virou como empresário atendendo ao público em busca de diversão. Nos períodos de jejum ortodoxo, as diversões eram proibidas, mas mesmo em outros momentos havia pouco o que fazer. Ele tentou preencher o vazio abrindo um teatro, e em pouco tempo conseguiu um. Mas não por conta própria, e não sem se comprometer com credores perigosos (e depois fugir deles), os velhos crentes comerciantes que lhe haviam emprestado milhares de rublos em mercadorias para o seu empreendimento e que não gostaram quando ele se recusou a pagar-lhes. Aos olhos deles, Maddox se tornou o Anticristo, e Moscou precisava se livrar da sua presença.

Maddox também entrou em conflito com o comandante xenófobo de Moscou, e com um político poderoso que abrira o próprio teatro no terreno do *Imperatorskiy Vospitatel'nïy dom*, a Casa Imperial dos Expostos. Resolvida a disputa territorial, ele passou a depender das crianças talentosas do orfanato para que dançassem em seus balés e cantassem em suas óperas. Dali em diante, Moscou teve o seu teatro, e o teatro teve a sua escola.

A MOSCOU QUE Maddox transformou em sua casa era dura, uma cidade de tinturarias e matadouros, carente da graça neoclássica austera de São Petersburgo. O maior perigo eram os incêndios, já que a maioria dos prédios que não pertencia ao governo, inclusive as igrejas, era feita de madeira. Os mortos também eram um problema. A peste bubônica de 1771 dizimara um terço da população, incluindo dois de seus rivais em potencial pelo controle do entretenimento teatral na cidade. (À época, o núcleo de Moscou se compunha da área entre as muralhas brancas defensivas do Kremlin e o fosso, portões e muralhas externos — que, no final do século XVII, se transformaram no Anel de Bulevares.) Os cemitérios e as manufaturas ocupavam o centro, até Catarina, a Grande, ordenar a sua transferência para fora das muralhas, para os subúrbios dos artesãos. A imperatriz desprezava Moscou — "Além de doenças e incêndios, há muita estupidez por lá" —, que lhe fazia recordar "as barbas" dos boiardos que haviam governado antes dela.[13] Ela e seus cortesãos invadiram o Kremlin para sua extravagante coroação, mas no resto do tempo ela manteve distância da cidade. Comparada a São Petersburgo, a capital imperial no golfo da Finlândia, treze estações postais ao norte, Moscou era dissoluta, depravada. Ao reconhecer que a cidade precisava da sua intervenção divina, Catarina literalmente drenou o pântano ao ordenar a contenção dos afluentes do rio Moscou em canalizações subterrâneas. A imperatriz era benevolente quando convinha, e repressora quando necessário. Ela esmagou a revolta de 1773, por exemplo, mas aconselhou compaixão ante a execução dos rebeldes, que incluíam camponeses, ex-presidiários, dissidentes religiosos e cossacos. Proibiu a tortura e a exposição pública dos cadáveres. Mas tal decoro não se estendeu ao líder dos rebeldes, Yemelyan Pugachev. Levado a Moscou em uma jaula metálica, ele foi decapitado e esquartejado na praça Bolotnaya.

Prussiana de nascimento, Catarina ascendeu ao trono em 1762, depois de mandar prender o marido pueril, Pedro III. Ele havia governado a Rússia por apenas meio ano e promovera uma série de reformas insípidas que ajudaram os pobres, mas ofenderam os nobres de baixa linhagem. Estes forçaram-no a abdicar, e ele foi posto em prisão domiciliar na sua propriedade de Ropsha. Catarina permitiu que mantivesse o criado, o cachorro e o violino, mas não o amante. Em julho de 1762, ele morreu de causa desconhecida. Alexei Orlov, o conspirador do golpe, irmão do amante de Catarina, atribuiu a morte de Pedro a uma briga entre os seus guardas embriagados. Já Catarina alegou a sua disposição à covardia. "O seu coração era excessivamente pequeno, e secou", recordou ela, depois de ordenar que abrissem o seu cadáver machucado.[14] Ela descreveu o dia em que se tornou imperatriz (antes da morte do marido) com mais simpatia:

Eu estava quase só no Peterhof [Palácio], entre minhas damas, aparentemente esquecida de todos. Todavia, os meus dias eram muito perturbados, pois eu era informada regularmente de tudo o que se tramava contra mim e a meu favor. Às 6 horas do dia 28, Alexei Orlov entrou em meus aposentos, despertou-me e disse bem baixinho: "Está na hora de levantar; está tudo preparado para proclamá-la." Pedi detalhes. Ele respondeu: "Pacik [Pedro] foi detido." Não hesitei, vesti-me rapidamente, sem esperar pela toalete, e embarquei na carruagem que ele havia trazido.[15]

Como imperatriz, Catarina despertava ao amanhecer para tratar das questões de Estado, e exigia que as reuniões não ultrapassassem os 5 minutos que Maddox havia representado em seu relógio. Ele levava uma vida amorosa discreta, mas agitada; mais tarde, a movimentação em seus aposentos provocou fofocas jocosas, durante a era soviética, sobre suas práticas sexuais decadentes, que incluiriam a bestialidade. Os registros oficiais revelam que ela revisou o sistema legal russo, ampliou as fronteiras do império em direção ao oeste e ordenou a criação de mais de uma centena de cidades em onze províncias. Além de estabelecer a Casa Imperial dos Expostos, as suas reformas educativas em Moscou incluíram a criação de dois ginásios sob a coordenação da Universidade de Moscou. O primeiro era para os filhos e filhas dos nobres, o segundo para filhos e filhas de plebeus. Alguns dos onze filhos de Maddox frequentavam este último.

PARA OPERAR O seu teatro, Maddox precisava de um sócio entre os nobres de alta linhagem. Ele o encontrou no príncipe Pyotr Urusov, o promotor provincial de Moscou. Os deveres do príncipe incluíam vigiar as mascaradas, as barracas das feiras de diversão, os fisiculturistas e os ursos treinados de Moscou. Em março de 1776, o governador-geral da cidade, Mikhail Volkonski, concedeu ao príncipe uma permissão exclusiva de dez anos para apresentações teatrais. Urusov já havia colaborado com um empresário italiano, Melchiore Groti, mas a relação azedara e Groti desapareceu "Deus sabe para onde" com o vestuário e os salários da equipe.[16]

A polícia municipal não conseguiu encontrá-lo. Maddox socorreu Urusov ao convencê-lo dos benefícios financeiros e logísticos da sociedade entre ambos, ao mesmo tempo que o deslumbrou com visões de espetáculos fantásticos a serem encenados em espaços apropriados. Como em Moscou havia grande oferta de atores profissionais desempregados, eles não se preocuparam em procurar talentos amadores — ou seja, as meninas e meninos que faziam aulas de 4 horas diárias, quatro dias por semana, na Casa Imperial dos Expostos. Os atores do falido Teatro Público de Moscou seriam suficientes, além de alguns servos.

Urusov e Maddox formalizaram a parceria em 31 de agosto de 1776. O contrato que firmaram foi certificado pela polícia e sobrevive no Arquivo Estatal Russo de Antigos Autos. Tem apenas quatro linhas, a primeira reconhecendo o monopólio de dez anos de Urusov, depois do qual, em 1786, Maddox teria direito a ele por outros dez anos. Em meio a isso há o detalhe incomum de que Maddox proveria 3.100 rublos por ano à Casa Imperial de Expostos. Essa contribuição para a escola de teatro e música não significava, à época, que ele pudesse explorar os talentos dos órfãos. Isso foi um desenvolvimento posterior, que se tornaria possível quando ele cumprisse a última determinação no acordo com Urusov: a construção, até 1781, de um verdadeiro teatro em Moscou. Anunciado como entretenimento para toda a nação, o teatro seria erigido em pedra e cercado por um fosso, para prevenir incêndios. Os "complementos" iriam ao mesmo tempo satisfazer os seus patronos e contribuir para melhorar a paisagem urbana.[17]

MADDOX E URUSOV adquiriram um terreno em uma antiga passagem no centro de Moscou. Antes, o lugar fora utilizado por ferreiros na fabricação de lanças e hastas, daí o nome da catedral que dominava a vizinhança: Catedral da Transfiguração na Lança. O terreno ficava na rua Petrovka, paralela ao inacabado túnel subterrâneo que, quando estivesse terminado, em 1792, conduziria água do norte da cidade até o rio Moscou, ao longo do que é agora a rua Neglinnaya. A água antes circundava o Kremlin, servindo como uma defesa natural contra invasores do leste.

Antes da construção do teatro, Maddox e Urusov organizaram apresentações na rua Znamenka, em um teatro que se localizava em uma propriedade de Roman Vorontsov. No verão, Maddox também começou a organizar concertos e queima de fogos de artifício em jardins públicos da periferia sul de Moscou. O ingresso para o jardim pela entrada coberta, que Maddox copiou do Vauxhall de Londres, custava 1 ou 2 rublos, dependendo da vontade do visitante de tomar chá na rotunda. O conde italiano Carlo Brentano de Grianti, diretor de teatro, se encantou com o lugar ao visitá-lo na década de 1790, mas como os jardins atraíam artesãos — sapateiros, chapeleiros e fabricantes de espartilhos —, as classes superiores mantinham-se distantes dali. Grianti descreveu o jardim de um modo mais breve do que os relatos sobre as suas paixões pelas condessas russas, as gemas siberianas, os jogos no Clube Inglês e os bailes de máscaras na corte de Catarina, a Grande. Mas ele encontrou espaço para mencionar o enorme "lucro" que "o empresário do teatro, sr. Maddox", obtinha no jardim durante os feriados.[18]

Maddox aplicou parte desse lucro no teatro da rua Znamenka, e o reformou a tempo para estrear a ópera cômica russa *O moleiro que era também mágico, trapaceiro e casamenteiro* (Mel'nik — koldun, obmanshchik i svat, 1779). O enredo era repleto de bufonaria e cantilenas toscas de apelo geral até para não russos; as melhores canções soavam na cena central de *devichnik*, uma espécie de despedida de solteira da heroína. A música foi composta pelo violinista Mikhail Sokolovski, que havia sido listado na folha de pagamentos de Maddox como um favor à sua mulher e sua irmã, ambas talentosas atrizes de teatro e musicais. A ópera foi um sucesso, e durou muito mais tempo no repertório do que o próprio teatro.

Mas a reforma tinha sido decorativa. O Znamenka era um chamariz de incêndios, e Maddox queixou-se da sua vulnerabilidade ao fogo em carta ao governador-geral. Certamente, "servos negligentes que viviam no porão" provocaram o inferno.[19] O teatro ardeu até o fim em 26 de fevereiro de 1780, durante um intervalo não planejado de uma apresentação de *O falso Dmitri*, peça baseada em acontecimentos históricos reais na Rússia (o terrível período de fome e repleto de usurpadores e impostores conhecido como Tempo de Infortúnios). O papel principal coube a um ator de 36 anos educado na corte chamado Ivan Kaligraf, que complementava o pagamento que recebia de Maddox dando aulas no orfanato.

Kaligraf havia sobrevivido à peste bubônica em Moscou, mas morreu depois do incêndio. Ele se resfriou tentando apagar as chamas. O resfriado se transformou em pneumonia e depois em meningite. O *Moskovskiye vedomosti* não informou sobre a sua morte, centrando-se na sobrevivência do governador-geral, nos bravos servos que salvaram seus amos e nas ações expeditas da polícia ao impedir que o fogo se espalhasse pelas casas vizinhas ao bloquear a rua. Se o incêndio tivesse se espalhado, muitas pessoas poderiam ter morrido, já que a maioria das habitações da área não passava de amontoados de troncos comprados no mercado.

Um artigo inteiro no *Moskovskiye vedomosti* foi dedicado à perda de um chapéu com joias "no qual, em vez de botões, está cosido um grande anel engastado com um diamante solitário rodeado de pequenos brilhantes".[20] Durante a fuga em pânico do teatro, também desapareceu um chapéu de caça com uma fieira de diamantes, além de um par de brincos e "uma fivela prateada com ouro e cristal".[21] Prometia-se uma bela recompensa pela devolução desses objetos ao dono, um senador do império. Mas o jornal não disse uma palavra sobre a morte de um dos melhores atores da cidade.

Urusov sofreu uma enorme perda financeira com o incêndio, e se viu forçado a entregar a sua parte do teatro a Maddox por 28.550 rublos. Os funcionários imperiais se prontificaram a transferir os direitos de Urusov a Maddox sempre e quando este construísse o teatro em pedra na rua Petrovka. A construção desse teatro, o futuro Bolshoi, ainda não havia nem começado quando o Znamenka foi abaixo. Para levar o projeto a termo, Maddox foi obrigado a contrair um empréstimo vultoso, de 130 mil rublos. Ao mesmo tempo, teve de pagar a conta pela propriedade de Vorontsov e, por decreto imperial, seguir complementando o orçamento do orfanato. Como o incêndio o havia deixado sem renda, ele foi forçado a fazer diversos empréstimos junto à *Opekunskiy sovet*, a junta de governo, estabelecida por Catarina, a Grande, para cuidar de órfãos e viúvas, e cujas atividades incluíam uma loja de penhores e uma corretagem hipotecária.

Maddox tinha conseguido um arquiteto, Christian Rosberg, cujos problemas de saúde atrasaram o projeto. Em 1778, ele teve "dores intensas" depois de se expor a fumaças tóxicas e precisou deixar o cargo de inspetor de construções.[22] Ele levou quatro anos para fazer a maquete do teatro. A pressão dos credores de Maddox era intensa. Ele tirou proveito da ameaça e apelou ao poder mais alto, Catarina, a Grande, solicitando uma brigada de construtores. As obras então avançaram rapidamente, e o teatro ficou pronto no final de 1780. Maddox estava salvo — ao menos por enquanto. O governador-geral se viu obrigado a instruir a polícia, em um memorando alarmante de 13 de março de 1780, "a prestar especial reverência e respeito a Maddox e protegê-lo de dissabores [...] Buscando oferecer distrações ao público, ele empenhou todo o seu capital na construção de um teatro enorme e magnífico, e ficou assolado pelas dívidas".[23]

A planta do teatro sobreviveu, embora a maior parte das imagens detalhem unicamente o exterior e as estruturas circundantes. O teatro tem uma só entrada e saída, com três escadarias interiores em pedra que levam à plateia e aos três níveis de camarotes; duas escadarias em madeira levam às galerias superiores. Mais tarde, seriam acrescentados um mezanino com piso de madeira e uma rotunda com elaborados enfeites de guirlandas, retratos e espelhos nos corredores. A praça de granito diante do teatro estava elevada com relação à área de armazenamento de combustível nos fundos. Prédios em madeira cercavam a praça à direita e à esquerda, estragando a visão do teatro a distância e trazendo o risco de um incêndio. Maddox ocupou um desses prédios; outro talvez servisse como cocheira e estábulo para os seus cavalos. Os prédios mais senhoriais na rua Petrovka pertenciam a clãs aristocráticos. Os artistas do teatro dormiam nos sótãos e frequentavam a taberna úmida e suja da rua. O major-general Stepan Apraksin, destinado a ser o comandante da linha de frente na guerra contra Napoleão, ocupava uma residência mais distante na rua, não muito longe da fachada de pedra esculpida em forma de videira da Igreja da Ressurreição.

Sempre se acreditou que o Teatro Bolshoi havia sido construído sobre as fundações do Petrovski, mas a arqueologia urbana aponta uma distância de algo entre 41 e 51 metros um do outro — estando o Bolshoi muito mais próximo do Kremlin. Assim como sucede com a Staatsoper e o antigo Kärntnertortheater em Viena, o teatro de pedra com telhado inclinado de madeira construído por Maddox não enfeitava o perfil urbano, mas para a época era impressionante, e os únicos que rivalizavam com ele eram o Palácio do Senado, o prédio neoclássico que hoje é a residência do presidente russo no Kremlin, e a Casa Pashkov, que se tornou o primeiro museu público de Moscou.

Quanto à descrição do interior, há as recordações dispersas dos nobres que assistiam às matinês na década de 1780. Das carruagens, que eram estacionadas na lateral do teatro em um ponto com bebedouro para animais, eles subiam por uma escadaria iluminada por archotes até os camarotes alugados, 110 no total, e, nos intervalos, subiam até um bufê de frios que, segundo os registros, era fornecido por um francês. O ingresso para a plateia custava 1 rublo, para as galerias 50 copeques. A audiência na plateia e nas galerias incluía burocratas, estudantes, comerciantes, funcionários e valetes. Há menção a tampas de vaso sanitário para as damas. O teto do teatro era de tábuas cobertas com telas que, para o desalento dos que queriam ouvir, abafava o som da orquestra. Grandes velas de cera e sebo em 42 candelabros iluminavam o espaço, onde os odores de cabelo chamuscado se mesclavam ao cheiro exalado pelos assistentes. A luz era ampliada por espelhos no cenário e fora dele; artistas mascarados de ambos os sexos dançavam com tochas e serviam de pontos de luz; a audiência usava velas para ler o programa. No subsolo, havia quartos para confeccionar e armazenar adereços e painéis, e para o ensaio dos músicos, além de vãos para os costureiros e peruqueiros. Até os que podiam ler partituras às vezes aprendiam as suas partes de cor, o que permitia a Maddox economizar com copista, papel e tinta. Estufas a carvão aqueciam o teatro e a rotunda da mascarada.

O hall era o maior orgulho e o maior gasto de Maddox. (A maior parte dos empréstimos que ele obteve junto ao *Opekunskiy sovet* foram empregados na sua construção.) O inglês Charles Hatchett, químico amador e filho do construtor dos coches imperiais russos, rememorou que Maddox ostentava que a rotunda da mascarada era capaz de abrigar 5 mil pessoas. Ou a recordação de Hatchett estava equivocada, ou ele se referia ao número de pessoas que podiam ser acomodadas nos jardins públicos de Moscou, que tinham entretenimentos próprios. Ou, talvez, simplesmente Maddox tenha exagerado. Na verdade, a rotunda podia abrigar 2 mil pessoas, excluindo os músicos nas abóbadas, e o próprio teatro não comportava mais de 900 pessoas. Hatchett observou também que, independentemente do tamanho da audiência, quem se entrincheirava nos camarotes podia guardar a privacidade: "Os camarotes tinham véus de seda diáfanos que podiam ser fechados, de modo que os que os ocupavam podiam ser vistos ou não, segundo o seu desejo."[24]

Maddox mimava a elite, os que possuíam passes para as temporadas, com aquecimento a carvão e brochuras, e os convidava a alugar os camarotes antecipadamente, para "decorá-los como lhes aprouver".[25] O plano dos assentos recordava um tabuleiro de xadrez, com rainhas e bispos ao fundo, e os peões, os que portavam apenas um ingresso, reunidos na frente. Em contraste, os que participavam das mascaradas tendiam a ser "ociosos e esbanjadores" em busca de diversão, e "a pequena nobreza em busca de pretendentes para suas filhas".[26] A decadência e o falso brilho das mascaradas contribuíram para o atrativo do teatro e inspiraram um horrível conto de ficção, "Concerto de demônios", cujo herói, um ex-paciente de hospício, sofre um episódio psicótico no Petrovski. Das estrelas caem fagulhas no telhado do teatro enquanto ele passa por um portador de tocha decrépito e vai à rotunda parcamente iluminada pelos círios fumegantes nos candelabros. O herói fita o redemoinho escuro e sedutor das máscaras vermelhas e pretas de dominó e observa, na plataforma da orquestra, uma caricatura frankensteiniana: "Pescoços de cegonhas com rostos de cães, corpos de bois com caras de andorinhas, galos com patas de bodes, bodes com mãos humanas."[27] O regente, com uma cara de coruja empoada, conduz a banda em uma apresentação respeitável da abertura de *A flauta mágica*. O herói é apresentado aos fantasmas de compositores famosos. É quando ele tem um surto. "Em meio minuto" o regente arranca a sua perna direita "deixando nada além de osso e tendões; que ele começa a esticar como cordas".[28] A perna remanescente dança ao som da música antes de ele cair desmaiado.

O autor, Mikhail Zagoskin, afirmou, em tributo a Maddox, que o conto de 1834 se baseava em fatos reais.

O ORÇAMENTO INICIAL de Maddox para os artistas era de pouco menos de 23 mil rublos, e o custo de operação do teatro e da mascarada na rotunda, incluindo os salários do médico, do carvoeiro, do costureiro e do peruqueiro, chegava a 28.500 rublos. A lista incluía treze atores, sete atrizes e uma dúzia de músicos. Havia também sete bailarinos, três homens e quatro mulheres, que não contavam com alojamento nem alimentação e recebiam migalhas: 72 rublos por temporada no caso da bailarina menos preparada. Os atores principais provinham de uma casa de espetáculos que funcionara em Moscou na década de 1760 sob a direção do compositor Nikolai Titov. Nadejda Kaligraf, viúva de Ivan, recebia modestos 600 rublos por temporada para recitar linhas como as seguintes da comédia burguesa alemã *Miss Sara Sampson*: "Uma fuga rápida com um amante é uma mácula, é verdade; mas uma mácula que o tempo apaga. Em pouco tempo, tudo será esquecido, e para uma rica herdeira sempre haverá homens que não são muito escrupulosos."[29] Ela contracenava com Vasili Pomerantsev, ator shakespeariano sutil muito cobiçado pelos rivais de Maddox — os nobres de alta estirpe que conspiravam para abocanhar os seus direitos exclusivos. Pomerantsev recebia justos 2 mil rublos por até cem atuações ao ano, e não se importava com a insistência do seu empregador de não colocar o ponto nas bambolinas ou em um furo no proscênio.

O teatro abriu as portas na véspera do ano-novo, em 30 de dezembro de 1780, com um prólogo dramático que não exaltava Catarina, a Grande, como teria sido de praxe nos teatros imperiais, mas o próprio Maddox. As deidades das artes, Mono e Tália, são expulsas de Moscou quando o seu teatro se incendeia, mas regressam incógnitas com a ajuda de outras celebridades mitológicas. Um coro as saúda na entrada do teatro na rua Petrovka e proclama o fim do seu sofrimento em um mundo tedioso e cativo sem a arte. O prólogo caçoa da censura teatral e enaltece o talento de Maddox para o entretenimento. Ele foi escrito pelo satirista Alexander Ablesimov, o libretista de *O moleiro que também era mágico, trapaceiro e casamenteiro*, ópera cômica que era o grande êxito de Maddox até o momento. Ele era mais elaborado do que as fábulas engenhosas a que Ablesimov dedicava quase todo o seu tempo.

O número seguinte no programa era uma peça de pantomima e dança, supostamente reciclada e armada rapidamente, intitulada *L'école enchantée*, ou *A escola mágica*. Pouco se sabe dela, além da lista de personagens e os nomes do *maître de ballet*, do figurinista, do designer e de cinco atores principais. As máscaras, sedas, painéis e panos se perderam há muito tempo. Como era típico nos balés da época, os personagens provinham dos mitos e seus gestos talvez se baseassem em livros ilustrados e lendas do mundo antigo. A inclusão em *L'école enchantée* do mágico Mercúrio, deus da eloquência e do comércio, sugere que pretendia ilustrar alegoricamente a carreira de Maddox, repleta de ilusão.

A música, que também se perdeu, provinha da pena de Josef Starzer, um compositor vienense diligente e bem relacionado, e autor de dezenas de balés. As suas colaborações com o influente *maître de ballet* Jean-Georges Noverre impulsionaram a sua reputação internacional, bem como os bailarinos itinerantes que disseminavam a sua música por toda parte. Starzer frequentava a corte russa ao lado do bailarino austríaco Leopold Paradis, que se apresentou em São Petersburgo por quase duas décadas, antes de obter uma posição como professor na Casa Imperial dos Expostos de Moscou. Lá, Paradis ensinava quinze meninas e quinze meninos às segundas-feiras, terças-feiras e sextas-feiras, de 9 da manhã até o meio-dia, adaptando-os aos papéis "sérios", "*demi-caractère*" e "grotescos" segundo as fisionomias deles, não de seus pés.[30] Seu acordo com a Casa de Expostos exigia que montasse um novo balé a cada dois anos, ao mesmo tempo que fornecia instrução sobre danças sociais tradicionais em pares: minuetos poloneses e contradanças. Os estudantes com talento natural e afinco genuíno recebiam treinamento extra. O curso durava três anos, e havia um exame ao final do primeiro ano a fim de determinar se os estudantes possuíam suficiente flexibilidade para prosseguir. Os que não passavam eram imediatamente substituídos, uma vez que Paradis construiu todo o seu método pedagógico para turmas de trinta alunos.

Paradis recebia 2 mil rublos ao ano do orfanato e uma dotação de outros 200 rublos para alojamento, lenha e velas (ele havia pedido 300). Era tão antiquado que o orfanato quis demiti-lo, mas o supervisor em São Petersburgo não estava disposto a compensá-lo pelo término do contrato e a aprovar um novo professor; assim, ele foi mantido na folha de pagamentos. Enquanto isso, se envolveu em uma briga com um antigo empregador de São Petersburgo por causa de salários atrasados. Ninguém estava satisfeito, e as queixas iam e vinham em papéis de luxo com assinaturas floreadas.

Dezesseis crianças da turma de Paradis se apresentaram em *L'école enchantée*. Seus nomes não constam da lista de pagamentos que sobreviveu. Ali estão os nomes dos bailarinos adultos, mas deviam ser bailarinos itinerantes, já que não aparecem em outros programas do Teatro Petrovski.

Isto não importava, uma vez que o balé era muito menos importante para Maddox do que a ópera e o teatro. Ele era secundário, replicava práticas italianas e francesas, e não representava uma ameaça aos balés com grandes produções encenados na corte em São Petersburgo. As pantomimas que Maddox produzia tinham títulos ressoantes, como *A fonte da boa e da má fortuna*, mas é inútil tentar saber exatamente o que ocorria no palco. Ocasionalmente, havia boletins nos jornais sobre efeitos especiais fantásticos e elaboradas trocas de figurinos, como no caso do balé de 1781 intitulado *Arlequim feiticeiro*, cujo herói embusteiro veste pelo menos oito figurinos diferentes. Maddox montou também o balé *Acis e Galatea* no Petrovski. Com música de Franz Hilverding — compositor que volta e meia era detido por dívidas —, o balé tinha sido encenado no Palácio de Inverno por nobres amadores com efeitos especiais impressionantes (para a época).[31] O herói, o pobre pastor Acis, cai nas garras do abominável ciclope Polifemo, que o arremessa em direção a uma montanha. Ele teria morrido com o golpe se não tivesse sido salvo por Amor. Polifemo tenta matá-lo novamente no segundo ato, desta vez atirando um despenhadeiro inteiro na direção de Acis e de sua amada, a bela ninfa Galatea. Amor intervém mais uma vez, toma o pastor e a ninfa nos braços, atravessa as nuvens e os leva para o seu reino. As fontes não mencionam as roldanas e cordas empregadas para produzir essas maravilhas, nem a reação da audiência. Contudo, foi dito que, ao ser apresentado no Palácio de Inverno, a apoteose levou Catarina, a Grande, às lágrimas.

Maddox confiou primeiro em Paradis como professor de balé e criador, antes de recorrer a um talento italiano expatriado. Em 1782, ele contratou Francesco Morelli, bailarino milanês que havia atuado por sete anos em São Petersburgo antes de assumir o cargo de professor na Universidade de Moscou. O sacrifício de Morelli à sua arte fragilizou e danificou as suas pernas, antes acrobáticas, e (na opinião de um aluno seu) seus pés ficaram "murchos".[32] Não se pode confiar nos registros oficiais da sua carreira, já que ele sofreu de amnesia na velhice e os encheu de erros. Parece que, no fim da vida, ele ensinou dança a servos, mas há evidências de que também fazia trabalho burocrático e tinha brigas regulares com o seu empregador. Ele se casou com a filha de um conde e vivia na casa do sogro, e mais tarde se jactou de ter evitado a destruição da casa pelas tropas de Napoleão. Morelli trabalhou com Maddox por cerca de quatorze anos. Suas tarefas incluíam dar aulas e conduzir os ensaios; encomendar máscaras, figurinos e adereços; organizar audições; ordenar a entrada e saída dos bailarinos do palco e sinalizar a entrada da orquestra. Morelli criou balés sobre amores infelizes, antigos e modernos, na terra e no mar, mas nada que tenha durado mais de uma temporada. Cosmo, seu irmão, bailarino de moral frouxa envolvido em diversos escândalos, era seu assistente. O último balé que montou para Maddox foi *O médico de aldeia infiel* — um atraente pot-pourri organizado como uma ópera cômica, em que os gestos fazem parte das canções.

Com a debilitação de Morelli, Maddox recorreu a Pietro Pinucci e sua esposa, Columba, que em três anos na administração aumentaram de 25 para 35 o número de balés produzidos anualmente no Petrovski. Alguns se mantiveram no repertório, mas a maioria foi esquecida e, com nomes diferentes, as danças em duas partes foram mescladas ou unidas como entreatos ou interlúdios.

Mais tarde, o papel de *maître de ballet* passou a Giuseppe Salomone II, que dançara com o pai, muito mais famoso, em Londres, Viena e Milão antes de encontrar trabalho com Maddox. Ele estreou em Moscou em 1784, com *A fonte da boa e da má fortuna*. O nome dele e os das três filhas, todas musicistas, constam das fontes. Ele é o *maître de ballet* do Petrovski a quem certos princípios específicos podem ser associados porque, na maturidade da carreira, foi tutelado pelo parisiense Noverre, que transformou o balé de uma confecção alegre e banal em uma arte narrativa guiada por um enredo — uma arte de sentimentos mais crus e melancólicos. A pantomima deveria imprimir gravidade aos antigos passos nobres. A teoria foi posta em prática e ganhou um nome: *ballet d'action*. Salomone montou diversos balés de Noverre no Petrovski, fazendo o gênero deixar de ser um capricho tolo, mas, neste processo, ele afastou a audiência. Esperava-se que o balé fosse alegre e divertido, com os bailarinos entoando canções populares, soando tambores e mudando de indumentária até oito vezes por apresentação. Ele deveria brilhar, e não educar — ao menos enquanto um funâmbulo aposentado estivesse no comando.

DURANTE SEU TEMPO no Petrovski, Maddox produziu mais de quatrocentos balés russos e estrangeiros, óperas e peças — inclusive uma produção importante de *A flauta mágica*, de Mozart, em 1794. A ópera cômica ligeira *O moleiro que era também mágico, trapaceiro e casamenteiro* entrou para o repertório, e o salão de mascaradas era popular entre os que buscavam outras diversões. Contudo, desde o início, as despesas eram maiores que as receitas, o que colocou Maddox em sérios conflitos legais com um de seus desenhistas, Félix Delaval, que o processou por salários atrasados e pela desonra de ter sido jogado na rua. "O sr. Delaval veio ao salão me pedir dinheiro", escreveu ele em uma espécie de depoimento. "Disse a ele que já havia recebido extras, mas que, se me demonstrasse a sua maestria, eu pagaria o que lhe havia prometido. Ele respondeu rudemente e saiu, mas voltou dois dias depois e começou a dizer blasfêmias na presença do capitão Alexander Semyonov e do ator Ivan Kaligraf, e também proferiu obscenidades que surpreenderam os soldados de guarda."[33] Maddox terminou perdendo o processo e teve de compensar Delaval pelos salários atrasados, 60 rublos em velas e 25 rublos em lenha.

Maddox se enrolou nesse e em outros conflitos por escatimar salários, velas e lenha, e ignorar as queixas quanto à baixa temperatura do salão. Porém, em 1783, no terceiro ano em que dirigia o Teatro Petrovski, ele pôs a sua sobrevivência em sério risco em um lugar improvável: o orfanato. A crise começou com uma briga com o funcionário graduado do governo imperial, Ivan Betskoi. Este servia como assistente pessoal de Catarina, a Grande, para assuntos relacionados à melhoria da educação e presidia a Academia Imperial das Artes. Betskoi fundara o orfanato em 1763 e, nos últimos anos de vida, demonstrou uma preocupação genuína com as crianças sob a sua guarda.

O orfanato, um imenso quadrilátero, estava localizado em uma curva do rio Moscou, adjacente ao distrito do mercado, chamado Kitay-gorod. Hoje o nome se traduz como Bairro Chinês, mas o grupo de choças e oficinas não tinha nada que lembrasse a China. (A palavra russa arcaica *kita* refere-se a trançar ou preguear, e acreditava-se que cesteiros exerciam o seu ofício na área.) O *Opekunskiy sovet* administrava as finanças do orfanato, e há anúncios de seus serviços hipotecários e da loja de penhores no *Moskovskiye vedomosti*. O financiamento provinha de uma pequena taxa de 5 copeques sobre as cartas de baralho. (A imperatriz decretara que os maços de baralho deveriam exibir o símbolo do orfanato — uma cegonha — junto com o lema "Ela alimenta seus filhotes sem se preocupar consigo mesma".)[34] Havia também doações discretas de nobres que haviam gerado filhos fora do casamento e outra taxa sobre os entretenimentos públicos. Após os gastos básicos, o orfanato ainda contava com uma poupança suficiente para importar instrumentos musicais, além de lápis de cor, "arcos" e "parafusos".³⁵ Os órfãos adotavam os sobrenomes dos príncipes e princesas que financiavam o seu sustento (os vinte órfãos sustentados a cada ano pela princesa Marianna Gessen-Gombursgkaya levavam o sobrenome Gomburstev, por exemplo), mas o pedigree imperial não os livrava do trabalho manual na idade adulta em fábricas e moinhos.

Betskoi havia concebido o orfanato como uma escola para educar as crianças emancipadas dos servos cujos pais haviam morrido de peste bubônica ou aquelas abandonadas por soldados e camponeses. Ao melhorar as vidas daqueles infelizes, Betskoi imaginou a criação de uma terceira casta, uma classe média esclarecida entre nobres e camponeses. Inspirado nos pensadores iluministas Locke e Rousseau, ele argumentou elegantemente que as crianças não vêm ao mundo boas ou más, mas que seriam como um selo de cera no qual qualquer coisa poderia ser gravada. Os meninos e meninas do orfanato seriam marcados com inclinações louváveis: amor ao trabalho duro, temor à preguiça, compaixão, polidez, meticulosidade e asseio. Para treinar o intelecto, era essencial moldar a alma e o coração. O ensino de línguas estrangeiras e das artes, incluindo dança, música e teatro, tinha o intuito de protegê-los de más influências. As primeiras crianças a aprender balé foram os filhos de criados do palácio. Mas índices de mortalidade alarmantes no orfanato (e até casos de crianças mortas e moribundas deixadas na porta), uma epidemia de maus-tratos e histórias de desfalques minaram os planos de Betskoi. Ele oferecera recompensa pelo resgate de bebês de sarjetas e valas, e não podia impedir que o abrigo que havia criado para eles carecesse de recursos adequados — incluindo amas de leite — para mantê-los vivos. A pena que sentia pelas crianças mais velhas transparece em uma carta que escreveu à junta diretiva, protestando contra o uso de punições corporais e da crueldade nas oficinas de marcenaria e têxteis:

> Em decorrência dos rumores que aqui circulam, eu soube que os tutelados, principalmente os do sexo feminino, estão sendo tratados de um modo bastante desleixado; não quero dizer que se deve ensinar-lhes a ser vaidosos e orgulhosos, pois a verdadeira educação não pode consistir nisto, mas

deve-se encontrar um modo de o ser humano apreciar o humano em si e, ao mesmo tempo, saber se comportar de acordo com a sua posição, seja qual for, sem permitir que o tratem como se um animal fosse e que queira cumprir, diligentemente e como se fosse uma honra, todos os deveres que lhe são impostos de acordo com tal posição. Além de tudo o que se diz sobre esses tutelados que são aprendizes de ofícios, particularmente no curtume, eles são mantidos em condições que, de nenhuma maneira, condizem com a sociedade humana, e vivem em condições piores que as dos servos plebeus.[36]

Como sempre, os ideais se chocavam com a realidade; talheres e tigelas limpos e guardanapos trocados a cada três dias não podiam ocultá-la, exceto aos olhos dos visitantes estrangeiros, cuja impressão do lugar era a de uma aldeia Potemkin, com as crianças dançando ao redor do diretor radiante, gratas pelo cordeiro com arroz e as camas de ferro. Nos bastidores, as criadas eram estupradas pelos funcionários — um assunto grave, já que as solteiras grávidas eram sujeitas a surras severas para provocar o aborto e à desgraça assustadora de serem banidas para a Sibéria. Para outros tutelados, a experiência do Iluminismo consistia em labutar sob um calor excessivo em cômodos sem ventilação, torcer algodão, fiar linho e serem chicoteados quando não cumpriam as cotas de produção. Poucos cantavam; menos ainda dançavam.

Betskoi, o orgulhoso e robusto representante da imperatriz orgulhosa e robusta, assegurava que os visitantes saíssem com uma boa impressão. No outono de 1786, Sir Richard Worsley (político inglês colecionador de antiguidades) viajou a Moscou acompanhando um tour europeu e reparou nas estradas esburacadas que levavam à cidade, mas também na "visão nobre" das igrejas e palácios visíveis a 6 quilômetros de distância. Ele jantou com Maddox nos dias 27 e 30 de setembro, foi ao teatro após o primeiro jantar e, depois do segundo, brindou à saúde de condes, condessas e de seus filhos no clube dos nobres. Os cantores eram melhores que os atores, pensou Worsley, acrescentando que só um ator sobrevivera aos protestos impiedosos da plateia e proporcionara "satisfação geral". Ele também incluiu em seu itinerário uma visita ao orfanato, e em suas memórias descreve o prédio "inócuo", que logo seria "ampliado" e abrigava 4 mil órfãos "que aprendiam música, geografia e história moral". As meninas, acrescentou, "bordam e fazem rendas muito finas". O diretor, Georg Gogel, conversou com ele sobre o orçamento: "Os gastos anuais com os diversos professores e instrutores chegam a 40 mil rublos, a pensão fixa que o orfanato recebe da coroa é de 70 mil rublos, além do que se supõe que possuam um fundo de 3 milhões, que emprestam a juros." De maneira geral, Worsley achou o lugar "admiravelmente bem dirigido, e cada criança tem uma cama, as meninas têm um pavilhão próprio e a refeição muda duas vezes por semana. Há também uma pequena coleção de história natural, para instruir os que seguirão esse objetivo, uma sala de música e uma biblioteca. O dormitório das parturientes fica em outro prédio, aonde as mulheres podem ir quando querem, e voltam para casa sem ter feito nenhuma despesa, e não se lhes pode fazer nenhuma pergunta." Um toque de ironia: "Fui informado pelo diretor de que a nobreza usufrui grandemente dessa parte da instituição."[37] (Ele podia entender: sua esposa, Seymour Fleming, de quem estava separado, dera à luz um menino de outro pai e comentava-se tivera mais de duas dúzias de amantes só em 1782.)

Ao menos no início, os espetáculos encenados pelos órfãos se dirigiam às próprias crianças, seus cuidadores e aos dignitários em visita. Pouco sobrou dessas apresentações, além de cartazes e anedotas inespecíficas. Em 1778, o conde Pyotr Sheremetyev assistiu a uma peça e a uma opera cômica russas e ficou suficientemente impressionado para "perpetuar o prazer que havia experimentado doando 100 rublos" para serem distribuídos entre "órfãos dos dois sexos no teatro".[38] As crianças também apresentaram um balé sobre um tema de conteúdo moral dúbio: o poema lascivo *Vênus e Adonis*, de Shakespeare, em que a deusa toma um amante mortal à força. Em outras ocasiões apresentaram "Sombras chinesas", em que declamavam as suas partes por trás das bambolinas e ilustravam grandes batalhas usando as mãos e os dedos.[39] Como se tratava de apresentações privadas, elas não ameaçavam Maddox. Mas, em 1783, um barão e doador (Ernst Wanzura) pediu à imperatriz que permitisse a entrada do público nas apresentações teatrais. Catarina concordou, e o orfanato entrou no negócio do entretenimento, montando peças, óperas e pantomimas-arlequinadas francesas e russas.

O clérigo inglês William Coxe deixou um testemunho ocular precioso, embora vago, de um desses shows, aliado à surpresa ante a ausência de "odores insalubres" no berçário e à doçura do pão preparado pelos órfãos mais velhos ao amanhecer e ao entardecer. Os atores "construíram o palco, pintaram os cenários e coseram a indumentária" para a ópera cômica a que ele assistira. Durante a apresentação, eles "entraram no palco" à vontade. "Havia algumas vozes agradáveis", e "a orquestra era formada por uma banda nada desprezível composta inteiramente por enjeitados, à exceção do primeiro violino, que era o mestre de música". Coxe ouviu os cantores, mas não assistiu aos bailarinos, pois "nesta ocasião, como costumava acontecer, a peça não terminou com um balé, pois o principal bailarino estava indisposto, o que foi uma grande decepção, já que tínhamos sido informados de que eles dançam balé com grande gosto e elegância."[40]

Ao pedir permissão para continuar operando o teatro, o diretor do orfanato se gabou do êxito das apresentações em carta a Betskoi datada de 13 de junho de 1784: "A cada dia o nosso teatro fica um pouco melhor, para grande satisfação do público. Os diretores do clube dos nobres [...] me informaram que seus membros pretendem enviar uma carta de agradecimento à junta diretora, que incluirá 2 mil rublos a serem distribuídos entre os órfãos que se distinguiram no teatro."[41]

Betskoi não compartilhou do entusiasmo dos nobres; pôs de lado seu comportamento fleumático e expressou a sua raiva. Ele assistiu a um balé e ficou chocado, pois o que viu não foram imagens "de grande gosto e elegância", mas sordidez, posturas próprias de um "teatro de bordel".[42] Ele temeu que o teatro do orfanato se igualasse aos grandes teatros de servos que funcionavam em Moscou à época — antros de prazeres impuros, cujas atrizes vulneráveis faziam mais por seus mestres do que apenas dançar e cantar.

Sem saber que Betskoi pretendia abolir o teatro do orfanato, Maddox teve um acesso de raiva, ou fingiu tê-lo, ante a violação de seu privilégio. Primeiro, enviou a polícia como advertência ao editor do *Moskovskiye vedomosti* para não anunciar o teatro do orfanato, e depois levou o caso à corte imperial. Ele havia se esquecido do plano, de 1779, para que o orfanato investisse na construção do seu teatro. Essa mudança de atitude fez Betskoi se voltar contra ele e considerar seu caráter suspeito. Logo Maddox montou uma agenda diferente, que apresentou ao governador-geral de Moscou, Zakhar Chernïshov. "Mostre a mão da benevolência a um estrangeiro que entrega todo o seu ser à justeza de Sua Graciosa Majestade", pediu ele com falsa inocência, e "considere a sorte infeliz da minha família e daqueles que me confiaram o seu capital".[43] A retórica não o ajudou. O governador-geral levou o caso à imperatriz, que o instruiu a decidir por conta própria. Betskoi, por sua vez, também escreveu a Chernïshov, surpreso de que um "estrangeiro que enriqueceu" tivesse a "impudência" de reivindicar o controle daquilo que era mais "sagrado": o controle da cultura da nação.[44]

A corte declarou que o orfanato tinha permissão de operar um teatro independentemente dos direitos exclusivos de Maddox. De forma paradoxal, em vista de seus protestos iniciais, a decisão lhe permitiu resolver seus problemas financeiros — ao menos momentaneamente. Ele propôs que a sua empresa absorvesse o teatro do orfanato, comprometendo-se a cobrir os custos de "um apartamento e lenha" e a não "vender" as meninas "por dinheiro".[45] Ele propôs também ajudar os órfãos "que queiram buscar a felicidade em outro lugar", negociando seus contratos com outras partes — um modo esperto de controlar a competição, mas talvez também um reconhecimento dos salários miseráveis e das restrições contratuais atrozes que ele oferecia.[46] Maddox também se comprometeu a contratar os professores de dança, música e atuação do orfanato para o Petrovski. E concordou em comprar, por 4 mil rublos, os figurinos e adereços que os órfãos usavam.

A prestidigitação foi a insistência de Maddox em operar também o teatro do orfanato — mas não o que havia funcionado no ano anterior. Ele propôs expandir o seu império teatral público vendendo aquela estrutura e abrindo outro em Kitay-gorod, maior, mais sólido e potencialmente mais lucrativo. Sua conspiração provocou uma resposta acalorada de um membro da junta diretora:

> A noção, para mim inimaginável, de que o teatro de madeira cedido por Sua Majestade seja vendido em leilão público me deixa atônito. Pois onde então nossos tutelados se apresentariam? Certamente não em um teatro erguido no auditório do corpo central do orfanato. Nesse caso, teríamos de deixar entrar a polícia municipal no orfanato, e transferir para ela a autoridade, já que a sua presença é exigida sempre que são apresentados entretenimentos públicos, com toda a cidade se congregando exatamente no lugar onde estranhos não devem ser admitidos.[47]

Maddox descartou a ideia de construir um segundo teatro, mas não sem antes assegurar fundos da junta diretora, granjeando assim a reputação de ser o mais esperto dentre os espertos no que se referia aos tratos financeiros.

As negociações duraram vários meses, carregadas de suspeitas por parte dos nobres que encaravam o Petrovski como um lugar ruim e desonroso que certamente prejudicaria os órfãos e os macularia. Porém, após muitas reelaborações do contrato, Maddox saiu-se com a sua: recebeu cinquenta alunos de balé, 24 atores e trinta músicos do orfanato, além de 90% da renda obtida com a exploração deles. O acordo refletiu a noção de que algo ruim podia se tornar bom, de que os órfãos limpariam o teatro de Maddox, em vez de serem conspurcados por ele. Foi a justificativa para envolver o orfanato na venda de cartas de baralho e no empenho de joias. Essas atividades pecaminosas tornaram-se nobres uma vez empregadas para resgatar das ruas crianças sem lar e ilustrar as massas. Maddox também foi liberado pela ideia de que os fins justificam os meios. Os crimes financeiros tornaram-se pios a serviço dos balés e óperas apresentados no Petrovski, ou no que Maddox começara a chamar de o Grande Teatro, "o Bolshoi".

Maddox manteve o monopólio. Nem o orfanato nem seus instrutores ou as trupes estrangeiras que o orfanato havia trazido a Moscou poderiam operar sem o seu consentimento. Ao colocar o teatro do orfanato sob a égide do Petrovski, ele conseguiu se proteger dos credores comerciais, aos quais devia, segundo eles, 90 mil rublos. Parte do que tomou emprestado foi em espécie, mas também contara com eles para obter materiais de construção e mobiliário. Ainda não existiam instituições bancárias na Rússia, e os magnatas e prestamistas da Polônia ainda não estavam integrados ao império. Maddox não tinha alternativa a não ser buscar empréstimos de uma claque de comerciantes de Ryazan-Moscou que, havia séculos, formavam o único grupo que dispunha de grandes somas de dinheiro. O poeta Alexander Pushkin tomou emprestado dos comerciantes, assim como o Estado, mas era incomum que um só indivíduo dependesse tanto de crédito para operar uma instituição pública, em vez de receber uma dotação da imperatriz. Ao perder o que havia economizado com os shows de mágica e com o Vauxhall no bairro de Taganka na operação do Petrovski, Maddox não tinha a intenção de pagar os empréstimos. Ele também sabia que os boiardos barrigudos e barbudos caçariam a sua pele se não pagasse. Seu teatro — e também sua segurança — dependia da bênção, e da proteção, de seus outros credores: os poderosos nobres da junta diretora. Uma vez obtida tal proteção, ele deu um passo audacioso. Apelou à junta e solicitou mais financiamento. Aparentemente, sua ambição, para não falar da astúcia, não conhecia limites.

O confronto com os comerciantes foi adiado quando a situação financeira do teatro continuou a se deteriorar. Entre 1786 e 1791, o Petrovski estagnou. Frustrado com as escolhas de repertório e os salários miseráveis, alguns dos principais artistas foram para São Petersburgo e seus teatros imperiais. Servos emprestados e o orfanato os substituíram, com alguns talentos genuínos. Maddox contratou Arina Sobakina e Gavrila Raykov, duas dançarinas cômicas alunas de Paradis, além do grande ator Andrei Ukrasov, que pretendia ditar tendências entre os jovens moscovitas — mas estes artistas superexpostos e mal pagos não podiam, apenas eles, manter o Petrovski à tona.

Maddox não podia pagar nem os juros da sua dívida, muito menos o montante principal. Então, previsivelmente, seus esforços em 1786 para solicitar novos fundos do *Opekunskiy sovet* não tiveram êxito. Ele foi considerado um parasita. Os credores comerciantes renovaram as exigências de pagamento, aumentaram as taxas de juros e o ameaçaram com a prisão. Maddox tentou levar o seu caso a São Petersburgo, "indo para lá em pleno inverno por cinco meses e no final deixando para trás a minha petição sem nenhuma esperança de que fosse atendida".[48] De volta a Moscou naquele mesmo ano, caiu de joelhos diante da junta diretora: "Como não tenho nenhum meio de pagar as minhas dívidas, isto é, o que devo ao orfanato e aos meus credores privados", suplicou, "não me vejo em outra situação, para pagar fielmente, que não seja entregar o caso à junta diretora e, com isso, entregar-me, e todas as minhas posses, e a renda que elas proporcionam, por livre e espontânea vontade, à administração da junta diretora".[49]

Com isso, o teatro na rua Petrovka, mais tarde conhecido como Bolshoi, tornou-se uma operação governamental. O *Opekunskiy sovet* assumiu o controle total do prédio e das suas finanças. Maddox manteve o título de diretor-geral, junto com um orçamento de 27 mil rublos para pagar artistas, o médico, o foguista da fornalha e o cabeleireiro. Seu salário foi vinculado ao sucesso dos balés e óperas que ele encenaria — 5 mil rublos se a receita das apresentações excedesse 50 mil rublos, 3 mil rublos quando não. Se, como se esperava, as despesas excedessem as receitas, ele não receberia nada, nem mesmo lenha e velas para o seu apartamento. Para sobreviver, ele apelou às massas, encenando mais comédias do que tragédias. Os ricos o olhavam de soslaio; porém, ele sabia apelar para a sensibilidade das pessoas comuns. Sua escolha de repertório mostrava uma preferência por personagens infantis e exuberantes, e sonhadores loucos, e não pelos que representassem a convenção tediosa. Personagens como ele.

No primeiro ano do novo arranjo, ele recebeu seus 5 mil rublos, seguindo os conselhos de nobres avidamente interessados no teatro ao planejar a temporada. Alguns desses nobres operavam teatros privados de servos e tinham tanto interesse em vigiar Maddox quanto ele tinha em vigiá-los. Aprovavam o bom e censuravam o ruim — não só as obras que ofendiam a etiqueta, mas também aquelas cujos atores não expressavam emoções ou cujos bailarinos estragavam a *bourrée*.

O governo também entrou em ação. Alexander Prozorovski, um arquiconservador adversário do Iluminismo, interessou-se pessoalmente por Maddox e seus negócios. Ele havia sido nomeado governador-geral de Moscou na tentativa de prevenir a repetição, na Rússia imperial, da queda da Bastilha de Paris. As diversões durante o seu comando incluíam festas para a queima de livros, a eliminação de grupos ocultistas e das seitas religiosas não ortodoxas, particularmente dos maçons, e o recrutamento de espiões para monitorar os movimentos de insurgentes em potencial.

O Petrovski estava fora do controle de Prozorovski, o que fez de Maddox o alvo de uma investigação especial. O governador-geral tentou provar que Maddox negligenciava o cumprimento dos deveres que lhe haviam sido outorgados pela imperatriz, e quis suprimir os direitos de exclusividade que permaneciam vigentes, apesar de sua ruína financeira. Os seus informes a Catarina e ao clube dos nobres são eivados de confusão quanto ao fim dos direitos exclusivos de Maddox, cuja data ele apontava como sendo 1791 ou 1796.

Obviamente, Maddox defendia o ano posterior, mas a prova exigida pelo governador-geral não aparecia nem na casa de Maddox nem nos arquivos de Mikhail Volkonski, o falecido governador-geral de Moscou, nem nos registros policiais. Maddox alegava que os documentos que lhe davam tal privilégio haviam desaparecido misteriosamente. Ao ser pressionado, argumentou que os papéis haviam se perdido no incêndio de fevereiro de 1780 que destruíra o teatro de três fachadas da rua Znamenka. Igualmente, quase nada restava da planta arquitetônica, nem da maquete do teatro na Rua Petrovka. O arquiteto original, Christian Rosberg, informou ao chefe da polícia que Maddox havia confiscado a maquete. Quando ameaçado pela força, exigindo que entregasse a planta e a maquete, tudo o que Maddox conseguiu apresentar foram as chaves de uma gaveta repleta de pedaços de papel mofados e indecifráveis. Na ausência de documentos que legitimassem suas atividades teatrais, o governador-geral ordenou ao chefe de polícia que obtivesse uma declaração juramentada de Maddox "para acrescentar ao dossiê".[50] Os nobres que comandavam Moscou sob a batuta de Prozorovski empalideceram ante a proposta de Maddox de sair do jogo em troca de 250 mil rublos.

Sem conseguir desacreditar Maddox, Prozorovski recorreu a medidas extremas. Foi à corte com a alegação infundada de que a casa dele, que ficava no terreno do Teatro Petrovski, havia sido construída com fundos malversados. A petição não vingou; e então, com extrema malevolência, o governador-geral mandou a polícia incendiar a casa, sem fazer perguntas. A ordem não foi acatada. O desenlace do drama envolveu uma inspeção punitiva do teatro ordenada por Prozorovski e uma reprimenda a Maddox por suas deficiências:

> É meu dever dizer que o senhor deve se esforçar por manter o dito teatro limpo e mantê-lo aquecido ao máximo, sem provocar fumaças sufocantes [...] O salão em que o senhor atua apresenta uma série de erros arquitetônicos, embora a culpa não seja sua, mas do arquiteto, e em um salão tão grande só há uma entrada e saída, e a única outra saída é por meio de uma mera escada de cordas. Meu antecessor havia ordenado que fosse erguido um átrio; no entanto, passaram-se vários anos e o senhor nem pensa em fazê-lo. Portanto, eu exijo e afirmo que o senhor deve, a qualquer custo, erguer o átrio neste verão, ou ordenarei o fechamento do seu teatro até que ele seja construído.[51]

Na tentativa de evitar as críticas, Maddox apontou ao seu antagonista as boas coisas que havia feito naquele teatro apodrecido, incluindo o acolhimento de trinta meninas e meninos da escola e a promoção do repertório russo. Em resposta, Prozorovski mudou de assunto e voltou os seus ataques contra o teto abalroado e os funcionários imperfeitos:

> Excede qualquer entendimento que o chefe do coro seja surdo, e que o professor de dança alemão desse balé seja coxo, ou tenha as pernas tortas, e que o seu coreógrafo também seja velho, bem como a mulher dele, e não seja um bom professor, pois o senhor não possui nem um só estudante de ambos os sexos que dance de um modo minimamente tolerável.[52]

Em janeiro de 1791, Maddox solicitou ao *Opekunskiy sovet* que o liberasse da obrigação financeira junto ao orfanato (10% da receita), como uma forma de "compaixão pelos oprimidos".[53] O dinheiro seria empregado para renovar o Petrovski. O pedido foi aprovado, mas a palavra final era de Betskoi. Maddox insistiu, listou todos os serviços que prestara ao público de Moscou: a construção do teatro e do auditório circular, as mascaradas que montava no Vauxhall da rua Taganka, um investimento de 100 mil rublos. Os balés e óperas russos (e não italianos) que produzia deviam ser levados em conta, além dos cenários e figurinos. Os credores cederam e, em um "gesto bom e humano", compraram os seus direitos exclusivos por pouco mais de 100 mil rublos, ao mesmo tempo que o dispensaram do compromisso dos 10% anuais para o orfanato, os quais, na verdade, ele nunca tinha honrado.[54]

Os apoiadores mais poderosos de Maddox estavam mortos, e a nova geração que governava Moscou era hostil ao seu empenho. Desde o início, ele havia conseguido a proteção da coroa, e precisava dela para sobreviver. Na década de 1790, seu teatro saiu completamente de moda e ele caiu em descrédito. Os credores comerciais insistiam na campanha para processá-lo e pausaram os festejos, as orações e os maus-tratos às suas esposas para ditar uma carta aos seus filhos alfabetizados a ser entregue a Nikolai Sheremetyev, dono de um teatro de servos de primeira classe que, para choque do meio aristocrático, havia se casado com a atriz principal. A linguagem da queixa, datada de 4 de julho de 1803, é embelezada, coalhada de provérbios, do dialeto de Riazan e de mistérios bíblicos em forma de insultos. Os comerciantes reclamavam 90 mil rublos e pediam o apoio de Sheremetyev para deter Maddox, já que ele os enganava há anos, "sinuoso como uma serpente e um sapo" ao eludir seus compromissos, deixando-os "desamparados como caranguejos de mangue" na hora de cobrar.[55] Além disso, ele havia insultado as suas barbas cerradas. O incêndio criminoso não era uma opção. Se o Petrovski fosse incendiado, que Deus o proteja, os mercadores não recuperariam o dinheiro. Os 90 mil rublos que Maddox lhes devia — além dos 250 mil que devia à junta —

não seriam obtidos dos vendedores de velas e lenha, igualmente vitimados pela sua astúcia, nem poderiam ser extraídos dos órfãos da trupe, pois, se tentassem extorqui-los, eles protestariam, afirmando que faziam jus aos seus salários trabalhando duro:

> Realmente, esse Maddox é o mais astucioso dos seres, e quando ainda não havíamos nos inteirado dos seus estratagemas e não havíamos considerado as suas artimanhas, ele engenhosamente não paga nenhuma das suas dívidas e, ainda assim, de forma dissimulada, põe todos os lucros do teatro no próprio bolso. Na ocasião, enquanto nos suplicava por uma moratória no pagamento, ele berrava abertamente diante de nós, tanto que conseguia fazer até as pedras terem pena dele. E que mestre dos truques ele é — a pessoa pode ser o comerciante mais esperto do mundo e, ainda assim, até conhecê-lo bem, ele o enganará uma e outra vez. E, no final, depois de nos subtrair mercadorias e capital, ele passou a tratar-nos grosseiramente: em sua casa gritou conosco e nos xingou de simplórios só porque pedíamos o que nos era devido. "Como se atrevem", disse, "seus barbudos, a pôr os pés na casa de um cavalheiro? Não sabem", disse, "que eu carrego um punhal, assim como os demais cavalheiros aqui? Eu sou", disse, "o mestre perpétuo do teatro." Então, nós acreditamos que ele fosse um homem de magnitude, por isso — os poderes que sejam, que o Senhor os conserve em boa saúde — nós o procuramos sem qualquer temor, pois no final ficamos aterrorizados apenas de pensar em nos apresentarmos diante de Maddox. Porque, como diz a Sagrada Escritura, "a pobreza faz o homem humilde", e hoje em dia Maddox é tão orgulhoso que um gato não se senta em seu colo, e não há sinal de que viva na pobreza, mas ele diz: "Sou obrigado a pagar-lhes apenas 1.500 rublos ao ano; isto", afirma, "é o que diz o papel que a junta diretora possui. Como se atrevem a exigir mais de mim?" E este é o conflito. Bem, simplórios como somos, não aceitamos esse tipo de raciocínio e pensamos cá conosco: "Não foi ele mesmo quem decidiu que só nos deve dar isto?" Então os curadores, em sua gentileza para conosco, julgaram que "Maddox, como dizem, é o mais pobre dos pobres, não se pode conseguir mais nada dele, e este é o melhor meio de acabar com esta horrível situação" — e pensaram que isto nos contentaria. Será que Maddox

pensou que sairia com a sua aqui também? Porque se ele decidisse nos pagar mesmo um e meio dos 10 mil rublos ao ano, estamos certos como pode ser certo que os curadores não o impediriam, e ainda o encomiariam por dispensar graciosamente aquilo que obteve de modo ardiloso.[56]

Os comerciantes queriam que Maddox mofasse na cadeia enquanto não mudasse de atitude e abrisse a bolsa. Porém, na verdade, à junta diretora não interessava privá-lo da oportunidade de acertar as suas dívidas com o orfanato. A junta advertiu os comerciantes de que, no que se referia às finanças, Maddox estava "com uma mão na frente e a outra atrás", mas tinha o apoio da coroa e não podia ser atacado.[57] O desejo deles de vê-lo em uma cela de prisão úmida e fria, atormentado por parasitas ou enviado à Sibéria a pé, demonstrava a sua ignorância dos meandros das relações aristocráticas. Maddox as conhecia perfeitamente bem. Ao vincular o orçamento do teatro ao do orfanato, ele havia se protegido da prisão e deixado os seus credores comerciais impotentes. Ele poderia "mergulhar no fundo dos infernos" com os 90 mil rublos que eles haviam lhe emprestado, deixando as crianças "sem carne na sopa".[58]

Em 1794, ele teve dificuldade para fechar a lista de pagamentos e suplicou aos artistas que, em lugar do salário, aceitassem a oportunidade de apresentar o que quisessem no momento em que quisessem, e ficar com uma grande porcentagem dos lucros. Seu arranjo com Pyotr Plavilshchikov, um ator atarracado com olhos de corça empenhado em defender as reivindicações dos escalões mais baixos, foi anunciado no *Moskovskyie vedomosti* em 13 de dezembro de 1794. "A apresentação é em benefício do sr. Plavilshchikov, que não recebe pagamento do teatro", e pede "a indulgência do estimado público" para que "atenda à sua esperança" comparecendo.[59] Ele se apresentou, depois se demitiu e levou consigo o condutor da orquestra, deixando o público, que tomara o partido dos atores contra Maddox, aborrecido.

A crise se acirrou no último ano do reinado de Catarina, a Grande, e nos primeiros anos do reinado da sua nora, a esposa do tsar Paulo I. Ao saber do conflito no teatro, a imperatriz consorte, Maria, despachou um espião para informá-la sobre o Petrovski.⁶⁰ O espião, Nikolai Maslov, escreveu-lhe três semanas depois, em 28 de novembro de 1799, enviando uma longa lista de calamidades. Queixou-se de que o teatro mudava os espetáculos de modo tão imprevisível que os atores não tinham tempo de decorar as suas falas. Os figurinos em geral eram malcuidados, e às vezes os atores simplesmente usavam suas roupas do cotidiano. Além disso, o teatro e os camarins eram tão horrivelmente frios que os atores adoeciam com frequência. "A administração, enquanto isso", prosseguiu, "os critica duramente."⁶¹

Maria ficou genuinamente surpresa de que os atores não se insurgissem e tomassem o teatro. Ela sabia que o Petrovski estava falido havia pelo menos três anos. Morrera junto com a sua sogra, Catarina, a Grande. Embora, como sempre, Maddox anunciasse negócios no *Moskovskiye vedomosti*, no final do período oficial de luto pela imperatriz nem os fogos de artifício na grande rotunda conseguiram ocultar a triste verdade. Ele não tinha nada nos cofres, ninguém para limpar o palco nem para alimentar as ratoeiras, nenhum pedaço de carvão ou lenha para queimar. Ainda na ilusão de que poderia aplacar seu rival, Prozorovski, ele havia prometido reformar o teatro e oferecera aquecimento antes das apresentações, em vez de deixar a plebe congelar nos assentos. Também tentou aumentar a receita com a produção de *Pigmalião*, um melodrama baseado em Ovídio sobre um escultor que, depois de renunciar aos prazeres da carne, se apaixona por uma das suas criações. (A deusa Vênus se comove e dá vida à estátua.) As apresentações da peça em 1794 e 1796, com música suave do violinista boêmio Georg Benda, tiveram êxito; porém, a maior parte das demais encenações daquele período fracassou. Toda a produção teatral desmoronou, e ninguém no meio aristocrático moscovita quis arrumar aquela bagunça. Maddox enviou uma longa carta a Maria, em 1802, na esperança de que o orfanato assumisse suas dívidas e ele fosse autorizado a se aposentar, após 26 anos de serviços à cultura russa, com a dignidade intacta. Uma auditoria deixou o teatro e o orfanato no vermelho, e Maria ordenou a liquidação do patrimônio de Maddox.

A dívida com o *Opekunskiy sovet* excedia os 300 mil rublos, e o tsar Paulo, o marido de Maria, absorveu-a em nome da coroa. Apesar das suas críticas extravagantes, os boiardos de Ryazan não receberam de volta os 90 mil rublos.

O Teatro Petrovski fechou de um modo triste em 8 de outubro de 1805, um domingo. Às 3 da tarde, pouco antes da apresentação do espetáculo popular *Lesta, ou a ninfa das águas do Dniepre*, uma fagulha se converteu em chama, que virou um inferno. O teatro ardeu durante as 3 horas seguintes, uma conflagração que podia ser vista de longe. Os curiosos fitavam boquiabertos; a polícia, os trabalhadores do teatro e os bombeiros iam de um lado ao outro sem poder fazer grande coisa. A causa do incêndio foi motivo de especulações. Duas testemunhas oculares, senhoras gentis de meia-idade, disseram que por fim o Dia do Juízo Final havia chegado para Maddox e seu teatro manchado pelo escândalo. *Lesta* era uma obra benevolente, uma ópera cômica sobre a antiga lenda de uma sereia que deseja um príncipe, mas as senhoras em questão a consideravam demoníaca, um horror da imaginação que ofendia os cristãos na audiência. Deus havia agido antes de as cortinas se abrirem.

A maioria simplesmente atribuiu o incêndio à negligência na chapeleira. Alguém tinha derrubado uma vela e o forro de um casaco se incendiara; os esforços afoitos para apagar o fogo tinham sido em vão. Aquilo era típico de empregados insatisfeitos com o que recebiam de Maddox, explicou o nobre dramaturgo Stepan Jikharev, "todos, cada um mais cabeça-dura que o outro".[62] Jikharev assistiu de longe: "Vimos o brilho enorme do fogo no alto de Moscou e por muito tempo fitamos, assombrados, imaginando o que podia estar ardendo tão intensamente. Um carteiro que vinha de lá explicou que o teatro na Petrovka estava em chamas e os bombeiros não conseguiam salvá-lo, apesar dos seus esforços."[63]

Maddox estava acabado. Ele permaneceu em Moscou por um tempo, passeando pelas ruas diante de casa com o casaco carmesim de sempre. Falou-se em despejá-lo, mas a consorte do imperador interveio e o deixou conservar a casa, em vez de entregá-la aos atores. Mais tarde, ele se recolheu na *datcha* com jardim que havia comprado anos antes, no auge do poder, na aldeia de Popovka. Foi onde ele morreu, em 27 de setembro de 1822, aos 75 anos. Seus bailarinos e cantores haviam passado à tutela do Estado e da divisão moscovita dos Teatros Imperiais. Além dos remanescentes da trupe de Maddox, os Teatros Imperiais absorveram um teatro de servos com uma equipe de 74 pessoas, além do teatro público francês que funcionava na cidade à época. De modo elegante, os atores russos de Maddox asseguraram à imperatriz consorte que a sua busca pela fama não estava ditada pelo "investimento pessoal", mas pelo desejo de levar o teatro russo à "maior perfeição".[64] Mesmo em ruínas, o antecessor do Bolshoi se vindicou como uma fonte de orgulho nacional. As ambições — e fracassos — do teatro de Maddox também assombrariam o Bolshoi, que enfrentou conflitos desgastados entre uma administração fria e artistas desleais, sucumbiu à negligência governamental, ajustou o repertório em busca de audiência, lutou pela arte teatral e desperdiçou quantias enormes. E o teatro viria a se incendiar repetidamente, mas sempre seria reconstruído.

Maddox se aposentou sem um título na Tabela de Posição Social, mas com uma pensão generosa de 3 mil rublos e "seis cavalos com o seu coche".[65] Ele e a esposa, uma alemã de ascendência aristocrática, tiveram onze filhos, dentre os quais um gago, que eles expulsaram de casa por mau comportamento. O gago em questão, Roman Maddox, tornou-se o maior aventureiro russo do século XIX. Ele passou um terço da vida na prisão ou no exílio por fraude, reuniu uma milícia de montanheses contra as tropas de Napoleão e, dizia-se, cativou mais donzelas do que Casanova. Banido para a Sibéria, conduziu expedições geológicas. As façanhas do filho alimentaram fofocas antissemitas contra o pai. As injúrias aumentaram após a sua morte. Sem preocupar-se com sutilezas, uma fonte da era soviética afirmou que a reputação póstuma de Maddox oscilava entre "um inglês proeminente forçado a abandonar a sua terra por razões políticas" e "um especulador ladrão e judeu avaro".[66]

No final, Maddox tornou-se tão ilusório quanto as ilusões que criou.

· 2 ·

NAPOLEÃO E DEPOIS

Os DESTROÇOS CALCINADOS do Teatro Petrovski apodreceram no lodaçal sob a sua fundação anterior e, nas noites de verão, voltaram a ser pouso de "aves de rapina", "muitos sapos" e sua algazarra.[1] O experimento empreendedor de canto e dança de Maddox havia fracassado; o tsar tomou as rédeas, e o balé e a ópera em Moscou tornaram-se uma operação governamental, à exceção dos teatros de servos. A administração dos Teatros Imperiais de Moscou ficou sob a égide dos Teatros Imperiais de São Petersburgo e da corte, que supervisionava questões artísticas, educativas e financeiras.

As crianças foram prioridade. O seu treinamento em dança e música ocorrera na Casa dos Expostos antes de ser incorporado à operação de Maddox. O orfanato permaneceu orgulhosamente assentado em uma curva do rio Moscou, mas já não privilegiava o treinamento nas artes. Os princípios educativos iluministas de Catarina, a Grande, e de seu assistente pessoal, Ivan Betskoi, foram mantidos em outro prédio. O nome, Colégio Imperial de Teatro de Moscou, era pomposo, mas pegou. Expandiu-se ao longo de todo o século XIX e seu currículo abrangia não só as artes, mas também as ciências, e as inscrições aumentaram. No século XX, a prestigiosa divisão de dança foi renomeada Academia de Balé Bolshoi.

Na primeira metade do século XIX, o Colégio Imperial de Teatro de Moscou se transferiu à medida que crescia: de um prédio no bairro do mercado, perto do antigo teatro de Maddox, a uma série de solares de pedra. Três deles pertenciam a generais com longos e distintos serviços prestados, outro a um tenente-coronel, outro a um tesoureiro da corte. A residência do tesoureiro, uma estrutura elegante em tom pastel de amarelo, que permanece intacta na rua Bolshaya Dmitrovka, abrigou primeiramente o colégio e, depois de 1865, a administração, ou *kontora*, dos Teatros Imperiais de Moscou. No final do século foi encontrado um espaço mais amplo em um prédio na rua Neglinnaya que havia sido uma escola cantonal, uma instituição que preparava os filhos dos alistados no serviço militar com aulas de tudo, da fortificação e da caligrafia à sapataria.

Ao ser inaugurado, em 1806, o Colégio do Teatro Imperial recebeu quinze meninos e quinze meninas. Poucos terminaram o curso nos primeiros anos, porque muitos preferiram perseguir outras vocações. A tuberculose também causou baixas, além de problemas pessoais. Quando o colégio não conseguiu preencher a lista de bailarinos, artistas itinerantes das províncias e servos das mansões moscovitas foram chamados. A reputação da arte melhorou, assim como o treinamento, e em 1817 o número de estudantes havia duplicado. Cinco anos depois, havia 86 alunos: 41 meninas e 34 meninos no programa de dança, três concentrados em teatro e oito em música. No final da década de 1820, quando o colégio se transferiu para o solar na rua Bolshaya Dmitrovka, havia mais de duzentos inscritos.

Os alunos entravam para o colégio entre os 9 e os 12 anos de idade, e se formavam com 18 ou 20 anos. Entre os internos, havia órfãos tutelados pelo Estado e filhos de funcionários dos Teatros Imperiais. O colégio limitava o número de internos a cinquenta alunos por gênero; devido a uma peculiaridade estranha, os que viviam com os pais podiam aprender dança, mas não teatro e música. O currículo dos iniciantes incluía, além da dança, aulas de direito sagrado, gramática russa, aritmética, escrita cursiva, geografia, história, desenho, ginástica, piano e violino. Mais tarde, eram acrescentadas aulas de mitologia, esgrima e mímica. Uma vez codificada, a rotina no colégio não variava: despertar às 8 horas, orações, café da manhã, aulas de dança até o meio-dia ou 13 horas, almoço, matérias acadêmicas, jantar, transporte ao teatro para quem estivesse se apresentando, permissão para visitar a família nos principais feriados. Os ensaios de dança costumavam ocorrer fora do recinto do colégio; aos sábados, as turmas passavam por uma inspeção. Os estudantes que não demonstrassem talento recebiam treinamento na confecção de vestuário e adereços, e na ciência da mudança de cenários. Os promissores eram enviados a teatros em Moscou e São Petersburgo, segundo a necessidade, com a obrigação de se apresentar durante dez anos.

As histórias da vida no colégio são escassas, e sugerem um ambiente simples, mas enriquecedor. Um dos primeiros a se formar contou ter sido vestido "com calças e casacos horríveis, ridículos, de um tecido verde--claro desagradável e com remendos por toda parte".[2] Mas o colégio não era *A casa soturna*. Mikhail Shchepkin (1788-1841), um servo ator fadado ao sucesso, foi docente no colégio nas décadas posteriores a Napoleão. Ele descreveu o seu trabalho duro com um palavreado amável: "Ao assumir aquelas responsabilidades e acostumado a cumpri-las conscienciosamente, raramente faltei à escola. Rapidamente conheci todas as crianças e vivíamos como amigos, estudando um pouco, mas seriamente."[3]

A preocupação seguinte foi reconstruir o teatro. Nos dois anos posteriores ao incêndio, os artistas de Moscou se apresentavam em propriedades privadas e em jardins pela cidade. Mais uma vez, a vida teatral foi confinada às casas dos nobres, muitos dos quais mantinham teatros de servos em suas vastas propriedades. Os maiores dentre eles exploravam os talentos de centenas de artistas e montavam óperas, balés e entretenimentos com visual estrangeiro (italiano). Destruído o Petrovski, o público de teatro sofreu, e muitos profissionais que Maddox empregara viviam precariamente. Só na primavera de 1808 os atores e bailarinos de Moscou encontraram uma nova casa, em um teatro de madeira na Praça Arbat, uma encomenda imperial projetada por Carlo Rossi, filho de uma bailarina imigrante.

A construção foi lenta. Ivan Valberg (Val'berkh), o primeiro *maître de ballet* russo de destaque, soube que ficaria pronto no início de 1808, mas a obra só começou pouco antes da Páscoa. Ele reclamou com a esposa: "O teatro não está pronto, e a mesquinharia das intrigas é infinita. Não há figurinos, não há cenários; em poucas palavras, as condições são como em uma barraca de feira." Valberg se aborreceu com "as rinhas entre subdiretores, atores, bailarinos, figurinistas e uma ralé mista" e se arrependeu de ter trocado São Petersburgo, onde tinha uma posição confortável na corte, por Moscou.[4]

A maior parte do que se sabe sobre o Teatro Imperial Arbat está sob o filtro de romances e contos. Em *Guerra e paz*, de Leon Tolstoi, há uma cena em que Natasha Rostova, a heroína de 17 anos, vai à ópera depois de ser humilhada pelo pai e pela irmã de seu noivo; ela está acompanhada pela ambiciosa e sexualmente atraente Hélène. A princípio, a farsa da ópera é aparente demais e não impressiona. Mas Natasha, que precisa se perder na fantasia, se deixa cativar. "Ela não se lembrava de quem era, de onde estava nem do que sucedia diante de si. Olhava e pensava, e os pensamentos mais estranhos fluíam de forma inesperada na sua mente, sem ligação entre si. Agora ela pensava em pular para a ribalta e entoar a ária que a atriz estava cantando, logo queria tocar um velhinho sentado não muito distante do seu leque, depois queria se inclinar sobre Hélène e fazer-lhe cócegas."[5] A ópera em si não é mencionada, mas se supõe que seja uma combinação anacrônica de *Robert, o diabo*, de Meyerbeer, e do *Fausto* de Gounod.

As referências ao balé em *Guerra e paz* também são indistintas (Tolstoi desaprovava o rodopio das pernas desnudas tanto como as prima-donas corpulentas). Natasha refere-se ao bailarino e *maître de ballet* Louis Duport, que se apresentou em Moscou e em São Petersburgo entre 1808 e 1812, e seguia o estilo clássico francês com porte majestoso. No romance, Dupont simboliza a influência francesa sobre a vida aristocrática russa, que em breve seria sacudida pelas guerras napoleônicas. Trata-se de uma descrição precisa da realidade histórica: a guerra destruiu o Teatro Imperial Arbat, derrubando-o quatro anos após a inauguração. No último espetáculo, em

30 de agosto de 1812, um baile de máscaras foi acrescido de uma quadrilha de mazurca apresentada por estudantes.

A guerra também transformaria a carreira de Valberg. "Quando a *Grande Armée* de Napoleão Bonaparte marchou Rússia adentro", ele "se tornou o coreógrafo do momento".[6] A transformação de Valberg pode ser acompanhada em seus retratos. Um deles o apresenta como um curioso homem de letras: o cabelo emaranhado, as sobrancelhas alçadas, uma alusão às agulhas de São Petersburgo ao fundo. Em outro, ele parece remoto e austero, a pele empoada, os olhos vagos e uma peruca fina estirando o couro cabeludo para trás. No último, ele tem a aparência que cultivou em Moscou como artista maduro e patriota cultural russo.

Valberg iniciou a carreira em São Petersburgo, onde ensinou na escola de teatro entre 1794 e 1801. Por um breve período, um decreto caprichoso do tsar Paulo I autorizou os homens a ensinar balé, mas não a dançá-lo. Os cordões de sapatos e as danças sociais também foram banidos. O tsar gostava de treinamento e disciplina militares e pensava que as bailarinas do sexo feminino deviam ser como soldados — isto é, menos delicadas e mais violentas em seus movimentos. Ironicamente, ele morreu nas mãos de soldados violentos. Um grupo de oficiais conspiradores embriagados o confrontou em sua residência, puxou-o de detrás de uma cortina e exigiu que abdicasse. Ele se recusou e foi estrangulado. Houve poucas lágrimas nos Teatros Imperiais depois do assassinato de Paulo. Os homens regressaram ao balé, e a valsa voltou à corte.

Em 1801, com a ascensão do tsar Alexandre I, Valberg viajou a Paris para aperfeiçoar a sua técnica. Charles-Louis Didelot o substituiu como pedagogo, elevou os padrões no corpo de baile e se esforçou por transformar os talentos nascidos na Rússia em "estrelas".[7] As suas reformas, com o aval oficial, incluíram a criação de uma terceira fileira de bailarinos personagens, ou *coryphées*, entre o corpo de baile e os primeiros bailarinos. Ele eliminou os "saltadores de obstáculos" das fileiras do balé imperial e os substituiu por bailarinos com membros flexíveis e rostos expressivos.[8] O historiador do balé Yuri Bakhrushin atribui a Didelot o uso de sapatilhas e sandálias sem salto, que evocam a "Grécia Antiga".⁹ Foram abolidos os sapatos de fivelas do passado, junto com as perucas e mantos rígidos, que limitavam os movimentos dos bailarinos. Didelot criou um regime severo de treinamento e ficou conhecido como um professor zeloso, embora de bom coração e toque gentil. Homens e mulheres aprenderam *entrechats* e *battements*, e a postura adequada era lembrada em sala de aula com leves golpes do bastão de marcar o ritmo nas pernas e nas costas. Os hematomas e tapinhas carinhosos na cabeça davam a medida da promessa do bailarino.

Uma de suas discípulas mais famosas, Yevgeniya Kolosova, havia sido aluna de Valberg. Sua expressividade física era considerada mais nuançada e natural que sua fala. Didelot criou para ela balés em produções luxuosas, com cenários elaborados baseados em uma mescla de fontes pseudo-históricas. Ele procurava ideias em livros de história e mitologia que levava para o estúdio à tarde. Mais de um dos seus enredos tratou do resgate de um herói ou heroína das garras de bárbaros que atiravam rochas e provocavam terremotos. Didelot também gostava do Cupido e de sacrifícios de virgens e, no final da carreira, se aventurou no orientalismo. Gostava de representar o papel de deuses poderosos, contrariando a sua figura esquelética e o nariz muito grande.

Para simular grandes tempestades, ele fazia os bailarinos agitarem os braços até ficarem tontos e desmaiarem. Para sugerir o enlevo espiritual, teve a ideia de suspendê-los com arames enquanto os técnicos alçavam e baixavam os bailarinos com blocos e cordas. Didelot desprezou a gravidade de várias outras maneiras. Para o seu balé de 1809, *Psyché et l'amour*, um demônio voava das profundezas do palco e pairava portando uma tocha acima das cabeças dos espectadores. Certa vez, Vênus foi carregada até as nuvens em uma carruagem puxada por cinquenta pombas vivas. A biógrafa Mary Grace Swift ignora alegremente o provável morticínio: "É interessante imaginar o cuidado exigido para prender cada pomba com um pequeno corselete, que depois era atado aos arames que guiavam cada ave."¹⁰

Em 1811, Didelot foi forçado a sair de licença devido ao que a administração dos Teatros Imperiais denominou saúde debilitada. Na verdade, uma série de disputas pessoais impediu a renovação do seu contrato. Valberg regressou de Paris e assumiu as múltiplas responsabilidades de *maître de ballet*, coreógrafo e pedagogo do império. Os 37 balés que criou combinaram a posição dos pés e o alinhamento corporal associados ao estilo francês com o aparato técnico dos espetáculos italianos. Valberg também buscava materiais criativos em suas origens humildes (o seu pai era alfaiate). Um de seus primeiros balés, de 1799, é ambientado nas ruas e salões de Moscou. Um homem de posição social inferior se apaixona por uma aristocrata, e a paixão derrota a razão com resultados desastrosos. Embora tenha impactado profundamente a audiência, Valberg foi repreendido pelos *cognoscenti* por usar um figurino contemporâneo. "Ah, como os especialistas e os sabichões se insurgiram contra mim! Como, perguntaram, pode-se dançar balé de fraque!", rememorou a balbúrdia.[11] Mais tarde, produziu uma série de balés fantásticos e diversos dramas domésticos que serviam à causa do esclarecimento ético e moral. Em um deles, uma moça chamada Klara deve ser educada em nome da virtude; outro balé ensina o preço da traição a uma heroína norte-americana.

Valberg atingiu o apogeu e se distinguiu de Didelot com uma dança folclórica baseada em um divertimento sobre uma donzela cossaca que, disfarçada de homem, se converte em um cavalheiro heroico. Depois da apresentação exitosa em São Petersburgo, Valberg foi para Moscou. Seguiu-se uma série de peças combinando danças, canções e diálogos dramáticos que expressavam amor pelos camponeses russos e o solo sagrado em que trabalhavam e pelo qual lutavam. Foram-se os duendes, fadas e carruagens dos deuses; chegaram os camponeses, soldados e camponeses que viraram soldados. A dimensão coreográfica foi reduzida, mas o apelo popular geral aumentou. O mais significativo desses divertimentos data do auge da invasão napoleônica. Quatro dias após a Batalha de Borodino, que deixou os exércitos francês e russo exauridos e fora de posição, Valberg encenou em Moscou *Amor à pátria* (Lyubov' k Otechestvu, 1812). A música era de Catterino Cavos, o compositor preferido de Didelot. Segundo uma "testemunha ocular", *Amor à pátria* era tão patriótico que convenceu membros da audiência a se alistarem no Exército.¹²

A GRANDE ARMÉE entrou na Rússia no verão e outono de 1812. Estima-se que 400 mil tropas morreram por uma causa que havia perdido o sentido antes mesmo de cruzarem o rio Niemen da Bielorrússia e da Lituânia para a Rússia. O mesmo número de russos deve ter perdido a vida, talvez mais. À diferença da construção habitual, a luta não foi ideológica, opondo as forças da revolução ao regime monárquico. Em 1812, Napoleão Bonaparte já havia se declarado imperador e exercia poderes não menos absolutos do que os do tsar russo. Sua relação com Alexandre I às vezes tinha sido respeitosa; seus emissários haviam debatido a assinatura do equivalente a um pacto de não agressão. Até a possibilidade de uma ligação dinástica mediante o matrimônio pairava no ar. Contudo, a decisão de Alexandre de mover tropas para as fronteiras ocidentais do império forneceu o pretexto para a invasão francesa. Napoleão interpretou a movida como uma provocação e recrutou forças polonesas para as batalhas em Smolensk, Borodino e Moscou.

A guerra foi um desastre total para ambas as partes. Os camponeses russos e os cossacos alistados sob o comando do marechal de campo Barclay abandonaram suas posições um após o outro, entregando o solo da Sagrada Rússia aos franceses sem opor resistência. O comportamento era passivo-agressivo: os russos nem entregaram as armas nem se empenharam na guerra tradicional. Em vez disso, Barclay ordenou aos cossacos que incendiassem tudo que ficasse para trás: fontes de alimentos, casas, meios de transporte e equipamentos de comunicação. Seus ajudantes, ao ver a terra devastada, as carroças viradas e cavalos e homens mortos ou moribundos, contestaram a sua decisão. O tsar o afastou e em seu lugar nomeou o príncipe Mikhail Kutuzov. Não era lá um estrategista brilhante — segundo a maioria dos relatos, era inerte e muito incompetente —, mas se beneficiou por estar no lugar certo na hora certa. Ele obteve a vitória quando Napoleão derrotou a si mesmo ao espalhar demasiadamente suas tropas pelo território russo hostil. A prática da terra arrasada privou-o dos despojos da conquista. Os suprimentos escassearam. Cossacos saqueadores atacaram os acampamentos franceses à noite e capturaram e torturaram os soldados que foram flagrados saqueando comida. Napoleão insistiu na marcha de oito dias de Smolensk a Moscou. Quando seus ajudantes perceberam as suas intenções, ele declarou: "O vinho foi servido e deve ser bebido."[13] A terrível batalha de Borodino atrasou, porém não impediu o sítio francês à cidade. Para ambos os lados, o custo material e em termos de vidas foi exorbitante.

Os soldados de Napoleão entraram em Moscou em 14 de setembro de 1812, depois de trocar metralhadas e balas de canhão com as posições russas circundantes. De longe, os domos coloridos e as agulhas douradas da cidade causaram forte impacto, como o de um conto de fadas, nos franceses. Porém, as ruas estavam silenciosas, salvo por um ou outro bêbado ou vagabundo. Na manhã seguinte, Napoleão se aquartelou no Kremlin sem alarde; assumiu o controle administrativo da velha capital sem que lhe tivesse sido entregue. O tsar e a classe dominante de Moscou ignoraram a sua chegada e se recusaram a encontrá-lo. Tolstoi imaginou a decepção de Napoleão em uma só frase: "O *coup de théâtre* não funcionou."[14]

Dois terços da população, ou pouco mais de um quarto de milhão, tinham evacuado. Antes da invasão, o inepto governador-geral de Moscou, Fyodor Rostopchin, havia recreado a população com histórias sobre o sadismo francês. Contudo, ele se surpreendeu quando as massas aterrorizadas empacotaram seus pertences e partiram. Rostopchin previra a derrota de Napoleão em suas proclamações, mas também prometera não lhe deixar nada além de cinzas. A nobreza trancafiou as mansões de pedra e partiu para suas casas no campo. Suas carruagens atravancaram as estradas. Levaram os bens humanos (cozinheiros, criadas, babás, valetes e bufões), junto com retratos e penteadeiras. As carruagens se misturaram às carroças que levavam mercadores e comerciantes, e suas famílias, além de soldados russos feridos e — segundo alguns causos — desertores disfarçados de mulher. "Moscou foi abalada pelo horror", disse uma nobre recordando o êxodo luxuoso. Ela respondeu à exortação de Rostopchin para permanecerem na cidade e às acusações de traição planejando a "fuga" e embalando seus objetos preciosos.[15] Os pobres não tinham alternativa, a não ser ouvir o governador-geral e se abrigar nas igrejas. Os lojistas protegeram suas prateleiras contra os saques. O governador-geral mandou deter sabotadores, traidores e espiões dos franceses. Depois, abriu os portões das prisões e hospícios. Ordenou a destruição de documentos comerciais e o esvaziamento dos cofres do tesouro. A pilhagem começou.

Rostopchin soubera por Kutuzov que Moscou não seria defendida, então cumpriu a promessa de incendiá-la. A cidade havia sido taticamente abandonada; o sacrifício seria o preço da sua sobrevivência. Ele mandou esvaziar os tanques de água e espalhar pólvora em silos, curtumes, tabernas e armazéns. Pequenas fogueiras iluminaram as pontes repletas de carroças, as fardas rotas e abandonadas, e os restos humanos e de animais pelas ruas. As chamas se espalharam rapidamente na brisa de final do verão, consumindo quadra após quadra de prédios de madeira, envolvendo um hospital e empurrando a plebe para a beira do rio. As vozes dos desgraçados se misturavam aos ecos das orações e dos cantos desarmônicos. As chamas aumentaram a força do vento e o vento aumentou a força das chamas. Quando o fogo ameaçou os quarteirões do Kremlin, Napoleão reuniu os seus preciosos *articles de toilette* e partiu. De um palácio no subúrbio, Bonaparte e seus comandantes assistiram ao espetáculo da cidade que se imolava.

Adam Glushkovski, um destacado aluno de Valberg (e de Didelot), se tornaria o primeiro grande *maître de ballet* da era pós-napoleônica; durante a guerra, fora professor e *maître de ballet* em Moscou, informando diretamente do front. Baseado em suas memórias e nas dos seus contemporâneos, ele compilou um relato aflitivo e vívido da invasão napoleônica.

Glushkovski chegara a Moscou nove meses antes da invasão, em janeiro de 1812. Homem bigodudo de expressão aberta e trajes de mosqueteiro, foi elogiado menos pelos saltos do que pela atuação. Dançou no teatro Arbat e ensinou no Colégio do Teatro Imperial, transmitindo às crianças as lições que aprendera com Didelot. Vivia no colégio, mas comia de graça na casa do *maître de ballet* Jean Lamaral. Quando chegou a notícia de que teria de ir embora, enterrou um baú com seus pertences em um bosque. (O baú sobreviveu; ele o encontrou intacto ao regressar.) Gastou o último salário, uma bolsa com moedas de cobre que lhe fora entregue na véspera do ataque francês, em um par de botas e um casaco para a viagem. Depois, subiu em uma carroça com os seus alunos e partiu em direção aos povoados de igrejas a nordeste de Moscou conhecidos como o Anel Dourado. Os cavalos famintos mal conseguiam erguer as patas, e a procissão empacou. Ele e os alunos se acomodaram para passar a noite em um acampamento de refugiados até saber que logo os franceses chegariam. O comboio avançou.

Eles cruzaram vilarejos até chegarem ao povoado de Vladimir, na esperança de conseguir abrigo e alimentar os cavalos. O lugar estava repleto de soldados russos, prisioneiros franceses e todo tipo de gente de posição social superior. A cena se repetiu mais adiante, na cidade de Kostroma. Lá, os artistas em marcha se apresentaram no teatro de madeira local em troca de alimentos, banho e camas. Após dois dias, porém, o governador regional anunciou que não poderia acomodá-los em Kostroma, apesar das ordens neste sentido, em papel timbrado, da diretoria do teatro em Moscou. Eles encontraram refúgio em Plyos, uma pitoresca aldeia de pescadores. Durante três meses, os alunos ocuparam as moradias dos comerciantes erguidas na colina acima do rio Volga. Glushkovski e os outros professores que haviam fugido (os instrutores de direito sagrado, dicção, voz e desenho) se acomodaram em prédios junto à margem. Para horror das harpias fofoqueiras locais, as meninas de Glushkovski alçavam as saias acima dos tornozelos e saltavam praticando fandangos com os meninos. Espalharam-se rumores sobre o "espírito impuro" que se tinha criado e sobre o "ajudante do diabo" que ensinava os passos a eles.[16]

Veio a neve, e os estudantes desciam a colina de trenó para as aulas. A notícia da presença deles se espalhou entre as famílias aristocráticas que residiam na área, e Glushkovski ficou responsável por entreter, e ensinar, dança às moças locais. No entanto, ele adoeceu depois de apresentar um solo de um balé anacreôntico de Didelot em um salão frio vestindo apenas uma túnica leve de seda. A febre pôs a sua vida em perigo, mas ele rejeitou os tratamentos ofertados pelo médico da aldeia — chá com vodca e sangria — em favor de vinho quente e cataplasmas no peito embebidas em vinagre. Ele convalesceu em Kostroma, onde por fim o governador encontrou espaço para ele e seus alunos. O governador vivia "feito pinto no lixo", montando óperas em aniversários e eventos de dança, arrematados por queimas de fogos de artifício à beira do Volga.[17] Os alunos do Colégio do Teatro Imperial seguiram sendo educados no exílio, no teatro particular do governador. Glushkovski se jactou de ter um prisioneiro francês satisfeito em ser seu criado, e de ter estimulado as habilidades dele na confecção de cestos e como tira-dentes.

Ele registrou o que ouvia dos amigos que continuavam em Moscou a respeito das condições na cidade sitiada pelos franceses. Um dos que ficou para trás foi o violinista itinerante Andrey Polyakov, que mencionou a sujeira e o fedor da invasão, e contou que o incêndio destruíra tudo pelos bulevares da cidade:

> Os prédios nos dois lados do Bulevar Tverskoy se incendiaram; o calor era tão intenso que mal se podia suportar; em alguns pontos o solo rachou e se abriu; centenas de pombos voaram acima da coluna de chamas e depois caíram, calcinados, no suporte de uma ponte; a fumaça fazia arder os olhos; o vento carregou as brasas por longas distâncias; as fagulhas caíam sobre as pessoas como chuva; o estrondo das paredes que ruíam provocava pânico; os velhos e as mulheres com crianças de colo fugiam de casa gemendo e gritando e implorando a proteção divina; outros, os fracos, pereceram no incêndio; as ruas ficaram coalhadas de cães e cavalos carbonizados; os soldados franceses caíam mortos dos telhados tentando apagar o fogo.[18]

A descrição de Moscou em guerra feita por Polyakov evoca os horrores do *Inferno* de Dante e o juízo final divino. Essas comparações eram propositais, na tentativa de dar conta do sofrimento inexplicável. Ele não viu tudo o que descreveu, mas seu relato é convincente e coerente com o de outras testemunhas oculares sobre a água fervendo nos poços devido ao calor das chamas e os papéis calcinados voando no alto para bem longe de Moscou. Ao final do Bulevar Tverskoi, Polyakov avistou dois soldados russos enforcados em um poste de luz, transformado em forca pelos franceses. Os sinais em russo atados em seus peitos identificavam um deles como incendiário, o outro como um arrependido desertor para o lado francês que havia encontrado o seu fim. O Monastério Petrov era outro cenário medonho. O prédio sagrado do século XIV virara um matadouro. Peles de porcos pendiam de pregos nas paredes, havia partes de vacas e cordeiros espalhadas pelo piso. Soldados franceses com as mãos ensanguentadas cortavam e distribuíam fatias de carne no altar. Os cavalos relinchavam pedindo comida no coro.

Após três dias, o fogo seguira o seu curso, e o clima de setembro estava glorioso. Napoleão voltou ao Kremlin e, entre jogos de baralho e informes do campo, instruiu seus oficiais a restabelecerem a ordem nas ruas. Polyakov viu os soldados franceses fumando, comendo e se divertindo antes de se perfilarem para a inspeção matutina. Soaram duas ou três trompas; os tambores rufaram. O próprio Napoleão chegou em um cavalo branco, e os soldados assumiram a posição de sentido. Napoleão fitou-os com uma expressão entediada, ignorou a saudação e os dispensou de volta ao tabaco. Desse modo, a ocupação criou uma rotina. Os moleiros voltaram aos moinhos, as lavadeiras, às roupas. A vida teatral também foi retomada, seguindo uma moda, com a apresentação de seis comédias e vaudeviles franceses em um agradável teatro de servos em uma rua que permanecera intacta. Os textos foram modificados em homenagem a Napoleão e à *Grande Armée* exausta. Dentre os atores havia franceses empregados pelos Teatros Imperiais, além de oficiais que alguma vez haviam pisado os palcos em Paris. As audiências eram rudes, e Glushkovski descreve os ajudantes de ordem com suas boinas "calmamente fumando tabaco em cachimbos húngaros com pequenas hastes", alheios às apresentações, exceto nos discursos patrióticos, quando se erguiam para gritar *"Vive l'empereur! Vive la France! Vive l'armée française!"*. Nos intervalos, eles bebiam vinho e se regalavam com frutas e chocolates; depois, permaneciam nos salões do teatro dançando polcas.

As forças russas se recusavam a capitular e se engajaram em uma guerra de atrito. O povo de Moscou passava fome; pombos e corvos eram mortos para a sopa. Quando todos foram comidos, sobrou apenas o alimento mais acre — repolho. Os homens de Napoleão vasculhavam as cinzas "pálidos como sombras, buscando comida e roupas, sem encontrar nada, enrolando-se nos cobertores dos cavalos e em casacos rasgados", com "chapéus de camponeses e grossos xales rasgados". "Era como uma mascarada", relembrou Glushkovski descrevendo os arranjos bizarros pelas ruas. Não sobrava nada da crença na conquista libertadora que havia levado os franceses a Moscou, uma cidade com uma textura que eles não decifravam. Napoleão ordenou a Grande Retirada, não sem antes imaginar um regresso heroico, e, em carta a seu ajudante de ordens Hugues-Bernard Maret, prometer bombardear o Kremlin. Rumores sobre o bombardeio iminente chegaram à mãe de Polyakov, que morreu com o susto. O marechal Édouard Mortier levou o plano adiante no meio da noite de 20 de outubro, quando instalou as cargas para destruir a cidadela. No entanto, a chuva, ou talvez os heroicos cossacos, desmantelaram os fuzis ligados aos barris de pólvora. A maior parte das torres e muros resistiu intacta.

Foi penoso assistir à retirada francesa. Aos pares ou em trios, as fileiras de soldados maltratados e esfaimados cruzaram ruas fedorentas repletas de lixo até seus pontos de formação. Alguns chegaram; outros foram mortos pelo caminho; outros foram capturados. Os que haviam cuidado de bebês russos doentes no início da ocupação ou haviam demonstrado uma atitude humana foram abrigados em celeiros. A turba estava à espreita nas florestas, buscando vingar-se do incêndio, da pilhagem, da profanação das igrejas, do esquartejamento do gado. Ferramentas de ferro e madeira extraíram olhos e órgãos vitais.

A retirada prosseguiu em novembro. A temperatura caiu. Ventos abaixo de zero apagaram as fogueiras nos acampamentos; cadáveres congelados foram canibalizados. Napoleão conseguiu reagrupá-los, mas seu comando estava fragilizado e suas forças dispersas humilhadas. Os aliados europeus se tornaram inimigos, e após uma série de derrotas ele foi forçado a abdicar. Com suas ambições esmagadas, Napoleão foi feito prisioneiro no exílio, na ilha de Santa Helena, onde ao menos o clima era mais ameno.

AO REGRESSAR A São Petersburgo, em 1816, após a suposta demissão, Didelot reassumiu as suas tarefas em um cenário político e cultural profundamente distinto. O tsar Alexandre I reconheceu a sua gratidão às massas russas que haviam se sacrificado para resgatar o seu governo das mãos de Napoleão. O triunfo improvável inspirou uma mudança cultural e o abraço entusiástico de tudo o que era russo. Os cossacos subiram ao palco para comemorar a derrota de Napoleão. Ciganos e camponeses se uniram a eles e eram pagos para ensinar as suas habilidades aos bailarinos, que até então aprendiam *pliés, battements, ronds de jambe* e danças da corte. A nova moda da posição agachada *prisyadka* e das danças em roda com corais e acompanhadas por flautas, acordeões e diversos instrumentos de percussão não durou, mas deixou a sua marca. Didelot adaptou a tendência patriótica acrescentando danças russas de rua e dos campos ao currículo pedagógico da escola de balé de São Petersburgo. Em 1823, ele encenou o segundo balé baseado em um texto de Alexander Pushkin. Intitulado *A prisioneira do Cáucaso, ou A sombra da noiva* (Kavkazskiy plennik, ili Ten' nevestï), ele exibia uma heroína oriental de olhos escuros, bárbaros exímios no laço, um fantasma e, no ato final, um coro em homenagem ao tsar. Tinha pouco a ver com Pushkin, mas este não ficou nem um pouco ofendido. Pelo contrário, quis saber tudo a respeito, e contou a um amigo que certa vez cortejara a linda bailarina no papel principal.

Moscou, a sobrevivente avariada, se tornou a sementeira do novo nacionalismo. Nos planos para a sua reconstrução, havia um teatro colossal para balé e ópera para sobrepujar o antigo Teatro Petrovski de Maddox, um empreendimento marcado pela corrupção e pelas origens inglesas do dono. Uma escola apropriada seria criada, com um currículo chefiado por um pedagogo excepcional: Glushkovski. Sua primeira e maior contribuição ao balé de Moscou foi como professor, e ele escreveu um capítulo pessoal na história do balé. Descreveu corretamente como manteve os alunos vivos durante a invasão de Napoleão e lhes deu uma escola (na verdade, foram três, entre 1814 e 1829, quando se aposentou como professor) e aperfeiçoou cada aspecto do treinamento.

Glushkovski formou uma trupe profissional com seus discípulos mais talentosos e se dedicou a enriquecer o repertório com representações teatrais patrióticas, seguindo o exemplo de Valberg, e balés baseados em enredos mais longos extraídos de textos de Pushkin, como Didelot fizera. Em seu relato do período, ele descreveu a instalação de assoalho, cordas e almofadas nas salas de aula para ajudar os alunos a praticarem o levantamento e melhorarem a rotação de quadril e tornozelos. Falou sobre os tipos de movimentos privilegiados pelos seus professores e os balés que ressuscitou quando o novo teatro abriu em Moscou — balés que ressaltavam a graça e a fluidez, não o contraste ordinário. O repertório mudou para refletir o novo contexto cultural nativista. "Em 1814, 1815 e 1816", afirmou, "as danças nacionais russas reinaram supremas nos teatros de São Petersburgo e Moscou." Essas danças suplantaram "o modo francês *recherché*".[19] O elemento francês mais tarde voltou a se afirmar, mas ele seguiu dando espaço ao folclórico. Sua aposta foi em uma mescla de materiais de origem urbana e rural para representar extremos mágicos ou o desejo de superar situações comuns.

Glushkovski assumiu diversas tarefas e aperfeiçoou seu talento como criador de balés durante a reconstrução de Moscou e o seu fantástico renascimento das ruínas após a guerra. Contudo, acumular as posições de dançarino, professor e *maître de ballet* provocou-lhe demasiado estresse, e ele pediu ajuda à direção. Ainda assim, em 1831, suas tarefas aumentaram ao ser nomeado inspetor-chefe e diretor do balé. Segundo suas contas, precisava estar presente nos ensaios e supervisionar a montagem de até dezoito balés por temporada. Tinha de buscar financiamento, encontrar substitutos para os bailarinos enfermos ou machucados e, entre outras coisas, fornecer bailarinos e danças para óperas, melodramas e os grupos de balé inseridos em vaudeviles. Em consideração à sua carga colossal, a diretoria dos Teatros Imperiais permitiu que ele e sua esposa, a bailarina Tatyana, deixassem Moscou por um mês no verão para "corrigir" o que denominou "saúde arruinada".[20] Depois de servir com "grande zelo" e "comportamento louvável", segundo seus superiores, Glushkovski se aposentou em 1838, aos 46 anos, e fez jus a uma pensão no valor de 4 mil rublos, além de um anel de diamantes que recebeu como presente de despedida. A pensão era impressionante para a classe média, embora ínfima em comparação ao que um aristocrata recebia anualmente de suas propriedades.

A CARREIRA DE Glushkovski está associada à invenção do balé "russo", que surgiu como conjunto, orientação e ideal. Os cossacos do leste, bem como os habitantes da estepe interior, da Sibéria e das montanhas do Cáucaso, trouxeram algumas danças nacionais aos teatros e escolas do balé imperial russo pós-napoleônico. Glushkovski e seus sucessores também tiveram acesso às danças dos povos nômades. Estas foram alteradas e exageradas, perdendo substância etnográfica até se tornarem símbolos, representações estilizadas, do império "russo". Mais tarde, o folclórico seria deslocado para cenas oníricas, alucinações, ou os desfiles de nações tal como se viu nos balés franceses na época de Jean-Georges Noverre e Luís XIV. No balé russo do século XIX, as "danças dos povos" seriam marginalizadas e eliminadas do enredo.

Na mistura do balé russo também foram incluídas danças europeias de corte. A mistura de elementos não russos parece paradoxal, mas essa era a estética de Glushkovski — contraditória. Quanto mais os bailarinos buscavam uma escapada angelical da força de gravidade, mais importante era fazê-los pisar firmemente nas solas dos pés, de um modo carnal e humano. E quanto mais importante o enredo, mais liberdade tinham os intérpretes de sair do personagem, romper o quadro emocional e psicológico simplesmente pela execução atlética brilhante. Os divertimentos do período pós-napoleônico incluíram diversos cantos e falas; a mudez, elemento definidor do balé, era surpreendentemente rara. Assim, o balé em Moscou se desenvolveu por coordenadas próprias, refletindo as condições locais mais como se fossem espécies de aves que evoluíram em uma ilha remota — particulares, e até peculiares, em suas adaptações. Em outras partes, os balés e óperas populares importados do Ocidente garantiam a venda de ingressos. Mas Moscou ofereceu um espaço delimitado para o balé e a ópera russos florescerem.

Um novo teatro público em Moscou foi construído sob a administração da corte de São Petersburgo entre 1821 e 1825, já perto do final da carreira de Glushkovski. Ele foi erguido onde antes se erguera o Teatro Petrovski, mas deveria significar uma ruptura clara com o passado e refletir as novas ambições nacionalistas. Apesar da virada patriótica nas artes, contudo, o espaçoso teatro e as apresentações continuavam tendo por modelo os modelos europeus continentais. O Teatro alla Scala de Milão e a Salle Le Peletier de Paris estavam na mente do arquiteto. Como símbolo de uma cidade que renascia, uma cidade do futuro e não do passado, ele devia ser maior, mais grandioso que os teatros da França e da Itália, situando-se acima deles. Assim, a orientação e o desejado domínio da Rússia imperial com relação ao Ocidente se traduziu em mármores e gesso.

O impulso para construir o teatro foi dado por Dmitri Golitsïn, que substituiu o desacreditado incendiário Fyodor Rostopchin como governador-geral de Moscou. Um conceito neoclássico básico foi aprovado em 1819, mas as plantas específicas só foram feitas em 1820, com a reunião de quatro membros da Academia Imperial das Artes. O principal projetista foi Andrei Mikhailov, professor sênior de arquitetura, e três outros membros da academia, inclusive o irmão dele. O primeiro esboço foi revisado e o orçamento ultrapassou o que Golitsïn estava disposto a aprovar em nome da corte. O projeto extravagante teve de ser reduzido. Mikhailov também havia desenhado o hospital onde Fyodor Dostoievski nasceu em 1821, e teve vários projetos cancelados ou terminados por outrem, como ocorreu com o Bolshoi. A corte o agraciava com encomendas, mas sabia das suas limitações.

Outro arquiteto envolvido desde o início, Osip (Joseph) Bové modificou o projeto com a aprovação de Golitsïn e do tsar. Havia muito tempo ele gozava do apoio oficial e supervisionou a reconstrução da Praça Vermelha e a restauração de fachadas em toda a Moscou. No entanto, não podia controlar a imaginação dos construtores privados contratados para as obras de restauração, e o resultado foi uma confusão de vermelhos e verdes que desagradou o tsar. Ele ordenou que as fachadas fossem pintadas em cores mais pálidas. (Até hoje essas cores pálidas caracterizam os prédios mais antigos de Moscou.) No Teatro Bolshoi, Bové foi comedido e, por uma questão de gosto, eliminou a versão do século XIX de um centro comercial que Mikhailov havia projetado para o primeiro piso e rebaixou o teto plano. Ele fez o que pôde para controlar os gastos, e chegou a contratar diretamente os pedreiros e transportar as pedras para o canteiro de obras na sua própria carroça. Também foi ideia sua salvar o que fosse possível dos detritos do antigo teatro de Maddox; nem todos os vestígios do passado foram expurgados. Porém, como haviam previsto os homens mais sagazes da diretoria dos Teatros Imperiais, os custos ficaram muito acima do planejado e passaram dos 960 mil rublos, outorgados pelo Tesouro, à soma colossal de 2 milhões de rublos.

A construção do teatro levou mais de quatro anos. Em julho de 1820, as primeiras sapatas foram cavadas e os primeiros dos milhares de troncos de pinho da fundação foram assentados no pântano da rua Petrovka. (As estimativas do número de troncos fincados no lodaçal variam: certamente mais de 2.100, talvez mais de 4 mil.) A construção envolveu centenas de trabalhadores durante o inverno, e ainda mais no verão. Ela mal terminou em dezembro de 1824. A cortina com o zodíaco e as cortinas diáfanas só foram instaladas em 1824, após a extensão do prazo e, devido ao estouro do orçamento, Mikhailov e Bové tiveram de sacrificar 8 mil rublos em candelabros importados que pretendiam dependurar nos salões laterais, substituindo-os por iluminação em *papier mâché* e lata confeccionada por artesãos locais. Bové também teve de desistir do espelho gigante que pretendia colocar diante da cortina, permitindo que os membros da audiência se vissem; a mera ideia aterrorizou a diretoria, por seu custo e radicalidade.

Ainda assim, o prédio pronto era luxuoso, com seus camarotes recobertos de veludo carmesim, franjas e trançados dourados, e as frisas laterais suspensas, como se flutuassem, mas apoiadas em hastes de ferro. As colunas e pedestais emolduravam as galerias, dando suporte ao teto decorado com arabescos, de onde pendia um enorme candelabro de cristal içado e abaixado com polés. Lâmpadas de azeite forneciam a iluminação, além de duas fileiras paralelas de velas diante dos camarotes. Até europeus "russofóbicos" se impressionaram com o resultado. "Viajantes que visitam a Rússia esperando encontrar um povo que acaba de sair da barbárie muitas vezes se surpreendem ao se deparar com cenas de elegância e refinamento parisienses", opinou o *Illustrated London News*. O novo teatro era o maior exemplo dessa urbanidade inesperada. Embora tenha tardado em se adaptar às novas tecnologias — a iluminação a gás só foi instalada em 1836, com a construção de uma usina de gás especial —, a "orquestra e o coro eram fortes", fazendo do teatro "o local favorito da nobreza russa, que costuma ostentar a sua melhor gala para a ópera".[21]

O teatro comportava mais de 2.220 pessoas, mas a demanda excedia a capacidade, principalmente nos primeiros anos, o que levou a administração a repetir os programas e instalar assentos adicionais no auditório. Os salões laterais tinham espaço suficiente para oferecer concertos de câmara de músicos estrangeiros em turnê. A entrada era emoldurada por um pórtico e dava para uma grandiosa escadaria central e amplos salões de recepção. Cinco enormes janelas semicirculares a cada lado do teatro iluminavam o auditório e o palco. Dez pares de colunas sustentavam o espigão do fundo. Como era maior do que a operação de Maddox, ele foi chamado de Teatro Bolshoi — que significa "grande" — Petrovski. Com o tempo, a referência à rua Petrovka foi esquecida. O espaço dianteiro, a Praça do Teatro, ganhou um jardim público. Mais tarde foi acrescentado um chafariz. A ravina e o poço que antes havia ali foram cobertos com pedras e terra retirados dos bastiões demolidos de Kitay-gorod. Na Praça do Teatro, havia um teatro menor, o Malïy, para peças, também projetado por Bové.

O interior e o exterior do teatro foram inspirados e serviram de inspiração para o orgulho nacional. Um artigo anônimo do *Moskovskiye vedomosti* exalta o teatro e Moscou, o símbolo reconstruído da "espada da vitória", pronta para integrar a categoria das grandes cidades do mundo.[22]

> A vivacidade e a grandeza de certos acontecimentos recentes na Rússia assombraram os nossos contemporâneos e, na posteridade distante, serão vistos como nada menos do que milagres [...] A cada feito, a nossa pátria se aproxima mais das grandes potências europeias. Esse pensamento surge na alma do patriota ao fitar a aparência do Teatro Bolshoi Petrovski, cujas paredes surgiram das ruínas como uma fênix, com um novo esplendor e magnificência. Por quanto tempo os olhos ficaram expostos aos horríveis escombros, aos restos do terrível desastre, e ao ruído da batida dos martelos dos trabalhadores? Agora, para deleitar a mirada, há um edifício esplêndido, um prédio de gosto encantador em altura, dimensão e nobre simplicidade, arrematado pela elegância, a imponência e a comodidade. E agora as paredes internas recebem o estrondo das musas; uma inspiração positiva para a humanidade! Tal é a magnitude, em espírito e façanha, do governo da Rússia.

À diferença da operação irregular de música e dança de Maddox, desde o início o grandioso espaço fora concebido como a catedral das mais refinadas belas-artes, colocando lado a lado as classes médias mercantis e os habitantes da Tabela de Posição Social "no caminho do Iluminismo".

O poeta Mikhail Lermontov, de 19 anos de idade, celebrou prodigamente a construção do Teatro Bolshoi Petrovski. Em seu "Panorama Moskovï" (Panorama de Moscou), uma meditação sobre os muros, telhados e bulevares da cidade, ele imaginou o deus Apolo em sua biga, a estátua de alabastro que encima o pórtico do Bolshoi, fitando os muros ameados do Kremlin, decepcionado porque "os monumentos antigos e sagrados da Rússia" não estavam à vista.[23] Eles haviam sido seriamente danificados em 1812, quando Napoleão ordenou detonar o Kremlin e os soldados saquearam as insígnias e ornamentos decorativos. O tsar Alexandre I encomendou os reparos em estilo neogótico, e o seu sucessor, Nicolau I, os terminou. O Teatro Bolshoi Petrovski, em contraste, tem um ar neoclássico: simétrico, monumental e harmonioso.

O teatro foi inaugurado em 6 de janeiro de 1825, com uma bênção e um prólogo alegórico em que figuravam Apolo e suas musas. Depois, "um vidente de um mundo mitológico" previu o futuro da nação e os triunfos vindouros. Houve também a afirmação da vastidão do Império Russo, das terras que ocupava, da Polônia ao mar Cáspio, das "brumas da Finlândia" aos "espinhaços nublados" do "Cáucaso formidável". No palco, Bové, o herói do momento (Mikhailov havia caído no esquecimento), ouviu bravos merecidos. Após a apresentação das 18 horas, às 23 horas o teatro recebeu a primeira mascarada. Tratava-se de uma ocasião elegante; os convidados foram instruídos a não portar chapéus nem "máscaras indecentes".[24]

A inauguração do teatro pôs fim às peregrinações, ainda que não à existência miserável, dos artistas de Moscou. Ainda havia o desafio de aprender múltiplos papéis para obras curtas. Algumas eram russas, outras importadas livremente da Europa, na ausência de proteção aos direitos de autor. Os primeiros anos foram de comédias burlescas e espetáculos beneficentes para bailarinos e cantores, mas Pushkin também fez sentir a sua presença (como fonte para os balés *Ruslan e Lyudmila*, *Prisioneiro do Cáucaso* e *O xale preto*), além de Cervantes (*Dom Quixote*) e Goethe (*Fausto*). Os feitos sobrenaturais punham em funcionamento as fabulosas máquinas de palco. O repertório incluía uma versão para balé de *Cinderela*, a adorável lenda do século XVII sobre a donzela explorada como criada que, com a ajuda de criaturas mágicas e bondosas, se torna a noiva deslumbrante de um príncipe. A coreografia de 1825 para a inauguração do Teatro Bolshoi Petrovski ficou a cargo de Félicité Hullen, bailarina de 20 anos de idade, musicada por Fernando Sor, seu marido de meia-idade. Ela era parisiense, ele de Barcelona, e ambos foram contratados pelos Teatros Imperiais em Moscou. O casamento não durou.

A carreira de Sor em Moscou durou três anos. Ele compôs para outros balés, mas é mais conhecido pelas obras para violão: estudos, conjuntos de temas e variações, transcrição de canções e sonatas. Sua música é discreta, polida e deve muito a Mozart. Hullen era mais impetuosa e brilhante. Em Moscou, seu tutor foi Glushkovski, que promoveu o seu talento como bailarina e depois fez dela uma parceira como *maître de ballet* no Bolshoi, e também pedagoga no Colégio do Teatro Imperial. Ela foi a primeira coreógrafa da Rússia, e incluiu danças russas nos balés sobre temas russos. Assim como Glushkovski, ela se distinguiu pela produção de obras cômicas com temas camponeses que, por razões estéticas e políticas, nunca teriam sido encenados em São Petersburgo. Contudo, Hullen sempre privilegiou o repertório que dançara em Paris na juventude, o que atiçou críticas de um administrador dos Teatros Imperiais de que estava fazendo retroceder o balé russo quando este precisava avançar. Ela pagou a dívida com a sua pátria ao introduzir características do romantismo francês no balé russo. O amálgama que criou — do local e do internacional, da terra, do éter — ajudou a transformar o balé de Moscou como algo distinto, diferente do que era encenado em São Petersburgo e em toda a Europa.

O balé *Cinderela* de Hullen e Sor, que estreou na inauguração do Teatro Bolshoi Petrovski, é um exemplo dessa mescla particular de influências russas e europeias, e das qualidades que distinguem o balé recriado em Moscou. A história familiar é revestida de um garbo tipicamente russo e oferece muito mais do que uma lição sobre a corte estendida ou mesmo do que uma lenda de transformação pessoal, seja na superfície, com a entrega à heroína de um vestido de baile e sapatilhas de cristal, seja em um nível mais profundo, quando ela aprende a distinguir entre o bem e o mal. As audiências em Moscou (que não eram alheias às cinzas) estavam acostumadas à inclusão de sentimentos patrióticos nos balés e óperas, e puderam interpretar a *Cinderela*, ao menos em parte, como uma parábola da luta nacional. Em vez de revelar o isolamento poético da moça, o balé agora apresentava a Mãe Rússia como a heroína que não desejava ser criada da Europa. Os anos de negligência e desrespeito haviam terminado com a expulsão de Napoleão. Os heróis da guerra, entre eles o governador-geral de Moscou, Golitsïn, rivalizavam pelo papel do príncipe, e o baile acontece na corte imperial russa. O grande teatro novo também infundiu uma poderosa grandeza à lenda modesta.

Os balés de Valberg, Glushkovski e Hullen marcam o surgimento de uma "russização" que viria a definir o Teatro Bolshoi Petrovski nos 28 anos da sua existência — e não só no balé. O Bolshoi era (e é) também uma casa de ópera, e essa russização se encontra nas óperas de Mikhail Glinka, o qual foi imortalizado ainda em vida como o pai da tradição musical russa. Enquanto os coreógrafos no Bolshoi faziam suas danças parecerem russas ao manipular modelos da França e da Itália, Glinka e seus sucessores partiram de exotismos extraídos, frequentemente, de lugares ao leste. Escalas e segmentos de escalas arcaicas passaram a definir a característica russa na música, ao lado das escalas inventadas, como a de tons inteiros e a octatônica, os sinos de igreja, os lamentos prolongados e, na ópera, os contextos sensíveis à pronúncia e aos acentos tônicos da língua russa. A maior parte dessas novidades musicais foi inventada, inclusive as cantigas supostamente emprestadas dos camponeses. Mas a mistura as tornou mais eficazes e atraentes, mais sedutoras para as audiências locais e estrangeiras.

Glinka provinha de uma aldeia perto de Smolensk, mas mentalmente ele era cosmopolita, e passava tanto tempo fora quanto na Rússia. Ele aprendeu música na Europa, e morreu em Berlim. A sua primeira ópera, *Uma vida para o tsar* (Zhizn' za tsarya, 1836), pró-russa e antipolonesa, foi saudada como uma obra nacionalista exemplar. (Particularmente no período soviético, ela recebeu a bênção dos ideólogos nacionalistas, embora só após o tsar ser eliminado do libreto.) A segunda ópera, *Ruslan e Lyudmila* (1842), não teve tanto êxito. O seu ecletismo pavimentou um caminho difícil até o palco. Contudo, mais tarde, foi ouvida de outro modo e elogiada pela sua simplicidade. A partitura mesclava estilos e gêneros europeus. Também homenageava a antiga tradição da narrativa épica bárdica e, assim, parecia regressar à Rússia de antigamente: a Rússia antes de Pedro, o Grande, a Rússia antes de Ivan, o Terrível — em outras palavras, a Rússia antes da Rússia.

Real ou imaginado, o sucesso da música essencialmente russa de Glinka arruinou a existência de seus pares menos talentosos e treinados. Um dos mais ressentidos era Alexei Verstovski, compositor prolífico e figura central no funcionamento do Teatro Bolshoi Petrovski. Ele compunha música para teatro, mas seu legado consiste na sua contribuição administrativa. Sua carreira se sobrepõe à de Glinka e começa onde a de Glushkovski termina.

VERSTOVSKI (1799-1862) PROVINHA de uma linhagem nobre modesta e cresceu ouvindo a orquestra de servos na propriedade do pai, no sudeste da Rússia. Ele se formou em engenharia em São Petersburgo, mas estava mais interessado em seu hobby principal, a música. Ele estudou canto, fez aulas de violino e fazia acompanhamentos no teclado. A engenharia o entediava, então ele decidiu ofender o pai e se tornar um compositor em tempo parcial, ocupação que ele mesmo considerava abaixo da sua condição social. Sua primeira composição substancial, um vaudevile intitulado *Os papagaios da vovó* (Babushkinï popugai, 1819) foi pautada por uma estética inferior. Sua técnica melhorou graças a aulas com, entre outros, o grande compositor de óperas italiano Gioachino Rossini. (Reza a lenda que Verstovski só teve aulas com Rossini porque concordara em pagar as dívidas de jogo do mestre.) Os patronos do Teatro Bolshoi acudiram para assistir à sua ópera eslava faustiana *Pan Twardowski*, mas a audiência de São Petersburgo a criticou pela vacuidade e pelas caracterizações bidimensionais. A ópera também parafraseava as páginas mais assustadoras de *Der Freischütz*, a obra alemã de Carl Maria von Weber.

Verstovski teve mais êxito com uma mescla inteligente de canções românticas, efeitos assustadores e menestréis cômicos intitulada *O túmulo de Askold* (Askol'dova mogila, 1835). Ambientada nos primórdios do Principado de Kiev, a ópera envolve dois amantes, uma bruxa e um personagem sem nome que é visto, no primeiro ato, espreitando a tumba de um príncipe pagão. Forças ocultas mantêm os amantes separados, mas a bruxa consegue resgatar a heroína e uni-la ao herói mediante feitiços oportunos feitos em um caldeirão, observada por um gato preto e uma coruja. O personagem sem nome também colabora, mas termina afogando-se no rio Dnieper. *O túmulo de Askold* tocou os sentimentos nacionalistas com seu enredo ambientado na Rússia medieval e a elocução popular russa, e foi encenada centenas de vezes em Moscou e São Petersburgo, tornando-se certamente a ópera russa mais popular do século XIX. Mesmo depois de ser eliminada do repertório, as danças sobreviveram (Verstovski brincava que os bailarinos as levariam para o túmulo.) Se Glinka não tivesse aparecido com as suas óperas russas canônicas, Verstovski poderia ter sido considerado a figura central na história da música russa. Mas ele terminou à margem.

A sua incapacidade de repetir o êxito de *O túmulo de Askold* o deixou amargurado, principalmente após a ascensão de Glinka. Invejoso, resmungou que a ópera de Glinka, de 1836, *Uma vida para o tsar*, era um fracasso dramático. "Não se vai ao teatro para orar a Deus", declarou ele em uma crítica acalorada.[25] Verstovski se achava um grande pioneiro, mas a sua busca pela fama foi obstaculizada e ele deitou a pluma, tornando-se um burocrata e político. Por estar no lugar certo e na hora certa, ele bajulou gente no poder, e galgou o escalão burocrático dos Teatros Imperiais de Moscou — de inspetor musical a inspetor de elenco e de pessoal, e, mais tarde, inspetor de repertório. Finalmente, assumiu a diretoria em Moscou.

A imagem que surge em seus registros empregatícios é a de um pobre cavalheiro que construiu uma carreira administrativa partindo do escalão mais baixo, sem grandes sucessos ou fracassos. Apesar de nunca ter gostado do trabalho, não podia se dedicar ao ócio por motivos financeiros e sociais. Por outro lado, suas cartas revelam uma persona muito mais vívida, às vezes quase exorbitante. Ele soa como um bom camarada, amante das fofocas (sobre noivas e os "velhos cogumelos" corocas do funcionalismo) que brinca e faz trocadilhos infames.[26] Sua pena e sua língua podiam ser cruéis, e ele não se continha ao fazer troça dos críticos e censores, e de todos os que o haviam aborrecido. Escrevia com muita precipitação, mas com fluidez, principalmente ao tratar dos seus diversos aborrecimentos. Estes incluíam as relações entre pessoas do mesmo sexo. Em suas cartas da década de 1830 ele zomba dos modos afeminados dos bailarinos, alguns deles abertamente homossexuais, outros não, usando a flexão de gênero feminino para descrever o comportamento deles: "Um novo bailarino nos procurou no teatro com a maior das pretensões; não gostei dele e a maior parte das pessoas decentes concordou inteiramente comigo. Não gostei principalmente dos seus modos de menina. Ele se empinava como quem diz 'Estou tãããão cansada!' 'Danceeeei até praticamente desmaiaaaaar no palco!'"²⁷ Vertskovski não consegue evitar a língua ferina ao mencionar o aparente lesbianismo das senhoras do seu círculo: "A ex-atriz Semyonova e a princesa Gagarina mantêm uma correspondência apaixonada; uma não pode viver sem a outra — é mágico, simplesmente mágico!"²⁸ Nas cartas, ele costumava fazer desenhos estranhos, sem relação com os temas tratados: um homem com uma crista de galo faz uma mesura como um macaco para uma baronesa; um chinês com um guarda-sol monta um elefante; o papa batiza três bebês em um urinol.

O grupo de nobres que dirigia os teatros de Moscou e São Petersburgo era pequeno e coeso. O libretista de *O túmulo de Askold*, Mikhail Zagoskin, foi diretor dos Teatros Imperiais entre 1837 e 1842. Verstovski tentou substituí-lo, prometendo "reparar todas as fissuras na diretoria" surgidas durante a liderança de Zagoskin.²⁹ A maior delas, queixou-se, era culpa da coreógrafa Hullen que, em sua opinião, não tinha sido uma força progressista no Bolshoi, e sim alguém que havia "atrasado as coisas em cinco anos, estimulada por Zagoskin, e destruído por completo a companhia de balé. Muitos bons bailarinos se foram e os que restaram foram prejudicados."³⁰ Contudo, a injúria não surtiu efeito, ao menos não de imediato. Verstovski continuou respondendo ao governador-geral de Moscou, Dmitri Golitsïn. Ele era convidado às festas na casa deste último, as quais lhe pareciam cansativas, "mais entardeceres do que noites", e piores do que os eventos irritantes no Clube Inglês que compunham a sua agenda social. Nas festas, os velhos "bastardos" "moviam-se como cegonhas"; a juventude barbuda e "gordurosa" se comportava desagradavelmente, fingindo que havia melhores lugares aonde ir.³¹ A cena social melhorava quando o soberano visitava Moscou e a cidade ficava parecendo um "formigueiro revirado", com "gente ocupada varrendo e consertando" por toda parte, "aparando a barba, raspando o bigode, todos limpos e sóbrios!".[32]

Zagoskin foi substituído, primeiro por Alexander Vasiltsovski, um indivíduo ansioso e humilde que, em suas cartas à corte, tendia a afirmar a sua insignificância. Quando adoeceu e não pôde retomar suas atividades, Verstovski assumiu a direção do *kontora* dos Teatros Imperiais em Moscou. Ele ocupou o cargo de 1848 até a aposentadoria, em 1861, um ano antes de morrer. Não gostava de Moscou; seu provincianismo não era uma virtude. Mas, como confessou no início da sua ascensão administrativa, "a graça das recompensas esperadas" o manteve lá. Certamente pôde se recompensar ao manter no repertório a sua ópera *O túmulo de Askold*. Quando a estrutura administrativa do Bolshoi voltou ao controle de São Petersburgo, ele alegremente assumiu o papel de funcionário público dedicado e reformador zeloso.[33]

Ao longo do século XIX, a diretoria dos Teatros Imperiais em Moscou prestou contas à diretoria dos Teatros Imperiais em São Petersburgo — exceto entre 1822 e 1841, quando os teatros Bolshoi e o Malïy passaram à supervisão do governador-geral de Moscou e do *Opekunskiy sovet*, a junta diretiva da Casa Imperial dos Expostos e o seu banco, à qual os teatros de Moscou ainda deviam dinheiro desde a era Maddox. A partir de 1842, a administração dos teatros Bolshoi e Malïy se assemelhou à dos principais teatros de São Petersburgo. O repertório era analisado pelo Comitê de Censura, composto (inicialmente) por três membros, e estabelecido no seio do Ministério da Educação em 1804. Os orçamentos eram determinados pelo Tesouro do Estado do Ministério das Finanças — tudo sob a supervisão do Ministério da Corte Imperial e Sua Majestade, o imperador. O controle dos teatros Bolshoi e Malïy voltou a São Petersburgo em 1842, quando a saúde do velho Golitsïn começou a decair.

O passo inicial para a reestruturação administrativa de 1842 foi um relatório encomendado pelo Ministério da Corte Imperial sobre as condições do Bolshoi. Ele foi feito por Alexander Gedeonov, diretor dos Teatros Imperiais de São Petersburgo, que, ao retratar um quadro de descaso, respondeu às necessidades de Gedeonov — isto é, pôr os teatros de Moscou sob o seu controle. A conclusão, extremamente tendenciosa, foi de que a maravilha arquitetônica de Bové não era bem cuidada desde a sua inauguração, em 1825. Os tanques de água estavam vazios, o que criava sérios riscos em caso de incêndio; o "mecanismo" sob o palco era inadequado para apresentações que envolvessem mudanças frequentes de cenário; não havia suficientes maquinistas, os quais estavam sobrecarregados, agendados para trabalhar no Bolshoi e no Malïy na mesma noite; os figurinos da ópera estavam puídos; os do balé eram mais recentes, porém tinham sido confeccionados "por um alfaiate muito medíocre".[34] O Malïy possuía uma "loja" modesta para guardar figurinos e adereços, mas o Bolshoi era forçado a alugar "barracas de madeira temporárias totalmente inadequadas". Outras dificuldades no Bolshoi incluíam a iluminação ruim. "Todas as lâmpadas de azeite estão dilapidadas", comentou Gedeonov, "deixando o palco escuro", mesmo durante as apresentações. As pontas das vigas nos corredores estavam apodrecidas, trazendo um perigo óbvio, e os "retretes" (isto é, as latrinas) emanavam um fedor insalubre.

Ele guardou as palavras mais duras para o Colégio do Teatro Imperial de Moscou, que supostamente se encontrava em um estado de "total destruição". Os alunos que não viviam no recinto eram em maior número do que os residentes, e traziam problemas para a diretoria: "Eles faltavam aos ensaios e apresentações por causa de mau tempo, doença, e até mesmo problemas domésticos atribuíveis à extrema pobreza." O colégio era inadequado às necessidades dos residentes, o que se devia em parte à falta de água para o banho (que era trazida da rua e carregada por uma escada estreita) e ao saneamento ruim; segundo o médico do colégio, a sordidez "provocava resfriados e outras doenças sérias, com consequências potencialmente letais". Os meninos enfermos eram confinados em um cômodo com quatro leitos no segundo piso, com uma enfermeira e um atendente na porta contígua. Uma parede fina de tábuas de madeira era tudo o que separava os pacientes do palco usado pelos alunos, de forma que "as danças e outras atividades exercidas na maior parte do dia perturbavam e prejudicavam enormemente os pacientes". O quarto das meninas doentes ficava no terceiro piso e tinha muito mais espaço, mas as janelas haviam sido instaladas a menos de um terço de metro do piso, o que causava problemas de segurança. "Obcecadas com a febre, sofrendo de intenso delírio e desorientação", conjeturou o informe, "uma paciente poderia, independentemente de todas as precauções, sofrer o infortúnio de se atirar pela janela". E a chaleira no quarto dos pacientes havia desaparecido.

Gedeonov encomendou duas inspeções independentes dos teatros Bolshoi e Malïy e do Colégio do Teatro para apoiar as suas afirmações e em pouco tempo se viu a cargo de todo o complexo teatral, além de um teatro de verão no Parque Petrovski de Moscou. Ao assumir a direção, ele sanou as dívidas do teatro com o *Opekunskiy sovet*. Como ele também supervisionava os Teatros Imperiais de São Petersburgo e não podia estar em duas cidades ao mesmo tempo, primeiro confiou em Vasiltsovski, e depois em Verstovski, para mantê-lo regularmente informado da situação em Moscou. Os escritórios da diretoria em Moscou funcionaram em um prédio de pedra de três andares no bairro de Arbat, antes de se mudarem para a rua Bolshaya Dmitrovka, a poucos passos do Bolshoi. Segundo uma fonte, no escritório havia um pequeno cômodo conhecido como "depósito", onde artistas e empregados suspeitos de malfeitorias podiam ser detidos.[35] Assim era imposta a disciplina.

Nos relatórios para Gedeonov, a prioridade era financeira: um balanço das receitas da bilheteria. Seguia-se uma descrição do sucesso ou do fracasso de produções e, no caso do Bolshoi, a menção à saúde dos bailarinos (quem havia distendido um músculo ou torcido o tornozelo), aos acidentes de maior ou menor monta (as costelas quebradas de um músico que dormiu no parapeito de uma janela aberta) e o andamento dos consertos no teatro. Quando eram elogiados ou indagados sobre o seu trabalho, Vasiltsovski e Verstovski ficavam enlevados, agradecidos pela atenção que vinha do alto. Gedeonov tinha pavio curto e uma carranca, mas se importava com os funcionários, assegurava os salários dos artistas de primeiro e segundo escalão, e concedia privilégios especiais após duas décadas de serviços.

O alojamento era uma preocupação sem fim, tanto para artistas e funcionários como para as suas famílias. A bondade de Gedeonov tocou a filha mais velha do empregado de Verstovski; ela vivia diante de uma "cozinha imunda em um quarto a um metro de umas lavadeiras" e um ator que "secava e passava as roupas de baixo" à vista de todos. (Segundo o apelo do pai dela a Gedeonov, a pobre moça também era obrigada a tolerar a "perversa companhia" de jogadores noturnos e trompetistas.) Ele a resgatou daquela sordidez. Com atitudes como essa ele granjeou o afeto e a consideração dos empregados, que o elogiavam com "almas sinceras e corações contritos" como "um Pai e Benfeitor da raça humana".[36]

Gedeonov havia manobrado pelo controle do Bolshoi, e embora o dirigisse com zelo, era detalhista e se envolvia pessoalmente na bilheteria (em geral, recusava-se a distribuir ingressos de cortesia para as apresentações, mesmo entre a alta nobreza) e se encarregava de questões triviais, tais como o valor dos buquês ofertados aos bailarinos e cantores nas apresentações beneficentes. Ele chegou a acompanhar o caso de um infrator que, em novembro de 1845, atirou uma maçã no palco durante uma apresentação beneficente. Empenhou-se em devolver um cachimbo apreciado deixado em um camarote por um conde alemão e barganhou o preço de acordeons e tapetes importados da Escócia. Além de determinar os salários dos artistas nos Teatros Imperiais, encarregava-se das férias e licenças médicas.

Ao ser promovido diretor, Verstovski tentou provar que estava à altura da tarefa de manter em funcionamento os grandes e pequenos palcos de Moscou enviando a Gedeonov descrições minuciosas das operações dos teatros Bolshoi e Malÿ, e pondo muito mais ênfase nas produções dos balés e óperas do que nos concertos — embora fizesse menção especial a Franz Liszt, compositor e pianista que admirava profundamente, e cujos recitais em Moscou eram lucrativos. Verstovski acompanhava todo o funcionamento da orquestra do Teatro Bolshoi, insistindo nas audições e na afinação precisa, assegurando que os arcos fossem consertados e que houvesse breu no estoque. A música soava maravilhosa, como Gedeonov admitiu em uma avaliação, de resto negativa, em abril de 1842. Verstovski tinha um interesse obviamente pessoal em manter suas próprias obras no palco e promoveu *O túmulo de Askold* abertamente. A obra permaneceu no repertório do Bolshoi enquanto ele esteve empregado nos Teatros Imperiais de Moscou. O cargo lhe permitia adiar ou interpor problemas às premières das obras dos rivais — incluindo Glinka.

Verstovski também tinha interesse pessoal em melhorar a educação ministrada pelo Colégio do Teatro Imperial, e em 1841 queixou-se de que "o professor de voz, M. Gerkulani, ainda precisa fazê-los abrir a boca em aula e ele ensina solfejo ao piano, o que é muito curioso. Ainda mais engraçado, o professor de dança, M. Peysar, tem as mãos aleijadas. Sentado, ele demonstra o que quer dos alunos apenas com os pés".[37] Na verdade, a situação não era tão ruim como ele descreve e os problemas que apontou melhoraram após a reestruturação. Professores jovens e cheios de energia foram nomeados, assegurado que a instrução respondesse às necessidades do colégio e dos teatros aos quais atendia.

Entre seus superiores, Verstovski cultivava a imagem de um sujeito boa praça, mas não entre os artistas que supervisionava, os quais o consideravam convencido. Karl Valts, por longos anos decorador e técnico do Teatro Bolshoi, recordou:

> ele inevitavelmente estava no palco antes das apresentações, de pé junto à cortina, e todos deviam ir até lá para saudá-lo. Ele nunca trajava o uniforme obrigatório da época, vestindo-se sempre com jaqueta curta e calças cinza-escuras. Era quase calvo, mas com uns fios despenteados no alto da testa, como Bismarck. Ao conversar com os artistas ele sempre mantinha as mãos nos bolsos e os tratava de um modo familiar. Junto a ele, como uma sombra, estava sempre a figura do inspetor do Colégio do Teatro.[38]

EMBORA COSTUMASSE TRATAR os artistas do teatro com frio menosprezo, Verstovski ficou louco com uma: a bela, talentosa e esforçada Nadejda Repina, cantora de registro extenso. Ela nascera pobre, filha de um servo músico, mas fizera uma orgulhosa carreira de *prima donna* no Teatro Malïy e inspirou algumas canções de Verstovski, inclusive o mais eloquente dos seus romances russos. Eles se casaram.

Dados os costumes da época, porém, não foi fácil manter o casamento. Dizia-se que, por motivos políticos, Repina havia sido forçada a se aposentar em 1841. O marido assinou os documentos da demissão à revelia dela pouco antes de o controle dos Teatros Imperiais em Moscou passar às mãos de Gedeonov. Não se sabe a reação de Repina, que supostamente voltou para casa depois de uma apresentação triunfante e desmaiou ao saber pelo marido que sua carreira tinha terminado. Ela passou a beber.

Verstovski também deve ter ficado desconsolado com o que fora forçado a fazer. Ele adorava a esposa e não teria se separado dela, assim como não se separaria do seu verdadeiro eu — o de um artista e compositor, não um burocrata. Frustrado com a sua sorte e com a burocracia, e com as intrigas que ele mesmo havia promovido, quis se ver livre do Bolshoi.

Mas agora o Bolshoi era mais que um prédio. Era o símbolo de uma busca: a luta pela identidade nacional por meio da identidade cultural. Porque Moscou havia suportado o embate com Napoleão, porque havia sido incendiada e reconstruída, porque a sua população havia sofrido e por fim triunfado, o antigo remanso salobre reivindicou o manto dos desígnios nacionais ante a capital imperial de São Petersburgo. Independentemente da pugna burocrática entre Moscou e São Petersburgo, a primeira estava em posição ascendente. A sua distância — de São Petersburgo, da Europa — era mais um benefício do que um impedimento. No século XIX, depois de Napoleão, antes de se tornar a sede do poder, a cidade começou a ganhar importância. O Kremlin e o Bolshoi podiam esperar a sua vez na curva do rio, ao longo das rotas comerciais que o governo fingia controlar.

A luta por representar a Rússia nas artes prosseguiu por toda a era imperial e o período soviético, até os dias de hoje; certamente é uma luta sem fim, romântica ao extremo devido ao investimento nos ideais do povo e da nação. No entanto, o Bolshoi poderia reivindicar o conceito mais clichê que existe: a alma russa.

· 3 ·

VELOZ COMO UM RAIO: A CARREIRA DE EKATERINA SANKOVSKAYA

ALEXEI VERSTOVSKI DEIXOU uma longa trilha de papéis, primeiro como inspetor, depois como diretor dos Teatros Imperiais. O mesmo não ocorreu com os artistas que dirigiu. Nem com as suas apresentações. O que restou da primeira metade do século XIX são partituras, cenários, lembranças de testemunhas oculares e imagens reunidas ao longo do tempo por fãs como Vasili Fyodorov, historiador da arte e diretor do Teatro Maliÿ no governo de Stalin. Contudo, mesmo essas coleções são seletivas, obras amorosas com enormes lacunas cronológicas impossíveis de completar vasculhando arquivos, quiosques e bibliotecas. A primeira metade do século XIX, a era do Teatro Bolshoi Petrovski, está ainda menos representada que a era Maddox — exceto no caso da bailarina moscovita Ekaterina Aleksandrovna Sankovskaya (1816-1854), cuja carreira se estendeu de outubro de 1836 a novembro de 1854. Diva anterior ao fenômeno das divas, Sankovskaya rivalizava em leveza e precisão com as ilustres contemporâneas europeias Marie Taglioni e Fanny Elssler.

No entanto, o nome dela desapareceu dos anais da história do balé, a tal ponto que os detalhes das apresentações de Taglioni em São Petersburgo, entre 1837 e 1842, e de Elssler em Moscou, entre 1848 e 1851, são mais conhecidos, embora a carreira de Sankovskaya não fosse menos ilustre — e controvertida — que as delas. Os críticos russos aclamavam Taglioni ardorosamente; um deles, Pyotr Yurkevich, chegou a dizer que ela pertencia a São Petersburgo. "A nossa sílfide incomparável derruba todas as teorias enciclopédicas apenas com um meneio do seu pezinho", e mais adiante a exaltou como "bela e inatingível, como um sonho!".[1] Bonequinhas retratando-a apareceram nas ruas da capital imperial, e uma confeitaria criou uma torta em sua homenagem. No causo mais famoso, ou notório, sobre as suas apresentações em São Petersburgo, os fãs compram suas sapatilhas em um leilão por 200 rublos de prata e depois as cozinham para um banquete.[2] O comportamento era estranho, mas não sem precedentes, como a própria bailarina sabia.

Dos modelos europeus, Sankovskaya adotou as características que distinguiam o balé romântico: o figurino todo branco, sem adornos, inclusive o tutu, e a dança com os calcanhares no alto. Para o toque de exotismo coreográfico ela usava pantalonas e sandálias ao estilo turco. Antes dela, mover-se *sur les pointes*, ou *en pointe*, era um feito acrobático criado por ginastas italianos e adotado, para fins expressivos, por bailarinas francesas como Fanny Bias e Geneviève Gosselin.[3] À exceção do encantador retrato a óleo que figura no Museu Bakhrushin em Moscou, as imagens restantes de Sankovskaya são fantasiosas e a retratam flutuando, pairando no ar. Uma litografia que Fyodorov conservou ilustra uma encenação de O corsário, em 1841, quando ela estava no auge da sua capacidade. Ela desce de um salto com os pés estendidos, ou em um *piquée arabesque*. Ela parece "veloz como um raio" — radiante por um instante antes de desaparecer para sempre.[4]

Pouco se sabe sobre a sua vida, além da menção à mãe e à irmã, também bailarina, e das brigas com as rivais naquele mundo espelhado. Nascida em Moscou em 1816, Sankovskaya entrou para o Colégio do Teatro Imperial aos 9 anos, a pedido da mãe. Ela começou como *kazennaya vospitannitsa*, aluna não pagante mantida pelo Estado. Antes de aprender as danças a caráter, ela estudou a mazurca, a quadrilha e outras danças sociais consideradas indispensáveis para adquirir conduta e porte perfeitos. A instrução inicial mais importante veio de Mikhail Shchepkin. Ele era a presença dominante no Teatro Malïy, tendo criado um método de atuação que privilegiava a emoção e a sensação sobre o pensamento. Ele rejeitava as representações bidimensionais e as caracterizações comuns, e encorajava os alunos a se conectarem o mais intimamente possível com as personagens. Embora a princípio Shchepkin duvidasse do potencial de Sankovskaya como artista na sua linguagem, chegando a classificá-la de "talentosa, mas caprichosa" em uma de suas cadernetas, ele tornou-se seu mentor e instilou nela o compromisso com a naturalidade da expressão, que ela manteve ao longo de toda a carreira.[5]

Sankovskaya primeiro dançou pequenos papéis em balés com temas históricos e mitológicos, incluindo *O casebre húngaro* (Vengerskaya khizhina), de Charles Didelot, em que aparece disfarçada de rapaz, e os nervos fizeram seus braços e pernas tremerem. O seu primeiro solo foi em 1831, no Teatro Malïy, aos 15 anos, no papel de uma leiteira apaixonada. No balé, uma das criações insignificantes de Didelot, a leiteira e o camponês que ela ama se contrapõem à avó dela. No papel, Sankovskaya impressionou o literato Sergei Aksakov. Apesar de reclamar que o corpo de baile chegava perto demais do fosso da orquestra na última dança matrimonial e da falta de paixão na pantomima, Aksakov percebeu uma tremenda melhoria na pedagogia do Colégio do Teatro. Sankovskaya e seu parceiro de palco "estavam suaves e cativantes", escreveu. "Eles vão amadurecer os seus dons e terão um futuro brilhante."[6]

Em 1836, a professora de Sankovskaya, Félicité Hullen, decidiu levá-la a Paris no verão, "para aperfeiçoar o seu talento".[7] Os Teatros Imperiais autorizaram a viagem, mas não a financiaram, então Hullen pagou a conta. Pouco se sabe sobre a aventura. Em Paris, a aluna parece ter entrado em contato direto com Fanny Elssler, que viu nela menos uma artista com estilo próprio — terreal, *tacquetée*, definida por um intrincado trabalho de pés — do que um retrato de Taglioni, capaz de criar uma ilusão de leveza sobrenatural nos saltos, adequada ao seu porte miúdo. Segundo um escritor do efêmero periódico de arte e política *Moskovskiy nablyudatel'* (Observatório de Moscou), "o espírito da sílfide parisiense [Taglioni] avivou o da pequena moscovita".[8] Sankovskaya incorporou as impressões adquiridas na temporada no estrangeiro ao seu próprio estilo, e assimilou cada passo, cada combinação, em uma só imagem. Ela voltou a Moscou como uma profissional, uma bailarina do Bolshoi.

O autor desconhecido do artigo no *Moskovskiy nablyudatel'* observou que, por sua inexperiência, Sankovskaya "às vezes sacrificava a si e à sua arte fazendo *tours de force* sem graça", mas, ainda assim, cada movimento, cada elevação e descenso de seu torso "era pura beleza".[9] A oficialização abriu caminho para a grandeza; dois meses depois de regressar de Paris, ela terminou com êxito os estudos no Colégio do Teatro e foi nomeada "primeira bailarina", *"première danseuse"*,[10] dos Teatros Imperiais em Moscou. O funcionário que assinou os documentos mencionou a sua atuação em *Fenella* como justificativa para a nomeação: "Mademoiselle Sankovskaya atuou com distinção excepcional no balé *Fenella* e, em outras duas ocasiões, em *divertissements*. Após a última apresentação, madame Hullen foi chamada ao palco; o público de Moscou quis expressar-lhe gratidão por ter estimulado uma bailarina tão maravilhosa."[11]

Fenella usa um arranjo abreviado da partitura de uma grande ópera, *La muette de Portici* (A muda de Portici), do compositor Daniel Auber e do libretista Eugène Scribe. Ambientado em Nápoles, no ano de 1657, o enredo apresenta um triângulo amoroso em um período de rebelião e erupção vulcânica. Alfonso, filho do vice-rei espanhol de Nápoles, está comprometido com uma princesa, Elvira, mas tinha seduzido a pescadora Fenella. A morte do irmão a leva a se atirar no vulcão em erupção ao final da obra. Nem o compositor nem o libretista da ópera original de 1828 pretendiam que a heroína permanecesse em silêncio, representando por meio de mímica, mas a ausência atípica em Paris de uma soprano adequada ao papel e a presença de uma bailarina atraente, Lise Noblet, levaram à mudança. Ao rever a partitura, Hullen decidiu que *La muette de Portici* deveria ter sido um balé, então chamou um arranjador (Erkolani) para ajudá-la na coreografia para o

Bolshoi. Fenella faz mímica em vez de cantar na versão em cinco atos para a Ópera de Paris; na versão em quatro atos de Hullen, ela dança em vez de fazer mímica. O gesto é o domínio dos demais personagens, que contam a história; Fenella torna-se uma concepção idealizada. Ela sente e expressa seus sentimentos por meio dos movimentos, mas também busca valores espirituais mais elevados. Hullen deu o papel de Fenella a outra bailarina na première de 15 de abril de 1836, e Sankovskaya, apresentada como estudante no cartaz, faz um papel secundário. Pouco depois, o papel principal foi dela.

Sankovskaya foi contratada para dançar em balés, óperas e divertimentos segundo o que determinassem os Teatros Imperiais e o que a sua força e estâmina permitissem. Seu primeiro solo no Bolshoi foi um *pas du fandango*. Os anúncios no *Moskovskiye vedomosti* a apresentam em um novo *pas de châle* parisiense em 27 de novembro e 28 de dezembro de 1836, e no papel principal no balé em um ato *La servante justifiée* (A criada justificada), em 11 de dezembro. Em 1837, há onze anúncios das suas apresentações, abrangendo da beneficência às mascaradas. Seu talento e apelo popular convenceram a diretoria dos Teatros Imperiais em Moscou a promovê-la retroativamente; a promoção foi transferida da abertura da temporada de 1836-37 para a abertura da temporada de 1835-36. Ela recebeu 800 rublos por ano nos primeiros três anos de carreira, além de 200 rublos de ajuda para moradia. Recebeu também para sapatos, o que foi rescindido em 1845, quando lhe disseram que teria de pagar por suas sapatilhas, e também absorver o custo crescente de seus vestidos, luvas, espartilhos e chapéus. Uma enorme quantidade de documentos de 1845 indica que ela insistiu para liberar na alfândega os doze pares de "sapatilhas de seda branca" que havia encomendado em Paris, mas não há detalhes do desenho das sapatilhas, essenciais para entender a sua técnica.[12] Supõe-se que ela voava pelo palco, como Taglioni, em uma combinação de meia ponta, três quartos e ponta. Mas as fontes são vagas. Quando ainda era estudante, a bailarina Anna Natarova viu Sankovskaya em *La sylphide*. "Ela assombrou a todos ao correr pelo palco e fazer todos os seus *pas* [passos] em ponta", recordou. "Isso era novo na época."[13]

O tsar Nicolau I se interessou especialmente por Sankovskaya, assim como vários nobres por outras bailarinas de Moscou, pois durante seu reinado o balé imperial era uma espécie de harém da corte. Ao assinar seu primeiro contrato, ela recebeu um diamante enorme do tsar e um bônus de 150 rublos. As relações sexuais com bailarinas eram um rito de passagem para um nobre adolescente, e não era incomum que nobres mais velhos colhessem amantes na escola de balé como quem colhe frutas na estufa. O filho de Nicolau, o futuro tsar Alexandre II, herdou o gosto do pai e as evidências sugerem que uma rival de Sankovskaya foi sua amante. Além do prazer pessoal, contudo, Nicolau encontrava no corpo de baile um modelo para o comportamento obediente da tropa. E vice-versa: para uma apresentação do balé *A revolta do harém* (Vosstaniye v serale), de 1836, assumiu o papel de coreógrafo ao determinar que os dançarinos aprendessem a manejar armas. Ele rompeu a resistência inicial à ideia fazendo-os ensaiar ao ar livre, na neve.[14]

Nunca se saberá até que ponto o Teatro Bolshoi se tornou um harém, ou se Sankovskaya foi raptada por nobres enamorados. Contudo, é claro que ela existia à parte e acima das bailarinas menores e mais pobres, cujos futuros estavam nas lavanderias ou nas ruas como prostitutas registradas, vestidas de amarelo e portando atestados médicos da mesma cor. O termo bailarina e a Tabela de Posição Social dos bailarinos (primeira bailarina, segunda bailarina, corifeu, corpo de baile) ainda não haviam sido codificados pelos Teatros Imperiais, mas não há dúvida de que Sankovskaya chegou ao topo e lá permaneceu. Ela sobrepujou a professora e se tornou a melhor bailarina russa da primeira metade do século XIX. A administração dos Teatros Imperiais em Moscou logo reconheceu seu talento e aumentou o seu bônus para 500 rublos e depois para mil rublos na assinatura dos contratos de 1838 e 1839. Mais tarde, ela recebeu bônus com base no número de vezes que estrelava um balé, 7 rublos por aparição em 1845, que subiu para 10, 15, 18 e, finalmente, 20 em 1851. Os contratos também lhe garantiam uma apresentação anual beneficente ou semibeneficente, algo lucrativo, e em uma delas ela experimentou com a coreografia e reencenou

Le diable à quatre (O diabo a quatro), de 1845, que Joseph Mazilier havia coreografado originalmente para o Bolshoi, no final de 1846, com música de Adolphe Adam. O tema do conflito de classes (uma marquesa irritadiça magicamente troca de vida com a esposa bondosa de um sapateiro) pode explicar que o balé tivesse atraído Sankovskaya, mas também levou a caprichos excêntricos, como no episódio em que um acordeão foi quebrado na cabeça do instrumentista. Sankovskaya também se apresentou em São Petersburgo, e em 1846 fez uma turnê em Hamburgo e Paris, entre outras cidades — a primeira turnê de uma bailarina treinada em Moscou.

Estudantes boêmios, como os proeminentes críticos teatrais Sergei Aksakov, Vissarion Belinski, Alexander Herze e Mikhail Saltïkov--Shchedrin idolatravam-na por motivos religiosos e filosóficos. No entanto, os elogios e descrições de suas apresentações na imprensa são escassos e espaçados, já que a crítica teatral acabara de ser legalizada, em 1828, no jornal semioficial de cultura e política *Severnaya pchela* (A Abelha do Norte) e havia regras rígidas do Ministério de Assuntos Internos e da polícia de Moscou sobre quem podia escrever as críticas e como fazê-lo: nada de anonimato, nada que não fosse solicitado e, portanto, nada que criasse conflitos. As lacunas no pensamento político eram preenchidas por periódicos como *Moskovskiy nablyudatel'*, jornais e memórias. Os devotos de Sankovskaya viam libertação espiritual em seus movimentos e tinham dificuldade em crer que ela fosse simplesmente humana, sujeita a contusões. Estas provocavam alarme e, como as doenças de Taglioni e Elssler, contribuíam para aumentar seu fascínio.

Sankovskaya teve rivais, no começo da carreira e depois, e, como costuma acontecer, as fofocas se propagavam sobre as suas tentativas de prejudicar as carreiras de outrem. A primeira na longa lista de competidoras era Tatyana Karpakova, que também tinha sido aluna de Hullen e fora levada a Paris para aprender o léxico mais rigoroso do repertório parisiense. Karpakova começou a dançar na infância e possuía nuances e ritmo suficientes para obter papéis em comédias teatrais, embora um crítico da época tenha lamentado que se recusasse a desistir dos saltos grosseiros que compunham o clichê que os bailarinos reciclavam de um balé para o outro. Dois anos depois de se formar no Colégio do Teatro Imperial em Moscou, Karpakova casou-se com um colega de turma, Konstantin Bogdanov. Ela teve filhos que não criou, entregando-os, como era hábito entre os artistas, ao Colégio do Teatro. Karpakova diminuiu o ritmo e seu nome desapareceu do repertório. Com a ascensão de Sankovskaya, o público a esqueceu por completo. Em 1842, a tuberculose a sentenciou à morte prematura, aos 30 anos.

KARPAKOVA ENFRENTOU DIFICULDADES para contornar a rigidez do classicismo acadêmico: sua pantomima era considerada fria e impessoal. Em contraste, Sankovskaya atuava com paixão e alegria, e a aparente naturalidade de seus movimentos filigranados ocultava um regime de treinamento brutal. Aos 20 anos de idade, sua saúde foi afetada pelo esforço, impedindo-a de fazer tudo o que se esperava dela, o que a colocou em conflito com a administração dos Teatros Imperiais em Moscou. Apesar da fama, ela continuava sendo uma empregada do Estado, forçada a cumprir ordens e obrigada a explicar aos seus empregadores cada hematoma, cada espirro e cada falta. Os pedidos de licença eram apresentados com muita antecipação, assim como as licenças para longos tratamentos médicos. Como diretor dos Teatros Imperiais em Moscou, Verstovski se cansou de tantas queixas, e suspeitou que ela estivesse inventando ou exagerando sobre os seus problemas de saúde. Ele a acusou de se deleitar com a atenção criada por suas ausências do palco e comentou que ela voltava rapidamente à forma quando outra bailarina ameaçava a sua posição.

Em março de 1843, seu médico recomendou que ela fosse autorizada a viajar para Bad Elms, na Alemanha, o balneário de verão preferido da nobreza europeia e russa, para usufruir das águas minerais termais e dos sais marinhos. Ela sofria de uma série de doenças: nervos abalados, desordens gastrointestinais, irritação do fígado, febre baixa persistente e constantes dores nas costas. O pedido foi negado porque ela não havia discutido a situação quando estivera no escritório dos Teatros Imperiais em Moscou para tratar de uma apresentação beneficente, e porque o atestado médico não explicava como as águas de Bad Elms poderiam ajudá-la. Ela repetiu a solicitação em março de 1844, quando as dores nas costas haviam piorado e ela exibia um cisto na coxa esquerda, acima do joelho. O médico observou também dor abdominal e a descoloração da pele, característica da icterícia. Em 10 de abril, foi autorizada a viajar ao exterior e emitiu um passaporte para quatro meses de tratamento em Bad Elms, tendo seu salário suspenso durante o tratamento, de maio a agosto. Antes de partir, teve de se prostrar ante o intendente (diretor-chefe) dos Teatros Imperiais em São Petersburgo, Alexander Gedeonov, prometendo que assim que se recuperasse ela se dedicaria com mais afinco para justificar a benevolência dele. Talvez não precisasse ir tão longe, já que, como recordou o *maître de ballet* Marius Petipa, Gedeonov era um homem "muito bondoso". Embora parecesse ríspido, tendo granjeado o apelido de "benfeitor resmungão", em geral costumava perdoar o mau comportamento. (Petipa conta o caso de um "ator secundário" que apareceu embriagado para uma apresentação e vomitou no palco. Gedeonov repreendeu a "criatura desagradável", mas permitiu que mantivesse a pensão, mesmo depois de o ator sacar um par de pistolas diante dele.)[15]

As fontes termais, apesar de serem consideradas uma fonte da juventude, não ajudaram muito a aliviar os maus-tratos a que o corpo de Sankovskaya havia sido submetido ao longo dos anos. Sua saúde continuava a declinar. Em agosto de 1848, foi multada em 259 rublos e 54 copeques por não se apresentar; passara três meses doente. Quando, por fim, regressou ao Bolshoi, foi substituída por uma bailarina visitante de São Petersburgo.

Os problemas de saúde obrigaram-na a trabalhar sem contrato por um tempo. Ela fez a última mesura no final de 1854, depois de estabelecer o padrão para as gerações seguintes. Documentos oficiais trocados entre os Teatros Imperiais em Moscou e São Petersburgo indicam que, para consternação de Verstovski, ela recebeu tratamento especial em seus últimos anos no palco. Sankovskaya se aposentou depois do auge, mas não de modo visível, pois era amada pelo público de Moscou como "a alma do nosso balé", uma moça da cidade que chegara ao ápice.[16] Uma apresentação beneficente de despedida foi programada no Teatro Malïy e cancelada, novamente devido à sua saúde, mas também à diminuição da audiência. A partir de então, Verstovski passou a promover as protegidas dela, especialmente Praskovya Lebedeva — a única bailarina, em toda a sua correspondência, a merecer um elogio genuíno. Sankovskaya recebeu outro diamante e uma pensão equivalente ao seu salário no final da década de 1840. Depois de deixar os palcos, ela ensinou danças sociais a meninos e meninas em ginásios e solares. Uma história conta que teria montado uma "dança marinheira" com Konstantin Stanislavski, o futuro grande criador do método para atores.[17] A técnica dele deve muito ao instrutor da infância de Sankovskaya, Mikhail Shchepkin. Antes de morrer, em 16 de agosto de 1878, a carreira de Sankovskaya havia completado seu ciclo.

CINCO ANOS APÓS a aposentadoria de Sankovskaya, uma espécie de tributo foi publicada no periódico *Otechestvennïye zapiski* (Notas da Pátria) com o título "Recordações de um estudante universitário moscovita".[18] O texto é autobiográfico, mas está carregado de perfume místico e dos meandros do que se sabe sobre a sua carreira. O estudante em questão, Nikolai Dmitriyev, gasta superlativos ao descrever o efeito provocado pela dança de Sankovskaya em um período sombrio da sua vida. Ele recorda suas apresentações em 1837 no papel principal em *La sylphide*, uma obra inicial do repertório que foi coreografada por Filipo Taglioni em Paris, em 1832, para sua filha Marie, que superou grandes desafios físicos para servir de musa para o pai. *La sylphide* exerceu profunda influência e tornou-se o arquétipo para, em um exemplo óbvio, o elo dança-amor na cena de loucura no primeiro e segundo atos de *Giselle*. No nível mais básico, o balé trata da luta por um ideal, mas termina em sofrimento e deixa aberta a questão de se o esforço vale o sacrifício. Marie Taglioni estava em São Petersburgo representando o papel da heroína etérea na noite em que Sankovskaya dançou o mesmo balé em Moscou. Não se tratou de uma coincidência de agenda nem de conflito, mas do que Hullen, a professora de Sankovskaya, entendeu como um duelo em sapatilhas de cetim.

Sankovskaya triunfou, ao menos segundo Dmitriyev. Em suas recordações, ele chega ao Bolshoi taciturno, carregado de pensamentos suicidas provocados pelo tédio, pela solidão e pela dura geada do outono, como o Werther de Goethe. Busca distração, mas não há uma Academia de Artes em Moscou para o enlevo, não há um Hermitage. Pelo "sentimento estético", frequenta o teatro sozinho. Seu espírito se afunda ainda mais ao perceber que o programa da noite não traz uma peça nem uma ópera, mas um espetáculo beneficente para uma bailarina. Não havia sentido em regressar à "melancolia", ao "sofrimento" à "estúpida caneca de cerveja" do vizinho, e ao "inevitável samovar" de seu quarto, então ele entrega os 7 rublos que traz no bolso, uma soma colossal por um ingresso. A multidão nas salas laterais do teatro irradia uma felicidade obtusa, e ele se acomoda no assento pensando que foram todos enganados. A orquestra interrompe a sua recitação silenciosa dos versos de Lermontov sobre os tormentos da ignorância.

E então ele a vê. A cortina se abre e revela uma casa em algum lugar místico (Escócia) e um homem jogado em uma cadeira, dormitando, ou, na descrição de Dmitriyev, levado ao sono por forças além de seu controle. Sankovskaya surge em uma janela acima do palco e escorrega pelo corrimão de uma escadaria até o piso, a pele e o tule brancos como o luar. Ajoelha-se diante da cadeira e, segundo Dmitriyev, volta a se erguer e dança para o homem, expressando um desejo sem reservas de submeter-se ao desejo dele. Ela então desaparece, inalcançável como "a pura translucidez do ar".

O homem na cadeira, James, está a ponto de se casar, mas sente-se insatisfeito com a futura esposa, Effie, conservadora e banal. Ele busca o escape simbolizado pela sílfide, a outra encantadora, e se apaixona por ela. Dmitriyev também se apaixona por Sankovskaya, e espera que ela volte ao palco com o coração em suspenso; quando ela o faz, ao vê-la deslizar pelo palco, entra em êxtase. Ele percebe as atemporalidades que se intrometem, os pontos em que a música termina, mas a bailarina prossegue em seus delicados deslizes, e aprecia os efeitos visuais especiais: a ascensão da sílfide ao éter com o parceiro no fim do primeiro ato, e seu desaparecimento por um alçapão no segundo. Ele não diz nada sobre o fim trágico do balé, quando James, desesperado para possuir a sílfide, foge da noiva floresta adentro (o reino, na encenação moscovita, de bruxas bondosas iluminadas por postes de rua). Na floresta, James toma a sílfide e a prende com o casaco. Ela perde as asas, a fonte do seu poder, e morre. Um escritor do periódico de moda *Galatea* fornece o detalhe que Dmitriyev excluiu: "A expressão em seu rosto quando luta com a morte era incomumente comovente."[19]

Além de notar a transpiração que se acumulava no corpo de Sankovskaya como "orvalho de primavera", Dmitriyev diz pouco sobre a dança: a que altura ela saltava, com que frequência dançava *en pointe*, se era erguida acima do palco por meio de cabos, a espessura do couro nos calcanhares das suas sapatilhas. Os detalhes eram aparentemente incidentais ao feitiço que ela exercia sobre ele e seus colegas estudantes e professores.

La sylphide era a peça central da carreira de Sankovskaya, mas para Dmitriyev a sua dança era mais genuína na cena do Balé das Freiras na ópera sobrenatural *Robert le diable* [Robert, o diabo], de Giacomo Meyerbeer (1831). A cena ficou famosa em Paris com Marie Taglioni, que em ao menos três ocasiões teve o papel principal em um espetáculo chocante: o fantasma da abadessa Helena (Taglioni) conduz as freiras, que se erguem dos seus túmulos, em um mórbido ritual de sedução. A abadessa não é um ser espiritual benigno; ela provém das profundezas do inferno. Todas elas foram condenadas ao submundo por sucumbirem a pensamentos impuros e são forçadas a obedecer ao Maligno por toda a eternidade. O protagonista da ópera, Robert, é atraído ao covil delas em busca de uma rama mágica que lhe permitirá conquistar seu verdadeiro amor. Ele resiste às tentações necrófilas e, mediante a intervenção de sua meia-irmã angelical, sobrevive à noite de horrores de Taglioni — e de Sankovskaya.

Em Paris, em 1813, o balé foi montado com uma iluminação verde lúgubre emanada de uma longa fileira de chamas de gás acendidas uma a uma por um assistente. O vestuário das bailarinas captava a luz e provocava estranhas sombras. O efeito era perigoso (a pupila de Taglioni, Emma Livri, teve uma morte horrível quando a sua saia tocou uma chama de gás no palco) e fascinante, transformando o balé das freiras em um bacanal etéreo. Por indicação do fantasma da abadessa, as freiras fantasmais despem os hábitos e revelam, à luz etérea da lua, tules translúcidos e a pele pálida. (Edgar Degas imortalizou a cena em 1876 em uma pintura impressionista.) As freiras fantasmas se dirigem à boca do palco, desvanecem e se prostram em súplica. Um crítico do *Journal des débats* parisiense descreveu os espectros deixando cair "os véus e os longos hábitos, revelando apenas as leves túnicas de balé. Cada uma delas bebe sofregamente o vinho de Chipre ou Val de Pegnas para refrescar a boca em que aranhas talvez tenham feito teias; isto lhes dá coragem para dançar, e elas espiralam como peões, dançando em círculos uma farândola e portando-se como mulheres possuídas."[20] O espetáculo também se apossou de Dmitriyev, embora a sua descrição não provenha de uma apresentação real do Balé das Freiras em Moscou iluminada por chamas de gás; quando ele escreveu, em 1859, a tecnologia ainda não havia sido instalada no Bolshoi. As freiras que ele viu deviam mover-se na penumbra. Contrariamente aos registros históricos, ele insiste que Sankovskaya havia sobrepujado Taglioni no papel da abadessa espectral e que ela calibrava perfeitamente o papel, expondo os perigos da sua arte e o seu satanismo sedutor.

Dmitriyev ficou suficientemente cativado por Sankovskaya para voltar noite após noite ao teatro, na esperança de vê-la dançar novamente, mas ela nunca voltou. Ele concluiu que ela estava em Paris novamente, ou em Londres, ou talvez até tivesse tido o destino agridoce da sílfide. Seu relato é emblemático do amor que ela recebia dos estudantes liberais de Moscou, que a coroaram como sua tsarina pessoal, ao mesmo tempo que atesta a reverência com que os críticos do período descreviam cada passo e gesto das suas personificações de Esmeralda, Giselle e Paquita. Certos detalhes sensacionalistas foram omitidos no tributo, incluindo a noite em que a polícia foi chamada ao Bolshoi para restaurar a ordem depois que uma ovação dos estudantes aduladores ameaçou exceder os decibéis aceitáveis — o teatro não era lugar para demonstrações de massa. O decreto contra o ruído tinha sido emitido diretamente pelo tsar Nicolau I, que esmagou a rebelião que se seguiu à sua ascensão ao trono, em dezembro de 1825, e mantinha a ordem no império por meios cruéis. Seu reinado foi de censura, intolerância e perseguição do estrangeiro, do estranho não conformista. Para as classes mais baixas, Sankovskaya, o emblema russo de liberdade espiritual, era uma luz na escuridão.

A adoração das audiências jovens, tanto pela grande artista como pelo ser humano que transpirava com as piruetas, levou a Moscou o fenômeno francês da claque (que tem origem na palavra francesa para aplauso). Seus devotos — a sua claque — não deixavam de aplaudir, gritar e bater os pés ao final de sequências intrincadas, dando a ela um instante para recuperar o equilíbrio e inspirar. O resto da audiência às vezes seguia o exemplo da claque, tornando o êxito da noite tão ruidoso que nenhum crítico podia opor a mínima objeção. Em Paris, a claque podia apoiar ou sabotar a apresentação conversando, tossindo ou aplaudindo fora do ritmo quando o bailarino perdia o favoritismo ou se recusava a distribuir ingressos gratuitos para a apresentação. Não há evidências de que Sankovskaya alguma vez tenha ofendido os fãs; ela foi adorada de 1836, quando fez debutou, até 1854, quando deixou o palco.

DE FATO, os fãs permaneceram tão fiéis a ela que transformaram o palco do Bolshoi em um local perigoso para rivais reais ou em potencial, e ela foi poupada das infâmias sofridas por artistas menores. Uma delas era a sua irmã, a menos conhecida Alexandra, que teve uma carreira modesta em papéis românticos, peças folclóricas e mascaradas. Mas em seus anos no Colégio do Teatro Imperial e no palco do Teatro Bolshoi, Alexandra — anunciada nos cartazes como Sankovskaya II — foi intimidada por suas imperfeições na barra e, para sua consternação, certa vez foi repreendida diante de todo o teatro.

O vilão era o *maître de ballet* Théodore Guerinot, de 34 anos, um nativo da França rural que dançara em São Petersburgo por quatro anos, antes de aceitar um cargo em Moscou por três anos, renováveis, no outono de 1838. Ele se especializara em mímica e era elogiado por atuações excepcionais e maneirismos faciais descritos como "polissilábicos".[21] Contudo, seu comportamento nos bastidores não tinha tantas nuances. Na verdade, ele era grosseiro. Guerinot gostava de trair a amante, a bailarina francesa Laura Peysar, e às vezes fingia inocência quando ela o pegava em flagrante, ou punha a culpa em alguma sedutora insidiosa que o havia forçado naquela noite. Peysar exorcizava a angústia jogando-se literalmente em sua arte. Assumiu papéis perigosos que exigiam acrobacias elaboradas e quase se matou quando uma haste de apoio que a sustentava no urdimento desabou. Ela quebrou a perna na queda. Sua carreira terminou, e Guerinot deixou a cidade.

A estreia dele em Moscou incluiu o *saltarello* no segundo ato da popular ópera cômica *Zampa, ou la fiancée de marbre* (Zampa, ou a noiva de mármore). Embora o *saltarello* tivesse boas origens rústicas italianas, Guerinot e a sua parceira no palco, Alexandra Voronina-Ivanova, fizeram os passos em batidas rápidas de um tempo parecerem obra do diabo. Ele foi elogiado por um crítico anônimo no *Moskovskiye vedomosti* por atuar como se cada frase fosse uma invenção súbita e espontânea. Guerinot oferecia "excitação pela aleatoriedade" das frases, "imprimindo um aspecto diferente à dança a cada vez [...] Você começa a pensar que, na verdade, ele dança por impulso, que cada mudança rápida de movimento é fruto de imaginação, e não da exigência da sua dança inventiva".[22] Depois dessa primeira impressão memorável, Guerinot foi nomeado "*maître de ballet* e primeiro bailarino de mímica" do Teatro Bolshoi, em outubro de 1838.[23]

Em Moscou, trabalhou com Adam Glushkovski, *maître de ballet* e pedagogo da era napoleônica, a quem mais tarde substituiu, quando ele resolveu se aposentar ao mesmo tempo que a mentora de Sankovskaya, Félicité Hullen. Guerinot levou balés franceses de São Petersburgo a Moscou e, por 17 mil rublos ao ano, os masculinizou, tornando os papéis dos homens tão atrativos como os das mulheres. Suas produções no Bolshoi incluíram *La fille du Danube* (A filha do Danúbio), que Filippo Taglioni havia coreografado para a filha Marie, além dos dramas de escrava *O corsário* e *Le diable boiteux* (O diabo coxo), cuja première em Paris teve Fany Elssler em uma dança espanhola com castanholas chamada cachucha. Guerinot fez par com Ekaterina Sankovskaya em diversos balés, e ambos foram saudados na imprensa por suas atuações, embora os críticos em questão tenham lamentado os cenários e figurinos pobres e feios na versão moscovita de *La sylphide*, em contraste com a versão luxuosa de Taglioni em São Petersburgo. Guerinot era expressivo e evocativo em sua mímica, demonstrando que a "dança masculina pode ser significativa". Sankovskaya foi "suave" e, apesar da cenografia decepcionante, o ideal da graça. Ela pode não ter "flutuado no ar" nem "deslizado através das flores" de modo tão cativante quanto Taglioni, e sua túnica e grinalda branca deviam ser banais, mas no final houve cinco chamadas ao palco — a mesma quantidade de vezes que Taglioni.[24] Das duas bailarinas, Sankovskaya era a melhor atriz.

Os problemas começaram para Guerinot em 1842, com uma montagem da ópera *Guilherme Tell*, de Rossini, que tem uma dança no terceiro ato. Como a ópera trata de uma rebelião contra um regime repressivo, nesse caso austríaco, o Comitê de Censura do Ministério da Educação retardou a aprovação da produção ao detectar alusões à revolução. Para ocupar o palco, a ópera teve de ser renomeada *Charles, o ousado*, e o libreto foi retrabalhado para ressaltar os elementos patrióticos. O momento crítico, no palco e nos bastidores, era um *pas de trois* agressivo entre Guerinot e as irmãs Sankovskaya. Assim que a dança terminou, Alexandra correu para esvaziar a bexiga. Ela não ouviu a chamada ao palco e chegou atrasada para agradecer. Ela deveria entrar no palco antes de Guerinot e da irmã, cujo status era superior, mas, como se atrasou, a ordem teve de ser invertida. Guerinot se descontrolou. Foi às coxias, agarrou Alexandra pelo braço e arrastou-a para o palco. Ela tropeçou e precisou se livrar das mãos dele para não cair. Nos bastidores, ele a estapeou e a chutou diante do coro. Alexandra desmaiou e passou seis dias de cama.

Seu relato do ataque, que ela transformou em uma queixa oficial contra Guerinot, levou a uma investigação e a entrevistas com membros da audiência e do teatro que haviam testemunhado o incidente ou ouvido a respeito. O tapa foi descrito como um golpe leve no relato cômico de certo tenente-capitão Mukhin, que lembrou-se de Guerinot "alçando a mão e atingindo-a na bochecha esquerda, perto do olho". A "expressão atônita e raivosa" no rosto dela o levou a concluir "que tinha sido afetada pelo tapa". Porém, ele refletiu:

> se o sr. Guerinot a chutou ou não na canela, ou se ela o chutou, como afirma o sr. Guerinot, isso eu não vi, pois estava olhando acima das pernas dela. O mais provável, dado que ela estava adiante dele, é que ela teria precisado dirigir o chute para trás, para o sr. Guerinot. De qualquer modo, não posso dizer nada definitivo a respeito. Ao voltar aos bastidores, eu, como pessoa alheia à ação e não tendo a obrigação de dizer nada, me abstive de fazê-lo até que chegasse o inspetor de repertório, o conselheiro da corte Verstovski, que declarou: "Sr. Guerinot brigou com a srta. Sankovskaya; ela o chamou de porco." Ao que eu, como testemunha ocular do acontecimento, considerei-me obrigado a dizer imediatamente: "E ela tem razão, pois o sr. Guerinot a estapeou."[25]

O caso foi parar em São Petersburgo. Devido ao seu comportamento, Guerinot foi multado pelo ministro da corte em duas semanas de pagamento — uma indicação, talvez, de que esse tipo de incidentes era rotineiro. Ele também foi obrigado a se desculpar com a vítima, o que fez, e advertido de que outros incidentes poderiam levar à perda do emprego. O fato de a palavra russa para "chute" ter sido escrita com o sinal suave nos registros de Moscou, mas sem ele nos registros de São Petersburgo — *pinka* em vez de *pin'ka* — pode parecer um detalhe mínimo, mas é revelador. As pessoas falavam de modo distinto nas duas cidades. Os moscovitas conservavam um dialeto doméstico que a corte havia abandonado; a língua russa era falada de modo mais suave em Moscou do que na capital. Mas a arte tinha aspectos mais duros.

A REPUTAÇÃO DE Guerinot foi abalada. Verstovski, o diretor dos Teatros Imperiais em Moscou, desacreditou-o em uma carta ao seu supervisor em São Petersburgo, referindo-se a ele ironicamente: "Não importa o quanto se tente ensinar Guerinot [a se comportar], ele é sempre um patife."[26]

Seu canto do cisne foi na apresentação beneficente, em 29 de outubro de 1845; em seguida, veio o término de seu contrato e uma "situação desagradável", como definiram educadamente os que estavam informados. A situação desagradável, no entanto, se estendeu da irmã de Sankovskaya até outra bailarina, Luisa Weiss, cuja beleza compensava as limitações técnicas. Weiss tinha iniciado a carreira em Darmstadt, na Alemanha, onde dançara no grande teatro construído pelo duque de Hesse, e depois mudou-se para Londres, onde, dependendo da fonte, teria se apresentado com grande aclamação ou com êxito parcial. O príncipe Alexander Nikolayevich (o futuro tsar Alexandre II) tinha fortes laços com Darmstadt, pois se casara em São Petersburgo com a princesa Marie de Hesse em 1841. Ele convidou Weiss para ir à Rússia e demonstrou forte interesse em suas apresentações no Bolshoi — forte o suficiente para sugerir que a bailarina de Darmstadt fosse sua amante. Gedeonov também se interessou por ela, e editava as cartas que ela escrevia aos Teatros Imperiais em Moscou na esperança de obter um contrato mais lucrativo. Os laços de Weiss com a corte, e o tratamento especial que recebia, com a importação de sapatilhas e o pagamento adiantado por suas apresentações, fizeram dela alvo de fofocas, bem como a sua disputa com Sankovskaya. Os rumores no teatro eram de que Sankovskaya a via como uma ameaça e conspirava com Guerinot para sabotá-la.

Na apresentação beneficente para Guerinot, em 29 de outubro de 1845, Weiss dançou em *La sylphide* sob os aplausos constantes da maior parte da audiência, à exceção da claque de Sankovskaya, que tentava abafar os aplausos aos gritos. Houve diversas ovações finais — dez, segundo uma conta, quinze, segundo outra. Na última delas, uma maçã voou de um camarote na direção de Weiss e caiu sem cerimônia aos seus pés.

No dia seguinte, Verstovski informou Gedeonov sobre o incidente com riqueza de detalhes, observando que a maçã atirada era algo sem precedentes e que ele havia ordenado uma investigação além das informações do oficial de plantão no teatro. Weiss, ele acrescentou, recusara-se a dançar novamente no Bolshoi, e a mãe e o irmão dela, que viviam com ela em Moscou, tinham ficado muito aborrecidos. Isso afetou a sua tentativa de "contrabalançar a opinião pública com relação à srta. Sankovskaya, que é obviamente uma atração do balé, mas em quem a diretoria nem sempre pode contar devido à sua saúde frágil".[27]

Como o príncipe Alexandre era o benfeitor de Weiss e soube do incidente por ela, Gedeonov achou por bem se envolver no caso. Ele enviou uma carta ao príncipe explicando o que havia ocorrido em uma linguagem adequada a uma criança, mencionando em primeiro lugar que, recentemente, as audiências vinham adquirindo o gentil hábito de atirar buquês de flores no palco, e que tanto em Moscou como em São Petersburgo as audiências em geral se comportavam. Embora a maçã não tivesse provocado danos, ele sublinhou a necessidade de descobrir quem a havia atirado. O príncipe Alexander levou a questão a sério e indicou um oficial para investigar em seu nome.

Em seguida, Gedeonov informou que Guerinot havia distribuído um grande número de ingressos gratuitos a estudantes, inclusive os do instrutor de esgrima do teatro. Ele soube também que, na manhã de 30 de outubro, um dia após o incidente da maçã, Guerinot teria sido ouvido perguntando a um estudante se a apresentação, inclusive a última ovação, tinha saído de acordo com o planejado. A tolice do drama cresceu quando Verstovski decidiu se envolver. Ele entrevistou todas as pessoas que pudessem ter alguma relação com o assunto e em seguida se disse frustrado ante a discrepância dos relatos. Uma testemunha ocular afirmou que Weiss vira a maçã após a terceira chamada ao palco, e não a décima, e que ela estaria mordida ou, na verdade, mastigada até o centro. Os restos da maçã serviram de prova de que na realidade ela não havia posto em risco a segurança de Weiss. Verstovski dispensou esse relato por considerá-lo tendencioso, vindo de um bailarino que "coloca a srta. Sankovskaya em um plano muito mais elevado que a srta. Weiss em todos os aspectos".[28] Sua investigação revelou que a maçã havia sido atirada de um camarote registrado sob o pseudônimo de Zolotov. "Na verdade, existe uma pessoa com esse nome", explicou ele a Gedeonov, mas trata-se de um homem profundamente espiritual, "um velho crente do outro lado do rio Moscou que não frequenta o teatro".[29]

Outra pessoa afirmou que a maçã tinha sido atirada depois que a maior parte do público se retirara, quando o candelabro estava sendo içado. Mas o candelabro era fixo, segundo Verstovski.

Como Guerinot tinha má reputação (Verstovski nunca esqueceu o episódio do tapa), ele foi acusado de prejudicar Weiss, mas Verstovski também disse palavras duras sobre Sankovskaya, cujas supostas conspirações contra talentos mais jovens tinham acabado com a sua paciência. "Estou disposto a aceitar que enquanto ela permanecer no Teatro de Moscou sempre romperá a ordem e perturbará a paz com as suas intrigas incessantes", reclamou. "Após vários dias discutindo a sua apresentação beneficente e todos os seus caprichos incessantes, tudo o que eu queria era cair na cama!" O crepúsculo da carreira da bailarina consistia em "fazer os outros sentirem pena dela, como se fosse uma criança abandonada ou um porco na canga". Ele sabia que não deveria tratar assim a estrela do balé, mas estava cansado do egoísmo de Sankovskaya e das "pequenas mazelas" que a tinham feito pedir a redução da sua carga de trabalho e das apresentações em balés — uma variação de solo aqui, um *pas de deux* ali —, não nas obras completas.[30] Ela jazia na cama coberta de buquês alegando estar à beira da morte, mas se recusava a ver um médico.

Verstovski também estava muito aborrecido com Guerinot, que havia tirado licença médica por causa — dizia — de um problema na perna, mas que encontrava tempo para ir diariamente à escola de balé para "sussurrar nos ouvidos de Sankovskaya por uma ou duas horas".[31] Ele queria mandar os dois embora, principalmente Guerinot, e se alegrou com a ideia de substituí-lo por um bailarino de 22 anos e *maître de ballet* em São Petersburgo, Irakliya Nikitin. A notícia da chegada de Nikitin "por fim tira uma pedra do meu peito", disse ele ao seu supervisor.[32]

Weiss apresentou uma queixa, acusando Sankovskaya de conspirar com Guerinot contra ela, assim como havia conspirado contra outros dois bailarinos em acessos de raiva. Como Weiss não conseguiu mobilizar o público contra ela, Sankovskaya traçou um plano com o seu parceiro para humilhá-la na apresentação beneficente de 29 de outubro. No entanto, as vaias dos "450" estudantes que haviam recebido ingressos gratuitos não conseguiram abafar o entusiasmo do público, que a chamou de volta ao palco quinze vezes (e não dez) após a apresentação de *La sylphide*. A maçã era "enorme", recordou Weiss, "e foi atirada em mim com tanta força que se partiu em pedaços ao chocar contra o meu peito, e certamente teria me matado se tivesse atingido a minha cabeça".[33]

Foi o fim de Guerinot. Gedeonov se recusou a renovar seu contrato. Sankovskaya também foi afastada do Bolshoi, mas apenas até que se dissipasse a tensão criada pelo ataque com a maçã. Gedeonov a enviou a São Petersburgo, onde ela apresentou *La sylphide* no Grande Teatro de Pedra antes de uma turnê internacional. Ela triunfou. Embora tivesse arquitetado a sua partida, Verstovski sentiu a queda na venda de ingressos e reconheceu que nada podia compensar a perda. Os fãs de Sankovskaya em Moscou permaneceram ardentemente fiéis esperando pelo seu retorno; vingaram-se do seu afastamento pregando peças nas bailarinas que pretendiam ocupar o seu lugar — peças mais bizarras do que as que os próprios bailarinos jamais haviam concebido.

Weiss se recuperou do ataque e duas semanas depois atuou em *Zampa, ou la fiancée de marbre* ao som dos aplausos contínuos da plateia e dos camarotes. "Ontem, depois da apresentação fui recebida com muito carinho", informou ela a Gedeonov com gratidão; "a nobreza local atirou mil rublos em buquês".[34] Ela permaneceu em Moscou (há referências a uma apresentação sua em 1846 em um vaudevile que descrevia "um dia comum" de um infeliz ponto teatral, *Ein Tag aus dem Leben eines alten Souffleurs*), e ela deve também ter se apresentado em São Petersburgo. No final da carreira, sofreu o pequeno infortúnio de ter um xale e um bracelete roubados de seu apartamento em Moscou, depois que um homem que se apresentou como administrador dos Teatros Imperiais a atraiu a uma reunião oficial junto com a mãe. Seguiu-se outra longa investigação.

Porém, a claque planejou a pior troça contra outra bailarina muito mais talentosa, Elena Andreyanova, que teve a dupla infelicidade de ser rival de Sankovskaya e de fazer par com Nikitin, o bailarino que substituiu Guerinot.

Assim como Sankovskaya, Andreyanova dançava de um modo que evocava Taglioni e Elssler, e ficou conhecida quando as duas bailarinas, os polos gêmeos da era romântica na dança, visitaram São Petersburgo. Ela foi apelidada de "Giselle do norte" quando fez uma turnê por Paris interpretando o papel, mas ficou excessivamente nervosa e, segundo um crítico teatral corpulento chamado Jules Janin, "tremia como vara verde" quando pisou o palco parisiense pela primeira vez.[35] O consenso entre os críticos foi de que Andreyanova tinha um tremendo poder nas pernas e que possuía um porte heroico. Os traços faciais marcantes, as sobrancelhas espessas e os olhos escuros contribuíam para a sua expressividade. Inevitavelmente, as comparações com Sankovskaya ressaltavam a ousadia, determinação e força de Andreyanova e a gentileza, leveza e suavidade na transição da outra. A distinção era entre o real versus o ideal, em que Andreyanova revelava o esforço e deixava explícito seu triunfo sobre a dificuldade. Por sua parte, Sankovskaya o ocultava.

Em Moscou, para os que apoiavam Sankovskaya, faltava a Andreyanova um lirismo refinado, o dom de entoar um verso com o corpo. No entanto, ela foi celebrada em São Petersburgo e recebeu tratamento especial de Gedeonov, que a cobriu de comida e vinho. Quando ela se tornou sua amante, foi protegida dos outros funcionários e oficiais da corte e sentiu-se segura de que não precisaria comprar o apoio de uma claque, como sucedera com Sankovskaya. Os antigos aficionados ao balé de São Petersburgo, inofensivos em comparação com os fanáticos de Moscou, se apaixonaram por ela, como ocorrera com outras bailarinas, e a acomodavam em sua carruagem após as apresentações, antes que ela se retirasse para degustar ostras e champanhe em salas de jantar particulares e se regalar com o amor não correspondido.

Ciente do relacionamento íntimo entre Gedeonov e Andreyanova, Verstovski pôs o talento dela nas alturas depois que dançou como *Giselle* no Teatro Bolshoi, no final de 1843. Ele também se viu obrigado a ridicularizar Sankovskaya — e seus fãs — depois da apresentação dela em um vaudevile de Jean-François Bayard, como parte da apresentação beneficente de 17 de dezembro para o ator Alexander Bantïshev:

> Embora a apresentação beneficente para o sr. Bantïshev tenha lhe rendido apenas 2 mil rublos, o público, principalmente dos estratos superiores, gritou à vontade. Ao ver a srta. Sankovskaya, soltaram três hurras. Se alguém tivesse sido levado ao teatro de olhos vendados e lhe perguntassem onde estava, certamente teria respondido que em praça pública durante a passagem de algum general de alta patente, pois os brados eram tão notáveis! Querendo deixar claro que tinha se emocionado às lágrimas com a ovação, a srta. Sankovskaya fez com o corpo uma pose tão indigna que me constrange descrevê-la. Então, depois de seus típicos gestos toscos, aqueles que os acrobatas fazem ao trepar pelas cordas, ela começou a dançar de um modo tão impróprio que não consegui olhar, principalmente agora que aprendemos a amar as danças da srta. Andreyanova.[36]

Verstovski reconheceu que Sankovskaya era uma artista hábil, que entretinha uma ampla margem do público ao ritmo rápido da caixa de surpresas satírica de "música, canto, dança, *calembours* [trocadilhos], *marivaudage* [paradoxos]" e outros recursos ridículos que definiam o vaudevile francês e suas derivações russas.[37] Contudo, afirmou, ela se rebaixou demais, colocando-se em situação embaraçosa diante de comerciantes e audiências na multidão. Verstovski fez parecer que ela havia impregnado o vaudevile de má reputação ao cruzar a tênue linha entre uma bailarina delicada e uma rameira. Ele faria a mesma comparação invejosa com Andreyanova — e repetiria as histórias dos conflitos com Sankovskaya sobre camarins e figurino — em 1845 e 1848, quando Andreyanova regressou ao Teatro Bolshoi como parte das suas longas turnês pelo Império Russo. No entanto, ele não conseguiu influir nem controlar o comportamento do público do balé, conhecido como "Sankovistï".

A decisão que tomou, em fevereiro de 1848, de agendar mais apresentações de vaudevile para Sankovskaya no Teatro Malïy enquanto Andreyanova estrelava no Teatro Bolshoi foi um tiro pela culatra. Não houve maçãs voando nem tapas, mas Andreyanova foi vaiada pelo público não pagante das galerias. O ruído quase abafou os aplausos legítimos dos cavalheiros e amorteceu o entusiasmo das senhoras, que expressaram aprovação sacudindo seus lenços vigorosamente. Enquanto isso, no Teatro Malïy, os buquês cobriram os tornozelos de Sankovskaya quando ela fez a última mesura. Andreyanova antecipou acertadamente que haveria problemas em seu próximo contrato com o Bolshoi, em novembro de 1848, e reservou um número maior de assentos do que tivera antes para os seus fãs de São Petersburgo.

Segundo o jornalista do século XIX Mikhail Pïlyayev, o incidente ocorreu durante a apresentação beneficente para Andreyanova em *Paquita*, um balé mais conhecido por seu *grand pas classique*, que existe em diversas versões no repertório atual. A versão completa interpretada no Bolshoi em 1848 foi coreografada por Marius Petipa e Pierre-Frédéric Malavergne, com música de Édouard Deldevez e Ludwig Minkus. As três cenas e dois atos falam do amor de uma cigana espanhola por um oficial francês durante as guerras napoleônicas. A cigana descobre que tem sangue nobre e, como disposto pelas Parcas, é prima do oficial, o que permite que ambos se casem. O *pas de trois* do primeiro ato e o *pas* clássico do segundo foram criados tendo em vista as habilidades de Andreyanova, como se tivessem sido esculpidos para o corpo dela. Ela dançou a première de 1847 em São Petersburgo, antes de levar o balé a Moscou.

O "responsável pela palhaçada" contra ela no Bolshoi foi um mascate que havia recebido um ingresso gratuito e um par de rublos de um estudante chamado Pyotr Bulgakov, líder da claque de Sankovskaya, em troca do favor de atirar um objeto no palco a partir de um assento no lado direito. Pïlyayev insinua que o mascate era um néscio, mas tinha boa mira e um bom timing: um gato morto caiu aos pés de Andreyanova ao final do *pas de trois*. O gato levava um bilhete amarrado no rabo, ou em um laço no pescoço — o causo é confuso nesse ponto — que dizia "*première danseuse étoile*", título dado à principal bailarina de uma companhia.

O bailarino que interpretava o oficial francês, Frederic Montessu, apanhou o felino e atirou-o nos bastidores enquanto xingava a audiência.

Aterrorizada, Andreyanova ocultou o rosto; "a convulsão em seu peito deixava evidente que estava aos prantos", recordou Pïlyayev. Instalou-se a balbúrdia. Todo o elenco foi para o palco; os nobres gritavam e golpeavam braços e pés nos assentos; as damas da nobreza sacudiram os seus lenços com vigor ainda maior. Uma chuva de pétalas caiu sobre a estrela do espetáculo enquanto o som de seu pranto chegava aos camarotes. A polícia entrou e deteve o culpado. A apresentação prosseguiu, mas Andreyanova se recusou a dançar; uma substituta interpretou a sua parte. De qualquer modo, houve três chamadas ao palco.[38] Bulgakov foi banido de Moscou e a polícia se instalou diante do palco nas apresentações seguintes, após o que, segundo relato de Petipa, "o público literalmente a cobriu de flores e presentes valiosos".[39]

Sabe-se mais dos escândalos do que das glórias no palco de Moscou, porque eles geraram pilhas de documentos, e as glórias, ao menos naquela época, não inspiraram muito além de tributos poéticos, buquês de palavras: "Sankovskaya em *La sylphide*/ É tão meiga/ Deus perdoe os pecados/ cometidos."[40] Ela foi a figura mais radiante nas memórias do balé da época e, como demonstra o caso da desconhecida bailarina adolescente Avdotya Arshinina, os artistas famosos enfrentavam muito menos dificuldades e muito menos ameaças ao seu bem-estar do que os bailarinos que viviam na sombra, fosse na Rússia ou na Europa, fosse nos Estados Unidos. Arshinina certamente não possuía a capacidade de Sankovskaya e nunca teve a oportunidade de se tornar uma bailarina de primeira grandeza, mas os pecados cometidos contra ela colocam todas as histórias de tapas, maças, gatos mortos e as palhaçadas dos Sankovistï em um contexto terrível. Aqueles problemas afetavam a elite dos bailarinos.

Em 5 de janeiro de 1847, Arshinina foi largada diante da porta de um hospital com "acessos de loucura" e "delírios constantes".[41] Pálida e emaciada, tinha feridas profundas na cabeça e no corpo, e a genitália coberta de hematomas, infeccionada e "escura".[42] O crime caiu na boca do povo e durante anos foi tema de discussão nos círculos legais. Ele expôs uma economia abominável em que às bailarinas menos talentosas era prometido acesso aos círculos aristocráticos por meio da sua arte para fazer delas escravas sexuais. As propinas eram essenciais nesse negócio, e junto com elas as drogas, mascaradas e pequenas máscaras pretas.

O primeiro a ser preso pelo ataque foi o pai dela, um violinista medíocre no rol dos Teatros Imperiais de Moscou. A polícia informou que ele vivia em condições deploráveis com as três filhas jovens em um apartamento frio e úmido, incapaz de cuidar delas após a morte da esposa, sem dinheiro para alimentos ou roupas. Desesperado, ele "vendeu" Arshinina, a filha mais velha, a um "mestre", o príncipe Boris Cherkasski, por 10 mil rublos.[43] Antes de assumir a posse formal da jovem, ele a cobriu de presentes: brincos esmaltados com diamantes, um bracelete de ouro, um mantô de pele de raposa com colarinho de zibelina, tecidos de seda, doces e mais de 2.175 rublos, que Arshinina pediu a uma irmã que guardasse para ela. O pai foi subornado com um casaco e uma caixa de rapé em prata. O ator que apresentou Arshinina ao príncipe foi pago, assim como os que compravam sedativos para o príncipe nas farmácias da rua Arbat.

Os acontecimentos que levaram ao crime foram desvendados nos interrogatórios policiais, que ocorriam a qualquer hora do dia ou da noite. O administrador do príncipe forneceu informações essenciais, e revelou que na noite do Ano-Novo de 1846 Cherkasski e Arshinina foram a uma mascarada no Bolshoi. Com a identidade ocultada por uma máscara, ela dançou e circulou pelo teatro nos braços de diversos nobres até meia-noite, quando foi devolvida a Cherkasski. Três dos homens que haviam circulado com Arshinina — um escrivão do colégio, um professor e um comerciante — se juntaram a ela e ao príncipe na casa deste último. Eles jantaram e tomaram vodca e champanhe. A taça entregue a Arshinina continha um sedativo. Ela foi estuprada pelo príncipe e, depois que ele dormiu, pelos outros três. Ela recobrou a consciência durante o ataque e conseguiu se safar. Correu para o pátio vestida apenas com uma camisa, mas foi pega e levada de volta. Na manhã seguinte, deixaram-na sangrando e inconsciente no apartamento do pai. Este e o médico do príncipe tentaram fazê-la se recuperar antes de levá-la ao hospital. As provas da violação que ela sofrera — as roupas e o frasco do sedativo — foram queimadas em um fogão. O frasco explodiu; o componente químico que continha tingiu as chamas de diversas cores.

O médico-chefe do hospital atestou a "perda da inocência" e uma "condição severamente mórbida".[44] Cherkasski rechaçou a acusação de Arshinina de que ele a teria violentado em uma demonstração de "extrema paixão" — embora, no leito do hospital, ela gritasse "Príncipe! Príncipe! O que está fazendo comigo! Não teme a Deus?" e "Pai, por que me arruinaste?".[45] Antes de ser preso, o pai dela conseguiu (por intermédio de Verstovski) visitá-la no hospital, onde a ouviu gritar "Por que isso está acontecendo comigo?", entre outras queixas incompreensíveis.[46] Ela morreu treze dias depois de ser internada.

Por temer mais a prisão do que a humilhação da condenação, Cherkasski tentou jogar a culpa na própria Arshinina. Primero atribuiu a inflamação em seu baixo-ventre à falta de higiene menstrual, depois a cavalgadas excessivas, e por fim, com menos convicção, à desidratação provocada pela dança. A sua ligação com a vítima era consensual, alegou, assim como suas ligações com outras bailarinas dos Teatros Imperiais. Ele as pagava não pelo favor do sexo, mas por lastimar a pobreza delas.

O caso teve uma reviravolta bizarra quando ele acusou um interrogador de abuso de poder por puxar a sua barba, mas o médico-chefe atestou que os pelos faciais do príncipe estavam "perfeitamente íntegros".[47] Cherkasski também chamou atenção para a "magnitude" de seu membro; o médico concluiu que não era tão grande como alardeava o dono.[48] O príncipe passou meses em custódia, mas, por fim, não foi condenado devido a discrepâncias triviais nos relatos das testemunhas oculares. O pai de Arshinina foi condenado a dois anos de prisão na Sibéria e foi banido de Moscou.

SANKOVSKAYA SOUBE DO crime, como todo mundo nos Teatros Imperiais de Moscou. O diretor anotou a data da morte de Arshinina em um informe enviado à corte em São Petersburgo, acrescentando que esperava que ela descansasse em paz. Porém, o crime ocorrera no mundo da subclasse dispensável, não na corte. Fyodor Dostoievski fez deste mundo o tema de seus romances, e vociferou contra as suas injustiças cósmicas e brutalidades banais. Sankovskaya e suas rivais escaparam delas, tanto no palco como fora dele.

Segundo uma meditação histórica publicada no penúltimo ano do poder soviético, o mundo dela era um no qual "atores, cantores, bailarinos, o corpo docente, os estudantes e os literatos pareciam uma família unida de uma linhagem distante — que preservou, antes que começasse a definhar, a psicologia nativa antiquada da capital secular da Rússia".[49] O sentimento é atraente, e torna a era romântica russa menos solitária para os grandes artistas da elite do que a era romântica na França e na Alemanha. Mas ele não compensa a falta de dados sobre os feitos de Sankovskaya, o fato de que a maior parte dos registros da sua carreira se incendiou. As críticas são inspiradas, mas sem substância, sem especificidade. Não há informações sobre o que faziam os pais dela, se ela se casou, sobre suas apresentações no estrangeiro, seu regime de aprendizagem e treinamento, e o que fazia nos momentos de ócio. Talvez a falta de detalhes do cotidiano se justifique. Talvez se saiba pouco sobre a sua existência porque na verdade haja pouco para se saber, pois a sua vida e a sua arte foram uma coisa só.

Só restaram duas cartas: a primeira com um conteúdo banal — congratulações e alvíssaras no dia do seu onomástico — e a segunda mais significativa. Ambas foram escritas, em prosa e cursiva elegantes, no final de sua vida, quando, com a irmã Alexandra, também aposentada dos palcos, ela vivia na casa que compraram na cidade de Vsekhsvyatskoye, que agora faz parte do centro-norte de Moscou. Sankovskaya enviou as cartas por meio de um cocheiro à bailarina Mariya Manokhina, filha de uma das suas parceiras de palco, à época da estreia da Manokhina no balé *Satanilla*, no Bolshoi. A segunda carta, substancial, que contém uma lição extremamente precisa de pantomima, dá uma ideia de como Sankovskaya percebia a sua arte e como as coisas haviam mudado desde os tempos de seus maiores triunfos.

Satanilla é de 1840. Foi coreografado em Paris por Joseph Mazilier antes de ser revivido por Marius Petipa e o pai dele, Jean-Antoine Petipa. A música era de dois franceses, Napoleón Henri Reber e François Benoist, revisitada por um regente russo, Alexander Lyadov. Sankovskaya dançou esse balé no Bolshoi, em uma versão de 1848, e se recordava do papel com detalhes suficientes para ajudar Manokhina nos momentos essenciais da trama, uma história de amor, inferno e almas comprometidas. Belzebu manda uma fada, Satanilla, destruir um conde em seu velho castelo assombrado, mas ela se apaixona pelo conde. Ela queima o laço que condenava a alma dele à danação, embora ele nunca retribua seu amor, pois seu coração pertence a uma mortal, com quem Satanilla, em um ato de abnegação, permite que se case. Em troca do sacrifício, ela obtém a bênção do céu e se liberta dos poderes da escuridão.

Sankovskaya insiste para que Manokhina atente para a sua intuição, que não amasse a túnica carmesim por acidente nem pisasse antes da hora no alçapão que a levará ao inferno. Isso poria tudo a perder. Se não houver ensaio final, Manokhina deve ao menos repetir a sua parte nos bastidores com o parceiro, Dmitri Kuznetsov. No último ensaio a que assistira, Sankovskaya havia reparado que ele e outros bailarinos não conheciam a música e dançavam rápido demais. Como Manokhina tinha o papel principal, seria apontada como culpada se a ação terminasse mais cedo do que o previsto. Quanto à cena em que ela queima o laço, e o sofrimento de Satanilla ao entender que o conde ama outra, ela foi meticulosa:

> Comece a chorar ao ouvir a entrada, e não antes, e após quatro compassos solte as mãos dele. Acenda o papel na segunda vez sem dar as costas para a mesa. Vire a cabeça para Kuznetsov. Atire o papel no *tremolo*. Aponte para ele na entrada e diga que vai morrer, mas faça-o silenciosamente, debilmente. Ontem o papel queimou bem. Se a queima for demasiadamente lenta em sua mão, atire-o no chão; se queimar muito rapidamente, alce-o.[50]

No início da carta, Sankovskaya diz a Manokhina que se sentia fraca demais para tomar um coche até o Bolshoi para assistir à apresentação e, devido à sua condição física, já não podia demonstrar os passos de *Satanilla* tal e como os recordava. Passou a tocha a Manokhina do mesmo modo que, em 1836, Félicité Hullen havia feito com ela — de um modo profissional, desapaixonado. "Não sei se entenderá o que escrevi, mas tente se lembrar de que você não se apresentará como uma estudante; tenha mais confiança em si mesma e, principalmente, ouça a sua música e tudo ficará bem. Os bailarinos são todos muito bons, mas não se decepcione se não forem o que você espera. Sugiro-lhe parabenizar Gerber no final, pois ele seguirá sendo o regente, embora não seja muito bom. Que Deus esteja com você."

Na medida em que, de algum modo, a maior parte dos balés tende a ser sobre o balé, *Satanilla* pode ser considerado uma parábola sobre as barganhas com o diabo e os sacrifícios que os bailarinos precisam fazer. Para ter êxito na arte, Sankovskaya advertiu Manokhina de que ela precisava "se esquecer de tudo", perder-se na descrição de uma personagem que deseja escapar dos laços do submundo e ascender à luz com a ajuda do grampo nas costas de seu corpete.

SANKOVSKAYA MORREU POUCOS meses depois de escrever a carta, e foi enterrada perto da igreja que dá nome à sua cidade, Todos os Santos. O cemitério não existe mais; o terreno da igreja foi eliminado pelos soviéticos para a construção de apartamentos. As cinzas de Satanilla incluem as anotações sobre a sua atuação, resumos publicados e, no arquivo musical do Teatro Bolshoi, o ensaio da partitura para violino e uma lista completa dos papéis da década de 1890.

O fogo que consumiu os registros físicos da carreira de Sankovskaya no Teatro Bolshoi Petrovski começou em 12 de março de 1853. Segundo um artigo aflito publicado no *London Illustrated News*, durante um ensaio, às 9h30,

> uma densa nuvem de fumaça saindo do telhado do grande Teatro Imperial foi vista de uma das torres da estação de bombeiros de Moscou. [...] Em seguida se soube que o enorme edifício ardia por dentro e o fogo já havia se espalhado no interior em todas as direções com uma velocidade impressionante. As chamas saíam pelo telhado destruído e pelas janelas: uma fumaça preta subia pelo ar e, tomando as proximidades ao norte do teatro, escureceram as luzes de tal modo que as pessoas não viam bem por onde

andavam. Inúmeras fagulhas se dispersaram pelo ar, ameaçando incendiar todo o bairro. Se houvesse mais vento, e o solo e os telhados das casas não estivessem cobertos por uma neve espessa a catástrofe teria sido inevitável.[51]

O mecânico que descobriu o fogo foi "carbonizado". O jornal acrescentou que "pelo número de *employés* que viviam permanentemente no prédio com suas famílias, muitas vidas se perderam". Os bombeiros lutaram contra as chamas durante dois dias, mas o esforço foi inútil, e o teatro se rendeu ante o "elemento voraz". Houve um ato de bravura de um homem tipicamente do povo: um telhador desempregado e fabricante de aquecedores chamado Vasili Marin. A história do seu ato heroico foi repetida em todas as publicações russas, de Moscou a Yaroslavl, e logo foi imortalizada no folclore na forma de uma talha colorida em madeira, ou *lubok*. No comentário publicado no *London Illustrated News*, o "camponês" Marin "distinguiu-se nobremente" ao escalar a calha congelada com uma corda e um gancho na cintura para salvar um homem preso junto ao telhado. Três de seus amigos na multidão de observadores tentaram detê-lo, mas ele se safou e correu na direção do inferno, afirmando que não "suportava ver uma alma cristã morrer daquele modo". Por esse feito notável, ele supostamente recebeu uma medalha, 150 rublos e um abraço do tsar.

O teatro ruiu; seis carpinteiros morreram, dentre eles servos do notório príncipe Cherkasski. Perderam-se indumentárias do século XVIII, junto com decorações, um arquivo de documentos financeiros e pessoais, partituras e instrumentos raros. Os intrincados relatórios oficiais (inclusive o de Verstovski) descrevem o incêndio de pisos, tetos, lâmpadas e sofás; o colapso do telhado; até o abaulamento das bombas do aquecedor. Eles também indicam as localizações precisas dos empregados do teatro das 7 da manhã ao meio-dia e incluem os testemunhos dos dezessete meninos e das 23 meninas que participavam de aulas de dança e música no interior. A causa do incêndio nunca foi apontada; nenhum relato de testemunhas oculares indicou incêndio criminoso. Aparentemente, o fogo começou em um quarto de ferramentas do lado direito do palco, debaixo da escada que levava ao toalete feminino. Um técnico que tinha uma chave informou que o usava para guardar materiais e roupas quentes. Os atores no palco primeiro viram fagulhas e fumaça, depois sentiram uma forte explosão que sacudiu piso, como um terremoto. No teatro não havia pólvora nem explosivos. As chamas cobriram os tanques de água; a água fervente emanou grandes jatos de vapor escaldante. A polícia anotou o resgate, pelo tesoureiro, de três moedas de cobre de um cofre; de uma moça que perdeu dois dentes ao cair de uma escada; de um menino que havia saído para comprar pão minutos antes que o inferno o envolvesse; de um homem que ia saltar por uma janela mas voltou para salvar uma mulher; de um zelador que só percebeu o cheiro da fumaça depois de terminar o seu turno e sair para casa; e de um administrador que se esquecera de levar consigo a própria mãe ao fugir do seu apartamento no teatro.

Depois de três dias, a fumaça se dispersou, expondo as fundações e os corredores subterrâneos sob a parte destruída do teatro. Moscou foi tomada pelo desalento, e a perda afetou até aqueles que interpretaram as chamas como a retribuição divina da Rus Sagrada contra o mal corrompedor do balé e da ópera — embora o pequeno vaudevile do outro lado da rua tenha sobrevivido. A parte do Bolshoi que ficou de pé não pôde ser restaurada. A vegetação cobriu os destroços durante o verão, quando a força pagã da natureza agiu e reclamou o templo da cultura. Os pássaros e os sapos voltaram.

O TEATRO FOI reconstruído mais uma vez, em 1856, quando assumiu a sua aparência atual; a *protegée* de Sankovskaya dançou *Satanilla* no novo palco. Verskovski permaneceu no cargo, briguento como sempre, e seguiu tratando os bailarinos como servos. Mas podia contar com eles para fazer das suas produções algo sensacional — tanto que, antes de se aposentar, ele orgulhosamente confrontou o primeiro exemplo documentado de revenda de ingressos dos Teatros Imperiais em Moscou. O Bolshoi havia criado um repertório, em parte importado, em parte feito em casa, mas inteiramente pensado para intérpretes russos. O balé atraía grandes audiências das classes média e alta de Moscou, e os bailarinos se apresentavam para audiências que os adoravam. Depois de 1856, nada — nem o fogo, os cortes de orçamento, os escândalos, nem mesmo a guerra — poderia apagar as suas conquistas.

. 4 .

IMPERIALISMO

O TEATRO BOLSHOI Petrovski se fora e Alexei Verstovski não sentia muita saudade dele. Tampouco via sentido em reconstruí-lo.

A decisão não lhe dizia respeito. A corte imperial em São Petersburgo aprovara e supervisionara a reconstrução, deixando impotente o irritadiço burocrata que dirigia os Teatros Imperiais em Moscou. Ele soube do projeto por um dos arquitetos envolvidos. Ouviu que "Cinco milhões de tijolos" e "3 milhões de rublos de prata" haviam sido orçados. "Certamente, nas atuais circunstâncias, seria mais econômico para Moscou se opor à construção de uma casa de espetáculos tão enorme", argumentou, "a qual, mesmo em seus melhores anos, lotou apenas uma dúzia de vezes." Os 3 milhões de rublos seriam mais bem aproveitados nas vias férreas, confidenciou a um colega, "e esta é a verdade inconteste!"[1] Contudo, Verstovski já não tinha ânimos para lutar pela verdade; seus "olhos estavam se recusando a servi-lo" e a sua letra cursiva "está cada dia pior".[2] Em 1861, ele entregou o cargo a Leonid Lvov, irmão do compositor de "Deus salve o tsar", o hino tradicional russo durante a maior parte do século XIX. Menos de um ano depois de se aposentar, Verstovski morreu de ataque cardíaco.

O Bolshoi foi reconstruído a tempo para a coroação do tsar Alexandre II na Praça da Catedral, no Kremlin. A inauguração era parte das festividades. O orçamento e o projeto foram marcados pelas aspirações políticas e culturais de restaurar a estima nacional. A Guerra da Crimeia, de 1853 a 1856, havia humilhado o Império Russo de um modo devastador. Disputas em Belém e em Jerusalém haviam levado a Rússia a invadir a atual Romênia e a ameaçar o Império Otomano. Com a aliança da França e da Grã-Bretanha contra a Rússia, abriu-se uma frente sangrenta na Península da Crimeia, perto de Sebastopol. A cidade caiu nas mãos dos aliados europeus e otomanos, forçando os russos a pedir a paz. (Em 2014, como parte de uma campanha do presidente Vladimir Putin para acertar o que considerava erros históricos, a Rússia retomou a Crimeia da Ucrânia. Sebastopol permanece em disputa até hoje.)

Após perder centenas de milhares de vidas e mais de 1 bilhão de rublos na Guerra da Crimeia, em 1856 Alexandre II empunhou o orbe e o cetro tendo em mente um recomeço e um novo palco para as celebrações. Não houve rebeliões antes de sua coroação, nem regicídio, nem golpe, nem premonições agourentas — embora a coroa tenha caído da cabeça da imperatriz durante a cerimônia. Ficou provado que eram falsos os rumores de que o tsar anterior, Nicolau I, havia cometido suicídio (ele morreu de pneumonia), e a multidão no Kremlin saudou o novo soberano sem temores excessivos. A inquietação causada pela sua juventude e inexperiência foi temperada pela ideia dos liberais de que a Rússia precisava de reformas. Esperava-se que a razão ascendesse ao trono.

O Teatro Bolshoi de 1856 está no cerne do Bolshoi de hoje. Certas ostentações tsaristas foram acrescentadas na segunda metade do século XIX, quando o aquecimento e a iluminação também foram reformados. Em 1917, os bolcheviques quebraram janelas, destruíram ornamentos e desligaram a calefação. O teatro se tornou um espaço para funções políticas — eventos sérios, sem nenhuma graça, repletos de verbosidade sobre tudo, menos balé e ópera. A própria União Soviética adquiriu existência oficial no Bolshoi. Os trabalhadores do mundo foram convocados — "uni-vos!" — enquanto crianças corriam pelo palco em espetáculos de propaganda política. Durante a Segunda Guerra Mundial, uma bomba alemã danificou a fachada do teatro; os reparos não melhoraram a acústica. A manutenção ficou para trás e, por fim, foi suspensa quando a União Soviética foi à bancarrota. Os pisos arranhados de parquete se deterioraram, as paredes externas racharam e descascaram. Mas o teatro não foi abaixo, e os seus artistas continuaram sendo venerados pelo público. A 500 metros dali, os ocupantes do Kremlin encaravam o teatro como uma arma potente do arsenal diplomático soviético. Fidel Castro assistiu a um balé, assim como Ronald Reagan. O Bolshoi atual continua sendo uma versão elaborada do que o arquiteto de São Petersburgo Alberto Cavos imaginou em um sonho febril.

Cavos, filho e neto de italianas, a mãe cantora de ópera e a avó uma bailarina, perseguiu sem cessar a paixão por mulheres bonitas, as cidades italianas, a pintura renascentista, o mobiliário antigo e espelhos, cristais e bronze. O refinamento que buscava guiou as suas escolhas arquitetônicas e vice-versa. Quando a sua primeira mulher morreu de tuberculose, após o nascimento do quarto filho, ele casou-se novamente com uma moça de 17 anos de idade. Tiveram três filhos e nove netos ou mais, mas Cavos a traiu repetidamente e o casamento acabou. Ele se aposentou no Canal Grande em Veneza com uma amante, deixando a esposa quase na miséria e a filha mais velha sem dote. As encomendas que o tinham deixado rico (e, ao morrer, a amante) incluíram o Teatro Bolshoi em Moscou e o Teatro do Circo Equestre em São Petersburgo, onde havia um circo e também a ópera. Em 1860, foi reconstruído e renomeado Mariinski, em homenagem a Maria Aleksandrovna, esposa do tsar Alexandre II.

Apesar da sua fama, o contrato para reconstruir o Bolshoi não caiu magicamente nas mãos de Cavos. Ele teve de competir com outros três arquitetos, e seu principal rival era o neoclassicista moscovita Alexander Nikitin. Cavos ganhou ao corrigir a falha mais óbvia no projeto do antigo teatro: a aglomeração potencialmente perigosa criada pelas escadas que bloqueavam as saídas da plateia no térreo do teatro. Nikitin havia proposto manter intacto o interior do antigo teatro, mas, para evitar outro incêndio, sugerira substituir a madeira por ferro e ferro fundido (à exceção do piso e do teto do auditório), a um custo de aproximadamente 175 mil rublos.

Cavos também tentou melhorar a acústica, criticada pelo intendente dos Teatros Imperiais, Alexander Gedeonov. Ele quis que o interior do novo teatro fosse como o corpo de um instrumento de corda, um violino Stradivarius. Propôs remover as paredes curvas de tijolos detrás dos camarotes e substituí-las por painéis que projetassem o som, em vez de absorvê-lo. Treliças em ferro no teto sustentariam, a partir dos nós, um painel acústico em pinho, decorado com uma pintura de Apolo e as Musas. Gedeonov discutiu a proposta de Cavos com o ministro da corte, o conde Alexander Adlerberg, levando em consideração, claro, a opinião do tsar: "Sua Majestade não pretende demolir a atual parede de pedra do corredor; mas, como a parede não é inteiramente confiável, Cavos propõe outra no projeto." O arquiteto também tentou assegurar que o corta-fogo não se "comunicasse" com o auditório — em outras palavras, sem afetar a acústica. Ele ganhou o concurso e a construção começou.[3]

Ele fez do Bolshoi o teatro mais suntuoso do mundo, e em tempo recorde. A construção teve início com a fixação de feixes de estacas no lodaçal, em maio de 1855. Quando o exterior ficou pronto, no final daquele ano, Cavos apresentou as estimativas de custo dos equipamentos, tapeçarias e veludos, além dos preços de luminárias e candelabros, incluindo o impressionante candelabro de três níveis com pingentes de cristal suspenso sobre o auditório. Tem mais de 8 metros de altura e mais de 20 mil partes. Porém, como vazava cera e óleo, só os pobres diabos terminavam sentados (ou de pé) debaixo daquele esplendor.

A coroação do tsar foi o estímulo dos construtores. Na véspera da coroação, apenas quinze meses depois do início, só restava uma pilha de detritos a ser eliminada. O feito de Cavos, todos reconheceram, era milagroso, sem paralelo nos projetos de teatros. Contudo, havia um problema, que assombraria o Bolshoi no século XX. A fundação permanecia fincada em um lodaçal. A água, o veneno da madeira e da alvenaria, se infiltrava nas estacas de pinho e as apodrecia, deixando o teatro, um século depois, assentado sobre tijolos em processo de decomposição.

Em 16 de junho de 1856, dois meses antes da inauguração, surgiu um problema grave. Cavos recebeu uma advertência nada sutil do ministro da corte a respeito de uma parede instável detrás do coruchéu frontal: "Convém ao dr. Cavos assegurar que aquilo que ele permitiu que ocorresse devido à sua falta de cuidado não o leve a ser responsabilizado."[4] A parede foi consertada. A instalação da calefação e da iluminação deixou pouco tempo para dourar o foyer e estofar os assentos, e menos ainda para contratar lanterninhas polidos ou alfabetizados. Contudo, o Bolshoi estava pronto.

O teatro foi aberto ao público em 20 de agosto de 1856, com uma encenação da ópera *I Puritani* (Os puritanos), de Vincenzo Bellini, com um elenco de cantores de fama internacional, como Enrico Calzolari, Frederick Labache e Angiolina Bosio, uma soprano *coloratura* de 25 anos muito admirada pelo tsar Alexandre II. Não se pensou em apresentar uma ópera russa, já que havia muito tempo a corte preferia as italianas — quanto mais exuberantes melhor — e o primeiro balé só foi ao palco em um espetáculo de gala especial, apenas para convidados, em 30 de agosto. A corte ficou confusa quanto à ópera a ser montada na inauguração; primeiro pensou-se em *O barbeiro de Sevilha*, de Rossini, ou no *Rigoletto*, de Verdi, antes de decidir-se por *I Puritani*. Por um momento, pareceu que a ópera cômica *L'elisir d'amore* (O elixir do amor), de Gaetano Donizetti, inauguraria o novo teatro, mas ela foi adiada para uma apresentação privativa, dez dias depois. Então, o que se ouviu na noite de inauguração foi Bellini.

Na Rússia, a política teatral às vezes espelha o que sucede na história, principalmente em períodos tumultuados, os quais o país tem em excesso. Depois da invasão napoleônica, em 1812, escarnecer dos franceses era moda nos Teatros Imperiais. Mais adiante, no século XIX, o gosto voltou-se contra o Império Alemão e o príncipe Otto von Bismarck. Após a Grande Revolução Socialista de Outubro de 1917, quando a Rússia virou a mesa e tudo que no passado era bom tornou-se ruim, o repertório também se transformou. *Uma vida pelo tsar*, de Glinka, se metamorfoseou em *Foice e martelo* para se adequar à estética comunista; *Tosca*, de Puccini, emergiu do golpe bolchevique como *A batalha pela comuna*.

Porém, no ano de 1856, livre de guerras e revolução, o vínculo entre arte e política se afrouxou. A escolha de *I Puritani* para a inauguração do Bolshoi e a coroação do novo soberano não teve relação com o mundo fora do palco. Ela foi escolhida simplesmente por ser a mais nova na lista de óperas disponíveis, e porque seria cantada pela popular Bosio, estrela de uma trupe operística em São Petersburgo. O enredo é, na verdade, contrário à aristocracia. À diferença dos soviéticos, porém, que expurgavam libretos, ouviam a música e assistiam à dança à procura de sinais de sedição, o tsar Alexandre II não temia nada que viesse do teatro. Os sórdidos acontecimentos na trama de Bellini, ou de quem quer que fosse, não constituíam uma ameaça ao regime imperial.

Igualmente, o primeiro balé escolhido para honrar o monarca foi pensado para fazer brilhar uma bailarina talentosa: *La vivandière* (1844) trazia Fanny Cerrito, uma italiana com uma técnica maravilhosa, uma execução deliciosa da *batterie* e tão precisa em seus giros rápidos quanto um pião. Seu parceiro — o não menos renomado bailarino, coreógrafo e *maître de ballet* Arthur Saint-Léon — era também seu marido. Os passos de Cerrito se perderam no tempo, mas uma das danças de grupo, um *pas de six*, sobrevive em uma anotação de Saint-Léon e dá uma ideia daquela técnica impressionante.[5] Ela interpretou o equivalente no século XIX a uma ajudante que serve os soldados franceses escrevendo cartas em nome deles, aplicando curativos em suas feridas e cuidando da cantina. Ela vende comida e provisões à tropa com desconto, mas preserva a sua virtude; os soldados cobiçam o que é proibido a todos, menos a Hans, seu verdadeiro amor, o dono da cantina. A vida no Exército não permitia *pliés* fáceis, e Cerrito devia executar descidas difíceis em um pé só, com jarras e utensílios amarrados na cintura.

Os artigos na imprensa sobre o novo Bolshoi foram efusivos. Os críticos se deixaram arrebatar pelas fachadas amplas, os mosaicos intrincados nos pisos do hall de entrada e a mescla de "ornamentos florais, rocalhas, cartuchos, tramas, rosetas e trançados" nas bancadas.[6] Cavos havia imaginado o Bolshoi em um "estilo bizantino-renascentista", com a entrada ladeada por colunas de pedra calcária branca como leite, camarotes em veludo carmesim e foyers repletos de espelhos e quadrados monocromáticos.[7] Os assentos eram estofados com crina de cavalo e fibra de coco — o mais avançado em termos de conforto. No auditório, folhas de ouro cobriam as molduras em papel machê. Os ingredientes do douramento incluíam argila, ovo e vodca. Os pincéis foram feitos com o fino pelo da cauda de esquilos azuis (talvez marrons), excelentes na aplicação de tintas ricas e espessas.

A história da nação mereceu uma alegoria na segunda cortina, pintada com a imagem de um evento crucial de 1612. Naquele ano, segundo a lenda do Kremlin e a propaganda oficial, as massas russas se uniram pela primeira vez contra os inimigos, um grupo de poloneses e lituanos. Além de violar as terras russas, os invasores tentaram converter camponeses e mercadores ao catolicismo, algo considerado pior do que a morte. O vendedor de sal Kuzma Minin e o príncipe Dmitri Pojarski evitaram a tragédia. A cortina mostra os dois entrando em Moscou a cavalo com a intenção de incitar o povo a se rebelar. A mensagem era óbvia em 1856, assim como hoje: enquanto estivermos unidos, nós, o povo russo, podemos derrotar qualquer um. Os ocupantes estrangeiros serão sempre expulsos, e os que traiçoeiramente se aliarem a eles também serão vencidos. A cortina foi objeto de elogios dos críticos russos e estrangeiros, que viram nela nem tanto o endosso da xenofobia, mas uma homenagem ao design teatral italiano. Ela permaneceu no Teatro Bolshoi até 1938, quando Stalin decidiu fazer de 1917 o ano favorito da Rússia, em detrimento de 1612. A cortina desapareceu do local. Em 2011, políticos ordenaram a sua restauração, com base em um esboço e uma fotografia preservada no Museu do Teatro Bolshoi. Vladimir Putin e seus comissários invocaram o ano de 1612 para atiçar o temor de invasões estrangeiras e elevar o espírito nacionalista, ao mesmo tempo que moderavam a dissensão.

Por sua contribuição à nação, Cavos recebeu a cruz de Vladimir, o Grande, governante do Principado de Kiev, e foi-lhe concedida uma pensão anual de 6 mil francos franceses. Após a sua morte, um camarote do teatro foi dedicado a ele.

DEZ DIAS APÓS a inauguração pública, o Bolshoi foi entregue à nobreza para uma apresentação privada, uma ocasião sem igual. Em 30 de agosto de 1856, a corte imperial pretendia criar um impacto internacional espetacular ao celebrar a sua reconstituição e a do teatro com um espetáculo de gala exclusivo. *L'elisir d'amore*, a ópera de Donizetti, tinha o tipo de efervescência irracional que o tsar apreciava, e transmitia uma mensagem de boas intenções a todos na audiência. Como observou um especialista no seu reinado, a ópera tratava de coisas que lhe tocavam o coração: "A fé sentimental no poder mágico do amor, forjando sentimentos benfazejos e curando feridas — a alegria e o enamoramento vencem a descrença e criam um sentido de humanidade compartilhada."[8]

Um repórter presente naquela noite, William Howard Russell, descreveu o evento em um artigo no *Times* de Londres. Ele elogiou o interior, de um verde marinho pálido, os salões laterais perfumados de laranja e fúcsia, e a cintilação e o tremeluzir dos raios nas velas que, em conjunto, eram deslumbrantes demais para uma mirada prolongada. Regozijou-se com os diademas que as damas nobres portavam nos camarotes, com a disciplina exibida pelos oficiais na plateia e as suas saudações perfeitamente harmoniosas quando o tsar e a tsarina entraram, às 8 da noite, e a distinção exótica dos turcos, georgianos e outros convivas de diversas partes da Eurásia. A noção de que todos faziam parte do Império Russo em expansão permanente, um império com costas nos oceanos Pacífico e Ártico, além dos mares Báltico, Negro e Cáspio, deixava até mesmo os governantes impressionados. Os uniformes em branco e dourado, azul e prata, carmesim, preto e escarlate faziam da plateia um canteiro de flores variegadas. Russell descreveu a cena para os leitores britânicos:

Provavelmente um anfiteatro romano seria mais grandioso, mas não poderia ser mais brilhante. Uma plateia belíssima e magnífica lotou o teatro, e as acomodações eram tão boas que não houve empurrões, confusão nem ruído. Não havia damas na plateia, por isso o efeito dos muitos uniformes esplêndidos era homogêneo, mas as primeiras fileiras dos camarotes estavam ocupadas pelas damas da criação em toda a sua gala — diamantes em pequenas coroas, diademas, colares, braceletes, broches, de todas as formas que a chapelaria e a joalheria poderiam combinar, todas as pedras preciosas estavam ali — e com a melhor das aparências, enchendo a casa com uma atmosfera de brilhos e centelhas sob os raios das luzes de cera. As grandes damas da corte russa [...] estavam lá, adornadas com os tesouros adquiridos, em outras eras, por seus antepassados de [terras] tártaras, turcas ou georgianas. Algumas dessas damas são muito belas; no entanto, se fosse possível dizer que uma parte das mulheres, como regra geral, não possui refinamento nem um charme resplandecente, dir-se-ia que elas certamente vivem na Rússia. As exceções a essa afirmação são muito notáveis. Há uma cabecinha que sempre atrai os olhos de quem está por perto — um rosto miúdo de criança, da cor do pêssego, emoldurado por um arranjo exuberante de cabelos cor de linho que fogem ao controle do arco ou do diadema e caem em cascata sobre os ombros. O rosto é como que inspirado pelos artistas que pintavam a porcelana antiga de Dresden, e pertence a uma jovem princesa russa que acaba de surgir no mundo moscovita. A dama ao seu lado é a própria Juno — beleza mais perfeita e mais majestosa não há. Pouco adiante está uma adorável jovem moldava, casada com um príncipe russo que acaba de ser enviado ao Cáucaso — três meses após o matrimônio [...] Mas o catálogo [...] deve acabar por aqui, porque a multidão na plateia cresce e o imperador é esperado a qualquer momento. Nas fileiras da frente estão os generais e almirantes, conselheiros particulares, oficiais do Estado, tesoureiros e personagens da corte. Atrás deles estão oficiais similares, mesclados com membros das missões estrangeiras e os estranhos convidados a comparecer. Lorde Granville já estava em seu camarote à esquerda do camarote oficial do imperador. O sr. de Morny e a Embaixada francesa foram acomodados no camarote à direita do tsar. Os outros ministros e embaixadores têm assentos no mesmo piso, e os *attachés* que não tiveram lugares nos pisos superiores foram acomodados em assentos na plateia. Passava das 20 horas da noite quando o imperador apareceu, e assim que foi visto toda a casa foi perpassada por uma corrente elétrica, e ele foi saudado veementemente mais de uma vez. O tsar e a tsarina fizeram uma mesura e cada saudação era o sinal para um alvoroço entusiasmado, em meio ao qual, por fim, se ouviu a introdução de "Deus salve o tsar" e a audiência retomou os seus assentos.[9]

Em seu entusiasmo, o repórter esgotou o espaço que lhe cabia e prometeu aos leitores outra crônica ainda mais detalhada sobre o evento. Famoso por suas reportagens sobre a Guerra da Crimeia, Russell tinha permissão para escrever longamente para o *Times*, e seu artigo sobre o Bolshoi alcançara 2.500 palavras mesmo antes de ele mencionar os maus modos dos norte-americanos presentes, ou considerar as diferenças entre a *polonaise* dançada na Rússia e na Polônia, o seu lugar de origem. Também foram omitidas as medalhas e os distintivos russos nos peitos dos embaixadores, as tiaras que impediam a visão das plumas, a inveja e os sentimentos feridos provocados por uma princesa de São Petersburgo sentada bem abaixo de certa condessa moscovita. Também importante — o mais importante — era o próprio prédio. O Bolshoi agora tinha a aparência, e não só o nome, de um teatro imperial.

Antes do final do século, o teatro ainda foi palco de outras duas coroações: a do tsar Alexandre III, em 1883 (para a qual Tchaikovski compôs a *Abertura 1812* entre outras ostentosas *pièces d'occasion*), e a do tsar Nicolau II, em 1896. A coroação de 1883 ocorreu após um assassinato. Alexandre II foi morto em São Petersburgo por uma bomba atirada por um membro de um grupo fanático antiautoritário denominado A Vontade do Povo. Ele havia sobrevivido a diversas tentativas de assassinato anteriores, mas dessa vez foram dois explosivos; o segundo caiu aos seus pés quando descia da carruagem e despedaçou suas pernas. Sua morte pôs fim a um período de reformas econômicas, agrícolas e sociais, com a emancipação dos servos (motivada pela leitura, por parte do tsar, do populista agrário

Alexander Herzen) e certo grau de liberdade de expressão na imprensa e nas universidades. Contudo, as reformas não foram suficientemente avançadas. Os servos libertados foram obrigados a arrendar terras dos antigos amos ou a se escravizar nas manufaturas. Os ativistas que tentavam criar sindicatos e partidos políticos eram encarcerados ou mortos, o que contribuiu para atiçar o fogo do que viria a ser a Revolução de 1917. Não havia intenção de promulgar uma Constituição nem de formar um Parlamento. A luta às margens do império se espalhou para o centro.

A muito adiada ascensão do filho de Alexandre II tornou-se tema de especulações ansiosas. No entanto, após meses de reclusão, o tsar Alexandre III foi entronizado sem incidentes. Uma força da polícia secreta, a *okhranka*, foi criada com o intuito de se infiltrar e dar cabo das organizações subversivas. Em resposta à violência terrorista, as cerimônias de coroação no Bolshoi reafirmaram o amor incondicional à nação, à Igreja ortodoxa, às tradições místicas e "às origens moscovitas do poder imperial".[10] Durante as festividades, Alexandre III se apresentou como um cavaleiro heroico dos boiardos, porém, para ele, bem como para o seu antecessor e o seu sucessor, aquela "mentalidade de povo" (que viria a ser o lema dos soviéticos) terminou assim que seu numeroso *entourage* regressou a São Petersburgo. O tsar impôs uma série de reformas com o intuito de afirmar o poder do trono em detrimento do povo — ao menos do povo que não se encaixava na definição de "russo verdadeiro".[11] Houve três *pogroms*. Os judeus, os bodes expiatórios da história russa, foram banidos de Moscou, expulsão esta acelerada quando, em 1891, Alexandre III nomeou o irmão, o grão--duque Sergei Aleksandrovich, governador-geral da cidade. As lendas sobre a bravura dos cossacos do Don, heróis perenes da história russa, foram alimentadas, e novas igrejas foram construídas no antigo estilo russo ortodoxo. Até mesmo a língua mudou, quando expressões arcaicas do século XVIII voltaram a circular na imprensa e na correspondência burocrática.

Na coroação de 1883, o Bolshoi encenou um trecho da cena da coroação de 1613 da ópera *Uma vida para o tsar*, de Glinka, composta na primeira metade do século XIX. A mescla intencional de política e teatro apresentava soldados em marcha, centenas de coristas e uma soprano vestida de camponesa, que se atrasou e tinha a garganta seca. Ela estivera dando voltas no teatro em sua carruagem, tentando em vão cruzar o cerco de policiais e soldados que bloqueavam as portas. Ao deixar esperando o tsar, que já estava sentado no camarote central com a família, ela entrou no palco histérica, tremendo dos pés à cabeça e aos gritos de "Gelo! Gelo!" aos auxiliares de palco, na esperança de esfriar a cabeça ou, quem sabe, as cordas vocais.[12] A ópera começou, e no auge patriótico, as tábuas do piso do palco reverberaram no introito de "Glória, glória à Rússia sagrada!". Seguiu-se a apresentação de um balé alegórico de Marius Petipa, *Noite e dia* (Noch' i den'), sobre renovação. Na primeira parte, a rainha da noite, a estrela d'alva, cometas, planetas, samambaias, donzelas-cisne, sereias e dríades se dão as mãos; depois, a rainha do dia cabriola com a estrela da manhã, pássaros, borboletas, abelhas e moscas. A variedade de nacionalidades que conformava o Império Russo se apresenta — dos finlandeses, georgianos e poloneses aos cossacos do Don e aos xamãs siberianos, todos saudando a aurora como símbolo da coroação. A Mãe Rússia entra em cena como uma matrona corpulenta em uma dança em roda da amizade dos povos. Foi um espetáculo olímpico combinando balé, desfile e circo com soldados em revista. No entanto, a bailarina Ekaterina Vazem, de São Petersburgo, observou que "a música para balé de Minkus carecia de qualidade".[13]

A opulenta apresentação cerimonial era um sinal, ainda que débil, do que estava por vir. Ela demonstrou que o Bolshoi, o Teatro Imperial da antiga capital russa, podia servir para fins ideológicos. Os entretenimentos diluíam as identidades étnicas em um simulacro de subjugação autocrática. *Noite e dia* era uma parábola de unidade nacional e do poder do império. O tsar Alexandre III foi tão adulado pelo balé em sua homenagem que terminou ordenando uma reapresentação dias depois, exclusivamente para a sua família.

As insígnias imperiais foram removidas da entrada e do telhado, e o Teatro Bolshoi passou a servir novamente às audiências moscovitas e seus gostos mais terrenos. Embora Moscou e São Petersburgo estivessem ligadas por via férrea desde 1851, a viagem acidentada de dois dias nunca as aproximou. Moscou mantinha um caráter essencialmente rústico, mesmo tendo sido reconstruída após Napoleão. Ela era mais áspera, mais suja e, devido ao controle das guildas de mercadores, mais brutal do que a capital imperial ao norte. Contudo, como a antiga capital, ela se enxergava como o verdadeiro centro da Rússia, e imprimiu a sua marca na cultura russa, tendo construído um monumento ao escritor Pushkin antes de São Petersburgo, por exemplo, embora ele não tenha vivido por muito tempo na cidade. A gendarmaria imperial mantinha a ordem (e, a partir do tsar Alexandre III, supervisionava a polícia secreta *okhranka*). Os domos em forma de bulbo das catedrais pairavam acima das ruas estreitas, sinuosas, lamacentas e fedorentas; mercados de peixes e caça forneciam refeições ordinárias às ruidosas *kabaki* (tabernas) subterrâneas e às estalagens no nível da rua (*traktiri*), mais silenciosas. *Grosso modo*, havia duas cidadanias distintas. Os nobres de linhagem antiga, membros privilegiados na Tabela de Posição Social, mercadores bem-sucedidos, e industriais afluentes frequentavam clubes sociais e salões de arte, jantavam *haute cuisine* em restaurantes franceses refinados e passeavam pelos jardins de Moscou. Os trabalhadores — pobres, analfabetos ou semiletrados — passavam as suas curtas vidas em habitações modestas iluminadas por velas e lâmpadas de querosene. Para ambas as classes e os funcionários que ocupava uma posição intermediária havia divertimentos nos dias festivos, as feiras nas ruas e os rituais do calendário litúrgico. O amor ao governante de barba ruiva e grande bebedor equivalia, para os moscovitas, ao seu amor à Igreja ortodoxa russa.

Os monarquistas de São Petersburgo tinham o tsar Alexandre III junto ao coração, mas a Igreja a distância. Ministros de governos, burocratas e cortesãos eram mais seculares na aparência e, na verdade, mais frios e menos hipócritas ao interagir do que a gente decente de Moscou. Os residentes de São Petersburgo imaginavam a sua capital imperial, uma rede improvável de palácios e canais que se derramava pelo Golfo da Finlândia, como um portal para a Europa. Em contraste, Moscou mantinha-se apegada às suas raízes orientais, bizantinas, e esperava o mesmo da sua sala de ópera e balé, apesar da fachada neoclássica.

Cavos havia transformado o Bolshoi com um estilo aristocrático grandioso, mas as audiências de Moscou só queriam ser entretidas. Comédias, programas folclóricos e a miscelânea de divertimentos seguiam tão populares como antes. Os balés que faziam sucesso em São Petersburgo passavam em branco por Moscou, ainda que com os mesmos artistas. O *maître de ballet* Alexei Bogdanov, um transplante de São Petersburgo, tentou encenar *ballets-féeries* espetaculares, inclusive um que havia sido perscrutado pelos censores: *As delícias do haxixe ou A ilha das rosas* (Prelesti gashisha, ili ostrov roz, 1885). A repercussão inicial desse banquete colorido e colonialista lotou o Bolshoi em duas ou três apresentações, mas em seguida as vendas caíram e a produção teve de ser cancelada. As críticas fizeram pouco caso da obra e se centraram mais no enredo, na iluminação e nas explosões químicas do que na dança. A revista *Teatral'nïy mirok* (Mundo teatral) elogiou Bogdanov pela abordagem "enérgica" das danças de grupo, inclusive a "Dança das abelhas", apresentada pelos membros mais jovens do elenco, e ele recebeu o crédito de "por fim reviver a arte moribunda da coreografia em Moscou". *As delícias do haxixe* "causou furor".[14] As danças em grupo foram consideradas "de bom gosto" em um artigo no *Teatr i zhizn'* (Teatro e vida), o que não contribui muito para a causa da reconstrução coreográfica.[15] Em outra parte, o corpo de baile foi comparado a um "buquê de rosas variadas". O crítico apreciou as fortes emoções italianadas na dança e elogiou os talentos em botão do Balé Bolshoi. Lidiya Geyten recriou a África da imaginação imperial russa, representando "a dança de kaftan com a paixão selvagem e o fogo de uma verdadeira africana".[16] Outros solos, como a dança "chinesa", foram apontados como uma surpresa agradável, o que sugere que se esperava menos de Bogdanov.

As platitudes marcaram outro *pot-pourri*, *Svetlana, a princesa eslava* (Svetlana, slavyanskaya knyazhina, 1885), que Bogdanov encenou depois de exigir aumento de salário. "Eu esperava ser mais bem recompensado pelas responsabilidades como mestre e diretor de balé", escreveu ele aos seus supervisores em São Petersburgo, anexando um cartão-postal da bailarina de Dresden que queria contratar "por honorários modestos pela sua atuação". Seria "um experimento", argumentou, com o fim de "refrescar" o balé Bolshoi.[17] A sua cobiça, a preferência óbvia por bailarinos estrangeiros e o espalhafato das suas produções não caíram bem. O dramaturgo e inspetor de repertório Alexander Ostrovski escarneceu as "apresentações circenses" de Bogdanov e tentou despedi-lo. Entrementes, a administração dos Teatros Imperiais em São Petersburgo debatia se as apresentações "novas e vulgares" de Moscou seriam melhores do que as outras, "velhas e pobres".[18]

Como *maître de ballet* do Bolshoi, Bogdanov reforçou a disciplina e exigiu o comparecimento às aulas matutinas no teatro. A qualidade da dança aumentou. No entanto, o repertório importado da França e da Itália não atraía a audiência. Os críticos resmungavam e, para desespero dos contadores dos Teatros Imperiais, o Balé Bolshoi não dava lucro. As contas foram auditadas, e os administradores eram demitidos frequentemente ou, quando o *rigor mortis* burocrático se instalava, as suas atividades eram feitas por outrem.[19]

Por um tempo, pareceu que ninguém administrava o Bolshoi, como demonstrou o caso trivial, mas revelador, do insulto ao gerente de guarda-roupa, Semyon Germanovich. Ele não sabia a quem se queixar, em 1882, do "epíteto" atirado em sua cara por Vladimir Pogojev, intendente interino dos Teatros Imperiais em São Petersburgo e Moscou enquanto o intendente de fato, Ivan Vsevolojski, viajava pela Europa. Pogojev aproveitou o seu período no posto para livrar o Bolshoi dos administradores independentes. Ele enviou auditorias financeiras a Moscou acusando Germanovich e outros de falsificar os livros contábeis. "Sete indumentárias femininas" para a ópera *Tannhäuser*, de Richard Wagner, foram compradas, mas ninguém as viu, e as baterias encomendadas pelo maquinista para iluminar a ópera *O demônio*, de Anton Rubinstein, são em menor quantidade e em uma voltagem mais fraca do que o faturado.[20] O rude embate de Germanovich com Pogojev deixou uma "mancha terrível" na sua reputação.[21] Ele esperou que a corte a limpasse, mas isso não ocorreu. Pogojev o demitiu, e levou um bom tempo (oito anos, na verdade) para que o antigo gerente de figurinos recobrasse os salários devidos: 90 rublos e 38 copeques.[22] A inveja cresceu e a sua antipatia pela administração do Teatro Bolshoi tornou-se patológica.

O sucessor de Germanovich foi Anton Vashkevich, de 24 anos, cuja mãe era fiscal de cruzamentos em linhas férreas. Pogojev havia trabalhado nos trens antes de servir à corte, o que talvez explique como conseguiu o emprego. Vashkevich tinha o cargo de *kollezhskiy registrator*, o fundo da nomenclatura imperial russa, que na verdade não tinha a menor relação com uma posição sênior no Bolshoi. A sua contratação provocou ressentimentos, e ele foi acusado de roubar os salários destinados a alfaiates e provadores, e de gastar parte do dinheiro em "meias garrafas de vodca, talvez mais" em uma taberna, e algo mais com prostitutas do Jardim Hermitage de Moscou, antes de perder o resto. Só a última parte da história era verdadeira, insistiu Vashkevich. Embora tivesse começado a beber para acalmar os nervos, ele nunca bebia em excesso, jurou. Pretendia pagar os alfaiates e provadores, mas, como eles não estavam no teatro naquele momento, guardou o dinheiro consigo. Ele fora roubado, alegou, ao cair no sono. Vashkevich também havia sido insultado por Pogojev e temia perder o emprego. "Ele tem vivido constantemente sobressaltado", concluiu uma investigação, "à espera de mudanças no pessoal do teatro."[23]

Em 1º de outubro de 1883, os problemas financeiros no Bolshoi levaram à demissão surpreendente de mais de cem bailarinos — quase metade da folha de pagamentos. O memorando de 27 de março que estabelece as bases do expurgo é impiedoso:

> Em vista da esperada abolição da trupe de balé de Moscou, o escritório dos Teatros Imperiais solicita respeitosamente à instituição em Moscou que crie uma comissão, a ser presidida pelo Escritório dos Teatros Imperiais, e convide o *maître de ballet* Petipa e o diretor de palco L. Ivanov que viagem daqui a Moscou como participantes, e convidem Smirnov dentre os artistas em Moscou — com o propósito de compilar uma lista dos artistas

que, estando qualificados para pensões, possam ser demitidos do serviço, além de outras pessoas que, por falta de talento ou capacidade, já não sejam úteis e, portanto, estejam sujeitas à desistência por parte do Estado.[24]

OS BAILARINOS RECEBERAM a notícia no pior momento — no meio de uma apresentação de *O demônio*. Assim que "alçaram os pés esquerdos para cruzar o palco correndo na ponta dos pés direitos, um guarda se aproximou para avisar que estavam demitidos. Os bailarinos, atônitos, desmaiaram, e despertaram a tempo de perturbar a paz e a calma com seus gritos e prantos". Vestidos como anjos, caíram em grupo da corda e se machucaram. "Mas ainda assim resistiram à demissão!"[25] Dezenove bailarinos foram para o Mariinski, mas só depois de passar por um teste a fim de provar que suas pernas não estavam gordas demais. Eles souberam da promoção para São Petersburgo por telegrama. Os "artistas solistas" mais velhos receberam pensões e uma indenização módica. Os bailarinos mais jovens e em melhor forma que o Bolshoi manteve tiveram os salários cortados, o que era menos problemático para as "damas casadas" do que para as solteiras, que precisaram "se dedicar a vacas e à venda de leite" para se sustentar.[26] (Uma leiteira estreante cancelou um ensaio para acompanhar o nascimento de um bezerro.) O escândalo foi jocosamente satirizado pelo escritor Anton Chekhov, que fez troça da administração por se livrar dos bailarinos "de modo educado, rápido e, o mais importante, repentino".[27]

A mudança drástica era parte de uma tentativa de aperfeiçoar o funcionamento dos Teatros Imperiais. Um comitê formado por Vsevolojski, o intendente de São Petersburgo a partir de 1881, planejou uma melhor supervisão do repertório, além de aumentos substanciais no pagamento e honorários.[28] Em alguns teatros o moral melhorou, mas não no Balé Bolshoi que, como revela o memorando de 27 de março, parecia condenado. O negócio leiteiro não o salvaria, nem a corrida ao altar que inevitavelmente se seguiu a "qualquer flerte" entre bailarinas e mercadores afluentes.[29] O diretor dos Teatros Imperiais em Moscou, o ator Pavel Pchelnikov, deixou claro em sua correspondência que ele e seus supervisores prefeririam a ópera ao balé, e que os melhores balés eram aqueles que faziam parte das óperas. Contudo, um ano após as demissões, ele jogou uma luz de esperança e conseguiu que um punhado dos "infelizes" demitidos em 1883 fosse recontratado por um salário de 300 rublos.[30] Não era um salário de subsistência, mas certamente era melhor do que a "fome" ou "ficar na rua".[31] A moratória era obra de Vsevolojski e, por meio do ministro da corte, do tsar Alexandre III. Por comiseração, ele defendeu a manutenção dos antigos bailarinos para a sobrevivência do Teatro Bolshoi. Eles não tinham outras habilidades além da dança, alegou, e seria "duro demais" deixá-los "sem uma migalha" durante a celebração da coroação do tsar Alexandre III.[32] Este achou por bem concordar com Vsevolojski, e permitiu a continuação do Balé Bolshoi. A arte tornou-se uma decoração essencial do seu reinado — o qual, em geral, privilegiava o acessório e o ornamental como, por exemplo, os ovos Fabergé, com os quais, a partir de 1886, passou a presentear a tsarina em ocasiões especiais.

Como exatamente manter o Bolshoi funcionando ficou a cargo de Vsevolojski, do ministro da corte e, em menor medida, de Pchelnikov. Antes disso, porém, uma espécie de empresário — o maquinista Karl Valts — se adiantou com a ideia de privatizar o balé. Ele propôs financiar as apresentações em troca de arrecadar dois terços da renda. Embora Vsevolojski achasse a proposta "favorável" (diante do pouco que o balé arrecadava em comparação com a ópera, e mesmo a ópera russa), ele se preocupou com a ideia de que os teatros imperiais "fizessem esse tipo de transação com os seus empregados".[33] A proposta, semelhante à de Michael Maddox, foi rejeitada.

Em 8 de agosto de 1884, houve um acordo para manter a operação do Balé Bolshoi como uma empresa estatal, com orçamento de 100 mil rublos ao ano (comparados aos 217 mil rublos destinados ao Balé Mariinski). A folha de pagamentos foi inicialmente limitada a cem bailarinos, 71 mulheres e 29 homens, mas depois, cedendo a pedidos especiais, o número aumentou levemente para 102: 63 mulheres e 39 homens. Vsevolojski rosnou que, antes da reforma, a Tabela de Posição Social no Balé Bolshoi fazia tanto sentido quanto a da corte. Grande parte dos bailarinos, os maiores e igualmente os menores talentos, recebiam entre 100 e 150 rublos ao ano, embora uns poucos escolhidos aparentemente tenham ganhado na "loteria" do Teatro Imperial em Moscou, recebendo mais de 10 mil rublos no total. As "desigualdades" e "injustiças" na remuneração não foram totalmente corrigidas, mas o talento, em oposição às relações pessoais, passou a valer mais nas promoções.[34] Os solistas agora recebiam uma média de 600 rublos, os bailarinos de dança a caráter 500, e os membros do corpo de baile 400 rublos. A bailarina Lidiya Geyten tinha o maior salário, 3.300 rublos. Isso a mantinha em Moscou, em vez de levantar acampamento para São Petersburgo ou a Europa.

O Balé Bolshoi perdeu grande parte da sua "autonomia" na mudança, observa o historiador do balé Yuri Bakhrushin, mas ao menos ele perdurou. "Afortunadamente", acrescenta, "a 'reforma' não afetou a escola de balé em Moscou, que seguiu funcionando como antes."[35] De fato, para Vsevolojski, a escola era sacrossanta. Separar 7 mil rublos para os "professores de balé, a dança de salão e a mímica" evitaria a recorrência da estagnação de décadas recentes e repovoaria e revitalizaria a classe.[36] Os estudantes da escola receberiam treinamento adequado, entrariam em contato com coreógrafos convidados (Petipa, em primeiro lugar) e fariam viagens ocasionais a São Petersburgo para participar do Teatro Mariinski, que contava com um financiamento maior.

APESAR DO TUMULTO daqueles anos, o Bolshoi conseguiu apresentar balés notáveis, três dos quais sobressaíram não só naquele momento, mas na história do balé: *O corsário, Dom Quixote* e *O lago dos cisnes*. Os três começaram confusos, mas cada um granjeou um lugar no repertório internacional graças, principalmente, ao coreógrafo Marius Petipa.

Ele fugira da Espanha para a Rússia em 1847, onde a sua libertinagem, que incluiu um caso com a amante de um diplomata — ou talvez a filha da amante, as fontes são incertas — forçou-o a fugir para escapar da lei. Petipa já havia evitado uma surra após beijar uma bailarina no rosto, e foi desafiado para um duelo com pistolas pelo encarregado de negócios diplomáticos cuja honra insultara. Ele registrou o resultado do duelo em suas memórias: "Ele atira — e erra; e a minha bala destrói a sua mandíbula."[37] Era mais seguro correr atrás das moças em São Petersburgo, onde criou um balé a cada ano em que ofereceu, além de danças incidentais para óperas francesas, galas para cortesãos e vários divertimentos. Nos seus últimos anos de vida, seus discípulos anotaram os seus balés importantes, e os esboços sobreviventes, feitos em cadernos a lápis de cor, ilustram a sua obsessão com a ordem, o equilíbrio e a lógica. Mas ele também ficou famoso pelas danças nacionais, variações de solos, apresentações de mímica e os orbes celestes, raios de sol e flores abrindo-se encenados pelo corpo de baile. A sua meticulosidade o levava a rompantes profanos (em francês ou em um russo primário) quando a realidade não se acomodava à sua visão. Bailarinos com resultados pobres caíam em prantos ao ser dispensados; os oponentes e os que se atreviam a reencenar os seus balés foram desprezados em suas memórias amargas como "ignorantes convencidos" com "cérebros retorcidos".[38]

Petipa tinha inimigos profissionais, e certa vez foi processado na França por plágio. O coreógrafo Jules Perrot provou que um *pas* que havia concebido para um balé em Paris não poderia ter se repetido tal qual em um balé de Petipa em São Petersburgo. Ele foi condenado a pagar 300 francos de indenização.[39] O incidente constrangedor traz a questão das fontes da sua inspiração. A sua inovação seria *sui generis*, surgiria pronta como Atenas da cabeça de Zeus, como às vezes se afirmou mais tarde? Em Paris e Londres, ele não impressionou, e o seu trabalho foi superado pelo irmão mais velho, Lucien. Só ao chegar à corte russa a estrela de Petipa começou a brilhar, mas essa luz pode ter sido gerada por fontes furtadas ou plagiadas. Talvez seu classicismo seja mais bem definido como *ars combinatoria*, um termo do Renascimento que descreve uma montagem do que já existe em algo novo: lograr não a invenção, mas o remodelamento. Além disso, em retrospectiva, seu gosto musical é um quebra-cabeça. Durante a maior parte de sua carreira, Petipa teve compositores teatrais da casa nos quais podia confiar, mas com pouco talento. Só na casa dos 70 anos ele encenou a música de Tchaikovski. Por que não se expandiu antes? Seria mais fácil para ele lidar com música inócua em ritmos sem graça do que com a grande música, ou com texturas filigranadas e modulações fora do comum?

Não obstante, o arrivista Petipa construiu um império próprio no Mariinski. O tsar Alexandre II e seus sucessores mimaram o Balé Imperial de São Petersburgo controlado por ele. A escola se beneficiou: os dormitórios ficaram mais confortáveis, e os sessenta ou mais alunos internos eram banhados e levados à "capela" antes das lições.[40] A generosidade do governante financiava as ambições de Petipa. Os balés eram ambientados no Egito ou na Índia, no céu ou na vida após a morte, movendo-se pelo exótico através do sonho com o exótico e do sonho com o sonho do exótico. Em *A filha do faraó* (Doch' farona), de 1862, múmias voltam à vida, e um episódio com um desfile de nações ocorre no Reino dos Rios. (Ele merece o crédito por, na maior parte do tempo, ter resistido a fazer os bailarinos se moverem de modo bidimensional, de perfil, e em suas memórias anotou que "certamente os egípcios caminhavam como nós".)[41] As suas encenações podiam ser assombrosas. Em *La bayadère* (1877), uma procissão sinuosa pelo Reino das Sombras traz 48 mulheres de branco; a ausência de cor simbolizava a morte (além da pureza) na tradição hindu. Típico da sua fraseologia reversa, as bailarinas avançam em *arabesque*, retrocedem em *cambré*, se alinham e avançam dois passos. O *cambré* é feito com *bras en couronne*, os braços curvados sugerindo, dependendo da iluminação, um halo ao redor da cabeça. Era a dança mais bela que já se tinha imaginado. Petipa pensou nisso para os bailarinos russos do corpo de baile treinados no país, em detrimento dos estrangeiros. Em seus balés, a corte de São Petersburgo enxergava a própria magnificência, o seu domínio imperial.

O BOLSHOI ESTAVA longe de ter um orçamento para as obras de Petipa e de contar com sua habilidade no comando. Moscou teve de tolerar uma série de mestres de balé importados, a começar pelo italiano Carlo Blasis. Um moralista rigoroso que defendia a precisão e a proporção, ele aperfeiçoou a escola de balé, porém, como concluiu um historiador eminente, "não acrescentou nada importante" ao repertório.[42] Seus sucessores tcheco e belga tampouco fizeram grande coisa. A distância entre Moscou e São Petersburgo só crescia. Lamentavelmente, como escreveu outro historiador, "entre a aposentadoria de Adam Glushkovski e Félicité Hullen-Sor em 1839 e a indicação de Alexander Gorski no final do século, não houve um *maître de ballet* residente que tenha se distinguido no balé de Moscou por tempo suficiente para aprimorar o padrão, e por muitos anos não houve um *maître de ballet* permanente".[43]

Como o Bolshoi não contava com um gênio da casa, foi preciso contornar a ideia do gênio criando balés de um modo mais coletivo. Contudo, as coisas mudaram quando Petipa se envolveu com a trupe de Moscou. O espírito coletivo mais livre permaneceu e influenciou o seu pensamento, mas o conteúdo dramático e o conceito melhoraram.

Uma exceção foi *O corsário*, que continuou sendo alegremente confuso mesmo pelas mãos dele. Um enredo frágil — a história do amor de um belo pirata por uma escrava deslumbrante — serve de pretexto para um espetáculo ambicioso e inconsistente ambientado em um bazar, uma gruta, o palácio de um paxá, um jardim encantado, novamente o jardim do paxá e em alto-mar. Lutas de espadas? Claro. Uma rosa mágica sonífera? Quanto mais forte a fragrância, melhor. Um naufrágio que deixa os amantes dependurados em uma rocha? O único modo de descer a cortina. O público em Moscou foi em bando assistir a *O corsário* mais de uma vez, em diferentes estilos, ao longo de todo o século XIX. A primeira versão (estrelando Ekaterina Sankovskaya) foi coreografada pelo irmão de Marie Taglioni, Paul, em 1838; a segunda por Joseph Mazilier, em 1856; e a terceira por Jules Perrot, em 1858. Depois, esteve a cargo de Petipa, que o apresentou em quatro versões distintas, cada uma mais elaborada que a anterior.[44] Verstovski lamentou o "empurra-empurra" da "turba" para conseguir ingressos para a versão de Perrot de *O corsário*, e o lucro obtido com a revenda pelos servos dos nobres — o câmbio negro — dos ingressos em restaurantes e na Praça do Teatro.[45] Mas em algum lugar do seu ser destemperado ele deve ter ficado satisfeito com um balé popular e barato que, ainda assim, tinha de tudo.

Tudo, exceto iluminação moderna, que ainda não havia sido instalada no Teatro Bolshoi. Cavos tinha aplicado todo o orçamento na reconstrução do Bolshoi, mas os padrões das produções ficaram defasados com relação aos das salas de ópera e balé europeias, onde havia muito tempo, a iluminação era a gás. A Rússia havia criado uma tecnologia pioneira no uso do gás para iluminar ruas e casas antes da Guerra Napoleônica, mas a sua instalação nos teatros de São Petersburgo e Moscou estava muito atrasada. Cavos havia proposto instalar gás no Bolshoi em 1856, mas os custos eram muito altos e o plano foi arquivado. *O corsário* ficou estranhamente nas sombras, quase na escuridão.

Em 1863, Makar Shishko foi contratado para instalar a iluminação a gás no Bolshoi, depois de ter feito o mesmo em São Petersburgo no ano anterior. Autodidata, Shishko saíra da província para Moscou com apenas um copeque no bolso, conseguiu se formar em química médica e casou-se com uma bailarina do corpo de baile. (Quando ela morreu, ele, que estava aposentado, casou-se novamente com uma moça de 23 anos.) Antes de se tornar um empresário do gás, especializou-se em pirotecnia, iluminação a cores e fogos de artifício. Ele esperava usar a sua experiência nos teatros Bolshoi e Mariinski.

Contudo, disputas com um mecânico francês, um engenheiro de gás russo (Mikhail Arnold) e um fornecedor de gás russo (Pyotr Shilovski) o alijaram da concorrência. Ele resumiu o seu trabalho em uma carta desalentada ainda que gentil à diretoria dos Teatros Imperiais em Moscou:

> Acabo de ouvir rumores de que diversos membros da aliança de gás insistem em suas intrigas contra mim e, a cada oportunidade, tentam me denigrar. Uma campanha sistemática como esta naturalmente causa indignação em quem é virtuoso em pensamentos e honesto no serviço, principalmente quando o destino de uma grande família, e não de uma pessoa só, depende desse serviço.

Shishko tinha três filhas e um filho da primeira mulher. Todos necessitavam de tratamento médico em climas cálidos, daí a sua queixa das "denúncias semioficiais" dos seus inimigos na aliança do gás. Ele ficou satisfeito ao saber que as acusações de corrupção contra ele haviam sido descartadas como infundadas, mas os "tristes acontecimentos" ainda lhe doíam, e ele viu-se obrigado a pedir diretamente a "proteção contra acidentes" concedida a outros artistas dos teatros.[46]

No final, o crédito pela instalação da iluminação a gás no Bolshoi foi para todos e para ninguém, e grandes quantias sumiram no processo. Logo depois que o teatro foi finalmente equipado, surgiu uma guerra pelo monopólio entre os vendedores. Em 7 de outubro, o gás se extinguiu inexplicavelmente ao final de uma peça no Teatro Malïy. Naquela mesma noite, ele deixou de fluir no entreato de uma apresentação do balé oportunamente intitulado *A chama do amor, ou A salamandra* (Plamya lyubvi, ili Salamandra). O Bolshoi mergulhou na escuridão e assustou o público, que fugiu antes que um número suficiente de lâmpadas e velas fosse aceso. Novamente, em 20 de novembro, o fornecimento de gás foi misteriosamente cortado. Ao ser reaberta a válvula que alimentava o candelabro, resolveu-se o problema, sem causar alarme na audiência. Os oito reguladores de gás na folha de pagamentos do teatro foram investigados depois que Shishko os denunciou.

Mais triste, porém mais sagaz, Shishko retornou aos seus afazeres na pirotecnia quando perdeu a guerra do gás. Ele continuou envolvido com os Teatros Imperiais, atento às novidades na mecânica teatral europeia para propor que fossem adotadas em Moscou.

Houve uma importação do equipamento necessário para lançar chamas intensas de oxigênio e hidrogênio na direção de cilindros de cal viva, banhando os artistas em luz oxídrica. Em meados de 1870, o Teatro Bolshoi passou a usar lâmpadas de arco voltaico ligadas a baterias. Estas começaram a ser produzidas em massa naquele período, levando à invenção de estranhos objetos, de canetas elétricas a campainhas para serem instaladas dentro de caixões, evitando assim que alguém fosse enterrado vivo — em substituição aos "tubos de respiração" e à "linha de puxar", a sete palmos do chão, amarrada a um sino.⁴⁷ Até então, o uso de baterias em balés e ópera era limitado, mas o maquinista confiava nelas. A luz produzida pela bateria era mais fantasmal do que a produzida pelo gás — tanto o gás encanado do teatro como o gás comprimido dos botijões. Por mais de uma década, até o final de 1880, as baterias e o gás funcionaram lado a lado, as primeiras gerando os efeitos especiais (geralmente macabros), e o gás alimentando todo o resto. Os documentos que descrevem esse aspecto das operações do Bolshoi são técnicos e financeiros, mas estão repletos de drama. Na corte, o medo do progresso ia de encontro constantemente com as ambições agressivas das companhias russas e estrangeiras.

No caso do Bolshoi, a corte estava mais preocupada com a economia do que com o esplendor. As finanças imperiais estavam cada vez mais combalidas, após a derrota tremendamente custosa da Guerra da Crimeia, a vitória tremendamente custosa da Guerra Turco-Russa e o esforço cada vez mais fútil de sufocar dissidentes e controlar as forças do caos nas fronteiras imprecisas do império. Apesar dos problemas orçamentários do governo, as salas de ópera e de balé de São Petersburgo recebiam muito mais fundos do que o Bolshoi.

As diferenças entre os dois teatros foram explicadas em detalhes por Gregori Volkonski, um químico da Universidade de Moscou, em carta a um funcionário imperial. Volkonski, um cientista ligeiramente louco que costumava incendiar o próprio laboratório (e chamuscar a barba, o nariz e as bochechas), fora enviado a São Petersburgo em fevereiro de 1888 para avaliar os sistemas de iluminação do Mariinski e sugerir aperfeiçoamentos no Bolshoi. Ele ficou "impressionado não só com a grandiosidade do sistema elétrico, mas com a eficácia e a perfeição de seu funcionamento, tanto nos ensaios como nas apresentações. As transições no teatro da iluminação plena à escuridão quase completa são feitas quase instantaneamente, de modo consistente e sem irregularidades". Ele esperava que no futuro próximo o Bolshoi recebesse "só uma parte" do equipamento elétrico do Mariinski. No entanto, tinha uma crítica. Embora as "lâmpadas celulares

Bunsen de vidro tingido", que eram elétricas, fossem impressionantes, ele questionou se seriam econômicas. O gás produzia luz mais brilhante e forte, e o Mariinski contava com farto fornecimento a baixo custo. No entanto, Volkonski não se preocupou com o custo dos fogos de artifício criados por Shishko, sobre o qual se referiu favoravelmente.[48]

A carta inspirou algumas modernizações no Bolshoi. Uma empresa alemã, V. K. Von Mekk & Co. Empresa de Iluminação e Aquecimento a Gás e Petróleo, tentou instalar seus sistemas em Moscou a preços promocionais, sem abuso. Porém, o inspetor da iluminação a gás parece ter dado o contrato de modernização aos seus amigos da Companhia de Iluminação a Gás do Teatro e do Colégio do Teatro. As baterias foram aperfeiçoadas, mas seguiram causando problemas. Era caro carregá-las e recarregá-las. Qualquer uso indevido resultava em queimaduras por ácido, e elas podiam ser constrangedoramente instáveis. Mefistófeles não pareceu muito assustador quando a lâmpada Bunsen que jogava uma luz vermelha sobre ele se apagou durante uma apresentação da ópera *Fausto*, de Charles Gounod.

A Companhia de Gás do Teatro e do Colégio do Teatro permaneceu no controle dos Teatros Imperiais em Moscou até 1892, quando luz, calefação e ventilação foram novamente inspecionadas sob a direção de Bengardt Tseytshel, um mercador da primeira guilda de engenheiros civis de São Petersburgo. Ele recebeu 325 mil rublos em três prestações para reunir o pessoal e equipamentos necessários para modernizar o Bolshoi. Alguns dos seus planos foram considerados "irracionais" e houve conflitos por causa de poeira e sujeira, radiadores, fissuras recorrentes no túnel revestido de tijolos que ligava o Bolshoi e o Malïy, e por causa da água necessária para resfriar as máquinas a vapor.[49] Em 16 de dezembro de 1893, o gasto de energia excedeu as expectativas para as apresentações simultâneas de uma peça no Malïy e duas óperas no Bolshoi (*Iolanta*, de Tchaikovski, e *Pagliacci*, de Leoncavallo), o que provocou um blecaute em um clube de nobres que comprava energia da mesma estação elétrica. A iluminação festiva também sobrecarregava o sistema. A energia não alcançava todas as partes do Bolshoi, e Tseyshtel teve de enfrentar as discussões inevitáveis sobre quem realmente "precisava de corrente elétrica" e quem não.[50]

As transições do carvão para o vapor, do óleo para o gás e das células Bunsen para os geradores Schuckert foram todas supervisionadas pelo cenógrafo e maquinista Karl Valts. Formado em Dresden, Valts era um sujeito obsessivo e detalhista que foi contratado pelo Bolshoi aos 15 anos como pintor de cenários e raramente deixou o prédio depois disso; ele chegou ao cargo de maquinista-chefe em 1869 e recebeu diversos prêmios por seu trabalho. Ele não exagerou ao chamar suas memórias de *65 anos no Teatro*. Valts aprendeu parte do que sabia com o pai, Fyodor Karlovich Valts, que começara a carreira como regente de uma orquestra de servos antes de aprender mecânica teatral e se tornar assistente de Makar Shishko nas queimas de fogos de artifício. Valts filho tinha uma imaginação mais ousada e rica do que o pai, e foi apelidado de "mágico" e "feiticeiro" pelo que oferecia ao Bolshoi sempre que o orçamento permitia. Ele içou cavalos dentro de nuvens coloridas com químicos irritantes e irrigou jardins de plantas tropicais com cascatas e fontes. Os críticos adoravam os efeitos, mas queixavam-se do estrondo ensurdecedor.

Entre uma e outra produção Valts se dedicava à composição, e produziu uma valsa e uma polca. Ele também criou cenários para óperas e balés que conseguiu levar ao palco por meios escusos, prometendo, por exemplo, emprego no Bolshoi a mestres de balé em troca da produção de seus projetos. Em suas memórias, ele se vangloria de seus feitos de uma forma vaga, deixando que o leitor imagine, por exemplo, como ele afundou o galeão em *O corsário*, fez girar o moinho em *Dom Quixote* e fez cair a tempestade em *O lago dos cisnes*.

As memórias de Yevgeniya Kavelina, filha de Pavel Kavelin, supervisor dos Teatros Imperiais em Moscou aproximadamente entre 1872 e 1876 (parece que ele se manteve no cargo por mais tempo do que o acordado), são interessantes no que concerne à criatividade de Valts. Kavelina viu de perto os desafios que o pai enfrentou no trabalho e fala do terrível comportamento dos nobres — as suas faltas éticas, as ligações sórdidas, a sem-vergonhice grandiloquente. As suas memórias não devem ter sido escritas para publicação. Ela acusa a família de um conselheiro do estado de emporcalhar o camarote do tsar; aparentemente, a primeira ordem dada por seu pai como chefe do Bolshoi foi de limpar o camarote. Mais adiante, ela conta sobre a aposentadoria da cantora de ópera "Madame Aleksandrova", que recebeu um presente da plateia após o seu canto do cisne. A diva desmaiou ao abrir a caixa repugnante, cheia de "estrume [humano] que não era de cavalo".[51]

O seu relato sobre *O corsário* é entremeado de observações sobre o sucessor do pai, Lavrenti Auber, que ela descreve como "um velho gentil, um francês que tinha assento no nosso camarote, sempre dormia durante as apresentações, mas acordava justo a tempo para os intervalos". Ela repete o mexerico das bailarinas do orfanato que diziam ser filhas de Auber por conta do seu prestígio, deixando-o com a "enorme paternidade" de uma "legião infinita de crianças imaginadas". Em 1876, ano em que Aber foi indicado para os Teatros Imperiais em Moscou, o pai de Kavelina recepcionou o xá da Pérsia, Nasser al-Din, em sua primeira visita a Moscou. O xá nunca tinha estado no estrangeiro, comenta ela, e agiu como "um perfeito selvagem". Seus assistentes mataram cordeiros na suíte de hóspedes do Kremlin, e deixaram o piso e os móveis em um estado tão lastimável que foi preciso reformar os cômodos assim que ele foi embora. Quando compareceu a um baile, o xá tornou-se o assunto da cidade ao afrontar a esposa do tenente governador de Moscou, perguntando-lhe, em um francês ruim: "Por que para você, mulher feia, o baile?"

Kavelina acompanhou-o a uma apresentação de *O corsário* no Bolshoi. Era a primeira vez que o xá assistia a um balé, e "ele entrou em um estado de êxtase indescritível, especialmente com o naufrágio, quando quase pulou da cadeira e começou a berrar e a urrar para que todos no teatro o ouvissem". A ventania amainou, o herói e a heroína se abrigaram e a cortina desceu. Impressionado, o xá conferiu a Ordem Persa do Leão e do Sol ao diretor dos Teatros Imperiais em Moscou. A bailarina Anna Sobeshchanskaya levou um xale para casa.

A cena do naufrágio também intrigou Kavelina, que perguntou ao pai como tinha sido feita. Ele contou-lhe que Valts usara os talentos dos pobres e dos sem-teto — "a ralé das ruas", nas palavras dela — para criar a ilusão. As crianças se agacharam sob uma lona estirada no palco; elas ficaram com as mãos e os joelhos no chão, e encolheram e arquearam o corpo a um sinal, fazendo a lona se agitar e se aquietar ao redor do navio. Enquanto isso, o estrondo do equipamento que gerava as luzes evocava o uivar do vento. O mastro do navio se quebrou e tudo se perdeu.

Ou NÃO. O pirata e a jovem escrava sobreviveram para se amarem novamente, claro, e o balé prosseguiu. Em certas temporadas, as apresentações de *O corsário* se alternavam com o bem-sucedido *Dom Quixote*, o primeiro balé daquele tamanho pensado expressamente para Moscou. Tratava-se de uma obra de Petipa criada para solucionar a necessidade desesperada do Bolshoi de novas produções e para calar as queixas quase constantes do ministro da corte devido à ausência de um *maître de ballet* permanente em Moscou. Principalmente em 1867, foi discutida vez ou outra a transferência de Petipa para o Bolshoi, mas ele resistia. Terminou passando longos períodos em Moscou no segundo semestre de 1869, e inclusive antecipou o descanso contratual de verão para estar no Bolshoi. Parece que ele ficou em Moscou entre julho e novembro de 1969 e usou esse tempo para fazer algo ousado.

Conhecendo os gostos diferenciados das audiências de Moscou e São Petersburgo, Petipa concebeu duas versões de *Dom Quixote*, atitude inteligente que era um recado aos seus rivais — embora, quando a segunda versão estreou em São Petersburgo, não houvesse competidores. Começara a sua carreira coreográfica como segundo *maître de ballet* dos Teatros Imperiais em São Petersburgo (o primeiro era Authur Saint-Léon, com quem ele competiu por recursos na década de 1860), mas em pouco tempo demonstrou que era ímpar.

Embora Petipa tivesse criado *Dom Quixote* tendo Moscou em mente, ele recorreu a um compositor de confiança em São Petersburgo, Cesare Pugni, para criar a música. Pugni havia percorrido Milão, Paris e Londres em seus anos mais produtivos, antes de ir parar em São Petersburgo. Ele vivia com conforto ou na pobreza, dependendo do estado dos seus vícios em álcool e jogo, e, embora costumasse compor segundo uma fórmula, cantarolando compositores italianos como Bellini em seus temas, produziu alguns êxitos versáteis, como a "Polca da sala de ópera", de 1844. Suas melodias costumavam desandar em gestos pedestres, mas em contextos seletos ele produziu músicas de uma graça pungente, com "alegria e ingenuidade" e marcadas pelas "lágrimas".[52]

Contudo, em 1869, Pugni estava chegando ao fim de uma vida desregrada e não conseguia terminar a música para *Dom Quixote*.[53] O compositor residente do Teatro Bolshoi, Ludwig Minkus, aproveitou a brecha, salvou o balé e levou os louros. Minkus provinha de uma cidadezinha na Morávia e tinha estudado música em Viena, onde o pai, um judeu mercador de vinhos, tinha um restaurante. Na juventude, Ludwig (também conhecido como Aloysiu, Alois, Lois, Léon e Luigi) trabalhara como violinista em diversas cidades europeias, e chegara a Moscou com uma companhia de ópera italiana em São Petersburgo. Ele assinou o seu primeiro contrato com o Bolshoi em 1862, onde atuou como compositor residente e condutor, além de inspetor musical dos teatros de Moscou. Ele compensava a calvície com uma barba antiquada, ocultava os olhos brilhantes por trás de óculos com aro de ouro e gostava de charutos, e da manteiga e do leite frescos vendidos nas ruas da cidade. Era afável, mas capaz de irromper em acessos de raiva. Quando sobrecarregado, ele se deixava imobilizar pela depressão, o que levava seus empregadores a acusá-lo de ser preguiçoso.

Pugni e Minkus encararam suas tarefas como padeiros e, nas palavras de um *gourmand* do balé, adaptaram as partituras "como a massa que cai na forma e se amolda".[54] A forma incluía cenas narrativas, solos, duetos e danças em grupo para o corpo de baile, com frases musicais não mais longas do que permitia a disposição de um bailarino do século XIX. A música foi igualmente adaptada ao enredo, aos pés dos bailarinos e até aos adereços do Bolshoi. Um fabricante de adereços havia criado lágrimas de riso que escorriam pela face da lua, que se ouve no arco para baixo dos violinos em uma das loucas fantasias do Quixote. A abertura é como um sonho, e a música evita o ritmo. Isso muda quando a cortina se levanta e surgem os bailarinos. Então, como nas partituras de balé de Pugni, o ritmo ganha muita importância.

Devido ao inesperado da encomenda e à "rapidez" com que Pugni foi "obrigado a compor a música para o novo balé *Dom Quixote*", ele se atrasou.[55] Parece que Petipa teve em mãos a partitura para o ensaio dos violinos um mês e meio antes da première, mas o tempo era curto para compor as partes orquestrais. O "atraso constante" de Minkus agravou os problemas financeiros do Bolshoi. Desesperado por verbas, nesse ínterim o teatro apresentou um balé curto e delicado de 1868, *O mercado parisiense* (Parizhskiy rïnokh) que "positivamente" recuperou os 925 rublos e 4 copeques gastos na sua produção.[56] Segundo uma carta de Saint-Léon, de 3 de novembro de 1869, Minkus "estava a ponto de terminar o seu *Dom Quixote* para Petipa", mas perdeu o prazo e acabou "brigando com todo mundo", devido ao seu famoso "temperamento bestial".[57] Quando o furor amainou e as partituras do *Dom Quixote* finalmente foram preparadas por um assistente, Minkus demonstrou estar orgulhoso da sua obra. Petipa também assentiu satisfeito.

Ao coreografar *Dom Quixote*, baseado no romance de Cervantes, Petipa voltou à sua juventude como bailarino no Teatro Real de Madri, na Espanha. Ele salpicou o seu balé de danças espanholas ágeis como as que dançara em Madri e que poderiam ser atraentes em Moscou. Ele parece ter concebido *Dom Quixote* no espírito de uma mascarada, um entretenimento cômico improvisado do século XVI com amadores. A versão original, há muito tempo fora dos palcos, era uma mistura de bufonaria e danças exóticas e coloridas que, no fundo, continham apenas três frases do romance original — as frases que resumiam o conteúdo da parte 2, dos capítulos 19 ao 21. Ambientado em Barcelona e arredores, esses capítulos contam a intriga entre Kitri, filha de um taberneiro, seu amado Basílio, um barbeiro, e Camacho, o homem velho, porém rico, com quem o pai dominador quer que ela se case. Dom Quixote se ilude pensando que pode ajudar Kitri e seu amor a se unirem, mas termina precisando da ajuda deles depois de se ferir ao lutar contra com um moinho de vento que crê ser um gigante. Durante a convalescência, ele sonha que derrota uma aranha gigante e entra em um jardim mágico onde vê a sua mulher ideal, Dulcineia.

O resto do romance, exceto por um episódio na parte 1 e quase toda a parte 2, fica faltando e, assim, o conceito central. *Dom Quixote* foi escrito em resposta à representação equivocada da Espanha nos romances de cavalaria, *Los libros de caballerías*. Como o próprio Cervantes comentou, as aventuras que povoam a sua obra-prima têm "uma relação negativa" com outras histórias da Espanha "e o espírito cavalheiresco que as anima".[58] *Dom Quixote* é uma paródia dos feitos cavalheirescos. O personagem do título é pobre, de meia-idade e inseguro, e se defende com uma espada e um escudo de papelão — ele não é exatamente um cavaleiro, e está fadado a levar surras infinitas. Seu nome é uma invenção, e ele precisa do ajudante atrapalhado para sentir-se confiante. A história insignificante de Kitri, Basílio e Camacho é apenas uma dentre muitas, e nenhuma é plausível.

Petipa montou o balé em quatro atos, num total de oito cenas, ou atos cômicos, e o penúltimo (ato 3, cena 7) envolve o jardim mágico e a visão de uma beleza ideal: Dulcineia. Ela apresentou um *pas* em grupo com um elegante Cupido e o corpo de baile, com oito meninas vestidas de dríades. Quase todo o resto da dança, incluindo a da heroína camponesa Kitri, fazia referência a tradições rústicas. O programa mencionava uma *muiñeira*, equivalente espanhol da giga, uma *zíngara* genérica, uma *jota*, uma dança em duo com castanholas e uma dança espanhola da rosa, que devia ser como a *habanera* na ópera *Carmen*, de Georges Bizet, com tema cigano. O Bolshoi ficou lotado nas quatro apresentações. Os picadores e a dança com espadas agradaram a audiência de Moscou, assim como o riso da lua e o galope de um caçador de cotovias, que fechou a porta da gaiola no compasso da música. Dom Quixote lutou com dragões, crocodilos e uma aranha. Houve até uma apresentação dentro da apresentação: um show de marionetes, com comediantes do mercado de Barcelona que Kitri convida para a sua casa. Os críticos se estenderam sobre os adereços culinários — o pedaço de queijo engolido por um palhaço, o prato de sopa que reteve a atenção de um demônio — e o "deleite, o horror, a raiva e a alegria" estampados no rosto do bailarino principal, Wilhelm Vanner.[59] A primeira apresentação foi beneficente, para a bailarina Anna Sobeshchanskaya, a melhor bailarina do Bolshoi à época (ela entrara para os Teatros Imperiais em 1858, com 16 anos), mas não a mais encantadora. Dizia-se que lhe faltara "ardor" e "refinamento" na encarnação de Kitri, embora tivesse conseguido "fazer as saias curtas entrarem na moda entre as bailarinas".[60]

Minkus não regeu a première de 14 de dezembro de 1869. A tarefa coube a Yuli Gerber, que precisava de mais tempo para ensaiar com a orquestra do que Minkus havia concedido. Gerber era melhor violinista e um compositor mais talentoso do que Minkus. Porém, por ser propenso a ataques de nervos e até desmaios, não era o regente mais capaz, como ficou evidente em sua noite no pódio para a apresentação de *A filha do faraó*, em janeiro de 1870. Ele provocou uma saraivada de protestos de um leitor do jornal *Russkiye vedomosti* (Gazeta Russa), que escreveu a seguinte arenga ao editor: "Ele não sabe marcar o compasso direito, não repara quando as bailarinas erram o compasso e não sabe coordenar os movimentos delas com a orquestra — porque ele mira fixamente a partitura, sem prestar a menor atenção aos pés dos bailarinos. Vimos ontem o coreógrafo, Petipa, gesticulando nos bastidores para que o sr. Gerber fizesse a orquestra sob o seu controle tocar *accelerando* e *ritardando* segundo o tipo de dança. Mas seus gestos passaram despercebidos: o sr. Gerber movia a batuta como queria; a orquestra tocava como queria e os bailarinos saltavam como queriam."[61]

Contudo, de algum modo, *Dom Quixote* sobreviveu e o sucesso do balé virtuoso facilitou a promoção de Minkus ao posto de compositor residente dos Teatros Imperiais em São Petersburgo — um grande passo a partir de Moscou. Seu pagamento dobrou para 4 mil rublos, uma soma considerável. Aposentou-se em 1886, quando o cargo de compositor residente foi abolido, com uma pensão miserável, bem menor do que a dos bailarinos do corpo de baile.

Petipa regressou a Moscou por curtos períodos, e transferiu produções de balé do Mariinski para o Bolshoi, sem nunca pensar em se fixar na cidade, mas por um motivo óbvio: em 2 de setembro de 1870, Arthur Saint-Léon caiu morto no Café de Divan, em Paris, vítima de um acidente vascular. Petipa assumiu o controle total do Balé Imperial de São Petersburgo e passou a ter uma grande influência sobre o seu primo pobre de Moscou.

EM NOVEMBRO DE 1871, Petipa levou *Dom Quixote* ao palco de São Petersburgo. Ele decidiu que a produção folclórica de Moscou não agradaria à corte. Por isso, suprimiu algumas bufonarias, como a lua sorridente e o caçador de pássaros. Mas as fantasias mais amplas foram poupadas. O orçamento para o Mariinski permitiu a confecção de uma "aranha voadora" por um escultor profissional, "três cactos" e "três dragões".[62] A aranha foi içada por marionetistas contratados para a ocasião pelo mesmo salário do cabeleireiro da produção.

Petipa acrescentou um quinto ato com um duque e uma duquesa, e instruiu Minkus a escrever mais uma música e um epílogo sobre a morte de Dom Quixote. O fim melancólico contrastou com a intenção cômica original do balé. Petipa ampliou o corpo de baile para a cena do sonho de 28 para 72 bailarinos, incluindo três "fileiras" de crianças.[63] Para levá-los ao teatro foi preciso alugar quatro carruagens e dez pares de cavalos. O mais crucial é que ele transformou Kitri e Dulcineia na mesma personagem, interpretadas pela mesma bailarina. Em uma cena do sonho a camponesa se converte na imagem da perfeição divina: uma bailarina russa clássica.

Ele também resolveu que Sancho Pança, o fiel servo de Dom Quixote, precisava entrar e sair do palco em um burro, personagem importante na novela de Cervantes, mas um mero adereço no balé. Não era a primeira vez que os Teatros Imperiais se dedicavam a caçar burros. Já em 1853, a famosa atriz francesa Mademoiselle Rachel (Élisa Félix) havia posto os administradores para rodar a cidade à procura de um burro. A diretoria entendeu que ela precisava do burro para uma peça natalina, obrigando-a a explicar aos russos *déclassé* que a hospedavam que o leite de burra tinha fins digestivos e cosméticos. O pedido de uma burra lactante foi atendido.

A ideia de vestir e maquiar um cavalo foi rejeitada, então começou a busca de um burro suficientemente forte para carregar o corpulento Sancho Pança. Tudo acabou em desastre. O cuidador do estábulo do teatro conseguiu uma burra em um cabaré por 200 rublos a temporada, mas o animal era velho e agitado demais para o teatro e morreu. O veterinário atribuiu a morte à febre cerebral, "inflamação das meninges", mas era uma desculpa.[64] O balé foi a causa.

Pouco após a estreia da nova versão de *Dom Quixote* em São Petersburgo (um sucesso duvidoso na opinião do *maître de ballet* visitante August Bournonille, da Dinamarca), Petipa levou o balé de volta a Moscou.[65] Dessa vez evitou-se o desastre com o burro, graças à atenção excessiva que a corte imperial e os Teatros Imperiais em Moscou deram à questão. Os burocratas encarregados das novas encenações do Bolshoi se esforçaram para garantir fundos suficientes para um estábulo, aveia, feno e "mimos na forma de pão".[66] O custo das rédeas, do treinamento e de um cuidador também foram incluídos. Um burro valia 40 rublos, mas o *kontora* dos Teatros Imperiais em Moscou teve a satisfação de informar São Petersburgo que haviam conseguido um burro macho gratuitamente por intermédio do zoológico, e o cuidador havia concordado em levá-lo para o Bolshoi (e depois de volta para o zoo) por 75 copeques ao dia. Os documentos foram firmados e o balé foi encenado. O burro foi aplaudido antes de se retirar, depois da última cortina, de volta para casa.

Isto foi em 1873. No final daquele ano, o *Dom Quixote* de Petipa já havia sido apresentado 75 vezes no Bolshoi, e o virtuosismo era ovacionado noite após noite. Às vezes, as travessuras no palco empalideciam ante os caprichos nos bastidores, como se vê nos relatórios anuais de incidentes — a compilação de acidentes, prisões, protestos, tentativas frustradas de incêndios criminosos e esquisitices no teatro e à sua volta, com contadores acusados por vingança (pelos cambistas que tinham denunciado) de aceitar sacas de açúcar como propina. As bailarinas do Bolshoi, assim como as do

Mariinski, se aborreciam ao receber ordens de raspar as axilas. Um tema comum nos informes é o alvoroço provocado pelos estudantes universitários nas galerias, as brigas aos sopapos na orquestra, os contrarregras presos nas cordas, crianças tão fedorentas que não podiam ser contratadas como criadas, e as trapalhadas dos figurantes: tropeçar nos adereços, esbarrar nas lâmpadas e incendiar o figurino. Às vezes, os incidentes interrompiam as récitas, deixando a administração exasperada.

O relatório de 1869 é particularmente pitoresco. Ele começa com um problema recorrente: a violação da proibição de fumar nos camarotes e na plateia, imposta treze anos antes. A diretoria dos Teatros Imperiais em Moscou informou que "supostos" advogados da corte regional de Moscou, aliados a vários outros funcionários, responderam à proibição enchendo a atmosfera do teatro com a fumaça acre dos cigarros enrolados manualmente, e rechaçaram o lanterninha que os admoestou. O chefe dos camarotes foi ter com eles, que o xingaram e ameaçaram surrá-lo. A polícia foi chamada, mas só apareceu quando o teatro estava vazio. O chefe da polícia de Moscou ficou mortificado e prometeu que, no futuro, policiais patrulhariam o teatro para garantir que o fumo fosse confinado aos salões laterais. O quiproquó atrapalhou a apresentação de *Dom Quixote* em 26 de dezembro.

Houve confrontos nos bastidores também. No mês de março anterior, o varredor do teatro, Alexander Fyodorov, havia sido insultado e "empurrado pelo peito" durante uma discussão com o assistente do maquinista. O varredor levou o caso à Justiça e, para sua satisfação, o outro passou uma semana na prisão.

Depois, houve uma confusão na récita de *Fausto*, em 1º de dezembro, que foi perturbada por "um membro das classes médias baixas", Egorov Shaposhnikov. Do seu assento, na terceira fileira do lado esquerdo, ele se pôs a assobiar no primeiro ato. Alegou ter ficado ofendido com a representação de Mefistófeles, cujo vestuário fazia lembrar o dos clérigos da Igreja. Supersticiosamente, com o assobio ele esperava invocar um malefício ao teatro pelo ato sacrílego.

O incidente mais engraçado, que divertiu inclusive os vetustos funcionários dos Teatros Imperiais, ocorreu durante uma récita da grandiosa ópera francesa *Robert le diable*, em 4 de novembro. "Disfarçado", um poeta provinciano, Nikolai Oglobin, apresentou-se como técnico de inspeção dos jatos de gás que alimentavam os candelabros. O guarda na entrada dos bastidores não percebeu a troça e abriu a porta do vestíbulo que dava para o cômodo onde ficavam os jatos de gás. O poeta levava uma mochila com cópias de uma ode chauvinista, "A voz da Rússia". Durante o balé das freiras, no terceiro ato, houve uma chuva de páginas nas cabeças da audiência atônita. Depois de esvaziar a mochila, Oglobin fugiu pela escada entre o quarto e o quinto pisos e foi para o café. Lá ele foi detido, junto com o guarda desatento e "intoxicado".[67] Oglobin alegou que não tinha nada contra a ópera ou as freiras dançantes, que apenas quisera chamar atenção do público para a sua arte patriótica. Foi preso por vandalismo.

A ópera continuou dominando o palco do Bolshoi, embora a ópera russa lutasse para atrair a audiência, ao passo que as obras francesas e italianas floresciam. As produções de balé seguiam sendo "uma estranha mescla", segundo Bournonville, mas em 1874 ele pensou vislumbrar o futuro do balé russo em um breve interlúdio. "A talentosa atriz que fez o papel da moça da aldeia transmitiu uma tristeza muda que se transforma em loucura", elogiou, "e terminou com sua morte nas ondas — uma peça magistral de interpretação trágica".[68]

A TRISTEZA E O *páthos* trágico chegaram ao balé russo graças ao compositor Pyotr Illych Tchaikovski.

Pequeno-burguês em tudo, exceto na arte, Tchaikovski deu ao balé russo a morte nas ondas e muito mais. Ele era um tipo comum para a época que às vezes necessitava do veneno do álcool para acalmar os nervos, e tinha tendência a se queixar do clima e de suas dores e moléstias. O romantismo trágico e ardoroso atribuído à sua existência é mais fantasia do que fato, uma invenção de biógrafos que não suportam que um homossexual possa de fato viver uma vida positiva e com um propósito, repleta de fracassos e êxitos, e ilustre por elevar o balé russo a uma posição dominante.[69] Tchaikovski não se esforçou para ficar famoso. O decoro o aconselhava a se impor limites, a permanecer na zona de conforto de um cavalheiro que preferia não se envolver, contava piadas absurdas, intercambiava caricaturas divertidas dos tsares, jogava cartas, mas mantinha a sua vida simples e reservada. Ele ensinou contraponto e orquestração, compôs para uma exibição pirotécnica em Moscou, em 1872, e para outras ocasiões municipais, e compôs poemas banais. Atraiu a atenção de uma benfeitora e da corte, e assim, quase à revelia, viu-se obrigado a mostrar o seu brilho.

No Bolshoi, ele se iniciou como compositor teatral depois de estudar em São Petersburgo, mas a sua carreira se desenvolveu por toda parte, e suas obras foram ouvidas em todos os palcos importantes do mundo. A maravilha da sua música reside no candor dos seus materiais básicos: formas tradicionais de uma ou duas partes, temas e variações, escalas ascendentes e descendentes, tonalidade maior e menor, intervalos de terças e sextas. Essas peças construtivas são essenciais mesmo em suas obras mais cômicas, o que lhes empresta o seu aspecto mais humano: a dor antes da desarticulação do corpo, a dissolução do espírito. Ao incluir elementos vernáculos (canções antigas sobre colinas, várzeas, bétulas etc.) nas suas composições, ele as transformou, enriqueceu as harmonias e melodias dispersas com os registros altos da orquestra. Assim, das ruas nas aldeias dos boiardos surgiu o acompanhamento para os anjos que dançavam nas pontas dos pés.

Em 1869, quando *Dom Quixote* era encenado pela primeira vez, os fumantes soltavam baforadas sem dó e poemas esvoaçavam pelo teatro, *Voyevoda* [Um sonho no Volga], a primeira ópera de Tchaikovski, estreou no Bolshoi. Assim como *Dom Quixote*, estava dirigida às audiências moscovitas. Mas *Voyevoda* durou apenas cinco récitas, e foi criticada tanto pelo descuido na produção como pelo enredo sem substância, sobre um governador de província que rapta a filha de um mercador das mãos do seu pretendente, o qual, por sua vez, a rapta de volta. Constrangido com o fracasso, Tchaikovski atirou a partitura no fogareiro. Depois de outras duas óperas de sucesso mediano, aceitou a encomenda para o seu primeiro balé. Os Teatros Imperiais tiveram de convencê-lo, já que à época compositores distinguidos não compunham para balé. (Este era o terreno de especialistas menos dotados, como Pugni e Minkus.) Ele se arriscou a afrontar seus pares, já que os amantes da ópera em seus círculos desprezavam o balé, mas quis ver se era possível transformar a beleza em profundidade. Além disso, estava sem dinheiro. "Aceitei a tarefa em parte pelo dinheiro", contou ao compositor Nikolai Rimski-Korsakov, que não expressava muito interesse pelo balé, "e em parte porque sempre quis tentar esse tipo de música."[70] Tchaikovski começou ressuscitando os melhores trechos de *Voyevoda* e reciclando algumas músicas que havia improvisado ao piano para uma festa infantil. Essa compilação tornou-se a mais admirada do balé, do Bolshoi e da história.

O lago dos cisnes estreou no Bolshoi em 1877 em circunstâncias que permanecem obscuras devido à ausência de registros sobre a encomenda inédita, as fontes para o cenário e a encenação original. No final, o compositor entrou em conflito com o seu feito, e escreveu em seu diário que uma récita de *O lago dos cisnes* representava "*um momento de felicidade absoluta*". Em carta a um colega, porém, escreveu que tinha "vergonha" da composição.[71]

A primeira encenação de *O lago dos cisnes* foi pouco venturosa, e fracassou entre os críticos, ainda que não entre o público. As danças, montadas pelo *maître de ballet* Wenzel Reisinger, foram consideradas insípidas, tediosas e, na opinião de Tchaikovski, ironicamente divertidas. "Ontem aconteceu o primeiro ensaio de alguns números do primeiro ato desse balé em uma sala da escola de teatro", escreveu ele ao irmão, Modest, em 24 de março de 1876. Embora a orquestração não estivesse terminada, ele estava ansioso para sondar as reações à sua música. "Se você soubesse como foi cômico assistir ao *maître de ballet* criar as danças com o semblante sério e profundo ao som de um pequeno violino. Ao mesmo tempo, dava inveja assistir às bailarinas e dançarinos sorrirem para uma audiência imaginária e deleitando-se com a oportunidade de saltar e girar, cumprindo assim o seu dever sagrado." E o ponto crucial: "Todos no teatro deliram com a música."[72]

Exceto Reisinger e os bailarinos. O coreógrafo brigou com a partitura, e a estreia do balé foi adiada de novembro-dezembro de 1876 para 20 de fevereiro de 1877, em parte para que ele tivesse mais tempo para preparar os bailarinos, mas também porque as óperas italianas tomavam a maior parte do tempo dos ensaios. O produto não impressionou no palco. Os *ports de bras* pareciam moinhos de vento, as elevações e os *cambrés*, exercícios de ginástica. Um crítico insistiu que as danças a caráter, a melhor parte do trabalho de Reisinger, deviam pertencer a outros balés, e observou que "só um alemão poderia achar que as piruetas excretadas pela srta. Karpakova são danças 'russas'".[73] Três dias mais tarde, o crítico do *Sankt-Peterburgskiye vedomosti* quase suplicou que o Bolshoi contratasse outro *maître de ballet*. Não era possível imaginar danças mais "fracas", bramou e, graças a Deus, a audiência "não prestou a menor atenção nelas". Ele se irritou porque Reisinger "se gabou de ter o nome impresso no cartaz" e "fez uma mesura ante um público que não havia pensado nem imaginado em chamá-lo ao palco. Esse mover de pernas sem sentido durante 4 horas não seria uma forma de tortura?".[74]

Reisinger estava acostumado a esse tipo de ataques. Havia muito era perseguido pelos críticos de Moscou, que não aceitavam a presença de um *maître de ballet* provinciano, conhecido mais pelos fracassos do que pelos êxitos em seu cargo anterior em Leipzig. Ele não era requisitado; ninguém influente tinha pressionado pela sua contratação; e o sentimento antigermânico nos jornais russos era uma constante. (Reflexo da ansiedade crescente ante a emergência de um Império Alemão cada vez mais industrializado sob a liderança prussiana.) O cenógrafo Valts foi apontado por chamar atenção do ministro da corte para o nome de Reisinger. Os dois eram amigos de longa data, se hospedavam lado a lado perto do Bolshoi e nos entreatos saíam para tomar cerveja. Antes de encenar *O lago dos cisnes*, Reisinger tinha alegado admirar os mitos e lendas russos, e suportou críticas cáusticas, mas teve lucros modestos com a produção de um balé sobre um feiticeiro imortal (*Kashchey, o imortal*), com uma partitura irrelevante de Wilhelm Mühldorfer, compositor que conhecia de Leipzig. Yuli Gerber, o principal violinista do Bolshoi, também contribuiu para a música, de modo mais bem-sucedido. A resposta positiva à encenação de Reisinger de *Cinderela*, em 1871, com cenário de Valts e música de Gerber, parece ter contribuído para a sua indicação definitiva como *maître de ballet*.[75]

Na verdade, Reisinger ocupou o cargo entre 1873 e 1878 porque não havia alternativa. Carlo Blasis se demitira sem deixar um sucessor e o balé ficou à deriva. Ao visitar Moscou, em agosto de 1873, o ministro da corte Alexander Adleberg desaprovou a desordem no corpo de baile. A diretoria dos Teatros Imperiais em Moscou chegou à triste conclusão de que "na falta de um *maître de ballet* mais capaz" Reisinger devia ser contratado.[76] Ainda assim, a comissão que supervisionava a diretoria informou, em 1874, que "não tinha intenção de renovar" o seu contrato naquele ano.[77] No entanto, ele ficou lá outros quatro anos.

Reisinger não tinha imaginação, seu ouvido era péssimo e fez uma tremenda bagunça com *O lago dos cisnes*, então considerada uma obra-prima musical. Ele sobreviveu em Moscou graças à habilidade em vender ingressos para produções mal-ajambradas que agradavam à classe média, e ao fato de se livrar de membros do corpo de baile maltrapilhos e mal pagos. Como reciclador e defensor da coreografia pré-fabricada, ele sabia aproveitar os cenários restantes de São Petersburgo que eram enviados a Moscou. Assim, era o melhor que o Bolshoi podia ter com sua limitação financeira crônica.

Na sua estreia no Teatro Imperial Bolshoi de Moscou, em 1877, *O lago dos cisnes* acompanha o destino de Odette, uma princesa bela e ingênua cuja madrasta malvada deseja a sua morte. Odette é protegida pela coroa que o pai lhe dera, mas ela e as amigas vivem disfarçadas: à noite têm a liberdade de serem humanas e habitam as ruínas de uma capela, e durante o dia se transformam em cisnes em um lago de lágrimas — as lágrimas derramadas pela morte da mãe de Odette. Ela pode ser salva por uma declaração de amor de alguém que nunca tenha amado antes. Esse alguém é o príncipe Siegfried. Sem objetivos na vida, ele é inquieto e não tem vínculos. Sua mãe, a rainha, deixou claro que era hora de encontrar uma noiva, e promove um baile para que ele encontre uma candidata. Entrementes, o príncipe e um companheiro, o cavaleiro Benno, avistam uma revoada de cisnes no céu e saem para caçá-los. As aves pousam no lago de lágrimas, lideradas por um cisne majestoso que porta uma coroa. Sigfried se prepara para disparar uma flecha no coração do cisne, mas eis que Odette surge em forma humana. Ela explica sua triste sina e Siegfried se apaixona. Eles combinam que ela participará do baile, onde ele a escolherá como noiva e, assim, quebrará o feitiço. Siegfried aguarda Odette, mas em seu lugar surge sua sósia, Odile, uma agente do demoníaco barão Von Rothbart. Confundindo-a com o seu verdadeiro amor, Siegfried declara que Odile é sua noiva. O palco é tomado pela escuridão; o engano é exposto e deixa Odette e Siegfried consternados. Odette volta para as suas companheiras no lago de lágrimas. Siegfried lhe pede perdão, mas ela morre em seus braços. A madrasta, disfarçada como uma coruja estridente de olhos vermelhos, voa no alto carregando a coroa que Siegfried, em desespero, havia atirado na água. Uma tormenta envolve os amantes nas ondas.

O enredo oferece uma série de oposições: cisnes *versus* humanos, lago *versus* castelo, dia *versus* noite, verdade *versus* engano, liberdade *versus* escravidão. A interpretação padrão é que Siegfried tenta fugir da ordem social opressiva mediante a comunhão com o ideal. Odette é o ideal, Odile o seu oposto demoníaco e carnal. Mas o enredo tem os excessos e inconsistências. Por exemplo, por que o cavaleiro Benno aparece no primeiro e no segundo atos da versão de 1877, mas não no terceiro e no quarto? Por que precisamos de uma feiticeira e um demônio? Todas as donzelas-cisne estão presas no mesmo feitiço? O maior problema é o final impiedoso. Nas produções posteriores a 1877, uma solução foi a música. A música de Tchaikovski termina com uma apoteose órfica: um halo de fios sugere espíritos que se mesclam mesmo após a morte e ascendem ao céu.

As inconsistências levam a um comitê para tomar decisões, e por muito tempo não se soube quem fez o libreto. A história de *O lago dos cisnes* foi publicada sem autoria em *Treatral'naya gazeta*, em 19 de outubro de 1876, pouco antes da estreia prevista. Há ecos distantes de Ovídio, assim como dos irmãos Grimm e das histórias de Johann Musäus. Uma fonte possível é um poema de Pushkin, além de detalhes derivados de Richard Wagner: o herói se chama Siegfried, talvez em homenagem ao matador de dragões da ópera do mesmo nome; os cisnes recordam *Lohengrin*; e quando o holandês voador de Wagner declara que o sentimento em seu peito pode não ser amor, mas o desejo de redenção, ele parece dar voz ao que o desejo que Odette cala. Wagner também propõe uma inundação no final de *Crepúsculo dos Deuses*. Alguns enredos podem ser encontrados em outros balés famosos, o que sugere que Reisinger poderia ser o autor. (A coroa mágica de Odette pode ser comparada, por exemplo, às asas da sílfide em *La sylphide*, que tampouco pode ser removida sem provocar a morte.) Tchaikovski mudou o libreto, acrescentando alguns detalhes ao seu manuscrito musical. Mais tarde, Modest, seu irmão, dramaturgo e libretista, tornou explícito o conceito do amor que se autoimola. A bailarina soviética Ekaterina Geltser gostava de atribuir a montagem do libreto ao seu pai, um *maître de ballet* no Bolshoi, mas não há evidências da sua alegação além de uma cópia do texto com o nome dele.

O autor na verdade foi Vladimir Begichev, libretista que trabalhou como inspetor de repertório no Bolshoi e, durante alguns meses em 1881-1882, como diretor dos Teatros Imperiais em Moscou. Ele descendia de uma antiga linhagem nobre e estudara na Universidade de Moscou, além de ter ocupado diversos cargos em finanças antes de solicitar cargos nos Teatros Imperiais. Ele conhecia Tchaikovski havia muito tempo, que certa vez tinha sido tutor do seu enteado, um prodígio musical. Begichev havia convencido Tchaikovski a criar a música incidental de um drama intitulado *A donzela de neve*, e alimentara o interesse do compositor pelo balé como parte de um esforço para expandir o repertório do Bolshoi. Um colega memorialista minucioso afirmou: "O próprio V. P. Begichev escreveu o libreto do balé *O lago dos cisnes*; o compositor endossou o tema — ele inicialmente expressara interesse em uma fantasia que envolvia cavaleiros — e concordou em compor a música por 800 rublos..."⁷⁸ Caso resolvido, exceto pelo fato de que o comentário vinha com uma ressalva: "... se não me engano." Mas ele não se enganou. Begichev excluiu o seu nome do libreto publicado porque não queria que pensassem que estava se autopromovendo no serviço imperial. E o balé não dava prestígio.

A música tem um precedente remoto em um balé infantil que Tchaikovski improvisara em 1871 para entreter as sobrinhas (sua irmã Sasha tinha três filhas). Tratava-se de um teatro rústico como os que costumavam ser encenados por servos, e o compositor acrescentou piruetas em meio a silhuetas de cisnes recortadas na madeira. O enredo pode ter se inspirado no conto folclórico russo *O pato branco*, sobre uma feiticeira que transforma uma rainha em pato para tomar o seu lugar no trono. Quatro anos mais tarde, quando Tchaikovski começou a compor a versão adulta de *O lago dos cisnes*, ele reciclou um solo de violino e violoncelo de um projeto operístico abandonado sobre uma fada aquática que, para obter uma alma, casa-se com um cavaleiro. A ópera se intitulava *Undine*, e liga *O lago dos cisnes* a todo um cosmo de histórias de sereias, inclusive à *Pequena sereia* de Hans Christian Andersen. A tempestade e o canto do cisne que marcam o final da música foram inspirados nas lendas coletadas por Alexander Afanasiev sob o título *Poeticheskiye vozzreniya slavyan na prirodu* (Representações eslavas da natureza, 1866-69).⁷⁹

Embora conhecesse alguns passos de balé, adorasse *Giselle* e tivesse feito o dever de casa, Tchaikovski conhecia pouco o gênero. A música chega ao tema do desejo e da busca de um ideal, mas parece ignorar os aspectos práticos dos corpos em movimento ao redor do palco. (A entrada dos cisnes no lago e o *pas de deux* são exceções.) Até nos trechos em que parece estar pensando na dança, o caráter da música não encaixa com a situação dramática. A exposição culminante e devastadora do artifício de Rothbart no ato 3 merece apenas alguns segundos de música. O trecho é dissonante, um denso campo cromático, mas breve demais para causar impacto. A crítica de balé Arlene Croce deduziu que, embora Tchaikovski "tenha pedido indicações ao coreógrafo — o tipo de conselhos que mais tarde viria a ouvir de Petipa em *A bela adormecida* e *O quebra-nozes* — ele parece ter trabalhado sozinho a maior parte do tempo. À diferença destas últimas, a música é mal organizada em termos da lógica teatral e da dramaturgia."[80]

O problema com essa avaliação é aquele da realidade de montar um balé no Bolshoi em 1877. Não está claro o que Reisinger, cujas capacidades eram limitadas, pretendia fazer com a música e como mudou de ideia. Ele também tinha em mente outras *dramatis personae*, e diferentes ênfases em cada um dos atos. O *pas de deux* do primeiro ato, que mais tarde outros coreógrafos transpuseram ao episódio do terceiro ato, em que Odile seduz o príncipe Siegfried, em 1877 foi atribuído a Siegfried e a uma personagem denominada "aldeã 1".[81] O magnífico solo de violino está carregado do tipo de suaves dissonâncias — segundas e quartas aumentadas — que se ouve na música cigana, sugerindo que Siegfried e a donzela sentiam algum tipo de atração um pelo outro. Embora muito gire em torno da oposição Odette/Odile, Reisinger, assim como Tchaikovski, parece também estar pensando em um arranjo mais amplo, em que esse interesse amoroso aldeão fosse o paralelo de um amor sobrenatural. Segundo o cartaz de 1877, a "aldeã 1" foi representada pela solista do Bolshoi Mariya Stanislavskaya, bailarina treinada em São Petersburgo que era solista do Bolshoi desde 1871. Ela dançou em quatro dos sete números do primeiro ato original, inclusive duas danças que não levaram esse qualificativo na música de Tchaikovski: uma polca e um galope. Pode ser que Reisinger, confuso com as danças mais longas, as tenha descartado como "esquisitas" e substituído por danças mais fáceis, extraídas de outros balés.[82] Tchaikovski se opôs e Reisinger cedeu, mas só até certo ponto. A polca e o galope, que agradavam às massas e vendiam ingressos, foram mantidos.

A partitura original do ensaio do violino e outros materiais dos primeiros oito anos da existência do balé trazem detalhes incomuns, como a inclusão de uma dança para "12 alemãs", reciclada de um balé parisiense de 1874 intitulado *Le tour du monde*, inspirado no grande romance de aventuras de Júlio Verne *A volta ao mundo em 80 dias* (1873). A segunda parte da dança se intitula *"Pas de séduction à 8"*.[83] Ela entrou para *O lago dos cisnes* por insistência de outro *maître de ballet*, Joseph Peter Hansen, que substituíra Reisinger no Bolshoi.

Alguns trechos que tendem a ser cortados ou deslocados nas encenações atuais na verdade ocupavam um lugar de destaque no balé original. Um deles, comenta o crítico Alastair Macaulay, é "a seção *andante con moto*, belamente pungente, que alcança um clima trágico que faz a escala do balé parecer brevemente cósmico". Ele explica: "Se você ouve esse trecho sabendo que Tchaikovski pretendia que fizesse parte das danças da sedutora Odile, nota que ele transforma por completo a ideia que temos dela; a música é tão comovente e trágica, e tem uma escala tão grande como o que foi escrito para Odette."[84] Contudo, não está claro quem deveria dançar esse episódio tão lancinante. Na lista do ensaio, o *andante con moto* é chamado de *pas de six*. No programa de 1877, aparece como um *pas de cinq*, e em 1878 como *pas de dix*, com os dois bailarinos principais e oito aprendizes. Mais tarde, foi totalmente eliminado.[85] Há outros exemplos semelhantes. Na verdade, além das personagens principais, seus conflitos e o apelo da música de Tchaikovski, pouco era ou é estável em *O lago dos cisnes*.

Apesar de todas as suas limitações, para Tchaikovski foi mais fácil trabalhar com Reisinger do que com as duas bailarinas que interpretaram o papel duplo de Odette/Odile.[86] A primeira delas foi Pelageya Karpakova, a segunda Anna Sobeshchanskaya, que dançou o papel na quarta récita, em 28 de abril. Nenhuma das duas deu muito sentido ao papel, mas as críticas de 1877 estiveram de acordo sobre Sobeshchanskaya, que há muito carregava nos ombros o repertório do Bolshoi, ser melhor atriz e ter melhor técnica. As críticas a Karpakova sempre giraram em torno de sua "hesitação" e "falta de energia nos movimentos e da velocidade adequada, que expunha uma carência generalizada de força muscular". As suas poses e giros careciam de definição. Um crítico também considerou-os "moles", *ne tverdo*, embora por um erro tipográfico, ou uma troça, a expressão fosse *net vedro* — "que não vale um tostão". Karpakova era bonita e trabalhava duro, mas o crítico alegou que tempo e treinamento físico (*vremya i gigienicheskiye sredstva*) podiam não ser suficientes para sanar as suas deficiências.⁸⁷

E não eram. O comentarista teatral Dmitri Mukhin observou sobre a sua atuação de *O lago dos cisnes* que ela "fez o que pôde para representar o fantástico papel do cisne, mas, sendo uma mímica medíocre, não causou grande impressão".⁸⁸ Ele observou também que a música de Tchaikovski irritou a maior parte do elenco, por ser sinfônica demais, sem um sentido claro de onde começavam e terminavam os números. Além disso, um detalhe crucial, que entrou para a lenda de *O lago dos cisnes* como prova do erro na escolha de Karpakova para a première: "Ficou claro na encenação que alguma força maligna exerce um efeito prejudicial sobre a srta. Sobeshchanskaya. Para a sua récita beneficente de 28 de abril ela teve de agendar para a quarta apresentação desse balé, porém, como bailarina principal, ela justificadamente deveria ter recebido um novo balé para estrear."⁸⁹

O mistério da decisão sobre o elenco — por que Sobeshchanskaya não dançou na estreia? — persistiu até que Karl Valts apresentou uma explicação. Em suas memórias, ele conta a lenda "obscura e desagradável" da ascensão e queda de Sobeshchanskaya, cuja carreira começou como um conto de fadas e terminou como um pesadelo.⁹⁰ Na juventude, tinha sido mimada por altos funcionários da corte. "Chamaram atenção do tsar Alexandre II, eternamente entediado", para ela, e ele contribuiu para que Sobeshchanskaya dançasse em *Dom Quixote*, *A filha do faraó* e outros balés de Petipa. Ela também chegou a conhecer o governador-geral de Moscou, Vladimir Dolgorukov. Ele estava na casa dos 60 anos e em declínio físico, mas decidiu tentar anexá-la à sua coleção de amantes, oferecendo-lhe afeto e protegendo-a como parte de suas joias de família. No relato de Valts, o envelhecido Dolgorukov parece ter imaginado Sobeshchanskaya no papel de Madame de Pompadour e ele no de Luís XV. Os anos de esbanjamento o haviam deixado pobre. Ele se viu obrigado a deitar fora a famosa coleção de diamantes e esmeraldas da irmã para enfeitar a sua bailarina adotada.

Sobeshchanskaya teve muito tato ao longo da carreira, mas foi "bastante descuidada" e se apaixonou por um jovem bailarino polonês chamado

Stanislav Gillert enquanto Dolgorukov a mimava. Ela e Gillert eram parceiros de palco havia muito tempo, e se casaram. Isso caiu como uma bomba para o mecenas influente, principalmente depois que Gillert começou a penhorar as bugigangas que Dolgorukov havia ofertado à bailarina. "Criou-se um enorme escândalo que exigiu grandes esforços para abafar, e Sobeshchanskaya perdeu o acesso às altas esferas", conta Valts. A sua carreira terminou "depois de dezessete anos de serviço" para o Bolshoi. Ela perdeu os privilégios e não teve direito a uma récita beneficente para levantar fundos para a sua aposentadoria. Valts acrescenta que, para sobreviver, "a antiga glória do balé moscovita" terminou vendendo velas e sabão no mercado da Praça Vermelha.

O matrimônio escandaloso supostamente lhe custou o papel principal, e na première de *O lago dos cisnes*, em 20 de fevereiro de 1877, Pelageya Karpakova fez par com Stanislav Gillert, o marido dela, no papel de Siegfried. Karpakova também tinha um patrono poderoso. Em 1873, casou-se com o chefe do Banco de Poupança de Moscou, o milionário Konstantin Milioti. Supostamente graças à influência dele ela foi promovida e tornou-se primeira bailarina; se não fosse por isso, é quase certo que teria ficado confinada a papéis a caráter.

Contudo, aqui lenda e história se separam. Nos meses anteriores à première, as histórias nos jornais revelam que Milioti estava sendo investigado por fraude, o que significava que, para a esposa, ele era mais uma desvantagem do que um patrimônio. E a intriga romântica que cercava Sobeshchanskaya não acabou com sua carreira. Na década de 1870, ela dominou o palco do Bolshoi e manteve a posição cobiçada de bailarina oficial da corte (assim como Tchaikovski, mais tarde, seria o compositor oficial da corte do tsar Alexandre III). Em 1876, foi convidada a dançar para o rei finlandês, a filha dele e o rei e a rainha da Grécia, em um evento organizado por seu antigo patrono, Dolgorukov. Mais tarde naquele ano ela dançou para o tsar Alexandre II durante uma visita dele a Moscou. Sobeshchanskaya era suficientemente influente para exigir — e obter — compensações quando uma récita era cancelada ou adiada.

Como Karpakova, ela recebeu inúmeros presentes do tsar Alexandre II e da família dele, inclusive joias ou seu valor em dinheiro por ocasião do casamento da filha do tsar com o duque de Edimburgo. Ela se aposentou com uma pensão confortável em uma casa confortável. A história da vela e do sabão envolvendo o seu marido é um exagero em torno da tentativa fracassada dele de gerir uma fábrica de velas e sabão em São Petersburgo. O fim da carreira de Sobeshchanskaya foi no estúdio de dança, onde ela deu aulas para a primeira grande bailarina soviética, Ekaterina Geltser, dentre outros. Portanto, o fato de ter sido elencada para a quarta apresentação de *O lago dos cisnes* não tem nada a ver com a sua relação pessoal com o governador-geral de Moscou. Ela simplesmente tinha mais interesse em participar de *La bayadère*, que Petipa estava preparando para estrear em São Petersburgo e Moscou.

O papel foi oferecido a outra bailarina, Lidiya Geyten. Morena de olhos cinzentos, Geyten tinha maneirismos encantadores e uma técnica eivada de nuances. Petipa reconheceu o seu talento ao dar-lhe um papel em *Dom Quixote*, aos 12 anos de idade. Em 1874, ela entrou para o Bolshoi como primeira bailarina, depois de terminar a escola do teatro. Dois anos depois, ofereceram-lhe o papel principal em *O lago dos cisnes*. Contudo, a música não era a história de contos de fadas que ela queria dançar, como explicou mais tarde em uma entrevista. "Tchaikovski escreveu o seu primeiro balé para mim", alegou, "mas recusei-me a dançá-lo, porque [ele] não conhecia o lado técnico do balé e não era algo interessante."[91] Certamente, o compositor não tinha sido posto à prova até então, e viria a escrever outros dois balés para São Petersburgo, ambos maravilhas do desenho acústico: *A bela adormecida* (1890) e *O quebra-nozes* (1892). Depois de ouvi-las, Geyten mudou de ideia sobre o talento dele. No entanto, seguiu descartando a música de Tchaikovski como "pouco gratificante" para os bailarinos, pois, em sua opinião, ele era principalmente um sinfonista. (Ela pensava o mesmo de Alexander Glazunov, que compôs a música de *Raymonda*, de 1898, o balé canônico de Petipa.) Geyten também afirmou, de modo insolente, que tudo que Tchaikovski havia aprendido sobre composição para balé provinha de *A samambaia* (Paporotnik), balé de Yuli Gerber, de 1867. "Tchaikovski levou a partitura para casa e a pôs a perder. Por isso o maravilhoso balé *A samambaia* não é mais encenado", explicou. Não há evidências dessa história, mas ela adorava contá-la.[92]

A terceira na lista, detrás de Sobeshchanskaya e Geyten, era Karpakova, mais velha e menos hábil, que aceitou dançar na estreia de *O lago dos cisnes*. Ela fez o papel principal em uma récita beneficente que atrelou a sua renda aos ingressos da bilheteria, subtraído o custo das apresentações (cachês dos artistas, iluminação, adereços, maquiagem, copistas, alfaiates, porteiros, carruagens, policiais, álcool e cartazes). Na época, as receitas das apresentações no Bolshoi eram parcas — geralmente menores do que o custo de produção. Foi o caso de *O lago dos cisnes*, cuja encenação custou exatamente 6.792 rublos, muito menos que as óperas, mas ainda assim não o suficiente para dar lucro na temporada, apesar da boa reação do público. Na primeira noite, Karpakova levou 1.957 rublos, cerca da metade da renda dos ingressos.[93] Na quarta récita, Sobeshchanskaya conseguiu receber adiantado e levou 987 rublos. Contudo, quando a novidade acabou e os preços dos ingressos baixaram, as receitas encolheram para menos de 300 rublos por noite. Uma receita tão medíocre assinalou que os Teatros Imperiais em Moscou precisavam de uma reestruturação financeira. O Balé Bolshoi não podia seguir acumulando perdas.

Os críticos concordavam em que Sobeshchanskaya dançava muito melhor do que Karpakova, porém, como Geyten, não reluzia com a música de Tchaikovski. Elas atormentavam o compositor exigindo-lhe mudanças na partitura. Karpakova insistiu para que ele produzisse algo especialmente para ela na cena de baile do terceiro ato. O compositor aquiesceu, e produziu uma dança russa acelerada que durou tanto tempo no balé quanto Karpakova.[94] Sobeshchanskaya queria uma variação para si para o terceiro ato, mas recorreu a Petipa, em vez de procurar Reisinger ou Tchaikovski, com a exigência do solo. Petipa concordou em coreografar uma nova variação para ela no terceiro ato e pediu a Ludwig Minkus que compusesse a música.

Tchaikovski irritou-se ao saber o que estavam fazendo com a música à sua revelia. Acalmou-se compondo uma variação para Sobeshchanskaya. Tinha o mesmo tempo, estrutura e número de compassos da inserção de Minkus, para que ela pudesse dançar o que havia criado com Petipa — mas com a sua música. Ela ficou contente e chegou a pedir-lhe que compusesse outra variação. As duas se fundiram em um novo *pas de deux* no final do terceiro ato, que ela queria acrescentar e dançar com o marido no papel de Siegfried. Por um tempo, ele substituiu o *pas de six* do terceiro ato. Mais tarde, o *pas de deux* foi transferido para *O corsário*, e o *pas de six* foi restaurado. Houve outras mudanças em *O lago dos cisnes*, e novas exigências. Nem Tchaikovski conseguia enumerá-las.

O fato de o balé ter sido apresentado 39 vezes nas primeiras seis temporadas no Bolshoi é menos revelador do que a diminuição da receita da bilheteria nas 27 apresentações das primeiras duas temporadas, após o que Reisinger foi demitido. Hansen o sucedeu, e o balé foi retrabalhado para produções em 1880-81 e 1882-83. A segunda série de representações terminou quando os cenários começaram a se desmanchar e os Teatros Imperiais não tinham fundos para os consertos. "Tudo está tão esmaecido e deprimente", queixou-se a mecenas de Tchaikovski, dando razão aos críticos. Ainda assim, ela achou a música "um deleite", mas os comentaristas da première de 1877 não pensaram o mesmo.[95] Como o cenário e a dança, a música não tinha modulação nem contraste. Não ajudou o fato de ter havido apenas "dois ensaios" para a estreia com a orquestra "imprecisa".[96] O regente exagerou a tendência de Tchaikovski para o bombástico, e o violinista principal martelou no solo, deixando a seção de cordas se desintegrar.

Foi o sentimento expressado no jornal *Russkiye vedomosti* e, em maiores detalhes, no *Sovremennïye izvestiya* (Notícias atuais), cujo crítico teatral deixou claro que achava o balé uma arte desprezível. Ele agradava às crianças e aos libertinos — "os distintos carecas devotos da juventude, da beleza e [...] de quadros picantes variados".[97] O público sério dos teatros preferia as peças encenadas no Teatro Malïy, o único local para as artes que outro jornal da cidade, o *Moskovskiye vedomosti*, considerava digno de atenção.

As feiras de rua recebiam maior cobertura do que o balé, e as notícias sobre as récitas no Bolshoi apareciam ao lado de anúncios curiosos, como o de um vendedor de animais anões, peixinhos dourados e tartarugas importadas da América e o de um relojoeiro que (inexplicavelmente) queria comprar uma fêmea de alce.

O crítico do *Sovremennïye izvestiya* começou com o enredo de *O lago dos cisnes*, depois debruçou-se sobre a música, passou rapidamente pela dança e terminou com o cenário. Ele se declarou atônito pelo teatro ter pedido a Tchaikovski para escrever música para um balé baseado em um conto de fadas alemão "enfadonho" e "sem conteúdo", no lugar de algo russo. Para começar, havia água demais, e o amor do príncipe por um cisne de coroa na cabeça era absurdo. A maior parte do enredo seguia as regras do balé, embora, para sua surpresa, não o final. Os raios e trovoadas e o afogamento do príncipe e da princesa-cisne eram "tristes, extremamente tristes, porque os balés costumam terminar com todos contentes" — isto é, com alegria. Pouco conhecedor de coreografia, o crítico reduziu a contribuição de Reisinger a uma só frase: "Houve danças com e sem flores, e danças com e sem fitas." Mais adiante ele acrescentou que "as danças a caráter careciam de caráter". Tampouco dispensou muitos elogios à orquestra: "Houve um bom solo de violino, que foi estragado pelo sr. Gerber. Como um pode ser o instrumento, e o outro o solista? Arrastar uma carruagem sem graxa pelo palco teria proporcionado mais prazer. O ruído do sr. Gerber arruinou a agradável impressão produzida pela execução da srta. Eichenwald à harpa." O julgamento é impiedoso, longe da educação refinada dos críticos teatrais do passado, antes de o tsar Alexandre II outorgar maior liberdade à imprensa.[98] A invectiva só abrandou no final, com a admissão relutante de que, apesar de todas as falhas, "o balé foi um sucesso e o público gostou". Tchaikovski fez uma mesura tímida e Karpakova recebeu "um cesto de flores em forma de cisne".

O orçamento foi empregado na tempestade do clímax, engenhosamente projetada por Valts. Em suas memórias, ele merecidamente se congratula por ter feito o lago de lágrimas "transbordar e inundar o palco; por insistência de Tchaikovski, criei uma tempestade de vento verossímil; ramos e galhos caíam das árvores na água e eram levados pelas ondas". Odette e Siegfried se agitam no fundo do palco. Ao amanhecer, as árvores danificadas foram "iluminadas pelos raios do sol nascente".[99] Observadores confirmaram essa descrição e, embora os críticos tenham desdenhado da produção como um todo, elogiaram os efeitos especiais de Valts, e o artifício mecânico que pôs cisnes de madeira a nadar. Ele recorreu a alguns truques antigos, como explosivos, além da nova tecnologia de lâmpadas de arco de carvão a bateria. Valts empregou iluminação elétrica colorida na primeira aparição de Odette no segundo ato e na famosa cena da tempestade. A luz inovadora fez mais sucesso do que as máquinas de vento e de ondas, que afogaram a música, embora, para o crítico do *Russkiye vedomosti*, fosse a cena na qual Tchaikovski havia posto mais atenção. Era incomum, e até radical, que um compositor de óperas e sinfonias se envolvesse com balé, e o crítico estava ansioso para conhecer o resultado. A música tinha momentos maravilhosos, mas "talvez fosse boa demais para balé" e, infelizmente, no final, foi engolida "devido ao costume rotineiro e absurdo em nossos palcos de acompanhar qualquer fogo, inundação etc. com um ruído e um estrondo tais que pensamos estar diante de um exercício de artilharia ou de uma explosão de pólvora".[100]

Com o tempo, a moda dos climas assombrosos passou. As futuras versões do balé evitaram a cena da tormenta. Odette e Siegfried morrem, mas seus espíritos perduram como amor eterno. O famoso tema do cisne, o emblema em Si menor do desejo trágico, faz descer a cortina enquanto, na maioria das encenações, os amantes movem-se na superfície do lago.

Odile ficou conhecida como o cisne negro, mas não trajava negro naquelas primeiras versões, nem era um contraponto tão malévolo de Odette como se tornou desde então. (A ideia do cisne negro data da Segunda Guerra Mundial.)[101] No entanto, Odile deveria ser um enigma. O cartaz da estreia de 1877 atribui a Karpakova o papel de Odette, mas não cita a bailarina de Odile. Em seu lugar há apenas uma elipse — reticências. A bailarina não é nomeada, embora apareçam os nomes de todos os bailarinos nas outras partes, até mesmo as mais banais. A lacuna traz certa intriga, mas ao menos um relato deixa claro que Karpakova (e, a partir da quarta récita, Sobeshchanskaya) faz os dois papéis — a "boa" e a "má", a *femme fatale*.

Ocultar o nome da bailarina no papel de Odile parece uma provocação para manter os fãs obcecados pelo balé curiosos até o final do terceiro ato. É o momento crítico do enredo, quando Karpakova, depois de ofertar o lado ingênuo e doce de sua arte como Odette, volta nos braços de Rothbart como Odile. Mas ela não parece muito diferente, e ninguém pensou que outro bailarino fazia o papel de Siegfried. Segundo os registros do figurino para o terceiro ato, Karpakova usou "tutu de renda de tule bordado em ouro. Meia-saia com corpete em cetim cor de palha bordado com lantejoulas e ouro". Para a dança russa, ela usou a mesma cor de tutu, mas "decorado com fitas coloridas de veludo" e uma "cabeça de fitas de cetim de diversas cores".[102] Na versão familiar de Petipa para o balé, Odile seduz Siegfried (e a audiência) com poder, velocidade e um trabalho de pés minucioso. Os ângulos duros substituem as curvas suaves. O contraste entre Odile e seu alter ego é óbvio *en pointe*. Mas esse deslumbramento não constava do plano original de 1877 e, como os críticos não se cansam de dizer, na verdade estavam aquém da capacidade de Karpakova e da de Sobeshchanskaya. A principal atração do terceiro ato, portanto, não é a aparição de Odile, mas os efeitos. Valts mergulhou o palco na escuridão para marcar o momento em que Siegfried descobre que foi enganado, corrompido. Quando as luzes se acendem, Rothbart é um demônio vestido de vermelho.

Em 1895, dois anos após a morte inesperada de Tchaikovski em sua residência de São Petersburgo, Petipa e seu assistente, Lev Ivanov, recriaram *O lago dos cisnes*. A montagem foi uma espécie de tributo ao compositor que, segundo uma carta enviada a Valts em 1892, tinha pelo menos mais uma partitura para balé na cabeça quando morreu — pensada para o Bolshoi.[103] Tchaikovski não envelhecera bem: tinha os cabelos brancos, os dentes amarelos por causa do tabaco e sofria de problemas digestivos antes dos 50 anos. Mas o seu legado à arte só aumentava com o tempo. Ele penava com seus dons criativos, mas os cultivava com uma urgência cada vez maior. Nas semanas anteriores à sua morte ele estava em boa forma e descartou quaisquer conversas sobre "o monstro repulsivo e pedante" da morte. "Sinto que ainda viverei por muito tempo", gabou-se.[104]

Isso não ocorreu. A cólera asiática espalhou-se pela Rússia em 1892. Os primeiros casos foram detectados nos arredores de Astrakan, no mar Cáspio. Os hospitais de campo montados ao longo das rotas de transporte eram ineficazes, já que os moradores rurais, como camponeses e velhos crentes, encaravam os habitantes urbanos — ministros, caixeiros, copistas, médicos e advogados — com suspeita. Havia revoltas antigovernamentais e histórias bizarras sobre gente morrendo depois de cavar batatas no solo infectado ou de colocar dinheiro sujo na boca. Segundo um relatório de um epidemiologista britânico, "Em 25 de julho, dois camponeses de Rostov-on-Don, onde a cólera era prevalente há quase um mês, foram à casa de um camponês chamado S, na aldeia de Egorovka, para pagar uma dívida. S manteve as moedas na boca por um tempo considerável [...] no dia seguinte, S morreu de cólera."[105] A doença subiu o rio Volga até atingir o esgotamento sanitário e os sistemas de água e esgoto precários de São Petersburgo.

Lá, as casas dos enfermos foram desinfetadas com cal e cloro, mas a doença não foi erradicada. Ela subsistiu por mais de um ano, ceifando as vidas de vagabundos, trabalhadores manuais, membros da burocracia e, mais tarde, o mais famoso compositor russo do século XIX. O vibrião da cólera chegou a ser encontrado nos encanamentos que abasteciam o Palácio de Inverno, a residência do tsar, o que alarmou os aristocratas, que se consideravam imunes à doença por evitarem água sem tratar e por ingerirem regularmente óleo de cânfora e as Gotas Hoffman, feitas de álcool e éter. Tchaikovski não temia a doença, embora a cólera tivesse matado sua mãe quando ele tinha 14 anos, o que abalou a sua infância. Ele contraiu a doença ao beber água não purificada em (supostamente) um restaurante que costumava frequentar com a família e amigos. A perda do apetite levou à dor de cabeça, e então vieram a náusea, a diarreia e as cólicas. Seu coração parou. O médico dele foi vilipendiado por improvisar tratamentos rústicos com banhos quentes e doses de almíscar.

Os concertos em sua homenagem, em fevereiro de 1894, incluíram uma representação pouco comentada do segundo ato de *O lago dos cisnes*, depois do qual o irmão de Tchaikovski foi indicado pelo intendente dos Teatros Imperiais em Moscou para revisar todo o libreto do balé. Petipa tinha 75 anos quando propôs encenar o balé em São Petersburgo, e havia decaído nos anos anteriores devido a uma doença séria, o pênfigo. A coceira o deixava deprimido e persistiu por anos, até 1905, quando os motins se espalharam pelas ruas de São Petersburgo e ele não conseguia chegar à botica. Não se pode dizer que ele tenha posto a mesma quantidade de energia e imaginação em *O lago dos cisnes* do que fizera com *A bela adormecida* em 1890. Petipa também tinha deixado a maior parte da montagem do último balé de Tchaikovski, *O quebra-nozes*, em São Petersburgo, em 1892, para o seu amável assistente Ivanov. O compositor morreu pouco depois da estreia, assim como o tsar Alexandre III, que havia mimado o compositor e lhe concedera uma generosa pensão e os favores da instituição dos Teatros Imperiais. Tchaikovski morreu como um ícone nacional e a sua música animou Petipa em um momento da vida em que talvez tivesse considerado se aposentar, pensando menos em encher o palco de esplendor e mais na segunda esposa, nos filhos e netos. Em vez disso, acirrou seu controle ditatorial sobre o Balé Imperial de São Petersburgo.

O lago dos cisnes de Petipa e Ivanov foi encenado dezesseis vezes na temporada de 1894-95, com três récitas no Teatro Bolshoi. A estreia pôs fim ao período oficial de luto pelo tsar Alexandre III, e as três apresentações no Bolshoi comemoraram a coroação do tsar Nicolau II. *O lago dos cisnes* sobreviveu — e tem sobrevivido — graças à coerência, à nitidez da imagem e do som que o primeiro e segundo mestres de balé de São Petersburgo lhe imprimiram, e porque o papel de Odette/Odile foi passando de uma bailarina eminente à seguinte, e entrou para o repertório internacional como uma demonstração de expressividade e técnica, como um veículo para as estrelas. Porém, para que isso acontecesse, a música teve de ser modificada novamente, e o roteiro criativo passou de Petipa a Ivanov, que respeitou as suas diretrizes, e depois de Petipa e Ivanov aos bailarinos. O drama entre Karpokova e Sobeshchanskaya que havia marcado a estreia no Teatro Bolshoi em 1877 repetiu-se entre a bailarina de São Petersburgo Pierina Legnani, preferida por Petipa, e Matilda Kshesinskaya, por quem ele tinha sentimentos menos caridosos, referindo-se a ela em seu diário como "desprezível" e "uma porca antipática".[106]

O *régisseur*, ou diretor teatral de Petipa, Nikolai Sergeyev, ajudou a registrar a forma básica das danças com setas, pequenos círculos e quadrados na notação musical. Esses materiais ressaltam a obsessão característica de Petipa com a disposição ordenada dos corpos no palco (ele preferia os números ímpares aos pares), além do interesse pelo aspecto geral e a impressão causada pela produção. A sinestesia de *O corsário* e *A bela adormecida* inspirou o cenário e os adereços do seu *O Lago dos cisnes*: a decoração da abertura incluía "pequenos assentos de jardim" na forma de pequenos bancos vermelhos e verdes.[107] Os convidados venezianos do baile chegavam preparados com castanholas, mandolinas e tamborins, e se reuniam ao redor da mesa repleta de xícaras e garrafas multicoloridas. Antes do final, Petipa tinha imaginado seis ninfas e oito náiades brincando com os cisnes — mas voltou atrás. Outra ideia, elaborada por um técnico em tinta vermelha, fala de um número inespecífico de corujas que cruzariam o palco em silêncio por trás de arcos luxuriantes de floresta verde. A rainha das corujas — isto é, a madrasta de Odette — surgiria no mato junto à boca do palco, onde ouviria a troca apaixonada entre Siegfried e Odette.[108] Rothbart também espreita, na esperança cômica de permanecer oculto enquanto as corujas voam de um lado para o outro.

Antes da grande valsa do início, 24 camponesas entrariam no palco com cestos de flores. Outros 24 camponeses portariam "pequenos bastões com fitas de diversas cores amarrados nas pontas; ao pressionarem os bastões, um grande buquê se abriria nas pontas".[109] Mas Petipa precisava "ver o efeito" antes de se decidir; depois ele reorganizou as coisas para que cestos e bastões fossem portados por meninas e meninos, não por adultos.

Todo o palco ficaria florido. Visto das galerias, os bailarinos comporiam uma única flor, cada um deles seria uma pétala; de perto, visto da plateia, a flor formaria um caleidoscópio de flores em tons de azul e ouro. A cor foi adquirindo novos significados à medida que o conceito era trabalhado. As cores da primavera ficaram mais escuras na cena do lago à medida que a ação se voltava para dentro.

Petipa e Ivanov mesclaram os dois primeiros atos de *O lago dos cisnes* em um só, de modo que a audiência pudesse ver Odette e conhecer a sua situação antes do primeiro intervalo. Eles também enfatizaram o contraste entre a celebração rústica da maioridade e o baile formal do palácio. As repetições espaciais e lineares apontavam que forças externas controlavam as personagens — como a força da predestinação, algo imposto de fora, e não percebido como inerente. Os solistas existiam em um mundo próprio, onde o tempo é fluido, incomensurável, e os amantes escapavam pelos interstícios, o liminar, o além tornado possível pela música.

Contudo, a música havia mudado. O regente e compositor residente do Balé Imperial de São Petersburgo, Riccardo Drigo, editou a partitura seguindo as intenções coreográficas de Petipa e Ivanov. A música de Tchaikovski foi alterada e foram acrescentados três novos números de um conjunto das suas peças para piano. A música original era carregada de pressentimentos, mas, na nova concepção, precisava sugerir esperança para os amantes no além.

O papel de Siegfried ficou com Pavel Gerdt, bailarino de meia-idade, e o de Odette/Odile a uma italiana musculosa chamada Pierina Legnani, que havia estrelado a encenação parcial do balé na homenagem a Tchaikovski. Ela transformou *O lago dos cisnes* em uma exibição técnica, reciclando os 32 *fouettés*, piruetas triplas e voltas velozes *en pointe* com os quais, no papel de Cinderela, havia deslumbrado o público de São Petersburgo. Os giros *fouettés* de Odile são excepcionalmente não musicais, mas o público adora bater palmas e contá-los. Legnani os fez parecer fáceis e divertidos. As adolescentes da escola de balé se inspiraram nela, o que provocou tornozelos e joelhos contundidos. (Isso devido à tontura: no *fouetté* os bailarinos precisam "marcar a cabeça", manter um ponto fixo de foco na audiência enquanto giram.) Legnani teve perfeito domínio de Odette, projetando um ideal casto distinto da penugem e dos arrepios dos outros cisnes. O seu dorso era expressivo, os seus *bourrées* eram fileiras de pérolas. Contudo, como a Odile desavergonhada, ela desafiou as diretrizes de Petipa e desafiou o protocolo ao fazer *encores* (por decreto imperial, o máximo permitido era de três *encores*). Petipa não resistiu já que, no crepúsculo da carreira, o seu sucesso dependia do sucesso dela.

O papel de Legnani pode ter crescido, porém, como em *O corsário* e *Dom Quixote*, certas danças a caráter menores de *O lago dos cisnes* desapareceram com a evolução da arte do balé. Além disso, o *grand pas de deux* dos bailarinos principais, que determinava a intriga amorosa, ganhou mais espaço para que enredo, expressão e técnica chegassem ao clímax ao mesmo tempo. O grandioso *divertissement*, a mascarada em grupo, perdeu importância à medida que a atenção se deslocou cada vez mais para os solistas, que executavam suas próprias *spécialités de la maison* e imprimiam algo inesperado aos seus papéis, ainda que isto significasse romper o quadro dramático. As mudanças permitiram a Legnani incluir na sedução de Siegfried os 32 *fouettés* e outros "efeitos ofuscantes" que havia criado. "Ela estava fixada no piso", entusiasmou-se o crítico Akim Volynski, "e sem sair dele em suas rotações ela encarou o público constantemente, com a expressão radiantemente alegre, sem denotar nenhuma fatiga. Segundo o sentido de todo o ato, temos uma diaba diante de nós que atrai o noivo de outra à sua teia".[110]

Legnani definiu o papel entre 1895 e 1901, e depois disso se aposentou do Balé Imperial de São Petersburgo e foi para uma vila no lago Como. Após a sua récita beneficente, o papel foi para Matilda Kshesinskaya, um cisne negro de olhos pretos capaz de extrema malícia antes mesmo da concepção do cisne negro.

Kshesinskaya era adorada pelo público pelo mesmo motivo que perturbava Petipa: a sua intemperança. Ela também era cativante. Tchaikovski supostamente prometeu escrever um balé para ela, e críticos que costumavam ser sofisticados sofriam de lapsos de memória sob o seu feitiço, alegando que havia criado feitos técnicos que, na verdade, eram obra das suas antecessoras. "O *fouetté* é o apogeu da arte coreográfica de Kshesinskaya", recordou Volynski, esquecendo-se do seu arroubo anterior ante o truque de circo de Legnani. Nos movimentos de Kshesinskaya, ele vislumbrou "um ruído e um murmúrio internos plenos de estrondo, eivados de ideias grandiosas e sutis transmitidas ao público para arrebatá-lo com um êxtase inédito".[111] Na arte dela não havia frufrus, insistiu e, "apesar da imperfeição na estrutura das suas pernas", ela era "uma grande figura artística, com um poder verdadeiramente fenomenal".[112] Legnani havia sido sobrepujada, ao menos aos olhos dele.

Kshesinskaya aprendeu o alfabeto do balé com Ivanov (que gostava mais do seu violino do que dos alunos, ela reclamou) e depois, na adolescência, foi aluna de bailarinos italianos virtuosos. Ela subiu nos escalões dos Teatros Imperiais e frequentemente queixava-se porque Petipa cancelava oportunidades para que ela se apresentasse. Kshesinskaya confabulou para destronar a sua antecessora e rival, Legnani, e se apropriou da maior parte do seu repertório, inclusive a Odette/Odile de *O lago dos cisnes*. Em suas reminiscências, cita um crítico para atestar que, assim como Legnani antes dela, havia sido coroada "*prima ballerina assoluta*" dos Teatros Imperiais — sugerindo, no contexto do balé russo, que havia adquirido uma importância "suprema".[113]

Parece que não foi bem assim. Kshesinskaya entrou para o corpo de baile do Balé Imperial de São Petersburgo em 1º de junho de 1890. Ascendeu ao primeiro, logo ao segundo corifeu, e depois de segunda a primeira bailarina e, por fim, em 26 de outubro de 1896, a bailarina — não *prima*, nem *assoluta*. Durante a sua carreira, febres, gripes e inflamações gastrointestinais oportunas a mantiveram longe de papéis que considerava abaixo da sua importância. Por isso foi acusada de "interferir no repertório", o que a forçou a implorar ao intendente dos Teatros Imperiais "que não me alijasse dos balés" quando Legnani foi contratada para substituí-la.[114] Mais tarde, ela e Legnani dançaram os maiores papéis da época — da esperta

Swanilda em *Coppélia* à bela donzela cigana em *Esmeralda* (a adaptação de Petipa do romance *O corcunda de Notre Dame*, de Victor Hugo), passando pela *Bela adormecida* e, no seu auge técnico, encarnando Odette/Odile em *O lago dos cisnes*, em 1895.

Legnani contou com Petipa para satisfazer os seus caprichos, mas Kshesinskaya teve a corte imperial. Durante três anos ela teve um caso com o futuro tsar Nicolau II, e se esbaldou com ele na presença dos grão--duques no período pré-marital de "caprichos tolerados" do herdeiro.[115] Ela teve um filho de linhagem nobre. (O filho nunca conheceu o pai, e o consenso aponta o grã-duque Andrei, não o tsar Nicolau.) Antes do inevitável rompimento amargo do relacionamento, Kshesinskaya teve uma vida exorbitantemente pródiga que os bailarinos dos Teatros Imperiais, cujos salários os mantinham na pobreza, mal podiam imaginar. Jantava caviar e abacaxi, passava as férias em aldeias europeias pitorescas, apostava no jogo, atrasava-se para o início da temporada de balé, foi premiada com uma Palma de Ouro na França e uma medalha do rei da Pérsia (o mesmo que ficou fora de si com a cena do naufrágio em *O corsário*), e decorou a sua mansão em São Petersburgo com pedras e madeiras raras. O salão principal em estilo neoclássico era suficientemente amplo para apresentações de balé; sob ele, segundo rumores inverossímeis, um túnel secreto comunicava a mansão com a residência oficial do tsar, o Palácio de Inverno, do outro lado do rio Neva. Kshesinskaya exibia diamantes e esmeraldas, mas tinha um gosto peculiar e devolvia os presentes da coleção imperial se os considerasse inadequados. Ela explicou pacientemente em suas memórias que as joias que em geral eram ofertadas às bailarinas nas récitas beneficentes careciam de brilho. Ela solicitou a um grão-duque do seu *entourage* que buscasse algo especial da coleção imperial: "Um broche magnífico, uma espécie de serpente de diamantes enroscada formando anéis com uma grande safira em forma de cabuchão no centro."[116] Ela o conseguiu.

Quando soube que deveria dançar com uma crinolina que, em sua opinião, desfavorecia a sua figura, ela teve um acesso de raiva no escritório dos Teatros Imperiais. Foi multada, mas em vez de ceder foi queixar-se com o tsar. A multa desapareceu, o administrador foi repreendido, e ela dançou sem a crinolina.

O incidente foi fatal para Petipa. Ele construíra a sua carreira em São Petersburgo sob a intendência de Ivan Vsevolojski, o distinto funcionário dos Teatros Imperiais, mas depois teve de tolerar os dois sucessores dele. Primeiro veio Sergei Volkonski. Ele e Petipa se toleraram durante os dois anos em que o primeiro foi intendente, de 1899 a 1901. O seguinte foi Vladimir Telyakovski, ex-coronel da Guarda Montada que havia sido promovido de diretor dos Teatros Imperiais em Moscou a intendente em São Petersburgo. Ele encarava Petipa como uma relíquia frágil que já devia estar aposentada. Petipa se viu só e sem defesas. As reuniões de repertório ocorriam sem a sua presença; as carruagens não passavam pela sua casa para levá-lo aos ensaios. O seu último balé foi um fracasso, e o que planejava montar depois foi cancelado. Em seu diário, Petipa culpa a idade avançada pela sua incapacidade de remediar a situação. Mas também culpa Kshesinskaya.

Ela nunca perdeu a prepotência absurda — mesmo depois de ter um filho, de seus tornozelos incharem e as articulações começarem a doer. Em 1904, logo após completar 31 anos, ela foi nomeada "artista honorária dos Teatros Imperiais".[117] Dois anos depois, a artista honorária vingou-se de modo patético de uma bailarina que havia sido promovida acima dela: lançou galinhas vivas no palco durante uma apresentação da rival.[118] Só ao chegar à casa dos 50 anos, muito depois do auge, ela teve algum tipo de autoconsciência. Àquela época já não estava na Rússia, e os russos que conhecera haviam morrido. A capital tinha sido transferida para Moscou e o Bolshoi tomara o lugar do Mariinski como o teatro preferido do governo.

NICOLAU II SUBIU ao trono em 14 de maio de 1896. O avô dele, Alexandre II, fora coroado tsar no ápice do prestígio internacional russo, ao passo que Nicolau assumiu o controle de um império próspero reconstruído — como o próprio Bolshoi — sob o reinado rigidamente autocrático dos Alexandres II e III. No entanto, ele não estava necessariamente preparado para assumir o poder: em novembro de 1894, seu pai morreu subitamente, aos 49 anos de idade. Nicolau tinha 26 anos e acabara de ficar noivo. Havia muito tempo que seu caso com Kshesinskaya terminara, ao menos para ele. A bailarina ocultou a tristeza durante a coroação em Moscou. Menos por amor e mais por considerações geopolíticas, Nicolau II havia se casado com Alix de Hesse, canonizada como Alexandra Portadora da Paixão, um mês após a morte do pai. No momento da coroação, eles já tinham uma filha, Olga. A imperatriz Alexandra não ligava para óperas e balés, preferindo dedicar-se à Igreja (tanto a luterana, onde fora criada, quanto a ortodoxa russa, que adotou) e às questões de Estado. Ela teve um filho, Alexei, que sofria de um problema de coagulação pouco conhecido, hemofilia B, herdado da família da avó materna, a rainha Vitória da Inglaterra. A menor ferida poderia fazê-lo sangrar até a morte, e aos 8 anos, depois de tropeçar em um barco, ele quase morreu. A tsarina mandou chamar um curandeiro místico siberiano, Grigori Rasputin, na esperança de que ele curasse o menino. Rasputin permaneceu na corte durante anos e, segundo o consenso histórico, na Primeira Guerra Mundial exerceu uma influência nefasta sobre o tsar, a tsarina e os assuntos do Estado. Embora tivesse a tendência a se exibir em público e corromper as mulheres da corte, não há base para as lendas que circulavam nas ruas de São Petersburgo de que havia seduzido a tsarina (uma notória caricatura pseudopornográfica foi publicada em um cartaz); ele tampouco curou Alexei, obviamente. A simples presença do falso monge na corte é considerada um catalisador do fim do governo autocrático na Rússia. Assassinos monarquistas garantiram que ele não vivesse para ver isso.

Kshesinskaya foi de São Petersburgo a Moscou em 1896 para dançar em uma celebração de gala para o tsar Nicolau II, em 17 de maio, e se apresentou no que qualificou de "récitas normais" no Teatro Bolshoi. As festividades da coroação costumavam incluir um banquete para os dignatários e uma enorme festa ao ar livre para o povo, além de concertos, queima de fogos de artifício, uma ópera e um balé. A audiência da cerimônia de gala era pomposa. Homens com medalhas, fitas e uniformes ocuparam a plateia, e a sua impassibilidade diante da apresentação só aumentou a inquietação de Kshesinskaya. "Lá estava eu, só, dividida por dois sentimentos conflitantes — a alegria de compartilhar a alegria patriótica de toda a Rússia", recordou, "e o grito abafado e solitário do meu amor."[119] Após a apresentação não tradicional das cenas moscovitas da ópera *Uma vida para o tsar*, de Glinka, a *pièce d'occasion* foi *A pérola* (Zhemchuzhina), de Petipa, balé em um ato que contava a viagem do gênio da Terra ao fundo do oceano para raptar a Pérola Branca, a mais preciosa, mais perfeita pérola de todas, para adornar a coroa do tsar. Entre as *dramatis personae* havia também as matérias-primas de exportação russas que, nos territórios subjugados do Cáucaso, exploravam os trabalhadores que as arrancavam do solo em condições perigosas. (As longas jornadas de trabalho, o pagamento miserável, a escassez de alimentos e as mortes prematuras não constaram da apresentação.) Os homens dançaram com trajes de ouro, prata, bronze e ferro. A italiana Legnani fez a pérola perfeita, em um figurino de chamas e conchas. Kshesinskaya fez o papel de uma das irmãs menos perfeitas da pérola, a Pérola Amarela, mas não sem antes a imperatriz viúva ter tentado removê-la do programa para proteger a castidade da coroação. Tinha seus motivos para interferir. O balé concluiu com "uma cena de ninfas marinhas e sereias semidesnudas de olhar lânguido, banhando-se diante de um Tritão semelhante a um Adônis". De algum modo, aquilo devia ilustrar o amor do tsar pela sua esposa "impecável e irresistível".[120]

O avô de Nicolau, o tsar Alexandre II, tinha sido coroado com fogos de artifício para celebrar a sua ascensão e a abertura do Teatro Bolshoi reconstruído. Na coroação de Nicolau, houve "centenas de pequenas luzes elétricas" — emissários do mundo espiritual, foi o que Kshesinskaya imaginou em seu quarto de hotel. O interruptor que acendeu as luzes estava oculto detrás de um ramalhete ofertado à tsarina no Palácio do Kremlin ao anoitecer. Ele "deu o sinal combinado à estação de energia de Moscou", informou a bailarina abandonada, e "a iluminação se acendeu por toda parte. Tentei assistir, mas logo desisti, pois era impossível abrir caminho em meio à enorme multidão que tinha invadido as ruas. Mas pude admirar a principal parte das iluminações no Palácio do Kremlin".[121] Assim como as centenas de correspondentes estrangeiros presentes, Kshesinskaya talvez tenha percebido a estranha desconexão entre o brilho moderno, eletrificado, com "enormes fontes iluminadas" e a "paisagem medieval confusa" de Moscou. O excesso tinha por fim enobrecer os pobres; a pobreza nunca tivera tão bom aspecto. Na opinião do conde Vladimir Lamzdorf, os plebeus andrajosos que faziam fila para atirar copeques nas bandejas de coleta apresentavam "um halo exaltado de genuína dignidade e majestade".[122]

Então veio o desastre: a grande festa popular organizada no noroeste de Moscou no Campo Khodïnskoye, com pouco policiamento, terminou com a morte de mais de 1.300 pessoas em uma corrida para obter um suvenir na forma de um cálice esmaltado (que, dizia-se, continha uma moeda de ouro), além de linguiça, pão de gengibre e cerveja. As pessoas tropeçaram nos buracos que haviam sido cavados para conduzir a multidão em direção aos quiosques e foram pisoteadas. Contudo, a enorme perda de vidas apenas "lançou uma sombra" sobre as festividades da coroação, segundo o valete da tsarina, e, apesar de certa hesitação no círculo íntimo do tsar, não impediu Nicolau II de comparecer a um baile esplêndido naquela noite.[123] Foi uma decisão insensata e um presságio agourento.

Moscou era uma "cidade estúpida", "cidade só no nome" e um "enorme parque de diversões para cães", lamentou Pavel Pchelnikov, diretor dos Teatros Imperiais em Moscou antes e depois da coroação do tsar Nicolau II. Era um burocrata antiquado, do tipo que não permitia que as apresentações começassem enquanto ele não estivesse acomodado em seu assento e autorizasse o movimento inicial da batuta com um tremor da cabeça ou o tilintar das suas medalhas. Sua negligência prejudicial ao balé tornou-se favorável à medida que ele gastava os dias com bobagens, discorrendo em cartas oficiais sobre tudo, menos o seu trabalho. Pchelnikov escreveu sobre a aquisição de uma "bicicleta de duas rodas" como "uma boa maneira de locomover-se para os que não gostavam de caminhar", a mudança da luz no outono, a gripe da esposa, a filha nascida fora do casamento, a escassez de água mineral gasosa, e do seu orgulho de ter aprendido a datilografar, mas temia escangalhar a máquina Remington por excesso de uso na correspondência com a corte imperial e insultar aqueles que não estavam prontos para a era da produção mecânica.[124] Ele se preocupava com os seus artistas ao ponto de evitar dar-lhes más notícias — certa vez, pediu licença de saúde, remunerada, para livrar-se da incumbência — e a sua inércia conservou o emprego de alguns.[125] O seu informe sobre o suicídio de um médico do Bolshoi vai além da indiferença. Ele teve "a honra de informar" a Vsevolojski que Alexander Jivago, médico e figurante, tinha "se enforcado em seu apartamento".[126] Ele enalteceu as óperas de Tchaikovski, especialmente *A rainha de espadas*, mas pouco disse sobre os seus balés — e sobre os balés em geral, embora tenha relatado sua aflição com as despesas para trazer bailarinas italianas a Moscou. Ele comentou que a morte de Tchaikovski era o fim de uma era, mas não se aventurou a dizer o que viria depois.

Quando Pchelnikov se aposentou, em 1898, as circunstâncias no teatro haviam mudado para melhor. O balé já não estava em um estado lastimável, já não sofria com as limitações financeiras impostas pela corte. Os cortes drásticos da década anterior haviam melhorado o balanço, e houve novos investimentos. A decoração gasta e cafona foi substituída, a iluminação e os efeitos especiais foram aperfeiçoados. Uma invasão de bailarinas italianas garantira o sucesso financeiro das produções do balé russo no Bolshoi, enquanto os talentos locais eram preparados nos novos teatros privados inaugurados na cidade. Pensava-se que um dia o Balé Bolshoi poderia adquirir prestígio e suficiente glamour para receber dignitários em visita, como Francisco Ferdinando. O Bolshoi educou bailarinas como Lidiya Geyten, Lyubov Roslavleva, Adelina Giuri (nascida em Milão, treinada em Moscou, uma bailarina de "brilho cristalino" e "linhas impecáveis") e Ekaterina Geltser e, depois, Vasili Tikhomirov, Mikhail Mordkin e até o artista dos Ballets Russes Léonide Massine.[127]

O *maître de ballet* Alexei Bogdanov podia não emanar o brilho de Petipa, mas tinha certo exibicionismo vulgar, bem como os seus sucessores imediatos: o espanhol José Méndez, que criou o moderno *ballet-féerie* exótico *Índia*, e Ivan Clustine, que inventou o balé exótico de mau gosto *Estrelas* (Zvyozdï) com um cenário do maquinista Valts. Clustine era um indivíduo decente que se considerava um tanto acima dos seus méritos; ao tratar com o *kontora* ele se apresentava não como um artista do teatro, mas como uma das suas mais belas atrações.[128] Como um reflexo de sua refinada sensibilidade, seu balé foi ambientado na época de Luís XIV e se baseou em danças de grupo antiquadas. Ele dançou o papel principal, o de um nobre que abandona a bela Claremonde (interpretada por Giuri) ao apaixonar-se pela Estrela da Manhã Vênus (interpretada por Roslavleva). A pantomima interrompe o devaneio: o nobre é desafiado para um duelo pelo irmão de Claremonde, é ferido e volta para a noiva que o perdoa.

Pchelnikov assinou os contratos para as apresentações antes de deixar o teatro Bolshoi para trabalhar como censor nos teatros privados. Ao ser nomeado para a direção do Balé Bolshoi, seu sucessor na direção, Telyakovski, encontrou um "ambiente patriarcal calmo e pacífico", mas bastante maçante. "Não havia animação, discussões nem incidentes, as pessoas nem ao menos brigavam por certos cargos na companhia, pois os membros da trupe eram gentis, simpáticos e modestos, e, significativamente, em Moscou não se viam baletômanos ruidosos e expansivos como em São Petersburgo."[129] Telyakovski sacudiu as coisas ao nomear *maître de ballet* o jovem e promissor Alexander Gorski. Com isso ele assegurou o futuro do Balé Bolshoi — e, assim, uma tradição e repertório essenciais.

NASCIDO EM 1871, Gorski estava destinado a não viver muito mais do que Tchaikovski. Quando criança, era frágil e adoecia com frequência. Aos 8 anos, o seu pai, um contador, matriculou-o na Escola Comercial de São Petersburgo, mas o sucesso da irmã como aluna da Escola de Balé de São Petersburgo levou-o a fazer um teste e entrar para lá também. O pai pagou o primeiro ano do curso, e depois o aspirante a bailarino recebeu uma bolsa por mérito. A sua primeira viagem a Moscou foi em 1896, onde subiu ao palco com a sofrida Kshesinskaya para comemorar a coroação do tsar Nicolau II. Ele figurou como uma peça de bronze, um dos elementos que lutavam pelo Gênio da Terra contra o Rei dos Corais e as forças do mar. Em 1º de junho de 1889, Petipa levou Gorski para o corpo de baile do Mariinski, onde ele dançou como o príncipe Fortuné em *A bela adormecida* e na dança chinesa de *O quebra-nozes*. Por intermédio de Petipa, entrou no círculo de Vladimir Stepanov, inventor de um sistema de notação coreográfica codificado em *L'alphabet des mouvements du corps humain* (Alfabeto de movimentos do corpo humano, 1892). Em 1896 Gorski usou o sistema Stepanov para notar *A bela adormecida* de Petipa. Como não conseguiu ajuda financeira, pagou os assistentes do próprio bolso. Usou as notações durante os nove dias e dezessete ensaios necessários para encenar o balé no Bolshoi, em 1898. Houve problemas, mas o seu esforço impressionou o *maître de ballet* à época, Clustine, e Gorski declinou o convite para primeiro solista do Mariinski para ser *régisseur* no Bolshoi.

Ele era pouco experiente como coreógrafo e não tinha interesse na profissão até começar a frequentar um grupo de artistas — ceramistas e marceneiros, tecelões de seda, pintores e o escritor Chekhov — que frequentavam a mansão do industrial e entusiasta das artes Savva Mamontov. Com o tempo, um arqueólogo uniu-se ao grupo e eles desenvolveram um estilo neonacionalista folclórico fantástico que alimentou a imaginação criativa de Gorski. Ele começou a procurar uma estética mais moscovita no balé e encontrou-a na versão original do Bolshoi para *Dom Quixote*, de 1869. Diminuiu o hiato entre o modo como dançavam os camponeses russos e os cortesãos franceses. Gorski encenou uma versão naturalista de *Dom Quixote* no Bolshoi em 6 de dezembro de 1900.

Os adereços para o balé vieram de São Petersburgo e dúzias de páginas de documentos oficiais foram redigidas sobre o transporte dos reservatórios para a fonte, das flechas, aljavas, a aranha, o escudo preto de ferro e a sela e as rédeas, essenciais para o burro/cavalo. Os tutus também vieram de São Petersburgo, embora os bailarinos em Moscou, com um vocabulário coreográfico ligeiramente distinto, se referissem a eles não como *tyuniki*, mas como *pachki*. Os cenários eram totalmente diferentes dos usados no norte. Os cenógrafos patrocinados por Mamontov, Alexander Golovin e

Konstatin Korovin, saturaram o palco do Bolshoi de cores, e levaram o personagem do título para além dos velhos chistes e gestos antiquados, dando-lhe um ambiente pastel em verde, azul e rosa. Gorski buscava um sentimento de vida e aspecto reais, com as ações motivadas por preocupações dramáticas em vez de encaixá-las em formas geométricas, que fora o ideal de Petipa na velhice, e talvez na juventude. O novo *Dom Quixote* privilegiava cenas de multidão, algaravia, conjuntos coesos. A fórmula padrão de Petipa continuava lá: "A trama no primeiro ato, a cena da visão do corpo de baile feminino e das solistas — que os homens só adentram em sonhos — e, por fim, a celebração do matrimônio."[130] Contudo, nas mãos de Gorski, como nas dos seus sucessores no século XX, a "exuberância" do balé de Moscou suplantou o "academicismo" de São Petersburgo.[131]

A produção provocou um debate acirrado na imprensa e deixou Petipa, o coreógrafo original, histérico. (Gorski é um dos "ignorantes" a que ele se refere em suas memórias.) Esse *Dom Quixote* era ofensivo, e o *ancien régime* lutou nas páginas do *Petersburgskaya gazeta*, o porta-voz dos que apoiavam Petipa. Gorski foi acusado de sacrificar a dança às outras artes e acusado de plágio — "mãos sujas" — e de mau gosto nas mudanças que impôs à música. Foi chamado de "decadente" e "cismático moscovita", que tirou suas melhores ideias dos vaudeviles e dos cafés cantantes (*cafés chantant*).[132] Em outras partes, ouviu que havia "destruído as tradições seculares da arte do balé", "uma arte tão antiga quanto o amor". A tudo ele respondeu que "não sabemos nada sobre as danças antigas, além de uma dúzia de poses extraordinárias nas quais a nossa arte foi erguida — por nós".[133]

Embora abalado pela surra na imprensa, ele não se desviou do curso que havia iniciado. Seu estilo atraiu para o Bolshoi um público avesso ao balé; o teatro passou de tipicamente semicheio, ou menos, para cheio, com a bilheteria esgotada. Além de atrair mais audiência, *Dom Quixote* granjeou-lhe apoio crítico entre jovens bailarinos do teatro, aos quais ele transmitia de um modo paternal a sua visão do futuro fluido do balé, representado pela variação popular que havia criado para Kitri e o seu leque esvoaçante no ato final.

Em 1901, Gorski encenou *O lago dos cisnes*, preservando grande parte da versão de Petipa e Ivanov, mas impondo as suas próprias ideias. O balé ainda viria a mudar, na Rússia como em outras partes, às vezes devido a problemas de orçamento ou à escassez aguda de cisnes e de indumentárias de cisnes, outras vezes devido a considerações políticas mais sérias. Os soviéticos aboliram o misticismo e o final trágico do balé. Foi criado um final com um fio de esperança, o qual mais tarde foi eliminado, e depois reinserido. *O lago dos cisnes* fornecia um material rico para críticas feministas e análises freudianas, mas também é visto como uma parábola do próprio balé — a suavidade dos materiais, os bailarinos explorados e frágeis, o fato de a bailarina morrer caso não consiga se libertar, aderir aos ritmos da música em vez de gerar um ritmo próprio, repetir as frases em vez de desenvolvê-las. O balé serve para definir o belo, o jovem e o divino, e, por isso, sofre mais do que outras artes com a ilusão de um ideal original, com a alegação de que a primeira versão deve ser a melhor, independentemente da reação das audiências.

Não é possível definir versões, porém, e não existe um ideal, muito menos um que seja preservado. Certamente, os méritos de *O lago dos cisnes* não podem se basear na estranha colaboração Reisinger-Tchaikovski de 1877. O balé só ficou famoso após várias transposições, primeiro no Bolshoi, depois no Mariinski em São Petersburgo, mais tarde em toda parte no estrangeiro. O que leva o título *O lago dos cisnes* nos teatros do mundo é uma versão distante e abstrata do que foi imaginado por Petipa, Ivanov e Gorski; Tchaikovski, Minkus e Drigo; Karpakova, Sobeshchanskaya, Legnani e Kshesinskaya. As bailarinas se aposentaram como heroínas de uma arte que buscava destruí-las, uma arte que exige novos corpos para se perpetuar.

Os esforços de Gorski para transformar a arte exacerbaram a anemia, os ataques de nervos e os problemas cardíacos que o afetavam desde a infância. Ele seguiu enfatizando o naturalismo — certa ocasião trocou os tutus e sapatilhas por vestidos e sandálias. Seu estilo menos fantasioso e mais muscular definiu a dança no Bolshoi que, no final do século XIX, era um teatro sólido com um passado notável e um futuro promissor. As séries de coroações — três em um período de quarenta anos — haviam colocado Moscou e o Bolshoi na ribalta como a cidade e o palco que recepcionavam a nobreza de São Petersburgo e do resto do mundo. O teatro agora possuía refletores de verdade, e o equipamento de iluminação tinha sido modernizado junto com o treinamento e as técnicas de balé. Alguns dos maiores bailarinos e danças do século foram criados no Bolshoi nos anos posteriores a 1883, quando ele foi poupado do fechamento. Na virada do século XX, o teatro podia afirmar uma tradição própria, à parte de São Petersburgo e da Europa.

Com a morte de Petipa, em 1910, Gorski tornou-se o mais importante coreógrafo russo. Ele já havia superado o sistema de notação de dança criado por Stepanov para registrar e preservar os movimentos. Os símbolos musicais que lhe serviram de base eram inadequados para denotar o espaço físico. Como alternativa, Gorski começou a fotografar os bailarinos com o intuito de avaliar a precisão das poses. Seu interesse pela máquina fotográfica tornou-se uma obsessão à medida que ele enchia álbuns com "*photo-études* coreográficos". Ele se afastou das convenções fotográficas "neutras" da época e poetizou as expressões faciais em jogos sutis de luz e impressões luminosas.[134] As imagens são desfocadas, fantasmais, e preservam os traços dos gestos efêmeros.

Gorski tornou-se o coreógrafo mais importante da Rússia imperial e tsarista. Depois veio a Revolução de 1917. Michel Fokine, o coreógrafo com quem ele é comparado com maior frequência (e com certa inveja), deixou a sua base em São Petersburgo para se juntar aos Ballets Russes em Paris. Alexandre Benois, neto do arquiteto do Teatro Bolshoi, Alberto Cavos, desenhou cenários e figurinos para a trupe expatriada em Paris. Gorski também viajou, mas permaneceu ligado a Moscou. Barbudo e maltrapilho, morreu em um sanatório em 1924. Ele é lembrado menos como um reformador de sucesso do que como um ícone do glorioso Teatro Bolshoi — tal como foi reimaginado pelos soviéticos.

· 5 ·

DEPOIS DOS BOLCHEVIQUES

O IMPÉRIO RUSSO entrou em colapso três anos após o início da Primeira Guerra Mundial. Ele viria a ser reconstituído sob o controle dos soviéticos, não mais dos imperadores e imperatrizes da casa dos Romanov. O tsar Nicolau II entregou o poder em 2 de março de 1917, pressionado pelo povo e por seus conselheiros. A abdicação ocorreu após uma década de greves nas cidades, devastações por todo o país, desastres em terra e mar (na Guerra Russo-Japonesa), escassez de alimentos e de combustível, e uma série de *pogroms* antissemitas. Em 1905, o tsar relutantemente decretara a instauração de um Parlamento, mas o Duma, como era conhecido, não apaziguou as revoltas. Marius Petipa recordou, em suas memórias, a revolta mais agourenta antes de 1917, denominada Domingo Sangrento, e queixou-se das inconveniências que causara à sua saúde em declínio.[1] A Revolução Russa que veio depois foi, na verdade, um golpe de Estado em duas fases: o primeiro ocorreu entre 23 e 27 de fevereiro de 1917 e levou à formação de um governo provisório ineficaz e não eleito; o segundo, em 25 e 26 de outubro de 1917, alçou ao poder um bando de fanáticos socialistas enfeitiçados por Vladimir Lenin, um ativista político antitsarista da cidade de Simbirsk, no rio Volga. (Seu verdadeiro nome era Ulyanov, e mais tarde Simbirsk passou a se chamar Ulyanovsk. Ele adotou "Lenin" como nome de guerra depois de passar um tempo em uma prisão tsarista às margens do rio Lena). Lenin foi o árbitro ideológico da facção bolchevique (que significa maioria) linha-dura do Partido Operário Social Democrata Russo. O grupo era fanático. Na sua versão do comunismo, não haveria uma fase burguesa intermediária na transformação da Rússia em Estado socialista. A postura política pseudomarxista de Lenin não tinha uma base prática. Era uma fantasia utópica e, como todas, fadada à tragédia. Ele e seus seguidores se aferraram à crença no triunfo inevitável, materialista dialético, do socialismo sobre todas as demais formas de pensamento político, e prometeram justiça às supostas vítimas do sistema autocrático podre e decadente.

A Primeira Guerra Mundial, a abdicação do tsar Nicolau II, a formação de um governo provisório, o surgimento de partidos socialistas regionais, as divisões entre os bolcheviques e os mencheviques, seus antípodas, entre eles os Revolucionários Socialistas da Esquerda, espalharam o caos por todo o Império Russo. Lenin não conseguia conter o que havia desatado, mas se aproveitou do vácuo de poder. Depois de semear a desordem, ele e seus cúmplices se apresentaram como a única solução viável. Ele justificou seu feito monstruoso com uma retórica impressionante, mas quando as palavras falharam e percebeu que estava prestes a ser posto de lado ou linchado, tornou-se cruel e ordenou aos seus agentes que liquidassem contrarrevolucionários reais e imaginários além dos anarquistas e prisioneiros libertados que haviam ocupado as grandes mansões de Moscou durante o tumulto. "A imundície era indescritível", escreveu Bruce Lockhart, um agente britânico, sobre uma das mansões após a passagem de um grupo de anarquistas, uma força política temida por Lenin. "Garrafas quebradas espalhadas pelo piso, os tetos magníficos perfurados a bala. Manchas de vinho e de excremento humano nos tapetes Aubusson. Quadros de valor inestimável despedaçados." Os anarquistas haviam feito uma orgia, concluiu Lockhart, de modo pouco poético. "A longa mesa que havia sido palco da festa tinha sido virada, e pratos, taças, garrafas de champanhe quebrados formavam ilhas desagradáveis nas poças de vinho e sangue. No piso havia uma jovem, o rosto virado para baixo", uma *"prostitutka"* com um furo de bala no pescoço.²

Um homem assumiu a tarefa de liquidar a oposição com uma crueldade excepcional. Iossif Vissarionovitch Djugashvili, marxista-leninista georgiano que havia passado a infância em escolas religiosas e a juventude em uma prisão tsarista, é mais conhecido pelo apelido que adotou: Josef Stalin.

Quando o Império Russo se esgarçou pelas bordas e colapsou no centro, Lenin tornou-se o líder. O país estava arruinado. As fábricas e fazendas pararam de operar em 1917. Os bancos faliram, junto com o sistema de transportes. Cidades e aldeias ficaram isoladas. Desesperado, Lenin estimulou a entrega de território russo a alemães, franceses e britânicos, e depois simplesmente esperou que, exaustos, em algum momento, eles recuassem. Mas o fim da Primeira Guerra Mundial coincidiu com o início de uma guerra civil que, em resumo, enfrentou "brancos" antibolcheviques e "vermelhos" pró-bolcheviques. (As cores fazem referência a jacobinos e socialistas na Revolução Francesa.) A função essencial do governo de Lenin, que mal funcionava, era confiscar combustível e alimentos dos exércitos estrangeiros e dos antibolcheviques. Contudo, em pouco tempo, isso se revelou um tiro pela culatra. O epíteto "inimigo do povo" era aplicado aos que se recusavam a sacrificar pertences, propriedades e vidas ao regime.

Com a ameaça de invasão alemã de Petrogrado (como São Petersburgo foi rebatizada na Primeira Guerra Mundial), em março de 1918, Lenin, a esposa, a sua guarda e o círculo íntimo de bolcheviques se deslocaram para Moscou. Os confrontos nas ruas, a escassez e um frio fora do comum haviam reduzido a vida na cidade à subsistência. Ainda assim, por motivos práticos e políticos, Moscou se tornou a capital da Rússia soviética e, depois de 1922, da União Soviética. (A palavra "soviete" deriva de um termo para conselho, como nos conselhos de trabalhadores e soldados criados após a revolução que afiançaram o governo provisório após a abdicação do tsar. Lenin colocou esses grupos sob a asa com o lema "todo o poder aos sovietes".) Os bolcheviques ocuparam os escritórios e apartamentos folheados a ouro do Kremlin, que, em novembro de 1917, uma milícia pró-soviética havia confiscado dos funcionários do governo imperial. Eles também ocuparam os luxuosos hotéis Metrópole e Nacional, e confiscaram mansões da nobreza. A Cheka, a poderosa polícia política criada por Lenin em dezembro de 1917, montou o seu quartel-general nos escritórios de uma antiga empresa de seguros. Sua missão era esmagar a resistência.

Um alvo óbvio era o tsar Nicolau II. Na noite de 16 de julho de 1918, ele e a tsarina, o filho e as quatro filhas, o cozinheiro, o médico, o valete e o cocker spaniel da família foram levados para o porão da casa de um mercador em Ekaterimburgo. A tsarina pediu uma cadeira; deram-lhe duas. Os membros da família foram dispostos em fileiras, como para uma fotografia, e, após a leitura de uma sentença decretando a sua morte, foram executados por um pelotão de doze homens. As balas destroçaram os peitos das meninas, que traziam diamantes cosidos às roupas. As baionetas e culatras dos rifles terminaram o trabalho. Os corpos foram colocados em um caminhão e levados para a floresta, desnudados, banhados em ácido para apagar as suas identidades, embebidos em gasolina, incendiados e enterrados em uma cova rasa. Lenin soube da matança em seu escritório no Kremlin e anotou no informe: "Recebido. Lenin."[3]

Enquanto isso, o Teatro Bolshoi, símbolo opulento do império tsarista e anfitrião da festa de gala da coroação do imperador assassinado, seguia diante do Hotel Metrópole, próximo ao Kremlin. O compositor Sergei Rachmaninoff, que deixou a Rússia para sempre em 1917 ao partir de Petrogrado para Helsinki em um trenó aberto, rememorou o crepúsculo do teatro. Ele havia regido no Bolshoi durante algumas temporadas e enfeitou a evocação dessa experiência com comentários sobre a beleza dos concertos anuais para veteranos e a "fantástica" encenação de *Uma vida para o tsar*, de Glinka (o tintilar das esporas dos dançarinos poloneses abafavam a orquestra, brincou), e o gato que vagava pelo palco para ouvir uma ária cantada por Feodor Chaliapin diante da casa lotada.[4]

O gato permaneceu, mas Rachmaninoff partiu batendo a porta "ruidosamente" em meio a conflitos com os músicos e a administração do Bolshoi.[5] Ele não mencionou nada disso nas suas memórias edulcoradas — uma espécie de reconhecimento de que seus desafios eram banais comparados aos que os seus sucessores enfrentaram depois da revolução.

O Bolshoi sofreu poucos danos em 1917: algumas janelas quebradas, algum dinheiro roubado de uma escrivaninha. Uma das bailarinas mais jovens, Anastasia Abramova, fez parecer que o golpe tinha atrapalhado um pouco a sua agenda quando declarou ao *New York Times* "Ah, sim, a revolução foi terrível — interrompeu o trabalho da escola de balé por três semanas". Ela precisou faltar às aulas por alguns dias. Foi só o que disse sobre "uma das maiores convulsões nacionais já registradas na história".[6]

Os bolcheviques fizeram do Bolshoi uma parte essencial de seu governo, tanto no esforço por extirpar as suas associações imperiais como porque necessitavam do espaço para as reuniões políticas. Lenin subiu ao palco para explicar, na Constituição de 1918, que os "Direitos do Povo Trabalhador e Explorado" seriam definidos e defendidos.[7] O teatro era a sede das reuniões bienais do Congresso dos Soviets de Toda a Rússia, o principal órgão governamental da República Socialista Federativa Soviética da Rússia (RSFSR), cujos membros eram eleitos por conselhos regionais (soviets) de representantes do povo. O comitê executivo do Congresso, chefiado por Lenin, dirigia os assuntos de governo e definia as responsabilidades dos comissários do povo, que comandavam os ministérios. Lenin domou o Congresso, purgando-o dos seus oponentes.

O mais sério e destemido dentre eles era Mariya Spiridonova, cuja primeira experiência como defensora do povo consistia nos cinco tiros que deu no corpo de um conselheiro provincial que prejudicava os camponeses, em 1905. Como punição, fora surrada, estuprada e passara longo tempo na prisão. ("Eles falavam muitos palavrões e chicoteavam o meu corpo nu enquanto diziam 'Vamos, bela donzela, faça-nos um daqueles discursos incendiários!'", contou ela mais tarde sobre os interrogadores cossacos.)[8] A organização política de Spiridonova, os Socialistas Revolucionários de

Esquerda, rompeu com os bolcheviques quando Lenin capitulou ante os alemães. Na tentativa de sabotar o tratado de paz, eles tramaram o assassinato de um militar de alta patente em Moscou. Em 5 de julho de 1918, uma granada explodiu nos pisos superiores do Bolshoi durante o V Congresso dos Sovietes de Toda a Rússia. Segundo o agente britânico Lockhart, que assistiu ao congresso ao lado de dezenas de estrangeiros curiosos, a granada teria explodido acidentalmente, depois de "cair" das mãos de uma "sentinela descuidada". Sabendo que o teatro estava cercado por tropas e as portas estavam bloqueadas, outro agente britânico e um francês rasgaram e engoliram os papéis secretos que levavam. Outros itens potencialmente incriminadores foram "enfiados no estofado dos assentos". "A situação era tensa demais para conseguirmos apreciar o seu lado cômico", acrescentou Lockhart.[9]

Lenin decidiu desmantelar os Socialistas Revolucionários de Esquerda como organização política. Mais tarde, Spiridonova, a heroína da causa socialista, foi detida e executada por Stalin.

A ABDICAÇÃO DO tsar e a formação do novo governo provisório levaram a uma reorganização imediata do Bolshoi como empresa governamental, pondo fim à sua existência como teatro imperial, mas preservando o repertório imperial. A ópera *Eugene Onegin*, do século XIX, foi encenada em março de 1917, mas em 1º de março a programação do teatro anunciara que "não haveria ensaio por causa da revolução". No dia seguinte, outra notícia: "Revolução sem sangue, apresentação cancelada."[10] O Bolshoi voltava à vida, e concluiu a temporada com o balé cômico *La fille mal gardée* em uma sala quase vazia.[11] Nesse período, foi encenado *Dom Quixote* e também *O corsário*, e, na abertura da temporada de 1917-18, *A bela adormecida*. Durante a conquista bolchevique de Petrogrado, em 25-26 de outubro, o Bolshoi encenou a versão de Alexander Gorski de *La bayadère*, um balé imperialista decadente de "pulso fraco" que definia o momento — embora, política à parte, as cores fossem gloriosas e os conjuntos liberados, rompendo os marcos temporais e espaciais impostos por Petipa.[12] A ópera de contos de fada de Rimsky-Korsakov, *Kashchey, o imortal*, se juntou à *Iolanta*, de Tchaikovski, em um programa duplo.

Por muitos anos, a revolução não foi contada nem dançada no teatro. No entanto, havia um aceno aos acontecimentos, que passaram a ser dirigidos por um comissário dos teatros estatais. Gorski, que continuou como *maître de ballet* do Bolshoi até a morte de Lenin, em 1924, costurou um *tableau vivant* intitulado *Rússia liberta* (Osvobozhdennaya Rossiya). Os heróis culturais russos foram celebrados — especialmente os que haviam entrado em conflito com os censores imperiais ou, melhor ainda, tinham passado pelas prisões do tsar. Gogol, Lermontov e Pushkin foram representados no palco, assim como Dostoievski, cujo romance semiautobiográfico *A casa dos mortos* rememora os quatro anos que passou em um campo de trabalhos forçados na Sibéria, a mente doentia dos guardas, os companheiros condenados e as brutalidades que todos sofreram. Atores retrataram os compositores nacionalistas russos Mussorgski e Rimski-Korsakov, e houve até grupos corais com operários, camponeses, marinheiros, estudantes, soldados e revolucionários. Uma figura da pátria com vestimenta simples portava correntes rotas ao som do hino insurrecional francês *La Marsellaise*.

A récita de 13 de março de 1917 apresentou também o acompanhamento musical de Gretchaninov para "Longa vida à Rússia livre!" ("ja zdravstvuet Rossiya, svobodnaya strana!"), poema do simbolista russo Konstantin Balmont. A revista *Iskri* (Fagulhas) mencionou "as lágrimas nos olhos da audiência".[13] Gretchaninov escreveu o hino em meia hora e doou a receita da edição impressa aos "prisioneiros políticos libertados".[14] Em 1925, a privação o fez emigrar para Paris. Balmont já havia partido cinco anos antes. Retido em Moscou, Gorski se viu envolto em controvérsia, castigado como ecleticamente de "esquerda" pelos defensores da tradição imperial e como pertencente a uma "direita" estagnada pelos que buscavam a reconstrução do balé segundo as novas linhas proletárias.[15] Ele queixou-se de que o Bolshoi era "uma caixa de pedra que guardava o caos".[16] Na primavera de 1918, uma "neurastenia severa, acompanhada de insônia, dores de cabeça frequentes e enfraquecimento do coração" o forçou a tirar uma licença.[17] Ainda assim, seu contrato como *maître de ballet* seguiu sendo renovado. Gorski teve de se equilibrar entre passado e presente, encenando suas versões do repertório imperial, ao mesmo tempo que sancionava as produções de balés modernistas do coreógrafo Michel Fokine e do compositor Igor Stravinski que haviam sido apresentadas em Paris por uma companhia de emigrados, os Ballets Russes. Ele considerava radicais demais as tendências culturais do início da década de 1920 — inclusive as danças mecânicas de Nikolai Foregger, os híbridos de balé e ginástica dos clubes esportivos Sokol e os bazares noturnos eróticos. Embora tenha se soltado um pouco da tradição, não queria se desfazer dela. Em vez disso, buscou revitalizar a tradição russa do balé recorrendo ao realismo etnográfico. Os revolucionários culturais o ridicularizaram logo após o golpe, mas a sua abordagem terminou por resgatar o Balé Bolshoi. Ele sobreviveu como uma instituição soviética graças, primeiro, à reformulação ideológica dos clássicos, depois à encomenda de novos balés grandiosos com temas soviéticos. O Bolshoi não teria sobrevivido como um cabaré proletário, que era como os radicais o reimaginavam — talvez por ironia — e como havia sido à época da sua fundação.

Em 1917, os nobres que dirigiam o *kontora* dos Teatros Imperiais em Moscou desapareceram. Um dos remanescentes, Sergei Obukhov, tirou férias oportunas naquele verão e nunca mais voltou. O *kontora* foi ocupado pelos bolcheviques, que encontraram pequenos desvios. Descobriu-se uma passagem secreta no camarote reservado aos "baletômanos distinguidos". Um corredor levava a um furo na parede disfarçado de ventilação, através do qual quem podia pagar espiava as bailarinas se maquiarem (o vestuário ficava em outra parte). Os investigadores sentiram-se na obrigação de confirmar que o buraco oferecia tais prazeres, e por isso espiaram por ali durante uma apresentação.[18] Contudo, não houve nada para espiar quando as apresentações foram canceladas e substituídas por discursos políticos acompanhados de *La Marsellaise*.

Para dirigir o Bolshoi, o governo provisório indicou um cantor de ópera, o tenor lírico Leonid Sobinov. A princípio, não havia o que dirigir. Ele se opôs à ocupação política do teatro. "Como administrador eleito do teatro", declarou, "protesto ao ver o seu destino arrebatado por mãos irresponsáveis." As mãos em questão eram as dos revolucionários de Petrogrado, que se batiam para gerir os departamentos e instituições até então administrados pelo Ministério da Corte Imperial. "Que gerenciem as cavalariças [*konyushennoye vedomstvo*, o Escritório do Mestre da Cavalaria], as propriedades produtoras de vinho e a manufatura de cartas de baralho", insistiu, "mas deixem o teatro em paz."[19] Os entretenimentos menores, como hipismo, beber e jogar eram uma coisa, parecia dizer; o balé e a ópera eram outra. Exasperado, Sobinov apresentou sua renúncia, mas permaneceu no cargo porque não havia ninguém autorizado a recebê-la.

Ele viajou a Petrogrado e lá recebeu diretrizes do governo provisório para a reestruturação. Em junho de 1917, o Bolshoi tornou-se uma instituição autônoma, administrada por um conselho que incluía os diretores de ópera e de balé, os seus regentes, o mestre do coro, quatro solistas (dois da ópera, um do balé e um do coro) e membros das equipes técnica e de cenografia — um total de dezenove pessoas. O conselho enviou um representante aos sindicatos conjuntos de serviços públicos e sociais de Moscou. O comitê conjunto apoiava o governo provisório, mas temia e desprezava os bolcheviques, e interpretou os acontecimentos de outubro em termos apocalípticos.

Em 27 de outubro, na noite anterior ao golpe de Estado, foi encenada a ópera *Lakmé*. Em seguida, o teatro fechou as portas. Acertadamente, a reunião de 10 de novembro do comitê conjunto previu "devassas, prisões e violência", o início de uma "longa guerra civil", a "perda da liberdade de expressão, da imprensa livre e da liberdade de reunião" e a aceleração da "implosão econômica e financeira" da Rússia.[20] A reunião concluiu que o sindicato dos serviços públicos não deveria reconhecer a tomada do poder pelos bolcheviques. Os empregados e artistas do Bolshoi debateram se a melhor forma de resistir aos "invasores" e às "ordens e ações dos bolcheviques" seria "entrar em greve" ou, "pelo contrário, abrir o teatro".[21]

Em 17 de novembro, artistas e empregados decidiram que o trabalho devia prosseguir. Por isso, não houve atos de "sabotagem" nem "prisões".[22] Após um hiato de três semanas e meia, o teatro reabriu com *Aída*, a mais grandiosa das grandes óperas. Houve apenas um incidente, significativo, ao ser anunciado que os membros do Mossovet (Soviete Moscovita dos Representantes do Povo, o equivalente ao governo municipal) usariam o antigo camarote do tsar. Da plateia, opositores começaram a atirar projéteis caseiros no camarote. Os soldados foram chamados, as saídas bloqueadas, os documentos checados e as pessoas revistadas. Revólveres e facas finlandesas no "campo de batalha" dos assentos foram apreendidos.[23] Os acontecimentos na plateia ofuscaram a atuação no palco com a pugna entre facções pró e (principalmente) antileninistas. O potencial do teatro para a propaganda política fora deslanchado, embora, nesse caso, em detrimento dos bolcheviques.

Logo o teatro caiu sob o controle de Analtoli Lunacharski, um divertido marxista educado na Suíça. ("A sua fisionomia não é agradável", notou um dos requerentes, "e ele tem um tom ligeiramente estridente, como uma criança.")[24] Lunacharski estava envolvido com o Comintern, apelido da Internacional Comunista, ligada a organizações de esquerda na França. Como Comissário do Povo para a Instrução Pública, ele trabalhou para manter o Bolshoi e outros teatros abertos; deu ordens para assegurar a distribuição de cartões de ração aos artistas e sapatilhas aos bailarinos. Entre 1917 e 1919, o custo da seda e do couro das sapatilhas de balé passou de 6 rublos e 50 copeques o par para 250 rublos. O Balé Bolshoi usava cerca de quinhentas sapatilhas por temporada, e depois de 1917 foi obrigado a economizar, deixando em frangalhos as sapatilhas e os pés dos bailarinos. O roubo de sapatilhas tornou-se um problema sério. A dificuldade de se obter sapatilhas, discutida por ajustadores e sapateiros, e pelos subordinados de Lunacharski, encheria 34 páginas em espaço simples.

Com os bolcheviques, o volume de documentos gerado pelo Bolshoi, e o governo em geral, aumentou tremendamente. O antigo *kontora* dos Teatros Imperiais em Moscou estava repleto de funcionários que preferiam frequentar reuniões e debater protocolos a passar frio em casa ou, como os forçava a causa da liberdade, marchar pelas ruas. Centenas de páginas foram preenchidas para nomear e renomear a maravilha arquitetônica de Cavos como Academia Estatal Teatro da Ópera e do Balé, em 1919, e Teatro Bolshoi Estatal Acadêmico, em 1930. As deliberações prosseguiram mesmo depois de as condições se deteriorarem a tal ponto que o funcionamento do teatro teve de ser suspenso, talvez definitivamente.

A revolução chegou ao teatro um ano após os fatos, em 7 de novembro de 1918, com uma récita de gala para comemorar o primeiro aniversário da Revolução de Outubro. (A Revolução de "Outubro" ocorreu em novembro, segundo o novo calendário gregoriano adotado por decisão de Lenin.) O Bolshoi abriu as portas para os filhos e filhas dos trabalhadores, além de comissários, representantes, delegados e funcionários menores. A versão russa do hino socialista *A Internacional* foi apresentada, seguida da música visionária de Alexander Scriabin *Prometeu: o poema de fogo*, de 1910. Alucinógena em sua concepção, ela exige uma orquestra enorme, solo de piano, órgão, um coro sem palavras (representando os gritos primordiais do homem transformado) e um instrumento eletrônico de luzes coloridas. A música é orgiástica, ultradissonante e, como concordaram os críticos em 1918, revolucionária. Seguiu-se a cena popular de conjunto (*veche*) da ópera *A donzela de Pskov*, de Rimski-Korsakov, cujo enredo ressalta a repressão sob o tsar Ivan (Ivan, o Terrível). Ele incendeia a cidade rebelde de Novgorod, mas deixa em paz a cidade rebelada de Pskov porque descobre que sua donzela mais encantadora, Olga, é sua filha há muito tempo perdida. De modo trágico, ela é atingida por uma bala e morre nos braços do pai. A longa noite terminou com um balé de Gorski com música de Glazunov. Intitulado *Stenka Razin*, era sobre um cossaco insurgente que, na vida real, havia assassinado, estuprado, saqueado e incitado os camponeses na fronteira sul sem lei do Império Russo nos anos 1660. Por sua vileza absoluta, que a música de Alexander Glazunov tentou em vão ignorar, ele foi esquartejado na Praça Vermelha, em Moscou. Os bolcheviques o adotaram como se fosse um deles. A versão para balé de suas façanhas foi inglória, tão estranha como a música, com os bailarinos trajando figurinos reciclados da ópera. Contudo, marcou o abandono do classicismo no balé e apontou algo novo: um balé em que o herói é refletido no coletivo e definido por ele. O programa foi repetido em 12 de novembro no VI Congresso dos Sovietes de Toda a Rússia.

A expectativa de um recomeço após o rompimento com o sistema de patrocínio da corte e a fantasia de eleições democráticas deu lugar à desilusão. Para o balé e a ópera, a perda foi real. Os registros dos Teatros Imperiais em Moscou tinham sido arquivados na Torre Troitsk do Kremlin, danificada durante os tiroteios de outubro de 1917. Os documentos remanescentes foram divididos entre os Arquivos Estatais dos Antigos Decretos e o Arquivo Estatal de Literatura e Arte, mas sem uma organização lógica. Os arquivos da época de Petipa no Bolshoi foram danificados. Os soldados ocuparam o seu apartamento de Moscou; ao regressar, sua filha Nadejda se deparou com um pesadelo: "Tudo que havia nos armários e baús estava revirado. Documentos, cartas, papéis, todo o arquivo de Marius Ivanovich estava espalhado pelo chão, pisoteado, amassado e rasgado."[25] Os registros oficiais, que não estavam guardados no apartamento, podem ter sido destruídos pelos soviéticos devido à sua associação com a era imperial decadente.[26]

O próprio Bolshoi estava contaminado como um emblema do poder imperial e por isso o novo governo debateu se devia continuar existindo. Um artigo indagou: "O Bolshoi deveria existir?"[27] A resposta, que apareceu em publicações posteriores, era que não, de jeito nenhum, mas fechá-lo, dizia-se, poderia sair mais caro do que mantê-lo aberto. Seria preciso pagar as aposentadorias e conservar o próprio prédio para evitar o vandalismo. Porém, a pergunta sempre vinha à tona, tanto da perspectiva ideológica como da econômica, principalmente na crise de 1918-19. Como indagou em uma reunião Vladimir Galkin, comissário que supervisionava as escolas de graduação moscovitas: "A quais interesses estéticos os nossos teatros têm servido até agora? [...] *Carmen, Traviata, Eugene Onegin* — são todas óperas burguesas. Nada para o povo, os trabalhadores, o Exército Vermelho." Ele argumentou que "os palanques do Teatro Bolshoi serviriam melhor à agitação e à propaganda política". Ante a escassez de combustível naquele inverno, ele foi incisivo: "Continuaremos a usar o precioso combustível nas fornalhas vorazes dos Teatros Imperiais em Moscou para satisfazer baronesas enfeitadas de joias, privando de lenha os aquecedores que poderiam salvar centenas de trabalhadores da doença e da morte?"[28]

Lunacharski, o Comissário do Povo para a Instrução Pública, não compareceu à reunião, e não houve quem defendesse o Bolshoi do feroz ataque de Galkin. Lenin pôs a questão em votação, não sem antes advertir ironicamente: "Parece que o camarada Galkin tem uma concepção um tanto ingênua do papel e da importância do teatro. Precisamos dele menos para propaganda política e mais para proporcionar descanso aos nossos trabalhadores no final do dia. E é cedo demais para arquivar a herança artística burguesa."[29] Lenin tinha se pronunciado. O voto foi contrário a Galkin.

Ainda restava a questão de fechar ou não a escola de balé, negligenciada e subfinanciada, ou ao menos suspender os subsídios para alojamento e alimentação. A escola havia sobrevivido à revolução, e foi fechada por alguns dias durante o conflito, como observou Anastasia Abramova. O comitê de balé exigiu que permanecesse aberta para evitar que as futuras estrelas deixassem o país e terminassem a serviço de estrangeiros. O diretor do Colégio (Imperial) de Teatro, ao qual a escola de balé continuava pertencendo, insistiu em manter o currículo anterior a 1917, que incluía aulas sobre "O Sagrado Evangelho em eslavo antigo, as leis de Deus e leituras espirituais moralistas" — todos anátemas para o marxismo.[30] Os problemas financeiros, a recalcitrância do diretor e as temperaturas congelantes nas salas de aula forçaram a escola a fechar no inverno de 1918-19. Criou-se um comitê para renovar o currículo segundo a nova realidade política. Este propôs abolir a Tabela de Posição Social para os bailarinos e o sistema aristocrático que mantinha o corpo de baile e os bailarinos das classes trabalhadoras embaixo. O corifeu, a burguesia, estava no meio, e os solistas no alto, como a elite da nobreza. As danças a caráter seriam estimuladas, assim como o atletismo, a "cultura física". A escola também privilegiaria o ensino das danças regionais. Algumas delas supostamente eram autênticas, importadas dos acampamentos nas províncias, mas em sua maioria eram abstraídas e afastadas das fontes, transformadas em algo mais folclórico que o original. A fantasia era melhor do que o real, e por isso com Stalin os dançarinos e cantores de Moscou eram enviados às províncias para ensinar aos locais as suas próprias tradições excêntricas. Assim, os cantos e as danças dos povos de Armênia, Azerbaijão, Geórgia, Uzbequistão e outras repúblicas soviéticas se converteram em algo caricatural.

O conselho que governava o Teatro Bolshoi provou ser inepto. Questões administrativas básicas concernentes a benefícios, licenças e apresentações em outros teatros ficaram sem resposta. Foi dissolvido e substituído por outro conselho igualmente ineficiente. Mais tarde, Lunacharski reconheceu que era preciso pôr ordem no Bolshoi — em seu benefício, como o assoberbado ministro da Instrução Pública de Lenin, e pela causa bolchevique. Em 1919, ele nomeou uma nova diretora para o Bolshoi, a leal funcionária bolchevique Elena Konstantinovna Malinovskaya (1875-1942). Severa, corpulenta e com o rosto avermelhado pela nicotina, ela não entendia nada de cultura, além de manejar o básico e de ter ajudado o marido, um arquiteto, a construir uma "Casa do Povo" para oferecer aulas e concertos gratuitos em sua cidade natal, Nijni Novgorod. Ela nunca tentou saber nada, por isso tentou "deixar os bailarinos dançarem como quisessem", mesmo que como resultado os solos consagrados ao longo do tempo terminassem empobrecidos e foscos.[31]

Sua ascensão política começou em 1905, ao se filiar ao Partido Operário Social-democrata Russo (do qual os bolcheviques de Lenin eram uma facção) e começou a se envolver em atividades de propaganda política. Quando se mudou para Moscou, ela trabalhou na divisão de educação cultural do Mossovet. Vivia no mesmo prédio onde trabalhava, passava longas horas detrás de uma escrivaninha oculta por telefones, nunca alçava a voz (mesmo quando gritavam com ela) e exibia uma confiabilidade severa em suas tarefas. Em uma caricatura, ela faz uma careta para a moda de chapéus de seda e feltro do início da década de 1920; a legenda diz: "Hoje ela está lúgubre."³² Os artistas mais antigos do Bolshoi se opuseram aos esforços de Malinovskaya para livrá-los da opressão imperialista e a forçaram a se demitir mais de uma vez. Ela prestava contas aos artistas em palavras, mas de fato estava subordinada a Lunacharski (e, acima dele, a Lenin).

Foi como os artistas do teatro descobriram que seus sindicatos profissionais, ou *profsoyuzï*, que supostamente representavam seus interesses junto à diretoria, na verdade não tinham poder. Quaisquer decisões tinham de ser aprovadas por Lunacharski. As minutas das reuniões dos bailarinos em junho de 1918 e outubro e dezembro de 1919 revelam o quanto eles estavam descontentes. Alguns solistas se demitiram; outros propuseram que o Balé Bolshoi fosse separado do teatro. Porém, apesar de seu ressentimento com Malinovskaya, eles elegeram um representante na diretoria: Vladimir Kuznetsov, formado na escola de balé em 1898, que havia dançado no Bolshoi e atuado em quatro filmes mudos. Em outra atividade paralela, ele havia sido jurado em um concurso das melhores pernas femininas para uma revista satírica (para tal avaliação sofisticada, as concorrentes enviavam fotografias de suas panturrilhas desnudas). Ele teve um caso com Sophie Fedorova, a bailarina preferida de Gorski e futura participante dos Ballets Russes, que contribuiu para a sua modesta carreira. Ele dançou na versão de Gorski de *O corcunda de Notre Dame* e dançou o *gopak* (dança cossaca) em *O cavalinho corcunda*; em uma fotografia, ele está vestido para a mazurca, supostamente em *O lago dos cisnes*. Seu papel mais marcante foi como a boneca chinesa em *Coppélia*, que dança no segundo ato até acabar a corda do relógio. Então ele senta-se em um banco e encara a audiência. Certa vez, Kuznetsov apostou que podia fazer a cena toda sem piscar; ganhou a aposta porque pintou olhos falsos nas pálpebras e manteve os olhos fechados. Além dos truques de mágica com a maquiagem e dos papéis cômicos, ele gostava de brincadeiras e causou sensação em 1914 ao se disfarçar de Gorski em uma apresentação de *O cavalinho corcunda* para comemorar os 25 anos do *maître de ballet* no teatro. Kuznetsov era um *bon vivant* e foi elogiado por seus pares por seu "sentido de justiça".³³ Mas não parece ter sido politicamente esperto, já que se mofava de Malinovskaya qualificando-a de factótum bolchevique ignorante das artes. Estar certo não o ajudou, muito menos redobrar os insultos.

Lunacharski resistiu em eleger Kuznetsov para a diretoria — de um modo tipicamente *kompromat*, alegou que ele havia sido detido no comissariado por "bebedeira" e até mesmo, segundo acusações sádicas, promovido "orgias" em sua "taberna".[34] As acusações de Lunacharski repetiam as que eram feitas, em outro contexto, contra o boêmio Café Cão Viralata, em Petrogrado, fechado pelo governo imperial em 1915 por vender bebida destilada sem autorização. Porém, na verdade, a "taberna" era um ateliê, uma espécie de refeitório em um porão perto do Bolshoi onde havia apresentações de esquetes, contos humorísticos (de Chekhov, entre outros), danças e canções de diversos gêneros. Kuznetsov defendeu-se da injúria e deixou satisfeitos os colegas do Bolshoi. Ninguém acreditou que tivesse sido "preso em estado de embriaguez".[35] Para apaziguar os ânimos, ele depois retirou a sua candidatura. O terceiro e último voto dos bailarinos do Bolshoi, em dezembro de 1919, foi para o discípulo de Gorski, Vladimir Ryabtsev.

Kuznetsov seguiu atacando Malinovskaya em nome do sindicato, subestimando os laços dela com Lunacharski. No primeiro de seus vários atos de vingança contra os artistas sob a sua direção, principalmente os mais carismáticos, ela acusou-o de sabotagem. Disse a Lunacharski que Kuznetsov havia incitado a trupe a entrar em greve antes do início da temporada de 1920-21. Em resposta, este recorreu ao chefe da Cheka, a polícia política de Lenin. Kuznetsov foi detido, mas passou só três dias na prisão. Os colegas assinaram uma petição defendendo-o. Quando ele foi solto, a briga continuou. Lunacharski, que já não era o bolchevique simpático que os artistas haviam conhecido, apresentou uma queixa à Cheka com mentiras sobre o bordel no porão de Kuznetsov, seu alcoolismo e seu "passado moralmente duvidoso".[36] Ele informou ao chefe da polícia política que "uma agitação desleal e demagógica persiste" no Bolshoi, arraigada na "ambição de um grupo de tipos duvidosos que querem ser eleitos para a diretoria". Apontou Kuznetsov como responsável por "uma série de atos claramente criminosos", entre eles incitar o coletivo a exigir melhores rações e instigar os bailarinos e cantores a "atrapalharem os espetáculos e fechar o teatro". "Nos meus encontros pessoais com Kuznetsov", prosseguiu, "ficou óbvio que esse indivíduo busca alcançar posições mais altas no teatro, e ele não desistirá dessa campanha prejudicial a menos que seja eliminado do modo mais severo possível. Em vista das ações criminosas de Kuznetsov, peço a M. Ch. K. [a Cheka de Moscou] que o detenha imediatamente. Isso por si só apaziguará o pessoal agitado, e porá fim à questão com a conclusão da investigação."[37] Kuznetsov atribuiu sua queda à melindrosa Malinovskaya, sem suspeitar do envolvimento de Lunacharski. Mas o comissário nutria por ele um ódio intenso e quase íntimo.

Kuznetsov foi obrigado a deixar o Bolshoi após a temporada de 1920-21. Sua ficha na Cheka o classificava como "elemento mal-humorado", que não tinha o direito de trabalhar em um teatro estatal.[38] Com 42 anos, já havia passado da idade da aposentadoria para um bailarino, mas como fora eleito chefe não só do sindicato do balé, mas também do sindicato de todos os artistas do teatro, ele podia, tecnicamente, trabalhar até a velhice. Ainda assim, Lunacharski o expulsou, e depois instruiu todos no teatro a respirarem aliviados porque o demagogo subversivo tinha ido embora. Kuznetsov recuperou-se do golpe. Foi trabalhar com grupos culturais e cabarés soviéticos, deu aulas de dança e, em meados dos anos 1920, encenou um entretenimento travesso sobre sátiros mitológicos intitulado *O pé de bode* (Kozlonogiye). Ele se divorciou da primeira mulher e se casou com uma bailarina do Bolshoi de 19 anos.

A terrível escassez de moradias forçou Kuznetsov, a nova mulher, a ex--mulher e o novo amante dela a residirem em um apartamento coletivo. Os nervos fraquejaram; as tensões no *ménage à quatre* aumentaram. Tolamente, ele levou para casa jornais de emigrados e leu em voz alta os seus trechos favoritos. A ex-mulher o ouviu e, junto com o amante, denunciou-o à Cheka; ele foi preso por posse de material subversivo. Aparentemente, seus carcereiros tinham bom coração e depois de dois meses de interrogatórios ele pôde alegar ignorância. A punição foi relativamente branda: viu-se banido de Moscou e proibido de viver em quaisquer das cinco grandes cidades russas. Por pouco mais de uma década, viveu na cidade natal de Malinovskaya, Nijni Novgorod, e então foi preso pela terceira e última vez. Ele tinha aberto a boca na presença do diretor do Palácio Soviético da Cultura, em Novosibirsk, e declarara que a cultura soviética era inferior à cultura tsarista da sua juventude. Era o ano de 1938, no auge do Grande Terror e dos expurgos estalinistas. Kuznetsov foi condenado por traição, segundo o Artigo 58 do código penal soviético, e enviado a um campo de trabalhos forçados em Tomsk. Morreu em 1940.

NO GÉLIDO INVERNO de 1919, as condições se deterioraram no teatro e na cidade. A guerra civil impediu a chegada de alimentos e combustível a Moscou. O esgotamento sanitário se infiltrou no sistema de distribuição de água e disseminou tifo, gripe e cólera. Houve escassez de pinho para os caixões e de espaço para os enterros. Apesar de ser ilegal, o escambo de turfa, farinha e batatas floresceu, assim como os roubos em fábricas. Algumas delas foram astutamente readaptadas para produzir itens que os empregados pudessem trocar por alimentos, inclusive "fogões, lampiões, velas, cadeados, machados e pás".[39] Os bailarinos ensaiavam no frio, e a sua respiração era visível quando a temperatura no palco baixava quase ao ponto do congelamento, e baixava ainda mais que isso na escola de dança. O público assistia encasacado e de luvas. O horário de subir as cortinas foi adiantado em 1 hora para economizar calefação. A energia encurtava as récitas. Em vez de contratar empregados de meio-tempo para limpar a neve, os próprios artistas empunhavam as pás. Artistas e técnicos debandaram e se demitiram ou, entre ensaios e apresentações, faziam biscates para comer ("pão preto" de centeio, comentou Malinovskaya, pois à época não havia pão de trigo branco em Moscou).[40] A *Aída* de Verdi e *As valquírias* de Wagner tiveram de ser eliminadas do repertório por falta de recursos. Os músicos da orquestra do Bolshoi entretinham soldados em troca de ração, às vezes tocando instrumentos históricos raros confiscados das casas dos nobres pelo escritório musical do Comissariado do Povo para a Instrução Pública. A nacionalização dos instrumentos, argumentaram os ladrões, impedira que fossem vendidos em moeda estrangeira ou contrabandeados para fora do país.

Os salários foram cortados, exceto no caso dos empregados em cargos mais elevados. (Um deles era o maquinista Karl Valts que, segundo Lunacharski, tinha "um talento excepcional". Na primavera de 1919, seu salário aumentou de 4.800 para 8 mil rublos.)[41] Com o apertar dos cintos, os salários foram pagos nos invernos da revolução e da guerra civil, mas não nos verões. Malinovskaya e o seu guarda-livros inventaram um esquema novo e incomum para a folha de pagamentos, e se beneficiaram das limitadas reformas de livre mercado da Nova Política Econômica (NPE) de Lenin, que incluiu autorização para lucrar e o estímulo ao empreendedorismo. Nas ruas de Moscou, surgiu uma nova elite de especuladores, ou "caçadores de ouro", que compravam e vendiam itens básicos de sobrevivência e com os lucros se fartavam nas confeitarias. "As esposas dos especuladores costumam ser gordas, de bochechas vermelhas e cabelo comprido, e usam muita pele e diamantes", informou o *New York Times* em reportagem sobre as mulheres na "Rússia Vermelha" — das esposas firmes e eficientes do círculo íntimo de Lenin à plebe que conferia os bilhetes nos bondes. "Ela veste o que tem e, no inverno, tudo o que tem", observou o repórter sobre uma condutora de bonde não uniformizada.[42] A NPE terminou depois de sete anos, e em suas memórias Malinovskaya manifestou desprezo pelos seus componentes capitalistas. Porém, ela terminou por se aproveitar do sistema ao pedir permissão ao governo para organizar uma loteria no Teatro Bolshoi. O guarda-livros calculara que a venda dos bilhetes a 5 rublos para concorrer a um total de 10 mil rublos aumentaria os salários em 200 rublos. Para que isso ocorresse, porém, os artistas precisariam vender os bilhetes aos patronos do teatro. Malinovskaya os estimulou a fazê-lo, ao mesmo tempo que se queixou da dificuldade de obter permissão do conselho do sindicato para levar a loteria adiante.

Ao longo da crise, ela se apresentou como uma guerreira heroica que lutava contra os inimigos inominados do Bolshoi. "O T. B. está cercado de inimigos; requer muito esforço lutar contra os que tentam pôr as mãos

nele", escreveu.⁴³ A ameaça mais séria provinha dos bolcheviques linha-
-dura que, por razões financeiras, políticas e estéticas não viam motivo
para financiar as artes — especialmente em um período de frio, fome e
guerra civil. O trabalho dela era pôr em prática as decisões mais duras de
Lunacharski e carregar a culpa, enquanto ele oscilava entre os artistas e
as autoridades, tentando aplacar ambos os lados.

No primeiro balé bem-sucedido com enredo revolucionário, feito por
crianças para crianças, todos encontraram uma causa em comum. Para
os soviéticos, as crianças, tanto os moleques de rua como as bem-criadas,
eram a única classe privilegiada na União Soviética; em termos da encenação de uma nova arte adequada à mudança dos tempos, a propaganda
política para crianças era uma aposta garantida. A pantomima-balé infantil
Flores sempre frescas (Vechno zhivïye tsvetï, 1922) recebeu elogios sinceros
de Lunacharski. O comissário ficou tão impressionado que instou Lenin
e a esposa a assistirem à segunda apresentação, já que a primeira havia
sido reservada às próprias crianças, algumas delas órfãs da revolução, da
guerra civil e da Cheka. *Flores sempre frescas* era ao mesmo tempo rústico
e construtivista, e representava prados e montanhas, fitas e guirlandas,
abelhas e borboletas, pães e bolos recém-assados, colheita e forja, foices
e martelos, marchas e cantos, e lemas políticos empunhados em cartazes
bem visíveis. O balé começava com as crianças em um barco ameaçado
por uma tormenta em alto-mar e terminava em um pomar assoleado. A
música era uma miscelânea de clássicos acessíveis, canções para meninos
e meninas, e marchas. Os mais velhos no elenco explicavam às crianças,
a todos na produção e à audiência, que as flores do título representavam
o recomeço da revolução, que já tinha cinco anos. Os cenários e figurinos
eram de Fyodor Fyodorovski, um artista inspirado, em um "estilo brilhante
de cartaz [de propaganda política]".⁴⁴ Na apoteose de *Flores sempre frescas*,
houve mais lemas, mais marchas, e um hino ao trabalho — um sucesso
entre a audiência de caras frescas e, para Gorski, um êxito indubitável.

No entanto, permanecia a questão: "O Bolshoi deve existir?" De certo
modo, os piores momentos da crise haviam passado. As finanças começa-

ram a melhorar e a Rússia estava voltando a andar com as próprias pernas, o que abria espaço para considerar a sobrevivência do teatro de um ponto de vista ideológico. Ele continuava sob suspeição como instituição imperial. Encenava óperas e balés, os entretenimentos mais elitistas. Parecia também impossível controlá-lo, em uma época em que a falta de controle era muito ameaçadora. Da perspectiva do governo, ali havia livre-pensamento demais. Lunacharski tentou cumprir a promessa de que o Bolshoi serviria ao regime. Assim, os artistas que eram mais fiéis a si mesmos, os mais artísticos, os mais espontâneos e inspirados, e motivados individualmente, teriam de ser eliminados. A difícil situação em que se encontravam o Bolshoi, os artistas e a administração serviu de sinopse para as suas maiores produções "soviéticas": o sacrifício do individual pelo coletivo.

Lunacharski e Malinovskaya defenderam seus atos a todo custo, argumentando que correr riscos era algo a ser feito fora do governo, pertencia ao domínio mais frouxo dos grupos culturais proletários, e que o caminho das organizações financiadas pelo governo devia ser mais estreito e mais correto. Os cubistas, futuristas, cubofuturistas, gente como Kuznetsov e os experimentos mais arriscados dos discípulos de Gorski, e até o próprio Gorski, pertenciam a outra parte. Estar inspirado pela revolução era uma coisa; apoiar o bolchevismo era outra, muito distinta. Um existia no reino dos ideais, o outro como um regime. Deixar os iconoclastas à vontade, a esmo no seio do teatro, poderia despertar a ira da velha guarda entre as fileiras e os dirigentes do Kremlin. O teatro permaneceu aberto, mas à sombra da ameaça de outra reconstrução — desta vez como centro de convenções políticas.

EM MAIO DE 1922, Lenin sofreu o primeiro de três derrames que, dois anos depois, dariam cabo de sua vida. Nadejda Krupskaya, sua esposa e ex-professora primária, sentava-se à máquina de escrever para dar a impressão de que ele seguia no comando. Lenin já havia sagrado Stalin secretário-geral do Partido Comunista, posição que lhe permitiu criar uma enorme estrutura política de apoio e eliminar inimigos reais ou imaginários. Entrementes, o arquiteto da revolução estava confinado à sua casa em um bosque nos arredores de Moscou, incapaz de falar, debilitado e com uma noção muito vaga das maquinações do seu protegido. Com a sua morte, em 21 de janeiro de 1924, Stalin passou a comandar a Rússia Soviética e a União Soviética.

Malinovskaya também enfrentou sérios problemas de saúde, mas, embora lutasse contra a fadiga e o estresse, manteve-se no cargo. Em novembro de 1922, ela anunciou um acordo com os contadores de Lenin para manter o Teatro Bolshoi funcionando, graças a loterias e outros expedientes, como tomar emprestado do orçamento da manutenção, vender propriedades, reduzir ou cancelar pagamentos de direitos e até mesmo vender os "duzentos frascos de perfume e cosméticos" do estoque.[45] Ela e Lunacharski lutaram para salvar o teatro ameaçado pelo Comitê Central, mais especificamente pela junta dirigente do Partido Comunista. Uma série de resoluções duras e contraditórias havia sido adotada. Primeiro, houve a decisão de fechar os teatros Bolshoi e Mariinski; depois, estabeleceu-se uma "comissão de liquidação" para considerar a possibilidade de fechá-los; por fim, permaneceriam abertos, mas com uma redução drástica dos subsídios.[46] Lunacharski defendeu o Bolshoi contra todos eles, citou o legado e a importância cultural da Rússia, disse ignorar as resoluções, protestou por ter sido excluído das reuniões que levaram a elas e negou as alegações de que teria passado informações confidenciais a Malinovskaya.

O governo soviético, contrariamente ao dos tsares, não podia se dar ao luxo de cobrir as despesas que não batiam com as receitas, as quais no passado eram de mais de um quarto do orçamento. Depois de poupar Lunacharski do linchamento pelo Comitê Central e aparar arestas, Malinovskaya informou aos 1.400 empregados sob seu controle direto que estava contentíssima com a notícia de que o teatro permaneceria aberto e expressou profunda gratidão aos artistas por cumprirem com seus deveres com "grande diligência e disciplina".[47]

Os encrenqueiros tinham ido embora ou sido expulsos, mas era preciso purificar as fileiras e recrutar soviéticos jovens e leais, trazidos da escola reaberta e provenientes de ambientes adequadamente proletários. Cristalizou-se uma visão; um plano entrou no foco. O Bolshoi se tornaria a casa de opera e balé do povo, servindo à foice e ao martelo, e à corte no Kremlin. Ele criaria um passado histórico para si, a começar em 1825, com a ressurreição após o sítio napoleônico, até as estreias dos clássicos de Tchaikovski para balé e ópera. Os serviços do compositor à corte e os problemas na longa história do teatro seriam esquecidos, exceto quando fosse possível culpar os tsares. O Bolshoi conservaria glórias selecionadas de épocas passadas e criaria outras, novas. Dali em diante, o Mariinski em Petrogrado/Leningrado, o primeiro palco imperial, seria o segundo palco soviético. Um regime havia sucumbido ao outro, o assento do poder havia mudado de uma cidade para outra e, do mesmo modo, o peso da tradição russa — agora soviética — se transferira de um teatro para outro.

Porém, primeiro fazia-se necessária outra operação de limpeza: Malinovskaya começou a impor multas aos bailarinos e cantores por doenças inventadas, atrasos, trabalhos extras fora do teatro, guimbas acesas de cigarros após as reuniões (os bailarinos fumavam para manter o peso e em desafio à atmosfera geral) ou por entrevistas à imprensa sem autorização. Membros do balé, da ópera, do coro e da orquestra eram demitidos por faltas leves, reais e fictícias, especialmente os que tentassem solapar os fundamentos sobre os quais o teatro estava sendo reconstruído e que trilhassem um "caminho perigoso e anárquico".[48]

As fileiras diminuíram e a carga de trabalho aumentou, pois o número de récitas quase triplicou entre 1917 e 1924. As encenações do repertório do século XIX alternavam matinês infantis e obras "experimentais". Por ordem de Malinovskaya, comissões especiais de artistas analisavam a escalação de artistas, decidiam quem devia ser promovido, rebaixado ou despedido. Uma bailarina foi demitida na primavera de 1923 porque a sua aparência se tornara "totalmente inadequada para o palco; ela parou de dançar; está velha". Outros perderam o trabalho devido à "inércia" no palco, à pantomima "fraca", à "gordura" ou por não se apresentarem para as aulas. A "histeria" e as "provocações políticas" puseram fim às carreiras de dois coristas.⁴⁹ Alguns morreram; outros se tornaram soldados. Outros ainda encontraram trabalho fora do país. Para Malinovskaya, o coro e a orquestra eram os mais difíceis de manejar, mas ela também teve problemas com as estrelas do Bolshoi, a começar pelos bailarinos e cantores de ópera. O espírito coletivo da revolução era afrontado pelo livre-pensamento, o egocentrismo e a infelicidade das estrelas com a diminuição (mas não a perda) de vantagens e privilégios.

Ela expurgou os comuns e os talentosos. Quando ficou claro que a inovação estética ou artística não seria permitida no balé, ela perdeu coreógrafos e suas danças favoritas para teatros de câmara, teatros infantis, cabarés, circos e o cinema. Gorski ficou, mas perdeu o juízo. Foi internado em um manicômio, em 1924, quando o encontraram despido e falando sozinho pelos corredores do teatro. Outros talentos muito mais inventivos deixaram o Bolshoi por medo de ter os seus experimentos rejeitados pela velha guarda. Kasyan Goleyzovski, líder progressista, levou o seu talento para o cabaré Bat, o cinema mudo, o estúdio da escola de teatro e espaços culturais proletários. Ele montou danças quase desnudas ao som da música de Scriabin e produziu entretenimentos infantis de humor negro ao estilo das histórias em quadrinhos de Max e Moritz.* O Bolshoi o trouxe de volta mais de uma vez, mas os seus projetos seguiam sendo rechaçados. *Máscaras vermelhas* (Krasnïye maskï), baseado em um conto de Poe, deveria ter marcado uma nova direção ousada no teatro. Os cenários e figurinos evocavam as mascaradas do antigo Bolshoi. Deveria ser tenso, sexual e violento, mas também claramente alegórico, representando a destruição da ordem feudal por uma força maior, a peste. A mensagem do texto original — a de que a morte é o grande nivelador, mesmo em um castelo luxuoso — seria aplicada pela audiência aos últimos dias do Império Russo sob o tsar Nicolau II. Mas o balé nunca foi encenado. Malinovskaya rememorou que os ensaios eram "tensos", e o ambiente tão agourento quanto o quarto

---

* Livro infantil alemão de 1865 que conta em versos as histórias de duas crianças peraltas. Traduzido por Olavo Bilac na edição brasileira como *Juca e Chico*. [*N. da T.*]

preto e vermelho no palco. Goleyzovski era desorganizado, ficava histérico e logo circularam rumores sobre "pornografia".⁵⁰ Ela formou uma comissão para investigar o alvoroço.

Máscaras vermelhas foi substituído por um balé muito mais anódino, *O quebra-nozes* — a versão de Gorski, na verdade, que suprimiu os sentimentos mais tristes do original e cortou a Fada Açucarada. Dois anos depois, Goleyzovski foi perdoado e obteve autorização para encenar uma parábola bíblica, *José, o belo* (Iosif Prekrasnïy). A dança era livre e diversificada, uma fusão caleidoscópica de formas e estilos, alguns fluidos, outros esculpidos. No cenário elaborado, havia diversas plataformas ligadas por pontes em ângulos insólitos. Porém, quando a ambição e as ambivalências do projeto ficaram claras, o balé e seus criadores foram banidos do Bolshoi, que foi entregue a um agregado "experimental".⁵¹

Malinovskaya não lamentou a perda de talentos, e pode-se argumentar que, embora as suas atitudes ultraconservadoras tenham prejudicado o teatro durante a revolução cultural livre para todos, ela poupou o Bolshoi de sérios ataques na era stalinista. Talvez uma perda a curto prazo assegurasse um ganho a longo prazo. Mas o espírito inquieto da década de 1920 levou à sua queda quando os talentos menores do teatro, os artistas que o mantinham funcionando, começaram a partir por motivos artísticos e financeiros.

Na temporada de 1922-23, por exemplo, 57 membros da orquestra levantaram acampamento e se transferiram para a Persimfans, uma orquestra que tocava sem regente. Em vez de fitar o maestro no pódio, os músicos em círculo se entreolhavam para saber quando entrar e manter o compasso. Outros instrumentistas do teatro encontraram trabalho em cafés e restaurantes. Quando Malinovskaya ameaçou demiti-los, eles brigaram por meio da vasta organização RABIS, o Sindicato Profissional de Trabalhadores das Artes de Todos os Sovietes, que a acusaram de conduta ditatorial e antissoviética. O coro, a ópera e o balé se uniram aos ataques. Ela foi forçada a criar uma comissão dedicada exclusivamente à solução de conflitos, mas a própria comissão se engalfinhou. Ela recorreu aos seus amigos no comissariado, os quais enviaram uma carta a Stalin (chefe do escritório organizativo do Comitê Central, na ocasião) defendendo a honra para evitar que fosse detida. "Acusar a camarada Malinovskaya de abandonar os princípios comunistas, de ser apadrinhada por elementos burgueses, de protecionismo e outros crimes terríveis é ilógico e sem fundamentos", escreveram.[52]

A camarada Malinovskaya sobreviveu, mas foi pressionada, agora para seu próprio bem, a apresentar justificativas ideológicas que permitissem ao Bolshoi continuar funcionando. Por isso, em 2 de setembro de 1923, como parte da sua apresentação ao conselho de artistas, ela delineou as tarefas que todos teriam pela frente. "Os novos temas e enredos para os repertórios da ópera e do balé", disse, devem ser "formulados em consonância com os objetivos ideológicos contemporâneos, amplamente entendidos. Os libretos dos antigos repertórios serão reescritos, atentando para as formas literárias, de modo a responder às atuais necessidades e aos novos conceitos de produção; estes últimos, e a nova visão dos repertórios a serem elaborados, devem igualmente atentar às formas verbais."[53] Os projetos mais comportados de Goleyzovski poderiam ter feito parte dessa nova visão, caso ela fosse além da retórica e se a prática correspondesse à intenção.

A ênfase de Malinovskaya nos textos — os enredos e libretos dos balés e óperas sob o seu controle — tem uma explicação idiossincrática. Os árbitros ideológicos de Lunacharski costumavam ser escritores cujas carreiras remontavam à Era de Prata, o quarto de século anterior à revolução. Eles próprios tinham sido forçados a renunciar aos seus passados e, como camaleões, a se adaptarem à nova situação política. (Os que não evoluíram abandonaram a pena ou fizeram as malas e se mudaram para Paris.) Alguns desses escritores alimentavam sonhos de uma transformação mundial e, por isso, pensavam ser possível interpretar os acontecimentos de 1917 em termos escatológicos, como a luta por outra condição, apesar das filas para obter ração. O álcool lubrificava algumas dessas conjeturas, além dos narcóticos e os surtos psicóticos.

O mais notável desses conversos era uma figura de semblante mefistofélico chamada Valeri Bryusov. Ele endossou a revolução, os bolcheviques e Lunacharski, e serviu à causa de 1917 até morrer, em 1924. Escritor proeminente na Era de Prata, Bryusov produziu para a Comissão Central de Controle (Tsentral'naya kontrol'naya komissiya), responsável pela disciplina ideológica nas fileiras comunistas. Ele rascunhou uma resolução esteticamente radical sobre a situação do Teatro Bolshoi na qual apontou, apesar das intermináveis promessas de reforma, que pouco havia mudado. Persistia o dissenso e a reformulação ideológica do repertório ainda não havia começado. "A ideologia, no sentido de uma ideologia social e política concebida pela diretoria do Teatro Bolshoi", lamentou, "manifestou-se de forma muito débil nos últimos três anos, principalmente com a eliminação das obras claramente contrárias à visão de mundo comunista." *Uma vida para o tsar* foi varrida do palco (embora ainda fosse retornar), mas quase todo o resto permaneceu. O Bolshoi era "acadêmico", mais do que "experimental", prosseguiu Bryusov, e não havia contribuído com inovações estéticas em eventos culturais proletários, que estimulavam o construtivismo, a biomecânica, os híbridos circos-balés e experimentações com livre movimentação. Bryusov aprovou a apresentação de danças de novos artistas russos, inclusive dos artistas expatriados, que preferiam o "simples" ao "esplendor imaginário do passado", e ressaltou a necessidade de síntese. Ele acreditava que o gesto (plástica) poderia se fundir com o som e a imagem, e imaginou o corpo de baile liderando uma dança das artes hipnótica. A ação coletiva e, por meio dela, a transformação coletiva deveriam ser o foco. O fechamento do teatro tinha sido momentaneamente evitado, mas ele previu o seu fim caso não conseguisse abraçar o futuro.[54]

POUCO DEPOIS DE Bryusov rascunhar esse informe, Lenin morreu de uma grave hemorragia cerebral. A notícia chegou a Stalin por telefone durante o XI Congresso Soviético de Toda a Rússia, na sala de concertos de câmara do Bolshoi, em 21 de janeiro de 1924. A reunião foi suspensa; todos começaram a chorar. Stalin viajou para a casa de Lenin em Gorki para beijar os lábios do líder morto. A orquestra do Bolshoi acompanhou o féretro até o Salão das Colunas, no centro de Moscou. Para espantar a geada, a guarda de honra acendeu fogueiras nas ruas. Centenas de milhares de enlutados desfilaram diante do caixão nos três dias do velório. Os restos de Lenin não foram enterrados até hoje. Seu cadáver embalsamado está exposto na Praça Vermelha, em um mausoléu projetado por um artista construtivista.

Em 26 de janeiro, no salão principal do Bolshoi, diante de 2 mil delegados, Stalin sublinhou o legado de Lenin em tons vagamente ameaçadores, afirmou a justeza das políticas e dos compromissos de Lenin e, em seu jargão estridente e preciso, prometeu dar prosseguimento à marcha forçada em direção à utopia socialista e, depois, comunista. Depois de absorver o credo paternalista, os delegados se dispersaram e os artistas do Bolshoi voltaram ao trabalho, tendo como primeira tarefa preparar um concerto em homenagem a Lenin, em 10 de fevereiro de 1924. Lunacharski discursou antes do concerto, depois de rascunhá-lo várias vezes em folhas de papel de diferentes tamanhos com muitas mãos ajudando-o na edição. A música daquela noite, explicou, não tinha uma ligação óbvia com a revolução, mas havia sido escrita pelos compositores favoritos de Lenin. As peças eram heroicas. A audiência ouviu a marcha fúnebre de *Siegfried*, de Wagner, além de movimentos das sinfonias *Heroica*, de Beethoven, e *Patética*, de Tchaikovski. *Morte de transfiguração*, de Richard Strauss, expressava o tipo de "crenças e esperanças místicas" que o ateu Lenin desprezava, mas Lunacharski defendeu a sua inclusão no programa afirmando, simplesmente, que o seu *"páthos"* podia ser sentido até por quem não acreditava na vida após a morte.[55] A música era eterna, embora não a sua mensagem.

Nove dias após o concerto, a orquestra entrou em greve. A resposta de Malinovskaya foi desmantelá-la. Os músicos poderiam solicitar o retorno ao emprego sempre e quando entregassem os mentores do movimento. Eles juraram não voltar enquanto ela ocupasse o cargo, e assim, em 13 de março, Malinovskaya apresentou a sua demissão a Lunacharski. A "batalha travada pelo sindicato nesses anos tornou-se intolerável para mim no último ano e atingiu o seu objetivo — já não consigo trabalhar", explicou. "Peço-lhe que me libere da diretoria do Teatro Bolshoi."[56] Ela nomeou um assistente para substituí-la antes de se recolher à sombra da matriz burocrática de

Lunacharski. Mas para ela não era o fim; de fato, regressou à diretoria em 1930, com a saída de Lunacharski, quando Stalin havia obtido o controle total da União Soviética.[57]

No final, o seu feito foi negativo, mais de destruição que de criação. Malinovskaya havia sacrificado os artistas e, ao fazê-lo, argumentou que havia eliminado os empregados do teatro que não se adaptaram ao ideal de Bryusov de uma ação sintética e coletiva no palco. Para tanto, ela também cortou o repertório — sempre dando cabo das coisas, não as iniciando.

Os balés e óperas imperiais continuaram, mas as decisões sobre o que apresentar eram tomadas pela Glavrepertkom, a junta censora que ela copresidia. A Glavrepertkom decidia sobre a sorte dos novos e antigos projetos, ou dos que vinham de fora da Rússia e até então tinham sido negligenciados pelo Bolshoi. Para que uma récita fosse aprovada, era apresentada à junta em uma descrição por escrito cuidadosamente matizada, e com uma contextualização ideológica relacionando a obra ao presente, independentemente de quando fora criada. *Boris Godunov*, a ópera de Mussorgski, foi aprovada pela Glavrepertkom porque falava de um tsar corrupto, mas a junta decidiu que nas cenas de multidão o povo se ajoelharia menos. A ópera de Tchaikovski *A rainha de espadas* foi autorizada, embora ambientada na época de Catarina, a Grande. A Glavrepertkom determinou que seria encenada — contrariando a convenção vigente na época do compositor, quando a imperatriz e os demais governantes imperiais russos não podiam ser retratados. *O pássaro de fogo* e *Petrushka*, de Fokine e Stravinski, foram aprovados dada "a escassez de obras de balé adequadas à época", na esperança de trazer os dois de volta da França.[58]

Petrushka foi encenado em 1921, e a crueza das cenas de multidão na abertura e no encerramento foram amplificadas com "conversas" e "risos" enquanto o samovar silvava.[59] *O pássaro de fogo*, ao contrário, não foi apresentado. *Salomé*, a ópera horrivelmente decadente de Strauss, desgostou a Glavrepertkom que, a princípio, não a aprovou para o Bolshoi. As harmonias extremamente dissonantes eram um problema, bem como a cena final de necrofilia. A orquestração de *La bayadère*, revisada por

Boris Asafyev, também teve de passar pelo censor, assim como a decisão de expandir o título de *Esmeralda* para *Esmeralda, filha do povo*, desta vez colocando o povo contra a Igreja católica romana e a ordem feudal. As propostas de balés sobre soldados e jogadores de futebol foram editadas, amassadas e mais tarde desamassadas. Com o passar do tempo, censores temerários impunham novas mudanças radicais no repertório padrão, exigindo produções que afirmassem a vida, com temas folclóricos e focadas em conjuntos, não em egos, e que expressassem ideais (em oposição às realidades) da revolução. Até *O lago dos cisnes* foi retrabalhado e ganhou um final redentor. O aspecto lúgubre da versão original, como a neurose e a decadência evidenciadas nos dramas simbolistas "místicos" russos, que os teatros já não podiam apresentar, terminou na lata de lixo tsarista. A versão soviética tornou-se muito mais rentável do que o original imperialista.

O futuro do Teatro Bolshoi e da Ópera Bolshoi devia pertencer ao Novo Homem Soviético, os musculosos construtores do socialismo. Os heróis precisavam ser gente de ação, e não testemunhas dela (por isso, o conselho artístico e político do teatro rejeitou o projeto de uma ópera sobre John Reed, em 1930.)[60] O presente também precisava de uma Nova Mulher Soviética, heroína no palco e fora dele, que atuasse no repertório da era imperial revisado, focado na mulher, mas também comprometido com um futuro brilhante. "A salvação da Rússia está nas suas mulheres", clamou a *ballerina* Ekaterina Geltser (1876-1962).[61] Ela encarnou a revolução porque estudou para ser bailarina imperial sob os tsares; porém, sob Stalin, transformou-se em ícone do poder artístico soviético.

Ela também foi um emblema da perda, por ser uma bailarina (e houve uma grande variedade deles) associada ao descarte da herança aristocrática no balé. Ao longo da sua carreira, a imagem da arte mudou, recordando uma revolução de outro tempo: o período napoleônico francês, que os bolcheviques adotaram como modelo pela resposta patriótica e desafiadora das massas à repressão autocrática. Um século depois, os bolcheviques não sabiam exatamente como o *maître de ballet* do Bolshoi Adam Glushkhovski havia inspirado um novo nacionalismo após a guerra de 1812, mas ele era lembrado por ter acrescentado o folclore ao seu arsenal criativo. Para os soviéticos, era importante que ele tivesse incluído o povo russo, e também os "avanços importantes" dos mestres de balé parisienses sob Napoleão — principalmente Pierre Gardel.[62]

Em Paris, o fim do sistema social e político do Reino da França, isto é, o fim do Antigo Regime, influenciou todos os aspectos do balé no início do século XIX, da escolha do tema à cenografia e à coreografia. Durante a era napoleônica, a técnica do balé adquiriu um novo brilho, os passos foram redefinidos, as pernas passaram a se alçar acima da altura dos quadris, e as execuções brilhantes passaram a ser cada vez mais frequentes e velozes, com os mestres de balé invocando noções gregas e romanas de proeza física. Os defensores e discípulos da antiga *belle école* se aborreceram. Algo similar ocorreu no Bolshoi depois de 1917, varrendo o *ancien régime* russo representado pelo Teatro Mariinski e a coreografia de Marius Petipa. Ao menos no balé, a Revolução Russa superou (e, na opinião dos conservadores amantes do balé, tornou grosseiras) a Revolução Francesa e Napoleão. Os bailarinos exibiam extensões ainda mais altas e acrobacias mais ousadas. As linhas tornaram-se menos graciosas e mais gráficas. Os aspectos folclóricos populistas foram aperfeiçoados. Geltser não foi a autora desses desenvolvimentos, porém, como alcançou a fama em um período de reconcepção radical, terminou representando o novo estilo revolucionário, muscular e assertivo. Muito pode não ser fruto da uma intenção consciente, mas uma coisa certamente foi: nas suas apresentações, mesmo antes do golpe comunista, ela eliminava pequenos detalhes dos balés que dançava, preferindo textos mais simples. Ela endureceu os clássicos.

GELTSER ESTUDOU NO Bolshoi desde criança. Ela dançou com Petipa em São Petersburgo, e chegou a se apresentar para Hitler nos Jogos Olímpicos de 1936. Para estimular a boa-fé imperial, costumava mentir que o pai, o bailarino imperial Vasili Geltser, era o autor do cenário de *O lago dos cisnes*. Ela sobreviveu a dois tsares, duas revoluções e duas guerras, metamorfoseando-se de "ídolo dos milionários pré-revolucionários e oficiais galhardos de Moscou" em juíza do "grande concurso de acordeão" de 1928. Ela também dançou ao som dos acordeões, "provocando um delírio frenético na audiência popular que se apinhou no teatro estatal experimental".[63] Primeira *ballerina* a ser chamada de Artista do Povo da RSFSR, Geltser recebeu a Ordem de Lenin em 1937 e a exibia com brio, espetada nos casacos de pele e nas blusas (embora, na velhice, às vezes, pregasse o emblema de cabeça para baixo). Durante a fase soviética da Segunda Guerra Mundial, recebeu o Prêmio Stalin de Primeira Classe e ao se aposentar, em 1951, a Ordem da Bandeira Vermelha do Trabalho, que ela, aristocraticamente, prendeu no cabelo. Vendeu sua coleção de diamantes imperiais para comprar pinturas de retratos e paisagens, e formou uma coleção de arte importante ao longo da vida. Geltser era atriz e bailarina, e foi elogiada por suas atuações psicológica e emocionalmente nuançadas. Mas era conservadora, a queridinha da junta censora da Glavrepertkom. Ela evitou os experimentos mais arriscados da vanguarda coreográfica da década de 1920, preferindo a rigidez do *drambalet* dos anos de 1930 que contava histórias aprovadas pelos censores.

A sua vida amorosa foi bifurcada. Ela casou-se com o seu mentor da vida toda, o *maître de ballet* Vasili Tikhomirov, em 1900. A bailarina ambiciosa que se autopromovia precisava de um parceiro útil, e o influente, metódico, consciencioso e amoroso Tikhomirov era perfeito para ela. Porém, pouco depois, entregou o coração a Carl Gustaf Mannerheim, tenente--general de ascendência fino-sueca a serviço do Império Russo. Depois da revolução, Mannerheim tornou-se comandante em chefe da Finlândia independente e criou uma série de fortificações defensivas, conhecidas como linha Mannerheim, para impedir uma invasão soviética. As fortificações detiveram as tropas de Stalin ao se iniciar a Guerra Fino-Soviética, no inverno de 1939-40. Já em 1901, um ano depois de se casar, Geltser e Mannerheim começaram um caso em São Petersburgo. Ele também era casado. O divórcio nunca aconteceu; Geltser não pensou em abandonar a carreira com Tikhomirov para ficar com um homem fardado enquanto ele cruzava o Império Russo. Era uma paixão esporádica, um hobby, e o marido fez vistas grossas, permitindo que Geltser, a bailarina, e Geltser, a pessoa, coexistissem em uma harmonia imaginária.

Geltser e Tikhomirov foram laureados por seus serviços soviéticos. Por sua vez, Mannerheim tornou-se *persona non grata* na RSFSR, um diabo branco grosseiro. Reza a lenda que ele apareceu em Moscou em janeiro de 1924 para ver Geltser pela última vez. Os amantes trocaram votos simbólicos diante de um padre em uma igreja de Moscou, e tiraram uma fotografia para preservar o momento. Era uma noite fria; a bailarina usava um xale branco sobre um casaco de pele de chinchila que cobria um vestido de baile. Eles se separaram para sempre em algum momento no período oficial de luto por Lenin. Ela desmaiou na fila para o cadafalso e contraiu pneumonia devido à geada.

Quando era criança, na Rússia imperial, ela assistira no Bolshoi ao balé *As delícias do haxixe*, de Bogdanov. Lembrava-se de Lidiya Geyten no papel principal, do candelabro no salão principal e dos ramalhetes. Em casa, dava piruetas diante do espelho. Geltser sonhava em se tornar atriz, como Sarah Bernhardt e Eleonora Duse, mas o pai a encaminhou à divisão de dança do Colégio do Teatro Imperial. Ela não gostava de ficar confinada nos dormitórios e agia de modo desinteressado e avoado. Mas encontrou inspiração no professor principal, José Méndez. Com ele, aprendeu a dançar no estilo italiano e, em 1896, o pai a mandou, junto com a mãe, à escola imperial de balé, em São Petersburgo, para se aperfeiçoar no estilo francês. O poder e a precisão deviam se fundir com a graça e a leveza. Geltser aprendeu com o octogenário Christian Johansson e ria do russo absurdo e do francês esquecido do igualmente velho Petipa. Contudo, foi enfeitiçada por ele. (Que, por sua vez, se mofava dela porque fazia mal as contas e errava as mudanças de tempo, e tinha os músculos dos pés franzidos.) As cartas dela a Tikhomirov expressam a sua desorientação inicial: "Para mim é terrivelmente difícil, novos *pas* todos os dias, uns que nunca vi antes. [Johansson] diz que o meu maior problema é a falta de suavidade nos *pliés*, as poses inacabadas e a falta de delicadeza nas mãos e no torso." Ela não conhecia os nomes dos movimentos que Johansson ensinava, confundia os preceitos e ouviu que teria de se livrar da maior parte de seus hábitos. "É curioso", acrescentou, "como todos rejeitam a escola italiana."[64] O *pas de basque* veloz em *Mlada* a desconcertava, mas ela saiu-se melhor do que Johansson esperava — um modesto triunfo.

Johansson seguiu intimidando-a durante dois meses. Geltser enviava listas tediosas a Tikhomirov, em uma mistura de francês e russo, do léxico que tinha absorvido no estúdio com as outras moças (os rapazes estavam em um estúdio separado, com Enrico Cecchetti): *"assemble, jeté, ballonné, brisé, glissade, entrechat six, sissonne simple, sissonne fondue, saut de basque, cabriole fouettée, pas de basque"*. Ela adoeceu devido ao esforço excessivo, exausta com as críticas constantes — "agora é porque os meus braços não têm vida, diz ele". Mas progrediu de um modo deslumbrante, sem se abater, a memória perfeita. "Hoje, por exemplo, teve *coupé balloné, côté, pirouette en pointe à la seconde*, tudo muito difícil, depois da quarta posição e depois duas *pirouettes en pointe*, e aos sábados haverá exercícios chamados de obstáculos, cansativos mas úteis", informou. "Eles dizem que as minhas pernas estão mais finas."[65]

Ela dançou o Gato Branco em *A bela adormecida*, e depois todas as fadas das joias, até por fim estrelar no Bolshoi, com a bênção de Petipa, como a heroína Aurora em uma récita beneficente para o seu tio, um cenógrafo. A inspiração veio de Pierina Legnani. Na opinião de Geltser, Legnani não era a melhor princesa do balé russo, mas a verticalidade pura das suas piruetas causara um impacto inesquecível. Geltser deixou São Petersburgo em 1898 e, determinada a ficar famosa, levou os seus passos franco-italianos refinados a Moscou. Interagiu com Anna Pavlova, a maior aluna de Johansson antes dela, com quem às vezes era negativamente comparada. Tikhomirov a conduziu e acompanhou durante a transição para solista. O último tsar garantiu-lhe privilégios, como recuperar-se de uma distensão na perna em meio à flora e à fauna da Crimeia e curar o membro machucado com massagens e natação.

Gorski chegou a Moscou em 1900, mas não se deu bem com Geltser. Ela foi investigada em 1906 e acusada de simplificar as suas variações no balé de Gorski *O peixe dourado* (Zolotaya rïbka), e, ainda mais indignante, substituir os números mais difíceis por danças de outros balés. Ela alegou doença, mas deixou claro que não gostava das danças de Gorski. Voltaram a se atritar quando ele decidiu dar a parte de Odette/Odile em *O lago dos cisnes* a duas bailarinas; ela queria as duas partes para si. Ele a repreendeu, depois a bajulou, e por fim ficou exausto e indiferente. Sua musa alternativa foi Vera Karalli, bailarina exaltada nas críticas mais por seu brilho e pela pele radiante do que pela técnica. Ela fez par com Mikhail Mordkin, um bailarino exibicionista que trocou o Bolshoi pelo circo. (Seu compromisso como diretor do Balé Bolshoi em 1922 durou apenas doze dias.) Karalli levou a sobreatuação melodramática que tinha aprendido com os dois homens em sua vida criativa para o cinema mudo. Seus filmes são transposições de balés, com outra linguagem, calibrados pelo ritmo e a métrica do celuloide.

Geltser declinou do cinema, mas também absorveu o gosto de Gorski pela dramaticidade. Ele se preocupava com as emoções por trás dos movimentos e considerava os movimentos simétricos superestimados. Ela também. A opinião de Geltser sobre Gorski mudou ao longo da carreira e se firmou, como contou a um grupo de estudantes em 1937, na crença de que ele era um "inovador talentoso", mas com uma fraqueza: era seduzido pelo "novo, e às vezes se esquecia da antiga herança clássica".[66] Contudo, os olhos dela brilhavam ao recordar o balé *Salammbô* que ele coreografou (1910). Talvez tenha sido o seu maior feito, perdido para a posteridade quando um incêndio em um armazém destruiu os figurinos suntuosos. Ela dançou no papel principal da filha de Amílcar I, rei de Cartago, e sacerdotisa da deusa da lua da cidade, a quem as crianças eram sacrificadas. Os mercenários mais bonitos que queriam a cabeça do rei se apaixonavam por ela. O balé abandonou a sintaxe convencional em favor de uma desordem orgiástica. Geltser encontrou ali o seu verdadeiro e heroico ser *demi-caractère*: "Absorvi cada movimento, cada gesto, cada giro de cabeça das maiores bailarinas do passado: Zambelli, Brianzzo [Carlota Brianza], Bessoner [Emma Bessone]. E, ao dominar a arte, compreendi que só sobrevive o gesto inspirado pelo sentimento. Se o movimento não tiver sentimento será uma cópia morta, não uma criação viva; uma caricatura, não uma invenção do artista."⁶⁷

Dançar com tanta paixão tinha um custo. Como bailarina imperial, ela acumulou uma lista impressionante de lesões: uma por conta de um acidente com uma pistola em *O corsário*; outra por escorregar sob um cavalo em *Schubertiade*. As fotos a mostram na dança helênica popularizada por Isadora Duncan e adotada por Michel Fokine no Mariinski e, mais tarde, nos Ballets Russes. Antes da revolução, os pés descalços de Duncan, suas túnicas folgadas, as febres e as fúrias se tornaram "um símbolo de liberdade" no palco imperial.⁶⁸ Ela abriu uma escola de dança em Moscou, em 1921, onde estimulou os filhos dos trabalhadores a se expressarem livremente e os ajudou a realizar os seus sonhos de voar. A escola durou três anos, e Duncan alimentava as crianças e as mantinha aquecidas empregando parte da renda que recebia nas turnês. Quando ela se ausentou de Moscou, as inscrições aumentaram para quinhentos alunos; ao regressar, eles a saudaram com hurras, lenços vermelhos e uma apresentação ao ar livre em um ginásio. A influência dos seus ensinamentos perdurou quando ela se foi de Moscou, inclusive nos estúdios de dança privados da cidade. Estes ensinavam o movimento livre e a improvisação às crianças proletárias. O Mossovet mandou fechá-los em 1924 devido às "condições insalubres e sem higiene", à "atmosfera imoral" e ao apelo a uma sensibilidade "grosseira".⁶⁹

No âmbito profissional, o "classicismo autêntico" de Duncan era encarado como um modo em potencial de vacinar o Bolshoi contra o feudalismo e o "classicismo inautêntico" do estilo da corte.⁷⁰ Geltser adotou a tendência helênica, mas não esqueceu o aprendizado imperial, "os sete exercícios que preciso fazer diariamente por toda a vida".⁷¹ Em um dos primeiros filmes de balé a serem feitos, ela e Tikhomirov aparecem em um dos *Moments musicaux* de Schubert. A seleção foi coreografada por Gorski, influenciado por Isadora Duncan, com música de Chopin e Schubert e orquestrada por Anton Arenski.⁷² Ele dá uma ideia da habilidade interpretativa irrequieta de Geltser, e das proporções generosas do seu parceiro. As coxas finas, as panturrilhas esbeltas, os joelhos pontudos e os músculos dos pés inchados dos bailarinos das gerações posteriores teriam sido considerados pouco naturais à época. Tikhomirov representava a norma hipermasculina. Geltser, que não era um palito, dançou *Les orientales* (1910) com os Ballets Russes em Paris. Também se apresentou em Bruxelas, Londres e Nova York. Outras iniciativas de intercâmbio cultural a levaram a Harbin, na China, onde comprou antiguidades. Ela transitou entre diplomatas e artistas russos emigrados e, em Berlim, dançou ao som de um violino tocado pelo físico Einstein, mas seus pensamentos estavam em casa, assegurou a Tikhomirov durante uma viagem mareada aos Estados Unidos. Sua recepção no estrangeiro foi variada. Ela triunfou na Grã-Bretanha, mas nos Estados Unidos foi criticada por não possuir o "toque e o refinamento" de Pavlova, embora Herbert Corey, do jornal *Times-Star*, tenha elogiado a beleza ruiva de Geltser — ela era "cheia de truques" e tinha uma postura "espirituosa, surpreendente".[73]

Em Moscou, em 1914, o crítico Vlas Doroshevich enviou-lhe uma carta afetuosa depois de vê-la dançar em *A marcha de liberdade* (Marsh svobodï), de Gorski, ao ar livre, no frio, em apoio aos soldados russos. Ela animou os soldados a lutarem contra horrores indescritíveis dando passos altos vestida com uma túnica e com um elmo ao som de três bandas de metais enquanto fingia soprar um clarim. "Você é uma deusa! Dançou maravilhosamente!", elogiou Doroshevich. "Você é uma estátua de Canova que cobrou vida! [...] Mas dançar ao ar livre com sete graus! É o cúmulo da loucura!"[74] Ela havia dominado o repertório clássico, mas também se comunicava com o povo nas ruas, e tornou-se "uma heroína da labuta socialista" mesmo antes de a frase ser cunhada.

Passando férias no sul da Rússia, ela sentiu saudades da revolução. Pouco depois, em uma turnê pela Ucrânia, declarou lealdade aos bolcheviques. Quando os alemães invadiram Kiev, na Primeira Guerra Mundial, ela regressou a Moscou em uma carroça de boi com as tropas russas. Dali em diante, Geltser tornou-se tudo o que os soviéticos precisavam que fosse, e eles também para ela: comprometida, bondosa, útil. Dançou para camponeses, soldados e operários, e doou as receitas das récitas beneficentes a causas políticas. A dança russa de *O lago dos cisnes* que ela havia aprendido com Anna Sobeschanskaya se transformou em um sucesso entre o público proletário. Em 1921, Lunacharski homenageou o seu quarto de século de serviços, ressaltou o amor do povo soviético pela dança e pediu a preservação da tradição russa do balé.

Geltser havia salvado o balé russo, ou assim pensava o luminar Konstantin Stanislavski, pioneiro do método de atuação cuja influência se espalhou do construtivismo à ioga. "Parece quer podemos ter certeza de que o balé russo escapou de um perigo mortal", escreveu ele. "Em grande parte, a salvação deve-se a você, à sua profunda devoção à arte, à enormidade dos seus feitos, à sua resistência, à sua técnica brilhante, e ao fogo interno que lhe permitiu criar personagens duradouros e vivos, e manter os altos padrões do balé."[75] Geltser foi o modelo da diva soviética, que humildemente trocou suas acomodações luxuosas em um prédio de artistas no centro de Moscou por um espaço menor. Ela não sentiu falta da suíte com banheiro, disse, porque era "aquafóbica".[76] Ela deixou em testamento cem pinturas e retratos para a Galeria Tretyakov, para que as pessoas os desfrutassem.

A arte de Geltser foi importante para a sobrevivência do Balé Bolshoi. O seu corpo demonstrou que servir aos bolcheviques e ao balé clássico podia não ser impossível. A sua aspiração a tornar-se a estrela guia na integração de ambos teve o apoio óbvio dos críticos soviéticos, principalmente dos que eram alérgicos à decadência da Era de Prata e aos experimentos da década de 1920. "Depois dos ventos e tormentas da paixão sexual, depois da ampla inundação de todo tipo de erotismo no palco, com sua hipnose prejudicial", escreveu o crítico Akim Volynski, em 1923, "haverá uma nova aurora fresca... Tudo será explicado e justificado nos raios da luz solar apolínea: os dedos dos pés, os giros, a sabedoria oculta do próprio corpo humano, que despertou para o discurso profético após um sono longo e letárgico."[77] O artigo se intitulava "De que viverá o balé?". A resposta era Geltser, possuída pelo talento, pela técnica maleável e pela grande sabedoria política.

Um ano depois, o governo decidiu que o balé "viveria" mediante a adoção de temas modernos e a ênfase nos movimentos atléticos de conjunto. Assim, em 1925, Geltser, a Artista do Povo, inspirou o primeiro balé endossado pelo regime soviético, *A papoula vermelha* (Krasnïy mak). Os bolcheviques estavam desesperados para impor ordem ao caos e colocar o passado a serviço do presente e do futuro imaginado. Ali estava um balé que, ao menos no enredo, representava o triunfo da "nova" civilização sobre a "velha" barbárie. Porém, a dança e a música, na verdade, impuseram as restrições da era imperial à bagunça dos experimentos artísticos proletários.

O CONCEITO POR trás do balé, se não o próprio balé, data do ano que os soviéticos decretaram como o centenário de fundação do Teatro Bolshoi. Criar um novo repertório para o teatro passou a ser uma prioridade. Houve um concurso para um novo balé para a comemoração. Entre os inscritos estava *A filha do porto* (Doch' porta). O conceito dominante, o desejo de independência pessoal e nacional, não era problemático. Contudo, era impossível ambientá-lo na Espanha do século XVIII. Foi considerado insuficientemente "dinâmico", maçante, arcaico demais.[78]

Foi quando o cenógrafo Mikhail Kurilko supostamente tirou do bolso uma cópia do jornal *Pravda* com uma história sobre Porto Arthur (Hankou), na China, que tinha vínculos com a Rússia tsarista. O vapor soviético *Lenin* tinha sido detido no porto pelos imperialistas britânicos que exploravam os trabalhadores chineses, impedindo a distribuição de alimentos entre eles. Kurilko lançou a ideia de um balé sobre o tema. Tinha tudo o que um espetáculo soviético exigia: exotismo, política, heróis bem definidos e vilões ocidentais. Kurilko era um intelectual carismático que levava uma venda no olho (ele havia perdido o olho esquerdo em seus tempos de estudante) e usava as calças bem passadas por dentro das botas pretas de verniz — estilo que acabou sendo adotado no balé. Geltser teve um momento iluminado e colaborou com ele na redação do libreto, e concebeu o papel principal de um modo tão idiossincrático que nenhuma substituta ousaria aprendê-lo.

Reinhold Glière levou a encomenda em recompensa por ter aperfeiçoado músicas dos balés do século XIX, entre elas *Esmeralda*. Ele estudara música folclórica chinesa, disse, em uma faculdade comunista do leste, mas, sendo assim, não aprendeu grande coisa. Os tons pentatônicos melosos que soam acima de cordas convencionais são tão genericamente orientais que parecem uma piada. A música de Glière para os senhores imperiais também é pouco original, porém um pouco mais variada, envolvendo cromatismo, *clusters* de escala hexafônica e um "jazz" ocidental flácido. Segundo os registros oficiais, a dança dos marinheiros, feita para agradar a audiência e intitulada "Maçãzinha" (Yablochko) deriva de uma canção jocosa cantada por marinheiros da frota russa no mar Negro. Tikhomirov, o marido de Geltser, criou as danças do segundo ato, uma versão orientalista de uma cena de visão/sonho tradicional, e um aluno seu, Lev Lashchilin, um mímico dotado, montou as cenas. Na última hora, a administração do Teatro Bolshoi criticou o conteúdo político do balé, mas, como os ingressos já haviam sido distribuídos aos trabalhadores, o balé foi encenado e tornou-se uma sensação oficial, com cem apresentações no primeiro ano.

Na verdade, Kurilko teve a ideia do novo projeto a partir de dois artigos do *Pravda* sem relação entre si, publicados na mesma página e coluna, em 9 de janeiro de 1926. O primeiro falava de "uma nova fase da luta na China", que punha os chineses nacionalistas armados pelos soviéticos contra os senhores da guerra armados pelos japoneses; o segundo artigo, mais curto, falava da detenção do vapor soviético *Ilyich* (o nome do meio de Lenin) na Inglaterra. A polícia havia vasculhado a embarcação em busca de "literatura comunista", mas não encontrara nada.[79] Kurilko deve ter misturado os detalhes, colocando o barco e a polícia inglesa na China no início da guerra civil, e apresentou o resultado ao Teatro Bolshoi como um tema possível para um balé. A ideia despertou interesse suficiente e foi entregue ao libretista de *A filha do porto* para lhe dar corpo, já que ele e Glière eram contratados pelo teatro.

Glière se isolou para escrever a música, enquanto todos os demais envolvidos discutiam o libreto pessoalmente ou por telegrama. (O compositor não era uma pessoa polêmica e ao longo da carreira se resguardara, sempre fora ponderado e, na sua meia-idade corpulenta, manteve "a aparência sedosa de um gato bem alimentado".[80]) O libretista, Mikhail Galperin, lidou mal com o novo projeto e centrou a ação menos no navio e mais em um pacto secreto que garantiria a exploração eterna dos trabalhadores chineses. Só no final o vapor soviético chegava ao porto para apoiar as forças nacionalistas. Pior: a heroína era francesa, uma bailarina terrivelmente *démodé* ao estilo de Petipa, o contrário de uma Madame Butterfly soviética. Glière passou adiante o libreto de Galperin, o que levou o projeto de volta às mãos de Kurilko, o qual recebeu o crédito oficial como autor do roteiro. Ele foi encarregado de montar um balé que capturasse o momento político: o apoio de Stalin à luta dos nacionalistas chineses contra os senhores da guerra apoiados por estrangeiros e a fantasia de uma possível aliança entre nacionalistas e comunistas chineses. O envolvimento soviético na China era secreto, mas a retórica anti-imperialista no *Pravda* era exaltada, de liderança da revolução internacional.

Kurilko não trabalhou sozinho no libreto, nem trabalhou em paz. Apareceram outros chefs na cozinha, inclusive, desde o início dos ensaios, o ator e diretor de teatro judeu moscovita Alexei Diki, que viria a ser elogiado no papel de Stalin em filmes soviéticos; antes disso, passara quatro anos na prisão, acusado de traição por suas sátiras políticas. Ele animou o libreto, enchendo-o de punhos fechados, mas se indispôs com o *maître de ballet* Tikhomirov por causa do segundo ato. Ele queria simplificá-lo; Tikhomirov insistia em complicá-lo. Diki foi expulso do projeto e o seu nome sumiu do programa. Depois disso, *A papoula vermelha* passou ao controle da equipe do casal Tikhomirov-Geltser, com o especialista em pantomima Lashchilin para atender aos caprichos de ambos. O solo de dança foi concebido no verão de 1926 em Kislovodsk, e a trama realista no segundo ato foi descartada para permitir que Geltser passasse a um plano irreal, astral.

Antes e depois de chegar ao palco do Bolshoi, *A papoula vermelha* foi testada em apresentações para audiências de operários, com o intuito de assegurar a clareza da mensagem. Kurilko propôs sessões de debates nas fábricas com Geltser, Tikhomirov, Laschilin e Glière. O compositor tocou partes do primeiro ato ao piano, como a valsa de Boston do final do ato 3. Geltser fez parte da pantomima, buscando demonstrar que a heroína do balé era "chinesa por fora, mas com um espírito comum a toda a humanidade. Nem os seus sentimentos nem o seu ânimo eram estrangeiros".[81] Os operários desfrutaram a dança dos marinheiros, mas sugeriram mudanças em outras partes. Quando a equipe criativa cedia, as fábricas "compravam [ingressos para] uma série de apresentações".[82]

Glière sabia que teria de fazer mudanças e adaptou a música. Sua relação com os outros participantes do balé não era de "confiança", como dizia, mas o oposto: ele trabalhava com um esboço muito vago, uma ideia do início e do fim, mas sem conhecer o miolo.[83] Durante os ensaios, as danças exótico-rústicas eram mudadas, invertidas, aceleradas, interrompidas e aumentadas. O segundo ato deveria ter apresentado danças norte-americanas distorcidas (a valsa de Boston, além de um foxtrote e um charleston), seguidas de um episódio de ópera chinesa, mas no final todos foram abreviados e redistribuídos em função da elaboração da cena da visão.

A papoula vermelha é um cortejo, um espetáculo para os sentidos que não exige atenção prolongada. A mensagem política é óbvia, e está presente antes mesmo de as cortinas se abrirem. Em suma, é o oposto de um balé "sinfônico" abstrato, e a dança dos marinheiros, embora popular entre metalúrgicos e ferreiros, topou com uma resistência ferrenha entre os músicos do Bolshoi, que consideravam degradante tocá-la, um insulto à sua perícia musical. Mais tarde, tornou-se um tema favorito nos concertos, graças mais aos seus outros criadores do que a Glière. Este queria terminar o primeiro ato com uma música folclórica animada, *Uzh ti Van'ka nachis'/ uzhe ti Vanyushka prichnis'*.[84] A ideia foi rejeitada e ele teve de escrever, ou melhor, fazer o arranjo, da música imposta por Kurilko e seus camaradas. A dança dos marinheiros não é contagiante como *Uzh ti Van'ka*, principalmente porque o coreógrafo a ralentou ao ponto de sabotar a sua possibilidade de fazer sucesso. Contudo, a música perdurou.

Os ensaios prosseguiram até a primavera de 1927, quando, inesperadamente, Lunacharski expeliu *A papoula vermelha* do palco em favor de uma ópera de Sergei Prokofiev, *O amor por três laranjas*. Luminar modernista nascido na atual Donetsk, na Ucrânia, Prokofiev trocara a Rússia pelos Estados Unidos e a Europa em 1918. Lunacharski queria que ele voltasse. Montar *O amor por três laranjas*, que não fizera muito sucesso no estrangeiro, era parte da sedução, e ele mandou o Bolshoi abrir espaço para a obra na temporada. Porém, Geltser tinha outros planos e insistiu na continuação dos ensaios de *A papoula vermelha* na escola de balé. Ela foi apoiada por acontecimentos políticos que ninguém no Bolshoi podia ter previsto: em 6 de abril de 1927, uma turba atacou a Embaixada soviética em Pequim e a polícia metropolitana fez uma devassa nos escritórios em busca de provas da intromissão soviética nos assuntos chineses. Entrementes, em Xangai, os nacionalistas organizaram o massacre dos comunistas. Stalin reagiu à crise instruindo os chineses vermelhos a se mobilizarem contra nacionalistas e imperialistas, e o Comintern a se "concentrar no apoio" aos combatentes chineses vermelhos.[85] *A papoula vermelha* havia encontrado seu impulso. O balé era algo inocente, de estilo ligeiro do começo ao fim, mas ressoava com a situação política do momento e, por isso, a encenação foi autorizada.

O enredo mudou antes e depois de chegar ao palco. Geltser assumiu o papel da dançarina exótica Táo-Huã, uma combinação de clichês orientalistas sob o risco constante de um ataque sexual. O nome se traduz como "flor de pêssego", mas tem outras transliterações do mandarim, e os criadores do balé escolheram "papoula vermelha". As flores são símbolos de beleza, esplendor e juventude; vermelho é a cor do amor, e também da revolução e do comunismo. Assim, tanto o título do balé como o nome da heroína são positivos. O que se perde na tradução é a associação negativa da papoula com os narcóticos, especificamente a escravidão e a exploração dos trabalhadores chineses pelo tráfico internacional do ópio. Como escreveu o estudioso Edward Tyerman, no palco soviético uma das maiores tragédias da história chinesa se tornou uma parábola da "solidariedade e da libertação", mesmo apontando que os soviéticos poderiam ser como os tsares, e como os imperialistas ocidentais, no que se refere à China. Eram colonizadores.[86]

O público presente na estreia de 14 de junho de 1927 ouviu primeiro a música da repressão: um tema lânguido vaga sem rumo nas cordas baixas, pontuado por gongos. Glière marcou o trecho no seu manuscrito como "China sem vida". Segue-se um tema russo arrojado associado à aparição do navio soviético como símbolo de novas ideias e atitudes.[87] A cortina se abre, o barco está sendo descarregado e Táo-Huā entretém uns ingleses em um restaurante junto às docas. Os trabalhadores manuais chineses alçam caixas nos ombros e avançam descalços pela rampa de desembarque, o golpe seco dos volumes descarregados representado pelas modulações musicais. Eles são os heróis do balé, mas no libreto recebem o nome racista de "cules". O mais velho tem um colapso, explorado até a morte pelo malvado chefe das docas, o inglês Sir Hips. O capitão soviético dá um basta aos açoites constantes dos trabalhadores e se une à tripulação para terminar o descarregamento. Comovida com o gesto, Táo-Huā agita o leque na direção do capitão e lhe oferece uma papoula. O senhor dela, Li Shan-Fu, a ameaça, a força a ficar de joelhos em uma posição frágil (uma perna *en pointe*, a outra em *demi-attitude*). O capitão volta a interceder e a cena termina alegremente, com os trabalhadores se juntando aos soviéticos e às tripulações dos outros navios: australianos, japoneses, malaios, negros e norte-americanos. A cena seguinte ocorre em uma espelunca de ópio (ou, dependendo da montagem, em uma casa de chá), à qual o capitão é convidado. Sir Hips trama o seu assassinato, porém, quando os cúmplices sacam os punhais, o capitão assobia chamando os seus marujos. Intrépido, Sir Hips urde um plano para envenenar o capitão soviético.

Aborrecida, Táo-Huā adormece em uma nuvem de ópio. Na cena em que ela tem a visão, formas geométricas fantásticas ondulam por trás de uma tela de gaze, seguidas de peixes e pássaros lendários. Surgem todos os personagens das ficções de balé: a dançarina do tempo, a filha do faraó e até as crianças de *Flores sempre frescas*, de Gorski. O Buda dourado aparece com uma procissão em forma de dragão e um quarteto de peito nu empunhando sabres. "Aqui, flores, borboletas e pássaros ganham vida e dançam", segundo um dos libretos. "Entre eles Táo-Huā se move em sonhos, em busca de verdade [ideológica]."[88] Ela se vê voando e desperta no porto, novamente nas garras de Li Shan-Fu. O palco vira um cassino. Trabalhadores chineses assistem a ingleses dançarem o charleston. Um banqueiro assiste a um striptease ao som de um tango; a bailarina se despe no alto de um andor gigantesco carregado nos ombros por lacaios chineses. Táo-Huā começa a dança da sombrinha. Segue-se a dança das fitas, invenção do acrobático Asaf Messerer, que apresentou a ideia da dança à equipe de criação na véspera do ensaio com os figurinos. Ele imaginou uma batalha de adereços, sombrinhas "fêmeas" contra fitas "machos". Segundo ele, a inspiração viera de recordações da infância de "mágicos ambulantes chineses", mas a dança com arcos em *O quebra-nozes* também deve ter influenciado a dança das fitas. Messerer recordou-se de ter feito vários "giros e piruetas em um círculo estreito enquanto manipulava a fita que se enrolou ao meu redor como um anel, e depois se enroscou em mim como uma serpente e depois se transformou em uma fita de cabelo enorme, e eu pulei através dela. Lashchilin fez uma sugestão; eu também. Kurilko assistiu e gostou. Assim, em uma hora ou em hora e meia, criamos a dança".[89] O figurino veio de um tecido de seda dourado, um traje de malha rosa e apliques de flores. Depois uma serpente foi pintada no traje de malha.

Em seguida, vinha a valsa de Boston, com 48 bailarinos, as mulheres de vestidos pretos, joias pretas e sapatos de salto pretos, os homens todos de branco. Li Shan-Fu ordena a Táo-Huā que dance para o capitão soviético e lhe sirva uma taça de chá envenenado. Em vez disso, ela declara o seu amor por ele com uma pantomima em pernas de pau, "semianalfabeta": "Venha, herói da terra da felicidade, preciso lhe dizer algo bem importante. A pequena Táo-Huā quer proteger você. Táo-Huā ama você; você é o único no mundo dela; leve Táo-Huā com você. Se você partir, Táo-Huā morre morte cruel por causa de você." Mas o capitão serve a uma causa maior do que o mero amor humano, e tenta explicar-lhe que tal causa deve ser a dela também. "Lute pela bandeira vermelha; é a felicidade da China e de toda a humanidade", gesticula ele de modo benevolente.⁹⁰ Li Shian-Fu vai até Táo-Huã, que está de joelhos. Na apoteose paradisíaca, a visão fantástica da cena 2 se torna realidade. Crianças envolvem Táo-Huã na bandeira vermelha. Chovem papoulas nos trabalhadores chineses, agora libertados pelos soviéticos. O elenco sai da mudez do balé e canta a inevitável *Marseillaise* acompanhado por orquestra e órgão.

As críticas foram ruins. Previsivelmente, a cena da visão no ato 2 não agradou nem aos críticos das publicações políticas nem aos das não políticas. O *Pravda* questionou as referências a antigos símbolos religiosos no segundo ato "ingênuo". Geltser foi elogiada pela evocação da busca pela liberdade da heroína, mas no vestuário e na atitude ela remetia, de um modo problemático, às "princesas dos contos de fadas tão amadas no Oriente".⁹¹

A fórmula — propaganda marxista-leninista na fachada com mistura de vinhetas imperiais decadentes no interior — não tinha funcionado nem para os críticos dos jornais de teatro. Sergei Gorodetski odiou a "geleia" de efeitos na cena da visão, e achou totalmente inadequado que "em 1927! Em Moscou!" os bailarinos se vestissem de flores.⁹² Vladimir Blyum, crítico e censor que escrevia à noite para o *Zhizn' iskusstva* e de dia trabalhava na Glavrepertkom, lançou um veredito ainda mais severo. Para ele, *A papoula vermelha* era fruto de remanescentes da era imperial do Bolshoi, da sua "classe dirigente". Ele ouvira um patrono chamar Tikhomirov de "querubim grávido" no palco, e descreveu a atuação de Geltser como "tudo 'na mesma nota': uma expressão congelada nos diz que ela se sente perdida, e um gesto tedioso de 'calafrio' — veja, é o nosso velho amigo, 'o cisne moribundo', alongando-se por várias horas, mas desta vez representa a China revolucionária!".⁹³

Ainda assim, devido à aceitação do tema e ao endosso do Kremlin, nos primeiros anos *A papoula vermelha* alcançou mais de duzentas apresentações no Bolshoi, e umas 3 mil por toda a União Soviética — um sucesso surpreendente que silenciou os detratores.⁹⁴ O balé sumiu do palco do teatro na década de 1930, mas reapareceu na década seguinte, na comemoração da revolução comunista chinesa. Nos anos 1950, ele foi revivido no Bolshoi como *A flor vermelha* (Krasnïy tsvetok). O novo título deixava claro, em uma resposta tardia às queixas de diplomatas chineses, que não tratava do comércio de ópio. Em 1951, o poeta Emi Xiao, ex-colega de escola de Mao Tsé-tung, o chefe do Partido Comunista Chinês, havia expressado o seu dissabor com o balé a um empregado da organização soviética de intercâmbio cultural VOKS, quando comentou que ele e outros visitantes chineses haviam deixado de assistir ao balé no Bolshoi devido às suas "inadequações essenciais". O título precisava mudar, para algo como *A rosa vermelha*, em reconhecimento ao "ódio dos chineses pelas papoulas, de cuja substância é feito o ópio". Outros problemas eram o fato de uma personagem masculina usar um rabo de cavalo, que fora banido na China em 1912, e a heroína, retratada como uma bailarina, profissão associada à prostituição. "Nem a morte da bailarina elimina a nossa atitude negativa ante o fato de que a personagem principal é uma prostituta", observou Xiao.[95] Por isso o título foi mudado, o rabo de cavalo eliminado e a heroína repensada como uma lutadora pela liberdade. Quando o camarada Mao começou a denunciar o governo de Nikita Kruchev, porém, o título original foi restaurado.

À MEDIDA QUE o caminho para a utopia comunista imaginada se desviava e se estreitava, tornando-se mais prescritivo, o mesmo ocorria com o balé soviético. Mas o balé tinha uma importância que, pode-se dizer, nunca granjeou em nenhuma outra parte. Escolher temas adequados era uma aposta alta — mesmo quando o tema era justamente jogos, como na modesta "primeira tentativa" do Bolshoi de encenar um balé tendo por tema os esportes e incluir um *pas de deux* entre um jogador de futebol e um líbero.[96] Compositores soviéticos brilhantes seriam censurados, e suas carreiras ameaçadas junto com as suas vidas, na tentativa de criar o tipo certo de música para o tipo certo de dança tal e como determinavam os assassinos no timão do navio do Estado. Muitos balés posteriores à première de 1927 de *A papoula vermelha* nunca viram a luz do dia, e alguns terminaram sufocados pelo didatismo. Para o bem do povo, cujos desejos e necessidades a elite alegava conhecer, as danças e músicas folclóricas foram enfiadas nos balés, descartando quaisquer alegrias. À medida que os censores giravam os parafusos, os artistas se endireitavam.

Dentre os detidos estava Fyodor Fyodorovski, o brilhante cenógrafo do balé infantil de Gorski *Flores sempre frescas* e *A papoula vermelha*, além de outros balés e óperas no grandioso estilo soviético. Ele também desenhou a cortina bordada com a foice e o martelo do Bolshoi — pensada pela primeira vez em 1919, e confeccionada em seda dourada e carmesim, sem poupar despesas, na primeira metade da década de 1950. A sorte dele revela até que ponto o Estado policial e o Bolshoi estavam inextricavelmente ligados, embora o teatro sempre tenha habitado o seu próprio mundo estranho. A arte não pode ser reduzida à política, mas isso não significa que se mantenha alheia a ela.

Em 1928, Fyodorovski se viu envolvido em um escândalo. Foi detido com base em alegações, provenientes do Bolshoi, primeiro de plágio (supostamente teria violado o Artigo 141 do código penal), depois por suspeita de envolvimento nos suicídios de duas mulheres, Natalie Aksenova e Agnessa Koreleva.[97] "Não posso ser equiparado a um criminoso e responder às fofocas, à histeria psicopata e aos suicídios que ocorrem no teatro", alegou, depois de explicar que as "garotas" em questão, ambas de 24 anos, eram artistas sem talento que haviam se insinuado no seu ateliê, importunando Geltser, Tikhomirov e o seu pessoal. "Quero criar e trabalhar, não ficar sentado em uma prisão", acrescentou em sua defesa.[98] O caso foi tratado em alguns artigos no *New York Times*, que forneceu detalhes chocantes do duplo suicídio, não por acaso perpetrado durante uma apresentação de *A papoula vermelha*. As moças foram identificadas como bailarinas além de "alunas de decoração teatral" e o alvo do seu ato não tinha sido Fyodorovski, mas o refinado e jocoso Kurilko. "Devotadas uma à outra e, ao mesmo tempo, desesperadamente apaixonadas pelo pintor, acredita-se que as bailarinas escolheram a morte simultânea como a melhor saída daquela situação." Elas "se atiraram para a morte diante do público, da tramoia mais alta do palco, quando a cortina estava a ponto de fechar". As reportagens acrescentaram que tinham se amarrado uma à outra com uma estola de seda e cronometraram o salto de 21 metros para coincidir com a morte ficcional da heroína do balé (interpretada por Geltser) e o canto da *Marseillaise*. Alguém na audiência considerou aquilo um efeito especial espalhafatoso. "Para o corpo de baile, contudo, que naquele momento vinha dos bastidores avançando para o meio do palco em uma dança de triunfo revolucionário, a tragédia foi aparente demais em todos os seus aspectos repulsivos. Diante dos olhos de todos estavam as duas amigas, uma morta e a outra quase sem respirar." Sem fôlego, Geltser contou em detalhes o "horrível som do baque", os "arquejos de horror" e os "gritos sufocados". "Percebi que algo trágico havia ocorrido, mas sabia que devia desempenhar o meu papel. Quando a cortina se fechou, corri para o canto onde os dois corpos quebrados sangravam. Um estava imóvel; o outro arfava, agonizante."[99]

Kurilko apontou o dedo acusador a Fyorodovski, que invejava por ter sido promovido acima dele em 1927, e este foi detido e interrogado. Da cela, ele apresentou o seu caso a Avel Enukidze, secretário do comitê executivo do governo. Enukidze tinha uma queda pelo balé e havia defendido o Bolshoi contra os seus antagonistas no governo. Mas tinha a reputação desagradável de se lançar sobre as bailarinas, algumas delas menores de idade, depois de adulá-las com caixas de doces e outros mimos. Por isso, ele tomou como algo pessoal a morte das belas bailarinas do Bolshoi. Quando os detalhes dos suicídios ficaram mais claros, Fyodorovski foi solto. Kurilko ocupou o seu lugar no banco dos réus, antes de ser também liberado. Seu futuro estava na Sibéria e no projeto da sala de ópera e balé em Novosibirsk. Enquanto isso, os jornais anunciaram a detenção de "dois jovens não nomeados" por causa do duplo suicídio.[100] Enukidze prosseguiu com o seu patrocínio nada saudável do balé até 1935, quando foi removido do cargo após uma luta política com Stalin, seu velho amigo da Geórgia. Os tempos eram claramente hedonistas, e até mesmo letais.

DEPOIS DO DRAMA, e do trauma, da temporada inicial de *A papoula vermelha*, Ekaterina Geltser se aposentou do Bolshoi para dançar em apresentações de gala e concertos por toda a União Soviética, exibindo as sapatilhas muitas vezes remendadas "ante os trabalhadores de Magnitogorsk e Stalingrado, ante os mineiros do Donbas e Kuznets", e "na taiga".[101] Ela alcançou a fama, disse, em um período de possibilidades infinitas na cultura russa; terminou, mas isso ela não disse, em um período de impossibilidades — de censura, repressão, ansiedade perpétua por desconhecer as regras, que mudavam sempre. Na sua velhice, a vida e a arte se amalgamaram; memórias confusas iam dar no porto de Táo-Huã e nas ruas de Moscou, onde era vista caminhando em *chinoiserie* e outras modas de tempos idos. Em sua mente, as delícias do haxixe e da espelunca do ópio eram a mesma coisa. A *prima ballerina assoluta*, como a imprensa ocidental a apelidara em 1910, havia lutado contra o declínio físico e exagerava no batom, no pó de arroz e na água de colônia. Sua vista começou a falhar, e ela morreu cega depois de passar os últimos dois anos de vida "sentada perto demais" de um televisor que fingia odiar.[102]

Seu coração continuou com Mannerheim, mas a sua carreira pertencia a Tikhomirov, que mimou-a até morrer, seis anos antes dela. Ela escreveu para ele, em 1939, durante um compromisso em Krasnodar. Geltser havia movimentado os membros cansados na mazurca de *Uma vida para o tsar* (renomeado *Ivan Susanin*) e, a pedidos, um trecho de *O lago dos cisnes*. Era a pior época no que se refere às prisões, confiscos, desaparecimentos e o controle ideológico do pensamento. Ela se recolheu e descreveu a noite como o faria uma menininha. Os ramalhetes eram lindos, o palco bom e limpo, o quarto dela era cálido e a roupa de cama fresca.

De Krasnodar ela foi para Stalingrado, a antiga Tsaritsïn, se apresentar em outro concerto, em outra Casa do Exército Vermelho. Ao seu regresso ela teve o apartamento vasculhado, e as cartas de Mannerheim confiscadas, bem como dois retratos dele de pintores da Era de Prata. A Guerra Fino-Soviética havia começado e Geltser foi flagrada fitando retratos de um inimigo do povo soviético. A fama a salvou da prisão. Em 1997, 57 anos depois, um sobrinho que vivia fora do país enviou uma carta ao Museu do Teatro Bolshoi em que expôs a devassa e os esforços posteriores de Geltser para dar cabo do seu arquivo pessoal. Ele acrescentou, talvez queixando-

-se, que as "quinhentas cartas" que ela havia recebido ao longo da vida haviam desaparecido.[103]

Ela não teve alunos que definissem a sua carreira, e por isso teve de fazê-lo por conta própria. Em 1949, relembrou a Tikhomirov suas alegrias e tristezas em comum, e como haviam "sofrido" para defender a arte "pura".[104] Geltser Esta destaca a palavra "pura", rechaçando a violação da tradição de Petipa por Gorski. Também a mostra rejeitando o que é menos puro, isto é, a política. Termina a carta referindo-se a uma pintura bíblica da sua coleção, *Cristo menino*, de Vasili Polenov, que quis ofertar-lhe, mas não pôde. A pintura pertencia ao Estado.

Quando Tikhomirov morreu, em junho de 1956, Geltser escreveu-lhe pela última vez, de pé ao lado do caixão no apartamento dele. "Obrigada por tudo, meu amado, meu queridíssimo amigo — pelo enorme trabalho que fizemos, por suas aulas, sua tolerância e paciência comigo, seu amor aos outros e seus votos do melhor para eles. Curvo-me até o chão por você. Adeus, em breve irei para lá."[105]

Uma cópia do bilhete foi lida na homenagem a Tikhomirov no Bolshoi. O original foi enterrado com ele.

. 6 .

CENSURA

QUANDO STALIN DERROTOU os rivais para consolidar seu poder, havia tanto drama político no Bolshoi quanto o que fora imaginado no balé ou na ópera. Stalin discursava no palco exaltando os feitos do povo soviético no passado, no presente e no futuro. Os aplausos e hurras iam em *crescendo*, diminuíam e recomeçavam. Certa vez, o governante fardado de rosto bexiguento serviu-se de uma taça de conhaque no pódio e brindou à classe operária. Mais aplausos. Outra orgia adulatória terminou com Stalin limpando um lado da face, fazendo o gesto de cortar a própria garganta com os dedos da mão direita, acenando para a massa com fingida humildade até que, por fim, irritado, proferiu um "Basta" com sua voz anasalada de sotaque georgiano.[1]

O Bolshoi foi o anfitrião de vários Congressos dos Sovietes de Toda a Rússia e outros tantos Congressos da União de Todos os Sovietes. A própria instituição da União Soviética foi comemorada no palco do teatro, com estandartes e discursos; a primeira Constituição soviética foi ratificada lá. Lenin falou dezenas de vezes no Bolshoi, assim como membros do comitê executivo encarregados de determinar o caminho para o socialismo e, depois, para o comunismo. A Internacional Comunista se reuniu no teatro, e também os chefes do NKVD (Narodnïy komissariat vnutrennikh del), o Comissariado do Povo para Assuntos Internos, criado em 1934 em substituição à Cheka. Sob o controle do Politburo, o círculo íntimo do círculo íntimo de Stalin, o NKVD tinha por alvo oficiais comunistas, membros das forças armadas, burocratas de alto e baixo escalão, supostos sabotadores, traidores, qualquer pessoa da intelligentsia suspeita de resistência ou subversão e artistas sem estatura suficiente para torná-los indispensáveis ao regime. Os cidadãos do Estado policial cujos nomes iam parar nas ordens de prisão eram detidos (em geral, à noite), julgados em público ou em segredo e encarcerados nos campos de trabalhos forçados que apoiavam a economia soviética. Ou eram simplesmente executados.

Tal como os tsares antes dele, Stalin sonhava em fazer a grande faixa do planeta sob o seu controle dominar o resto, e para tanto exigiu uma produção agrícola e industrial sobre-humana. A União Soviética cultivaria trigo e forjaria aço para o mundo, ao mesmo tempo que exportaria seus valores por intermédio da Internacional Comunista e organizações de espionagem mais discretas, inclusive uma dedicada apenas à causa do intercâmbio cultural. Dentre as consequências desses objetivos, a fome que assolou a Ucrânia matou milhões, houve a construção de um vasto sistema de campos de trabalhos forçados conhecido como *gulag* e a eliminação literal do corpo de oficiais do Exército Vermelho (reduzido a um décimo do seu tamanho), que deixou a nação mais vulnerável à invasão nazista. O trauma do reinado de Stalin não foi muito reconhecido na Rússia, e a força e o poder que ele simbolizou conservam uma atração nacionalista perniciosa.

Muito antes desses terríveis acontecimentos, muito antes de os Teatros Imperiais em São Petersburgo e Moscou serem gerenciados por uma só administração encarregada de "levar as apresentações teatrais à perfeição", o Bolshoi caiu sob o controle do governador-geral de Moscou.[2] Com Stalin, o Bolshoi foi novamente militarizado — tanto o prédio como seu funcionamento. O governo soviético exerceu controle direto e indireto sobre todos os aspectos da vida artística. A arte devia ser popular, com o povo em foco, e se basear na luta de classes; devia celebrar o amor à terra, o amor do Partido Comunista, o amor a Stalin e o amor à entrega do eu, em todos os sentidos, ao grande ser coletivo. Esses eram os ideais do realismo socialista, a doutrina artística oficial da RSFSR e seus satélites. Por definição, o ideal não pode ser alcançado, mas o experimento soviético desenvolvido por Stalin ignorou a prática em busca de princípios ideológicos puristas, sem ceder, sem pensar duas vezes, sem vacilar. É a diferença essencial entre Stalin e os governantes soviéticos antes e depois dele. Os artistas do Bolshoi e, em menor medida, aqueles de sua filial "experimental" (a que foi sede da Ópera Zimin, empresa privada abolida depois da revolução), foram encarregados de representar uma liberdade que, fundamentalmente, não era livre. Artistas maduros foram convertidos em crianças submissas, à espera das próximas instruções, e as ameaças externas radicais venciam as dúvidas internas. Os censores ditavam os esforços para criar um produto artístico socialista segundo a cartilha realista-socialista, até que, por fim, era mais fácil e mais seguro proibir qualquer coisa de subir ao palco.

Antes e depois da fase soviética da Segunda Guerra Mundial, houve poucos balés e óperas com temas soviéticos; em vez disso, *O lago dos cisnes* e *Boris Godunov* floresceram, para desespero e alívio dos que atuavam neles. Contudo, houve esforços originais por parte de três proeminentes compositores russos do século XX, os quais sofreram as consequências do regime caprichoso e cruel. Seus encontros intermináveis e infelizes com os censores do governo os deixaram desconcertados — ao menos no que se refere a compor para o teatro. Sergei Prokofiev sofreu paralisia criativa no final da vida, assim como Dmitri Shostakovich na meia-idade, antes de se afastar definitivamente do balé. Aram Khachaturian lutou nos seus anos iniciais. Todos trabalhavam em um gênero conhecido como *drambalet*, que privilegiava o relato de histórias ideológicas em termos simples, e seguia (ou tentava seguir) os preceitos estéticos do regime soviético. O realismo socialista e o *drambalet* preservavam algo da tradição clássica num esforço para capturar o novo espírito soviético do momento, mas a alegria era imposta e a espontaneidade programada.

No século XIX, a dança evoluiu de uma espécie de etiqueta perfumada para uma verdadeira arte. Ela passou a servir a um propósito duplo na corte imperial russa, como o emblema de um esclarecimento cultivado e de um governo hierárquico e autoritário. Essa também foi a sua função nos teatros estatais soviéticos: o teatro Bolshoi em Moscou e o Teatro Mariinski em Leningrado, que ficou conhecido como Kirov em homenagem a Sergei Kirov, o chefe do Partido Comunista de Leningrado assassinado. Os antagonistas de Gorski acusaram-no de destruir os clássicos do balé ao adotar o realismo, mas ele também ajudou a evitar que o Bolshoi voltasse ao vaudevile, a uma visão efêmera das facções proletárias que agitaram as massas após a revolução. Mesmo quando os soviéticos empurraram a Igreja ortodoxa russa para a clandestinidade, ao menos durante a Segunda Guerra Mundial, o balé perdurou — tornando-se sagrado para os seus devotos. Sob Lenin, o Comissariado para a Instrução Pública, o Comitê para Assuntos das Artes sob Stalin, e os Ministérios da Cultura sob Kruchev e Brejnev puseram o Bolshoi a serviço de seus próprios dogmas.

O primeiro exemplo reconhecido de *drambalet* é a produção de 1934 em Leningrado de uma lenda sobre um harém intitulada *A fonte de Bakhchisarai* (Bakhchisarayskiy fontan). O resultado foi deslumbrante, mas a política por trás dela e dos seus sucessores a deslustraram. Como o repatriado Prokofiev descobriu do modo mais duro, e Shostakovich e Kachaturian já sabiam, a censura era imprevisível, adquiria formas distintas e provinha de diversos lugares, não só da Glavrepertkom. O caminho do cenário à produção foi traiçoeiro ao longo de toda a experiência soviética.

Também houve censura na era imperial, mas seu foco eram as fontes dos libretos — geralmente as histórias por trás dos enredos. Na era soviética, o controle governamental foi muito além, tornando o desafio de pôr um balé no palco não menos oneroso do que ser admitido nas escolas de balé de Moscou ou Leningrado. As audições desmoralizantes — os professores esquadrinhavam os pré-adolescentes em busca da menor imperfeição física

— encontraram paralelo ideológico na exigência das inspeções das juntas de censores no Bolshoi e no Mariinski-Kirov. Primeiro, o tema de um possível balé era avaliado segundo o requisito de ter o povo em mente; a música e a dança eram também examinadas. Seguia-se um ensaio provisório para decidir se o balé completo poderia ser apresentado ao público, após o que era descartado ou mandado de volta ao ateliê criativo para reparos. Os ensaios de figurino eram criticados por administradores, *cognoscenti*, políticos, representantes de sindicatos agrícolas e industriais, e parentes dos artistas. Ainda assim, depois da análise de todos os detalhes técnicos, um defeito ideológico podia provocar o súbito fracasso de todo o projeto.

Os corpos, assim como os enredos, foram transformados pela política. O *emploi* tradicional que definia *danseurs noble* e *demi-caractère* perdurou, mas a ênfase foi posta nas constituições maiores e menos suaves nas curvas. O "homem soviético" era como um semideus grego ou romano, com músculos mais fortes que o aço. O mesmo aconteceu com o balé.

Em 1927, Prokofiev e o coreógrafo Leonid Massine tentaram levar exatamente essa questão sobre o homem soviético às audiências de Paris. O seu balé *Le pas d'acier*, ou *A dança de aço*, foi levado ao Teatro Bolshoi dois anos depois para uma sessão de debates, incendiando uma fogueira de vaidades entre os *apparatchik*, funcionários do Partido Comunista. Gente medíocre e ressentida da Associação Russa de Músicos Proletários (ARMP) atacou o compositor, que se viu em uma terra incógnita de sarcasmo iletrado, paranoia infundada e argumentação retórica ilógica. O balé tinha sido visto em Paris, Londres e Monte Carlo, mas nunca chegou ao palco do Bolshoi.

Além de demonstrar um desdém invejoso do estilo de vida mimado de Prokofiev no Ocidente capitalista, os críticos se ressentiram porque o compositor ousara representar a experiência soviética sem conhecê-la em primeira mão. De fato, Prokofiev assistira à revolução do estrangeiro, enquanto fazia turnês como pianista e compositor pela Europa e os Estados Unidos. Ele regressou à União Soviética primeiro em 1927, com muita fanfarra, instado por Anatoli Lunacharski, depois em 1929, com uma recepção menos gloriosa. Se tivesse composto um drama alegórico, poderia ter obtido sucesso; mas, como nunca vendera cigarros (como faz a heroína operária do balé), nem usara uma âncora enrolada no pescoço (como o marujo herói), ele entendeu tudo errado. Além disso, dizia-se, os que golpeavam os martelos na siderúrgica do palco lembravam mais escravos besuntados de graxa do que a realização dos planos quinquenais de Stalin para o desenvolvimento industrial.

Le pas d'acier fora esboçado para representar o resultado da revolução, mas a primeira metade do cenário foi reescrita pelo empresário emigrado Sergei Diaghilev, que transformou a lenda em uma série de cenas do folclore para entreter as audiências francesas. Diaghilev acrescentou uma bruxa e um crocodilo em um drama ambientado em uma plataforma de trem rural e seus arredores, e tornou os acontecimentos na segunda metade — a metamorfose do herói e da heroína em trabalhadores urbanos exemplares e o sacrifício de seus desejos individuais em benefício do coletivo — no mínimo ambíguos. Prokofiev esperava que a encenação no Bolshoi restaurasse o enredo original e limpasse o final: a fábrica de aço seria fechada pelos prestamistas do Novo Plano Econômico por não render lucros, depois seria reaberta pelos próprios operários, e o proprietário seria jogado na prisão. Assim, a primeira metade do balé deveria retratar o caos durante o golpe de Lenin, em que os trapaceiros nas ruas não tinham tempo para prestar atenção aos discursos políticos, mas a segunda metade deveria retratar a ordem da era stalinista. O grotesco se metamorfoseia em algo belo. Mas o balé não era inteiramente sobre fábricas comunistas ou capitalistas. Ele tratava da cinética, das partes mecânicas do corpo, mais sublimes em seu funcionamento coletivo do que qualquer coisa que pudesse ser forjada, derretida ou temperada.

A ARMP não gostou daquilo e Prokofiev brincou, pesaroso, que havia sido expulso do teatro junto com o seu principal apoiador, o vice-diretor administrativo Boris Gusman, uma força da mudança para quem o antigo repertório precisava ser eliminado. "Em grande parte, a salvação do Teatro Bolshoi viria com uma grande — *bol'shoy* — fogueira", disse Gusman à comissão de repertório um mês antes de Prokofiev aparecer, "se ela incendiasse tudo isso e empurrasse o Bolshoi para novos rumos."³ Tais rumos eram parte da cenografia de *Le pas d'acier*.

Em seu diário, Prokofiev usa a palavra russa para "expurgo" ao descrever o conflito com a ARMP muito antes de os interrogadores do NKVD extraírem outro sentido da expressão. Ele conta que tocou a música e depois sentou-se a uma mesa no palco para responder às dúzias de perguntas da audiência, em presença do diretor, Vsevolod Meyerhold, que propôs refazer o balé para audiências do Bolshoi, em colaboração com Asaf Messerer, e "um caldeireiro ou ajustador que atuou como presidente da reunião, e que, na verdade, era muito competente no papel".⁴ Prokofiev soltou chispas ao ouvir que precisava de reeducação política depois da seguinte conversa desagradável sobre os acelerados ritmos da máquina no final do balé: "A fábrica é capitalista, onde os trabalhadores são escravos, ou é soviética, onde eles são os senhores? E, se é soviética, quando e onde você teve a oportunidade de estudar uma fábrica aqui, já que vive fora desde 1918 e só voltou pela primeira vez em 1927, e por apenas duas semanas?" "Esta é uma pergunta política, não musical, portanto não pretendo respondê-la."⁵ A consequência de seu silêncio ficou clara na reunião do conselho artístico e político do Bolshoi, em 23 de janeiro de 1930. Presidida por Gusman, a reunião tratou do repertório da temporada. A primeira ópera estrepitosa de Shostakovich, *O nariz*, foi considerada "duvidosa" para uma encenação, e a dança de aço de Prokofiev foi "cancelada".⁶

À DIFERENÇA DE Prokofiev, Shostakovich provinha do seio da cultura soviética e tinha uma rede de apoio artístico e político que assegurou sua sobrevivência amargurada e seu triunfo sobre a política de diversos líderes soviéticos. Ele aprendeu a ser compositor durante a revolução e a guerra civil, e encarnou a estética da década de 1920. Ao terminar a formação no conservatório, transitou por organizações artísticas proletárias, o que contribuiu para a sua proeminência ao longo da década, e prosperou nas terras baldias da cultura antes de o Grande Jardineiro (um dos vários apelidos de Stalin) acabar com elas. Aventurou-se pelo burlesco e pelo lado mais pobre da cultura popular dos Estados Unidos, e adorava o modernista alemão Alban Berg — cuja curta carreira teve um final abrupto em 1935 —, que deixou inacabada uma ópera expressionista opressiva sobre uma prostituta cujo último cliente foi Jack, o Estripador. Pianista prodigioso, Shostakovich ganhava a vida improvisando acompanhamentos para filmes mudos e teatros de revista com títulos intraduzíveis, como *Uslovno ubitïy* (Condicionalmente [?] assassinado). *O nariz*, a sua primeira obra macabramente cômica, de 1928, mostra o herói "gargarejando na pia", em vez de cantar uma cavatina.[7] Tanto o enredo como o elenco são subjugados pelos tambores e os címbalos.

Em resumo, Shostakovich gostava de vagar e se misturar, privilegiava tudo e nada ao mesmo tempo, tomava dos clássicos e mesclava os bens furtados com as canções e danças do Movimento da Liga Comunista. "Chá para dois" também. A ARMP respeitava a sua abordagem iconoclasta da era imperial, mas não aprovava o misticismo, a neurose e o niilismo antimarxista-leninista das suas músicas. Até certo ponto, sua música se assemelhava à sua aparência: ela gaguejava, pontificava, protestava, faltava-lhe sentimento e seriedade, mas também brilhava pela erudição. Shostakovich era um vaudevilista antiquado em andrajos modernistas. Quem não desfrutava da brincadeira, incluindo os veteranos da ARMP que o diminuiriam em meados da década de 1930, não entendia que, apesar de todo o sofrimento que causara, a revolução era um experimento criativo à disposição de todos. Ele seria forçado a se redimir, mas não sem antes anarquizar com os rituais solenes das coroações dos tsares, e também da revolução em amadurecimento.

Para o 15º aniversario do golpe bolchevique, em 1932, Shostakovich começou a criar para o Bolshoi uma ópera sobre um híbrido de humano e primata, Orango, que prospera e fracassa no mundo empresarial francês e termina enjaulado em um zoológico em Moscou. O projeto, que nunca conseguiu chegar ao palco, foi pensado como uma sátira do Ocidente burguês capitalista, embora fosse suficientemente enrolado e opaco para permitir todo tipo de interpretações. Charles Darwin aparece, e Bertolt Brecht também. Olga Digonskaya, a eminente estudiosa de Shostakovich, considera a ópera uma metassátira, o exemplo de uma obra que ri de si mesma: "Em *Orango*, o riso é transformado pela risada do autor ante o ridículo."[8] Como o protagonista é um híbrido radical, é adequado que a ópera, ou ao menos o conceito por trás dela, privilegie a duplicidade. O trágico e o cômico são intercambiados como símbolos da consciência dividida do protagonista, o seu temor de que aqueles à sua volta o vejam como digno de pena, apesar, ou por causa, de seus constantes esforços por enobrecer.

As personagens incluem um mestre de cerimônias, um coro que comemora a libertação do homem soviético da servidão, uma bailarina do Bolshoi, soldados e marinheiros. Há um toque de *páthos*: Orango reclama com o tratador da fantasia de animal "sufocante" em que o enfiaram.[9] O prólogo dura 32 minutos — longo demais para os artistas, diz o MC, e longo demais para Shostakovich, que, ao prever o desastre, abandonou a ópera após menos de um mês de trabalho.

No final da década de 1920, os campos estético e político haviam mudado, e artistas e burocratas lutavam para se manter à tona. Lunacharski, o comissário cultural de Lenin, foi conduzido à aposentadoria em setembro de 1929, e deixou o "chocalho de ouro" do Balé Bolshoi em mãos mais pesadas do que as suas — mãos capazes de estraçalhar muitos brinquedos.[10] Ele foi aposentado como diplomata e morreu três anos depois. Elena Malinovskaya demitiu-se (pela segunda vez) do Bolshoi em 1935. Tinha completado 60 anos e se apoiava em uma bengala para andar. As organizações proletárias dos anos 1920 tinham sido liquidadas e substituídas por sindicatos de artistas sob o controle do Comitê de Assuntos Artísticos. Poucas fantasias ganharam asas.

Nesse período, Stalin começou a interessar-se intensamente pelos assuntos do Teatro Bolshoi e criou um "estado dentro do estado", com benefícios para os poucos escolhidos. Foram abertas cafeterias no teatro; os bailarinos tiveram acesso a apartamentos, *dátchi* e férias em spas; os filhos dos empregados encontraram vagas em campos de pioneiros.[11]

Stalin alocou (ou especificou, como costumava fazer, que "não objetava" a alocação) divisas estrangeiras para artistas do Bolshoi contundidos a fim de que pudessem se tratar fora do país.

Havia também prêmios intitulados Lenin e Stalin, a Ordem da Bandeira Vermelha do Trabalho, prêmios por serviços distinguidos, por defender Moscou durante a guerra, por dançar apesar da panturrilha contundida, por não desertar durante uma turnê ou, no caso da bailarina Olga Lepeshinskaya, pelo arquivamento da acusação de ter furtado artigos de uma loja de Bruxelas, em 1958.[12] Os prêmios vinham com fitas pendentes e até 100 mil rublos. O lobby era intenso, e o decoro complicado. As cerimônias de premiação eram outro tipo de apresentação, com sérias consequências pelas menores falhas. O modo como um vencedor (ou perdedor) reagia era anotado na sua ficha. O Sekretno-politicheskiy otdel, o departamento político clandestino do NKVD, encarregou zeladores, maquiadores, peruqueiros, ajudantes de palco e os próprios artistas de informarem sobre os colegas. Porém, nada era realmente um segredo. Todos sabiam e seguiam o jogo.

Assim, em 1937, Lepeshinskaya disse, para que um dedo-duro do NKVD a ouvisse, que atribuía o seu prêmio ao país. Só "na União Soviética", declarou, um prêmio assim seria conferido a uma artista da sua idade (na época tinha 21 anos). O bailarino Mikhail Gabovich também anunciou a sua alegria ao ser nomeado "artista meritório" no dia em que se filiou ao Partido Comunista — e filiação era outra forma de homenagem. Os que tinham prêmios e homenagens negados podiam sussurrar a sua insatisfação aos alcaguetes, na esperança de que seu caso fosse reconsiderado. A solista Sulamith Messerer não se conteve: "Trabalho no teatro há onze anos, sempre dançando papéis principais. Quando soube das premiações tive certeza de que seria reconhecida. É uma amarga decepção. Lepenshinskaya, que dança há poucos anos, recebeu a Ordem, e eu não. Não posso dar as caras no teatro."[13] Seu orgulho ferido não durou. Assim que suas palavras chegaram ao Politburo, ela recebeu o prêmio.

Assim estava sendo remodelada a grandiosa casa de balé e ópera de Moscou, que havia caído em um estado físico desastroso depois da revolução e, nos anos tumultuados da década de 1920, havia perdido muitos talentos. Stalin não oferecia o retorno à era imperial, e em vez disso fez uma aposta política diabólica. O governo privilegiava os artistas do Bolshoi, que em troca deviam se comprometer a cultivar um repertório soviético rigidamente definido e manter uma atitude comunista apropriadamente alegre. Na balança, havia mais do que prêmios e viagens ao spa: a segurança pessoal podia ser garantida ou perdida.

O primeiro balé soviético com a cara de Jano, *A papoula vermelha*, ancorava o novo repertório, mas a sua política já não era adequada e teve de ser retrabalhada. Foi o primeiro passo. O passo seguinte envolveu pôr no palco os triunfos dos planos quinquenais. As tábuas do palco do Bolshoi foram reforçadas para acomodar equipamentos industriais que deviam figurar em balés e óperas que tratavam de represas, safras, tratores, usinas de energia e fazendas coletivas. No entanto, a Glavrepertkom aprovou poucas obras novas. Dentre os grandes fiascos está o enredo de um balé sobre uma hidrelétrica intitulado *Campos nativos* (Rodnïye polya, 1953), "um fracasso rotundo desde o início", comenta Christina Ezrahi, "sinônimo das limitações do *drambalet*".[14] O próprio Lenin era personagem em diversas obras — não vistas nem comentadas, mas constantemente invocadas, como se espreitassem à volta da esquina. Ele foi tema de uma ópera socialista-realista intitulada *Na tempestade* (V buryu, 1939), de Tikhon Khrennikov. Lenin fala em vez de cantar, um símbolo típico de deformação da ópera, mas neste caso é uma marca da alteridade divina.

O desafio artístico dos compositores e coreógrafos aumentou, ao passo que as suas opções criativas encolheram. Quando a transformação ideológica do Bolshoi terminou, no auge do Grande Terror, não havia expressão da vontade autônoma na esfera pública. A experiência do voluntarioso Shostakovich marcou o início do cataclismo. A miopia enxerga os seus balés como a cultura soviética poderia ter sido se o leninismo não tivesse dado lugar ao stalinismo.

Na produção de vida curta de *O jogador de futebol* (Futbolist), da década de 1930 no Teatro Bolshoi, Lev Laschilin e Igor Moiseyev tentaram revigorar variações e conjuntos clássicos com passes de cabeça e jogadas de pênaltis — embora a ação, na verdade, estivesse ambientada em uma loja de departamentos. Supostamente, aquilo deveria agradar, mas, em vez disso, recebeu críticas mal-humoradas. O crítico da publicação proletária *Rabochiy i teatr* (Trabalhador e teatro) zombou da tentativa de fundir a vida real com o "classicismo puro, fundado em adágios, e as variações clássicas mais simples".[15] Os bailarinos também foram acusados de não conseguir capturar a seriedade da intenção que guiava os desportistas soviéticos. Até mesmo alguns artistas o criticaram. "Eu saltei acima de um grupo de meninas", recordou Asaf Messerer, o solista de uma dança intitulada "A cascata". "Saltei sobre um grupo, depois sobre outro. Exibi os meus saltos, e foi só."[16] Para não se excluir, o Bolshoi fez uma autocrítica por ter permitido que o balé fosse apresentado em um "informe" ao diretor sobre o "fenômeno penoso" que afetou os ensaios.[17] O fato de *O jogador de futebol* não ter um enredo era um problema — mas nada sério, já que havia sido concebido menos como um espetáculo cheio de ação e mais como uma crítica à cultura contemporânea. Ele analisou o socialismo sob Lenin e o encontrou em falta. Uma questão mais séria era que o segundo e o terceiro atos haviam sido montados com música composta apressadamente. O compositor de *O jogador de futebol*, Viktor Oranski, havia contraído escarlatina, perdera o prazo para o ensaio e deixara uma grande parte para ser ensaiada no último minuto, sem tempo para nuances — daí a descrição repetitiva e inexpressiva de Messerer sobre o seu salto.

Shostakovich adorava futebol e era um fã ardoroso dos times de Leningrado. Naturalmente, ele foi atraído pela ideia de escrever música para um balé sobre futebol que ao mesmo tempo fosse mais artístico e mais realista que *O jogador de futebol*. O resultado, o seu primeiro balé, envolveu três coreógrafos fãs de esportes, um para cada ato. No segundo ato, Leonid Yakobson transformou seus bailarinos em atletas e em seus equipamentos. Os "grandes saltadores" se transformaram no "grande salto".[18] A pesquisadora Janice Ross cita uma bailarina de 13 anos, Natalya Sheremetyevskaya, que se recorda de, junto com colegas, ter "de recrear exatamente os movimentos de um jogo de vôlei, os times estavam perto um do outro e havia uma rede imaginária separando-os". A insistência de Yakobson na precisão — a sua rejeição da improvisação — tornou os ensaios "dolorosos e tortuosos". Ross descreve também uma fotografia da bailarina Galina Ulanova, uma estrela em ascensão, no papel de uma moça do Komsomol (Movimento da Juventude Comunista), uma personagem positiva do balé. O seu parceiro, Konstantitn Sergeyev, deita-se no piso e ela se equilibra "com um só pé" no estômago dele, formando "um belo e profundo arco com as costas".[19]

O título original do balé era *Dinamiada*, em homenagem ao time de futebol Dínamo, mas foi substituído por *A era de ouro* (Zolotoy vek). O título em russo rima com o de *A papoula vermelha* (Krasnïy mak), e o eco não é acidental. Como observa o notável editor das obras completas de Shostakovich, há diversas similaridades nos enredos dos dois balés: "A personagem principal em *A papoula vermelha*, a bailarina chinesa Táo-Huã, que se apaixona pelo capitão de um navio soviético, pode ser equiparada à bailarina Diva, apaixonada pelo líder do time de futebol soviético (outra figura simbólica sem nome)."[20] Mas Shostakovich não quis colocar Glière em uma situação embaraçosa; ele estava em busca de algo maior. *A era de ouro* transplanta jogadores soviéticos honrados ao mundo etéreo dos esportes fascistas, do racismo e da licenciosidade sexual, às fraudes no ringue de boxe e à "histeria de massa". A ação ocorre no reino com o nome nada sutil de *Faschland*, também conhecido como "uma grande cidade capitalista do Ocidente". O caos dos anos da revolução é ardilosamente mencionado quando uma bola de futebol em voo é confundida com uma bomba (terrorismo bolchevique!) e os esportistas soviéticos são incomodados por provocadores (antissoviéticos infiltrados!). A música realça a maluquice do enredo, sempre pouco séria e feita para ofender sensibilidades delicadas. "A tocante união das classes com certo grau de falsidade" é um cancã; o *divertissement* que precede uma colagem racista de sapateado, intitulado "Engraxado da melhor qualidade", é uma polca, e um tango. O blues norte-americano faz uma aparição na forma de um estranho conjunto de banjo e saxofone no episódio do homem negro e da moça do Komsomol. Há citações dos cavalos de batalha do repertório do balé e da ópera do século XIX, além de algumas joias orquestrais, como o *Capriccio italiano*, de Tchaikovski. Shostakovich invoca *O lago dos cisnes*, mas vandaliza as suas grandes melodias, extirpa-as de paixão e as interrompe intercalando xilofones banais.

As críticas de *A era de ouro* oscilaram entre positivas e negativas à medida que o balé se via travado em uma guerra cultural que opunha os defensores da experimentação de vanguarda às facções extremistas proletárias, que preferiam histórias contadas de um modo didático. Assim, o encontro ideológico — ou a colisão — representado no enredo teve um contraponto na vida real. Na guerra cultural, as lealdades do próprio Shostakovich estavam com o campo experimental. Ele e os seus aliados cavaram trincheiras e se prepararam para a longa pugna contra as facções políticas conservadoras, mas estavam fadados a perder. A ARMP e outras organizações do gênero se transformaram em órgãos culturais oficiais, e o tipo de crítica do *Rabochiy i teatr* encontrou guarida no *Pravda*, o jornal oficial do Partido Comunista da União Soviética, publicado em um prédio que levava o nome de Stalin. *A era de ouro* foi proibido sob Stalin e só reviveu em 1982, embora com um enredo distinto e a música expurgada.

O enredo do balé seguinte de Shostakovich, uma segunda frente na guerra cultural, adotou o tema político da sabotagem industrial. Intitulado *O parafuso*, conta a história de um "vadio preguiçoso" que escangalha e causa um curto-circuito em uma máquina com a ajuda de um desavisado das ruas. Pelo delito, o "vadio preguiçoso" deve ser punido pelo Sindicato da Juventude Comunista. O maltrapilho que o ajudara, e que mais tarde o delata pelo crime, deve ser convertido — transformado de quebrador em consertador, e conseguir um emprego e uma namorada. O "Camarada Smirnov" montou o cenário, Shostakovich recordou em uma carta, e o compositor fez parecer que ele próprio considerava o projeto algo insignificante, cuja ação estava confinada ao terceiro ato e o resto se desenvolvia em uma série de *divertissements*: uma aula de exercícios, um treinamento em defesa civil, um padre embriagado e uma igreja dançante, e a cacofonia da fábrica.²¹ Os críticos concordaram, embora talvez o libretista Viktor Smirnov, com uma carreira confusa no Partido Comunista, no Exército Vermelho, no Teatro de Artes de Moscou, no cinema (ele adorava Disney) e na organização de intercâmbio cultural VOKS, tenha levado tudo mais a sério. Ele tinha exagerado o enredo por insistência do coreógrafo e fora sincero na representação da sabotagem industrial. Smirnov afirmou que se inspirara em uma visita à fábrica Hércules Vermelho, onde viu objetos que tinham sido mutilados nas máquinas e um aviso advertindo que a má conduta seria severamente punida.

O coreógrafo Fyodor Lopukhov pensou o projeto em termos nostálgicos, no espírito dos dramas de fábrica encenados pelo Teatro da Juventude Trabalhadora na década de 1920. Ele foi pioneiro em um fenômeno que hoje é conhecido zombeteiramente como "imitar o Mickey Mouse", em que a música pontua os movimentos. O seu balé *Sinfonia dançante: a magnificência do universo*, por exemplo, contrapõe música de Beethoven a movimentos que traçam mudanças harmônicas, frases e divisões formais maiores. Em *O parafuso*, Lopukhov pensou em termos geométricos, empilhou e inclinou os bailarinos mais espichados e criou formas trapezoidais e trapézios de dois andares com eles. Ele incluiu uma "formação piramidal de vários corpos", como a das estrelas que costumavam encimar as torres nas esquinas do Kremlin.²² Pensou também em duas partes, com descidas suaves em *plié* em oposição às descidas duras, ou *relevés* em oposição a atos circenses no arame. Mas o que era preciso, segundo os críticos, não era uma divisão, e sim uma síntese. Ivan Sollertinski apresentou o desafio em um artigo influente para *Zhizn' iskusstva* (Vida da arte). O balé devia evitar o gesto abstrato — o formalismo — e os coreógrafos precisavam entender que novos temas exigiam novos "conteúdos". Era um erro fazer o capitão do barco em *A papoula vermelha* se assemelhar ao e se mover como o belo príncipe de *A bela adormecida*. E o piso de uma loja de ferreiro não era lugar para *"pirouettes"* e *"entrechats"*.²³

Lopukhov explorou o atletismo em busca de ideias e estudou o modelo de produção desenvolvido por Frederick Winslow Taylor, conhecido como taylorismo. Ele também se baseou no folclore e no burlesco, e fez os bailarinos se assemelharem às figuras nos cartazes de propaganda pregados nas janelas da Agência de Telégrafos russa. Seus detratores afirmaram que os operários em *O parafuso* eram recortes de cartão bidimensionais, sem nada na cabeça, sem consciência de classe. Lupokhov concordou nesse ponto, e declarou que o balé soviético não podia ser apenas grotesco. A primeira apresentação de *O parafuso*, em 8 de abril de 1931, no Teatro Estatal Acadêmico de Ópera e Balé de Leningrado foi também a última. As críticas a Shostakovich centraram fogo no excesso de tarefas a que se dedicava (ele tentava fazer demais, muito rapidamente, em demasiados gêneros) e na sua falta de seriedade. Ninguém pensou em considerar que a sua abordagem da música em *O parafuso* podia existir em um ponto além da farsa. O título da "Dança das máquinas" é uma piada sombria, o tema de pesadelos urbanos por toda parte. As pessoas dançam, e não as máquinas, a menos que as máquinas em questão tenham sido transformadas em pessoas ou as pessoas em máquinas, com pele de lata e tendões de fios elétricos. A apoteose do balé é o clímax do nada, em que os sopros e as cordas se duplicam, triplicam e quadriplicam como as vassouras demoníacas de *O aprendiz de feiticeiro* de Goethe (ou do Mickey Mouse).

No final das contas, *O parafuso* é sobre uma máquina escangalhada por um vilão que não compreende o mundo em que vive. Ela é consertada pelos que entendem. O balé era uma máquina de outro tipo, uma velha máquina imperial que precisava do aperfeiçoamento soviético. Shostakovich e Lopukhov, que possuíam egos e gênios suficientes, se imaginaram como os consertadores e, assim, o enredo de *O parafuso* se centra no rapaz ludibriado. O herói faz o mal com a intenção de fazer o bem e tem apelo emocional e psicológico. Contudo, em vez de ser elogiado, ainda que hesitantemente, pelo esforço, os criadores do balé leram que "*O parafuso* é um fiasco e deve ser a última advertência ao compositor".[24] Só Smirnov escapou às críticas e fugiu para Nova York, para chefiar a Corporação Amkino, que distribuía filmes soviéticos nos Estados Unidos, enquanto Shostakovich e Lopukhov voltaram a Leningrado para trabalhar.

Eles se juntaram mais uma vez para criar *O córrego límpido* (Svetlïy ruchey) para o Teatro Estatal de Ópera Malïy (antes e agora denominado Teatro Mikhailovski), que, respaldado por oficiais comunistas regionais, havia formado uma trupe de balé cômico em 1933. Se temiam outro fracasso, *O córrego límpido* não deixa claro, exceto na medida em que os criadores excluíram personagens negativas do enredo. O grotesco ainda tinha o seu lugar, bem como a sátira. O compositor e o coreógrafo conheciam os nomes dos seus inimigos e a posição no espectro político de onde escreviam, mas os garotos maus do balé moderno recebiam de bom grado quaisquer atenções — mesmo na forma de críticas negativas. A julgar pela correspondência de Shostakovich e pelas memórias de Lopukhov, o medo ainda não pairava no ar.

As cartas de Shostakovich ao crítico erudito de balé Sollertinski, seu grande amigo desde a escola, além de conselheiro e defensor, ironizavam a política do momento, inclusive a histeria provocada por um discurso de Stalin, em novembro de 1935, aos trabalhadores "espantados" que haviam excedido o plano quinquenal de desenvolvimento econômico. "Hoje", escreveu, "tive a enorme felicidade de assistir à sessão final do congresso dos stakhanovistas", como se estivesse satisfeito por dar uma pausa na monotonia da composição de clássicos do repertório soviético. "Ouvi as apresentações dos camaradas Stalin, Voroshilov e Shvernik. Fui cativado pelo discurso de Voroshilov, mas depois de ouvir Stalin não pude me conter e gritei 'Hurra' com o resto do auditório e aplaudi a mais não poder. Você vai ler esse discurso histórico nos jornais, então não vou mencioná-lo aqui. Hoje, claro, foi o dia mais feliz da minha vida: vi e ouvi Stalin."[25] Ele concluiu a sátira com uma referência ao trabalho que tinha em mãos. "A reunião começou às 13 horas. Em vista disso, saí cedo do ensaio no Teatro Bolshoi", referindo-se aos ensaios para a première moscovita de *O córrego límpido*, que ocorreu uns cinco meses depois da estreia razoavelmente bem-sucedida em Leningrado.

As atitudes permaneceram positivas ante a produção do Bolshoi de 30 de novembro de 1935. Os maquinistas de uma fábrica suburbana (SVARZ) especializada na manufatura de bondes elétricos foram convidados para o ensaio, além de operários de uma fábrica de rolamentos e de um grupo de uma fábrica (DINAMO) que produzia motores para locomotivas. Podia não ser a audiência ideal para o ensaio de um balé sobre a vida em uma fazenda coletiva, mas os operários industriais se divertiram, apesar da sua perplexidade com as intrigas no segundo ato. Mais tarde, durante a apresentação no Bolshoi, "um grupo de cossacos do Don" assistiu ao espetáculo; tendo vencido concursos de canto e dança nas suas fazendas coletivas, haviam granjeado o privilégio de "conhecer as maravilhas da capital soviética".[26] (Não se sabe se eram realmente camponeses e, na verdade, a maioria dos que foram forçados a viver em fazendas coletivas não possuía os conhecimentos básicos para tal, o que resultou em um desastre, como os assistentes mais corajosos de Stalin haviam previsto.) Além do Bolshoi, o passeio dos "fazendeiros" cossacos do Don incluiu um passeio no metrô de Moscou, cuja primeira linha acabava de ser completada, e visitas ao circo, ao planetário, ao zoológico e às lojas estatais para fazer manicure e levar casacos, botas e presentes para todos em casa. As despesas foram debitadas na conta do Bolshoi pelo substituto de Malinovskaya, Vladimir Ivanovich Mutnïkh (1895-1937). Os convidados enviaram-lhe um bilhete escrito a lápis de cera em grandes letras infantis: "Queremos pedir-lhe pessoalmente, Vladimir Ivanovich, que, quando o camarada Stalin vier novamente ao Teatro Bolshoi, você lhe diga que nós, os fazendeiros coletivos de Veshensk, nunca esqueceremos o feliz dia 3 de dezembro de 1935, quando vimos o nosso grande amigo, o nosso grande líder, camarada Stalin."[27]

O cenário de *O córrego límpido* contrapõe gente da cidade (neste caso, bailarinos profissionais) a roceiros, na forma de trabalhadores da fazenda coletiva junto ao "córrego límpido" e aposentados adoráveis que moram em cabanas e que já viram e fizeram de tudo. Os visitantes portam estandartes comunistas vermelhos para decorar a fazenda, mas os camponeses mostram-se indiferentes e até hostis à corte comunista — como haviam feito com a corte imperial. A bailarina urbana que traz a bandeira encontra seu duplo em Zina, uma artista local. Elas tinham sido amigas na infância e haviam estudado na mesma escola de balé. O resto da história consiste em intrigas amorosas reminiscentes de *Sonho de uma noite de verão*, de Shakespeare, que o libretista Adrian Piotrovski adorava. Lopukhov ressaltou a natureza dual do drama entre os dois mundos harmonizando as frases das artistas principais e formalizando e abstraindo os gestos do primeiro e fazendo o segundo mais livre, frouxo e próximo. O balé é sobre e para pantomima e as danças a caráter, o que fez os três atos ficarem espremidos. Obviamente, os rústicos e ingênuos da "pequena parada à margem da estrada", como o cenário é descrito, provam ser superiores em coração e mente aos sofisticados. Para completar, "o festival termina com uma dança em que todos, jovens e velhos, se envolvem com os artistas visitantes".[28]

Houve queixas entre os operários na audiência pela ausência do sabor do norte do Cáucaso na música; as festas permanentes dos fazendeiros coletivos; o desperdício da produção estatal na cena da luta das maçãs; e a exclusão das mulheres das danças "nacionais". Além disso, nada no balé indicava "o papel dos organizadores do Partido e da liderança do Partido na fazenda". Para sondar a acessibilidade do balé, após uma apresentação os operários presentes receberam um questionário: "Quem é Zina?" Respostas: "1) Ela trocou o teatro pela fazenda coletiva para fazer caridade. 2) Uma chefe, uma mulher da cidade que vive temporariamente na fazenda. 3) Alguém em viagem de negócios da fábrica para a fazenda. 4) Uma representante do Komsomol. 5) Uma organizadora de atividades recreativas. 6) A líder de uma brigada de choque dos fazendeiros coletivos. 7) Alguém que se casou com um fazendeiro e por isso vive na fazenda." Houve outros questionários sobre outras personagens, e os resultados são um saco de gatos. Em pesquisas feitas depois dos testes, a "Camarada Postinikova" informou que "entendeu o balé corretamente". Igualmente, a "Camarada Kireyeva" acho tudo fácil de acompanhar e, como a aluna que quer uma estrelinha, preencheu as perguntas sobre o enredo que a colega não recordava. O processo era lindamente sincero, e todos estavam agradecidos por participar.[29]

O novo diretor-geral do Teatro Bolshoi, Vladimir Mutnïkh, apoiou a produção com entusiasmo. Porém, seu assistente, Boris Arkanov, queria eliminá-la do repertório por ser pouco séria, segundo Shostakovich informou a Sollertinski. O compositor sabia que Arkanov tinha conexões no Kremlin. Como Sollertinski tampouco tinha gostado muito de *O córrego límpido*, Shostakovich sentiu que precisava pedir desculpas ao amigo. Ele acrescentou que não se oporia ao cancelamento do balé, que descreveu como seu Waterloo pessoal, um "fiasco vergonhoso".[30]

E foi mesmo em um fiasco vergonhoso que Shostakovich se viu transformado quando a corda apertou, limitando sua expressão artística — e diante dos colegas, tanto dos que haviam alimentado seu talento precoce como dos que o invejavam por isso. As críticas da ARMP se centraram na noção de que ele se perdera ao se dividir entre filmes, pelos teatros juvenis e as principais casas de balé e ópera. Quando as críticas se acirraram e passaram a sugerir uma falta de seriedade política, sua rede de apoio encolheu e ele chegou a ser constrangido por Platon Kerjentsev, o mais alto oficial da cultura, a se afastar de Sollertinski.

Em janeiro e fevereiro de 1936, Shostakovich foi alvo de duas críticas condenatórias no *Pravda*. Elas foram publicadas logo após uma série de apresentações exitosas de *O córrego límpido* no Teatro Bolshoi, inclusive uma em 21 de dezembro de 1935, no 56º aniversário de Stalin. O governante soviético havia assistido a uma apresentação anterior do seu camarote reforçado com concreto e, aparentemente, não desaprovara o que viu — ao menos não de imediato. Os jornais aprovaram as versões do balé em Leningrado e Moscou, ressaltando a ternura dos adágios e o charme simples da valsa. O elenco, uma reunião de sílfides na estepe, tinha um significado tremendo para o futuro do balé russo e em outras partes. No corifeu estava Pyotr Gusev, futuro fundador da Academia de Balé de Pequim, e Sulamith Messerer, que, como bailarina, "possuía técnica e impulso (era agressiva também na vida real) e podia fazer muito; ela dançou quase todo o repertório do Bolshoi". As palavras citadas, além da crítica de que Messerer "não tinha noção de linha", são da sua sobrinha Maya Plisetskaya, a ilustre e vencedora bailarina que Messerer educou quando os pais dela foram detidos, no final da década de 1930.[31]

A única queixa contra *O córrego límpido* na capital soviética foi quanto ao libreto "ingênuo e primitivo", embora fosse culpa de Piotrovski ou de Lopukhov, não do compositor.³² Porém, as coisas ficaram difíceis para Shostakovich quando a sua segunda ópera, *A Lady Macbeth do distrito de Mtsensk*, começou a ser apresentada simultaneamente ao balé, na filial experimental do Teatro Bolshoi. A obra, de 1934, tinha sido encenada mais de duzentas vezes em Leningrado, Moscou, Paris, Londres, Copenhagen e Praga, e era uma sensação internacional, um dos dois sucessos da sua carreira (o outro foi a sinfonia *Leningrado*, da época da guerra). Houve também récitas em Cleveland e Nova York, regidas por Artur Rodzinski em uma aposta arriscada feita por intermédio da redação do jornal comunista americano *Daily Worker*, que publicou críticas laudatórias, e a organização de intercâmbio cultural VOKS.

O enredo é um pesadelo, mas politicamente correto, ambientado na era imperial depravada, quando a vida da classe trabalhadora era miserável e os serviços inadequados. A personagem principal, Katerina Izmailova, é a esposa iletrada e sem filhos de um comerciante. O conto em que se baseou, publicado em 1865 por Nikolai Leskov, descreve-a como "de apenas 23 anos; não alta, mas com formas, um pescoço como esculpido em mármore, os ombros redondos, o busto firme, o nariz fino e reto, os olhos negros vivazes, a fronte alta e branca, e cabelos muito negros, quase azulados".³³ Ela definha na região mais insípida do insípido interior da Rússia, uma sorte da qual quer escapar. Ela também deseja se vingar do marido infiel e embriagado.

Katerina torna-se amante de um funcionário de escritório, Sergei. Seu odioso sogro descobre o caso e tira o cinto para espancá-la. Ela foge para o campo, regressa e o alimenta com cogumelos venenosos. Quando o marido volta para casa de uma viagem de negócios e descobre o cadáver putrefato do pai, Katerina e Sergei o estrangulam. Agora, a heroína leva duas mortes nas costas, e terá de acrescentar outras duas. Ela e Sergei são encarcerados pelos seus crimes, depois de serem delatados ao corrupto chefe da polícia por um bêbado local. A caminho da Sibéria, Sergei se envolve com outra mulher, a insensível e egoísta Sonyetka. Katerina canta um lamento desgarrador antes de afogar Sonyetka e a si mesma no rio Volga. As coisas poderiam ter ficado ainda piores: no texto original, figurava também o assassinato de uma criança, que Sostakovich eliminou.

Ele toma o partido de Katerina nesses acontecimentos terríveis, empurra a ópera para além dos limites da convenção teatral e do bom gosto, e afirma uma mensagem moral maior. O comportamento da heroína pode estar de acordo com certos preceitos marxista-leninistas vulgares sobre a liberação feminina, mas é difícil defender uma série de assassinatos.[34] Trata-se de um entretenimento lúgubre e, aparentemente, como as suas músicas para balé, para instigar, embora fosse de esperar que os gentis operários que ciosamente vetaram *O córrego límpido* fugissem em direção à saída. Esqueça o popular. Shostakovich representa a existência depravada e repleta de sujeira de Katerina com lixo musical: paráfrases de gêneros musicais populares, tais como o cancã, a polca, o galope e as cantigas açucaradas que compunha para filmes mudos, teatro de revista e os seus três balés. Sua estética era materialista, mas ele concedeu a Katerina alguns dos trechos mais comovedores já criados para uma soprano coloratura. A eminente Galina Vishnevskaya construiu a sua carreira a partir desse papel.

Katerina é uma heroína incomum, mas grandiosa; vinga-se não só do que sofreu, mas também do que todas as sopranos do passado tiveram de aguentar nos repertórios russo, francês, alemão e italiano. Suas antecessoras alcançaram a graça por meio do martírio, mas ela dá o troco.

STALIN TAMBÉM GOSTAVA de dar o troco, e de ópera, mas não apreciou *A Lady Macbeth do distrito de Mtsensk*. Em 26 de janeiro de 1936, ele assistiu a uma récita conduzida pelo experiente maestro armênio Alexander Melik-Pashayev, que Shostakovich acusou, de modo racista, de ser demasiadamente entusiasta no pódio. Os detalhes da noite constam das memórias de Levon Atovmyan, assistente do compositor. Personagem elegante e pícaro, Atovmyan sobreviveu a um período em um campo prisional estalinista nos Urais do norte em 1938-39 e, mais tarde, em

O Teatro Maddox, antecessor do Bolshoi, c. 1800.

Vista lateral do Teatro Bolshoi com desfile dos soldados imperiais russos, sem data.

Ekaterina Sankovskaya, "veloz como um raio", no balé *O corsário*.

Ilustração do surgimento das donzelas-cisnes para a produção original de *O lago dos cisnes* (1877).

Cartaz da produção original de *Dom Quixote*, de 1869, espetáculo beneficente para Anna Sobeshchanskaya.

Anna Sobeshchanskaya como Odette em *O lago dos cisnes*.

A bailarina e atriz de cinema mudo Vera Karalli como Odette, em 1906.

Fotografia de estúdio do balé *Estrelas* (1898), de Ivan Clustine, com libreto de Karl Valts, com Clustine no papel de Castro empunhando um raio.

Um dos "estudos fotográficos para coreografia" de Gorski, 1907-1909.

Alexander Gorski.

Flores sempre frescas, balé infantil de Gorski, 1922.

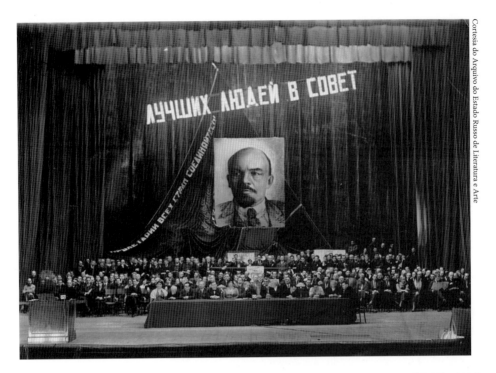

O retrato de Lenin paira entre o palco do Teatro Bolshoi e um letreiro luminoso anunciando "os melhores para o Soviete".

Elena Malinovskaya, diretora-geral do Teatro Bolshoi sob Lenin e Lunacharski, caricaturada de mau humor.

Malinovskaya atrás de sua escrivaninha.

Ficha de emprego de Vladimir Mutnïkh, diretor-geral do Teatro Bolshoi, preso e executado em 1937.

Stalin com membros do governo em um camarote do Teatro Bolshoi, em meados de 1930.

Cartão-postal com Ekaterina Geltser em *La bayadère*.

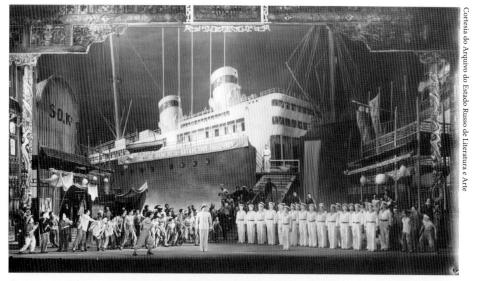

O vapor soviético atraca no porto chinês em *A papoula vermelha*.

Asaf e Sulamith Messerer em *O córrego límpido*, 1935.

Ekaterina Geltser como Táo-Huā em *A papoula vermelha*, o "primeiro balé soviético".

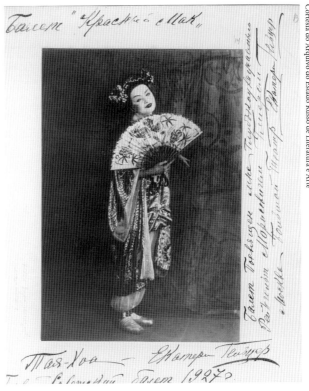

Leonid Lavrovski ensaia *O conto da flor de pedra*, 1953.

A Mãe Terra engole o vilão em *O conto da flor de pedra*, 1954, por ordem da ama da Montanha de Cobre.

Yuri Grigorovich.

Khachaturian ao piano no Teatro Bolshoi, em 1957, rodeado por Yuri Fayer, Leonid Lavrovski e Igor Moiseyev.

Maya Plisetskaya e seu irmão Alik na infância.

Malika Sabirova, a ministra da Cultura Ekaterina Furtseva, Maya Plisetskaya e Yuri Grigorovich no primeiro concurso internacional de balé em Moscou, 1969.

Plisetskaya em *A morte do cisne*, década de 1940.

Elizaveta Gerdt ensaiando Plisetskaya e Vladimir Preobrajenski, 1947.

O cenógrafo Simon Virsaladze, parceiro de longa data de Grigorovich, Alexander Lavrenyuk e Plisetskaya, *Lenda de amor*, 1972.

Vladimir Vasiliev e Ekaterina Maksimova em *Spartacus*.

O Teatro Bolshoi, 15 de maio de 2015.

1948-49, foi o pivô de um escândalo político e financeiro no Sindicato de Compositores Soviéticos.

À época, Shostakovich morava [1935-36] em um quarto alugado em Petrovka. No dia em que deveria partir para Arkhangelsk, a sua ópera *A Lady Macbeth do distrito de Mtsensk* seria apresentada na filial do Bolshoi. Eu o acompanharia à estação de trem; porém, por telefone, ele contou que tinha sido instruído a atender, sem falta, à récita. Protestara alegando que não poderia comparecer, pois estava de partida para Arkhangelsk para um concerto. "Você sabe", rogou, "percebi algo desagradável no telefonema e no convite do diretor. Por favor, poderia ir ao teatro e me ligar para dizer o que está acontecendo lá?" Prometi passar na filial, e também que voltaria para levá-lo à estação. Shostakovich se opôs: "Não precisa vir à estação. Por que se incomodar? Guarde as lágrimas para futuras despedidas."

Ao chegar à filial, soube que membros do Politburo, incluindo Stalin, assistiriam à récita. Tudo correu bem, mas, no entreato, antes da cena do casamento de Katerina, a orquestra (especialmente o naipe de sopros) se animou demais e tocou muito alto (acho que o naipe de sopros tinha sido aumentado naquele dia). Fitei, por acaso, o camarote do diretor e vi entrar Shostakovich. Ele foi chamado ao palco depois do terceiro ato: estava pálido como uma folha de papel e deixou o palco após uma rápida mesura. Encontrei-o no camarote: ele estava tão pálido como antes e disse: "Vamos, Levon, vamos embora logo. Eu já deveria estar na estação."

No caminho, ele não conseguiu se acalmar e perguntou, irritado: "Diga-me, o volume da 'banda' precisava subir de um modo tão ofensivo? Por que Melik-Pashayev apimentou o entreato e toda a cena — será por causa do seu jeito armênio exagerado de *chiche-kebab*? O estrépito dos sopros deve ter deixado surdos os que estavam sentados no camarote dos oficiais; pressinto que este ano, como outros anos bissextos, irá me trazer infortúnios."[35]

E trouxe. Shostakovich tinha caído em uma armadilha, e estava ciente. Não é de admirar que tenha passado a noite em Arkhangelsk após o concerto na companhia da vodca. O Kremlin martelou o compositor em dois artigos no *Pravda*. Eles não estavam assinados, o que indica que vinham aprovados pelas altas esferas, mas saíram da máquina de escrever de David Zaslavski, um jornalista sombrio, por ordens do recém-formado Comitê para Assuntos Artísticos (Komitet po delam iskusstv). Esta "mega-administração" foi criada em 7 de janeiro de 1936 por decreto do Comitê Central e o Conselhos dos Comissários dos Povos da URSS.[36] Seu presidente, Platon Kerjentsev, era um propagandista de carreira de 54 anos, censor e hagiógrafo de Lenin.[37] Ele dedicou-se à tarefa de erradicar o formalismo nas artes com um preconceito exaltado e lançou campanhas difamatórias contra "inimigos do povo" condenados, as vítimas do expurgo.

Por ordem de Kerjentsev, Zaslavski denunciou a ópera de Shostakovich *A Lady Macbeth do distrito de Mtsensk* e o seu balé *O córrego límpido*, a primeira um motivo de orgulho do compositor, o segundo um amor menor e pretexto para a autoironia. A denúncia da ópera é de 28 de janeiro, e apareceu na página três do *Pravda* com o título "Sumbur vmesto mizïki" ou, como costuma ser traduzido, "Lama em vez de música". A prosa é imaginativa, longe da homogeneidade estultificante do *Pravda*, e se centra no desejo do compositor de estimular os "gostos perversos das audiências burguesas com uma música torcida, estridente e neurastênica", segundo tal denúncia. Pouco é dito sobre o enredo de *Lady Macbeth* ou do impulso por trás do "ranger de dentes e dos alaridos", porque o editorial tinha o intuito de atemorizar. O compositor estava dando asas à "confusão", fazendo um jogo que "poderia terminar mal".[38]

A denúncia do balé apareceu em 6 de fevereiro, também na página três, sob o título "Baletnaya fal'sh'" (Falsidade no balé). O seu alvo era Lopukhov, mais do que Shostakovich, e teve consequências devastadoras para a carreira do coreógrafo. Foi também o início do fim de Mutnïkh, que havia indicado Lopukhov para a posição de diretor artístico do Balé Bolshoi. Em *O córrego límpido*, Lopukhov tentara hibridizar danças clássicas e amadoras (folclóricas), inserindo diversas sequências com personagens da cidade e personagens da fazenda que dançavam os mesmos passos em estilos diversos. O esforço foi ignorado pelo editorial do *Pravda*, assim como o enredo — divertido, que trazia uma ceifadora dançante, um homem fantasiado de cão pedalando uma bicicleta e todo um léxico de piadas visuais. Zaslavski centrou-se primeiro na própria arte do balé, declarando-a uma arte fora de moda. Ele apresentava "bonecas" em oposição a atores dramaticamente convincentes e, apesar da sua beleza, as bonecas não podiam pretender representar o milagre da coletivização forçada. O stakhanovista Shostakovich foi tachado de preguiçoso. Ele deveria ter ido à região de Krasnodar para ver com os próprios olhos os prodígios dos agricultores e pastores. Tanto ele como Lopukhov deveriam ter enobrecido a alegria no libreto, em vez de trivializá-lo. "Um tema sério exige uma atitude séria, consciência na execução. As ricas fontes de criatividade nas canções, danças e jogos populares deveriam ter sido mostradas aos autores do balé, ao compositor."[39]

Shostakovich interpretou a censura como uma grave ameaça à sua vida e, por meio de Kerjentsev, quis aconselhar-se com Stalin sobre como se emendar, como se engajar em uma "perestroika" pessoal, mas o encontro não ocorreu.[40] Ele estava em maus lençóis. O Comitê Central recomendara a sua reeducação ideológica e ele teria de abrir caminho para a reabilitação sem o benefício de uma audiência com o Grande Jardineiro, o Grande Líder e Mestre, o Grande Tudo. Em 29 de fevereiro de 1936, ele escreveu a Sollertinski: "Retido em casa, desesperado. Estou esperando uma chamada."[41] Mas a convocação ao escritório de Stalin nunca chegou.

Ele se recuperou, mas aquilo deve ter sido terrível. Os bailarinos do Bolshoi se lembram de vê-lo tocar a música de *O córrego límpido* e rir como uma criança, a alegria em seus olhos brilhando através das lentes grossas dos óculos. Após a "inquisição no jornal", ele voltou ao teatro, em pânico, procurando alguma coisa. "A sua voz tremia, ele gaguejava, tinha as mãos agitadas" e prometeu ser sério, responsável, fazer "tudo o que quiserem que eu faça", sem mais brincadeiras.[42] Estava assustado. Mas também parecia ofendido, por si e pela Rússia, magoado pois agora a sua arte teria de ser como o próprio *Pravda* — porque o balé, a ópera e outras artes tinham de ser em preto e branco.

Para Stalin, que enjaulou os artistas soviéticos nas suas fantasias de purificação ideológica, "Lama em vez de música" cumpriu o seu propósito. "Sim, recordo-me do artigo no *Pravda*", teria supostamente comentado. "Ele estabeleceu a política correta."[43] Essas palavras foram transcritas pelo oficial para assuntos de cinema Boris Shumayatski, que encontrou-se com Stalin na noite de 29 de janeiro para gravar os efeitos colaterais de "Lama em vez de música". Shumayatski anunciou a opinião de Stalin de que, "assim como a maioria dos compositores, Shostakovich pode compor boa música realista, sempre e quando for conduzido."[44] "Este é o ponto", respondeu Stalin, antes de discorrer sobre o tema em uma quase paráfrase de "Lama em vez de música".

> Mas eles não são conduzidos. As pessoas jogam na mistura qualquer absurdo que lhes agrade. E por isso são elogiados, glorificados. Porém, agora que o *Pravda* esclareceu as coisas, os nossos compositores devem começar a escrever música clara e compreensível, não adivinhações e quebra-cabeças em que o significado do trabalho se esvai. E as pessoas precisam de habilidades melódicas. Alguns filmes, por exemplo, podem deixar você surdo. A orquestra grasna, guincha, algo apita, algo chacoalha — você não consegue acompanhar as imagens visuais. Por que o esquerdismo é tão persistente na música? Só há uma resposta. Ninguém acompanha, ninguém apresenta aos compositores exigências específicas para a arte de massas. O Comitê das Artes deveria adotar o artigo do *Pravda* como um programa para a música. Senão, o resultado será ruim. A experiência do filme deveria ser levada em conta nesse aspecto.[45]

A partir de então, Shostakovich soube que o fruto de seu trabalho seria inspecionado, como os produtos das fazendas coletivas, em busca de defeitos. Contudo, o escrutínio do governo era tão inconsistente quanto as políticas que tentava impor, e colocou a sua carreira em uma situação de incerteza, embora o seu valor para o regime tivesse aumentado. Os destinos do balé *O córrego límpido* e da ópera *A Lady Macbeth do distrito de Mtsensk* e da produção menos extravagante que se seguiu foram determinados pelos burocratas e a burocracia. O preço de mercado das suas composições subia e caía segundo o que o Kremlin decidisse, segundo o que o regime exigisse dos seus principais artistas em um dado momento. Shostakovich absorveu os golpes políticos, criou obras-primas sinfônicas e para quartetos de cordas, serviu ao regime quando convocado e chegou a se filiar ao Partido Comunista em 1960. Com Stalin, Kruchev e Brejnev, ele teve uma vida de elite, porém cautelosa. Após os danos que lhe foram infligidos na época dos expurgos, ele jamais voltou a compor balés e óperas.

JUNTO AOS ARTIGOS positivos e em seguida negativos sobre *O córrego límpido*, apareceram notícias animadas sobre a futura première no Bolshoi do balé *Romeu e Julieta*, de Prokofiev. Contudo, em virtude da política, ele não foi apresentado como programado; diversos membros do círculo íntimo do compositor foram detidos. O balé se transformou em uma história muito dolorosa.

Romeu e Julieta deveria ter sido uma espécie de volta para casa, pensado para marcar a conclusão triunfante do esforço de mais de um ano, respaldado pelo Comitê Central, para repatriar Prokofiev, que por dezoito anos viveu nos Estados Unidos e na Europa. Em 1918, ele havia arrumado o seu baú e deixado a Rússia com a bênção de Lunacharski. Nos anos em que passou no exterior, manteve contato com o comissário e mostrou-se confiável em questões de intercâmbio cultural. Mas a surra que levara no Bolshoi por *Le pas d'acier* e o que ouvia — dos colegas, os primos exilados, os telefones grampeados — sobre a virada para a barbárie em questões de lei e ordem mantiveram a estrela modernista fora das garras do regime. Diplomatas de olhos baços e astutos da "Bolchevizia", como ele a apelidara, tocaram à sua porta em Paris para pedir que compusesse sobre a revolução.[46] O encontro com artistas russos jovens e enérgicos evocou nele a nostalgia de uma Rússia que pensava ainda existir. Em seu diário, expressou o desejo de rever o pequeno círculo de amigos russos em Moscou; queria ver as letras cirílicas nas placas das ruas, tinha saudade da paisagem mágica da sua infância mimada na Ucrânia.

Contudo, ele hesitou em regressar até 1935, quando o Teatro Mariinski--Kirov fez uma encomenda irrecusável de uma ópera ou balé sobre o tema de sua preferência. Prokofiev orgulhava-se de ser um dramaturgo; contudo, para os empresários burgueses e imperiais, ele parecia ao mesmo tempo radical demais e pouco radical, e ele nunca conseguiu ter o triunfo que ansiava no Ocidente. Por isso mordeu a isca, pensando que poderia simplesmente deslocar-se entre a Rússia e a França, e, assim, continuar cumprindo os compromissos dos seus concertos internacionais.

O regime, representado por Mutnïkh, diretor do Bolshoi, tinha outros planos e planejou um verão bucólico para ele em Polenovo, um retiro para artistas soviéticos ao sul de Moscou. Prokofiev se instalou em uma cabana à margem do rio Oka; nadou, jogou vôlei e compôs, muito, no calor da inspiração alimentada pela pátria. Em menos de quatro meses, produziu uma música anotada para piano para um balé "sobre motivos" do *Romeu e Julieta* de Shakespeare.[47]

Ele escolheu esse tema em consulta com o dramaturgo Piotrovski, que conhecia do projeto de um filme soviético anterior. Eles se dedicaram à história do amor trágico como tema e ao balé como gênero. Também houve contribuições de Sergei Radlov, diretor de teatro que se tornara diretor de balé e havia montado uma versão vernácula de *Romeu e Julieta* com jovens atores do seu Teatro Estúdio, em Leningrado. Prokofiev havia assistido à peça, e ele e a sua equipe pensaram que seria possível colocar a dança e a pantomima ao fundo e a vida real em primeiro plano.

Mas o contrato nunca se materializou, e a razão não dita foi a demissão de Radlov do Mariinski-Kirov durante uma briga interna desagradável. Mutnïkh se adiantou para levar o balé ao Bolshoi, permitindo que Piotrovski permanecesse como libretista e Radlov como libretista e diretor. O diretor do Bolshoi visitou o compositor em Polenovo para ver como as coisas estavam caminhando e todos os envolvidos, inclusive os bailarinos que lá também passavam férias, alimentaram grandes expectativas. Estas aumentaram quando Mutnïkh convidou a esposa de Prokofiev para assistir à première no Bolshoi de *O córrego límpido*, de Shostakovich, que não a impressionou. "Um show alegre em geral", declarou, "mas tenho muitos poréns e a música não me agradou [...] os comentários à minha volta me fazem pensar que todos esperavam mais de Shostakovich." A dança só foi um sucesso na medida em que era "extravagante" e, em sua opinião, a ausência da bailarina machucada Marina Semyonova comprometeu o conjunto. Mutnïkh tomou-a pelo braço nos entreatos, ofereceu-lhe chá e disse "não se preocupe, teremos uma grande comemoração quando acabar o balé de Sergei Sergeievich".[48] Dois meses depois, quando Shostakovich foi denunciado no *Pravda*, aquela celebração parecia incerta, e Prokofiev se iludiu pensando que seria bem-vindo, voltando a residir permanentemente na União Soviética, e recebido como um salvador.

A chave do sucesso de *Romeu e Julieta* foi o *drambalet* definido pela extravagância orientalista de *A fonte de Bakhchisarai* e *As chamas de Paris* (Plamya Parizha), que estrearam em Leningrado em 1932, no 15º aniversário da revolução. Este último, originalmente uma alegoria da Revolução Francesa, tornou-se uma produção básica do repertório soviético e viajou de Leningrado a Moscou, depois por toda a União Soviética e o leste da Europa. Ele também obteve um Prêmio Stalin. Radlov estivera envolvido na produção original, com música de Boris Asafyev extraída de fontes francesas. Prokofiev dera as melodias francesas a Asafyev em Paris como um favor, e não se impressionou com o resultado do plágio. "Ensaio geral de *As chamas de Paris* no Bolshoi com Semyonova e Chabukiani", escreveu ele em seu diário. "Eu disse a Asafyev que já era hora de ele fazer um trabalho decente na composição desse balé."[49] Mas ele tinha feito um trabalho decente, no sentido de submeter suas ânsias criativas aos ditames da estética soviética. A sorte de Prokofiev, em contraste, seria a de tentar mas não conseguir sublimar o seu talento artístico individual.

No entanto, ele reconheceu que Asafyev tinha um par de sucessos nas mãos. Prokofiev sopesou os prós e contras artísticos de *A fonte de Bakhchisari* e *As chamas de Paris*, checou a temperatura política e, em colaboração com Piotrovski e Radlov, forjou o que pensou que seria um plano seguro para *Romeu e Julieta*. O balé respeitaria Shakespeare até certo ponto, mas também daria lugar ao exótico — a sua versão da valsa no harém em *A fonte de Bakhchisari* (o coreógrafo daquela valsa, Rostilav Zakharov, foi chamado). O maior esforço, essencial, seria incluir alusões à revolução na história familiar do amor malfadado. O trio de libretistas teve a ideia perversa e engenhosa de mudar o foco da trama da luta entre os clãs Montecchio e Capuleto, e do casal de adolescentes encurralado entre eles, para a luta mais ampla entre representantes da velha e da nova ordem política. O rechaço do pensamento e do comportamento feudal marcaria a mudança da era imperial para a soviética. E o final do balé seria feliz, ou ao menos agridoce, por motivos pragmáticos para Prokofiev — "gente viva dança, os mortos não" — e políticos para Piotrovski e Radlov.[50] A estética de meados da década de 1930 exigia tragédias otimistas: como cidadãos soviéticos, Romeu e Julieta não poderiam morrer de um modo tão absurdo e acidental como um duplo suicídio.

O drama chega ao fim antes mesmo do final. Frei Lourenço detém o gesto de Romeu e lhe diz que a poção que Julieta tomara para fingir a morte era só um sonífero. Quando os habitantes da cidade se reúnem para comemorar o seu despertar, Romeu leva Julieta para fora do palco. O casal sai da história. Dependendo do orçamento, a produção poderia incluir um leito de nuvens para os amantes, ou talvez o par feliz pudesse flutuar junto às estrelas — uma apoteose essencialmente órfica em que a música consonante em dó maior do cosmos, ou as sonoridades instáveis do primeiro amor, conquista tudo.

Prokofiev tocou a partitura para o piano em uma avaliação no Teatro Bolshoi, e o regente Yuri Fayer criticou a sintaxe musical irritante. Radlov insistiu em manter intacto o final incomum, mas Prokofiev mostrou-se disposto a ceder, tornar o balé mais tradicional se isso ajudasse a levá-lo ao palco. Em janeiro de 1936, o mês fatídico de Shostakovich, Prokofiev tocou o piano nos primeiros três atos ante um grupo que incluía Mutnïkh e o literato Sergei Dinamov, membro do conselho artístico e político do Bolshoi. Especialista em Shakespeare, Dinamov apoiou cautelosamente o final feliz. O mesmo fez outro compositor presente, Alexander Ostretsov, para quem "o tom vital de toda a peça de Prokofiev, que se manifesta claramente na culminação, não enfraquecerá se ele seguir os passos de Shakespeare no desenlace".[51]

Contudo, o balé estava condenado. Kerjentsev, o presidente do recém-formado Comitê para Assuntos Artísticos, iniciou uma poda na administração do Teatro Bolshoi como parte de uma campanha ideológica contra a experimentação antidemocrática, "formalista" na arte soviética. Ele apresentou um memorando a Stalin informando-o da sua intenção de demitir o regente Nikolai Golovanov do Bolshoi e reavaliar o repertório. O memorando listava *Romeu e Julieta* como uma provável produção para a temporada de 1936-37, mas os preparativos haviam sido suspensos à espera da "avaliação" do repertório "pela nova liderança do teatro".[52] Apesar dos esforços de Prokofiev para calibrar *Romeu e Julieta* segundo o que já havia sido aprovado no Bolshoi, a versão original não foi encenada. Para o compositor, foi a primeira lição dolorosa de que a opção carreirista de regressar à União Soviética tinha sido um erro tremendo.

A revisão administrativa do Bolshoi levou à prisão de Mutnïkh em 20 de abril de 1937. Três meses depois, em 13 de julho, ele "recebeu baixa", oficialmente removido dos seus cargos.[53] Foi condenado à morte em 15 de setembro e executado em 11 de novembro. Ele tinha 41 anos de idade.

O rosto de Mutnïkh era afável, o cabelo castanho basto, mas encarnou a militarização da cultura sob Stalin. Antes da diretoria do Bolshoi em 1935 ele estivera na Casa Central do Exército Vermelho, atualmente conhecida como Centro Cultural das Forças Armadas da Federação Russa, e ele havia defendido *Romeu e Julieta*. Mutnïkh foi preso quase no mesmo momento que Leonid Lyadov, o diretor do Teatro Malïy, que ficava próximo ao Bolshoi. Agentes do NKVD levaram Lyadov à prisão de Lubyanka por suspeita de planejar explodir o camarote do governo no teatro Malïy quando Stalin ou o outro membro do Politburo estivesse na audiência. A agência de notícias soviética TASS transmitiu o rumor de que haviam sido encontrados "diversos equipamentos incendiários que seriam explodidos no momento certo".[54] Stalin declarou que a história era uma "invenção ridícula", mas deixou que ela se espalhasse, já que o motivo da prisão era irrelevante: o NKVD estava preenchendo a sua cota de detenções.[55] A liquidação de Lyadov pôs fim à ideia da encenação do balé com final feliz de Prokofiev naquele ano, pois a prática corrente era considerar contaminado tudo o que se relacionasse com um funcionário cultural preso, inclusive as encomendas não feitas e balés, filmes, óperas e exposições em andamento. Conspurcado pela associação com um inimigo do povo desaparecido, o enredo de *Romeu e Julieta*, que envolvia uma poção que se pensava ser venenosa, um esfaqueamento, um conflito de classes e referências históricas subversivas, não podia ser produzido em 1937, na véspera do Grande Terror, e do 20º aniversário da Grande Revolução Socialista de Outubro.

O libretista Piotrovski recebeu ordem de prisão em julho de 1937, denunciado por sua falta de entusiasmo ante as novas restrições à criação. Foi condenado por traição e morreu na prisão. Dinamov, o especialista em Shakespeare, defensor do Comitê Central, foi condenado à morte na primavera de 1939 por confraternizar com uma organização terrorista contrarrevolucionária.

Logicamente, o trauma não estava confinado às artes, ao balé e ao Bolshoi, e afetou milhões de pessoas. Supostos espiões e sabotadores industriais foram executados, assim como os proprietários de terras anteriores a 1917 (*kulaks*), os trotskistas e quem mais fosse suficientemente antipatizado para ser denunciado por colegas de trabalho, parentes ou vizinhos. Para mobiliar seus esquálidos cômodos, os agentes dos apartamentos comunais roubavam mesas e cadeiras, panelas e chaleiras dos apartamentos dos que tinham sido presos; eles também tinham autorização para vigiar as esposas e namoradas cobiçadas dos desaparecidos, o que dava um *páthos* pequeno-burguês aos expurgos comunistas. A limpeza se expandiu e incluiu classes inteiras de pessoas: ciganos, homossexuais e judeus, inválidos, canhotos e, em massa, os habitantes ariscos dos povoados refratários às margens do império. Artistas de segundo e terceiro escalão sofreram muito mais do que a elite dos talentos, como a prisão de Piotrovski confirma, mas houve exceções chocantes. A mais notável delas foi a detenção, a tortura e o assassinato por fuzilamento do eminente diretor de teatro Vsevolod Meyerhold e o assassinato de sua mulher, a atriz Zinaida Raykh. Ela foi esfaqueada diversas vezes, até nos olhos, por atacantes não identificados. Sua morte, em 15 de julho de 1939, chocou o mundo teatral de Moscou, mas foi ignorada pela mídia estatal, bem como a morte de Meyerhold, em 2 de fevereiro de 1940. A bailarina Marina Semyonova perdeu o segundo marido, um diplomata, para o terror. Ele morreu em um *gulag*.

Os expurgos — grandes e pequenos, locais e nacionais — foram comandados por Nikolai Yejov, o diminuto chefe do Comissariado do Povo para Assuntos Internos (NKVD). Cada ciclo de purificação ideológica e biológica engendrava outro, até que os responsáveis por cumprir as cotas de prisões começaram a se voltar uns contra os outros. No dia 4 de fevereiro de 1940, Yejov foi surrado e arrastado, aos prantos, à câmara de execução que ele próprio havia criado. Lavrenti Beria, calvo e de óculos, o substituiu; também veio a ser eliminado. Durante o tempo em que foram chefes do NKVD, as ondas de prisões se concentraram nos bairros da elite no centro-norte de Moscou. Os interrogatórios ocorriam em Lubyanka, o centro do Estado policial, e em prisões notórias de Butïrskaya e Lefortovo. A Sociedade Memorial de Moscou criou um banco de dados com os nomes e endereços das mais de 11 mil pessoas cujo expurgo foi confirmado, mas não está mais acessível.[56] A Casa dos Compositores na rua Bryusov 8-10 foi poupada; o prédio na rua Bolshoi Karetnï 51, onde Shostakovich alugava um apartamento antes de se casar com Nina Varzar, foi palco de diversas detenções; quatro inquilinos do edifício Zemlyanoy Val, onde Prokofiev passou a residir em 1936, desapareceram.

Prokofiev sobreviveu, embora o trauma tenha prejudicado a sua saúde e marcado as psiques de seus filhos. Sua esposa recordou-se de conversas em volta da mesa da cozinha sobre guerra de classes, ameaça fascista, cerco capitalista à URSS — em outras palavras, ideias saídas diretamente do *Pravda*. Ela não queria se juntar à discussão e teve um colapso nervoso quando o marido lhe contou que os soviéticos não permitiriam que regressassem a Paris. O casamento deles se dissolveu em 1941. Sete anos depois, ela foi presa, sob a falsa acusação de espionagem, torturada durante meses e condenada a vinte anos de trabalhos forçados. Passou oito na prisão e foi solta graças, em parte, à intercessão de Shostakovich.[57]

UM PRODUTO DA era tsarista, Prokofiev manteve o ar esnobe da nobreza, e condescendeu com os soviéticos, o que os deixou ainda mais dispostos a romper o seu espírito, intimidando-o para que fizesse concessões e amedrontando-o se fosse necessário. Kerjentsev deixou isso claro em um memorando a Stalin de 1937 sobre questões musicais. Referindo-se a *Romeu e Julieta*, ele comentou que agora Prokofiev reconhecia que precisava mudar o tom, "superar o formalismo e abordar o realismo".[58] Kerjentsev tinha em mente duas suítes orquestrais do balé, que era tudo o que podia ser tocado da grandiosa música de 1935 — faltava retrabalhá-lo como um balé soviético apropriado.

Uma espécie de première ocorreu em um teatro provincial de Brno, na Tchecoslováquia, em 30 de dezembro de 1938, gesto de apoio cultural soviético a uma nação que estava a ponto de cair nas mãos dos nazistas. Ivo Váňa-Psota coreografou o balé e fez o papel de Romeu. Zora Šemberová foi a sua parceira como a cativante Julieta. Em suas memórias, intituladas *Na šťastné planetě* (Em um planeta feliz), ela confirma que tinha sido uma apresentação parcial, e não de toda a música, e que o coreógrafo buscou refletir na dança a tendência modernista da música, embora as novidades do cenário original não tivessem chegado a Brno. A interrupção da briga entre as facções Montecchio e Capuleto devido a um desfile do 1º de maio soviético não saiu do manuscrito de Prokofiev, e tampouco o *divertissement* retrospectivo estranhamente exótico (envolvendo moças sírias carregadas de joias, mouros e piratas com contrabando) que aparece logo depois de Julieta beber a poção "mortal" preparada para ela por frei Lourenço. Em Brno, um coro recitou o final da peça de Shakespeare quando Váňa-Psota ficou sem música para dançar. "Desolado, convencido de que Julieta está realmente morta, Romeu põe fim ao seu sofrimento e toma o veneno. Julieta acorda, vê o amado e deixa o mundo que invejou o seu amor. Será que o amor entre eles teve de morrer para que o ódio entre os Montecchio e os Capuleto também terminasse?"[59]

Então, nada de final feliz, nem de Prokofiev: no final de 1938, ele foi proibido de deixar a União Soviética. O Comissariado de Assuntos Exteriores negou-se a conceder-lhe um passaporte; seu status tinha mudado de *vïyezdnoy* (com permissão para viajar) para *nevïyezdnoy* (sem permissão). Ele perdeu a produção de *Romeu e Julieta* em Brno, encerrada após sete apresentações, em 5 de maio de 1939, em virtude da ocupação nazista da Tchecoslováquia.

No entanto, a estreia prenunciou uma mudança no destino do balé. Em agosto de 1938, Prokofiev recebeu um telegrama do Teatro Mariinski-Kirov de Leningrado expressando interesse em montar *Romeu e Julieta* na temporada 1939-40. O convite veio do coreógrafo Leonid Lavrovski, que anteriormente havia proposto encená-lo com estudantes. Em suas mãos, *Romeu e Julieta* se transformou em um *drambalet*, uma produção naturalista que apagou a linha entre atuação e dança mesmo com o aprofundamento da divisão entre bem e mal. Ser heroína ou herói no universo de Lavrovski era submeter-se, suavizar-se, fundir balé e atuação dramática. Ser um vilão era permanecer preso ao mundo da caricatura rígida, ao mundo insípido das lições políticas óbvias. Prokofiev não tinha alternativa a não ser aceitá-lo como o coreógrafo da estreia soviética, mas não ficou satisfeito — principalmente quando soube que a música seria revisada para ficar mais trágica, mais soviética. Ele havia aprendido a compor para balé em Paris, tutelado por Diaghilev e os Ballets Russes. Diaghilev adorava escândalos; Kerjentsev e o Comitê de Assuntos Artísticos não. Com a revisão, as texturas filigranadas de *Romeu e Julieta* ganharam espessura e foram ralentadas até a música parecer petrificada.

Mesmo após as mudanças, algumas sem autorização do compositor, os bailarinos seguiam lutando com a música. Galina Ulanova, a bailarina apaixonada que definiu o papel de Julieta para sempre, ecoou diversas queixas oficiais sobre as harmonias compactas e os ritmos confusos de Prokofiev. "Para ser sincera, não estávamos acostumados com esse tipo de música, e na verdade ficamos um pouco assustados com ela", disse. "Pareceu-nos que ao ensaiar o Adágio do ato I, por exemplo, seguíamos algum padrão melódico nosso, mais próximo da nossa própria concepção de como o amor de Romeu e Julieta deveria ser dançado, e não do que expressa a 'estranha' música de Prokofiev. Porque devo confessar que não ouvimos esse amor na música dele."[60]

As queixas de Ulanova refletiam tanto a opinião oficial como as suas próprias — não havia separação entre as duas — e Prokofiev teve de ceder. Ele relevou a "histeria" dela, como disse brincando, de um modo condescendente, mas atacou Lavrovski e o regente Isay Sherman.[61] Apesar do descontentamento de parte a parte, Ulanova assegurou o sucesso de *Romeu e Julieta* na estreia em Leningrado, nos dias sombrios da Guerra Fino-Soviética. Ela preencheu com sentimento as linhas ásperas de sopros e cordas, e avivou o didatismo caricatural do *drambalet*. Ulanova empregou um ar de inocência pensativa e às vezes foi criticada por parecer submissa demais ao correr na direção de Romeu, a camisola esvoaçando, ou por oferecer o seio à faca de modo excessivamente serviçal no harém no Bakhchisarai. Contudo, seu zelo emprestou um toque comum ao balé clássico. Seus *arabesques* não pareciam estudados, e transmitiam uma paixão sutil. Ela era uma *prima ballerina*, uma atriz inspirada pelo cinema mudo, mas também uma pessoa real. "Seus passos pareciam conter seus pensamentos mais profundos e se davam espontaneamente, como se ela os estivesse descobrindo naquele momento", escreveu a historiadora de balé Jennifer Homans, que encontra na sua dança uma força política. Ulanova "era a favor e contra: pelo Estado socialista e seus feitos, mas contra os seus lemas vazios e enlatados, seus enganos e mentiras", afirma Homans.[62]

Talvez. Mas Ulanova também fazia lobby para obter prêmios oficiais e terminou com uma vasta coleção deles, maior que a dos seus colegas, antes do colapso da União Soviética. Ela era apreciada pelo regime a ponto de ser transferida de Leningrado para Moscou, retirada do teatro dos tsares e levada ao teatro dos soviéticos, agora o local mais proeminente. Com Moscou no centro do poder político, o Bolshoi podia assumir o comando cultural em casa e fora. Stalin assistiu à dança de Ulanova no palco do Bolshoi mais de uma vez, e em 1947 ela recebeu o Prêmio Stalin por sua interpretação extraordinária do papel principal em *Romeu e Julieta*. Os outros artistas na produção não foram tão reconhecidos, detalhe que levou o *maître de ballet* Lavrovski a protestar timidamente em carta ao dirigente. Em primeiro lugar, claro, ele expressou profunda gratidão a Stalin por lhe proporcionar uma vida maravilhosa, e em troca prometeu seguir sacrificando a sua saúde e sua energia à "nossa amada arte soviética. Que você protege de modo tão amplo". Ele admitiu que não deveria escrever ao deus vivo, mas desejava mencionar que a magnífica Ulanova era a única participante do elenco de *Romeu e Julieta* a levar o Prêmio Stalin espetado no peito. Parecia-lhe, talvez, que outros bailarinos merecedores tinham sido "esquecidos" pelo Comitê de Assuntos Artísticos, inclusive veteranos do icônico balé soviético *As chamas de Paris*, o qual, ele sabia, era o favorito de Stalin. Lavrovski termina pedindo medrosamente que os prêmios sejam reavaliados e que o governante "defenda" os outros bailarinos, e pede "desculpas".[63]

O tratamento especial que Ulanova recebia perdurou mesmo após a morte de Stalin. Ela se outorgou o Prêmio Lenin em 1957, ao promover sua candidatura em um discurso ao comitê de nomeação. O diretor da divisão de cultura do Comitê Central, Dmitri Polikarpov, objetou e afirmou, em um memorando de 9 de fevereiro de 1957, que o prêmio devia ser conferido a novos trabalhos e não a "serviços prestados", mas ela o recebeu mesmo assim.[64]

Aluna de Agrippina Vaganova, Ulanova era fruto de um método pedagógico que punha ênfase no *épaulement* e, portanto, na coordenação simultânea e na harmonização de cabeça, torso, pés e mãos. O objetivo dessa coordenação era alinhar não só todas as partes do corpo, mas conectá-lo à mente e ao coração; tal coordenação perfeita devia abrir uma linha de comunicação com a audiência. Vaganova dedicou um capítulo do seu tratado sobre balé russo de 1934 ao apoio adequado para os saltos, e dedicou diversas páginas à poética dos pulsos e como eles deveriam ser flexionados, por exemplo, para representar a aquietação, até a imobilidade, das asas de um cisne moribundo. Vaganova pôs um valor na tradição, que para ela era a tradição russa, definida em um desenho, no seu tratado de 1934, de três bailarinas de três lugares distintos em *attitude éffacée*. A bailarina à esquerda, com a indicação "francesa", inclina-se para a frente obsequiosamente; a bailarina do lado direito, "italiana", está rígida e ereta, como se estivesse em um trampolim. A bailarina "russa", no centro, inclina-se um pouco menos para o *attitude* e exibe o alongamento da parte posterior das pernas.[65] Essa bailarina é Ulanova e, com um alongamento ainda maior, as grandes bailarinas que a sucederam.

Ulanova adotou *Romeu e Julieta* quando Prokofiev o abandonou. Ele havia topado com o muro da resistência política e artística de Vaganova, Lavrovski e Ulanova, e dos cenógrafos, instrutores e libretistas, todos os quais acreditavam, porque tinham de acreditar, que a salvação da sua arte residia no *drambalet*. Prokofiev foi instruído a adotar o naturalismo e a rejeitar a incoerência de produções experimentais, como *O córrego límpido*. Ele tentou, e com o esforço perdeu a dignidade e a saúde, sem nunca chegar a absorver a lição que os censores lhe ditavam. Seu segundo balé soviético, *Cinderela*, também teve um início difícil antes de ser finalmente louvado em uma produção do pós-guerra no Teatro Bolshoi. Mas a sua música mais uma vez foi modificada sem a sua autorização, e embates ainda piores com os censores o esperavam.

ONDE SHOSTAKOVICH E Prokofiev falharam do ponto de vista oficial, o compositor e regente Aram Kachaturian teve êxito. Ele era um súdito colonial, um migrante das distantes repúblicas soviéticas, e comportava-se como tal. Adequou-se aos ditames de Moscou e usava os trajes típicos da Geórgia, onde nascera, ou dos seus ancestrais armênios, quando solicitado. Filho de um encadernador, Kachaturian foi criado em uma casa simples em uma vertente montanhosa em Tbilisi; as suas origens proletárias humildes falavam à sensibilidade soviética. Ele terminou profundamente envolvido com a administração musical soviética e ocupou altos cargos no Sindicato de Compositores Soviéticos, embora tenha sido expulso, em 1948, em um escândalo político e financeiro por causa de pagamentos e benefícios excessivos aos colegas, como empréstimos livres de juros. Mais tarde, foi denunciado por não defender os princípios socialistas em suas composições e incursionar em experimentos antipopulistas. Na verdade, ele e o seu assistente no sindicato, Levon Atovmyan, estavam apenas cuidando dos amigos.

O primeiro balé de Kachaturian teve um sucesso modesto, e o segundo, obviamente baseado no primeiro, foi mais bem-sucedido. O terceiro e mais famoso, *Spartacus* (Spartak), custou a chegar ao palco, mas não por culpa do compositor, e no final alcançou a fama mundial. De fato, sobrevive até hoje no repertório do Bolshoi. O compositor assinou o primeiro contrato com o Bolshoi em 1939, quando foi apontado oficialmente como um "jovem compositor talentoso".[66] Esse talento se baseava menos na sua criatividade melódica e harmônica do que na seleção das fontes e na habilidade para encontrar o que precisava no repertório do século XIX. Como conseguia compor com mais de duas linhas de movimento, ele ultrapassava em muito o limitado Asafyev. A sua imaginação orquestral, além disso, eclipsava a de Glière, compositor que se acomodara, satisfeito, na média da música soviética.

Kachaturian começou no teatro colaborando com os armênios Gevork Ovanesyan, libretista, e o coreógrafo Ilya Arbatov. O respaldo veio de um político armênio, Anastas Mikoyan, um dos servos mais devotos de Stalin durante os expurgos, um homem encantador e um monstro. "Era difícil antipatizar com ele", recordou Valerie Hemingway, nora do autor, ao mencionar uma reunião com Mikoyan em Havana, comentando que "ele tinha os olhos mais redondos e pretos que eu já vira".[67] Mikoyan cobriu Stalin de elogios em uma comemoração do NKVD, em 21 de dezembro de 1937, no Teatro Bolshoi; ele foi útil na eliminação das fileiras comunistas armênias; em 1940, assinou a ordem de massacrar mais de 22 mil oficiais poloneses e outros em Katyn, ato bárbaro negado por muito tempo e que assombra as relações russo-polonesas até hoje. Essas atividades eram alheias aos seus deveres oficiais como ministro do Comércio soviético. Em suas memórias, ele limpou o sangue das próprias mãos. Assim era naquele tempo, alegou, e, além disso, tinha filhos para proteger. "Eu não tinha opção a não ser a submissão absoluta", declarou.[68]

Embora orgulhoso do seu torrão natal (a aldeia armênia de Sanahin) e frequentemente desdenhoso dos russos, Mikoyan capitulou à visão stalinista de uma União Soviética cujas repúblicas mantinham um controle apenas fictício dos seus próprios destinos. A RSFSR definiu a URSS; os russos dominavam a amizade dos povos. O compositor de cabelos espessos e lábios grossos com quem Mikoyan compartilhava uma herança comum se adaptou, como o esperado. Algumas músicas de Kachaturian aparentam ser 100% armênias quando, na verdade, derivam de antiquíssimas práticas compositivas russas. Assim como certa vez Stalin tratou seu reumatismo saindo de Moscou com Mikoyan para se banhar nas águas termais do Cáucaso, Kachaturian molhou os pés nas fontes folclóricas originais da região. Por cima de uma base russa tradicional, ele erigiu estruturas musicais complexas de cores exóticas vibrantes, embora, paradoxalmente, apesar de privilegiar o orientalismo, não gostasse das etiquetas triviais que o acompanhavam. Durante a guerra, ele resmungava com os colegas que se sentia preso "nos limites da música nacional".[69] Esse era o seu destino, que o manteve fora das salas de aula, na ribalta.

Kachaturian criou uma fórmula para os trechos festivos dos seus balés, cenas que o corpo de baile gostava de dançar por serem ostentosamente fáceis de entender. Os adjetivos se acumulavam na música criada para grupos masculinos. É potente, precisa, pungente e, acima de tudo, selvagem, a parceira ideal do virtuosismo físico. Sua receita incluía padrões de *ostinatos* rápidos; melodias originais nos metais e sopros de madeira contrabalançadas por melodias "folclóricas" nas cordas; escalas pentatônicas ocasionais; *clusters* cromáticos ainda mais ocasionais. Os deslocamentos semitonais entre as linhas superior e inferior são combinados com acentos deslocados nos ritmos. Com esses elementos, Kachaturian criou a sua famosa e estrepitosa "Dança dos sabres". Os arcos e giros nas suas peças mais lentas para dança combinam com as torções dos corpos e braços dos bailarinos em figurinos salpicados de paetês. Grande parte da sua escritura em contraponto tem a textura da massa cozida demais em panelas fervilhando de emoção. O adágio compartilhado nos seus primeiro e segundo balés expressou as ansiedades de uma fazenda coletiva às vésperas da invasão nazista. Também poderia, como o cineasta Stanley Kubrick demonstrou em *2001: uma odisseia no espaço*, evocar a fria solidão do espaço sideral.

Em 1939, Kachaturian compôs música para um balé com tema armênio. Ele foi criado em um curto prazo, durante a primavera e o verão, estreou com uma companhia relativamente nova em Yerevan e reestreou no Teatro Bolshoi em 24 de outubro de 1939. A segunda apresentação foi parte de um festival de dez dias, ou *dekada*, dedicado às tradições populares armênias — tal como eram definidas por Moscou. Mikoyan foi elogiado por ter "motivado a todos nós, trabalhadores armênios, a alçar a nossa cultura e a nossa arte ao plano mais elevado".[70] A culminação era o balé que haviam trazido à cidade. Intitulado *Felicidade* (Schast'ye), era um vencedor óbvio no Bolshoi. As críticas positivas ocuparam as colunas dos jornais, que no resto do tempo se dedicavam a cobrir a guerra na Europa. A crítica do *Pravda* abriu com uma referência à condessa d'Aulnoy, autora de contos de fadas — "Este não é o conto de fadas do pássaro azul, sobre a felicidade roubada do povo" —, mas também fez um ataque velado a Lopukhov e seu formalismo *en pointe*. *Felicidade* foi considerado "uma autêntica dança sinfônica", pois descrevia "a felicidade do povo nos seus trabalhos e seus amores, ao dar tudo para glorificar a pátria soviética".[71]

O balé consiste em montagens de labuta e descanso, além de soldados fazendo as mochilas e partindo. O mais importante ocorre nos bastidores, no final. Após um grupo de danças folclóricas estilizadas com temas folclóricos abstratos, o balé sugere a presença dos inimigos que, se não forem detidos, devastarão os colhedores de uvas do Vale do Ararat, o Jardim do Éden armênio. O herói nacional simbólico, Armen, deve decidir entre desistir dos seus prazeres — neste caso, namorar a heroína, Karine — e se juntar aos camaradas do Exército Vermelho na fronteira.

Como homem soviético, Armen não se acovarda. Ele trava uma batalha invisível e regressa para casa vendado. No caminho, encontra Karine, que dança o medo de que ele tivesse sido morto, mas ambos estão destinados a ficar juntos. A festa de casamento se transforma na celebração da amizade entre os povos e o seu líder. Isso é explicitado nas últimas linhas do libreto: "O ato termina com uma apoteose, um hino ao líder dos povos, o grande Stalin. Os guardas da fronteira se unem aos trabalhadores das fazendas coletivas em uma canção sobre Stalin."

Kachaturian enfatizou que toda a sua música traz a entonação de materiais folclóricos armênios que ele não aprendera em primeira mão, como afirmaram em sua defesa escritores soviéticos, mas ouvindo gravações e apresentações da Filarmônica Armênia e seu coro. *Felicidade* tem nove canções folclóricas, embora uma — a música da dança *hopak* — seja na verdade ucraniana, e outra tenha sido extraída de um poema humorístico russo. Ela serve de base para a dança cômica de uma garça, ou *zhuravl'*. O material armênio inclui "Duy-duy", tema básico dos músicos azeris que costuma ser dançado como um flamenco; "Ashtarak", que leva o nome de uma cidade e expressa o desejo romântico; e a canção matrimonial popular "Shalakho", que envolve dois homens que cortejam a mesma mulher em gestos de adágio.

O final da música, como apontaram todos os envolvidos, era um hino a Stalin: "A nossa felicidade", explicou Kachaturian em seus comentários sobre o balé, "é inextricável do nome da pessoa que nos deu vida, do nome do grande Stalin." O coreógrafo Arbatov repetiu os pontos sobre amor à pátria e ao líder, e não deu detalhes sobre as danças além da eliminação do estilo angular e propagandístico popularizado na época de Lunacharski. Ele rejeitou os gestos abstratos em favor de "elementos folclóricos nacionais" integrados à sintaxe clássica do balé. Arbatov repetiu o refrão sobre a felicidade das personagens no primeiro balé armênio-soviético, voltou a enfatizar a ampla amizade entre os povos e descreveu o final como "uma cantata em homenagem ao grande Stalin. Daí o nome do nosso balé: *Felicidade*".⁷²

Felicidade foi tão bem recebido que houve a encomenda de uma continuação para bailarinos profissionais. Em Leningrado, o libretista Konstantin Derjavin foi encarregado de preservar o melhor e substituir o pior do balé. O problema óbvio era a ausência de drama: a vida no lugar utópico do primeiro balé de Kachaturian não tem enredo, exceto nos bastidores. Na versão seguinte, Armen tem uma irmã, Gayané, que dá nome ao balé. O cenário continua sendo um colcoz armênio, desta vez dedicado ao cultivo do algodão e à tecelagem de tapetes, porém agora a vida ali é muito menos paradisíaca. Giko, o marido de Gayané, é um alcoólico violento que, em conluio com criminosos anônimos, destrói a safra incendiando as colinas circundantes. No entanto, as coisas terminam bem: Gayané escapa do marido e reencontra o amor em Kazakov, um galante oficial russo, e Armen encontra a sua adorada curda. A contagiosa "Dança do sabre" é apresentada como parte de um grandioso *divertissement* transcaucasiano. Kachaturian terminou o balé no ano de 1942, ao fim do qual foi premiado.

Por motivos meramente políticos, houve acréscimos e cortes de detalhes do enredo na temporada inicial e nas reapresentações de 1952 e 1957. O contexto imediato de *Felicidade* e *Gayané* era a assinatura do Pacto de Não Agressão Molotov-Ribbentrop entre a União Soviética e a Alemanha, em 23 de agosto de 1939. O ministro de Relações Exteriores soviético, Vyacheslav Molotov, e sua contraparte, Joachim von Ribbentrop, formularam um protocolo secreto a fim de definir as esferas de influência alemã e soviética na década seguinte. Eles dividiram entre si a Polônia, os três Estados bálticos e o enclave da Bessarábia. Nos dois anos em que o pacto vigeu, o Comitê de Assuntos Artísticos impediu a criação de peças, filmes, óperas e balés antinazistas. Daí que os infiltrados fronteiriços em *Felicidade* fossem inidentificáveis; daí a ênfase nas ameaças no seio da esfera soviética, em oposição aos inimigos estrangeiros, no rascunho do libreto de *Gayané*.

Daí, com a ruptura do pacto, as revisões do libreto com o acréscimo de referências explícitas à invasão nazista e os alertas antiaéreos.

Kachaturian denunciou os danos à sua nação — e ao seu balé, que os censores transformaram em uma barafunda, com "anotações confusas, libretos confusos, por toda parte a mesma arrogância e distorção".[73] Porém, como atestam as páginas rasgadas das partituras do seu terceiro balé, *Spartacus*, suas queixas não foram ouvidas. Pouco havia mudado para os compositores de balé desde o tempo de Pugni e Minkus; a música continuava pertencendo aos coreógrafos, mesmo que tivesse se tornado mais sofisticada, com as partituras integradas, representativas, os detalhes melódicos das peças individuais ressoando no conjunto. A política explica apenas parte da distorção, mas não toda, como comprova a experiência de Kachaturian, em 1967, com Yuri Grigorovich, *maître de ballet* ditatorial do Teatro Bolshoi. Paradoxalmente, a experiência, a fama e os prêmios governamentais, inclusive o Prêmio Lenin por *Spartacus*, em 1959, lhe restaram controle sobre a sua música.

O PACTO GERMANO-SOVIÉTICO foi rompido em 22 de junho de 1941, quando Hitler traiu Stalin ao invadir a União Soviética em um ataque triplo conhecido como Operação Barbarossa. Em dezembro, os japoneses bombardearam Pearl Harbor, o que levou os Estados Unidos, agora aliados à União Soviética, a penetrarem na noite e no nevoeiro da loucura de Hitler. Humilhado, Stalin desapareceu da vista do público por uma semana e meia, enquanto a Wermacht, sem encontrar oposição, incendiava os campos e as cidades do seu império. Ele tinha recebido informações de que os alemães estavam derrubando as cercas de arame farpado ao longo da imensa fronteira soviética, e ainda assim hesitou em reagir e evitar uma invasão completa, mesmo depois de os alemães penetrarem o solo soviético em pontos ao norte, sul e oeste, "da lagoa lamacenta do delta do Danúbio às dunas de areia do Báltico". "Alguns avançaram pela água", informou Constantine Pleshakov, "alguns remaram, alguns correram, outros caminharam, outros estavam em tanques e caminhões."[74] Molotov foi encarregado de noticiar a invasão às massas apavoradas, e assinalou a Stalin que a falta de prontidão havia provocado a perda de centenas de milhares de soldados em formação no front. O Gabinete de Informação Soviético invocou a *Otechestvennaya voyna*, a Guerra Patriótica de 1812 contra Napoleão, para mobilizar a população para a *Velikaya Otechestvennaya voyna*, a Grande Guerra Patriótica contra Hitler.

Em outubro de 1941, ministros de governo, o Partido Comunista, missões diplomáticas e agências culturais evacuaram Moscou e se instalaram em Kuybïshev (na atual Samara), um centro industrial à beira do rio Volga. Os que rechaçaram a ordem de deixar Moscou, ou não a receberam, recordaram a atmosfera sem lei e hedonista quando os últimos trens partiram. Stalin ressurgiu como uma excepcional mente estrategista de guerra e comandou os generais das Forças Armadas soviéticas (os oficiais de alta patente que haviam sobrevivido aos expurgos) em uma guerra mal-equipada contra os nazistas mecanizados. Hitler estudou as campanhas napoleônicas antes de planejar a invasão da União Soviética e sonhava ver Moscou em chamas novamente e seus 4 milhões de habitantes subjugados. A antiga capital russa pagaria um preço muito mais terrível do que a nova. Hitler sitiou Leningrado durante 872 dias, esfaimou a população, levando-a a atos de canibalismo antes que a cidade pudesse receber comida e água pelo gelo do Golfo da Finlândia.

A Luftwaffe despejou explosivos de 230 quilos nas fábricas de Moscou e conjuntos de bombas menores e mais mortíferas em prédios adjacentes habitados. Os aviões zumbiam nos céus em ondas de meia hora durante 5 ou mais horas por noite. O Exército Vermelho e o front *trud* (trabalhista) — que incluía homens que haviam tentado diferimentos, oficiais críticos do regime, prisioneiros, idosos — manipularam os canhões e holofotes, enfiados na lama com picaretas para cavar trincheiras e armadilhas para tanques, erguer barricadas, semear minas e disparar do alto dos telhados, encharcando-os com baldes de água alçados pelas laterais dos prédios. Durante os ataques, mães se abrigavam com os filhos nas cavernas das estações de metrô, deitando-se nas plataformas ou nos túneis.

Dois meses antes da invasão, o Teatro Estatal Acadêmico Bolshoi tinha sido fechado para reformas na ventilação e a expansão dos bastidores. Ele não estava funcionando no dia do ataque. Os principais artistas receberam ordens de evacuar para Kuybïshev junto com o governo; outros embarcaram em trens carregados de tesouros tsaristas em direção a Sverdlovsk; outros uniram-se à luta. O solista do Bolshoi Alexei Varlamov recebeu o "batismo de guerra" ao dirigir um tanque T-34 que atravessou a poeira e a fumaça do óleo na Batalha de Stalingrado; foi desmobilizado como herói depois que um projétil arrancou a sua perna esquerda e, ainda assim, conseguiu voltar ao palco.[75] Vasili Tikhomirov, o coreógrafo de *A papoula vermelha*, adoecera e não pôde partir. A *ballerina* Olga Lepeshinskaya, estrela da versão pós-Geltser do balé, exibiu a sua fortaleza durante a guerra. Ela era uma comunista engajada desde a adolescência e, desde o primeiro ano da guerra, engajou-se no Mossovet, o governo na cidade de Moscou. O patriotismo, o talento evidente e o exemplo como artista soviética esforçada e desprendida lhe garantiram acesso ao poder político desde os 25 anos. Os colegas temiam as suas conexões, mas ela também teve seus momentos de pânico. O seu primeiro marido foi interrogador sênior do NKVD. Foi detido duas vezes, o que a forçou a se divorciar dele duas vezes — na segunda vez em troca de um general. No tumulto, o chefe da polícia secreta questionou a lealdade de Lepenshinskaya, e a convidou para uma conversa em seu estúdio forrado de livros. "Ouvi rumores de que você não confia na autoridade soviética", disse ele. Ao que ela respondeu, de forma resoluta: "Vamos conversar como comunistas. Se ele for culpado, puna-o. Caso contrário, deixe-o ir." Antes disso, Stalin — um "homem mau, vingativo e malicioso" — havia posto seus olhos penetrantes nela, que usava roupas reveladoras quando dançava nas recepções do Kremlin em sua presença.[76] Lepeshinskaya tinha tanto orgulho da sua perícia e de seus serviços à causa soviética antifascista quanto de seus esforços físicos extáticos no palco; ela se ofendeu ao ser evacuada em 1941 e não gostava de entreter as populações das províncias em clubes sociais e outros espaços improvisados. A princípio, ela declinou participar do balé *Velas encarnadas*

(Alïye parusa), que conta a história de uma menina órfã de mãe, o seu pai navegante, o barco de brinquedo que ele dá a ela e o seu sonho que se torna realidade de fugir nas ondas com um príncipe. O balé, em tons pastel, com danças agradáveis e personagens cômicas ingênuas, foi criado em condições difíceis por três coreógrafos jovens com música de um jovem compositor, Vladimir Yurovski, e uma jovem bailarina, Nina Chornokhova, fez dele algo especial. *Velas encarnadas* estreou na Casa da Cultura de Kuybïshev (Dom kul'turï) em 30 de dezembro de 1942 e teve quinze apresentações. Lepenshinskaya o dançou na reapresentação no Bolshoi.

"Na verdade, foi a primeira e última vez na vida em que joguei as sapatilhas no armário", recordou ela sobre a ida ao comando regional do Komsomol em Sverdlovsk "para exigir, não para solicitar" ser enviada ao front com outros dois bailarinos patriotas.[77] Isso não ocorreu, para a sua segurança. Em vez disso, ela regressou a Moscou para vigiar o telhado do seu prédio. O causo conta que praticava poses de balé em uma das torretas. Quando os alemães foram expulsos de Moscou, ela se uniu a uma brigada de balé que foi ao front levantar o moral; também se apresentou em concertos em hospitais e fábricas de munições. A historiadora de balé Elizabeth Souritz se recorda claramente de Lepenshinskaya dançando no concerto com Pyotr Gusev em Kuybïshev, em 31 de agosto de 1942, e de ver a bailarina jogando bridge com os seus pais, que também tinham sido evacuados para lá durante a guerra (o pai de Souritz era embaixador da União Soviética).[78]

Mais tarde, a experiência da guerra foi incorporada à dança de Lepenshinskaya. Ela descartou os papéis sedutores e alegremente cômicos da juventude e se tornou uma heroína soviética séria: formidável, indômita, determinada. Em 1953, quebrou a perna no primeiro ato de *A papoula vermelha*, mas seguiu dançando até o entreato, depois de fraturar outros dois pontos e perder a consciência quando a cortina desceu.[79] Ela se aposentou depois de receber quatro Prêmios Stalin inéditos.

A ARTE PERDUROU. Durante a guerra, os estudantes evacuados do Colégio do Teatro visitaram hospitais, escolas, assentamentos de trabalho e orfanatos ao longo do Volga levando um balé sobre o Papai Noel eslavo, o Avô Gelo. Uma fotografia do tempo da guerra ilustra uma aula de balé ao ar livre em uma cidade russa destruída. As moças estão de pé na terceira posição em tábuas jogadas sobre a lama, e um tronco fino serve de barra. Crianças usando lenços debruçam-se em outro tronco e as observam atentamente, bem como um trabalhador de gorro e blusa camponesa.[80] Os alunos de dança que permaneceram em Moscou e que não tinham ocupado o lugar dos seus pais como auxiliares de saúde e maquinistas ficaram sob a guarda do bailarino Mikhail Gabovich, um dos aclamados Romeus da Julieta de Galina Ulanova.

Gabovich tinha se juntado à luta e operou um holofote no pior ataque da Luftwaffe. No outono de 1941, porém, o Comitê de Assuntos Artísticos o indicou para a diretoria artística do que restava do balé e da ópera do Teatro Bolshoi. Ele foi instruído a encenar clássicos da ópera e do balé em estilo clássico — nada marxista, nada com a perspectiva materialista dialética. Contudo, ele não tinha suficientes bailarinos profissionais, então telefonou ansioso para o Colégio do Teatro: "Natalya Sergeyevna, venha imediatamente ao Bolshoi!" "Por que, o que houve?" "As apresentações vão ser retomadas e precisamos de crianças para o balé, as que não foram evacuadas para Vasilsursk." "O que há com você, Misha? Que balé? Estamos em guerra, os alemães estão perto de Moscou..." "Os alemães não vão durar. O povo de Moscou precisa que estejamos no teatro — para descansar, para se distrair, para esquecer a guerra por algumas horas. Temos de ajudar. Os nossos soldados virão. Eles vão se recobrar e vão se sentir melhor e mais fortes para derrotar o inimigo."[81]

Assim, segundo esse causo aflito, uma bailarina de 15 anos de idade chamada Maya Plisetskaya foi indicada para dois papéis adultos em *O lago dos cisnes*, e um dos ensaios ocorreu apesar das sirenes e bombas. Para as encenações de *Boris Godunov*, os lanterninhas, tramoieiros e tutores do Bolshoi apareceram vestidos de camponeses do século XVI nas cenas de multidão diante de um grande grupo de recrutas armados. À diferença dos operários e camponeses levados de caminhão a Moscou para avaliar *O córrego límpido*, o último balé de Shostakovich, os soldados foram agradavelmente acríticos.

Essas e outras apresentações ocorreram na filial do Bolshoi, não no prédio histórico. Nos primeiros meses do cerco, bombas e cápsulas de mísseis antiaéreos frequentemente atravessavam o telhado. O Bolshoi estava sob ameaças constantes, por isso foi colocado sob a proteção de Alexei Rïbin, comandante da defesa civil moscovita. Para ele, proteção significava apagar as brasas e evitar que o teatro fosse ocupado pelos fascistas. Rïbin mandou os seus subordinados minarem o primeiro piso com "várias toneladas de explosivos com um tremendo poder de destruição".[82] Também foi uma forma de os hotéis Nacional e Metrópole serem protegidos da invasão. Entrementes, a Luftwaffe mirava o prédio do Comitê Central, localizado entre o teatro, o rio e o Kremlin. Às 16 horas do dia 22 de outubro de 1941, 18 minutos depois de as sirenes começarem a enviar as pessoas para o abrigo da estação de metrô Okhotnïy ryad, uma bomba enorme caiu diante do Bolshoi. A explosão atirou Rïbin contra uma parede e o teatro sacudiu nos pilares antigos, "como um berço suspenso".[83] A bomba matou o soldado que fazia guarda na fachada, ensanguentou e fraturou os rostos e membros dos que não conseguiram chegar ao metrô e derrubou os pisos e paredes do foyer, esmagando um zelador. As colunas esculpidas ruíram junto com as grossas portas de carvalho, os canos de água subterrâneos se romperam e o asfalto ao redor afundou. Se as minas de Rïbin tivessem sido detonadas ele teria morrido, e todo o prédio e as ruas circundantes teriam sido arrasados. Mas isso não ocorreu, e ele mandou remover os explosivos.

A solução topou com desafios. Os reparos no teatro começaram no inverno, e o concerto de gala em comemoração ao 24º aniversário da Grande Revolução Socialista de Outubro seguiu como planejado, na plataforma da estação Mayakovskaya do metrô.

OS ARTISTAS QUE se recusaram a usar os holofotes para disseminar propaganda nacionalista durante a guerra foram alijados. Derrotar Hitler era o foco, em todos os fronts. Mesmo após o triunfo soviético, o sacrifício e o sofrimento do povo seguiam sendo a pedra de toque da experiência soviética. Os esforços dos artistas para virar a página no espírito de um renascimento, e criar novos balés, óperas e peças sobre acontecimentos atuais frequentemente eram descartados e ridicularizados pela polícia cultural do Glavrepertkom. Um censor escreveu sobre um balé do pós--guerra condenado, intitulado *Poema de amor* (Poema lyubvi): "A busca das personagens é amorosa", o que "nos faz pensar que este é o único propósito da nossa juventude". O enredo não tinha os feitos heroicos e as lições morais necessários. "Enquanto isso, um dos heróis escreve uma dissertação", lamentou o censor, embora "pudesse não fazê-lo, porque não afeta o enredo." A cena no salão de baile, encimado por uma bola de espelhos, tampouco o impressionou. Mesmo à "luz do sol nascente da vida", a juventude soviética deveria ter outra coisa em mente além do sexo.[84] As cidades e povoados arrasados precisavam ser reconstruídos, as fazendas recoletivizadas, as fábricas reabertas, e tudo deveria ser mostrado no palco.

O amor tendia a fracassar; já os temas históricos envolvendo defensores do povo rebeldes e impiedosos não. O líder cossaco Stepan Razin (1630-71) voltou a ser um herói nos balés e óperas. Sob os tsares, ele estivera no topo da lista dos mais procurados, mas no Bolshoi foi imaginado como um "cavaleiro do grande povo russo", a encarnação "poética" do "Juízo Final" dos boiardos feudais contra os quais se batia.[85] A versão de 1939 do balé sobre as suas aventuras foi encenada em um parque de diversões antes da estreia exitosa no Teatro Bolshoi.

Contudo, alguns romances do passado perduravam — sempre que a produção privilegiasse o realismo. Mitos, lendas e histórias para dormir passavam na avaliação se o conteúdo pudesse adquirir a ressonância política correta. Os balés de Tchaikovski continuaram no repertório, e até para Stalin, que não era um romântico, *O lago dos cisnes* era a pedra de toque do balé russo/soviético. Porém, a lenda de que ele o teria assistido "talvez pela 30ª vez na véspera do derrame em 1953" parece disparatada; o seu gosto pelo balé limitava-se a *As chamas de Paris*.[86]

Os CISNES BRANCO e negro, a Bela Adormecida e o Quebra-Nozes logo foram acompanhados no palco por uma recém-chegada: Cinderela. Vinda das classes baixas, ela representava uma ameaça ideológica menor do que os seus pares. Fora golpeada, mas não estava rota; vivia em um mundo repleto de sujeira e repulsivo enquanto os que a maltratavam acumulavam bens de consumo. Essas posses materiais atraíram Cinderela até que sua consciência foi reformulada. A do príncipe também.

Assim, a história poderia funcionar. O problema de colocar o pé dela na sapatilha de cristal parecia meramente prático; ela precisava de um coreógrafo, e o coreógrafo precisava de música.

Em 1940, Prokofiev havia sido sondado para compor um balé para Ulanova baseado na lenda da Donzela da Neve, mas rejeitou a ideia, e o cenário horrível que a acompanhava. Quando, em vez disso, lhe propuseram *Cinderela*, o conto de fadas do século XVII, mais uma vez com o apoio de Ulanova, ele deixou claro que queria evitar repetir o fiasco de *Romeu e Julieta*. O novo balé deveria ser *dansante*, mas não à maneira de Tchaikovski. Ele deixou claro que, caso compusesse valsas, polcas e variações para um *pas de deux* tradicional, a sintaxe musical ao menos teria de ser mais moderna, mais agressiva e contundente. Na sua mente musical, o *páthos* familiar do enredo não pedia uma música acalentadora e romântica.

Contudo, quando Prokofiev falou do projeto em entrevistas à imprensa soviética, a mão do ventríloquo se agitou atrás dele. A sua Cinderela seria uma "verdadeira donzela russa com experiências de vida realmente verdadeiras, e não algo saído dos contos de fadas", explicou, embora tenha dado à heroína uma música que permitia ao seu espírito viajar a qualquer lugar do cosmo que desejasse.[87] Nos comentários sobre experiências reais, ele tinha em mente filmes soviéticos como *A via luminosa* (Svetlïy put', 1940), que começa como o antigo conto de fadas (na verdade, o seu primeiro título tinha sido *Cinderela*), mas termina em uma fábrica têxtil onde a heroína recebe a Ordem de Lenin. Na verdade, ela demonstra ser tão boa em seu trabalho que lhe permitem abandoná-lo em troca do Soviete Supremo. O filme era um musical, embora com um contorno diferente do resplandecente *Cinderela*, de Disney, de 1950. Em vez de "bipiti bopiti bu", a grande cena de *A via luminosa* envolve a manipulação mágica, no ritmo da canção, de mais de 150 rocas em movimento. O grande número no balé de Prokofiev está centrado no relógio do juízo final.

O libretista de Prokofiev era o afamado Nikolai Volkov, que em 1º de abril de 1941 apresentou um elaborado libreto de doze páginas ao Glavrepertkom para avaliação. Os censores não acharam nada condenável. Disseram que Volkov havia reelaborado o material original e fornecido ao *maître de ballet* tudo o que era preciso para criar uma "mistura generosa dos princípios da pantomima clássica e da dança a caráter".[88] Em seu escrito, Volkov considerou a aparência que o balé deveria adotar, como o cenário representaria o passado traumático de Cinderela: a morte da mãe, a traição do pai. "Ela se deteve, ficou pensativa", escreveu ele quando Cinderela entra no palco. Ela tira os tafetás que cobrem os retratos da mãe e do pai e afrouxa os membros, sugerindo que está perdida nas "recordações de um jogo infantil". O fantasma do pai dela aparece e oculta novamente os retratos. "Papai, papai, o que você fez?", diz ela em mímica. A mãe se foi, substituída pela madrasta, e as duas garotas ameaçadoras que "bisbilhotam por cima dos ombros dela".[89] O censor elogiou Volkov por fundir o público e o privado, por fazer Cinderela realizar seus desejos individuais em um contexto comunitário.

Seguindo o mantra paradoxal da fada madrinha de que mesmo os milagres tomam tempo, o caminho de *Cinderela* até o palco foi tenso. Como exigido, Volkov recordou a evolução do balé em termos alegres, ressaltando para os leitores do jornal do Teatro Mariinski-Kirov, o *Za sovetskoye iskusstvo* (Pela arte soviética), a sua concepção inicial, embora, quando o artigo foi publicado, em 1946, ela tivesse sido radicalmente alterada. A "vulgaridade dourada" da mansão da madrasta e o "mundo empertigado do palácio" seriam apresentados sob uma luz grotesca; o mundo oposto da felicidade da infância, das recordações de Cinderela, deveria aparecer e sumir do campo de visão em tons cálidos. O dinamismo do clímax deveria ter cedido a uma canção sobre "a eterna primavera do coração".[90] Em outra parte, Volkov relembrou Prokofiev criando mentalmente as harmonias daquela canção de amor enquanto jogava solitário na tampa do seu piano.[91]

A colaboração chegou ao fim quando a guerra começou, e a estrutura dramática mudou. Os chistes visuais, que Prokofiev uniu à pantomima musical, ganharam importância. Em um aceno ao panteísmo do projeto rejeitado de Donzela de neve, os espíritos das estações dançam junto a grilos e libélulas. Volkov tinha imaginado o príncipe vagando pelo mundo do folclore em busca do pé que coubesse na sapatilha perdida. Pelo caminho, ele deveria encontrar "A Rainha de Shaman, a Princesa Cisne russa, e o fantástico Pássaro de Fogo". Eles saíram pela porta antes de começarem os ensaios, por assim dizer, e foram substituídos pelo príncipe que esquadrinha o globo "de norte a sul, de leste a oeste", como um heroico explorador soviético — ou até como as forças militares aliadas.[92] O príncipe tem uma experiência africana em uma dança que nunca entrou na música final. Durante a Segunda Guerra Mundial, a heroína era a própria URSS, a pátria stalinista; a madrasta era o Terceiro Reich; e as irmãs de criação os países que Hitler havia ocupado e virado contra a Rússia.

Porém, mesmo quando o libreto foi reescrito, Prokofiev insistiu em que nem uma nota da sua música seria alterada, e ela que seria composta independentemente da dança. Isso deixou o coreógrafo Vakhtang Chabukiani, um famoso bailarino de *drambalet* do Mariinski-Kirov, na estranha posição de ter que mostrar ao compositor o que gostaria de fazer sem ter ouvido a música. Chabukiani marcou os movimentos para o compositor no estúdio, cujo silêncio era rompido pelo agourento tique-taque do metrônomo.[93]

Quando a guerra chegou à União Soviética, compositor, coreógrafo e bailarinos foram evacuados para a Tbilisi natal de Chabukiani, na Geórgia, onde a colaboração entre os dois se desfez. Chabukiani adoeceu e pediu para ficar lá quando todos receberam ordens de ir para Perm, afastando-se ainda mais do combate. A mudança drástica deixou a coreografia nas mãos de Konstantin Sergeyev. Ele era o Romeu original, que fizera par com Ulanova na première do primeiro balé soviético de Prokofiev, e em pouco tempo tornou-se uma força dominante como coreógrafo, diretor artístico e pedagogo sob Stalin e Kruchev. A sua estética nunca avançou para além da sua juventude, na década de 1930, e, para os seus discípulos, ele e Lavrovski definiram o *drambalet*. Sergeyev tornou-se um fóssil e descontou a amargura pela sua condição calcificada nas estrelas da geração seguinte. Sua carreira no Mariinski-Kirov teve um fim ignominioso quando Rudolf Nureyev, e depois Natalya Makarova, desertaram para o Ocidente. Ele foi culpabilizado.

Em Perm, os ensaios de *Cinderela* começaram em um estúdio improvisado na Casa do Exército Vermelho. Apenas metade do balé estava pronta quando os bailarinos do Mariinski-Kirov regressaram a Leningrado, em 1941. A cidade enfrentou dificuldades enormes durante o sítio alemão de quase novecentos dias. Inteiramente isolada, sem alimentos, suprimentos médicos e roupa quente para o inverno, as pessoas caíam de fome pelas ruas, enlouquecidas. Os comboios de ajuda chegavam irregularmente pela estrada de gelo do lago Ladoga, mas ela era usada principalmente para evacuações, e os acidentes eram frequentes. Os comboios afundavam no gelo e os soldados se afogavam. O cerco terminou no início de 1944, o que permitiu o regresso dos evacuados e, com eles, uma aparência de vida. As apresentações em 1946, primeiro de *O lago dos cisnes* e, logo depois, *Cinderela*, simbolizaram a resiliência da cidade.

A estreia de *Cinderela* se dera no Teatro Bolshoi alguns meses antes, em 21 de novembro de 1945. A coreografia foi recriada por Rostislav Zakharov, que ia trabalhar em *Romeu e Julieta* antes de os expurgos destruírem a equipe criativa. Uma subdivisão do Comitê de Assuntos Artísticos, o "conselho artístico para teatro e drama", avaliou a encenação desajeitadamente opulenta durante os ensaios e vetou detalhes triviais — tais como a dor de dente de um dos sapateiros com quem o príncipe interage — e se preocupou com o conteúdo russo dos desenhos visuais, que, para os auditores, pareciam mais franceses do que russos. A coroa usada pelo príncipe foi outro ponto de discórdia; para alguns, ela pareceu monástica; para outros, fantástica. Todos, no entanto, concordaram em que ela não tinha lugar na *Cinderela* russa soviética. Zakharov, que acabara de ser alçado ao cargo de mestre principal de balé pelo comitê, deixou claro que respeitava a riqueza das tradições clássicas, mas nunca permitiria que seus bailarinos caíssem na abstração. Ele explicou ao comitê que a sua primeira tarefa era ouvir a música atentamente; em seguida, imprimir ação ao balé; depois, assegurar que a dança, inclusive os *fouettés* que havia pensado para a heroína, esclarecesse o conceito central do triunfo sobre a adversidade. O comitê aprovou a sua abordagem e passou às especificidades. Depois de assistir ao ensaio, recomendou eliminar uma das mazurcas e encurtar as variações das meias-irmãs.

O comitê considerava Ulanova a melhor poeta, e melhor na expressão do amor, do que Lepeshinskaya, com quem alternava no papel principal. Mas nenhuma das duas seria criticada, exceto pelos compositores no painel, os quais acreditavam que as bailarinas estavam em conluio com o coreógrafo e com Yuri Fayer, o regente que estranhamente tinha um péssimo ouvido, para modificar a música. Ela foi amplificada, reforçada, as texturas oníricas foram eliminadas, os metais ficaram mais triunfantes. Com o compositor doente demais, após um ataque cardíaco, para protestar, Shostakovich uniu-se a Kachaturian para reclamar das mudanças em seu nome. Ele usou a palavra "ofensivas" para descrevê-las; Kachaturian achou a instrumentação "enfadonha demais", monumental demais em certos trechos.[94] Boris Pogrebov, percussionista do Bolshoi, tinha sido encarregado da orquestração e tinha tentado deixar tudo audível do palco; porém, depois de anos no fosso, talvez a sua audição não fosse das melhores: ele substituiu uma linha de flauta por três trompetes e um bombo.

O final da discussão sobre o balé, que de resto foi positiva, sofreu uma virada negativa: o dramaturgo Nikolai Okhlopkov declarou que a música de Prokofiev era o fruto de um artista com pouco sentimento e disse que Zakharov precisara depender de Ulanova e da sua própria música interna para criar o papel de Cinderela. "Há mais música em Ulanova do que em Prokofiev", sublinhou. "É a verdade, e deve ser dita." Shostakovich se indignou e recordou as críticas que havia recebido pela mesma falta de sentimentos nos balés esquecidos da sua juventude: "Não é verdade, você não devia dizer isso."[95]

As mudanças no libreto, na música e até no cenário exauriram a magia de *Cinderela*. O príncipe sem majestade, um homem do povo e não do palácio, encontra a sua amada vivendo debaixo do seu nariz, não muito longe da corte. Ela é uma moça de verdade, o sal da terra: pura, honesta e graciosa, não precisa de salto alto para definir a sua virtude. Se a sapatilha era imaginada como a evidência visível e tangível da sua formidável beleza interior, na produção do Bolshoi a Cinderela de Charles Perrault poderia perfeitamente trajar farda. O balé se tornara uma obra moralista sobre uma vítima da classe trabalhadora que supera os seus opressores da classe alta. À época, o balé soviético já era suficientemente velho para, de certo modo, versar sobre si mesmo. O esforço para torná-lo acessível e apresentável encarnou na figura de Cinderela. A ênfase caiu na sua pureza interna e na metamorfose externa, do pó do carvão ao diamante, com a ajuda da Mãe Terra (a terceira das três mães que aparecem no conto). Ela é como o vidro, brilhante mas frágil, escravizada pela madrasta e, de certo modo, pelos piores aspectos do *drambalet*. A madrasta vive apenas na pantomima; as meias-irmãs toscas e banais tampouco sabem dançar. O triunfo de Cinderela está nas danças de corte na cena do baile, que, com seu apelo, capta os melhores elementos do gênero.

Uma espetacular apresentação oficial, em 23 de dezembro, produzida para 2 mil diplomatas estrangeiros e recepcionada pelo círculo íntimo de Stalin em meio às negociações sobre a ordem mundial no pós-guerra, garantiu prêmios oficiais aos seus criadores. Em seu melhor momento, Zakharov manteve a humildade soviética apropriada, e em um artigo na imprensa apontou o "trabalho inspirado" dos colegas Lavrovski e Sergeyev, sem mencionar o próprio esforço.[96]

TALVEZ ELE SOUBESSE que os prêmios não protegiam os artistas da censura. Na verdade, expunha-os ainda mais. O mesmo aconteceu com o compositor de *Cinderela*, que estava em recuperação e foi denunciado, com Shostakovich e Kachaturian, em uma odiosa resolução do Comitê Central de 1948, acusados de subverterem os preceitos do realismo socialista em suas composições, incluídas aquelas anteriores à invenção do realismo socialista. Diversas obras foram proibidas, e a lista foi genérica e aleatória assinando às salas de óperas e concertos que nada de Prokofiev deveria ser tocado.

Perder apresentações significava perder renda, e Prokofiev estava quase sem recursos, sem dinheiro para quitar o empréstimo livre de juros que havia feito junto ao Sindicato de Compositores Soviéticos para uma *datcha* longe da confusão política de Moscou. O Comitê Central permitiu-lhe voltar ao rebanho em 1949, dependendo das evidências da sua reeducação ideológica, na forma de um sustento musical — especialmente músicas para ou sobre a juventude soviética. Era difícil compô-las, apesar da ajuda de Mira Mendelson, a sua segunda esposa, nascida e criada no comunismo, que era libretista, e da assistência musical de gente como Levon Atovmyan, ele próprio vítima do escândalo de 1948. Expulso do sindicato, Atovmyan precisava do trabalho de arranjador e orquestrador que Prokofiev lhe ofereceu.

Em 1949, os três começaram a trabalhar em um novo balé para Leonid Lavrovski e o Bolshoi, *O conto da flor de pedra* (Szak o kamennom tsvetke). A história se baseava em uma coletânea premiada de contos originários dos Montes Urais reunidos por Pavel Bajov, publicada em russo em 1939 com o título *Malakhitovaya shkatulka*, e cuja edição inglesa, de 1944, teve por título *A caixa de malaquita*. A história, com belas ilustrações, já tinha sido levada à tela em 1947: *O conto da flor de pedra*, primeiro filme soviético colorido, foi considerado suficientemente exitoso, apesar do dialeto regional, para ser levado ao grande teatro.

A ama da Montanha de Cobre guarda um tesouro de joias e pedras fabulosas enterradas no terreno acidentado. O herói é um lapidador, um artista-operário obcecado com a ideia de esculpir para a sua prometida uma flor deslumbrante de malaquita; o vilão é um meirinho corrupto condenado a ser tragado pela montanha por ordem da ama. O simbolismo parece opaco — a Mãe Terra subjuga o campo sem lei no contexto sombrio do folclore dos mineiros do interior russo no século XIX —, mas, em resumo, trata do bem contra o mal e, forçando um pouco, da arte contra a vida. Em conjunto com o trio selvagem de ciganas que tomam a cena no mercado central, a morte do inimigo do povo seria, com o tempo, um tremendo *coup de theatre* acompanhado pelos metais da orquestra e iluminado de um verde malaquita resplandecente. No conceito e na realização, *A flor de pedra* sugere um projeto alquímico, com todos os envolvidos, do início rochoso à encenação polida de 1959, à procura de uma fórmula mágica artística e política para voltar a fazer do balé uma aventura estimulante.

A versão original era tudo menos estimulante. Os ideólogos impuseram mudanças no enredo, na música e na coreografia, com o intuito de colocar o balé no centro ideológico do realismo socialista. Esqueça o amor do herói pela noiva e o medo de que o meirinho a roubasse: o balé também precisava se referir a Marx, Lenin e ao comunismo. Lavrovski falou de seu sofrimento com os censores no início da década de 1950: "Prokofiev e eu levamos o nosso libreto à Glavrepertkom mais de uma vez, infinitamente, e eles diziam: vocês têm um triângulo amoroso; por favor, transformem-no em algo sobre o trabalho. Nós o reescrevemos quinze vezes, reduzimos o romance, fizemos dele algo sobre a vida real, mostramos o trabalho. Nós o pusemos no palco. Porém, nesse meio-tempo, as atitudes começaram a mudar, até mesmo a nossa própria interpretação do tema. E eles diziam: não precisamos disto."[97] Seguiram-se as queixas de sempre do conselho artístico e político quanto à música: era fraca; não tinha emoção; os ritmos atropelavam os bailarinos. Para ajudar a colocar as notas nos pés deles, Lavrovski acrescentou repetições de oito tempos e eliminou extensões mais difíceis de dezesseis tempos. Na verdade, porém, os bailarinos elogiaram a música porque soava muito parecida com Tchaikovski. Prokofiev contentou-se em não ser comparado com Minkus.

O Sindicato de Compositores Soviéticos o perseguiu, e o mandava de volta ao piano a toda hora para mudar ordem e forma. Ele reciclou peças infantis e canções folclóricas nas revisões. Lavrovski conseguiu que o mestre de concertos do Bolshoi improvisasse alguns exemplos de música cigana no próprio piano do compositor, para dar uma ideia do som que eles queriam — um insulto que Prokofiev não suportou.

Ele morreu de hemorragia cerebral em 5 de março de 1953, na mesma noite, talvez na mesma hora, que Stalin. A coincidência assustou aqueles que gostavam dele. A notícia sobre Stalin sacudiu o mundo.

Filho genioso de um bêbado e de uma lavadeira, Stalin abriu caminho nas fileiras do sindicato do crime político até chegar ao comando de uma parte significativa do planeta. Mas não conseguiu moldar o mundo à sua maneira e, na sua velhice paranoica, quando a mera sugestão para substituir a escova de dente gasta lhe soava suspeita, ele aparecia menos em público, preferindo a companhia no celuloide de Charles Chaplin, John Wayne e as estrelas dos filmes norte-americanos. Ele teve um infarto fatal junto à filha, Svetlana, em sua *datcha* blindada, guardada por trezentos soldados. "A agonia da morte foi horrível", recordou Svetlana. "Ele literalmente sufocou até morrer diante de nós. No que parecia o último instante, ele subitamente abriu os olhos e mirou todos no quarto. Era um olhar terrível, insano ou, talvez, raivoso, carregado do medo da morte."[98]

Nas ruas de Moscou, o pânico que se seguiu foi tão terrível que, além dos filhos, da segunda esposa e alguns íntimos, pouca gente soube da morte de Prokofiev. O *maître de ballet* do Bolshoi marcou o acontecimento no estúdio com os seus bailarinos, e anotou brevemente o funeral em seu diário. No sábado, 7 de março, Lavrovski escreveu: "S. Prokofiev foi enterrado." Na segunda-feira, 9 de março: "Fui à Praça Vermelha. Enterro de I. V. Stalin." Na terça-feira, 10, ele estava de volta ao trabalho no estúdio com Ulanova preparando *A flor de pedra*: "Ambientei a dança de Katerina no chalé. Acho que ficou bom."[99]

Lavrovski levou *A flor de pedra* ao palco em 12 de fevereiro de 1954, e foi repreendido, de modo gentil porém firme, em críticas publicadas durante toda a temporada. O *Pravda* sugeriu que ele imprimisse mais vida aos conjuntos e enriquecesse os adágios. Na opinião dos comentaristas, o balé parecia um rascunho hesitante, uma ilustração de conceitos alegóricos ainda não definidos. Prokofiev também teria sido admoestado, mas ele por fim descansava em paz no túmulo. Assim, era responsabilidade de Lavrovski "encontrar a expressão coreográfica do conceito central: o espírito popular manifestado no trabalho e na luta constante por alcançar a beleza e a perfeição".[100]

Repórteres estrangeiros encontraram coisas boas no balé, além da música de Prokofiev. Para Harrison E. Salisbury, chefe do escritório do *New York Times* em Moscou, Ulanova era uma "fada onírica", e contrastava de modo impressionista com "os olhares sinistros dos mineiros acorrentados que extraíam pedras preciosas em câmaras subterrâneas"; as "pedras e estalactites faiscantes e brilhantes" da caverna da ama; e "os estranhos sapos surrealistas de pedra verde e os gnomos que parecem de asbesto pareciam ter vindo de outro planeta".[101] *A flor de pedra* foi a última grande obra de Lavrovski.

COM A MORTE de Stalin e a entronização de Nikita Kruchev como líder supremo, a União Soviética entrou em um período conhecido como "Degelo". Ele foi marcado pela reavaliação, e até mesmo a rejeição, do stalinismo e do "culto à personalidade". Mais uma vez, com a mudança dos ventos políticos, mudaram também os *diktats* da estética. Lavrovski tentou abandonar as limitações do *drambalet* e não conseguiu impressionar Mikhail Chulaki, compositor decididamente de segunda linha que foi diretor-geral do Bolshoi após a morte de Stalin, de 1955 a 1959, e, novamente, entre 1963 e 1970, após um hiato em que fora forçado a se "licenciar" do teatro.[102] Na opinião de Chulaki, Lavrovski estava desperdiçando o seu talento em "experimentos estranhos", tais como a tentativa de produzir O mandarim maravilhoso, o balé expressionista de Béla Bartók. "Ele destruiu completamente a integridade daquele balé", irritou-se Chulaki, "transformou ladrões de montanha românticos em gângsteres parisienses."[103] Na verdade, Lavrovski não tinha feito isso; no balé de Bartók, não há ladrões de montanha. Chulaki o confundira com outro, mais alegre, de Karol Szymanowski, intitulado *Harnasie*, sobre bandos de ladrões das Montanhas Tatra.

Não obstante, O mandarim milagroso foi um projeto incomum para o Bolshoi, e provocou a ira do Comitê Central, que, em 1961, castigou

Lavrovski por suas tentativas cínicas de "fazer propaganda de composições antirrealistas no palco do Teatro Bolshoi alheias ao espírito da nossa arte".[104] Fora longe demais, mesmo para os padrões culturais mais fluidos do Degelo, e precisava ser novamente controlado. A censura passava por uma cadeia de comando do Comitê Central ao Ministério da Cultura (que, com Kruchev, havia substituído o Comitê de Assuntos Artísticos), ao Bolshoi e ao estúdio de Lavrovski. Chulaki participou do linchamento, em parte porque nunca gostou muito de Bartók, e depreciara a sua música como "formalista" e "burguesa" em uma visita a Budapeste, em 1949.[105] Ele repetiu os pontos levantados pelo Comitê Central sobre o amor de Lavrovski por "experiências patológicas", demonstrando, assim, a sua própria confiabilidade como alguém leal ao partido.[106] Chulaki estava ciente de que o Degelo não derretia tudo.

O tempo de Lavrovski chegara ao fim, tanto política como artisticamente. Em 1962, Chulaki impediu que ele participasse da segunda turnê do balé em Londres, apesar dos apelos dos bailarinos. Ulanova declarou que o coreógrafo precisava estar presente na encenação de *Romeu e Julieta*, a sua *chef d'oeuvre* de 1940, mas não o fez com suficiente veemência, talvez por alimentar a ambição de ocupar seu cargo. Na temporada seguinte, Chulaki despachou Lavrovski para o Colégio do Teatro e o substituiu pelo rosto bonito e lapidado do futuro: um coreógrafo de 37 anos de Leningrado chamado Yuri Grigorovich.

Lavrovski conhecia bem o seu sucessor que, em Leningrado, havia se beneficiado das críticas para encenar uma versão pessoal de *A flor de pedra* com bailarinos do Komsomol. Grigorovich enfrentou a resistência dos seus supervisores (à época ele era *maître de ballet* assistente), porém, mais tarde, granjeou o apoio deles. Conservando os melhores aspectos da encenação de Lavrovski, ele descartou a pantomima irritante e a música que a acompanhava, substituindo-a por suítes de dança, algumas pré-fabricadas. Ele abriu o coração do herói e suavizou as inclinações da heroína pelo passado. Exibiu gestos que podem ser contados nos dedos das mãos e, embora tenha recebido os créditos por restaurar o caráter sinfônico do balé, esforçou-se para construir frases coreográficas significativas.

A versão de *A flor de pedra* adaptada por Grigorovich levou cinco anos para chegar ao palco do Bolshoi, mas na estreia, em 7 de março de 1959, a audiência adotou o balé e o seu jovem coreógrafo. O recém-chegado correspondente do *New York Times* em Moscou fez a conexão óbvia entre a produção e as tentativas de reformas do Degelo. "Uma noite grandiosa", concluiu Osgood Caruthers, depois de comparecer ao Bolshoi com Shostakovich e o embaixador dos EUA na Rússia, Llewellyn E. Thompson, "e, embora não seja exatamente uma visão de futuro do ponto de vista atual, sem dúvida é uma aventura no desenvolvimento particular do Bolshoi." O primeiro ato teve seus tropeços, as frases careciam das qualidades de crescimento e mudança necessárias a uma narrativa rica na expressão, mas as danças em roda do segundo ato foram "uma das maravilhas do repertório. A cena é um mercado, e todos os tipos russos que se possa conceber estão ali, esbaldando-se na dança. Em contraste com a veemência do resto, há um conjunto cigano encenado com um relaxamento exagerado cujo tema é coroado por um trio cigano de um brilho fantástico".[107]

Se os norte-americanos gostaram, devia haver algo errado com o balé. Foi a conclusão do Kremlin. Os telegramas entusiasmados enviados aos Estados Unidos pelos correspondentes da United Press Internacional e da Associated Press foram interceptados e traduzidos para o russo pelo Comitê Central. O diretor da divisão de cultura, Polikarpov, chegou à seguinte conclusão sobre a versão de 1959 de *A flor de pedra* de Prokofiev encenada por Grigorovich: "A ama da Montanha de Cobre aparece na produção não como símbolo do poderio dos russos dos Montes Urais, não como uma descrição fascinante e meio fantástica da mulher russa, mas como a imagem 'enigmática' de uma serpente feminina cuja dança está muito comprometida com o modo artístico ocidental [...] Os movimentos e figurinos dessas danças se afastam das tradições do balé clássico russo e soviético."[108] O Comitê Central apontou as falhas do balé ao ministro da Cultura, Nikolai Mikahilov, e solicitou que ele o transformasse em um caso exemplar, por assim dizer, fazendo publicar uma crítica no *Pravda*. O ministro e o jornal concordaram, bem como, à sua maneira, o próprio Grigorovich.

HOUVE UM TEMPO em que o balé era uma arte privada, entretenimento para poucos, e não um pretexto para intrigas geopolíticas. Os censores imperiais descobriram o seu poder na segunda metade do século XIX, quando ele deixou de ser um brinquedo de Catarina, a Grande, ultrapassou os jardins reais e foi parar nos teatros públicos. No instante em que se libertou do governo e se expôs nos teatros de Moscou e São Petersburgo, a arte foi escravizada pelos censores imperiais; os libretos eram vetados e criticados. *Svetlana, a princesa eslava*, de Alexei Bogdanov, por exemplo, foi avaliado pelo censor da imprensa do Ministério de Assuntos Internos, para assegurar que a heroína não representava uma figura da realeza próxima demais da realidade, embora a princesa em questão fosse totalmente fictícia, uma invenção do início do século XIX. O que ocorria no seio da corte era confiável como entretenimento da elite, porém, para uma apresentação pública, o balé precisava ser supervisionado.

O stalinismo quase anulou a distinção entre público e privado, governo e arte, as apresentações para a corte do Kremlin e para as audiências do teatro. O Bolshoi foi unido ao governo física e politicamente, e a censura se intensificou a tal ponto que quase nada novo era aprovado — apesar das melhores intenções de todos os envolvidos, inclusive dos próprios censores. Os tsares tinham desaparecido e o medo reinava; a incerteza política e a ansiedade criativa podiam ser vistas e ouvidas nas poucas novas obras que passavam pelo filtro. A supervisão aumentou durante a revolução e a guerra civil, pairou sobre os campos de matanças dos expurgos, a Segunda Guerra Mundial e o auge do stalinismo. Depois relaxou, sem nunca abrandar, e persiste até hoje com o estreito envolvimento de políticos e o clero, embora a intromissão do governo nas artes seja vetada pela Constituição da Federação Russa. Em 2015, quando esteve em Pequim apresentando a sua versão de *Romeu e Julieta*, Grigorovich comentou, com um alçar de ombros desalentado: "Havia censura; e ainda há."[109]

· 7 ·

EU, MAYA PLISETSKAYA

MAYA PLISETSKAYA é um símbolo do poder e da grandeza do Balé Bolshoi de meados do século XX. Essa bailarina, condecorada e formada em Moscou, possuía os elementos essenciais do estilo Bolshoi: vigor, brilho, destemor e uma pompa que claramente atraía mais as audiências soviéticas do que os sóbrios mediadores das suas apresentações no Ocidente. Em seu auge, ela também teve total controle dos papéis do Bolshoi, uma agenda repleta de apresentações internacionais e chamadas de palco infindáveis dos seus fãs obcecados.

Nascida em 20 de novembro de 1925, ela era filha de uma atriz de cinema mudo e um homem de negócios soviético. A mãe, Rakhil Messerer, foi amarrada à linha férrea na tela e certa vez, como recordou a pequena, foi "pisoteada por cavalos".[1] Do pai, Mikhail Plisetski, Maya herdou as feições e um temperamento intolerante. Ele trabalhou para o Comissariado de Assuntos e Comércio Estrangeiros antes de se tornar diretor da concessão de minas Arktikugol (Carvão do Ártico). O avô de Maya, um judeu lituano erudito e poliglota, era dentista. Os pais, o avô, algumas tias, tios e primos, além de um pianista agregado, viviam em um grande apartamento de quatro quartos na rua Sretenska, bairro histórico de mercados no Anel de Jardins, no centro de Moscou. Asaf e Sulamith, seus tios, dançavam no Bolshoi.

A natureza dotou Maya de cabelos ruivos, braços e pernas flexíveis, pescoço longo, mãos expressivas, coluna maleável e uma mente inquieta. Seu atletismo excedia até o do endiabrado Asaf. Maya dançou antes de caminhar, dizia a mãe, e quando bebê gostava de se balançar nas mãos estendidas do pai, esticando-se prazenteiramente para o alto e para adiante. Certa vez, com 21 meses, ela se esgueirou por uma janela do apartamento. Ficou de pé do lado de fora, em uma aba de alvenaria, quatro pisos acima de um pátio, com um braço ao redor do puxador da janela, gritando à mãe por auxílio. Um tio resgatou-a da queda potencialmente fatal. Em outra ocasião, "Mayechka" desapareceu na rua movimentada e provocou uma busca frenética. A mãe julgou que ela tivesse se perdido na multidão reunida no bulevar, entre as linhas de bonde. "Pensei que havia um show com ursos e que ela poderia estar lá", recordou. Mas era a própria Maya quem chamava atenção. "Atravessei a multidão, olhei e vi Mayechka dançando, todos boquiabertos ao ver como ela era boa."[2] Plisetskaya tinha uma recordação semelhante daquela história: "Ingenuamente, eu adorava a valsa de Delibes em *Coppélia*. Nos feriados, uma banda de cadetes a tocava no bulevar Sretenski — desafinada, mas com sentimento... Soltei a mão das garras da babá e inesperadamente — até para mim — me pus a dançar. Improvisando. Juntou gente; alguns ociosos."[3]

Ela foi admitida na escola de balé do Bolshoi sem discussões. A escola fizera parte do Colégio do Teatro na era imperial, mas os bailarinos que aspiravam ao palco do Bolshoi já não estudavam lado a lado com os atores do Teatro Malïy. Plisetskaya treinou na barra, pacientemente guiada por Yevgeniya Dolinskaya que, como recordou, tinha dado uma parte da *Serenata para cordas* de Tchaikovski a ela e outras três meninas: "Dançamos no reino de uma pastoral abstrata como graciosas pastoras mitológicas banhadas pelo sol e o céu, caçando borboletas."[4] Foi o início e o fim do seu interesse em interpretar papéis delicados e arcádicos. A sua impulsividade e a aparência régia os impediam.

Plisetskaya passou menos de um ano na escola, pois a família se mudou para Spitzbergen, a ilha de inverno perpétuo que coroa a Noruega. O seu pai fora nomeado conselheiro-geral e diretor do complexo mineiro soviético local. "Malas, trens, Berlim, relva alemã, balsa, enjoo, ondas bravias, neve, escadas de tábuas, albatrozes, frio e vento", escreveu ela, desolada, sobre a viagem e a vida na ilha.[5] A mãe também se recordou do esqui, dos ursos e do enregelamento. Na primavera de 1935, o pai conseguiu que a filha voltasse para Moscou, em um navio quebra-gelo e depois de trem, aos cuidados de um contador do Arktikugol, que quase morreu com o frio e o pó do carvão. Assim, ela voltou à escola de balé, então sob a direção de Elizaveta Gerdt. O currículo mais amplo incluía leitura, escrita e aritmética, além de francês (que ela não conseguiu aprender) e piano (que dominou). O estrelato parecia o seu destino.

Mais tarde, atacou o sistema soviético que, acreditava, havia comprometido a sua carreira. No entanto, esse mesmo sistema — com suas instabilidades, seus traumas e os artistas que destruiu — abriu caminho para sua ascensão. Plisetskaya entrou para o Balé Bolshoi em 1943, no auge da Segunda Guerra Mundial, e em menos de uma temporada no corpo de baile já era solista. Ela disse não a Gisele e sim a Kitri, a moça das ruas, travessa, de espírito livre, semelhante à sua adorada Carmen. Maya era impaciente, paradoxal e, segundo um fã, uma "futurista" capaz de expressar as emoções mais extremas do modo mais tranquilo.[6] Suas belas costas, a alegria e o atrevimento com que atuava (ela dançava Julieta como uma adolescente que acabara de sair da cama com o namorado, não como uma ingênua apaixonada), a facilidade de seus *grands écarts* superestendidos e a sua atitude incauta inspiraram o coreógrafo Yuri Grigorovich a criar papéis exigentes e, até perigosos, que ela rejeitou. Antes cordial e mutuamente colaborativa, mais tarde a relação entre eles se deteriorou, tornando-se hostil.

Com a tia, Plisetskaya aprendeu o solo miniatura que se tornaria o seu papel marcante: *A morte do cisne*, de Michel Fokine, com música de *O carnaval dos animais*, de Camille Saint-Saëns. Sua interpretação desbancou o sentido tradicional da entrega silenciosa e impôs um desafio inesperado. Em uma filmagem da década de 1950, com seus braços e pescoço mais refinados, o torso mais alongado e magro, ela sugere que o cisne é uma criatura cruel e rude. O coreógrafo francês Maurice Béjart enxergou "doçura" e "alegria de viver" na sua atuação.[7] Mas Plisetskaya era uma das suas musas e ele a via com bons olhos, além de ser impreciso. Fora da Rússia, os críticos zombaram da dança, tachando-a de clichê para agradar às massas e um exercício nada sutil de mimetismo zoológico.[8]

Ela dançou *A morte do cisne* até completar 70 anos, dando as costas para o público na metamorfose. Ela o repetia uma ou duas vezes seguidas — imorredoura, atendendo aos pedidos da audiência. "Não é uma questão de gostar pessoalmente do 'cisne moribundo'", disse a George Feifer, jornalista britânico baseado em Moscou, depois de encantar uma multidão de aldeões levados ao Kremlin para vê-la. "Danço para *eles*, não para mim; para dar a *eles* o prazer estético", ressaltou. "Claro que gosto do balé, mas poderia viver sem ele; *eu* não obtenho uma alegria estonteante com ele. Mas o público espera algo de mim, e não tenho o direito de decepcioná-lo."[9]

Feifer suou para ter acesso à bailarina — chegando a ouvir de um funcionário de nível médio das Relações Exteriores que seria melhor desistir. Ele, porém, insistiu, e assistiu à *Morte do cisne* e a uma aula do Balé Bolshoi em que ela era a única mulher, "em um lindo vestido preto de ensaio, *legging* creme de *mohair* e com o rosto todo maquiado".[10] Feifer ressaltou que nenhum dos belíssimos homens no estúdio era gay e insistiu que a cultura do Balé Bolshoi soviético era inteiramente heterossexual. (E era, ao menos na aparência e na orientação mista dos casamentos, como o de Vyacheslav Gordeyev e Nadejda Pavlova.)[11] Ele elogiou a musicalidade de Plisetskaya e — comentando os saltos que ela dava, que bailarinas mais suaves não tentariam — identificou um dos segredos do seu sucesso: um amor próprio intenso. "Depois da série de exercícios, ela se posta a 10 cm do espelho e se olha com a mesma penetração e ausência de afetação com que fita os outros. Isso é de um narcisismo notável, e sua total absorção em si mesma vai além do egoísmo e alcança um nivelamento honesto consigo mesma — a percepção de Plisetskaya como um objeto essencial à sua abordagem da arte."[12]

Ela era dona dos papéis, entre eles o de Odette/Odile em *O lago dos cisnes*, o qual, segundo a sua própria estimativa generosa, teria dançado oitocentas vezes — inclusive, na 55ª récita, em 28 de fevereiro de 1953, apenas uma semana antes da morte de Stalin. Diz a lenda que Stalin estava na plateia naquela noite, o que ela nega, e em 2008, em uma continuação inconsequente de suas memórias de 1994, afirmou que teria sido avisada antecipadamente da presença dele. Sempre que o líder supremo da União Soviética ia ao Bolshoi, "espiões lerdos, mas vigilantes" enchiam o teatro, deixando todos nervosos. Ela gostaria que o "charme demoníaco" da sua Odile tivesse realmente causado o derrame fatal do "melhor amigo do trabalhador". E lamentava o medo que sentira nas ocasiões em que dançou para ele. "Éramos todos escravos do terror totalitário."[13]

Ela contou isso em suas próprias palavras, depois de rejeitar a colaboração de um biógrafo profissional. Suas memórias de 1994 são uma atuação audaz, um acerto de contas duro com os artistas que se prostraram ante o regime, desalentador ao falar da morte do pai; ela o recordou afundado na depressão no início dos expurgos, ao mesmo tempo que alimentava a esperança de voltar a cair nas graças de Stalin após meses de um temor trêmulo. Ele comparecera ao Bolshoi em 5 de dezembro de 1936, na proclamação formal da nova Constituição soviética, presidida por Stalin. Contudo, inesperadamente, perdeu o apreço do governante em seguida. O seu pecado? Ter insistido em manter contato com um irmão mais velho, trotskista, que emigrara para os Estados Unidos. Na primavera de 1937, o perdão parecia ter chegado sob a forma de um convite prestigioso para as comemorações do Primeiro de Maio na Praça Vermelha. Maya, com 11 anos, pensou em trajar um vestido novo e caminhar de mãos dadas com o pai para assistir ao desfile. Contudo, naquele dia, pouco antes do amanhecer, "as escadas rangeram sob o peso de passos inesperados". O apartamento foi vasculhado enquanto a mãe dela, grávida, chorava, o irmãozinho gritava e Maya a tudo assistia. "A última coisa que ouvi meu pai dizer antes que a porta se fechasse atrás dele para sempre foi 'Graças a Deus finalmente isso vai ser resolvido.'"[14] Disseram à família que, enquanto estivesse na prisão, ele seria privado do direito de enviar cartas durante uma década. Isso queria dizer que havia sido fuzilado.

A mãe de Plisetskaya também foi encarcerada, com o recém-nascido, no mês de março seguinte, embora sua vida tenha sido poupada. Ela acalentou o bebê na cela da prisão em Moscou até ser enviada ao Cazaquistão em um carro de boi e condenada a um campo de trabalhos forçados com outras esposas de supostos traidores. Em 1939, ela teve uma espécie de moratória e foi exilada no sul, onde deu aulas de dança em clubes. Plisetskaya foi acolhida pela tia, a dançarina Sulamith Messerer. A princípio, a custódia era temporária, já que o sistema stalinista punha os filhos dos "inimigos do povo" sob a tutela do Estado. Assim, os soviéticos tinham a sua própria versão da Casa Imperial dos Expostos, que, na época de Michael Maddox, havia ensinado dança, teatro e valores iluministas aos filhos indesejados dos nobres mulherengos. Em vez de receber uma educação básica, porém, os órfãos dos expurgos agora eram sujeitos à reabilitação psicológica de acordo com o dogma soviético.

Na noite em que a mãe de Maya desapareceu, Sulamith estava dançando *A bela adormecida* no Bolshoi. De algum modo (nem Maya nem a tia deram detalhes), a pequena chegou ao teatro com o irmãozinho Alik. O ranzinza diretor da produção fez as crianças esperarem no camarim de Sulamith até o entreato. "Mayechka, onde está a sua mamãe?", perguntou a tia, que correu para os bastidores. "Ela disse que foi chamada com urgência pelo nosso pai em Spitsbergen", respondeu a menina. "Ela nos mandou para o teatro."[15] Sulamith levou as crianças para o seu apartamento coletivo. Plisetskaya prometeu se comportar; o irmão chorava, desconsolado, sem entender por que a mãe havia levado o irmãozinho menor e o deixara para trás. O tio, Asaf Messerer, o acolheu enquanto Plisetskaya permanecia no apartamento coletivo com Sulamith, que obteve a guarda legal apesar das ressalvas das ameaçadoras matriarcas do sistema de orfanatos. A tia (que a família e os amigos chamavam de Mita) criou Plisetskaya até 1941, quando a mãe foi solta e foi morar no mesmo apartamento, onde dormia em um catre ao lado da filha, que já era adolescente. "Fui salva por Mita", recordou Maya. "Aquilo [os campos de trabalho e morte] não acabou em Vorkuta, Auschwitz ou Magadan. Eles me atormentaram, mas não me mataram. Não me queimaram em Dachau." Em vez disso, "o meu conhecimento sobre o balé aumentou".[16]

Ela se afiliou ao Movimento Comunista Juvenil, como era de praxe, e o jornal do movimento anunciou a estreia profissional da "*komsomolka-solistka*" em 6 de abril de 1944. Tinha 18 anos e ocupou o centro do palco em *O quebra-nozes*. "Plisetskaya entrou para o Balé Bolshoi durante a guerra", informou o jornal, comentando a sua promoção instantânea como solista em *O lago dos cisnes*, uma "variação saltitante" em *Dom Quixote* e na mazurca *Chopiniana*. Ela "parece viver nos elementos da dança e fala por meio da sua linguagem poética: com grande impacto encarna temas tristes, reflexivos, amorosos, prazenteiros e alegres".[17] Na fotografia que ilustra o texto, ela se atira no ar com mais estilo do que técnica. As ovações prosseguiram nas páginas do *Sovetskoye iskusstvo*, o porta-voz do Comitê de Assuntos Artísticos, e, quando ela começou a fazer turnês pela União Soviética com seu parceiro de longa data, Nikolai Fadeyechev, elogios similares apareceram nos jornais regionais do Cazaquistão e Ucrânia, nos Estados Bálticos e no interior da Rússia.

Stalin fez de Plisetskaya Artista Honorária da RSFSR em 1951 e manteve-a confinada na União Soviética, mas permitia que se apresentasse em festivais juvenis no Leste Europeu. Sua primeira viagem profissional ao exterior foi em resposta a uma decisão de 28 de novembro de 1953 do Comitê Central para "preparar um grupo de artistas soviéticos de trinta pessoas para uma turnê de concertos pela Índia".[18] Os concertos mesclavam trechos de balés e óperas, e Plisetskaya foi selecionada para dançar *A morte do cisne* e um *pas de deux* de *Dom Quixote*. Pediram-lhe que pesquisasse referências sobre as personagens e desse entrevistas, com o intuito de sondar a sua confiabilidade. Embora as deserções mais notáveis (e, para o regime, constrangedoras) só tenham ocorrido nas décadas de 1960 e 1970, sair da União Soviética sempre fora uma regalia especial, reservada a poucos escolhidos. Plisetskaya obteve permissão para sair em turnê em 1954.

Durante a viagem, ela teve de tolerar Yuri Shcherbakov, vice-diretor do Departamento de Relações Exteriores do Ministério da Cultura, ou, como ela o descreveu, um agente da NKVD/KGB "suarento" e com "mau hálito".[19] A delegação russa também foi convidada a se apresentar em Roma, já que os artistas passariam pela cidade na ida e na volta de Karachi e Delhi. O convite foi rejeitado, devido ao risco de "cansar" os artistas — os seis dias de viagem, em avião e trem, da Índia à URRS não importavam.[20] A mesma desculpa, o cansaço, os manteve longe do Egito e do Paquistão.

Com Kruchev, Plisetskaya foi nomeada Artista do Povo. O seu talento continuava a deslumbrar audiências, críticos e burocratas. Em junho de 1956, ela teve o papel principal na produção do Bolshoi de *Laurencia*, balé coreografado por Vakhtang Chabukiani com música de Alexander Kreyn, apresentado pela primeira vez em Leningrado, em 1939.[21] No enredo, aldeões espanhóis se vingam de um príncipe ao estilo de Lotário, que seduz uma donzela em seu casamento. Kruchev convidou o presidente iugoslavo, o marechal Tito, para o espetáculo, uma apresentação com "alta voltagem" de execução técnica. No papel de Laurencia, Plisetskaya era "ágil e delicada, e tão à vontade no ar quanto no piso", na opinião do crítico John Martin, que saiu extasiado do Bolshoi. Ela dominou o palco e terminou as sequências de saltos tocando a parte posterior da cabeça com o pé. Era um manifesto, uma resposta ao *chassé en tournant* de pisadas suaves, com os calcanhares no piso, dos outros bailarinos. "Só quando os meus olhos voltarem à cavidade ocular e a minha mandíbula voltar à sua posição natural poderei tentar apresentar um juízo analítico", concluiu Martin.[22]

O regime soviético seguiu explorando esses talentos, vendendo-a em turnês no Ocidente como a maravilha do sistema socialista-comunista — isto é, quando ela fosse liberada para viajar e quando o Kremlin permitisse ao Bolshoi competir nos palcos das nações capitalistas imperialistas, supostamente hostis. O repertório russo do Balé Bolshoi podia não agradar outras audiências, mas os bailarinos eram a verdadeira atração, por superarem as suas contrapartes em velocidade e músculos nas companhias modernistas de balé, que faziam parte da pugna mais ampla pelo domínio cultural e ideológico. O balé se unia ao xadrez e à ciência espacial no esforço de provar, no palco do mundo, que o poderio político e nacionalista russo estava correto. Esses eram os conceitos da Guerra Fria, que continua assombrando o balé mundial até hoje.

Plisetskaya era um produto de primeira que o Kremlin ostentava, mas ela era um problema. Desde a Índia, e desde que começara a confraternizar com estrangeiros, o governo não queria exportá-la. Tinha inimigos, entre eles o suarento agente do KGB Shcherbakov, trompista encarregado de assegurar a disciplina comunista no Bolshoi, e a bailarina comunista linha-dura Olga Lepeshinskaya, que negava os rumores de que havia se deitado com Stalin.[23] Zombar dos seus patronos no governo não lhe granjeara favores; e, apesar de denúncia dos crimes de Stalin por Kruchev, tampouco a prisão do pai nos expurgos; muito menos o fato de ser judia. Contudo, quando o governo fez um acordo cultural entre o Balé Bolshoi e o Royal Ballet, de Covent Garden, no outono de 1956, Plisetskaya foi escalada para ir a Londres. Obviamente, ela e os seus colegas seriam vigiados de perto por "trabalhadores do KGB" que serviam de guias turísticos.[24]

O Kremlin fez a política e as ambições nacionalistas parecerem as principais motivações para a turnê em Londres, seguida de outras turnês entre as décadas de 1950 e 1960. Mas o verdadeiro intuito era financeiro: as viagens estavam planejadas para render lucro. Stalin havia deixado o Tesouro soviético em condições catastróficas, e o complexo industrial e militar estava tão dilapidado que aviões dos EUA espionavam o território soviético à vontade. Organizações de intercâmbio cultural e de amizade internacional (VOKS/SSOD) fizeram o que outros balés, em outras partes, como o Balé Sadler's Wells, na Inglaterra, haviam feito em tempos imprósperos, e organizaram turnês lucrativas; o Balé Bolshoi poderia competir com essas companhias em todo o mundo. Tornou-se um produto a ser vendido — como os depósitos de prata de Transbaikalia ou as pérolas dos rios da península de Kola. O KGB não queria autorizar a viagem por temer as deserções, mas o argumento financeiro venceu. Explorar o potencial comercial do Bolshoi significava descartar os ideólogos amadores das organizações de amizade, em favor de empresários profissionais como Sol Hurok, nos Estados Unidos. Os ministros da Cultura sob Kruchev fizeram um bom trabalho disseminando os valores soviéticos no estrangeiro, mas, para o Comitê Central, a questão era trazer os necessários fundos estrangeiros. Assim, o degelo na Guerra Fria foi autorizado para evitar a bancarrota — ao menos até que a renda com o petróleo subisse, com Brejnev, levando a um novo congelamento político, à corrida armamentista e à retomada do ultraconservadorismo.

Plisetskaya sem dúvida venderia ingressos em Londres, mas provavelmente seria uma representante não confiável da União Soviética. Dois meses antes da turnê, seu nome foi riscado da lista, o que irritou os ingleses. A ameaça dos tanques soviéticos entrando em Budapeste atrapalhou as negociações, bem como o escândalo absurdo do roubo em uma loja londrina envolvendo a arremessadora de discos soviética Nina Ponomarena e cinco chapéus. Para os britânicos aficionados em balé, contudo, a ausência de Plisetskaya era o foco. "Devo protestar pela retirada de uma das suas bailarinas principais sem explicações e pedir-lhe que reconsidere tal decisão", pediu a Royal Opera House ao assistente do ministro da Cultura, em nome do público que esperava ver a bailarina do futuro.[25]

A bailarina do passado, Lepeshinskaya, foi descartada como substituta. Ela nunca fora popular entre os colegas, e havia perdido as benesses do Comitê Central, apesar de continuar defendendo a si mesma como artista e ideóloga. Sob Kruchev, a sua associação com Stalin e com a promoção do culto stalinista à personalidade deram cabo da sua carreira. Outros foram retirados da lista por problemas domésticos (divórcios recentes, sem filhos ou parentes que os atraíssem de volta ao país após a turnê), ficha de conduta incoerente com um cidadão soviético, e até o aspecto pouco eslavo. Julia May Scott (Jilko), bailarina de mãe russa e pai afro-americano, soube que não viajaria devido à sua ascendência: era de "raça mista", segundo a comissão de viagens ao estrangeiro.²⁶ Assim, os holofotes se concentraram em Galina Ulanova. Ela teria de dançar na turnê, embora o seu auge já tivesse passado.

Quatro balés seriam apresentados: *A fonte de Bakhchisarai*, *Gisele* (ou *Gayané*, sem relação com este), *Romeu e Julieta* (ou *Dom Quixote*) e *O lago dos cisnes*. Foi assinado um contrato com a British Broadcasting Corporation para televisionar o segundo ato de *O lago dos cisnes*, estrelado por Ulanova, pelo valor de 1.250 libras esterlinas, e outras mil libras esterlinas por uma retransmissão. No plano do ensaio em Londres, no dia 24 de maio de 1956, Plisetskaya estava programada para fazer onze aparições, e Ulanova doze. O cancelamento das apresentações de Plisetskaya contribuiu para sobrecarregar Ulanova, de 45 anos, cuja saúde já estava em debate mesmo antes da turnê. (Plisetskaya, por sua vez, estava em forma, com apenas 31 anos).

Ulanova estirou um músculo da panturrilha no meio da turnê, e no final teve um colapso por exaustão, mas as suas apresentações naquele outono irradiaram a juventude recobrada. Um crítico em *The Observer* se preparou para difamar *Romeu e Julieta* por seu monumentalismo stalinista, que descartou como "um cortejo desajeitado de três pisos movendo-se em ritmo de ópera contra pilares e brocados" e uma atuação que deveria ter ficado para trás, na época do cinema mudo.²⁷ A atmosfera no teatro era de tensão. "Podia-se ouvir voar uma mosca" quando a cortina se abriu, comentou Ulanova, muito depois do fato, em 1986.²⁸ Ela entrou no palco e cativou a audiência. "Pálida e lânguida", encantou o crítico com o seu "cabelo pálido e olhos pálidos... transparente como uma gota d'água". Sua atuação foi uma demonstração da "arte do movimento interpretativo elevada à enésima potência".²⁹ Sua naturalidade ganhou o dia e "deslumbrou" a *prima ballerina* inglesa Margot Fonteyn, que disse ter sido transformada pelas apresentações de Ulanova em 1956. "Sua dança tinha exatamente a perfeição suave do creme espesso servido com um jarro, sem movimentos ásperos em nenhum momento. Suas lindas pernas eram rijas e ágeis."³⁰

Recém-formada na escola de balé, Nina Timofeyeva substituiu Plisetskaya em uma versão de *O lago dos cisnes* que combinou o primeiro e o segundo atos em um só. Ela superou a pressão e fez "uma representação impressionantemente completa", segundo *The Spectator*, "prejudicada somente em alguns pontos por erros de posição devidos apenas — obviamente — ao seu nervosismo".[31] O Balé Bolshoi foi ovacionado de pé, e os solistas "viram pétalas de rosas atiradas no caminho entre o teatro e o hotel", apesar da infeliz ausência de Plisetskaya.[32]

Ninguém esqueceu aquele insulto; ela se encarregou disso.

PLISETSKAYA FICOU PARA trás em Moscou durante a turnê londrina, mas participou de um experimento canhestro e previsível iniciado pelo bailarino e coreógrafo Anatoli Kuznetsov. Ele estava satisfeito de explorar o fato de que a superestrela do Bolshoi não pudera levar sua técnica vibrante a Londres e sacudir a tradição do Bolshoi. O costume no balé do teatro é que os bailarinos que ficam para trás dancem em produções menores e mais simples. Em 1956, isso não ocorreu. Plisetskaya dançou a parte de Odette/Odile na reencenação de uma versão em quatro atos de *O lago dos cisnes* de 1937. Seu tio, Asaf Messerer, encenara o clímax daquela versão, um duelo entre Rothbart e Siegfried. Este último corta as asas de Rothbart, a fonte do seu poder, libertando assim as donzelas do seu feitiço. Kuznetsov coreografou o primeiro e o terceiro atos "masculinos" da reencenação, e Marina Semyonova, que dançara o papel principal em 1937, coreografou o segundo e o quarto atos, os "femininos". Concebida tendo em mente a capacidade explosiva de Plisetskaya, a produção tornou-se o assunto da cidade, com as bilheterias apinhadas e os correspondentes estrangeiros esforçando-se para obter convites. Segundo Plisetskaya, ela voltou seis vezes ao palco após o adágio e quatro após as variações. No segundo ato, saiu de costas para o público para exibir a *plastique* dos seus braços, e gerações de bailarinas seguiram o exemplo. Mas os supervisores a criticaram. Ela foi chamada ao escritório de Ekaterina Furtseva, futura ministra da Cultura, no Comitê Central, e a polícia interrogou sua claque. Kuznetsov, o mentor do triunfo de Plisetskaya, esperava um prêmio do Bolshoi pela iniciativa e o obteve, mas por sua contribuição à produção como bailarino, não como diretor. Ofendido, ele recusou o prêmio.

Plisetskaya irritou-se com o confinamento soviético. Depois de ter negada a permissão para ir a Paris com um grupo de solistas do Bolshoi, em 1958, enviou uma carta cheia de brio a Kruchev recordando-lhe que a estrela era ela. "As apresentações governamentais", aquelas destinadas a exibir a cultura soviética a dignitários estrangeiros, haviam sido "confiadas" a ela, insistiu.[33] Porém, discutir não ajudava: ela havia sido mantida longe de Londres, e agora de Paris, e provavelmente seria deixada para trás quando a companhia saísse em turnê para Nova York, em 1959. Restou-lhe suplicar para que Kruchev a perdoasse pela língua solta, desculpar-se por não respeitar a vigilância constante das suas atividades pelo KGB e os erros que "continuavam sendo um obstáculo" para que ela pudesse "se juntar ao Teatro Bolshoi no exterior".[34] "Nos últimos anos, tenho me comportado indescritivelmente mal, sem perceber a responsabilidade que me toca como atriz do Teatro Bolshoi", escreveu ela na carta ao líder da URSS. "Eu me permiti ser irresponsável; é inadmissível falar da nossa realidade soviética e das pessoas que lideram a nossa arte sem considerar que as minhas palavras têm ressonância." Na súplica aberta a Kruchev, uma caricatura do político socialista-realista, admite que "muitas vezes não tive tato e me comportei de modo provocativo em festas, principalmente em conversas com estrangeiros. Estou muito arrependida de ter me permitido convidar o secretário da Embaixada britânica à minha casa sem consultar alguém primeiro. Também houve a ocasião em que não fui a uma recepção na Embaixada de Israel, dizendo que não tinha recebido o convite, que, na verdade, me tinha sido entregue por funcionários do Ministério de Assuntos Exteriores. Creia que estou sinceramente arrependida de todas as minhas indiscrições." Ela seguiu se degradando ao mencionar que acabara de se casar com o compositor Rodion Shchredin; "agora as coisas vão ser diferentes", "ninguém ficará constrangido por minha causa".[35] Com um marido em casa para o qual voltar, anunciou, não havia chance de desertar. Aquilo ajudou o seu caso; ela foi autorizada a viajar para os Estados Unidos.

Ela voltou a escrever para Kruchev enquanto fazia as malas, em 9 de abril de 1959, agradecendo-lhe por "confiar" nela. "Estou extremamente feliz. Nunca me senti tão bem e tão calma", exultou.[36] Ela teria ficado surpresa se soubesse que uma das pessoas que recomendou a suspensão da proibição tinha sido Olga Lepeshinskaya. Por motivos pessoais e profissionais, Plisetskaya teve poucas coisas positivas a dizer sobre ela em suas memórias, mas em 1959 Lepenshinskaya a ajudou quando alertou a organização do Partido Comunista no seio do Teatro Bolshoi "sobre a necessidade de incluir Plisetskaya na turnê aos Estados Unidos", pois as audiências norte-americanas assim exigiam.[37] O marido dela, Shchredin, também prometeu no escritório do diretor do KGB que ela não desertaria, e que, apesar da angústia que sofrera na infância nas mãos do Estado, ela não desejava fazê-lo — por temer por si mesma e por ele.

O anúncio de que se juntaria aos camaradas na turnê foi uma surpresa. O programa das apresentações na Metropolitan Opera nem trazia o seu nome; foi preciso imprimir erratas. Em 20 de abril de 1959, Plisetskaya apareceu na capa da *Newsweek* vestida como a ama da Montanha de Cobre em *A flor de pedra*. Segundo o redator da chamada de capa, o Kremlin a "tinha liberado" para "dar o máximo valor à sua aparição aqui".[38] No entanto, para o Kremlin, o mais importante continuava sendo encher os cofres, mesmo passando por cima da saúde e do bem-estar dos bailarinos. Mais tarde, Plisetskaya fez uma descrição longa e amarga das rações escassas que ela e os colegas receberam durante a turnê pelos Estados Unidos.

Graças ao seu "triunfo", o Ministério da Cultura pôde informar ao Comitê Central que fundos em moeda estrangeira no valor de "3,5 milhões de rublos" foram injetados no "orçamento estatal da URSS".[39] Uma segunda turnê foi planejada para 1962. Plisetskaya deixara de ser uma preocupação para o KGB. Por manter a boca fechada na presença de repórteres estrangeiros, e por dançar de boca fechada, ela obteve permissão para viajar novamente à América do Norte, o que, por sua vez, lhe deu liberdade de movimentos em outras partes.

A turnê de 1962 foi a mais elaborada de todas, parte de um intercâmbio que levou o New York City Ballet à União Soviética, uma espécie de volta para casa do ilustre emigrado George Balanchine.[40] O KGB influiu mais no planejamento do que Plisetskaya e outros participantes souberam à época, e decidiu quem seria autorizado a ir e o que seria apresentado. Entre as "medidas" adotadas para proteger os "interesses" da URSS estavam a avaliação do repertório, a sua modificação quando necessário, e a apresentação da perspectiva apropriada.[41] Competindo pelo controle dos assuntos soviéticos com o Comitê Central, o KGB trabalhou para assegurar que o produto cultural vendido no exterior estivesse de acordo com as políticas artísticas oficiais. Daí o informe preparado para o Comitê Central pelo diretor do KGB, Vladimir Semichastnïy, condenando "as sérias inadequações na preparação da turnê do Balé Bolshoi ao exterior em 1962". O balé *Spartacus*, coreografado em Leningrado pelo iconoclasta e temperamental Leonid Yakobson, era especialmente preocupante. "Vários solistas estão preocupados com o repertório programado para os EUA e o Canadá", começou Semichastnïy. "Eles objetam particularmente a inclusão do balé *Spartacus*", que "traz grandes desvantagens: primeiro a ausência de danças, mas também a interpretação inadequada das personagens e as cenas de sexo emprestadas da arte ocidental." Ele acrescentou que funcionários da Embaixada dos EUA em Moscou pensavam que haveria problemas com *Spartacus* nos Estados Unidos, mas sem explicar o motivo. "Seria mais conveniente incluir *Cinderela* e *A fonte de Bakhchisarai* no repertório, no lugar de *Spartacus*", escreveu. Era também essencial "tomar medidas urgentes para aprimorar o programa dos concertos, com números que reflitam a vida soviética".[42] Obviamente, Semichastnïy referia-se à vida exótica da imaginação, que só a arte podia criar. A vida soviética como tal não poderia ser encenada. *Spartacus* foi por fim autorizado, após ser retrabalhado e preparar as audiências norte--americanas para o seu tamanho.

Entrementes, a tarefa primordial era verificar e reverificar o pessoal. Semichastnïy apontou os pontos positivos e negativos de cada pessoa escalada para a turnê. O que mais o inquietava era a ideia de enviar Lavrovski, o *maître de ballet* do Bolshoi. Os colegas "o consideram conservador e tendencioso", escreveu o diretor do KGB. "Ele não prestou a devida atenção ao êxito da turnê; preocupou-se mais com a autopromoção e as produções que encenava, e ignorou os outros balés, como *A flor de pedra*, na turnê aos EUA de 1959. Em viagens anteriores, Lavrovski fizera amplos contatos com emigrantes russos e outros estrangeiros, sem a aprovação da liderança da delegação." Tal atitude fez dele um traidor. Depois de analisar a inteligência coletada, Semichastnïy propôs um golpe: Lavrovski seria substituído por Ulanova, que "se comporta com grande modéstia e dignidade no exterior".[43] Porém, o Comitê Central se opôs ao plano e Lavrovski manteve o cargo por mais um ano.

Māris Liepa, o bailarino escalado para *Spartacus*, causava preocupação. Semichastnïy temia que ele seguisse o exemplo de Rudolf Nureyev, que se entregara à polícia do aeroporto de Paris, em 1961, em uma traição ao povo soviético, com cujo pão e sal ele tinha sido criado. Para acalmar as "dúvidas" sobre a confiabilidade de Liepa, a "liderança" do Teatro Bolshoi argumentou que, apesar dos músculos proeminentes (ele havia se exercitado para o papel de Espártaco), ele era "excepcionalmente amoroso", totalmente dedicado "ao seu filhinho, à mãe, ao pai e à irmã, que vive em Riga".[44] A família, de fato mantida refém pelo Estado, garantiria o seu regresso. Liepa foi autorizado a sair na turnê e voltou como prometera.

Assim como o próprio teatro, por ocasião da sua segunda turnê aos Estados Unidos, Plisetskaya tinha se tornado uma marca soviética de confiança, uma mercadoria comercializável no exterior e em casa. Durante a sua ascensão, a imprensa soviética publicou artigos ufanistas com o nome dela, alguns curtos e simpáticos, como na proclamação de ano-novo, em 1º de janeiro de 1960, "Proshchay, starïy god!" (Adeus, ano velho!), em *Sovetskaya kul'tura*, e outro, em 23 de março de 1965, intitulado "Iskusstvo shagayet v cosmos" (A arte dá um passo no cosmo), exaltando os primeiros passos no espaço. "Como soviética, sou inspirada por essa recente vitória da nossa ciência e tecnologia. Como bailarina, invejo o tenente Leonov; gostaria de experimentar a sensação de liberdade e leveza que a falta de gravidade deve causar."[45] Ela sabia mais sobre liberdade e leveza dos que os cosmonautas: os passos de Leonov duraram apenas 12 minutos, e ele teve muita dificuldade para se espremer de volta pela escotilha, pois o traje espacial havia inflado com o vácuo.

Também com o nome dela, meia página no *Izvestiya* sobre a turnê de 1962, teve por título "Russkaya terpsikhora pokorila Ameriku" (Terpsícore russa conquista a América). O artigo conta que o presidente John F. Kennedy e a primeira-dama Jacqueline Kennedy a congratularam por sua atuação em *O lago dos cisnes*, e informa que os norte-americanos médios elogiaram a liderança "sábia" da União Soviética para pôr fim à crise dos mísseis cubanos, evitando assim que o governo dos EUA reduzisse todos a cinzas.[46] A maioria desses artigos eram atuações programadas, encomendadas a jornalistas no estilo da propaganda política que Plisetskaya assinava. Outras celebridades exploradas pelo Estado, como Shostakovich, tendiam a ignorar as preces pela paz e as fanfarronices em nome do homem comum publicadas com seus nomes na imprensa soviética, mas Plisetskaya era um pouco mais atenta, e as recortava e talvez até as lesse. Ela contrapunha a insipidez das suas declarações oficiais em entrevistas nas quais opinava abertamente sobre o futuro da sua arte.

Em 1966, foi entrevistada pela *Vogue* sobre, dentre todos os assuntos possíveis, as suas receitas favoritas. O repórter viajou da capital da *haute cuisine*, Paris, até Moscou para perguntar sobre os pratos "rústicos, alimentícios" que a *ballerina* preparava em casa. A expectativa não girava tanto em torno da carne refogada ao estilo camponês que ela serviu ao repórter, mas da "comida de anjos", mais leve que o ar: "a gema de um ovo e duas pétalas de rosa."[47] O jornalista britânico George Feifer, que também gostava desse prato, acrescentou que ela e o marido viviam em um apartamento de dois quartos com papel de parede "canadense" e telefones "norte-americanos". O ambiente era suntuoso para os padrões soviéticos, com uma coleção de arte que rivalizava com a que Ekaterina Geltser reunira em vida. No apartamento, havia dois pianos de cauda; pilhas de livros ilustrados e uma "coleção de pinturas, desenhos e litografias" de Braque e Chagall, entre outros; um "prato dos primórdios de Picasso"; e um "magnífico tapete de Léger". Plisetskaya coletava esses itens durante as turnês, o que de algum modo compensava o confisco da sua renda. Na casa, havia também "retratos dela pintados a óleo e aquarela, ao estilo Woolworth", e suvenires cafonas, "a mistura casual de uma obra-prima e uma boneca carnavalesca", o que dava "um ar de ausência de arte ao apartamento, uma falta de pretensão, e até de ordem, característico de muitas casas russas pobres".[48]

Suas atividades no estrangeiro foram meticulosamente monitoradas, e suas conversas com estrangeiros foram transcritas e traduzidas ao longo dos governos de Kruchev e Brejnev, do breve interregno de Andropov e Chernenko, da era crepuscular de Gorbachev ao fim da União Soviética. Porém, os guardiões a deixavam sair do cativeiro com tanta frequência que o impulso de desertar, que nunca fora muito forte, se esvaiu até desaparecer. Ela buscou a fuga no palco, e tornou o ato de desertar, que já fora chique, algo *déclassé*, ao mesmo tempo que a sua mística aumentava na Guerra Fria. Ela assumiu o papel de diplomata cultural, cativou chefes de Estado estrangeiros e serviu de musa para desenhistas de moda e cineastas em Paris, além de coreógrafos. Pierre Cardin transformou em fetiche a estética minimalista, de preto sobre preto, que ela cultivava na passarela soviética.

Dentre as razões pelas quais Plisetskaya permaneceu na Rússia, as quais ela expressou com frequência, estava o marido, um compositor proeminente que defendia a experimentação artística em discursos no Sindicato de Compositores Soviéticos. Ele era seu melhor amigo; o amor entre ambos era imperturbável, o casamento sólido como uma rocha. Plisetskaya também afirmou que a sua "consciência" a impedia de desertar, pois sabia que se angustiaria se quebrasse as suas promessas, mesmo aquelas feitas a políticos ineptos e embriagados. Recordou-se do prazer que brilhou no "rosto maquiado" de Kruchev quando ela regressou dos Estados Unidos, em 1959; ele a chamou de "boa moça" por não fazê-lo parecer um "idiota". E sempre havia o Bolshoi, o seu verdadeiro lar e a fonte da sua força. O Bolshoi lhe dava licença, liberdade para os seus papéis semi-improvisados, e para o reajuste aparentemente perigoso dos papéis novos e velhos. Essa liberdade não exigia um visto de saída. "Não havia outro palco tão confortável, o mais confortável de todo o sistema solar, de todo o universo, do que o Bolshoi!", entoou.[49] O teatro havia suportado a tragédia e o triunfo. A manutenção era feita a esmo, o orçamento inadequado. O Bolshoi sobrevivera a ataques de dentro, e de fora e — devido aos afluentes ocultos do rio Moscou, que corriam sob as suas fundações — de baixo. Mas o seu grande palco e a sua beleza perduravam. Ele manteve a compostura neoclássica, apesar de arruinado no fim da era soviética. Talvez Plisetskaya se importasse com o passado do teatro. O seu futuro certamente lhe importava.

DURANTE UM TEMPO, esse futuro esteve nas mãos de um bailarino e coreógrafo de Leningrado, Yuri Grigorovich, discípulo de Fyodor Lopukhov, que representou uma estimulante ruptura das convenções, uma forte resposta a Zakharov, Lavrovski e às extremas limitações do *drambalet*. Ulanova defendeu a sua indicação para mestre do balé do Bolshoi em termos formais, como quem marca o nome correto no formulário de recomendação. Grigorovich buscou "uma nova linguagem rítmica e figurativa", mas resistiu aos experimentos "frios e formalistas" dos coreógrafos europeus e norte-americanos, escreveu ela. Confere. Era um dramaturgo, interessado no "conflito" e na sua resolução, e se preocupava com o "mundo interior", as emoções e pensamentos das personagens.[50] Confere e confere. Ulanova não encontrou muita coisa em seus balés musculosos, de macho alfa, que se adequasse aos bailarinos com uma disposição modesta e serena como a sua. Porém, Lisestkaya era capaz de se expressar por meio deles, e dançou as partes que lhe foram entregues como se a sua vida dependesse daquilo — e assim foi por um tempo.

Homem do espetáculo, Grigorovich organizou forças massivas para o entretenimento das massas, dirigido a bailarinos aparentemente sobre-humanos com uma força física surpreendente. Ele empregou danças folclóricas, mas excluiu as danças a caráter, pecado que os baletômanos de Moscou talvez nunca perdoem, dada a sua importância na tradição do Bolshoi. E sua inspiração, afirmou, provinha de Marius Petipa, embora também encontrasse estímulo artístico nas ruas, no comportamento das pessoas em bares, bordéis, ginásios e campos de batalha. A sua coreografia possuía uma determinação desconhecida nos balés do passado — os mais bonitos, mais indefinidos, que batizaram os salões de cabeleireiro soviéticos: *Gisele*, *Paquita* e *Raymonda*. O sexo e a violência irritaram os censores, mas ainda assim as suas obras apresentaram boas lições sobre o bem e o mal, patriotas e traidores, opressores e libertadores. Politicamente, ele, em grande parte, fez o que quis; os conflitos com os funcionários nunca duraram mais de alguns dias. "Ela gostava de mim", disse ele sobre Ekaterina Furtseva, ministra da Cultura entre 1960 e 1974.[51]

Grigorovich chegou ao Bolshoi em 1964 com dois sucessos notáveis. *A flor de pedra*, fruto da paralisia final do stalinismo, fora transformado por ele em um êxito internacional de bilheteria, e embora em *Lenda de amor* (Legenda o lyubvi, 1961) muitos dedos descessem por muitas coxas provocando protestos entre os bailarinos soviéticos linha-dura, Plisetskaya adotou a obra com entusiasmo. Até mesmo Ulanova, que foi menos ardorosa em seu apoio, elogiou *Lenda de amor* como uma revelação por sua "construção sinfônica", em que dança e música se fundiam no enredo e acrescentavam profundidade às atuações. Tudo contava; não havia "peças de concerto" sem sentido.[52] E Grigorovich tinha resolvido o problema que afligira o seu mestre, Lopukhov: encontrara o meio de fazer as suas danças serem musicais sem torná-las abstratas.

Lenda de amor se baseia em um poema de 1948 do poeta turco Nâzim Hikmet, com cenário do georgiano Simon Virsaladze e música de um compositor azerbaidjano, Arif Melikov. A colaboração multiétnica, conduzida por um *maître de ballet* russo, era um caldo de cultivo para a amizade entre os povos. Trata-se de um noturno carregado de angústia. Corações são expostos, espadas empunhadas, peitos e tórax inclinam-se até o chão, o amor é pisoteado em uma lenda sobre uma rainha que sacrifica a sua beleza e o heroísmo impossível de um pintor da corte; ele promete penetrar uma montanha até uma fonte secreta de água para acabar com uma seca terrível. O movimento é ritualista, sombrio e austero, mas há também o mormaço do Oriente.

Grigorovich alterou a música em prol da simetria, ainda que não da sinfonia. O compositor tentou ceder, mas teve pouco a dizer sobre a questão, pois voltou à sua Baku natal para um compromisso político em uma fase crucial dos ensaios. Durante a sua ausência, o balé alcançou o equilíbrio. Grigorovich acrescentou repetições e extirpou transições para manter a ação fluida nos movimentos alegóricos de massa. As cenas de adeus e das orações, as danças populares e as danças de corte repetem-se com variações, assim como a linguagem figurativa nos solos com o ventre de fora. A partitura do regente para a estreia no Teatro Bolshoi em 1965 registra as deixas de Plisetskaya: o *arabesque* e a ponta do dedo que persegue os cortesãos até os bastidores; a explosão de emoção em pirueta; a aterrissagem pesada nas cordas desalentadoras de Melikov. Todos entendiam o significado de tudo — o público, os políticos, e os aliados de Grigorovich entre os críticos. Como determinou um deles, o quadro de abertura simbolizava a "servidão impotente", a procissão de soldados "o despotismo terrível, cego e desalmado" e a chuva de moedas de ouro que a rainha promete a um dervixe, "a vaidade transparente e enganadora".[53]

Lenda de amor é desalentador e frugal. Os movimentos são "antimímica", sem serem "pró-dança", para citar Arlene Croce, uma das mais severas críticas de Grigorovich fora da Rússia. Croce reconhece que "não é ruim ser simplificado e sério" no balé, mas "simplificado e medíocre sim".[54] A crítica moscovita Tatyana Kuznetsova concorda, e agrega que a história de *Lenda de amor* é tão obtusa que chega a ser tola, a sintaxe é enfadonha, é o deserto do Saara do balé. Certos gestos tornaram-se vícios terríveis para Grigorovich: "cair de joelhos" em súplica, por exemplo, as aberturas e extensão das pernas e os *grands jetés* na diagonal. Eles ocorrem não só nesse longo balé em três atos, mas em todos os balés de três atos posteriormente criados por Grigorovich, não importa onde a ação estivesse ambientada

— no Extremo Oriente, na Rússia de Ivan, o Terrível, na Roma Antiga de Crasso e Espártaco, na Rússia soviética de Shostakovich. O mais irritante era que os movimentos preferidos de Grigorovich ocuparam o grande palco por "quase quarenta anos".[55] *Lenda de amor* permanece no repertório, e o papel de Plisetskaya foi ocupado por Svetlana Zakharova na mais recente produção do Teatro Bolshoi, de 2014.

EM 1966, GRIGOROVICH ascendeu à posição de chefe dos mestres de balé. Naquele ano, ele recebeu a encomenda para o seu terceiro grande balé, *Spartacus*. A partitura de Kachaturian havia sido coreografada duas vezes para o Bolshoi, em 1958 e 1962, mas o balé fracassara em casa e em turnês. O próprio Grigorovich havia dançado o papel de um gladiador em uma encenação anterior, e brincava que tinha sido o "primeiro a ser morto" no balé — o que lhe vinha bem, já que então era o primeiro na fila para o bufê nos bastidores.[56] Porém, quando o diretor-geral do Bolshoi, Mikahil Chulaki, entregou-lhe o libreto e a partitura para reencená-lo, não havia motivo para risos. Havia muito tempo, Espártaco era um tema irresistível para os sovietes, e o novo balé estava programado para estrear em uma data importante, o 50º aniversário da revolução.[57]

Os projetos sobre Espártaco haviam sido feitos, refeitos e desmontados praticamente desde a fundação da União Soviética, e balés, óperas e filmes sobre a rebelião escrava liderada por Espártaco foram programados para o 15º e o 40º aniversários da revolução. Os maiores e menores talentos soviéticos encararam o tema. Um tratamento elaborado no cinema mudo foi produzido, em 1926, pelo diretor turco-soviético Muhsin Ertuğrul, e o compositor proletário Georgi Dudkevich compôs uma ópera sobre Espártaco em 1928. Ele obteve permissão da Glavrepertkom para produzi--la, mas só se fosse fora de Moscou e Leningrado, pois a sua música fora considerada amadorística demais para o "público operário-camponês em geral".[58] Havia pesados cantos corais e pouca ação — em resumo, um épico histórico passável, mas nada especialmente atraente. A sala de ópera de Perm a encenou. Kseniya, sobrinha de Petipa, participou como libretista, e o compositor Boris Asafyev voltou ao assunto em 1934, quando achou que o momento político era propício. Contudo, em 1935, ele recuou ao perceber que a música teria de vir da sua imaginação, já que não havia fontes musicais da Roma Antiga nas quais se basear.

A saga do grande escravo rebelde também atraiu Kasyan Goleyzovski, o coreógrafo da parábola bíblica *José, o belo*. Ele contou com amigos para esboçar o libreto: o especialista em teatro clássico grego Nilender Ottonovich e o escritor Vasili Yanchevetski, que havia publicado um enredo simples sobre Espártaco. Ele apresentou o resultado em 1934, em um concurso para balés e óperas sobre temas soviéticos, mas não obteve os votos necessários para a encenação, nem para a possibilidade de encená-lo no Bolshoi. Ainda assim, insistiu com o projeto, e o repensou em uma medida precisa de "55% dança e 45% pantomima".[59] Ele chamou outros colaboradores, e o programa mudou de russo para georgiano, já que a possibilidade de encená-lo mudou de Moscou para Tbilisi. Tamara Vakhavakhishvili compôs a música por insistência de Avel Enukidze, burocrata comunista obcecado por balé. O resultado ficou para lá de eclético, com influências do Oriente Médio, do compositor espanhol Isaac Albéniz, com "gongos, tamborins, chocalhos, cornetas, pequenos sinos, buzinas", marchas para as legiões romanas e um coro encarregado de dar sentido a tudo aquilo.[60] Mas não era para ser: Tbilisi não contava com os bailarinos que o balé exigia e Goleyzovski, um experimentador, não tinha apoio político para recrutá-los.

Ele fez bastante barulho sobre os seus esforços e chamou atenção de Nikolai Volkov, o autor dos libretos bem-sucedidos de *Chamas de Paris* e *A fonte de Bakhchisarai*. Ao assinar o contrato, em dezembro de 1934, Volkov pensou que contasse com poder suficiente para levar o balé ao Bolshoi por conta própria. O diretor-geral à época, Mutnïkh, tinha outras ideias e rejeitou o primeiro esboço. O enredo precisava ser reduzido, e a história, simplificada. Havia demasiado moralismo e comportamentos confusos e, talvez o pior de tudo, Volkov agia como se tivesse o monopólio do teatro. A corrida para a *première* que ele antecipara se transformou em uma maratona e o projeto ricocheteou entre o Bolshoi e o Kirov por duas décadas. Ele também quicou entre um compositor, o medíocre Asafyev, e outro, o atarefado Kachaturian. Antes que *Spartacus* ficasse pronto, Mutnïkh foi expurgado, a União Soviética derrotou Hitler, Stalin morreu de um derrame e toda uma geração de bailarinos veio e se foi.

Os acontecimentos de 1917 estavam na mente de Volkov quando ele começou a escrever o libreto em 1934 — tanto a combinação de fato e ficção na representação da Revolução para as massas como a sua interpretação materialista-dialética pelos historiadores marxistas. Ele alegou ter se inspirado em Lenin, e o próprio Lenin alegara ter se inspirado na figura histórica de Espártaco. Em 1919, em Smolensk, o instigador do golpe bolchevique fizera um discurso sobre questões do Estado apontando Espártaco como "um dos heróis mais proeminentes de uma das maiores revoltas de escravos, ocorrida há cerca de 2 mil anos". Ele expressou a sua admiração pelo herói improvável e a sua causa justa. "Durante muitos anos, o Império Romano, aparentemente onipotente, que se baseava totalmente na escravidão, recebeu os choques e os golpes de um vasto exército lide rado por Espártaco."[61] O escravo havia se desvencilhado dos seus grilhões e incitara uma revolução, retomada pelos bolcheviques quase 2 mil anos depois. A insurgência de Espártaco foi esmagada. A de Lenin não. Tese e antítese, com o balé como síntese.

Ao elaborar o libreto, Volkov baseou-se em um romance de Raffaello Giovagnoli sobre o personagem, escrito em 1874. Contudo, avesso ao melodrama, ele também estudou *A vida de Crasso*, o texto de Plutarco de Queroneia, e *As guerras civis*, de Ápio de Alexandria, que também entraram para o cânone comunista, pois haviam sido citados por Marx e Engels. A partir dessas fontes romântico-históricas, da análise socioeconômica da insurreição de Espártaco publicada na imprensa soviética em 1936, dos projetos de balés e óperas do passado recente e da sua própria imaginação, Volkov construiu um libreto em três partes: 1) Espártaco, o gladiador encouraçado na arena que enfrenta gigantes; 2) Espártaco, o líder austero de uma revolta, comanda escravos, gladiadores e camponeses contra Crasso, o supremo comandante romano; 3) Espártaco, o herói memorável, luta até a morte e o seu cadáver nunca foi encontrado. Este último detalhe era teatralmente intolerável; seria introduzida uma marcha fúnebre, com o corpo crucificado do herói carregado nas alturas. Seu nome se tornaria "imortal", seu feito "eterno", e seu fim trágico paradoxalmente "otimista".[62] O enredo se manteve fiel ao ideal de Espártaco, o herói insurgente, símbolo de liberdade ante a opressão em qualquer época — da Revolução Russa à Segunda Guerra Mundial, e até a Coreia e o Vietnã. Volkov maquiou o libreto com minúcias históricas impossíveis de coreografar e, ao compor a partitura, Kachaturian acomodou a música ao libreto exagerado sem se preocupar com as dificuldades que poderia acarretar para os coreógrafos.

O primeiro deles, Igor Moiseyev, fez o melhor que pôde. Ele coreografou *Spartacus* para o Bolshoi em 1958, gastando enormes somas de dinheiro em figurinos e cenários. Por exemplo, o ato 1, cena 2: "Uma ampla praça retangular cercada de pórticos. Sob as abóbadas, há uma série de lojas. Lá, todas as raças e tribos estão representadas, dos gauleses aos africanos. Cada escravo leva uma placa dependurada no pescoço indicando a sua idade, origem, vantagens e desvantagens."[63] As cenas na arena e estradas incluíram danças alegóricas, chamadas "O pescador e o peixe" e "O lobo e a ovelha". No ato 2, cena 6, Aegina, a amante do imperador, ergue-se do fundo de uma fonte — justamente como a bailarina no "Balé da ninfa da água", coreografado por Balanchine para o filme de Hollywood *As folias de Goldwyn*, em 1938.

E era mesmo uma folia. Por seus excessos, que diluíram a ação no centro do enredo, o *Spartacus* de Moiseyev foi eliminado do repertório do Bolshoi após duas únicas apresentações e riscado da turnê de 1959, embora tivesse sido anunciado na revista *LIFE*, entre outras publicações de grande circulação nos EUA.[64] "Ninguém entendeu aquilo, então foi cancelado." Grigorovich deu de ombros.[65]

Isso também aconteceu, afirmou ele, com o *Spartacus* coreografado por Yakobson. O balé foi encenado no Kirov em 1956, antes de ser revisado para o Bolshoi em 1962 e levado aos Estados Unidos em turnê. Era ainda mais extravagante e difícil de entender. Como comenta Janice Ross em sua biografia do coreógrafo, na sua versão de *Spartacus* Yakobson inspirou-se nos relevos "fisicamente cinéticos", mas "politicamente ambíguos" do antigo altar de Pérgamo (180-86 a.C.), aquele então escondido no Museu Hermitage como butim de guerra. Ele esperava que a obra incitasse uma rebelião estética contra as limitações do balé soviético no governo de Stalin.⁶⁶ Yakobson excluiu as sapatilhas (como era de se esperar em um balé de sangue e areia), evitou movimentos em bloco, em uníssono, e expôs bastante a carne — tudo em busca de uma nova liberdade coreográfica e expressiva. Como Ross escreve sobre a despedida final de Espártaco e a esposa, "Não há divisão entre atuação e dança; toda a ação tem um caráter naturalista".⁶⁷ Até as cenas de multidão deviam ilustrar não uma massa, mas uma reunião de indivíduos; a técnica dos "recitativos coreografados" tornara cada bailarino singular.⁶⁸ Elas deixaram as cenas de multidão vibrantes, mas a textura não imitativa expôs Yakobson a acusações de desalinho, porque a falta de coordenação podia ser mal-interpretada como fruto de uma improvisação apressada. Além disso, para os censores, o realismo foi longe demais, e a qualidade sexual da produção eclipsava a mensagem ideológica. As descrições dos romances sórdidos desviavam a atenção do que deveria ter sido a ênfase na luta pela liberdade, fosse na Roma Antiga, no Sacro Império Romano, fosse em Moscou como a terceira Roma.

Yakobson criou um balé melhor que o de Moiseyev, mas sofreu agressões maiores e mais pesadas por isto, primeiro dos seus pares e dos funcionários em Leningrado, depois dos seus pares e funcionários em Moscou e, por fim, quando *Spartacus* saiu em turnê, em 1962, da imprensa dos Estados Unidos. O seu foi um estranho caso de um balé de que os burocratas não gostaram, mas que se tornou um êxito de bilheteria, ao menos em Leningrado, o que justificara os gastos de enviá-lo ao exterior.⁶⁹ Pyotr Gusev, um tradicionalista imperturbável, foi o primeiro a denunciar Yakobson em Leningrado, embora pretendesse fazê-lo considerando os interesses do outro, com um profundo respeito pelo talento do colega e saudações à esposa de Yakobson ao final da arenga de dezesseis páginas. "A pior parte da produção", disparou Gusev no verso da página três, era a cena no campo.

"Aquele era um lugar para mostrar Espártaco atraindo escravos, pastores e camponeses de toda parte. Fogueiras, danças, a alegria do povo ao ser libertado, as suas almas puras. Mas não há nada disso, e tudo é mais do que enfadonho."[70] Na cena no mercado de escravos também havia problemas, bem como na cena da festa, já que Yakobson havia se acomodado na rotina do libreto, com pantomimas de brigas pessoais e testes de lealdade, em vez de mostrar a afirmação da imponência de Espártaco. Em vez disso, o escravo rebelde parece "calmo" e "humilde", mesmo quando os arautos alertam que os romanos estão no seu encalço. "O seu juramento — 'À morte!!!' — deveria estar ali, e não uma batalha de bonecos que mitiga todo o significado trágico do momento", acrescenta Gusev na página cinco.[71] No final, o léxico do seu ataque falhou e ele passou a descrever o que não gostava como simplesmente "estúpido". Mas encontrou palavras para apontar descompassos rítmicos ocasionais entre a dança e a música, criticar o figurino (menos cintos e faixas, por favor, mais costas desnudas) e mandar o coreógrafo de volta ao estúdio, na esperança de que, apesar de todos os problemas, *Spartacus* fosse para Yakobson o que *Romeu e Julieta* fora para Lavrovski: não exatamente um clássico, mas um básico do repertório. "Desejo-lhe sucesso e reconhecimento, mas temo que você o desperdice terminando o trabalho do balé, e decidindo, bem, é um sucesso, os secretários [do Partido] o elogiam, embora os críticos não entendam nada. Cuidado com isso!!"[72]

Na verdade, era o que Yakobson temia e ele fez algumas mudanças, embora não as necessárias para agradar Gusev e os guardiões da tradição do *drambalet*. Havia quem o apoiasse e ele foi elogiado pelo "conjunto de descobertas e inovações extremamente bem-sucedidas". No entanto, antes e depois da première no Kirov, viu-se no olho do furacão, alienado até de seus colaboradores.[73] Ele "discordou" do libreto de Volkov e brigou com Kachaturian por causa de "deficiências óbvias da partitura: a sua incompletude dramatúrgica". Ele nunca disse o que pensava, mas pareceu recordar as críticas feitas a Kachaturian pelos compositores e teóricos do Sindicato de Compositores Soviéticos, que ouviram a música pela primeira vez no verão de 1954, quase cinco anos depois de o compositor assinar o contrato para compô-la. Os colegas gostaram da partitura extravagantemente burlesca (o autor era "o Rubens da música russa"), mas pensaram que a música atribuída a Espártaco necessitava ser mais trabalhada. O tema evoluía heroicamente entre a primeira e a quarta cenas até um grande hino à liberdade, mas não mudava muito depois disso, e ainda faltavam cinco cenas. Yakobson também se queixou da "falta de integração e totalidade no desenvolvimento da ação".[74] Aqui também ele estava ecoando os pares de Kachaturian. Após ouvir a partitura tocada ao piano, um deles disse: "Não consigo decidir qual é a cena central, aquela que concentra o desenvolvimento do drama, onde tudo se junta."[75]

Ele tinha razão, e Yakobson também. A música de Kachaturian não passa de um gabinete de curiosidades, ou uma galé de escravos com referências românticas e orientalistas. *O lago dos cisnes* aparece como convidado, assim como *Mlada* e *Sherazade*, de Rimski-Korsakov, o *Pássaro de fogo* de Stravinski, o canto fúnebre *dies irae* e diversos sons surdos e crescendo melodramáticos vindos diretamente de Hollywood — como, para citar um dos futuros detratores do compositor, "Tambor, tambor: mate aquele homem! Violino, violino: enrole aquela moça no seu pescoço!".[76] Kachaturian fez algumas mudanças sugeridas pelos colegas em 1954, cortando repetições e digressões, mas em 1956 considerou a sua obra para *Spartacus* terminada. Disse a Yakobson que não queria que nenhuma nota fosse mudada. Christina Ezrahi descreve o que ocorreu em seguida, com base nas recordações da esposa do coreógrafo. Ao saber que, na verdade, a sua partitura havia sido severamente podada durante uma discussão com Yakobson no meio de Leningrado, Kachaturian teve um acesso de cólera, sacudiu os braços no ar e "acidentalmente" golpeou Yakobson no rosto. Este revidou intencionalmente, provocando uma ruptura que perdurou por "vários anos".[77]

Aparte as brigas de rua, houve suficientes concessões para deixar todos insatisfeitos. A estreia no Bolshoi do *Spartacus* de Yakobson, em 4 de abril de 1962, decepcionou os burocratas e, segundo Ezrahi, tropeçou ao tentar criar "o equilíbrio esperado entre heroísmo e entretenimento".[78] Lugubridade demais em Roma, escassez de espírito no campo de batalha. A *première* em Nova York, em 12 de setembro de 1962, foi constrangedora. O crítico Allen Hughes, do *New York Times*, declarou a obra "um dos exercícios teatrais mais absurdos" a que já havia assistido. "O fato de que uma das maiores companhias de balé do mundo tenha investido tanto talento, tempo, dinheiro e, supostamente, fé na encenação de uma procissão enfadonha é simplesmente inacreditável."[79] Plisetskaya foi escalada "para uma personagem com muito pouca dança de qualquer tipo e nada... do que ela faz de melhor". A partitura era "no estilo das trilhas sonoras de Hollywood", a luta (e os números no palco) excessivas, o enredo opaco. Os diversos erros levaram Hughes a propor uma divisão estética na Guerra Fria: "Devemos pensar que os gostos artísticos soviético e norte-americano são tão distintos que este *Spartacus* diz algo profundo sobre a cidadania soviética?" De fato, em um artigo posterior, ele concluiu que embora *Spartacus* "não seja para nós", talvez os russos "tenham suas razões" para gostar dele como "um passo adiante, ainda que em falso, da dança russa em seu caminho tortuoso em direção ao verdadeiro modernismo".[80] O crítico do *Herald Tribune*, Walter Terry, resumiu o balé como "selvagemente extravagante" e também o comparou a uma produção hollywoodiana, com "as piscadas, movimentos abruptos e a gesticulação dos filmes mudos".[81] A produção excessiva havia "superado DeMille", em uma referência aos famosos épicos cinematográficos de Cecil B. DeMille.[82] A coreografia podia ser "boba", mas continha partes animadas e surpreendentes. "Para cada salto fabuloso de uma estrela masculina do Bolshoi ou uma luta de espadas magnificamente encenada, os braços oscilam (saudações!), se retorcem (ah, sexo!), se dobram (ó, tristeza!), incham (não se atreva a tocar nesta virgem!)", além das "carícias nas coxas (essenciais em qualquer bacanal)". Com tanta atuação e ação, promovidas pela "coisa de filme mudo" da música de Kachaturian um membro da audiência exclamou: "Veja, mãe, não há dança!" A segunda récita teve melhor recepção, graças à alternância do elenco, que escalou Liepa como Espártaco.[83] Indolentemente, Terry concluiu que "é tudo maravilhoso se você gosta desse tipo de coisa".⁸⁴ Ainda assim, a gozação foi demais; três apresentações de *Spartacus* agendadas para a semana seguinte à estreia foram canceladas, e o balé não voltou a constar do repertório.⁸⁵ A logística forneceu uma desculpa conveniente. Segundo uma reportagem do *Los Angeles Times*, *Spartacus* tinha sido eliminado devido à "dificuldade do transporte aéreo dos enormes cenários e outras decorações até o oeste".⁸⁶

A retórica extrema não só reflete as tensões da Guerra Fria mas também a decisão, anterior à turnê nova-iorquina, de desacreditar quaisquer tentativas de inovação por parte do Bolshoi. Os russos podiam conservar os seus clássicos, seus reis nos castelos, mas o modernismo pertencia aos norte-americanos. Os críticos do país tinham uma agenda, e no final a sua retórica não era menos exaltada do que as denúncias ao estilo soviético, se conseguissem percebê-lo. Talvez Yakobson conseguisse.

Plisetskaya admirava esse balé, mas não pôde consolar Yakobson depois que o *Herald Tribune* limpou o piso com ele e os manipuladores do KGB durante a turnê lhe disseram que recebera o que merecia. "Enormes lágrimas brotaram de seus olhos azuis" quando ele expressou a sua gratidão a Plisetskaya por sua execução "brilhante" no papel de Frígia, a amante de Espártaco.⁸⁷ Segundo Ross, o seu dueto com Dmitri Begak (que alternava com Liepa no papel de Espártaco) foi "singular" na "condensação das emoções vibrantes de tristeza, determinação e da angústia da separação".⁸⁸ Contudo, a descrição é de alguém que nunca assistiu ao balé; os críticos da época não reconheceram o feito. O *Spartacus* de Yakobson nunca voltou aos Estados Unidos. O Bolshoi também o rejeitou.

FOI ASSIM QUE *Spartacus* foi parar nas mãos de Grigorovich. Foi o primeiro balé que ele criou em Moscou, e deveria cimentar as relações entre o Teatro Bolshoi e o Kremlin, já que foi programado para o Palácio dos Congressos do Kremlin, um novo espaço que serviu de segundo palco do Bolshoi a partir de 1962. Lá estavam os clássicos com descontos no preço dos ingressos, com o público correndo escadaria acima entre um ato e o outro, antes que a comida acabasse na cantina do último andar. O palácio recebeu os congressos dos deputados dos Povos Soviéticos até o colapso da União Soviética, e as cadeiras vermelhas de *plush* acomodavam mais de 5 mil delegados, burocratas étnicos russos mesclados entre operários, artistas e algum astronauta das quinze repúblicas. Leonid Brejnev lia suas anotações com murmúrios, pronunciando mal algumas palavras mesmo nos seus melhores anos no timão, mas, fora isso, sentava-se impassível enquanto outros louvavam os seus esforços titânicos e a justeza do caminho comunista, como comprovavam as frutas e legumes de verão que, tal qual um milagre natalino, surgiam nos quiosques pouco antes de os deputados chegarem à cidade. A diversidade de bandeiras das repúblicas ainda enfeita o átrio de mármore do palácio, embora os congressos e a União Soviética tenham desaparecido há muito tempo. Agora, ali há apresentações de gala de balé, antigos cantores e musicais, como *A bela e a fera* de Disney.

A nova produção de Grigorovich, *Spartacus* nº 3, seria um balé que até um deputado do povo conseguiria entender — um balé que não repetiria os erros de *Spartacus* números 1 e 2, como prometeu Chulaki. "Todos os excessos estão descartados. Tudo é feito para ressaltar a luta de Espártaco e os rebeldes contra Crasso e seus seguidores", insistiu o diretor do Bolshoi. Chulaki apontou o seu "espírito militarista" ostensivo e a abordagem moderna do tema. "Não é uma recriação acadêmica dos acontecimentos do longínquo e frio passado", sublinhou.[89] O libreto de Volkov fora reduzido às linhas gerais mais básicas: três atos em quatro cenas com marchas, batalhas e lutas até o final. Os monólogos sinuosos traziam doses generosas de angústia e paixão. A pantomima desaparece e, com ela, a narração da história. Esse *Spartacus* é uma Paixão ambientada em um mundo decadente. E, no final, o herói é empalado em pontas de lanças.

A música foi cortada para se ajustar ao molde. A maioria dos que a conheceram opinou que poderia ter uma hora a menos. Moiseyev havia induzido Kachaturian a comprimir o final, e Yakobson eliminara o coro e podara o bacanal, reduzindo o conjunto de quatro para três horas e forçando Kachaturian a apelar ao conselho artístico do Teatro Bolshoi para defender a sua música. "Escrevi as cruzes", a música da crucificação dos escravos, "com o meu próprio sangue."⁹⁰ No entanto, mesmo com os cortes, a música conservou o caráter episódico e colorido; ao menos Kachaturian conseguia reconhecê-la, e os bailarinos presentes à reunião, entre eles Lepeshinskaya e Ulanova, apontaram coisas boas e ruins nas mudanças de Yakobson — e as suas preocupações estavam mais relacionadas à falta da dança em pontas e às poses que substituem a ação.

Quando Grigorovich sentou-se ao piano com o bailarino que fazia o papel do escravo rebelde, decidiu que talvez fosse preciso revisar um pedacinho, um *chut'-chut'* da partitura de Kachaturian. O *Chut'-chut'* transformou-se em uma mexida completa, feita à revelia do compositor, e do modo mais duro: Grigorovich literalmente eliminou trechos inteiros, saltou passagens de que não necessitava e escreveu algumas inserções. Quando soube da evisceração da obra-prima que havia merecido o Prêmio Lenin e viu a partitura remendada do ensaio, Kachaturian ficou apoplético. Não poderia apelar a Chulaki, cuja reputação dependia do sucesso de Grigorovich. "Tenho uma sugestão", disse o diretor do Teatro Bolshoi aos colegas do conselho artístico. "Demonstrem a sua confiança em Yuri Nikolayevich, com base em seus feitos anteriores, e na sua abordagem ousada desta obra." "Claro!", respondeu uma voz no grupo.⁹¹ Grigorovich tentou aplacar a dor do compositor com vodca armênia, mas a bulha prosseguiu até que o regente principal do Bolshoi à época, Gennadi Rojdestvenski, convenceu Kachaturian a confiar em Grigorovich.⁹²

Durante os ensaios, houve novas mudanças, como comprova o grande ponto de interrogação rabiscado a lápis em uma das capas em branco. Chulaki advertiu Kachaturian de que haveria grandes alterações, mas deixou claro que o compositor não tinha alternativa a não ser aceitá-las. Contudo, a extensão dos rearranjos era chocante: as danças étnicas apresentadas por não caucasianos foram descaracterizadas, usadas menos para estereotipar os cativos do Mediterrâneo e do Oriente Médio do que para ilustrar estados emocionais extremos. Em outras mudanças, a música do "Réquiem" do final da partitura foi para a segunda cena, com o novo título

"Monólogo de Espártaco", e a música escrita originalmente para a procissão de gladiadores passou a acompanhar uma venda no mercado de escravos.

Grigorovich tentou explicar a sua concepção ao compositor. As danças seriam temas musicais, estruturadas por temas e episódios repetidos, como em uma fuga, mas não seriam "filarmônicas", já que o objetivo era comunicar a ideia principal da história em vez de justapor um movimento em particular a cada som na partitura. Havia correlações gerais entre música e dança, como nas partes de fechamento que uniam clímax musicais e coreográficos. No auge do *pas de deux* de Espártaco e Frígia no campo, Grigorovich a faz saltar nos braços dele, e Espártaco a carrega pelas pernas, acompanhado de toda a seção de cordas e trompetes — puramente hollywoodiano. O desfile de passagens tiradas de outras partituras é combinado com o desfile de danças no palco e o desfile de personagens que encenam o enredo — um excesso que chega ao clímax com o terrível martírio do herói. As procissões substituem as cenas confusas da turba que Moiseyev e Yakobson haviam criado para o balé.

Kachaturian não se deixou impressionar. "Onde estão as mulheres?", perguntou, quando Grigorovich descreveu a cena de abertura e o cenário que Simon Virsaladze, seu colaborador de longa data, havia imaginado. As cortinas se abririam e mostrariam um muro feito como os escudos dos soldados romanos; Crasso estaria no alto, de pé, como uma estátua; o muro cai; o Império Romano é reduzido a escombros. O futuro. Grigorovich seguiu descrevendo a segunda cena, com o monólogo de Espártaco. "Mas onde estão as mulheres?", insistiu Kachaturian.[93] Aegina e Frígia logo aparecem com as coxas expostas, em vez de empunhar espadas.

Aqui, Grigorovich toma o caminho mais fácil, e troca Eros pelo exibicionismo sexual. "Não há erotismo nas cenas eróticas", escreveu o historiador do balé Vadim Gayevski, em 1981, em uma crítica que deixou o coreógrafo furioso, tanto que conseguiu que o livro, intitulado *Divertissement*, sumisse da gráfica. "Na Roma de Grigorovich, não há patrícios orgulhosos nem cortesãs atraentes"; Roma é uma "cidade morta", de bebedeira sem alegria. "Devemos supor que essa Aegina é uma cortesã?", perguntou. "Ela namora um soldado, veio de baixo."⁹⁴ Indubitavelmente, Gayevski tinha em mente a metade do terceiro ato, em que Aegina faz uma dança de clube de strip-tease (em nome do realismo da época, um mastro báquico em forma de cone, um símbolo sexual, serve para a *pole dance*). Ele confirma, caso os solos no primeiro e no segundo ato não o tivessem feito, que as mulheres são objetos de cobiça.

Plisetskaya dançou essa personagem mais tarde, mas os músculos das suas costas se retraíram. "No adágio com Crasso, precisei agarrar o dedão do pé com a mão, a perna em *atitude*, e me afastar do meu parceiro, que me segurava em contrabalanço", protestou. "Os músculos da minha coluna pareciam roupa torcida."⁹⁵ Fora os riscos, o papel continuava sendo central para o balé. Como escreveu a crítica Marina Harss sobre uma récita de 2014, "Aegina exibe as pernas o tempo todo, passa a mão na coxa, alça uma perna até a cabeça ao girar ou, mais obviamente, alça o púbis como uma arma enquanto se deita no piso de modo provocante. Não sobra muito para a imaginação".⁹⁶ Frígia também é objetificada por Grigorovich, Espártaco a alça acima da sua cabeça, e depois ela é sacudida na direção do piso, como uma carga submissa que se move de cá para lá. A insinuação pode ser amplificada ou diminuída, dependendo dos bailarinos. Em apresentações mais comportadas, o destino das nações é diminuído — ou, se a perspectiva for correta, ampliado — como em uma briga conjugal.

O bailarino do papel principal, Vladimir Vasiliev, não era nem muito grande nem robusto, mas tinha uma presença de palco tão cativante que Grigorovich tomou a decisão, astuta em retrospecto, de convocar novamente Leipa, o Espártaco de Yakobson, para o papel de Crasso. Na revisão de Grigorovich, as cenas com Espártaco se espalham nas que apresentam Crasso, um antigo líder romano, com uma cobiça semelhante à da Rússia imperial por opulência nos que o rodeia. Ele e Espártaco se parecem, e às vezes agem de modo semelhante; no entanto, o escravo veste andrajos e porta correntes, o que leva o herói a lamentar a sua sina. Liepa tinha amplitude expressiva para dançar a parte de Crasso, acrescentando o temor e dúvidas pessoais ao sadismo do déspota romano, ao passo que Vasiliev emprestava uma convicção inesperada a Espártaco. O novo herói dava ideias a Grigorovich quando lhe fugiam. Vasiliev acrescentou truques próprios que eram a sua marca, alçando Frígia com uma só mão e girando no ar em *attitude*. (Ele se beneficiou do fato de a sua parceira de longa data e esposa, a maravilhosa bailarina lírica Ekaterina Maksimova, ser miúda.) Também criou o equivalente coreográfico do discurso retumbante: corria e saltava até o proscênio na diagonal, da direita para a esquerda, pausava, voltava ao fundo do palco pelas coxias, depois corria e saltava na diagonal da esquerda para a direita. Como Crasso, Liepa fazia a mesma coisa desesperadamente, mas Vasiliev transformou aquilo em um chamado às armas e um *cri de coeur*. *Veja*, parecia dizer o seu entrecruzamento, *posso não ser alto como você, e você pode até pensar que sou um inocente autocomplacente, mas a luta pela liberdade importa neste drama sobre escravos*. Com ele, a presença retumbante de um só tornava-se a presença retumbante da multidão.

Roma estanca, Crasso festeja, Espártaco conclama as suas forças, há traidores de ambos os lados e alguém parece ter um caso. A rebelião ameaça com o caos. A audiência se pergunta quem é o opressor e quem é o oprimido. A insurreição vale a pena? A resposta é não; não há nada subversivo no balé, que no final sofre com a falta de integração entre as danças de grupo e os monólogos dos solistas. Grigorovich imaginara o contraste entre o coletivo e o individual em termos sinfônicos, mas criou os seus balés mais como concertos da era barroca, em que dois ou mais instrumentos solistas interagem frouxamente entre repetições de um refrão tocado em uníssono pelo conjunto completo. Há outras analogias musicais, muitas delas injuriosas. Gayevski, o crítico que ele mais desprezava, alega que o coreógrafo (assim como a liderança soviética) tinha uma reação alérgica ao jazz norte-americano. Porém, dada a rigidez dos seus ritmos, poderia ter se beneficiado ouvindo-o. As danças de conjunto eram "mecânicas" demais, governadas pelo metrônomo, cada escravo erguendo um pé até o joelho, dando um passo à frente e voltando ao piso em sintonia. Espártaco seguia mais adiante, e os homens e mulheres afundavam no contraponto, mas, para Gayevski, o "movimento mecanizado" dificultava as transições para os monólogos poéticos. "A procissão avança, e a alma está muda", lamentou, evidentemente assumindo que a alma tem um léxico coreográfico empobrecido. "A alma fala, e a procissão se detêm."[97]

Décadas depois, e a uma distância segura de Stalin, do Degelo e da própria Rússia, Joan Acocella referiu-se às diagonais cruzadas de *Spartacus* para explicar o que considerava o problema central desse método: "Praticamente todas as vezes que Espártaco entra no palco, ele o faz em saltos na diagonal. Depois, corre para a coxia, volta rápido para o palco e atravessa o espaço saltando na diagonal oposta. Então, o seu inimigo Crasso entra, saltando na diagonal, e tudo que você quer é ir para casa."[98] Porém, na Rússia soviética, o lar — apinhado, às vezes em apartamentos coletivos pré-fabricados — não era algo especialmente desejável. A dança tinha um forte apelo escapista para as audiências soviéticas; nem as palpitações atléticas repetidas do outro lado do forro que descia para o primeiro monólogo nem a política importavam quando a produção do balé era liberada. Era entretenimento, apesar do conteúdo ideológico, o que, na verdade, era algo realmente novo.

O *Spartacus* de Grigorovich teve êxito devido ao heroísmo invulnerável, à sensualidade descarada e porque os membros da audiência podiam se congratular troçando do que parecia ser um subtexto, mas era conscientemente exibido na superfície. A moral da história é que o sofrimento da derrota é mais nobre que a exaltação do triunfo. Eis o que significava ser um homem soviético, e o que a transformação de Espártaco em uma máquina voadora, que pairava sobre o palco com membros jogados para trás e o coração aberto, devia representar.

PLISETSKAYA, EM TURNÊ quando o trabalho para o balé começou e envolvida em um projeto pessoal, ficou fora do elenco e, para ter êxito em seu projeto, precisava explorar sua fama. Em 1964, ela recebeu o Prêmio Lenin, dançou no La Scala e virou tema de um documentário. A sanção oficial a animou a procurar Shostakovich, Kachaturian e por fim o marido para reelaborar *Carmen* para um balé. O tema sexual pedia que as pernas da mulher se enroscassem não em um mastro, mas nas cadeiras de um homem, de acordo com a criação de Balanchine, de 1929, para *O filho pródigo*, que o New York City Ballet levara a Moscou no intercâmbio cultural durante a Guerra Fria, em 1962. Então, tal provocação em particular tinha um precedente coreográfico. Ainda assim, para dançar Carmen, ela precisou abrir caminho por um emaranhado de torpezas envolvendo a bela, mas nada sexy, ministra da Cultura e os seus ajudantes, tão pudicos quanto ela. *Carmen Suite* foi a principal obsessão de Plisetskaya, e levá-lo ao palco do Teatro Bolshoi e inseri-lo no repertório da turnê foi a luta da sua carreira.

O balé se baseia na ópera de Bizet, e leva o nome da heroína trágica por título. Carmen, uma cigana espanhola, tem um encontro amoroso com um soldado, Dom José, que depois ela rejeita e troca por um toureiro, Escamillo. Dom José se vinga esfaqueando-a no coração, e ela morre enquanto a multidão saúda o triunfo de Escamillo na arena de touros. Plisetskaya inspirou-se para o papel depois de assistir à turnê em Moscou do coreógrafo cubano Alberto Alonso. O espetáculo dos cubanos foi uma revelação — "espanhol", mas sem os clichês das danças espanholas a caráter; dançado *en pointe* de um modo não clássico. A visita fez parte de um intercâmbio cultural internacional possibilitado pelo estreitamento cada vez maior entre a União Soviética e Cuba após a revolução socialista de 1959, liderada por Fidel Castro, e a formação do governo comunista, em 1965. Seguiu-se um diálogo entre o teatro Bolshoi e o Ministério da Cultura sobre a possível participação de Plisetskaya, junto com Maksimova e Vasiliev, nos festivais internacionais de dança em Havana, em 1966 e 1967.[99] Aposentada, Ulanova também foi convidada. Em 1966, os convites não levaram a nada, e foi impossível organizar a viagem também em 1967: Maximova e Vasiliev estavam ocupados com *Spartacus*, Ulanova mostrou-se ambivalente e Plisetskaya viajaria à Tchecoslováquia, outro front importante da Guerra Fria cultural.

Para marcar a aliança entre Moscou e Havana, Alonso foi convidado como coreógrafo residente do Bolshoi, de 17 de dezembro de 1966 a 4 de maio de 1967.¹⁰⁰ Quando Plisetskaya lhe propôs *Carmen*, ele imediatamente respondeu "*Da!*" e recebeu 1.082 rublos para criar *Carmen Suite*.¹⁰¹ Tornou-se o primeiro coreógrafo a criar um balé especificamente para ela, explorando a sua intensidade física, muito maior do que a dos outros bailarinos na trupe, homens ou mulheres. A cunhada do coreógrafo era a *prima ballerina assoluta* do Balé Nacional de Cuba. Ela também gostou da ideia de Carmen, e tinha os olhos escuros e a pele acobreada, perfeitos para o papel. Assim, a estreia em Moscou com Plisetskaya no papel principal seria seguida de uma *première* em Havana estrelando Alicia Alonso.

Ao encenar a história de sedução e traição de Carmen, Plisetskaya se valeu da tensão sexual real entre ela e os bailarinos do Bolshoi. Ela ensinava homens, o que exigia "um esforço físico muito maior" do que as aulas para mulheres.¹⁰² A segregação também servia aos seus propósitos artísticos. Ela não queria diluir a atmosfera carregada de testosterona trazendo outras mulheres. A intensidade física era superabundante em *Carmen Suite* — e controversa. Ekaterina Furtseva, a ministra da Cultura, aprovou o projeto na crença de que seria uma versão em um ato de *Dom Quixote* ou *Laurência*, ou talvez uma mistura dos dois que agradasse a audiência. Porém, após a primeira apresentação no Teatro Bolshoi, em 20 de abril de 1967, Furtseva e os inspetores de outras agências soviéticas relacionados às artes reclamaram que o balé tirava proveito das "emoções ardentes e dos apetites sexuais latinos".¹⁰³ Ela ordenou a Plisetskaya que se cobrisse para a segunda récita e exigiu o corte do adágio erótico no qual, com as coxas expostas, ela se enroscava em Dom José e o beijava ardorosamente. Caso a ordem não fosse cumprida, apresentariam *O quebra-nozes* no lugar de *Carmen Suite*. Plisetskaya nunca perdoou a declaração ignorante de Furtseva de que ela e seus colaboradores haviam "transformado a heroína do povo espanhol em uma prostituta".¹⁰⁴ Rodion Shchedrin, cuja partitura era uma montagem de melodias da ópera de Bizet, foi acusado de plágio.

Mais tarde, Furtseva interveio para impedir que o balé fosse apresentado em Montreal na Expo 67, a exposição internacional com seis meses de duração que marcou o bicentenário do Canadá. Mais de 50 milhões de pessoas pagaram o ingresso de 2,50 dólares. Junto com *O lago dos cisnes*, o Coro do Exército Vermelho e um conjunto folclórico ucraniano, *Carmen Suite* era parte de uma elaborada demonstração dos avanços soviéticos na cultura, na engenharia e nas ciências. Interessado no espaço? Venha ao pavilhão soviético e experimente a simulação de uma viagem à Lua! Nunca provou caviar? Foram embarcadas 8 toneladas! Contudo, mesmo naquele período de *détente*, com o relaxamento da intensa corrida armamentista internacional, Furtseva não largou o pé de Plisetskaya. Chulaki rememorou os esforços da ministra de Cultura para impedir que os cenários e figurinos de *Carmen Suite* fossem embarcados em Leningrado.

> Para mim, ficou claro que a ansiedade de Furtseva provinha do fato de ter sido chamada a explicar por que *Carmen Suite* havia sido incluído na turnê aos EUA [*sic*, Expo 67]. Como era seu costume, ela pôs a culpa na obstinação da administração do teatro. E não adiantava dizer que o repertório havia sido planejado muito antes das críticas, e que nenhum "membro permanente" ou oficial [do Comitê Central] havia contestado as decisões sobre a turnê norte-americana. Nenhum dos meus argumentos foi aceito pela ministra exasperada. Ela exigiu que os cenários de *Carmen Suite* não fossem enviados a Leningrado! Respondi que já tinham ido. Então ela ordenou que não fossem embarcados no navio de carga! Disse-lhe que tudo fora embarcado havia algum tempo. Mas ela ordenou que fossem desembarcados nas docas! Eu informei que o navio já havia deixado o porto. Então, mandou deter o navio em pleno mar (!) e transferir os cenários para outra embarcação disponível (um rebocador?) e trazê-los de volta ao porto!
>
> Obviamente ela não podia esperar para informar aos "de cima" que todas as medidas haviam sido tomadas para evitar que o indesejável *Carmen Suite* fizesse turnê na América.
>
> Quando declarei firmemente que a operação que propunha era totalmente irrealista, ela ficou irritadíssima, e só se acalmou um pouco quando assegurei que os cenários não seriam descarregados no porto de chegada: seriam separados e embarcados no brigue, e voltariam à URSS sem serem usados.[105]

Furtseva não gostou do tom condescendente de Chulaki. Ele parecia um urso imponente, careca, de óculos, mas a chefe era ela. Quando os cenários de *Carmen Suite* retornaram à União Soviética sem uso, ele se aposentou.

Ainda assim, o balé voltou ao palco do Teatro Bolshoi. O presidente do Soviete Supremo, Alexei Kosïgin, assistiu a uma apresentação e, ao declarar que havia gostado, instantaneamente transformou-o em um clássico soviético. Dali em diante, Furtseva teve de louvá-lo em alto e bom som, do mesmo modo como havia disparado contra as suas falhas ao telefone com Chulaki, e Plisetskaya passou a enroscar as pernas ainda mais fortemente ao redor do Dom José de Fadeyechev. Ela deixou de ser criticada pelo conceito subjacente ao balé e à sua atuação. Descartou os amigos que consideraram a dança picante demais e menosprezou as críticas fora da Rússia que, ao contrário, a acharam pouco apimentada — um esforço sincero para libertar sexualmente o balé soviético, talvez, mas ele seguia sendo um balé soviético. Em sua opinião, o Bolshoi estava "a cinco minutos de virar um museu", e por isso desprezou a sugestão de que o que ela considerava ardentemente sensual não poderia competir com o que a Broadway oferecia.[106] Com esse intuito, mais tarde ela dançou o seu balé "bom-ruim" como parte do evento de gala "Estrelas do Balé Bolshoi", em Nova York. "Ostentando e sorrindo", ela estava "vividamente felina" e, como os demais membros do elenco, "maior do que a vida" e independente.[107]

PLISETSKAYA FEZ TROÇA de Grigorovich porque ele perdera a criatividade na década de 1960 e rechaçara o progresso, firmando o seu nome em revisões modestas dos clássicos. Os mundos de antes e depois da revolução estavam separados, mas, como outros coreógrafos do seu tempo, soviéticos ou não, ele se voltou para os balés narrativos do passado. Como ela reconheceu abertamente, não se tratava apenas do empobrecimento criativo. As audiências soviéticas admiravam os clássicos, e na maioria dos casos os preferiam, mesmo em versões expurgadas, frente aos balés sobre insurgências e planos quinquenais. Assim, Grigorovich pôs a sua marca no cânone. Outros coreógrafos, do Leste e do Ocidente, fazem o mesmo, o que torna a autoria uma questão delicada. Acréscimos, subtrações, aumentos, diminuições: quem pode dizer quem fez o quê?

Tal questão foi levantada no Bolshoi, em 1969, acerca do balé mais clássico de todos, *O lago dos cisnes*. Grigorovich queria restaurar o balé sombrio concebido por Tchaikovski, o maquinista Karl Valts e o Teatro Bolshoi de 1877. Não se tratava de um projeto de pesquisa; era mais um esforço para voltar a *O lago dos cisnes* da era romântica, o que, para ele, significava E. T. A. Hoffmann. Ele o reestruturou para fazer do feiticeiro Rothbart o duplo hoffmanniano do príncipe Siegfried — a sua sombra, que dançava com ele em uníssono, perscrutando sobre os seus ombros, estirando as suas cordas emocionais e psicológicas. (Gayevski comenta que o problema que Siegfried enfrenta é típico dos heróis de Grigorovich: eles parecem estar isolados, reclusos, mas na verdade são "prisioneiros, reféns, uma espécie de marionetes" — neste caso, de um ideal que semeia a confusão na mente de Siegfried.)[108] Se o feiticeiro tivesse alguma mímica, poderia ter jogado feitiços, mas, para Grigorovich, a mímica era tabu, junto com a qualidade terrena das danças nacionais, que são feitas *en pointe* na cena de baile.

O príncipe não enxerga o que está acontecendo. Ele imagina escapar do seu cavalheirismo pseudoaristocrático para um futuro com Odette no reino clássico do amor puro. Porém, o espírito maligno o presenteia com a paixão romântica destrutiva na forma de Odile. Ele sucumbe, e então tudo é erradicado em uma restauração da cena da tormenta de 1877. Siegfried se vê só, quando Odette/Odile e todos os cisnes brancos são varridos do palco escuro "como giz no quadro-negro".[109] A conclusão stalinista fazia o príncipe encontrar redenção por meio do amor por Odette, mas na concepção de Grigorovich não há salvação para o príncipe nem para a sua futura princesa; não há a conquista triunfante sobre Rothbart na luta de espadas. A sorte o larga sozinho à margem, possuído por nada mais do que a consciência das suas ilusões.

"Todos dançam", declarou um dos assessores da nova produção, já que Grigorovich havia excluído "a vitrine decorada da antiga produção".

A valsa do ato 1 era "festiva", uma celebração sincera; a *polonaise* era o equivalente de uma balada, introduzindo intriga e problemas: "Quando as taças tilintam no meio da *polonaise*, tudo fica misterioso, mágico. Ao empregar esse efeito, Grigorovich revela as aspirações pessoais do herói e expõe a cisão entre o seu mundo e os acontecimentos externos."[110] O ato 2 era de Ivanov, e de parte do concebido por Gorski e Petipa, mas os empréstimos não foram criticados nem questionados, já que Grigorovich se adiantou para defendê-los. Ele mantivera o melhor do passado a serviço do novo, afirmou. Contudo, a ausência de bailarinos nacionais especializados nas xardas húngaras, além das danças espanholas, italianas e polonesas na cena do baile, tornou-se tema de discórdia nas discussões a portas fechadas sobre *O lago dos cisnes*. Na avaliação taxativa da crítica Elena Lutskaya, Grigorovich optou por uma "imitação patética de Balanchine" em seu balé "ilógico" e "monótono".[111]

Mas o grupo mais amplo de Grigorovich, que incluía o bailarino Māris Liepa, previsivelmente defendeu a produção do princípio ao fim. O coreógrafo havia se firmado como tal ao rejeitar o realismo e a atuação no estilo do cinema mudo do *drambalet*. Seus balés eram concebidos para ocupar um plano mais elevado, a sua versão de *O lago dos cisnes* fincou uma estaca no coração da tradição realista de Lavrovski. Ele decidira que as danças étnicas precisavam ser poetizadas, clássicas, o que significava eliminar os sapatos de salto e as bobagens da *commedia dell'arte*. O professor de Grigorovich, Fyodor Lopukhov, defendeu ainda a produção alegando que o seu pupilo havia sido "excepcionalmente cuidadoso com a música de Tchaikovski" ao restaurar, por exemplo, a dança russa que tinha sido eliminada antes mesmo de Gorski (por Petipa e Ivanov, em 1895). E, de qualquer modo, o que era assim tão "polonês" na mazurca de Gorski em *O lago dos cisnes*?[112] Nada. Além disso, era profundamente antimusical ligar um par masculino de dança a uma princesa nacional.

A ministra da Cultura assistiu ao ensaio de figurinos em 18 de dezembro de 1969, depois do qual houve uma discussão sobre os prós e contras na produção hoffmanniana. Furtseva apareceu para informar ao grupo apinhado na minúscula sala de espera do escritório do diretor que tudo estava entendido, tudo estava "claro".¹¹³ Ela sorriu para todos, mas recusou--se a fazer mais comentários, e prontificou-se a apresentar o seu veredicto pela manhã, já que, segundo um provérbio russo, a manhã é mais sábia do que a noite. Grigorovich encontrou-a no dia seguinte e soube que *O lago dos cisnes* havia sido cancelado, apesar de estar agendado para abrir um festival em Nova York. Ele deve ter ficado desolado, mas recorda-se de ter se defendido. Ele não inventara o romantismo, disse, e insistiu com Furtseva que a sua versão permanecia fiel à grande música de Tchaikovski e a algo que o compositor compreendia muito bem: um ideal é uma coisa cruel, maligna. Perseguir um ideal é convocar a ruína, e o balé lidava com essa verdade. Furtseva respondeu: "Está bem, está bem, encene-o."¹¹⁴

Mas este "está bem, está bem" dependia de mudanças no final, que deveria ter uma alvorada e luz, e, naquele brilho, Odette seguiria sendo uma princesa, em vez de se transformar em um cisne. Ele voltou ao estúdio e fez as mudanças exigidas. A discussão após o segundo ensaio geral, em 23 de dezembro de 1969, refletiu as tensões. O ato final "mobiliza todo o esforço em direção ao reino espiritual. Ele fala de devoção e do triunfo do amor", comentou um dos ajudantes de Grigorovich, antes de dar uma pista do drama nos bastidores. "Quero acrescentar que outro conceito foi planejado e realizado como uma alternativa. Era algo profundo, mas não conseguiu uma expressão completa. Dali havia dois caminhos: um com um final trágico, o outro caminho Grigorovich preservou e terminou como o concebera."¹¹⁵ Assim, naquela formulação enrolada, o radiante conceito central do balé não encontrou a sua verdadeira expressão no final trágico, mas foi realizado graças à intervenção condescendente da ministra da Cultura.

Grigorovich deu o papel do feiticeiro Rothbart a Espártaco — isto é, ao solista Boris Akimov, que alternava com Vasiliev no papel do escravo rebelde.¹¹⁶ Akimov cabriolava e saltava de um modo que a audiência do Teatro Bolshoi tinha "dificuldade de aceitar" quando o balé teve autorização para ser apresentado ao público, em 25 de dezembro de 1969.¹¹⁷ Ele circulava em um plano improvável. Rothbart traçou círculos ao redor de Siegfried, mofando de sua afetação cavalheiresca e criando o caos no baile real, até ser "esmagado pela força espiritual do amor do príncipe por Odette".[118] Essa é a interpretação metafórica do final feliz. No palco, Siegfried impede que o feiticeiro mate a donzela-cisne bloqueando o caminho até ela e cobrindo-a com o próprio corpo. O feiticeiro cai morto aos pés do amante. O final oposto, o final trágico, nunca foi dançado para o público soviético.

A INTERPRETAÇÃO ROMÂNTICA da carreira de Grigorovich marca *O lago dos cisnes* como o começo e o fim: o fim de uma fase experimental e exploradora, e o início de um período de frustrações, quando o poço da criatividade (nunca totalmente cheio) começou a secar. Plisetskaya começou a se distanciar dele, entregou os seus papéis nos balés dele a bailarinas mais jovens e sugeriu que, depois de trocar a conquista do poder no teatro pela proteção do mesmo, ele tinha se tornado maçante. Em suas memórias, ela evita ao máximo mencionar o nome dele; no entanto, perto do fim, acertou a conta que mais precisava ser acertada em sua vida criativa. "Não mudei minha opinião sobre *Flor de pedra* e *Lenda do amor*", escreveu ela muito depois dos fatos. "Eles são o auge da obra de Grigorovich. Todas as suas obras posteriores — em minha opinião — foram ladeira abaixo. Rapidamente."[119] Depois ela girou o punhal, descrevendo-o como um ditador, um Stalin do Teatro Bolshoi, que conformou toda a tradição do balé russo à sua imagem. "Ele modificou os antigos e bons balés clássicos, acrescentando pequenos retoques, sem nunca deixar de imprimir-lhes o seu nome. Então, tomou de Petipa, Perrot, Ivanov, Gorski. Nos últimos dez anos, ele nem se preocupou em fazer mudanças."[120] Na verdade, ele fez algumas mudanças, mas Plisetskaya não seria convencida do contrário — uma lenda má que levou Grigorovich, notoriamente repetitivo no começo da carreira, a se repetir ao longo do seu declínio.

O coreógrafo seguia baseando os seus balés nos passos clássicos dos anos de 1910, manteve as mulheres nas sapatilhas e preservou a arquitetura tradicional do balé. A sua montagem de *A flor de pedra*, por exemplo, conserva o equilíbrio familiar entre solistas, corifeu e corpo de baile. Como dramaturgo, no entanto, ele era um modernista, e despiu os enredos à essência. Sobre *Spartacus*, ele simplesmente disse: "Esta produção foi concebida como uma tragédia da personalidade."[121] O herói escolhe a própria sorte (ele erra ao poupar a vida de Crasso, o que este não faz quando o jogo vira). Para encenar esse conceito, Grigorovich não podia contar apenas com os solistas e o corpo de baile. Por isso, paradoxalmente, resumiu a história, mas encheu o palco. A sua *Lenda do amor* acrescenta um par de jovens e um bufão; *Spartacus* apresenta uma mistura de pastores e libertinos; o seu balé de 1975, *Ivan, o terrível*, também conhecido como *Era de fogo* (Ognennïy vek), inclui arautos, tocadores de sinos e boiardos de ambos os sexos. Na sua versão de *A era de ouro*, de 1982, há bandidos, ladrões e pescadores. Porém, como sempre nos seus balés, as caracterizações são comprimidas, reduzidas a um ou dois traços definidores, a esboços. E a compressão deixa pouco espaço para o erro.

Assim, na década de 1970, o Balé Bolshoi, tanto quanto a estrutura política soviética, não conseguiu combater a inércia. A fé na causa soviética esmoreceu. Com Brejnev, todos, e na verdade o próprio Brejnev, se contentavam em repetir os movimentos, e quando Grigorovich apertou as rédeas no teatro foi como se estivesse encenando um papel ensaiado há muito tempo. Para Plisetskaya e seus outros críticos, aquela era a verdade da carreira dele: depois de refazer os clássicos à sua própria imagem coreográfica, depois de afastado o enredo e a pantomima, e os traumas dos anos do *drambalet*, após um início cintilante, ele terminou marcando o compasso e movendo corpos pelo palco sem muita inspiração.

No entanto, Plisetskaya teve uma visão. A bailarina experiente tornou-se uma coreógrafa inexperiente que, presunçosamente, imaginou a si, ao marido e seus aliados criando um repertório alternativo. Eles acreditavam que os antigos clássicos do balé deviam ser substituídos por novos clássicos: as obras-primas sagradas da literatura russa que haviam resistido à adaptação por meios tradicionais e não tinham sido reinterpretadas pelos soviéticos segundo os códigos do realismo socialista. Desse modo, ela criou um balé a partir de uma obra-prima que nenhum coreógrafo se atrevera a tocar até então: *Anna Karenina*, de Tolstoi.

Dizer que a escolha foi imprudente seria pouco, mas ela e o marido asseguraram que o vasto romance poderia ser adaptado. A música dele e a dança dela deveriam capturar um aspecto específico da profunda e rica vida interior da heroína de Tolstoi: a sua crescente incapacidade de distinguir entre o real e o imaginado. O balé foi concebido em 1967 com a ajuda dos leais colegas Natalya Ryjenko e Viktor Smirnov, que criaram a coreografia com ela. Alguns bailarinos, como ela, eram veteranos dos balés de Grigorovich, ansiosos para tentar algo novo; os outros eram inexperientes.

O primeiro enredo, de Natalya Kasatkina e Vladimir Vasilyov (não confundir com Vasiliev), reduziu o romance a onze cenas e um prólogo. Cada ponto do enredo seria "descrito por meio dos sentimentos e imaginações das personagens".[122] O balé abriria com uma neblina, e o uivo do vento se tornaria o som de um sino, que se torna a luz de uma vela, a qual ilumina Karenina e três outras personagens centrais na história. Uma sacudida no globo de neve na primeira cena revelava o interior iluminado de um salão de baile em São Petersburgo. Karenina e o conde Vronski, que começarão um caso escandaloso na alta sociedade, tropeçam um com o outro ao final da música, sugerindo, segundo o enredo, o ranger dos freios de um trem — anunciando o suicídio de Anna quando encara a escolha impossível entre o amante do exílio e o filho que teve em São Petersburgo com um ministro do Império Russo. O alarido dos freios ressoa em toda a música, de forma que na sua imaginação Karenina morre continuamente, antes que o trem de fato apareça.

Plisetskaya rejeitou esse libreto original extremamente compacto. O tratamento era conciso demais, e, por isso, severo demais. Em busca de algo mais literal, ela entregou o projeto a Boris Lvov-Anokhin, um diretor teatral experiente muito recomendado. Lvov-Anokhin preservou a tempestade de neve inicial e o conceito claustrofóbico do primeiro libreto, mas expandiu-o em uma produção em três atos para durar toda a noite.

O seu libreto começa com Karenina sozinha avançando sem rumo, e depois em meio a uma multidão silenciosa, o que a faz parecer ainda mais só. As rodas do trem que passam sobre o seu corpo são anunciadas como um presságio com a morte, também debaixo de um trem, de uma figura santa e um tanto louca. Ao final do baile, Karenina corre para o futuro amante, e o seu relacionamento ocorre de modo discreto até o episódio crucial durante uma corrida de cavalos. O estrondo no fosso da orquestra, representando os pensamentos e sentimentos mais profundos da heroína, é acompanhado pela algazarra de uma banda no palco: o mundo real. A partitura de Shchedrin é sorumbática e palpitante, e privilegia os registros baixos dos instrumentos e as harmonias dissonantes apoiadas em trítonos. Karenina tem um conjunto de melodias que descrevem as condições que lhe são impostas, as que ela impõe, e as que são impostas aos que testemunham a sua desintegração.

A corrida de obstáculos termina em um ligeiro constrangimento para Vronski, que cai da sela quando o seu cavalo tropeça. Para Karenina, aquilo é uma catástrofe. Ela arfa em choque, expondo em público o caso entre eles e cortando a relação com o marido. A música do trem dá a pista. No epílogo, a heroína trágica está sozinha na escuridão quando surge a luz da locomotiva. Depois, todos na produção respirariam aliviados porque o balé não se tornara o desastre ferroviário apontado jocosamente por seus detratores.

Dentre os céticos, havia dois diretores-gerais do Teatro Bolshoi, entre 1967 e 1972. Plisetskaya enfrentou a resistência, primeiro de Chulaki, e mais tarde de Yuri Muromtsev, que dirigiu o Bolshoi entre setembro de 1970 e dezembro de 1972, quando o balé engatinhava na direção do palco. Em suas memórias, ela conta a história dos caminhos tortuosos do balé, da página ao palco, como uma comédia desolada, e descreve as portas fechadas, a luz ruim, os figurinos de Pierre Cardin inacabados e a escassez de bailarinos. O balé, por fim, foi produzido graças à sagacidade política de Shchedrin nos estágios iniciais de planejamento e a um ataque casualmente oportuno ao repertório do Bolshoi.

Em 5 de abril de 1968, Shchedrin anunciou nas páginas do *Pravda* que ele e a esposa desejavam ardentemente criar um balé sobre *Anna Karenina*. Em um artigo intitulado "Uznayem li mï Annu?" (Será que Anna ficará reconhecível?), ele prometeu que o balé não seria "uma profanação do romance", pois "adotamos uma abordagem diferente".[123] Seria uma destilação, não uma adaptação completa. A ministra da Cultura desconhecia a intenção de Plisetskaya e Shchedrin e não gostou de ser informada pelo jornal. Furtseva convocou Chulaki e exigiu que negasse tudo. Ele se recusou, e a raiva dela foi tanta que o projeto ficou engavetado até 1972.

À época — e naquele ano —, a falta de inovação no repertório e a estagnação do Bolshoi eram motivo de grande preocupação por parte do governo. O Comitê Central a expressou publicamente no *Pravda*. Viktorina Kriger, uma bailarina aposentada havia muito tempo e jornalista proeminente, foi requisitada ou impelida a repreender o Balé Bolshoi e, por extensão, Grigorovich, pela agenda previsível das apresentações. O *New York Times* resumiu o artigo de ponta a ponta, constrangendo o teatro internacionalmente. "Os cartazes do Bolshoi não podem ser considerados exatamente diversificados", decretou Kriger. "Hoje é *O lago dos cisnes*, amanhã *Giselle*." Depois, seria *O lago dos cisnes* novamente. E, logo em seguida, *Giselle*. *Lenda do amor* e *Spartacus*, de Grigorovich, eram encenados uma e outra vez, junto com *Romeu e Julieta* e alguns outros balés menos famosos. As ofertas eram mais do que maçantes. A monotonia do repertório tinha começado a afetar a bilheteria e a impedir o desenvolvimento de novos talentos.[124]

Em desespero de causa na busca de algo novo, o governo deu luz verde a Plisetskaya e a Shchedrin para a montagem de *Anna Karenina*. O balé estreou em 10 de junho de 1972, pouco antes do final da temporada. A "profanação" de Tolstoi teve um pouco do efeito do choque de *Carmen Suite*; cartas aos editores dos escritórios de cultura soviéticos reiteraram queixas já conhecidas sobre a afronta à graça cometida por Plisetskaya. O seu "sofrimento não é profundo", objetou um escritor. "Não comove. A Anna aristocrática de Tolstoi está ausente da personagem." Embora "as saias esvoacem no ar", outro comentarista não conseguiu "ver a expressão de nenhuma emoção".¹²⁵

Antes e depois da estreia, o balé foi apoiado pelos círculos letrados e Plisetskaya tentou preparar a audiência do Bolshoi para uma experiência diferente, explicando em um ensaio no programa impresso que "hoje em dia, sem dúvida, o balé é fortemente influenciado pela ginástica, a acrobacia e a patinação ornamental no gelo. A abundância anterior dos gestos de mímica obscurecia o significado do drama, ao passo que a ênfase atual na técnica virtuosa e sofisticada também distancia o público da compreensão do que acontece no palco". A sua coreografia tentava encontrar um ponto intermediário na representação de Ana como "o símbolo supremo da feminilidade". A sua angústia expõe "a mentira 'total' da alta sociedade, as suas afirmações hipócritas da moralidade e da decência".¹²⁶ Essa era a justificativa ideológica para trazer o romance de Tolstoi ao Bolshoi. O custo? Ao criarem *Anna Karenina*, Plisetskaya, os coreógrafos colaboradores e o marido dela imprimiram um tom melodramático à morte da heroína, mas deixaram de fora a libertação do espírito que Tolstoi descreve nas páginas finais do romance. Aqui, Kostantin Levin, a personagem com quem o autor se identifica, e cuja trajetória no romance é oposta à de Karenina, tem uma epifania. Ele fita o cosmos e o sente se abrindo e o envolvendo, banhando-o em radiância, verdade e paz interior. Essa apoteose não poderia ser apresentada em um palco soviético.

Anna Karenina era austero demais para a velha guarda, *Carmen Suite* inflamada demais, e uma terceira dança, intitulada *Prelúdio de Bach*, espiritual demais.¹²⁷ O didatismo e o nacionalismo seguiam sendo a ênfase moribunda no repertório, e não o desvio decadente de Plisetskaya daquela submissão estática. No *Prelúdio de Bach*, ela dança passos de origem oriental e alguns movimentos básicos de balé, como *bourrées en couru* e *piqués en arabesque*. Ela parece empenhada em comunicar que estas posições contêm e aprisionam o espírito. A apresentação começa como um solo antes da entrada do seu parceiro romântico — outra forma de contenção. Em um trecho impressionante, Plisetskaya move-se perpendicularmente pelo piso, as pernas se espraiam de um modo que ela parece negar o puxão da Terra. As suas pernas se elevam na direção oposta, e depois em um grande *battement en rond*. Ela reposiciona o corpo e move a perna na direção oposta de um modo impecável. O espaço torna-se fluido, assim como o tempo, e ela se movimenta em câmera lenta, no contrafluxo da música.

A PREOCUPAÇÃO COM o repertório do Bolshoi já era pública, mas a oposição à direção de Grigorovich no teatro permanecia oculta nos bastidores. Ela era real, e envolvia bailarinos jovens e maduros, conservadores e progressistas. Alguns protestaram, anonimamente, ao Comitê Central do Partido Comunista da União Soviética. Em 3 de abril de 1973, o seu principal ideólogo, Mikhail Suslov, recebeu uma carta anônima propondo que Grigorovich fosse deposto — ou, ao menos, degradado. Ele havia sido removido do cargo anterior no Teatro Kirov em Leningrado, começava a carta, por ter tratado bailarinos talentosos de modo equivocado e, desde a sua nomeação para o Bolshoi em 1964, não havia encenado nenhum balé novo. "Ele se dedica a refazer, 'aperfeiçoar' as antigas produções", embora estas em questão, de Ivanov, Petipa, Gorski e outros, tenham um lugar destacado em suas formas originais, elogiadas local e internacionalmente. Era o "credo" artístico de Grigorovich, a sua razão de ser como coreógrafo. Entrementes, prosseguia a denúncia, os esforços de gente recém-chegada para criar balés sobre temas soviéticos haviam sido eliminados.

A questão se voltou para a sua busca de poder: "Por motivos absolutamente inexplicáveis, Grigorovich ocupa simultaneamente duas posições distintas: diretor artístico e chefe dos mestres de balé, embora o nosso coletivo inclua outras pessoas talentosas e capazes, que devotaram as suas vidas à arte do balé." Ele havia se tornado um "ditador", com o apoio da ministra da Cultura, que lhe permitira indicar o conselho artístico do Bolshoi, embora ele não fosse membro do Partido Comunista e "tivesse declarado, de modo insolente, que as críticas da organização partidária interferiam em seu trabalho". (A condecorada bailarina Marina Kondratyeva tinha o cargo de secretária do Partido Comunista do Balé Bolshoi no período em questão.) Além disso, Grigorovich "se permite ser rude, descortês, grosseiro e cria uma atmosfera tensa", e as hostilidades são alimentadas pela divisão entre os bailarinos da trupe que viaja ao exterior e a trupe que permanece em casa. A carta trazia uma sugestão invejosa, que tinha por intuito cimentar a queixa contra o *maître de ballet*: "Desde a entrada de Grigorovich, as atividades homossexuais foram promovidas no nosso coletivo, embora sejam ilegais em nossa sociedade. Em uma turnê em Paris, em 1971, ele contou aos membros mais jovens sobre os seus encontros com os homossexuais Jean Marais, Lifar, Roland Petit e Béjart."

A cura para o mal-estar incluía eleições com voto secreto para um novo conselho artístico e a indicação de um novo diretor artístico, um "comunista, um indivíduo honesto e objetivo, alguém claro como o cristal, um cidadão ideal da União Soviética". A ministra da Cultura precisava fazer algumas emendas.

A reclamação — tanto as partes importantes como a fofoca sobre os encontros de Grigorovich com os principais artistas franceses — terminou sendo ignorada. O coreógrafo foi convidado para um chá e uma conversa com o assistente da ministra da Cultura, Vasili Kukharski, que lhe transmitiu o teor da conversa.[128] O Bolshoi havia feito coisas marcantes apesar das dificuldades, e talvez mesmo por causa delas, e por isso Furtseva concluiu que não era preciso fazer nada. Ela havia arquitetado um confronto com Grigorovich a respeito de *O lago dos cisnes*, menos por conta do conteúdo do balé e mais pela necessidade de fazê-lo recordar que ela o controlava, não o contrário. "Ela demitia diretores, repreendia críticos e bania produções de um modo peremptório, como o 'Cortem-lhe a cabeça', da Rainha de Copas em *Alice no país das maravilhas*", comentou o seu biógrafo.[129] Ele havia sido investigado, por isso não era preciso averiguar os seus problemas com os bailarinos para investigá-lo ainda mais.

FURTSEVA TINHA SIDO operária têxtil em uma cidade próxima ao vilarejo onde nascera. Casou-se com um piloto e tiveram uma filha. Quando ele voou para não mais voltar, ela encontrou apoio na família estendida do

Partido Comunista. Mudou-se para Moscou e ascendeu nas fileiras políticas a uma posição não muito distinta daquela de um prefeito de cidade grande. As más línguas falaram da sua relação com Krushev quando ele a promoveu ao Politburo do Comitê Central, embora ela não tenha durado muito no cargo. O telefone dela foi grampeado pelo KGB, assim como os outros, e em 1961 ela foi flagrada criticando o pseudoliberalismo confuso de Krushev. Ela sabia que estava enrascada. Ao perceber a perda de tudo o que havia lutado para conseguir, "cortou as veias na banheira", segundo seu biógrafo.[130] Foi encontrada com vida e Krushev, que tinha nas mãos o suicídio de outro funcionário, concedeu-lhe o perdão, afastando-a do Comitê Central e dando-lhe o cargo de ministra da Cultura. Ela foi a mulher mais poderosa no governo da União Soviética, uma figura elegantemente vestida e com penteados da moda em um mar de ternos de risca de giz.

Quem a conhecia, como Grigorovich e Plisetskaya, a descrevia como aparentemente confiante, mas profundamente insegura, cônscia do seu conhecimento limitado das artes e hostil aos que a faziam recordá-lo. Quando Chulaki fez exatamente isso, foi demitido de forma abrupta do cargo de diretor-geral do Bolshoi. Ao menos acabaram também os enfrentamentos aos gritos entre ambos a respeito da indicação de um regente, a escolha do repertório ou a seleção de artistas para uma turnê internacional. A soprano Galina Vishnevskaya relembrou que os homens do Bolshoi, incluído Chulaki, foram arrastados ao escritório de Furtseva para explicar por que haviam impedido a sua turnê aos Estados Unidos denunciando-a para o KGB. Alinhados contra a parede, eles deram desculpas confusas, como escolares travessos diante da diretora da escola. Vishnevskaya foi autorizada a fazer uma turnê; porém, por insistência de Furtseva, primeiro teve de se defrontar com uma "criatura vil e sombria" do Comitê Central.[131]

Os detratores misóginos de Furtseva afirmam que ela usava de astúcia feminina para obter o que queria e tinha "acessos de raiva" espetaculares quando não conseguia.[132] Ela também aplicava as políticas artísticas de um modo inconsistente. Tinha as suas irritações e indulgências, segundo esse mesmo crítico, e mantinha uma reserva de ajudantes e conselheiros bonitos. Gostava de receber presentes caros dos que lhe pediam favores, mas era capaz de denunciar os suplicantes por pensarem que poderia ser subornada. Shchedrin deu-lhe um diamante; ela o acusou de furtar a música de Bizet.

Furtseva era conhecida como "Catarina Terceira", como se fosse a herdeira legítima de Catarina, a Grande, e seu reino iluminista.[133] Uma avaliação mais genuína do seu estilo administrativo a aponta esforçando-se para conciliar interesses conflitantes e alcançar algum tipo de equilíbrio no teatro. Assim, tanto Grigorovich como Plisetskaya podiam dizer que contavam com o seu apoio, ou queixar-se de não tê-lo. Às vezes, seu favorecimento se transformava em hostilidade dogmática. Ela não serviu de juiz na disputa entre os dois, por reconhecer que o conflito os debilitava individualmente ante ela.

Em 1974, Furtseva sofreu um ataque político, e foi acusada de abuso de poder pela Comissão de Controle do Comitê Central. Sua filha e o genro haviam sido flagrados roubando dos cofres do Partido para construir "a *datcha* palaciana da família".[134] Ela assumiu a culpa e empenhou as joias para acertar as contas, mas Brejnev, com quem tinha se atritado, negou-se a perdoá-la. Ele havia construído uma *datcha* ainda mais ostentosa com dinheiro dos cofres públicos, mas queria demiti-la, e por isso expôs a corrupção da família. Ela passou a beber; perdeu a chance de ser eleita para o Soviete Supremo; e, um dia antes de morrer, soube que outra pessoa leria o discurso que ela deveria apresentar no Teatro Maliy.

Esses acontecimentos precipitaram o ataque cardíaco fatal que ela sofreu em 24 de outubro de 1974, segundo o relato oficial. Tinha 63 anos. Correu por Moscou a piada de que ela chegou aos portões perolados do céu pedindo para ser admitida pouco depois da chegada de Pablo Picasso. Como havia esquecido o passaporte, não conseguia provar a sua identidade. Então, São Pedro a sabatinou. Quem foi Pablo Picasso?, perguntou-lhe. Ela não sabia, e a sua ignorância provou que realmente era a ministra soviética da Cultura. São Pedro abriu os portões e deu-lhe as boas-vindas às nuvens, e Pyotr Demichev assumiu o seu antigo cargo na Terra.[135]

Para Grigorovich, Demichev parecia melhor do que Furtseva, que o tinha feito penar pela monopolização do seu cargo, no que tinha razão. Plisetskaya também o apreciava, pois, como membro do Comitê Central, permitira-lhe encenar *Anna Karenina*. Porém, como ministro da Cultura, ele quis evitar o drama que havia rodeado Furtseva, e por isso deixou Grigorovich enriquecer o repertório por conta própria, aplacar os dissidentes e manter a roupa suja sem lavar.

Os conflitos internos no teatro persistiram, e o repertório não foi enriquecido como era necessário. Para desgosto de Plisetskaya, Grigorovich não assumiu a culpa pela falta de novas ofertas, atribuindo-a aos bailarinos impotentes, acusando-os de arrastar os pés no estúdio. "A oposição no balé é o que me impede de trabalhar", ela o ouviu reclamar na televisão soviética.[136] Ela rechaçou essas alegações, achou as suas queixas fracas. Segundo Plisetskaya, a resistência que ele dizia enfrentar era apenas uma desculpa para os seus próprios erros. Como poderia sentir-se tão ofendido, pensou, quando tinha à disposição mais de "duzentos" bailarinos, além do apoio do governo soviético (e até seus "mísseis, tanques e porta-aviões", afirmou)? E tempo e o espaço para fazer o que quisesse?[137] Ela comparou a situação dele à de gênios soviéticos reprimidos, como Shostakovich, que seguiram criando, trabalhando, dando murro em ponta de faca, tentando driblar os censores — o que só piorava as coisas e enfiava mais o dedo na ferida.

Ela conhecia Shostakovich e uma vez tivera a esperança de que ele colaborasse com *Carmen Suite*; porém, farto de ser espicaçado, declinou do convite. Grigorovich também o conhecia; seu mentor, Fyodor Lopukhov, havia colaborado com o compositor em *O córrego límpido*, a obra que pôs fim à carreira de Shostakovich no balé. A mesma esperança de colaboração, o mesmo resultado. O todo-poderoso Grigorovich imaginou que sua criatividade resgataria outra partitura descartada na juventude de Shostakovich. Isso só ocorreu em 1982, sete anos após a morte do compositor martirizado. Com sarcasmo, Plisetskaya comentou os esforços anteriores de Grigorovich para conseguir encenar um novo balé, qualquer balé novo:

"Ele anunciava um trabalho, e depois outro. Depois, silêncio. Mutismo. Como se as pessoas não o tivessem ouvido direito."[138]

GRIGOROVICH PROPÔS DIVERSOS projetos possíveis para discussão. Especialmente interessante era um balé que se basearia em *O mestre e Margarida*, de Mikhail Bulgakov, romance denso e assustador iniciado em 1928 e quase terminado em 1940, o ano da morte do autor. Ele permaneceu inédito durante o governo de Stalin e só chegou à imprensa no final da década de 1960. Foi *o* livro do Degelo: demoníaco, religioso, psiquiátrico (o mestre do título vai viver em um hospício para escrever um livro sobre Pôncio Pilatos), e rico em subtextos. A vida é difícil para os artistas no romance e para os burocratas que os exploram, e as camadas de pragmatismo político davam a Grigorovich a oportunidade de levar ao palco cenas com perspectivas distintas ou, talvez, fazer o corpo de baile trocar de aliança de um modo curioso. O romance também tinha sexo, magia, jazz e uma festa extravagante inspirada em um balé perdulário na residência do embaixador dos Estados Unidos em 1935. O compositor óbvio para essa travessura desenfreada era Shostakovich, mas ele não quis — não podia — assumi-la. Ele continuava "assustado", explicou Grigorovich, com as experiências anteriores com o Teatro Bolshoi, e preferia compor sinfonias e quartetos de cordas.[139]

Outro tema ficcional possível era o clássico soviético *O plácido Don* (ou, como costuma ser traduzido em inglês, *E o Don flui silencioso*), de Mikhail Sholokov, uma vasta saga em quatro partes ganhadora do Prêmio Stalin em 1941 e que contribuiu para que o autor recebesse o Prêmio Nobel de Literatura em 1965. Ele envolve um triângulo amoroso com um herói que troca de lado entre Vermelhos e Brancos durante a Guerra Civil que se seguiu à revolução — um tema teatralmente viável. Mas o romance tem um grande número de personagens, inclusive o rio Don do título e a terra preta russa. Grigorovich afirmou que Shostakovich havia aceitado a ideia de uma adaptação parcial e que chegara a esboçar algumas ideias musicais. Porém, na verdade, tais ideias tinham sido escritas para uma possível ópera baseada no romance, e não um balé, ou talvez ele simplesmente tivesse dedilhado algumas canções folclóricas mencionadas por Sholokhov. O autor e o compositor haviam se conhecido em maio de 1964, mas tinham pouco em comum além de uma grande afeição pela vodca, afirmou Grigorovich. Mesmo que tivesse a imaginação de Shostakovich se inflamado, e a ideia da ópera se metamorfoseado em um balé, Grigorovich deve ter enfrentado dificuldades para vender *O plácido Don* ao conselho artístico do Teatro Bolshoi. Ele se recordou, com bom humor, da resposta seca à sua proposta inicial: "Dons demais", já que *Dom Quixote, Dom Carlos* e *Dom Giovanni* já constavam do repertório.[140]

Ainda em busca de um novo tema, atento ao conselho do regente e compositor Abram Stasevich, Grigorovich ouviu a música de Prokofiev para o filme em duas partes de Sergei Eisenstein, *Ivan, o Terrível* (1944-46). Finalmente um tema adequado e uma partitura possível, ao menos depois de Chulaki reformulá-la para servir às suas necessidades — cortando, remendando e acrescentando trechos de outras composições de Prokofiev. O *copyright* não entrava em consideração — toda a arte soviética pertencia ao Estado soviético — e por isso eles estavam autorizados a fazer o que quisessem. De qualquer modo, Prokofiev estava morto havia muito tempo e não podia defender a sua obra. Talvez em sua defesa, Shostakovich criticou alguns cortes e acréscimos após assistir a um ensaio do balé. No entanto, ele acreditava que Prokofiev, em última instância, queria que a sua música fosse ouvida, não importa em qual contexto, e por isso balbuciou um elogio débil a Grigorovich. Talvez expurgar a trilha sonora de um balé não tivesse deixado Prokofiev tão furioso assim.

O primeiro título do projeto foi *Era de fogo*, antes de mencionar diretamente o filme que o inspirara, *Ivan, o Terrível*. O balé defende a violência do reino de Ivan, fiel à interpretação soviética das origens do tsarismo na Rússia e no Império Russo. Olhando retrospectivamente o século XVI do ponto de vista da metade do século XX, Ivan teria assumido o trono na adolescência e, a partir dali (em uma mistura de fato e ficção), consolidara o Estado russo liquidando os habitantes tártaros do importante centro comercial de Kazan. Isso eliminou a ameaça externa ao seu governo. Depois, ele subjugou os boiardos de Moscou, a ameaça interna. O corpo de baile, no papel do povo, defende o tsar, mesmo quando ele cria uma guarda pessoal cruel, a *oprochniki*, para mantê-lo submisso.

Grigorovich assegurou que a *oprochniki* remetesse ao KGB, mesmo tendo descartado os traços problemáticos da psicologia de Ivan que haviam obcecado Eisenstein. Os bailarinos no papel principal não agiram assim. Yuri Vladimirov expôs a barbárie de Ivan em uma atuação de contorções perturbadoras, e em seguida o bailarino tártaro de olhos escuros Irek Mukhamedov assumiu o papel, ao qual imprimiu mais introspecção, segundo o consenso entre os baletômanos moscovitas. A noiva condenada do tsar, Anastásia, carrega o peso emocional de *Ivan, o Terrível*, e o seu *páthos*, mas o cerne do balé é sobre fogo, sangue, espadas e a busca do poder na Rússia. Como afirmou Grigorovich, "Estar no poder é ter as mãos sujas".[141] Essas mãos acariciam Anastásia, estrangulam um traidor e se enrolam nas cordas dos sinos que dobram na sua coroação. Levou tempo para aperfeiçoar essa imagem final, concebida como um *coup de théâtre*.

APÓS A MORTE de Shostakovich, em agosto de 1975, Grigorovich decidiu reviver um dos seus balés, que o compositor não tinha endossado. "Não quero que seja reconstituído", insistira ele.[142] Em seus últimos anos de vida, ele havia sido acometido de tiques nervosos, aparentemente atormentado por algo sombrio e profundo — o terror dos anos 1930, supunha Grigorovich. Ele decidiu superar esse medo, que o próprio compositor não superou, encenando o primeiro dos seus balés, *A era de ouro*. O progresso foi moroso; criar as danças significava modificar a música, o que, por sua vez, significava mudar as danças novamente. O mesmo ocorreu com o enredo. *A era de ouro* só chegou ao palco em 4 de novembro de 1982. Foi o último trabalho original de Grigorovich.

O período entre a concepção e o término do balé foi amargo. Aumentaram as tensões entre Grigorovich e as estrelas do balé Bolshoi, como o emblemático virtuoso Vasiliev que, em 1995, o substituiria como diretor artístico por um período de cinco anos, até ser removido do cargo por um decreto presidencial; a parceira de Vasiliev, Ekaterina Maksimova, uma pupila glamorosa de Ulanova e queridinha da imprensa estrangeira; e Plisetskaya, a qual, apesar de seus compromissos internacionais, aspirava, com forte ambição, à criação de uma trupe própria no Bolshoi. O rancor levou ao cisma, à divisão entre os que apoiavam o status quo (a facção maior, "bolchevique") e os dissidentes. Estes últimos, a facção "menchevique", enfrentavam a ira do chefe dos mestres de balé, cujo consumo de conhaque Ararat aumentava em paralelo às suas investidas contra Plisetskaya, a estrela mais brilhante. Ele puniu os bailarinos que gravitavam em torno dela, excluindo-os das produções dos seus balés e negando-lhes oportunidades de sair em turnês. Como os bailarinos não contavam com a proteção de um contrato legal, Grigorovich não precisava ameaçar despedi-los. Podia simplesmente fazê-lo.

Plisetskaya atiçou o conflito deliberadamente ao expressar as suas opiniões à imprensa estrangeira. Durante uma turnê, no verão de 1977, ela revelou a repórteres de jornais e revistas franceses que gostaria de escapar do tédio do teatro. Seus comentários foram enviados pela embaixada soviética em Paris ao Kremlin, que acompanhava a recepção do Balé Bolshoi no exterior. Para os "propagandistas burgueses", a entrevista era uma mina de ouro, e ela teve a audácia de manter a palavra. Stepan Chervonenko, o embaixador da União Soviética na França, informou sobre as atividades dela ao Comitê Central.

Primeiramente, a sra. M. Plisetskaya expressou os seus pensamentos sobre a estagnação da nossa arte do balé, o seu suposto embotamento e conservadorismo ("na Rússia, a liberdade deve ser conquistada"; os jovens bailarinos soviéticos "não têm suficientes oportunidades de viajar para fora da Rússia"; "o público russo também quer ver coisas novas"; "Existem coreógrafos na Rússia que vão além das regras antiquadas? — Eu — sra. M. Plisetskaya — não conheço nenhum. Então, o que se pode esperar? — Pouco, ou quase nada"). Em segundo lugar, a sra. M. Plisetskaya criticou o Teatro Bolshoi, o seu repertório "que hoje, sob a influência de Yuri Grigorovich, tornou-se totalmente enfadonho. Imagine, nenhum coreógrafo do Teatro Bolshoi criou uma coreografia para mim!".¹⁴³

AO REGRESSAR A Moscou, em julho de 1977, Plisetskaya foi convidada ao Comitê Central para um chá e uma conversa com o diretor de assuntos culturais, Vasili Shauro. A conversa não foi registrada, mas aparentemente ela não se retratou, vangloriando-se de perturbar a "Moscou do balé" e enfureceu os burocratas ao anunciar aos frequentadores do balé na Rússia que Maurice Béjart havia descoberto "novos mundos" na dança.¹⁴⁴ Além de Shauro, estava presente à reunião Mikhail Zimyanin, editor chefe do *Pravda* no governo de Brejnev e cão de guarda ideológico do Comitê Central. Plisetskaya precisou driblá-lo para levar ao palco do Bolshoi um dos mundos de Béjart, um planeta invocado mediante fantasias sexuais, e teve de suplicar a aprovação de Brejnev por meio de um dos seus assistentes.

Grigorovich também havia demonstrado certo interesse em Béjart, e os bailarinos espoliados do Balé Bolshoi o caluniaram por conta disso, pondo fim ao que poderia ter sido uma revolução de cima para baixo. Para Plisetskaya, contudo, Béjart parecia a antípoda de Grigorovich, um iconoclasta messiânico ao mesmo tempo sem adornos e intensamente cerebral, a válvula de escape das suas aspirações. Ele a viu como uma alma gêmea, uma artista "liberada" como ele próprio, embora fluente na "grandiosa tradição soviética".¹⁴⁵ Para os observadores do Balé Bolshoi fora da Rússia, aquilo não era exatamente um elogio. Arlene Croce ridicularizou a pretensão de Béjart, e descreveu as suas coreografias como cenas de boate que alguma vez foram divertidas disfarçadas de tratados filosóficos sérios. Ela as odiava, e depois as atirou no lixo com uma linha: "Os balés de Béjart são como paródias sérias de coisas que já não são levadas a sério."¹⁴⁶

Plisetskaya começou a colaborar com Béjart, e ele com ela, em Bruxelas, em 1975. Lá, ela foi a estrela em uma remontagem de *Bolero*, de 1961, de pé em uma mesa vermelho-sangue com um grupo de bailarinos sentados atrás em um semicírculo, e outro grupo no fundo. O libreto provém de um enredo anterior, de 1928, de Ida Rubinstein e Bronislava Nijinskaya, em que uma donzela cigana exótica dança no alto de uma mesa em um albergue na Espanha, atraindo e excitando os espectadores masculinos, e deixando explícita a ameaça de um estupro. Quando a música com tema basco de Maurice Ravel começou, Plisetskaya iniciou um rito de sedução. Ela aprendeu o papel em uma semana, depois de passar um ano obcecada com ele (ela havia assistido ao balé em Dubrovnik e alega que sua carta a Béjart expressando o seu desejo desesperado de dançá-lo desapareceu no serviço postal soviético, assim como a maior parte da correspondência com endereços estrangeiros). Os movimentos "a tocaram profundamente", devido aos aspectos diluídos do sudeste asiático da arte de Béjart e dos ritmos cruzados — com pulsos de quatro na dança contra três na música; na verdade, os homens que a cercavam no elenco contavam com desalinhamentos rítmicos mais instigantes para navegar.[147]

O esforço ficou claro, e a atuação dela demonstra uma frieza estudada e consciente de si. Não era algo definitivo — a bailarina norte-americana Suzanne Farrell, e os bailarinos de Béjart, homens e mulheres, também imprimiram ao papel a sua própria crepitação de pornô suave; porém, de qualquer modo, era uma afirmação, uma declaração de intenções. Béjart cantou loas a Plisetskaya em uma reminiscência filmada da colaboração entre ambos, e passa o braço pelos ombros dela de modo paternalista enquanto ela encara a câmera, de pronto uma cidadã soviética tímida e a ponto de se aposentar. Mas ela lutou duramente para levar a Moscou o seu "striptease", como foi descrito pelo Comitê Central, brandindo os prêmios oficiais e várias décadas de serviços prestados ao Bolshoi como alavanca.[148] *Bolero* foi autorizado com relutância para uma apresentação em Moscou, em 1977, junto com uma dança sobre Isadora Duncan que Béjart criara especialmente para Plisetskaya.

Os defensores da tradição russo-soviética manifestaram suas objeções, como haviam feito com *Carmen Suite* e até com o *Ivan, o Terrível*, de Grigorovich. Tanto a diva ruiva falante quanto o *maître de ballet* com o sensato corte de cabelo estilo militar foram acossados pelos baletômanos puritanos. Grigorovich parecia divertir-se com o choque de valores e a titilação — "que vergonha!".[149] Os defensores dos valores morais soviéticos temiam que o seu próximo balé, *A era de ouro*, exagerasse nos ouropéis. Afinal, ele incluía bandidos e tiros, danças de cabaré, e homens e mulheres musculosos.

O resultado foi mais domesticado do que o esperado. *A era de ouro* de Grigorovich atualizou o balé de Yakobson-Shostakovich de 1930. Trechos da partitura mais impetuosos foram descartados, e o resto foi rearranjado e complementado para tornar a música mais lírica. Os dois concertos para piano de Shostakovich e um interlúdio que ele havia composto para um drama de Honoré de Balzac forneceram a música para os adágios, apresentados, como refeições em um cartão de ração, ao herói e à heroína, Boris e Rita. Boris (interpretado na estreia e em turnês posteriores por Irek Mukhamedov) é pescador em uma cidade costeira russa e precisa resgatar Rita (interpretada por Natalya Bessmertnova, depois por Alla Mikhalchenko) do seu trabalho degradante em um cabaré. Ela escapa e termina vestida de branco, assim como Boris, e a mancha dos seus dias no cabaré é apagada. A lua e as estrelas abençoam o amor entre eles, antes que os desejos individuais sejam necessariamente sublimados no coletivo. O festival marítimo que abre o balé prossegue enquanto Boris e Rita desaparecem em meio à multidão.

Grigorovich foi coautor de um livro ilustrado sobre o balé que explica a transformação da versão original de 1930, e os seus colaboradores também tentaram justificar o balé em artigos e críticas.[150] Eles argumentaram que o libreto original, de Alexander Ivanovski, era confuso e impedira Shostakovich de expressar o seu verdadeiro ser musical — ao menos tal como se definiu em seus últimos anos. Se ele tivesse composto *A era de ouro* na maturidade, prossegue a argumentação, o balé teria tido o mesmo conteúdo lírico com que Grigorovich o concebeu — sem atentar para o fato de que o conteúdo lírico não surge no final da década de 1970, mas nas décadas de 1930 e 1950. Assim, as referências às estilizações originais do balé são ressaltadas como estilizações; o passado aparece entre aspas. Mas o enredo do balé não é menos estereotipado, menos caricatural do que os *divertissements* e, por isso, para os bailarinos de carne e osso do Bolshoi, era difícil apresentarem o produto com prazer. Ainda assim eles o fizeram, no Teatro Bolshoi em 1982, em uma transmissão da televisão soviética em 1983 e em uma turnê internacional em 1987. "Os bailarinos do Bolshoi nos desafiam a não adorá-los e ao seu veículo", concluiu o *Los Angeles Times*. "Eles são vendedores competentes, de alta pressão." Depois, alguns comentários ácidos sobre a dança: "O corpo de baile se pavoneia, gesticula, se enfeita, gira e se contorce em uma combinação irresistível da precisão das Rockettes* com um fervor moscovita imaculado. Os bailarinos secundários — principalmente Stanislav Chasov, como o frenético MC da discoteca — atua como se houvesse vidas em jogo. Os jovens bailarinos principais conseguem transmitir *savoir-faire* e convicção sob uma pressão tola e aviltante."[151]

O balé marcou o fim de uma era, não só para Grigorovich como para a União Soviética. Brejnev morreu seis dias após a *première* e, com ele, a versão mais suave e gentil do estalinismo que definira seu governo. Em seus últimos anos, o líder supremo levava o corpo coberto de medalhas, escondendo-se por trás dos emblemas do poder enquanto a URSS oscilava, com o padrão de vida baixo, porém estável, o passado e o futuro substituídos por um presente eterno. "Até que deixou de existir", para citar o título de um livro a respeito da estagnação sob Brejnev.[152]

PLISETSKAYA CONTORNOU A estagnação e, sob "uma pressão tola e aviltante", devotou seus últimos anos no Bolshoi às próprias iniciativas criativas. Ela criou dois balés de câmara para música composta pelo marido que não exigiam grandes recursos nem um grande número de bailarinos; ambos se basearam em textos de Anton Chekov, na primeira vez em que o escritor foi levado a um palco de balé. O processo foi previsivelmente árduo, já que Grigorovich tinha lhe dado bola preta. Chulaki e os diretores-gerais do Teatro Bolshoi que o sucederam (inclusive Georgi Ivanov, entre

---

* As dançarinas do Radio City Music Hall de Nova York. [*N. da T.*]

1976 e 1979) mantiveram a suspensão. Plisetskaya tinha de apresentar a sua obra em outro espaço ou defender o seu caso ante o ministro da Cultura, Pyotr Demichev.

Foi o que fez, e ele a apoiou. Certamente Shchedrin, seu marido, usou da sua influência como presidente do Sindicato de Compositores Russos. Assim, os balés de Plisetskaya foram apresentados no Bolshoi em 1980 e 1985.

O primeiro, *A gaivota* (Chayka), é metateatral. O elenco inclui um ator, uma atriz e dois escritores — um deles esteta, o outro inculto. A ação inclui uma peça dentro da peça, e a encenação refere-se à escandalosa *première* de 1989 do original de Chekov. O balé seguinte de Plisetskaya, *A dama do cachorrinho* (Dama so sobachkoy), tem proporções mais modestas. Estreado na comemoração do 60° aniversário da *ballerina*, é o diálogo em um balneário entre uma mulher provinciana modesta e um moscovita que se surpreende por alimentar sentimentos genuínos por ela. O balé é uma espécie de história de Dom Juan, mas sem os aspectos eróticos e exóticos. Contudo, a encenação era suficientemente "naturalista" e ofendeu os telespectadores soviéticos mais irascíveis, que consideraram impróprio que os seus filhos assistissem a Plisetskaya fazendo par com um homem que tinha menos da metade da idade dela.[153] O dueto entre os dois imagina o caso de amor que poderia ter ocorrido, ambos escapando de casamentos aparentemente insatisfatórios para as delícias de um novo amor, se a abstenção não tivesse prevalecido. Cansado e desolado, ele contempla o pôr do sol; ela fita a luz, o equivalente emocional de um iceberg.

Não se podia imaginar nada mais oposto a *Spartacus*. Essas adaptações de Chekov apelavam a uma audiência alheia ao balé, aos amantes da música e do teatro sérios. O drama se desenvolve em gestos, os passos de balé são comprimidos, como se passassem de saltos em oitavas para meios passos. A diminuição das exigências técnicas se adequava não só às qualidades limitadas da tragédia burguesa de Chekov como também, obviamente, ao declínio inevitável de Plisetskaya como bailarina. Ela já não podia dançar os papéis de moças descompromissadas ou de princesas enfeitiçadas, mas os balés que criou a mantiveram no palco depois da aposentadoria. Na juventude, parecera que ela podia ir a qualquer parte do universo, conquistando o tempo e o espaço. Com o passar dos anos, no entanto, seu universo encolheu ao ponto da abstração.

Ela foi acusada de excesso de arrogância em seus balés (assim como Vasiliev seria igualmente acusado por dançar o *Macbeth* de Shakespeare, em 1980), e eles não teriam sobrevivido sem o nome dela no elenco. Comentaristas do balé russo fora do país esperavam mais do seu declarado amor pelo "formalismo" do que "vísceras e estâmina". Alistair Macaulay assim se lamentou sobre *Anna Karenina* em um artigo na *New Yorker*. Ao criticar um programa da BBC sobre o Bolshoi, ele escreveu sobre *A gaivota* e *A dama do cachorrinho*: "Foram apresentados trechos de suas coreografias baseadas em Chekov, e entre a tela da televisão e este espectador formou-se uma neblina de incompreensão."[154] Na sua conhecida ansiedade por se distanciar das narrativas demasiadamente óbvias de Grigorovich e da crueza da "mímica sem mímica", em que o mesmo braço ou gesto da mão é repetido dúzias de vezes em variações sem uma mudança do sentido, ela se esquecera de que a dança, em si mesma, a dança pura, não adquire significado automaticamente.[155]

Grigorovich a marginalizou, bem como os artistas que ele controlava, os comunistas, e a "deusa vadia" conhecida como Mãe Rússia.[156] Aos 60 anos, Plisetskaya concentrou suas energias em outra parte. Dirigiu e ensinou, deu aulas magnas e foi jurada em concursos no mundo todo. Levou Carmen consigo na maior parte das viagens e, com menos frequência, Anna Karenina e a dama do cachorro. No final da década de 1960, disse ao jornalista George Feifer que havia tantas possibilidades de ir de férias para a Itália quanto de "ir a Marte em uma vassoura".[157] Entre 1983 e 1985, Plisetskaya ocupou o cargo de diretora artística do balé da Ópera de Roma; nos últimos três anos dos anos 1980, ela chefiou o Balé Nacional de Madri. *A gaivota* foi tolerado em Boston, em 1988, como parte de um intercâmbio cultural entre a URSS e os EUA. Após o espetáculo, ela soltou uma pomba, o símbolo soviético da paz, no interior do teatro.[158] Ela foi uma cidadã soviética até o final da URSS, mas na década de 1980 podia aceitar os convites do estrangeiro que a atraíam sem topar com a resistência das autoridades. Frustrada com as tentativas fracassadas de afastar Grigorovich, ela foi embora — como haviam feito Stravinski, Diaghilev, os bailarinos desertores Baryshnikov, Makarova e Nureyev, e inúmeros outros membros da intelligentsia artística russa soviética antes dela. Em 1991, com o colapso da União Soviética, ela se mudou com o marido para Vilnius, na Lituânia, a cidade natal da sua mãe, e depois para Munique. Adorada em todos os teatros, exceto no que ela mais amava, ela se aposentou como *prima ballerina* do palco mundial, embora ainda tivesse saudades do Bolshoi.[159]

Ela lutara a favor, e não contra, a Rússia ao longo de toda a sua vida, e a considerava a sua casa mesmo na distância que manteve como cidadã do mundo. Até os que nunca a viram dançar sentiam a sua falta no palco internacional. A última honraria russa que recebeu (ela acumulou uma quantidade impressionante delas de outros países) veio do presidente Vladimir Putin, em 2000; ela não quis comentar a administração dele e manteve-se silenciosa sobre o Bolshoi em seus últimos anos de vida, advertindo aos pesquisadores que já dissera tudo que queria em suas memórias.

GRIGOROVICH ENVELHECEU NO trabalho, sem pensar em se aposentar, se afastar ou ceder. Seguiu como o eterno chefe supremo. Depois de terminar *Ivan, o Terrível*, ele presidiu o bicentenário do Bolshoi, em 1976. Antes do início das comemorações oficiais, ele e Ivanov fizeram lobby para obter fundos a fim de repintar e consertar rachaduras nas paredes. Ele foi coberto de homenagens provenientes do Kremlin, de artistas e até do patrão da fábrica de máquinas Kommunar, em cuja Casa da Cultura Maksimova Vasiliev e Plisetskaya tinham se apresentado. As reformas terminaram, e o *Pravda* comentou que o Bolshoi parecia "jovem" novamente.[160]

Como parte das celebrações do bicentenário, Grigorovich criou danças para o melodrama siberiano *Angara*, com música de um compositor jovem, Andrei Eshlai, baseadas em uma peça extremamente popular que rodava pelos teatros soviéticos e fora filmada pelo cinema e pela televisão.

Ela trata de uma mulher soviética simples destinada a uma transformação psicológica. Seu marido morre afogado no rio Angara, deixando-a sozinha para cuidar dos dois filhos. Ela então é chamada para substituir o marido no trabalho. Enfrenta obstáculos, mas termina fazendo tudo parecer fácil. *Angara* esteve no repertório do Teatro Bolshoi por oito anos; seus sentimentos eram um presságio do filme soviético icônico *Moscou não acredita em lágrimas*, de 1979.

Depois da encenação de *A era de ouro*, em 1982, Grigorovich diminuiu o ritmo. O Soviete Supremo outorgou-lhe a comenda de Herói Soviético do Trabalho, no último dia de 1986, mas ele não se aposentou. Na primavera seguinte, o *Sovetskaya kul'tura* anunciou a "grande renovação" do Bolshoi, das fundações ao reboco. A reforma começaria no verão, explicou Grigorovich, seria suspensa por três meses para apresentações, e retomada depois. Durante o fechamento planejado, por um prazo extremamente mal calculado de "2 a 3 anos", os balés e óperas ocupariam o Palácio do Kremlin e outro palco, conhecido como Novo Palco, localizado em frente ao Bolshoi.[161]

Após anos de extrema estagnação econômica, a União Soviética começou a passar por uma reformulação, iniciada pelo último líder soviético, Mikhail Gorbachev. Ele chegou aos cargos mais altos da *nomenklatura* comunista depois de partir do lugar mais humilde: as fazendas coletivas no norte do Cáucaso, onde, na adolescência, pilotara uma colheitadeira. Enquanto a União Soviética se debilitava, ele trabalhou para funcionários locais, regionais e nacionais do Partido Comunista; suas tentativas de emendar indústrias na bancarrota e a Constituição desacreditada terminaram por acelerar o colapso. Seu provincianismo era óbvio para quem o ouvia falar na televisão e na rádio, mas Gorbachev mostrou ser um estadista capaz. A *Perestroika* (reconstrução) falhou como iniciativa econômica, mas a liberalização conhecida como *glasnost* (abertura) funcionou, embora o regime não tenha sobrevivido. O desastre nuclear de Chernobyl, em 1986, não pôde ser encoberto quando a radiação se espalhou da Ucrânia para a Europa. Gorbachev não conseguiu apaziguar as lutas étnicas no Azerbaijão. O fim do império soviético estava próximo.

Seu governo, essencialmente falido, não possuía recursos para se comprometer com a renovação das casas de balé e ópera. Para sobreviver, os artistas do Bolshoi mais do que nunca precisavam fazer turnês. O público estrangeiro continuava a acolhê-los, assim como os críticos, pois eles exibiam uma técnica e uma entrega impressionantes. Como no passado, voltando à era de Sankovskaya, os bailarinos principais tinham famosos aposentados do Bolshoi como professores, e esses luminares (Ulanova, Kondratyeva) lhes transmitiam seus conhecimentos. O sistema de treinamento podia ter seus aspectos ruins, na forma de apresentações polidas demais e sem espontaneidade, mas ajudou a preservar a aura dos velhos tempos. Foi percebido em Londres, em 1986, apesar da preocupação com as "perucas malfeitas e o gosto pela sombra azul-turquesa".[162] As filas nas bilheterias eram longas, e o resplendor deixou saudades quando os bailarinos e seus adereços partiram.

Contudo, os balés de Grigorovich perderam o lustro da Guerra Fria. Na turnê seguinte pelos Estados Unidos, o novo imperativo político da abertura fez o coreógrafo enfrentar perguntas difíceis sobre as investidas de Plisetskaya, Vasiliev e Maksimova contra ele e a perda do moral no Bolshoi de um modo geral. Em julho de 1990, a crítica de dança do *New York Times*, Anna Kisselgov, colocou-o em maus lençóis ao indagar sobre a greve de fome de um dia no mês anterior. "Sim, tudo foi por água abaixo", reconheceu Grigorovich. "O que está acontecendo no teatro reflete o que acontece em todo o país."[163]

Em agosto de 1991, houve uma tentativa frustrada de golpe de Estado e uma apresentação de *O lago dos cisnes* na televisão pública. Plisetskaya dançara a versão de Grigorovich para o balé pela primeira vez em 18 de abril de 1970. A apresentação tinha sido gravada, e dali em diante passou a ser transmitida nos feriados e por ocasião das mortes de líderes soviéticos. Ligar a televisão e vê-la dançar *O lago dos cisnes* de Grigorovich significava que algo grande estava ocorrendo.

O balé foi transmitido repetidas vezes em todos os canais enquanto os tanques entravam em Moscou no dia 19 de agosto, uma segunda-feira. A tentativa de golpe, contra Gorbachev, liderada por Gennadi Yanayev, foi organizada pelo KGB e pelos quadros da linha-dura do Partido Comunista, os quais se sentiam ameaçados pelas suas políticas liberais. Boris Yeltsin, o presidente recém-eleito da RSFSR favorável às reformas, postou-se de pé em um tanque sob a chuva para protestar contra o golpe diante do prédio do Parlamento russo. Ele sabia que, se o golpe tivesse êxito, um dos 250 mil pares de algemas que haviam sido enviadas a Moscou por uma fábrica em Pskov estaria em seus punhos. Isso não ocorreu. O golpe foi um fiasco, os conspiradores eram ineptos e ébrios, e se desfez antes que a chuva terminasse, acelerando o acontecimento que os conspiradores mais temiam: a cortina se abriu na União Soviética, e expôs toda a corrupção, as mentiras e a repressão que a haviam mantido coesa por sete décadas.

O golpe bem-sucedido de 1917 não se repetiu. Yeltsin, que se apresentava como homem forte populista, derrotou Yanayev em uma guerra de vontades; Gorbachev foi libertado da prisão domiciliar na Crimeia; os soldados voltaram aos quartéis. As nuvens se dissiparam e o sol voltou a brilhar sobre a pátria, assim como no final de *O lago dos cisnes*, que alguns russos mais velhos hoje têm dificuldade em assistir devido às desagradáveis associações com aqueles acontecimentos.

A União Soviética havia desmoronado oficialmente, e a Rússia ainda não tinha se recobrado como um Estado funcional. Sem dinheiro, o Bolshoi se tornara uma ruína inflamável, e o que era exibido no palco parecia igualmente dilapidado. A produção insossa de *Dom Quixote* encenada por Grigorovich reuniu alguns passos reciclados, sem nenhum capricho. Os bailarinos que não tinham encontrado trabalho no exterior exigiam contratos e o fim do favoritismo político que promovia os talentos menores em detrimento dos grandes; a servidão havia sido abolida havia muito tempo, exceto, dizia-se, no Bolshoi e nos campos de trabalhos forçados. O diretor-geral à época, Vladimir Kokonin, reconheceu a necessidade de mudanças e fez campanha pela nomeação de uma junta diretora. Grigorovich se demitiu em resposta à ameaça de greves, não sem antes instigar os que o apoiavam a fazer a sua própria greve. Em 10 de março de

1995, os bailarinos se recusaram a subir ao palco — algo que nunca havia acontecido — e forçaram o cancelamento de uma apresentação de *Romeu e Julieta*. Os jornais comunistas sobreviventes, vozes da ruína na década de 1990, condenaram os bailarinos em greve, a quarta parte do elenco, por privarem a Rússia do seu orgulho cultural. O *Izvestiya* publicou uma crônica dos acontecimentos que "levaram o Bolshoi à beira do abismo". O colapso previsto seria "um crime contra a cultura russa".[164] Forçado a sair, Grigorovich permanece nos livros como o único *maître de ballet* do teatro.

Vários diretores artísticos tomaram as rédeas nos anos seguintes, e suas administrações não se distinguem entre si, à exceção de Alexei Ratmanski, que montou novas produções em outros palcos durante a longa reforma do teatro. Anunciado em 1987, o Novo Palco finalmente abriu em 29 de novembro de 2002, substituindo um conjunto de prédios de apartamentos que havia no local. Alexander Gorski vivera em um deles; só o que resta agora é uma placa em sua homenagem. A reforma, na verdade a ressuscitação do Bolshoi, começou três anos depois, por pressão de Dmitri Medvedev, presidente russo entre o primeiro e o segundo governo de Putin. Grigorovich não participou da reforma ampla. Ratmanski é hoje o coreógrafo mais fecundo e mais requisitado do mundo, mas deixou o Bolshoi em 2008. Ele vive e trabalha a oito fusos horários de distância, na cidade de Nova York.

Hoje em dia, Grigorovich passa a maior parte do tempo relaxado na sua *datcha*, vestido com jeans e camisa de flanela de xadrez, e há conhaque importado na mesa quando a governanta georgiana o permite. Alinhadas pelas escadas há fotografias e cartazes das produções dos seus balés pelo mundo, ao lado de maquetes de cenários e um figurino em miniatura usado alguma vez por Marius Petipa. Há menos coisas do Bolshoi do que se poderia esperar após as suas décadas no comando, e os espetáculos de poder foram substituídos por graciosos desenhos infantis de apresentações no exterior do seu *O quebra-nozes*. A casa é um altar — não à sua carreira, mas à vida da bailarina Natalya Bessmertnova, a sua musa e segunda esposa. Ela morreu de câncer em 2008; há uma réplica da sua lápide na sala de estar. Ela enriqueceu os papéis que ele criou para mulheres, permanecendo fiel ao seu temperamento como Giselle, o papel que definiu sua carreira. Em *Ivan, o Terrível*, ela adotou a expressão assustada e assustadora de um ícone bizantino, e também possuía uma grande habilidade acrobática, e chispou pelo palco no final de *A era de ouro*. Grigorovich pode ter criado balés tendenciosos segundo a tradição romântica, mas a sua dama de pele de marfim e cabelos negros fazia lembrar a era imperial russa de Ekaterina Sankovskaya.

Seu *Spartacus* ainda é apresentado em Moscou e no estrangeiro, o artefato de uma era em que o dogma marxista-leninista tentou se disfarçar na dança. Para os devotos cultos do balé, ele é mais como um dinossauro que de algum modo sobreviveu ao final da União Soviética mesozoica. *Lenda de amor* voltou ao Bolshoi em 2014, no jubileu de prata da sua estreia moscovita. Na temporada de 2012-13, *Ivan, o Terrível* foi revivido, após um hiato de 22 anos. Segundo o crítico do jornal de economia *Kommersant*, deveria ter sido anunciado apenas para turistas, como um "suvenir do exotismo russo-soviético", junto com as *matrioskas*, os gorros de pele com o broche da foice e o martelo, a vodca e os chocolates amargos embrulhados em fotografias dos campanários do Kremlin.[165] A apresentação de *Ivan, o Terrível* terminou em desastre quando o bailarino no papel principal, Pavel Dmitrichenko, foi preso como suspeito de planejar o ataque ao diretor artístico Sergei Filin. Ele foi condenado e encarcerado. Na vida, como na arte, era o vilão perfeito. Reza a lenda que, no século XVI, o verdadeiro Ivan, o Terrível, arrancou os olhos dos arquitetos da Catedral de São Basílio, na Praça Vermelha, para garantir que nunca mais construiriam algo tão bonito. Não há registros históricos desse horror, mas Dmitrichenko e seus cúmplices quase deixaram Filin cego, como o mundo ficou sabendo em 2013.

Grigorovich não se manifestou publicamente sobre o escândalo. Nada parecido ocorrera sob a sua direção, porque só ele castigava, e o mundo invejoso, obsessivo e sadomasoquista do balé russo era menos conhecido (e, à exceção de Plisetskaya, menos glamorizado) do que os mundos invejosos, obsessivos e sadomasoquistas dos balés britânico e norte-americano. Sob seu comando, o balé funcionara ordenadamente, embora esse controle sufocasse o processo criativo. A liberdade que oferecera aos bailarinos era a liberdade das poucas opções, e Plisetskaya reclamou e deixou claro em suas apresentações que havia uma diferença entre dançar e receber ordem para dançar. Ela era dona de si, mas a instituição — e o regime comunista — insistia no contrário.

Tayana Kuznetsova expôs as realidades da era de Grigorovich em um livro severo, traduzido ao inglês como *Crônicas do Balé Bolshoi*. Em russo, o título tem um segundo significado que sugere uma doença crônica. Plisetskaya escreveu o prefácio, e o livro desmonta quatro "mitos" da liderança de Grigorovich. O primeiro deles é que ele teria resgatado o teatro como instituição soviética, comentando que o balé apresentado com maior frequência, *A papoula vermelha*, e o mais amado, *Romeu e Julieta*, eram criações de outros coreógrafos. O sucesso do Bolshoi na organização de turnês também é questionado, já que a mais famosa — a de Londres, em 1956 — antecedera sua administração. Seu suposto "carisma" é minado por referências às suas reprimendas grosseiras aos bailarinos e à incapacidade de fomentar o talento. Ao apagar o passado, ele deixou atrás de si um vácuo de poder; assim, até mesmo as brigas por contratos após a sua demissão lhe são atribuídas.[166] Contudo, há um contexto para suas extensas queixas, que vão além do estilo ditatorial de Grigorovich. Kuznetsova acerta as contas como jornalista e como ex-bailarina de danças a caráter no conjunto folclórico Moiseyev. Seu pai e seu avô também haviam sido bailarinos de danças a caráter, este último reprimido sob Stalin, e a sua mãe dançara com Plisetskaya. Ela enxerga um passado diferente do que Grigorovich defende, banhado em sentimentos, como a alternativa estável ao presente instável. Alguns dias ele é acessível, simpático e engraçado, e ainda conversa sobre *O mestre e Margarida*, e em outros é intratável. Após a morte da sua antípoda, Plisetskaya, em 2 de maio de 2015, ele fechou as portas para os repórteres e assistentes e permanece a sós com seus pensamentos.

Maya Plisetskaya morreu em seu apartamento, vizinho à sala de ópera de Munique, acompanhada pelo marido. Shchedrin organizou um funeral particular para aquela que fora sua esposa por 57 anos; o Teatro Bolshoi fez um minuto de silêncio e substituiu a cerimônia programada para o 90º aniversário dela, em 20 de novembro de 2015, por um tributo à sua memória. A Rússia e o Bolshoi lhe deram a força de vontade para se superar ao lhe impor tantas limitações. Assim, ela foi realmente livre, ao menos no final. Seu último desejo foi que suas cinzas fossem espalhadas do alto sobre a sua pátria.

EPÍLOGO

A celebração de gala da restauração do Bolshoi, que custou mais de 680 milhões de dólares, em 28 de outubro de 2011, marcou a reinvenção e a reimaginação do teatro. A obra durou seis anos — o último com mais atividades no local do que os cinco anteriores combinados — e acompanhou os governos de dois presidentes russos, Vladimir Putin e Dmitri Medvedev. Quando o Bolshoi reabriu, a nova nobreza russa desfrutou do impressionante resultado da sua generosidade, sem atentar para a demissão dos que supervisionaram as obras (inclusive o prefeito anterior de Moscou, Yuri Luzkhov) e para os excessos no orçamento. Os contratempos não importavam àqueles que posaram diante das câmeras da mídia nacional durante a comemoração. Como Yuliya Bedyorova informou em um artigo inteligente no *Moskovskiye novosti* (Notícias de Moscou) intitulado "Zerkalo parada" (A celebração no espelho), parlamentares e gente do mundo do espetáculo pareciam mais interessados no vestido da atriz Monica Bellucci do que na combinação historicamente correta de ocre, terra marrom, cal e gesso que cobria a nova fachada.[1] O canal cultural pontuou as celebridades presentes, inclusive Plisetskaya e Vishnevskaya, que ocuparam camarotes proeminentes em lados opostos do teatro.

Na véspera da cerimônia, a agência federal encarregada da restauração deslumbrou os jornalistas com lendas exóticas sobre artesãos miraculosos. Do primeiro ao sexto piso, as suas capacidades eram impressionantes. A desmineralização das colunas de pedra calcária da entrada tinha eliminado um século de fuligem urbana, deixando à vista uma superfície fosca de um branco leitoso. O teatro emitiu um relatório sobre o projeto repleto de estatísticas assombrosas: 2.812 folhas de ouro foram aplicadas no auditório; 24 mil peças de cristal foram polidas, refeitas e penduradas de volta no candelabro. O resultado tem a intenção de impressionar, e consegue. Como escreveu Alistair Macaulay no *New York Times*, o novo-antigo Bolshoi "deve ser hoje o teatro mais esplêndido do mundo".[2]

Não é de admirar que o diretor daquela cerimônia de alta pressão, Dmitri Chernyakov, tenha escolhido apresentar o próprio Bolshoi, e com uma exibição do processo de renovação e o seu resultado. A cortina se abriu e revelou uma cena de obra, barulhenta e poeirenta. Aos poucos, os operários se reuniram no proscênio formando um coro e cantando o hino "Seja gloriosa, Rússia!" (Slav'sya, Rossiya!) com acompanhamento de metais no palco e o dobrar de sinos ortodoxos. Segundo os que fizeram as contas, pelo menos seis obras de Tchaikovski foram tocadas. Em seguida, vieram Prokofiev e Glinka, duas obras de cada um. Medvedev, presidente da Federação Russa à época, aplaudiu educadamente, exceto quando Natalie Dessai cantou "Não cante, minha bela" (Ne poy, krasavitsa), a musicalização de Rachmaninoff do poema de Pushkin. A canção foi entoada de um modo comovedor, mas o texto refere-se à Geórgia, cujo governo, como o da Ucrânia, ultimamente não tem sido muito amigável com a Rússia.

Os convites para a festividade foram distribuídos pelo Kremlin, embora supostamente alguns tenham sido vendidos on-line por 2 milhões de rublos (66.500 dólares). Nem todas as pessoas ligadas ao teatro foram convidadas. Antes de se aposentar e se mudar para São Petersburgo para dirigir a Academia de Balé Vaganova, o bailarino Nikolai Tsiskaridze queixou-se enfaticamente, e em demasia, dos tetos baixos nos estúdios de ensaios. Foi cortado da lista de convidados.

Dias depois, em 2 de novembro, o regente Vladimir Jurowski subiu ao pódio para a abertura oficial da temporada. Durante anos, todos pensaram que a ópera de Glinka *Uma vida para o tsar* seria escolhida para aquela noite memorável; ela é *a* ópera russa, abençoada pelos ideólogos nacionalistas mesmo durante a era soviética. Uma nova versão resplandecente parecia estar na programação da reabertura do Teatro Bolshoi. Porém, as circunstâncias mudaram. Em algum ponto da cadeia de comando, do Ministério da Cultura e Comunicação de Massa ao Conselho de Curadores e ao diretor-geral, a primeira ópera de Glinka foi eliminada em favor da segunda, *Ruslan e Ludmila*, um conto de fadas para adultos baseado em um poema narrativo lascivo de Pushkin. Talvez o final feliz explique a sua escolha em detrimento da primeira ópera, que é agressivamente antipolonesa. Ou talvez não fosse adequado arriscar-se a agredir a Polônia na esteira do desastre aéreo nos arredores de Smolensk, em abril de 2010, que matou o presidente polonês Lech Kaczynski.

Era difícil conseguir ingressos, e quem os tinha em mãos temia que fossem falsificados. Contudo, na bilheteria, afirmavam ser autênticos, principalmente aqueles comprados dos cambistas nas ruas por valores exorbitantes. (Os da bilheteria levavam uma porcentagem.) Lá dentro, Jurowski conversava relaxadamente com os seus assistentes em três idiomas, estimulado pela ingestão regular de cafeína. Chernyakov, o diretor, estava menos calmo. Ele enfrentava um desafio criativo desalentador, pois Jurowski decidira dirigir toda a música — as cinco horas — sem cortes. Assim como o teatro, a sua *Ruslan e Ludmila* era ao mesmo tempo uma restauração e uma reimaginação, uma volta para trás e uma projeção para adiante. A música fora purificada do monumentalismo santarrão da era soviética e recobrara uma textura mais leve e antiga, mais de acordo com a intenção original do compositor. Visualmente, o palco era uma maravilha tecnológica inconcebível na época de Glinka e impossível de pôr em prática em outras salas de ópera no mundo.

A maioria dos críticos adorou, mas o público se dividiu, com gritos de "*pozor*" (vergonha) aos cantores após os vigorosos terceiro e quarto atos. (A televisão russa havia anunciado que a heroína receberia uma massagem tailandesa exótica no jardim mágico em que estava confinada, então a multidão estava preparada para desaprovar a cena.) Os frequentadores de ópera conservadores menearam as cabeças, desgostosos ao ver uma massagista musculosa dançando uma lezginka caucasiana, uma dança que envolve muito sapateado e agitação de braços, em um aceno teatral ao espalhafato ao Shopping Crocus, operado por azerbaijanos na periferia de Moscou. Nos entreatos cinematográficos, houve assobios por parte dos que acharam que 5 mil rublos (165 dólares) era um preço alto demais a se pagar por uma visita ao multiplex. Algumas pessoas que foram embora antes do final manifestaram a sua desaprovação batendo as portas dos camarotes recém-restaurados. Três quartos do público ficaram e aplaudiram.

Chernyakov não só antecipara a reação hostil do público como a amplificou na encenação. Na primeira cena, bonecos elaborados quase em tamanho natural caricaturaram uma dança em roda com coral. A morte de um herói, pungente em outras circunstâncias, adquiriu a forma de transmissões de vídeo interrompidas. A feiticeira Naina faz troça dos espectadores enfadonhos na plateia antes de deixar o palco com um casaco de zibelina que ocultava a tipoia que trazia no braço. (Ela havia caído no ato 1, e o osso foi encaixado durante um intervalo especialmente longo.)

Houve dois golpes de mestre. O primeiro foi a regência de Jurowski que, por meio de delicados contrastes de tempo e timbre, ressaltou que Glinka havia tomado emprestado a sua música supostamente "russa" de compositores italianos como Rossini e Bellini. O segundo foi a decoração histórica suntuosamente estilizada dos atos 1 e 5. Aqui, Chernyakov ofereceu à audiência a Rússia exótica de suas fantasias. Os diretores russos costumavam fazer o mesmo para plateias estrangeiras. Agora, evidentemente, aquilo era desejado em casa.

Pouco antes de os pisos retrabalhados do Bolshoi serem arranhados, os terríveis acontecimentos de 2013 levaram a demissões, exonerações, prisões, muitos comentários ansiosos e autoanálise. O que havia ocorrido com o Balé Bolshoi, a trupe gloriosa que havia representado a evolução e a guerra em fardas, mas também, de volta em tecidos brancos limpos, personificara a moral e a ética? Teria perdido a sua alma? Detratores e apoiadores se enfrentaram quanto às condições do teatro — e da nação — enquanto espalhava-se a sensação de alguma doença, uma enfermidade no âmago.

Mas a natureza essencial da alma desaparecida permaneceu indefinida, uma construção amorfa e efêmera como o próprio balé. O Bolshoi se tornou o Bolshoi na esteira das guerras napoleônicas e, em resposta a elas, a sua arte se nacionalizou. Contudo, isso animou menos a sua alma do que as personalidades no palco, poderosas e coloridas, e alheias à lamaceira na Moscou do século XIX. A grande arte era concebida no Bolshoi; contudo, paradoxalmente, o balé russo só alcançou a sua grandeza ao ser exportado para outras partes — o Mariinski em São Petersburgo e para teatros em Paris, Londres e Nova York. Pode-se imaginar o teatro chorando por essa injustiça. No século XX, finalmente o palco do Bolshoi tornou-se uma vitrine, mas os artistas permaneciam afastados, agora por conta da obviedade dos temas que eram obrigados a dançar e a cantar. Com o colapso da União Soviética e a ascensão ao poder, primeiro do caos, depois de Putin, a radiância especial associada ao estilo Bolshoi diminuiu. As extravagâncias de gente que não conhece nada além do estúdio e do palco foram expostas, junto com as brigas internas, as injustiças e os abusos nos bastidores. A vida nas ruas se inclinava em direção à letalidade assim como, aparentemente, a vida no teatro.

Quase um século antes de Winston Churchill definir a Rússia como "uma adivinhação embrulhada em mistério dentro de um enigma", o romancista satírico Nikolai Gogol escreveu a paródia de uma sátira do país. Em 1842, publicou *Almas mortas*, em que os espíritos dos servos são levados à venda no equivalente divino de uma bolha do mercado de ações; na história, os proprietários de terras são brutais e grotescos, e os camponeses são caipiras desprezíveis. Gogol propõe que é difícil encontrar valores positivos. A baixeza está no coração da história, oculta por uma nuvem de intrigas e divagações espirituais. As narrativas proliferam, as interpretações dos eventos concretos substituem os detalhes, os fatos. A Rússia sempre foi boa nisso: gerar sentidos múltiplos, conceber realidades conflitantes, insinuar que talvez nunca cheguemos a conhecer a verdade, que talvez não haja uma verdade, afinal de contas.

No final da parte dois do romance, um trenó cruza a estepe invernal, e o narrador de Gogol pondera sobre as consequências da corrida selvagem. Ela terminará? Terminará bem? Talvez Sankovskaya e Ulanova e Plisetskaya tenham se perguntado e respondido essa mesma questão em seus tempos tumultuados, em gestos mais do que em palavras, enquanto o suor escorria pelas suas costas. Recentemente, a *prima ballerina assoluta* do Bolshoi, Svetlana Zakharova, deu uma espécie de resposta. Indagada sobre o futuro da sua arte no país, ela afirmou: "Só Deus sabe o que acontecerá conosco."[3] Zakharova, uma estrela que flutua acima de tudo e de todos, respondeu no plural, considerando "o que acontecerá *conosco*", os bailarinos. A ideia é que os artistas do Bolshoi, que sabem desconfiar dos mestres de balé e da administração que supervisiona a todos, dependem apenas uns dos outros. Essa interação é um dos elementos de seu estilo. Essa é a alma coletiva. Como escreveu Arlene Croce sobre a encarnação soviética do Balé Bolshoi, "Com uma longa experiência e aquele instinto teatral que só os bailarinos do Bolshoi parecem possuir, eles se apoiavam uns nos outros... Não havia outro recurso disponível."[4] E, no entanto, o amor pela mãe Rússia não é suficiente para mantê-los em casa.

No final de 2008, Alexei Ratmanski pulou do trenó e se demitiu do cargo de diretor artístico do Bolshoi. Suas inovações haviam encontrado resistência por parte de bailarinos da velha guarda, como Tsiskaridze, o que, por sua vez, motivou Ratmanski a promover os novos bailarinos em detrimento dos já estabelecidos e eliminar os opositores. O resultado desagradável incluiu "telefonemas à noite, ameaças".[5] Ratmanski se demitiu para fugir do acosso e aceitou o cargo de coreógrafo visitante do American Ballet Theater, em Nova York.

Em Moscou e em Nova York, Ratmanski fez o balé, uma arte madura, parecer outra vez fresco e jovem. Recentemente, a historiadora da dança Jennifer Homans afirmou que o balé não havia mudado muito desde Balanchine, que está morrendo. O nosso mundo não tem paciência para anjos que pretendem nos ensinar moral, sugeriu, e se as pessoas querem algo etéreo, os pixels parecem melhores que os duendes.[6] Mas isso soa simples demais

A música clássica teve mil mortes, bem como a ópera e o balé. Contudo, perduram. Ratmanski enriqueceu o repertório do balé ao recriar certas obras russas censuradas ou que nunca tiveram uma oportunidade devido às limitações políticas sufocantes da era stalinista. Ele é um coreógrafo que vai contra os fatos, e parece crer que, se as coisas tivessem ocorrido de outro modo na história, os balés narrativos sobre temas atuais teriam prevalecido sobre as abstrações modernistas de Balanchine e Stravinski. Ele adora o que deveria ter sido na história do balé, o que poderia ter ocorrido, e dedicou-se a tornar real essa história alternativa. Trabalhando com uma perspectiva pós-soviética e fora da Rússia, aquilata as décadas e o século que se seguiram à revolução.

Ratmanski parece também dedicado a libertar o balé de seus piores instintos. Interessado no enredo e nas personagens, trouxe de volta a dança a caráter que Grigorovich havia eliminado do repertório do Bolshoi, acelerou os tempos e sobrecarregou as frases musicais, aumentando em mais da metade o número de movimentos por compasso. Ele encontra a sua musa na música de Shostakovich, que na juventude (não no final da vida) foi um iconoclasta insurgente. O compositor foi maltratado pelo regime soviético, assim como o balé russo em geral. Os balés de Ratmanski com partitura de Shostakovich parecem "criados por um Matusalém super-humano", comentou a escritora e jornalista Wendy Lesser, "que participou com entusiasmo do fervor revolucionário inicial na União Soviética, sofreu a dura repressão do stalinismo e suas terríveis consequências, e ressurgiu em uma perspectiva cosmopolita do século XXI, de onde podia ver a era anterior com certa distância pesarosa".[7] Na mente de Ratmanski, o balé ainda é uma criança inquieta e exuberante que ainda não percebeu todo o seu potencial. A sua arte tornou-se mais rítmica do que era no Bolshoi, e as suas danças voltaram a ser divertidas.

Assim, em 2003, ele tentou restaurar o espírito tempestuoso de *O córrego límpido*, abolido em 1936, sem apagar a sua história. Encenou o balé e a sua recepção, ressaltando a proibição contra Shostakovich e o coreógrafo Fyodor Lopukhov, e permanecendo fiel à intenção de ambos, ao mesmo tempo que deu vida às possibilidades da obra — e da dança — para as audiências atuais. Na varanda da sua *datcha*, um casal de velhos sente saudades da juventude. Shostakovich parodiou a nostalgia de ambos, como fez Lopukhov, como fez Ratmanski. Valerie Lawson comenta os resultados deliciosos, que incluem o velho casal recordando a juventude perdida na varanda da *datcha* em um esforço que começa patético e termina sublime em um *pas de deux*. "Ela pede para ele erguê-la no final, e enquanto ele se ajoelha para suportar o peso, ela se enrosca nos ombros dele", escreve Lawson, "radiante de alegria na pose final". A produção, acrescenta, faz lembrar a Broadway não sofisticada de antigamente. Ratmanski inclui "danças sociais" e acrobacias circenses na mistura. Em meio às brincadeiras simpáticas enquanto se vestem, as personagens de algum modo conseguem colher vegetais gigantescos na fazenda coletiva, superando o Plano Quinquenal de Stalin para o desenvolvimento agrícola. Em uma referência à denúncia do balé original pelo *Pravda*, que qualificou o comportamento dos bailarinos como bonecos ou marionetes, Ratmanski os faz colidir entre si como se estivessem em um emaranhado de fios. O episódio mais instigante de *O córrego límpido*, com o elenco original de 2003, trazia Sergei Filin transvestido de bailarina. Na apresentação comentada por Lawson, esse papel coube a Ruslan Skvortsov, seus braços "alçados em uma interpretação sentimental burlesca de uma posição romântica suave", com o tule ondulante.[8] O engenho está na falta de naturalidade radical do episódio — é difícil (e um tanto incomum) para um bailarino se movimentar como Anna Pavlova — e que uma bailarina com a barba por fazer consiga seduzir um idoso em sua cabana. A mulher dele aparece. Evidentemente, vira o marido sucumbir antes e, já sem paciência, o estapeia.

Ratmanski também sacudiu a poeira da espetaculosa propaganda política *As chamas de Paris*, coreografado por Vasili Vaynonen em 1932. Um trecho do balé recuperado foi apresentado em 2011 na comemoração de gala de reabertura do Teatro Bolshoi. O balé é ambientado no terceiro ano da Revolução Francesa, que serve de metáfora para a Revolução Russa. Ao som de canções revolucionárias francesas, citadas liberal e literalmente, o povo invade o Palácio das Tulherias, expulsa os opressores e dança em triunfo pelas ruas de Paris. O coreógrafo original foi elogiado pelas cenas de multidão, então a verdadeira revolução foi mudar a ênfase no casal pela ênfase no grupo — o princípio comunista essencial. Com Stalin, a essência da estética era pôr o foco no povo, mas coreógrafos soviéticos como Lopukhov nunca conseguiam fazer bem as partes populares. Sempre pareciam estranhas, um deslocamento anacrônico das verdadeiras danças folclóricas. O realismo socialista era sobre a existência gloriosa por vir, e não a soturnidade circundante. A doutrina também se fundava nas lendas de outrora, de forma que os diretores da Rússia vissem menos ruína e mais apresentações teatrais espetaculosas.

Ratmanski encara esse problema estilizando com bons resultados as estilizações. De algum modo, ele transforma o dogma estético da década de 1930 em um drama sincero, usando preceitos que à época pareciam esteticamente impotentes e mostrando como poderiam recobrar uma força real. Há fantasia em sua encenação — com um tom mórbido, como observou Sarah Crompton a respeito de uma apresentação em Londres, em 2013, estrelada por Natalia Osipova e Ivan Vasiliev, dois bailarinos russos que agora levam uma vida agitada entre múltiplos fusos horários. A turba sacudiu seus lenços em um frenesi indistinto quando Ratmanski privilegiou "maravilhosos saltos transversais no palco".[9] A alegria acaba com o golpe da guilhotina; a celebração da propaganda política se transforma em uma espécie de autocrítica. As ideologias nas quais se baseia, o francês que vira soviético, de repente ficam horríveis. Os bailarinos marcham lentamente até o proscênio e parecem cartazes em uma manifestação, o que não consta do libreto original, que encena a história como simultaneidade. Todos esses acontecimentos são imaginados para causar efeitos ainda não compreendidos.

Ratmanski parece querer nos dizer que ama a estética soviética, mas não a política por trás dela. Ou que gostaria que a política fosse diferente, ou o balé fosse diferente. Este último desejo é algo que ele pode satisfazer ao retroceder no tempo, ao repertório soviético abandonado, ao ressuscitar o passado do balé e, com ele, seu futuro. Em suas reencenações mais recentes dos três balés de Tchaikovski, *O quebra-nozes*, *A bela adormecida* e *O lago dos cisnes*, há uma relação complexa entre artefato de arquivo, passos familiares das versões favoritas e inspirações novas. Os conjuntos são mais do que a soma das partes, e são gloriosos, uma miragem que une o presente ao passado em uma experiência unificada. Em seus momentos mais inspirados, os balés de Ratmanski dobram uma camada de tempo sobre outra, às vezes de modo radiante, às vezes com um brilho calmo. Os grandes artistas fazem afirmações simples: não são belos os bailarinos?, pergunta ele. Não são belas as pessoas?

Enquanto isto, o Bolshoi e o Kremlin, do outro lado da praça, discutem não o passado e o presente, mas o futuro. Não existe uma experiência unificada, claro, apenas os mitos da nação e da cultura e da arte surgidos da imaginação dos historiadores. O presidente Vladimir Putin está no centro de um pequeno círculo de associados, e suas motivações e intenções são opacificadas intencionalmente ou por acidente, e sua administração — incluindo os chefes de ministérios e indústrias, e o Serviço Federal de Segurança — emula o autoritarismo soviético e imperial russo. O orçamento depende do petróleo, mas a mídia recorda à audiência o poderio espiritual, não material, vinculado à terra preta, e à grandeza, grampeada e desgrampeada, da massa geográfica que se estende do Báltico ao Pacífico. A Rússia alimenta o impulso de se expandir ainda mais, de reclamar o império de Catarina, a Grande.

A gigantesca contribuição à cultura iniciada no século XIX, cultivada em parte no palco do Bolshoi, é central para a narrativa nacional russa. Putin parece moldar seu governo segundo o do tsar Nicolau I, o que incluiu a expansão imperial, o esmagamento de uma revolta e a exploração dos poderes de propaganda política da Igreja ortodoxa. Como Putin, Nicolau gostava de se exibir como um homem forte, livre do materialismo racionalista exaltado no Ocidente. Toda nação tem a sua própria combinação de realidades, e a verdade e os fatos podem parecer exagerados e antiquados. Na Rússia de hoje, é tarefa da mídia construir as ilusões em apoio à missão imperial de Putin — e também das artes financiadas pelo Estado. A supressão da dissensão e a promoção dos valores tradicionais por funcionários religiosos e culturais deixaram a sua marca, embora o governo promova o legado das vítimas de períodos anteriores de opressão e conservadorismo.[10] Talvez haja o reconhecimento de que os artistas, mesmo aqueles forçados a se comprometerem, reivindicam a alma russa.

O Bolshoi é a mais russa das instituições culturais, e o balé a mais russa das artes. Desde a sua fundação, em 1776, o governo o encarou como um emblema de poder, fosse ele ideológico, comercial ou ambos, e o balé do Bolshoi — seu estilo musculoso, seu brilho e a insistência consciente da sua própria importância histórica — também capta algo emblemático. Porque a russianidade (ou a brasilidade, ou qualquer outro tipo de identificação coletiva, neste caso) é um processo, uma atuação. Está ligada a um lugar, talvez, e segue os imperativos do império, mas o seu domínio pode abranger mais do que o território. Em grande parte do pensamento filosófico russo, o espiritual e o racional se fundem na premissa de que a experiência humana não tem limites, e o desejo não pode ser contido. A existência reside além do eu, e o mundo pode ser mais bem compreendido não mediante processos cerebrais fechados, mas por meio da intuição e do ato criativo; tal ato deve ser grandioso, mesmo correndo o risco de levar ao aniquilamento. Incendiar Moscou para derrotar Napoleão é fazer do sacrifício o preço da sobrevivência. Esse ato foi transformado em arte, mas também foi encarado como arte.

Moscou tem sido reconstruída a intervalos regulares desde 1612, e o Bolshoi foi repetidamente reconstruído desde o início do século XIX. Os conservadores atacaram a reforma de 2011, porém, assim como a própria cidade, o Bolshoi como instituição, como ícone, encara o passado a serviço do presente, que retrocede para reescrever o passado. A tradição é reinventada — inscrita nos corpos dos bailarinos do Bolshoi geração após geração, anunciada às audiências em casa e no estrangeiro, às vezes vendida pelo lucro, outras alardeada como uma herança, um direito de nascença.

A história do teatro e do balé pode ser contada de modo convencional ou empírico, dos primórdios até agora. Os choques e tramas duelam com as recalibragens e os recuos. A narrativa respeita as suas próprias leis; os bailarinos vivem com amor à sua arte; todos se empenham. Assim, o Bolshoi teve um novo recomeço quando Vladimir Urin foi indicado diretor-geral, em 2013, e agora, sob a direção de Makhar Vaziev no balé até 2016. Eles herdam a alma e o repertório, o clichê e a verdade por trás dele: o balé é a arte mais cruel e mais magnífica, uma disciplina e um sonho que pede às pessoas que aspirem ao angelical em um processo competitivo demoníaco. Ao longo do tempo, os resultados desse processo no Bolshoi provaram ser artisticamente refinados, pessoalmente destrutivos e fisicamente catastróficos. Contudo, os bailarinos seguem dançando, na esperança de escapar das limitações do aqui e agora, e alcançar algo perpétuo. Não há escolha. Afinal, dançar é condicionar o corpo, e com ele a mente, para se deixar levar.

AGRADECIMENTOS

As dívidas de gratidão que acumulei ao pesquisar e escrever este livro são enormes, e estou orgulhoso delas. Em primeiro lugar, inclino-me reverentemente ante meu assistente de pesquisa, Ilya Magin, um gênio poliglota de conhecimentos enciclopédicos e um interlocutor maravilhoso sobre política, cultura e a vida na Rússia no século XIX. Ilya seguiu a sua intuição nos catálogos e coleções do arquivo histórico (RGIA) em São Petersburgo e desenterrou documentos cruciais — especialmente sobre Michael Maddox e os Teatros Imperiais. Ele fez esse trabalho pesado, além de relatórios de incidentes no Teatro Bolshoi. Agradeço por ele ter se encontrado comigo em Moscou para uma *pilsner* e discutir o projeto, e por encontrar, em outro arquivo histórico (RGANI), as cartas de Maya Plisetskaya a Nikita Kruchev. A sua presença é palpável em quase todas as páginas dos capítulos iniciais, e considero todo o livro tanto seu quanto meu, embora eu seja o responsável pelas imperfeições.

Também sou muito grato a Sergei Konayev, cujo conhecimento do balé russo e suas fontes documentais é impar. Ele respondeu a inúmeras perguntas por e-mail e pessoalmente, forneceu fontes essenciais, corrigiu nomes e datas equivocados e me conduziu pelas salas preciosas do Bolshoi onde, em estantes de aço, junto com outros tesouros, está preservado o ensaio de 1877 da partitura de *O lago dos cisnes*. Sergei é compreensivelmente requisitado nos círculos do balé, e empresta a sua erudição a produções históricas em Moscou, Paris e Nova York. Por isso, sou ainda mais grato por ter podido contar com o seu tempo e os seus conselhos.

Também me apresso para agradecer a Alastair Macaulay, que tem sido o melhor dos amigos neste ano e no anterior. Ele compartilhou generosamente comigo seu profundo conhecimento e amor pelo balé, que considero a arte mais complexa — às vezes exigente também com os admiradores e os bailarinos. Ele enfrenta desafios como ninguém. Seus pitos afetuosos, que apontaram erros e interpretações equivocadas e descortesias, melhoraram consideravelmente o rascunho. Seus conselhos são sempre corretos, e espero ter incorporado todos eles ao produto final e ter chegado ao menos perto da graça e precisão da sua prosa.

A minha gratidão se estende a Tatyana Kuznetsova, que me instruiu sobre a dança russa e abriu o arquivo do avô para mim. Tatyana provém de uma longa linhagem de lendas do balé, e senti-me honrado com as suas sugestões nos capítulos finais. Sou grato também a Nina Nikolayeva pelos materiais sobre Matilda Kshesinskaya; a Pilar Castro Kiltz, que pesquisou sobre a carreira de Sergei Filin para mim enquanto trabalhava na Biblioteca Pública de Nova York, buscando e anotando dados biográficos de Plisetskaya; a Lisa Snyder, que buscou e avaliou filmes sobre as apresentações de Plisetskaya; a Darya Koltunyuk, por encontrar críticas em Helsinki, se entusiasmar com o livro e fornecer informações para o capítulo 7; e à versátil Laura Ong, que coletou artigos úteis sobre o Bolshoi de jornais históricos. O eminente eslavista Boris Wolfson melhorou, e às vezes empreendeu, traduções de diversos trechos, e emprestou a sua erudição ao conjunto. Todas as traduções bem feitas, com os arcaísmos intactos, refletem a sua imensa generosidade. Bruce Brown forneceu informações que faltavam e me salvou do fracasso no capítulo 1, ao passo que Roland John Wiley, o eminente historiador em língua inglesa do balé russo, deu diretrizes essenciais para o capítulo 4. Sua obra sobre Marius Petipa é ansiosamente aguardada. Como sempre, sou profundamente grato à minha querida amiga e colega Caryl Emerson, que defende conceitos que fogem à minha compreensão e me motiva a fazer melhor por meio do impulso de seguir o seu exemplo.

Também tenho dívidas de gratidão com a estimada historiadora do balé russo Elizabeth Souritz. Fiquei contente em ser recebido em sua casa e ouvir as suas lembranças do Balé Bolshoi da era soviética, inclusive sobre a rixa em relação à produção de Grigorovich de *O lago dos cisnes*. Agradeço a Christina Ezrahi por compartilhar suas ideias e conselhos sobre as partituras para balé de Kachaturian; a Elizabeth Stern por informações reunidas nos arquivos de São Petersburgo sobre *As chamas de Paris* e *A papoula vermelha*; à crítica de dança Marina Harss por ler os primeiros rascunhos de dois capítulos; e aos meus alunos dedicados ao balé por suas sugestões, entre eles Morgan Nelson, sobre as complexidades das audições russas de balé; e Colby Hyland; pela especificidade do método de Vaganova. Também sou grato pelas perguntas respondidas, pela assistência e pelas terapias fornecidas por Ellen Barry, Anthony Cross, Tina Fehlandt, Gemma Farrell, Lynn Garafola, Leslie Getz, Robert Greskovic, Wendy Heller, Sandra Johnson, Vladimir Jurowski, Julia Khait, Nelly Kravetz, Stephen Kotkin, Natalya Parakhina, Dmitri Neustroyev, Serge Prokofieff Jr., Tim Scholl, Samuel Steward, Natalya Strijkova, Raymond Stults, Richard Taruskin, Edward Tyerman, Suhua Xiao, Shaun Walker e Jenn Zahrt.

A minha querida amiga Galina Zlobina forneceu as fotografias e documentos essenciais do Arquivo Russo de Literatura e Arte. Devo a ela a maior parte da minha existência impressa, e também os conteúdos de algumas apresentações teatrais em Princeton. Mariya Chernova e Natalya Mashechkina, do Museu Bakhrushin, emprestaram a sua paciência, gentileza e a coleta rápida de documentos nas prateleiras; também Lyudmila Sidorenko, da biblioteca-arquivo do Sindicato de Teatros de Moscou; e Lidiya Kharina e sua equipe animada no Museu do Teatro Bolshoi. Minha gratidão também a multitarefas Katerina Novikova, que o Teatro Bolshoi tem o privilégio de ter como relações públicas, e aos administradores e bailarinos do teatro com os quais Katerina me conseguiu uma entrevista. Dentre os bailarinos, devo agradecer particularmente a Svetlana Lunkina, que espalhou a sua mágica de *prima ballerina* pelo campus de Princeton em uma visita em 2013.

A minha editora na Norton, Katie Adams, me animou com elogios injustificados e muitas vezes me explicou o que eu estava tentando dizer.

Ela possui o poder da alquimia, e transforma minério em malaquita, e daqui em diante reconhecerei sempre a importância, da organização cronológica na não ficção. Do mesmo modo, sou grato a Pamela Murray, da Knopf, pelos seus comentários sobre o rascunho, e a John Everett Branch Jr. e Rachelle Mandik pela revisão e o copidesque.

Will Lippincott convenceu-me de que este livro poderia ser escrito, melhorou a proposta, ensinou-me como falar sobre ele e conseguiu o contrato.

O coração e a alma de tudo isto pertencem a Elizabeth Bergman, que esquadrinhou o rascunho e a revisão, eliminando bobagens, melhorando as transições, imprimindo novos ritmos e recuperando páginas para convencer-me do seu valor. Ela tem feito tanto por mim, por tanto tempo, e encontramos significado e propósito maiores na dádiva, que é a nossa filha, a quem este livro é dedicado.

NOTAS

INTRODUÇÃO

1. Karl Schlögel, *Moscow, 1937*. Cambridge: Polity Press, 2011: 511.
2. Ibid., 514, 517.
3. Wendy Perron, "Inside Sergei Filin's Bolshoi Ballet (versão ampliada), *Dance Magazine*, janeiro de 2013, dancemagazine.com/issues/January-2013/Inside--Sergei-Filins-Bolshoi-Ballet-expanded-version.
4. *Chyorniye lebedi. Noveyshaya istoriya Bol'shogo teatra*, editado e compilado por B. S. Aleksandrov, Moscou: Algoritm, 2013; *Bolshoi Babylon*, direção de Nick Read, Nova York: Documentário da HBO, 2015.
5. Ellen Barry, "Harsh Light Falls on Bolshoi After Acid Attack", *New York Times*, 18/01/2013.
6. Ellen Barry, "Wild Applause, Secretly Choreographed", *New York Times*, 14/08/2013.
7. Shaun Walker, "Bolshoi Dancer Pavel Dmitrichenko Jailed for Six Years over Acid Attack", *The Guardian*, 2/12/2013.
8. Ismene Brown, "Opinion: How Can the Bolshoi Rise Again?", theartsdesk.com, 4/12/2013, http://www.theartsdesk.com/dance/opinion-how-can--bolshoi-rise-again.
9. Kseniya Sobchak, "Nikolay i chudotvortsi", *snob.ru*, 29/10/2013, http://www.snob.ru/profile/24691/blog/67131.
10. "Profile: Pavel Dmitrichenko", BBC, 13/12/2013, http://www.bbc.com/news/world-europe-21697765.

11. Maya Plisetskaya, *I, Maya Plisetskaya*. New Haven e Londres: Yale University Press, 2001: 158.
12. Ibid., 246.
13. Simon Morrison, "The Bolshoi's Latest Act", *NYRblog*, 12/11/2011, http://www.nybooks.com/blogs/nyrblog/2011/nov/12/the-bolshois-latest-act/.
14. Mark Monahan, "Olga Smirnova: Dancing in the Dark", *The Telegraph*, 25/03/2013.
15. Sarah Crompton, "Mikhail Baryshnikov: 'Everything in Russia Is a Damn Soap Opera'", *The Telegraph*, 3/07/2013.
16. Jennifer Homans, *Apollo's Angels: A History of Ballet*. Nova York: Random House, 2010: 382.
17. "Makhar Vaziev Appointed Bolshoi Ballet Head", *Ismene Brown Arts Blog*, 26/10/2015, http://ismeneb.com/blogs-list/151026-makhar-vaziev-appointed-bolshoi-ballet-head.html.

1. O MÁGICO TRAPACEIRO

O maior volume de documentos sobre Michael Maddox e o Teatro Petrovski encontra-se no Arquivo Histórico Estatal Russo (Rossiyskiy gosudarstvenniy istoricheskiy arkhiv/RGIA), em São Petersburgo, e no Arquivo Estatal Russo de Antigos Decretos (Rossiyskiy gosudarstvenniy arkhiv drevnikh aktov/RGADA) em Moscou. Alguns deles são citados na monografia de Olga Chayanova, de 1927, a que me refiro adiante e na qual me baseei em todo este capítulo. Um documento importante no RGADA, a petição de Maddox de 1802 à imperatriz consorte Mariya Fyodorovna, está disponível no original em francês no artigo de M. P. Pryashnikova "Angliyskiy Predprinimatel' M. Medoks", também citado adiante. Fontes adicionais deste capítulo incluem D. Blagovo (Elizaveta Petrovna Yan'kova), *Rasskazi babushki. Iz vospominaniy pyati pokoleniy, zapisanniye i sobranniye yeyo vnukom* (São Petersburgo: Tipografiya A. S. Suvorina, 1885), 203-05; Gerald R. Seaman, "Michael Maddox: English Impresario in Eighteenth-Century Russia", em *Slavic Themes: Papers from Two Hemispheres*, ed. Boris Christa et al. Neuried: Hieronymus, 1988: 321-26; e Philip H. Highfill, Kalman A. Burnhim, e Edward A. Langhans, *A Biographical Dictionary of Actors, Actresses, Musicians, Dancers, Managers & Other Stage Personnel in London, 1660-1800*, 16 vols. Carbondale:

Southern Illinois University Press, 1973-1993. 10: 49. Sobre Betskoi e a vida no orfanato baseei-me em David L. Ransel, *Mothers of Misery: Child Abandonment in Russia*. Princeton: Princeton University Press, 1988: 31-61. A informação sobre os ingressos do Petrovski provém do cartaz reproduzido em N. P. Arapov e Avgust Roppol't, *Dramaticheskiy al'bom s portretami russkikh artistov i snimkami s rukopisey*. Moscou: V Universitetskoy Tipografii i V. Got'ye, 1850: 417 e 419. Em RGADA um documento de 21 de fevereiro de 1782 (f. 16, d. 575, cap. 1, 1.7) menciona que, propositalmente ou não, Maddox incluiu 15 rublos falsos entre os recibos do teatro. O detalhe sobre o bufê está em RGIA 758, op. 5, d. 626 (o fornecedor francês era obrigado a pagar 300 rublos anuais à junta diretora com seus recibos) e no dicionário de culinária russa http://dic.academic.ru/contents. nsf/dic_culinary/. As informações sobre o conflito entre Maddox, Leopold Paradis e o orfanato provêm de RGIA f. 758, op. 5, d. 314, 316, 441; os detalhes do contato de Paradis e os 250 rublos que lhe devia Bachman, o músico da corte em São Petersburgo, estão em RGIA f. 757, op. 5, d. 441, f. 758, op. 3, d. 314, e f. 756, op. 5, d. 511, respectivamente. Os detalhes da "mascarada transvestida" estão em Colleen McQuillen, *The Modernist Masquerade: Stylizing Life, Literature, and Costumes in Russia*. Madison: University of Wisconsin Press, 2013: 39-61. O *Dialog stranniki, na otkritiye novogo Petrovskogo Teatra* (Diálogo dos viandantes na ocasião da inauguração do novo Teatro Petrovsky), de Alexander Ablesimov, foi publicado em 1780 por N. I Novikov. Ele pode ser consultado no Google Books. Sobre o relógio que Maddox fez para Catarina, a Grande, ver http://kraeved1147.ru/chasyi-m-medoksa-hram-slavyi/. Sobre Noverre, ver Jennifer Homans, *Apollo's Angels: A History of Ballet*. Nova York: Random House, 2010: 68-97, especialmente 73-74.

1. Rossiyskiy gosudarstvenniy arkhiv literaturi i iskusstva (RGALI), f. 2, op. 1, yed. khr. 329 (A Osipov, "Antreprener proshlogo veka"), l. 5.
2. Segundo o indiscreto diplomata russo Filipp Vigel (1786-1856), um dos grandes fofoqueiros da época; http://elcocheingles.com/Memories/Texts/Vigel/Vig_I_3.htm.
3. Citações neste parágrafo de Aleksandr Chayanov, "Venediktov", em *Red Spectres: Russian Gothic Tales from the Twentieth Century*. Nova York: The Overlook Press/Ardis, 2013: 69-70. A ficção gótica floresceu na Rússia durante uma época de ansiedade ante a transição política, o interregno

da erradicação do regime imperial decadente e a consolidação do poder soviético. A maior parte das grandes histórias do gênero foi suprimida junto com seus autores. Chayanov foi fuzilado por traição durante o grande terror de 1937, mas não por seus escritos. Ele era agrônomo e foi acusado de traição por questionar a lógica da coletivização forçada das fazendas russas, ucranianas e cazaques. Foi condenado a cinco anos em campos de trabalho forçado no Cazaquistão. Sobreviveu, mas foi detido e executado por um pelotão de fuzilamento. As vidas de seus dois filhos foram destruídas. A esposa dele, Olga, historiadora do teatro e especialista no teatro Petrovski, também foi presa em 1937, embora tenha sobrevivido e tenha sido libertada dos campos de trabalhos forçados após a morte de Stalin.

4. Stanley Peerman Hutton, *Bristol and Its Famous Associations*. Bristol: J. W. Arrowsmith, 1907: 23.
5. Sybil Marion Rosenfeld, *Strolling Players & Drama in the Provinces, 1660-1765*. Cambridge: Cambridge University Press, 1939: 149.
6. Ibid., 196.
7. *Sanktpeterburgskiye vedomosti* no. 81, vo vtornik, oktyabrya 9 dnya, 1767 goda [terça-feira, 9/10/1767]: 3. O anúncio foi republicado no jornal três dias depois.
8. M. P. Pryashnikova, "Angliyskiy predprinimatel' M. Medoks v Rossii", em *Pamyatniki kul'turi. Noviye otkritiya. Pis'mennost'. Iskusstvo. Arkheologiya. Yezhegodnik 2005*, ed. T. B. Knyazevskaya. Moscou: Nauka, 2013: 223.
9. Ol'ga Chayanova, *Teatr Maddoksa v Moskve, 1776-1805*. Moscou: Rabotnik prosveshcheniya, 1927: 23.
10. *Moskovskiye vedomosti* no. 77, v sredu, sentyabrya 23 dnya, 1780 goda [quarta-feira, 23/09/1780], 477.
11. *Moskovskiye vedomosti* no. 79, v sredu, sentyabrya 30 dnya, 1780 goda [quarta-feira, 30/09/1780], 642.
12. *Moskovskiye vedomosti* no. 24, v subbotu, marta 21 dnya, 1780 goda [sábado, 21/03/1780], 185.
13. John T. Alexander, *Catherine the Great: Life and Legend*. Oxford e Nova York: Oxford University Press, 1989: 149.
14. *The Memoirs of the Empress, Catherine II, Written by Herself*. Londres: Trübner & Co., 1859:346-47.

15. Ibid., 349.
16. L. M. Starikova, *Teatr v Rossii XVIII veka: Opit dokumental'nogo issledovaniya*. Moscou: Gos. in-t iskusstvoznaniya, 1997: 140.
17. RGALI f. 2, op. 1, yed. khr. 329, l. 2.
18. Carlo Brentano de Grianti, "Journal, 1795-1801", Princeton University Manuscripts Collection nº 649.
19. *Moskovskiye vedomosti* no. 18, v subbotu, fevralya 29 dnya, 1780 goda [sábado, 29/02/1780], 137. O incêndio foi noticiado na primeira página.
20. *Moskovskiye vedomosti* no. 19, v sredu, marta 5 dnya, 1780 goda [quarta-feira, 5/03/1780], 145.
21. Ibid.
22. A. Novitskiy, "Rozberg, Khristian", *Bol'shaya biograficheskaya entsiklopediya*, http://dic.academic.ru/dic.nsf/enc_biography/107194/.
23. RGALI f. 2, op. 1, yed. khr. 329, l. 4; Pryashnikova, "Angliyskiy predprinimatel' M. Medoks v Rossii", 219.
24. "Journal of Charles Hatchett's Journey to Russia, August 1790-November 1791"; citado em Anthony Cross, *"By the Banks of the Neva": Chapters from the Lives and Careers of the British in Eighteenth-Century Russia*. Cambridge: Cambridge University Press, 1997: 42.
25. *Moskovskiye vedomosti* no. 76, v subbotu, sentyabrya 19 dnya, 1780 goda [sábado, 19/09/1780], 618. O anúncio foi republicado quatro dias depois.
26. Richard Stites, *Serfdom, Society and the Arts in Imperial Russia: The Pleasure and the Power*. New Haven e London: Yale University Press, 2005: 131.
27. Michael Zagoskin, *Tales of Three Centuries*. Boston: Little, Brown, and Company, 1891: 99.
28. Ibid., 102.
29. Gotthold Ephraim Lessing, *Miss Sara Sampson*, 1755, em *World Drama: Italy, Spain, France, Germany, Denmark, Russia, and Norway*, ed. Barrett H. Clark. Mineola: Dover, 1933: 467.
30. RGIA f. 787, op. 5, d. 441, l. 2. A data original do contrato de Paradis é 23 de novembro de 1778. Segundo documentos preservados no fundo (Nº 127) da Casa Imperial dos Expostos no Arquivo Estatal Central de Moscou, o contrato foi renovado em 28 de janeiro de 1782 e em 14 de fevereiro de 1784. Entre as renovações, Paradis perdeu alunos para um teatro público

de São Petersburgo. Em um documento adicional e um pouco enigmático ele apoia a solicitação do major da artilharia de Moscou, F. N. Ladïzhenski, de resgate de três crianças pelo orfanato. Paradis se aposentou com uma pensão imperial em 1797.

31. Um embaixador russo prometeu pagar as dívidas do "pobre diabo" em troca de serviços à corte russa. Citação fornecida por Helena Kazarova de uma carta de 1758 sobre a condição financeira de Hilverding. Ela fora enviada pelo príncipe Joseph Adam von Schwarzenberg a Maria Dominika Thürheim. Comunicação por e-mail, 8/02/2014.

32. S. Gardzonio, "Neizvestniy russkiy baletniy stsenariy XVIII veka", http://pushkinskijdom.ru/Portals/3/PDF/XVIII/21_tom_XVIII/Gardzonio/Gardzonio.pdf.

33. RGALI f. 2, op. 1, yed. khr. 329, l. 11.

34. *Moskovskiye vedomosti* no. 23, v sredu, marta 18 dnya, 1780 goda [quarta--feira, 18/03/1780], 177.

35. RGIA f. 758, op. 5, d. 58, l. 1.

36. RGIA f. 758, op. 5, d. 747, l. 1. A carta tem data de 1784; Tanauer era o guarda-livros do orfanato.

37. As citações deste parágrafo vêm de Lincolnshire Archives, Yarborough Collection, Worsley Manuscript 24, 188-89, 193-94.

38. RGIA f. 758, op. 5, d. 313.

39. RGIA f. 758, op. 5, d. 755.

40. As informações e citações deste parágrafo estão em William Coxe, *Travels into Poland, Russia, Sweden, and Denmark, Interspersed with Historical Relations and Political Inquiries*, 3 vols. Dublin: S. Price, 1784. 1: 416-20.

41. "Dvenadtsat' let iz zhizni Ya. B. Knyazhina (Po neizdannim pis'mam G. Gogelyu 1779-1790 gg.)", ed. L. V. Krestova, http://az.lib.ru/k/knjazhnin_j_b/text_1790_pisma_gogelu.shtml.

42. Ibid.

43. RGALI f. 2, op. 1, yed. khr. 329, l. 16.

44. Obid., 1.17; RGIA f. 758, op. 5, d. 755, l. 6.

45. RGALI f. 758, op. 5, d. 739, l. 24. As palavras citadas são de Betskoi, de uma carta a Alexander Khrapovitski, secretário de Catarina, a Grande, com data de 24 de julho de 1783.

46. Esta citação e demais informações em RGIA f. 758, op. 5, d. 748, ll. 5-6.
47. RGIA f. 758, op. 5, d. 748, l. 8.
48. RGIA f. 758, op. 5, d. 1063, l. 2.
49. RGALI f. 2, op. 1, yed. khr. 329, l. 23; também citado em Chayanova, *Teatr Maddoksa v Moskve, 1776-1805*, 92.
50. RGALI f. 2, op. 1, yed. khr. 329, l. 26.
51. Chayanova, *Teatr Maddoksa v Moskve, 1776-1805*, 97.
52. Ibid., 97-98.
53. RGALI f. 2, op. 1, yed. khr. 329, l. 30.
54. Ibid., 1.32.
55. RGIA f. 13, op. 1, d. 92, l. 2.
56. Ibid., 1.3
57. Ibid.
58. Ibid.
59. Chayanova, *Teatr Maddoksa v Moskve, 1776-1805*, 99.
60. RGIA f. 759, op. 94, d. 102 [1799-1800 g.], l. 2.
61. Ibid., 1.4.
62. S. P. Zhikharev, *Zapiski sovremennika*, 1890, citado em Chayanova, *Teatr Maddoksa v Moskve, 1776-1805*, 220.
63. Ibid., 219.
64. RGIA f. 759, op. 94, d. 101, l. 14.
65. Hutton, *Bristol and Its Famous Associations*, 23.
66. Chayanova, *Teatr Maddoksa v Moskve, 1776-1805*, 20; a calúnia conta das memórias de Elizaveta Yankova (1768-1861).

2. NAPOLEÃO E DEPOIS

Em todo este capítulo e no próximo contei com uma bolsa de estudos da fundação de balé V. M. Krasovskaya, *Russkiy baletniy teatr ot vozniknoveniya do seredini XIX veka* (São Petersburgo: Lan', 2008). Sobre Didelot, baseei-me em Mary Grace Swift, *A Loftier Flight: The Life and Accomplishments of Charles-Louis Didelot, Balletmaster*. Middletown, CT: Wesleyan University Press, 1974: 81-114 e 136-76. Sobre o incêndio em Moscou e a vida na cidade em geral, inclusive (via Tolstoi) as rendas dos aristocratas, apoiei-me em Alexander M. Martin, "Moscow in 1812:

Myths and Realities", em *Tolstoy on War: Narrative Art and Historical Truth in "War and Peace"*, ed. Rick McPeak e Donna Tussing Orwin. Ithaca e Londres: Cornell University Press, 2012: 42-58. Uma fonte excelente sobre o fiasco russo de Napoleão é Adam Zamoyski, *Moscow 1812: Napoleon's Fatal March*. Nova York: HarperCollins, 2004, ao qual me refiro para a informação sobre Kutuzov, Borodino e as campanhas de Napoleão em geral. As informações sobre o Colégio do Teatro Imperial provêm de M. K. Leonova e Z. Kh. Lyashko, *Iz istorii Moskovskoy baletnoy shkoli (1773-1917). Chast' 1* (Moscou: MGAKh, 2013). (Esta publicação lista os formandos do colégio ano a ano e fornece dados biográficos de todos os professores de balé e coreógrafos associados ao colégio e aos Teatros Imperiais em Moscou, da sua fundação à metade do século XIX.) A construção do Teatro Bolshoi Petrovski foi contada em A. I. Kuznetsova e V. Ya. Libson, *Bol'shoy teatr: Istoriya sooruzheniya i rekonstruktsii zdaniya*. Moscou: Al'fa-Print, 1995: 35-63, 184-91.

Sobre a bailarina Evdokya (Avdotya) Istomina, que teve o papel principal em *Prisioneira do Cáucaso*, Pushkin instou o irmão a "Escrever-me sobre Didelot, sobre a moça circassiana Istomina, que uma vez cortejei, como a Prisioneira do Cáucaso"; Swift, *A Loftier Flight*, 171. Istomina, musa de Didelot de longa data, é conhecida como a primeira bailarina russa a dançar *en pointe*.

Para os detalhes sobre a carreira musical de Verstovski, consultei Gerald Abraham, "The Operas of Alexei Verstovsky", *19th-Century Music* 7, n. 3, 1984: 326-35; a página em http://www.greatwomen.com.ua/2008/05/07/nadezhda-vasilevna--repina-verstovskaya/ conta a triste história da demissão de Nadezhda Repina dos Teatros Imperiais. Sobre o caráter russo na música de Glinka, minhas fontes foram Richard Taruskin, *Defining Russia Musically*. Princeton: Princeton University Press, 1997: 25-47; e Marina Frolova-Walker, *Russian Music and Nationalism: From Glinka to Stalin*. New Haven e Londres: Yale University Press, 2007, *passim*.

Um paralelo dessa crônica de Napoleão e o balé russo é a história de Napoleão e o balé francês. Sobre este último durante a Revolução, a Era Napoleônica e a Restauração, a melhor fonte continua sendo Ivor Guest, *Ballet Under Napoleon*. Londres: Dance Books, 2002. Valberg é mencionado de passagem na página 119 e o período fértil de Didelot em Paris é discutido longamente nas páginas 381-413.

1. A. P. Glushkovskiy, *Vospominaniya baletmeystera*. Leningrado e Moscou: Iskusstvo, 1940: 83.

2. Natal'ya Korol'kova, "Istoriya Teatral'nogo uchilishcha pri Malom teatre", http://www.maly.ru/pages.php?name=shepka_hist.
3. Ibid.
4. Ivan Val'berkh, *Iz arkhiva baletmeystera. Dnevniki. Perepiska. Stsenarii*, ed. Yu. I. Slonimsky. Leningrado e Moscou: Iskusstvo, 1948: 82 e 83 (cartas de Ivan Ivanovich Val'berkh para Sof'ya Petrovna Val'berkh de 19 e 21-22 de dezembro de 1807.)
5. Leon Tolstoi, *War and Peace*. Nova York: Vintage, 2007: 561. O Teatro Imperial Arbat é reimaginado por Sigizmund Krzhizhanovsky, "Postmark: Moscow", em *Autobiography of a Corpse*. Nova York: *New York Review of Books*, 2013: 186.
6. Swift, *A Loftier Flight*, 136.
7. Jennifer Homans, *Apollo's Angels: A History of Ballet*. Nova York: Random House, 2010: 255.
8. Ibid; Roland John Wiley, *A Century of Russian Ballet: Documents and Eyewitness Accounts, 1810-1910*. Alton: Dance Books, 2007: 6.
9. Yu. A. Bakhrushin, *Istoriya russkogo baleta*. Moscou: Sovetskaya Rossiya, 1965: 47.
10. Swift, *A Loftier Flight*, 112.
11. Val'berkh, *Iz arkhiva baletmeystera*, 166 (do prefácio ao libreto do fantástico balé de Valberg *As amazonas, ou destruição do castelo mágico* [Amazonki, ili razrusheniye volshebnogo zamka, 1815]).
12. Ibid., 36.
13. Zamoyski, *Moscow 1812*, 229.
14. Tolstoi, *War and Peace*, 875. [*Guerra e paz*. Rio de Janeiro: Editora Globo, 1957.]
15. Zamoyski, *Moscow 1812*, 241—42.
16. Glushkovskiy, *Vospominaniya baletmeystera*, 115-16.
17. Ibid., 121.
18. Esta citação e as seguintes de Glushkovskiy, *Vospominaniya baletmeystera*, 102-10, e RGALI f. 634, op. 1, yed. khr. 535, ll. 19-30.
19. Wiley, *A Century of Russian Ballet*, 20—21.
20. Esta citação e a seguinte de RGALI f. 659, op. 4, yed. khr. 879, ll. 1 ob., 19.
21. "Destruction of the Imperial Theatre, Moscow, by Fire", the *Illustrated London News*, 2/07/1853, 525.

22. Esta e as seguintes citações e informações sobre o incêndio e suas consequências em *Moskovskiye vedomosti* n. 5, v subboty, yanvarya 17 dnya, 1825 goda [Sábado, 17/01/1825], 141. Além de anúncios sobre as próximas produções, o *Moskovskiye vedomosti* não informou grande coisa sobre o Teatro Bolshoi Petrovski nos anos seguintes. As apresentações no teatro e em outras partes de Moscou por artistas estrangeiros recebiam atenção escassa e às vezes hostil. Em 1836, a chegada de uma trupe de dança espanhola foi denunciada antecipadamente pelo príncipe Pyotr Shalikov, um xenófobo que colaborava com o jornal: "No 14 deste mês haverá uma apresentação beneficente para os pupilos ibéricos de Terpsichore, os quais — alas! — já não se contentam em entreter os seus compatriotas, devotos da deusa da discórdia". (*Moskovskiye vedomosti* n. 1, v sredy, yanvarya 1 dnya, 1836 goda Quarta-feira, 1º/01/1836], 22).
23. Mikhaíl Lermontov, "Panorama Moskvi", in *Sobraniye sochineniy v chetiryokh tomakh* (Moscou: *Pravda*, 1969), http://lib.ru/LITRA/LERMONTOW/s_moscow.txt_with-big-pictures.html.
24. *Moskovskiye vedomosti* n. 5, v subbotu, yanvarya 3 dnya, 1825 [Sábado, 3/01/1825], 11. Os ingressos para a apresentação inaugural e a mascarada iam de 50 copeques para a "galeria do segundo lado" a 15 rublos para "um camarote nas primeiras fileiras".
25. B. L. Modzalevskiy, "Avtobiografiya kompozitora Verstovskogo", *Biryuch Petrogradskikh gosudarstvennikh akademicheskikh teatrov* 2 (1920): 231.
26. RGIA f. 652, op. 1, d. 64, l. 49. A carta, de 21 de setembro de 1838 — assim como a maioria das outras cartas no arquivo — está endereçada a Nikita Vsevolozhshki (1799-1862), rico produtor teatral e fundador e anfitrião do clube de escritores Lâmpada Verde, que era frequentado por Pushkin.
27. Ibid., l. 27 (recebida em 6 de junho de 1838).
28. Ibid., l. 19 (recebida em 8 de março de 1838).
29. Ibid., l.49.
30. Ibid., ll. 43-44 (recebida em 16 de novembro de 1838).
31. Ibid., l. 42 (sem data).
32. Ibid., l.44.
33. Ibid., l. 8 (28 de dezembro de 1837).

34. Esta e as seguintes citações e informações em RGIA f. 497, op. 1, d. 9191, ll. 1-10. O informe de Gedeonov tem data de 10 de abril de 1842; ele incorpora as notas do médico do Colégio do Teatro Imperial, Ostrogozhski, de 21 de março de 1842.
35. K. F. Val'ts, *65 let v teatre*. Leningrado: Academia, 1928: 28.
36. RGALI f. 497, op. 1, d. 10996, l. 59 (16 de novembro de 1846, carta de Ivan Naumov para Gedeonov).
37. Vl. V. Protopopov, "Stat'i muzikal'nogo kritika 'N. Z.'", em *Muzikal'noye nasledstvo: Sborniki po istorii muzikal'noy kul'turi SSSR*, vol. 1, ed. G. B. Bernardt, V. A. Kiselyov, M. S. Pekelis. Moscou: Gosudarstvennoye muzikal'noye izdatel'stvo, 1962: 315 (carta de Verstovsky ao historiador e publicitário Mikhail Pogodin).
38. Val'ts, *65 let v teatre*, 26.

3. VELOZ COMO UM RAIO: A CARREIRA DE EKATERINA SANKOVSKAYA

O estatuto do Comitê de Censura do Ministério da Educação está disponível em http://www.opentextnn.ru/censorship/russia/dorev/law/1804/. A história de que o tsar Nicolau I teria ordenado que os bailarinos do Teatro Imperial em São Petersburgo "aprendessem a manejar sabres" foi contada por Edvard Radzinsky em *Alexander II: The Last Great Tsar* (Nova York: Simon & Schuster, 2006), 38; sobre o balé imperial ser um harém, 239. O fato de o balé em questão, *A revolta do harém*, ser pró-feminista não parece ter impressionado o soberano de um modo positivo. Ver Joellen A. Meglin, "Feminism or Fetishism? *La Révolte des femmes* and Women's Liberation in France in the 1830s", em *Rethinking the Sylph: New Perspectives on the Romantic Ballet*, ed. Lynn Garafola (Middleton: Wesleyan University Press, 1997), 69-90. Sobre a recepção na Rússia de Marie Taglioni e Fanny Elssler ver Roland John Wiley, *A Century of Russian Ballet: Documents and Eyewitness Accounts, 1810-1910* (Alton: Dance Books, 2007), 81-89 e 173-77; a história das sapatilhas de cetim provém de K. A. Skal'kovskiy em Aleksander Pleshcheyev, *Nash balet (1673-1896): Balet v Rossii do nachala XIX stoletiya i balet v S.-Peterburge do 1896 goda* (S. Petersburgo: A. Benke, 1896), 109. As páginas 130-31 deste livro descrevem o alvoroço causado pela apresentação de Ekaterina

Sankovskaya em *La sylphide*, em 16 de setembro de 1846. Os detalhes dos seus contratos, salários e problemas de saúde provêm de *lichnoye delo*, preservado em RGALI f. 659, op. 4, yed. khr. 1298. Também me baseei na crônica de D[mitriy] I[vanovich] Mukhin sobre a carreira de Sankovskaya em seu "kniga o baleta", Muzey Bakhrushina f. 181, n. 1, ll. 118-78.

Os compromissos de Luisa Weiss (1845-47) com os Teatros Imperiais em Moscou são descritos em RGIA f. 497, op. 1, d. 10616; RGIA f. 497, op. 1, d. 11478, l. 1, e relatam o roubo de 15 de março de 1847 em seu apartamento. A data da instalação da iluminação a gás no teatro está em K. F. Val'ts, *65 let v teatre* (Leningrado: Academia, 1928), 36-37; a questão de *Severnaya pchela* ser o primeiro jornal autorizado a publicar críticas está em Petrov, *Russkaya baletnaya kritika kontsa XVIII — pervoy polovini XIX veka* (Moscou: Iskusstva, 1982), 66; RGIA f. 780, op. 2, d. 66, ll. 1-3 dá uma ideia das regras que governavam as críticas em 1848. Para uma comparação entre Andreyanova e Sankovskaya usei um artigo de 1º de janeiro de 1845 na *Literaturnaya gazeta*, reproduzido em ibid., 226-28. Petrov inclui também o artigo de 26 de novembro de 1949 e *Moskovsliye vedomosti* que menciona vagamente as apresentações de Sankovskaya no estrangeiro: "Não só Moscou, mas também Paris, Hamburgo e muitas outras cidades europeias ensurdeceram com os aplausos quando ela os inspirou com a sua arte, colocando-a na companhia de famosas bailarinas" (ibid., 256). Sobre a prostituição: "Three Centuries of Russian Prostitution", *pravda.ru*, 30/04/ 2004, http://www.pravda-report.com/news/society/sex/30-04-2002/42121-0/.

O caso de Avdotya Arshinina é discutido em detalhes pelo advogado Aleksandr Lyubavski em *Russkiye ugolovniye protsessi*, vol. 2 (S. Petersburgo: Obshchestvennaya Pol'za, 1867), 193-222. Um folhetim publicado no jornal *Moskovskiy gorodskoy listok* reimaginou os acontecimentos na mascarada que precedeu a agressão e zombou cruelmente do francês ruim da moça de classe baixa. Para driblar os censores, Avdotya é renomeada Anyuta no folhetim, o que em si mesmo é uma referência grosseira às lentas canções folclóricas sobre a perda do amor desventurado, tal como eram entoadas pela heroína camponesa Anyuta na popular ópera cômica *O moleiro que era também mágico, trapaceiro e casamenteiro*: "Em toda a minha juventude/ No final não tive alegrias". O folhetim diz: "Mascarada no teatro". *Colombina*: "Lecê muá, mesiê" [Laissez-moi, monsieur]. *Moustache*: "Não, não, bela máscara, não a deixarei". *F.D.*, correndo, fala consigo mesma:

"Ele está bêbado". *Moustache*, agarrando-a: "Eu a amo. Vamos embora". *F. D.* a *Moustache*: "Lecê, lecê muá". A um *cavalheiro distinguido*: "Ajude-me, senhor". *Cavalheiro*: "Anyuta, é você?" (*Moskovskiy gorodskoy listok*, 9 de janeiro de 1847, 26). Aparentemente, depois o caso inspirou um romance barato. O enredo de "Máscara vermelha" (Krasnaya maska), uma história de detetive de 1909, se aproxima das circunstâncias de Arshinina. Ver http://az.lib.ru/r/razwlecheniei-zdatelxstwo/text_132_krasnaya_maska.shtml.

Os informes oficiais sobre o incêndio que destruiu o Teatro Bolshoi Petrovski estão em RGIA f. 497, op. 2, d. 14484.

1. Citado em Wiley, *A Century of Russian Ballet*, 83-84.
2. Significa que o valor do rublo oscilava com o valor da prata.
3. "Com um truque espetacular atribuído à bailarina Amalia Brignoli, as bailarinas se alçaram displicentemente nas pontas dos pés e lá ficaram para todos verem: dançando"; Jennifer Homans, *Apollo's Angels: A History of Ballet* (Nova York: Random House, 2010), 138.
4. RGALI f. 2579, op. 1, yed. khr. 1567, l. 165. Vasiliy Fyodorov reuniu umas oitocentas fotografias em preto e branco do pessoal e das apresentações no Bolshoi. Os dois álbuns estão em condições tão precárias que até os funcionários do RGALI foram proibidos de manuseá-los. A coleção foi microfilmada e parcialmente publicada (V. V. Fyodorov, *Repertuar Bol'shogo Teatra SSSR, 1776-1955*, 2 vols. [Nova York: Norman Ross, 2001]), mas nada substitui o exame do original. O primeiro álbum traz uma pintura do Teatro Petrovski, em que as tochas iluminam a escuridão do centro de Moscou em 1870, e carruagens se aproximam na parte inferior do quadro. Há também desenhos para os balés encenados em Moscou por Marius Petipa, que levou à Rússia a tradição francesa do balé nas décadas em que foi segundo e primeiro *maître de ballet* dos Teatros Imperiais em São Petersburgo.
5. Natalya Chernova, "V moskovskom balete shchepkinskoy pori", *Sovetskiy balet* 4 (1989), 35.
6. S. T. Aksakov, *Sobraniye sochineniy*, 4 vols. (Moscou: Gosudarstvennoye izdatel'stvo khudozhestvennoy literaturi, 1955-56), 3: 538; citado também em V. M. Krasovskaya, *Russkiy baletniy teatr ot vozniknoveniya do seredini XIX veka* (S. Petersburgo: Lan', 2008), 346. O título do balé era *A jovem*

leiteira, ou *Nisetta e Luke* (Molodaya molochnitsa, ili Nisetta i Luka). Foi apresentado em S. Petersburgo em 1817.
7. RGALI f. 659, op. 4, yed. khr. 1298, l. 64.
8. Petrov, *Russkaya baletnaya kritika kontsa XVIII - pervoy polovini XIX veka*, 152.
9. Ibid.
10. RGALI f. 659, op. 4, yed. khr. 1298, l. 64.
11. Ibid., l. 5; citado também em Krasovskaya, *Russkiy baletniy teatr ot vozniknoveniya do seredini XIX veka*, 347.
12. RGALI f. 659, op. 4, yed. khr. 1298, l. 44; Muzey Bakhrushina f. 486, n. 124520/13.
13. Wiley, *A Century of Russian Ballet*, 154-55.
14. Adaptado de *La révolte au sérail*, 1833.
15. Marius Petipa, *Russian Ballet Master: The Memoirs of Marius Petipa*, ed. Lillian Moore (Londres: Chameleon Press, 1958), 46-47.
16. Mukhin, "kniga o balete", l. 178 (citando *Moskovskiye vedomosti*).
17. Chernova, "V moskovskom balete shchepkinskoy pori", 36.
18. Neste e nos parágrafos seguintes, informações e citações do artigo, da cópia em RGALI f. 191, op.1, yed. khr. 2005.
19. Petrov, *Russkaya baletnaya kritika kontsa XVIII-pervoy polovini XIX veka*, 164.
20. Ann Hutchinson Guest e Knud Arne Jurgensen, *Robert le diable: The Ballet of the Nuns* (Amsterdã: Gordon and Breach, 1997), 6.
21. Petrov, *Russkaya baletnaya kritika kontsa XVIII-pervoy polovini XIX veka*, 157 (Vissarion Belinski em *Moskovskiy nablyudatel'*).
22. "Baletmeyster Gerino", *Moskovskiye vedomosti* n. 99, v subbotu, dekabrya 10 dnya, 1838 [10/12/1838], 796.
23. RGIA f. 497, op. 1, d. 6378, l. 21 (carta de 9 de outubro de 1838 de Mikhail Zagoskin a Gedeonov).
24. Petrov, *Russkaya baletnaya kritika kontsa XVIII-pervoy polovini XIX veka*, 157-59 (*Moskovskiy nablyudatel'* e *Severnaya pchela*).
25. RGIA f. 497, op. 2, d. 9262, ll. 10ob.-11. A queixa de Alexandra Sankovskaya contra Guerinot é de 3 de dezembro de 1842 e está neste arquivo. A questão foi resolvida em 29 de dezembro.

26. Carta de 19 de dezembro de 1843 em "Perepiska A. N. Verstovskago s A. M. Gedenovim", *Yezhegodnik imperatorskikh teatrov* 2 (1913): 48; citado também em Krasovskaya, *Russkiy baletniy teatr ot vozniknoveniya do seredini XIX veka*, 359.
27. RGIA f. 678, op. 1, d. 1017, l. 13.
28. RGIA f. 497, op. 1, d. 10618, l. 10 (verso). Esta e as citações seguintes provêm de um documento de 26 páginas intitulado "O proisshestvii pri Moskovskikh Teatrakh 29 ch. oktyabrya 1845" (Sobre o ocorrido no teatro de Moscou em 29 de outubro de 1845).
29. Ibid., l. 11.
30. Ibid., l. 11 (verso).
31. Ibid., l. 14 (verso).
32. Ibid.
33. Ibid., l. 16 (verso).
34. RGIA f. 497, op. 1, d. 10628, l. 64 (sem data).
35. Citado em Krasovskaya, *Russkiy baletniy teatr ot vozniknoveniya do seredini XIX veka*, 326.
36. Carta de 19 de dezembro de 1843, em "Perepiska A. N. Verstovskago s A. M. Gedenovim", *Yezhegodnik imperatorskikh teatrov* 2 (1913): 47-48.
37. Alexander V. Tselebrovski, "The History of the Russian Vaudevile from 1800-1850" (Tese Ph.D., Louisiana State University, 2003), 260.
38. Este e o parágrafo seguinte de M. I. Pilyayev, *Zamechatel'niye chudaki i originali* (S. Petersburgo: Izdaniye A. S. Suvorina, 1898), 313-15; a história também é contada por Mukhin, "kniga o balete", l. 154 ob., e Petipa, *Russian Ballet Master*, 27-30.
39. Petipa, *Russian Ballet Master*, 28.
40. O sentimento, em 22 de setembro de 1898, do poeta, tradutor e ator Dmitri Lenski; Muzey Bakhrushina f. 143, nº 148024. Lenski alterou o texto, mudando a última palavra, "pecados" (grekhi) para "pulgas" (blokhi), transformando-o em uma troça sobre a capacidade de Sankovskaya de saltar como uma pulga. Ele também podia estar alinhando "sílfide" com "sífilis".
41. RGIA f. 497, op. 1, d. 11475, l. 4.
42. RGIA f. 1297, op. 27, d. 750, l. 7.
43. Ibid., l. 13.

44. Ibid., l. 8.
45. Ibid., l. 14.
46. Ibid., l. 16.
47. Ibid., l. 16.
48. RGIA f. 1297, op. 27, d. 750, l. 55.
49. Chernova, "V moskovskom balete shchepkinskoy pori", 33.
50. Esta e as próximas citações de Muzey Bakhrushina f. 156, n. 73844, ll.1-2; a carta, sem data, é citada também em Chernova, "V moskovskom balete shchepkinskoy pori", 35-36.
51. Esta e as próximas citações em "Destruction of the Imperial Theatre, Moscow, by Fire".

4. IMPERIALISMO

Quando Verstovski se aposentou, a direção dos Teatros Imperiais em Moscou passou das mãos de um nobre inadequado ou indiferente a outro: Leonid Lvov (L'vov) ficou no cargo de 1862 a 1864; Vasiliy Nekhlyudov de 1864 a 1866; Nikolai Pelt (Pel't) from 1866 a 1872; Pavel Kavelin de 1872 a 1876; Laventiy Auber (Ober) de 1876 a 1881; Vladimir Begichev de outubro de 1881 a maio de 1882; por fim, por apenas quatro meses, Yevgeniy De Salias-Turnemir. A situação se estabilizou com Pavel Pchelnikov, que ocupou o posto de 1882 a 1898. Durante os anos de 1886-88, ele esteve subordinado ao presidente da junta de censores, Apollon Maykov, o qual, como o inspetor de repertório Ostrovski, tentava remover Bogdanov, o *maître de ballet* pouco capaz, do Bolshoi. Contudo, Pchelnikov defendeu este último, o que lhe permitiu manter o emprego até 1889. Mas, para sua infelicidade, o tsar Alexandre III participou da intriga.

Vladimir Telyakovski assumiu a diretoria dos Teatros Imperiais em Moscou entre 1898 e 1901. Como seus antecessores, ficou à mercê dos poderosos intendentes dos teatros em São Petersburgo: o camareiro-mor Andrei Saburov, que serviu de 1858 a 1862; o conde Alexander Borkh (von der Borch, 1862-67); Stepan Gedeonov (filho de Alexander Gedeonov e antigo diretor do Museu Hermitage, 1867-75); o barão Karl Kister (ex-gestor de contas do ministro da corte, 1875-81); o diplomata francófilo e reformador teatral russófilo Ivan Vsevolozhski (1881-99); e o príncipe Sergey Volkonski (Wolkonski, 1899-1901).

A vida e o tempo de Alberto Cavos são contados por seu neto, Aleksandr Benue (Alexandre Benois), em *Moi vospominaniya v pyati knigakh* (Moscou: Nauka, 1980), 36-40. O veto ao fumo é descrito em RGIA f. 497, op. 2, d. 15906. A guerra do gás envolvendo Makar Shishko está em RGIA f. 497, op, 2, d. 19317, que trata dos incidentes nos Teatros Imperiais em Moscou no ano de 1863; o incêndio criminoso e a propina de açúcar estão em f. 497, op. 2, d. 25074, ll. 239, 414. Os contratos do mecânico francês (Vaudoré) são explicados em f. 497, op. 2, d. 19321; os de Mikhaíl Arnold em d. 19322. RGIA f. 497, op. 2, d. 25120, relatam a proibição do excesso de *encores* (mais de três); e d. 25489 dá uma lista dos tipos de gastos deduzidos das récitas beneficentes. Sobre Mademoiselle Rachel e o ginete: f. 497, op. 2, d. 14472.

Sobre as coroações dos tsares do século XIX, baseei-me na erudição impecável de Richard S. Wortman, *From Alexander II to the Abdication of Nicholas II*, vol. 2 of *Scenarios of Power: Myth and Ceremony in Russian Monarchy* (Princeton: Princeton University Press, 1995-2000), 19-57, 212-70, e 340-64. Consultei também a crônica da Rússia imperial em Stephen Kotkin, *Stalin*, 3 vols. (Nova York: Penguin Press, 2014-), 1: 56-60 (reformas do tsar Alexandre II), 61-62 (*okhranka*), e 66-67 (guerras da Crimeia e Russo-Otomana).

Agradeço a Sergei Konayev por sua ajuda inestimável com *O lago dos cisnes* e o seu contexto, e por me fornecer uma cópia da sua edição da partitura original do ensaio de violino: P. I. Chaykovskiy, *Lebedinoye ozero. Balet v 4-x deystviyakh. Postanovka v Moskovskom Bol'shom teatre 1875-1883. Skripichniy repetitor i drugiye dokumenti*, ed. e comp. Sergei Konayev e Boris Mukosei (S. Petersburgo: Kompozitor, 2015). Agradeço também a Roland John Wiley por informações relacionadas com *Dom Quixote*; troca de e-mails 10-20/11/2014. Neste capítulo, inspirei-me em seu *Tchaikovsky's Ballets:* Swan Lake, Sleeping Beauty, Nutcracker (Oxford e Nova York: Clarendon Press, 1985), 25-62, 92-102 e 242-74; *The Life and Ballets of Lev Ivanov: Choreographer of* The Nutcracker *and* Swan Lake (Oxford e Nova York: Clarendon Press, 1997), 170-83; e *Tchaikovsky* (Oxford e Nova York: Oxford University Press, 2009), 100-102, 134-37, 369-71 e 413-17. Também me beneficiei do texto de Elizaveta Surits, "'Lebedinoye ozero' 1877 goda", http://www.ballet.classical.ru/surits.html; e Selma Jeanne Cohen, "The Problems of *Swan Lake*", em *Next Week, Swan Lake: Reflections on Dance and Dances* (Hanover, NH: University Press of New England, 1982), 1-18.

Sobre Cesare Pugni, recorri a Ivor Guest, "Cesare Pugni: A Plea for Justice", *Dance Research* 1, n. 1 (primavera de 1983): 30-28; sobre Ludwig Minkus, Robert Ignatius Letellier, *The Ballets of Ludwig Minkus* (Newcastle: Cambridge Scholars Publishing, 2008), 5-59. A ficha de serviço de Alexander está em RGALI f. 659, op. 3, yed. khr. 932. Consultei também E. Surits e E. Belova, eds., *Baletmeyster A. A. Gorskiy: Materiali, vospominaniya, stat'i* (S. Petersburgo: Dmitriy Bulanin, 2000). RGIA f. 497, op. 8, d. 55, relata o envio dos adereços de São Petersburgo para Moscou, em 190-05, para a produção inovadora de Gorski de *Dom Quixote*. Sobre *O reino das sombras*: Lynn Garafola, "Russian Ballet in the Age of Petipa", em *The Cambridge Companion to Ballet*, ed. Marion Kant (Cambridge: Cambridge University Press, 2007), 156.

O simbolismo dos ovos de Páscoa e de primavera de Carl Fabergé é analisado por Wortman, *From Alexander II to the Abdication of Nicholas II*, 278-81; ver também "Imperial Eggs", Fabergé, http://www.faberge.com/news/49-imperialeggs.aspx. Embora nem todos sobrevivam, cinquenta deles foram produzidos. Sobre Rasputin, baseei-me em Joseph T. Fuhrmann, *Rasputin: The Untold Story* (Hoboken: John Wiley & Sons, 2013), 97-101 (acidente de barco), 103-04 (hemofilia e a tentativa de Rasputin de tratá-la com hipnose), 192 (caricatura de Rasputin com a tsarina), e 223-24 (morte de Rasputin).

1. RGIA f. 497, op. 2, d. 14480, ll. 2 ob.-3.
2. Ibid., l. 3 ob.
3. RGIA f. 497, op. 2, d. 14548, l. 8.
4. Ibid., l. 140 ob.
5. "Fact Sheet: La Vivandiere", Language of Dance Centre, 2010, http://www.lodc.org/uploads/pdfs/LaVivandiere.pdf.
6. Tat'yana Belova, *Bol'shoy teatr Rossii: Istoricheskaya stsena* (Moscou: Novosti, 2011), 87.
7. Ibid., 12.
8. Wortman, *From Alexander II to the Abdication of Nicholas II*, 44.
9. [William Howard Russell], "Russia", *The Times*, 20/09/1856, 7. A adorável princesa de cabelos cor de trigo não era uma princesa, mas a condessa Anna Deschkoff. A sua filha Catherine a descreveu como "uma das mulheres mais belas da corte russa, e na coroação do imperador Alexandre II foi

considerada a mais bonita dentre as presentes... Tinha uma beleza radiante e, como todos os que Deus ama, foi levada cedo e morreu no esplendor da juventude e da felicidade, cinco dias após o meu nascimento" (princesa Catherine Radziwill, *My Recollections* [Londres: Isbister & Company, 1904], 18 e 42.) De Morny é o estadista francês Charles Auguste Louis Joseph Demorny (1811-65).

10. Richard Wortman, "The Coronation of Alexander III", em *Tchaikovsky and His World*, ed. Leslie Kearney (Princeton: Princeton University Press, 1998), 278.
11. Wortman, *From Alexander II to the Abdication of Nicholas II*, 237.
12. Ye. O. Vazem, *Zapiski balerini sanktpeterburgskogo Bol'shogo teatra, 1867-1884*, ed. N. A. Shuvalov (Leningrado: Iskusstvo, 1937), 181. A referência é à soprano coloratura Zoya Kochetova, que cantou a parte de Antonida na ópera.
13. Ibid., 179; informações adicionais neste parágrafo em Wortman, "The Coronation of Alexander III", 289-90.
14. Anônimo, "Po povodu baleta A. N. Bogdanova", *Teatral'niy mirok*, 9/02/1885, 2.
15. [F. B. Gridnin], "Khronika", *Teatr i zhizn'*, 21/01/1885, 2.
16. [F. B. Gridnin], "Noviy balet. 'Prelesti gashisha ili ostrov roz' A. N. Bogdanova", *Teatr i zhizn'*, 22/01/1885, 1-2.
17. RGIA f. 652, op. 1, d. 287, l. 1. A carta, de 11 de maio de 1885, é endereçada a Ivan Vsevolozhski.
18. V. A. Telyakovski, Nina Dimitrievitch, e Clement Crisp, "Memoirs", *Dance Research* 8, nº 1 (Primavera, 1990): 39.
19. Um dos diretores dos Teatros Imperiais em Moscou, Evgeni de Salias-Turnemir, reclamou das reformas e se demitiu em 1882, depois de dois meses no cargo. Respeitando a natureza nostálgica do reinado do tsar Alexandre II, o seu pedido de demissão foi redigido na linguagem arcaica do século XVIII. RGIA f. 497, op. 2, d. 24885, ll. 13 e 16.
20. RGIA f. 497, op. 2, d. 25072, l. 29.
21. RGIA f. 497, op. 18, d. 16, l. 3.
22. RGIA f. 468, op. 13, d. 675, l. 5 ob.
23. RGIA f. 497, op. 2, d. 25090, ll. 38-39. A investigação do roubo foi extremamente minuciosa (a mãe de Vashkevich, uma operadora de comutador de

trens, foi interrogada, além de uma mulher em São Petersburgo com quem ele se correspondia), mas ele manteve o emprego.
24. RGALI f. 659, op. 1, yed. khr. 209, l. 1.
25. A. P. Chekhov, *Polnoye sobraniye sochineniy i pisem*, ed. S. D. Balukhatiy e V. P. Potemkin, 20 vols. (Moscou: Ogiz, 1944-51), 2: 370.
26. Telyakovski, "Memoirs", 40. Alaistair Macaulay comenta que o balé *Nathalie, ou la laitière Suisse*, que Marie Taglioni estrelou na versão de 1832 coreografada pelo pai, permaneceu no repertório russo, em parte talvez porque as audiências sabiam das bailarinas-leiteiras. Comunicação por e-mail, 22/07/2015.
27. Chekhov, *Polnoye sobraniye sochineniy i pisem*, 2: 370.
28. Wiley, *Tchaikovsky's Ballets*, 97. Wiley observa que "aperfeiçoamentos" adicionais incluíram "a introdução de aulas especiais de teatro e canto; a publicação do *Anuário dos Teatros Imperiais* [Yezhegodnik imperatorskikh teatrov]; o financiamento de bibliotecas centrais de música, teatro e materiais de produção; a construção de um armazém e outras instalações para armazenamento; e a criação de um estúdio de fotografia nos teatros imperiais".
29. Telyakovski, "Memoirs", 40.
30. RGIA f. 652, op. 1, d. 523, l. 11.
31. RGIA f. 497, op. 2, d. 25297, l. 38; um telegrama de 1883 de Pchelnikov para Vsevolozhski, em que o primeiro solicita permissão para usar os rublos sobrantes no orçamento para alojar e alimentar diversos empregados que ele antes havia despedido.
32. RGIA f. 497, op. 2, d. 25110, l. 2 (15 de março de 1883) e ll. 5 ob.-6 (12 de abril de 1883). As citações provêm de Vsevolozhsky ao ministro da corte, o conde Illarion Vorontsov-Dashkov (1837-1916), íntimo do tsar Alexandre III. Segundo o cabeçalho do bilhete do ministro na carta de 12 de abril, a argumentação de Vsevolozhski sobre a sobrevivência do Balé Bolshoi "foi acatada por Sua Majestade" em 20 de abril.
33. RGIA f. 497, op. 2, d. 25074, l. 350 ob. A disparidade entre os salários da ópera e do balé do Bolshoi está ilustrada em ll. 315 ob.-316 neste documento. Em outubro de 1881, as 17 récitas de ópera russas (em contraste com as francesas ou italianas) somaram 25.056 rublos e 85 copeques. Em outubro

de 1882, as doze récitas de ópera somaram 21.772 rublos e 70 copeques. As disparidades aumentaram em novembro nos dois anos.
34. RGIA f. 497, op. 2, d. 25110, l. 3.
35. Yu. A. Bakhrushin, *Istoriya russkogo baleta* (Moscou: Sovetskaya Rossiya, 1965), 166.
36. RGIA f. 497, op. 2, d. 25110, l. 42 (10 de outubro de 1883; Vsevolozhski ao ministro da corte).
37. Marius Petipa, *Russian Ballet Master: The Memoirs of Marius Petipa*, ed. Lillian Moore (Londres: Chameleon Press, 1958), 20.
38. Ibid., 50.
39. Ivor Guest, *The Ballet of the Second Empire* (Londres: Pitman, 1974), 170-71; agradeço a Alaistair Macaulay pela referência e as informações neste parágrafo e no seguinte. Comunicação por e-mail, 22/07/2015.
40. August Bournonville, *My Theatre Life*, (Middletown: Wesleyan University Press, 1979), 582.
41. Petipa, *Russian Ballet Master*, 50.
42. Elizabeth Souritz, "Moscow vs Petersburg: The Ballet Master Alexis Bogdanov and Others", <http://harriman.columbia.edu/files/harriman/International%20Symposium%20of%20Russian%20Ballet%20%20Paper%20Souritz.pdf>.
43. Wiley, *Tchaikovsky's Ballets*, 27.
44. A música para a versão de Paul Taglioni, intitulada *Der Seeräuber*, é da pena do boêmio Wenzel Gährich, que compôs pelo menos outras nove músicas para balé, inclusive uma sobre o tema popular de Dom Quixote e um balé natalino para crianças, além de duas óperas e dois vaudeviles. Ver Carl Friedrich Heinrich Wilhelm Philipp Justus, Freiherr von Lebedur, *Tonkünstler--Lexicon Berlin's von den ältesten Zeiten bis auf die Gegenwart* (Berlim: L. Rauh, 1861), 178-79; grato a Bruce Brown pela referência. A música para a versão de Mazilier é de Adolph Adam, compositor de *Giselle*; e a da versão de Perrot e Petipa é atribuída a Cesare Pugni, embora ele evidentemente se sentisse com liberdade para parafrasear Adam. A música de Leo Delibes tornou-se parte da edição baseada em Adam-Pugni.
45. RGIA f. 497, op. 2, d. 16897, l. 48 (carta de 27 de novembro de 1858). Devido à ausência de precedentes, na época não era ilegal o câmbio de ingressos. Na

corrida para obter assentos para *O corsário*, Verstovski despreza as "centenas de pessoas que querem se espremer pelo mesmo buraco", e acrescenta que "em qualquer lugar público são inevitáveis os empurrões, a sujeira e as queixas".

46. RGIA f. 497, op. 2, d. 17600, ll. 99-100.
47. Henry Schlesinger, *The Battery: How Portable Power Sparked a Technological Revolution* (Nova York: Harper Collins, 2000), 132 e 170-71.
48. RGIA f. 497, op. 9, d. 1585, ll. 19-24 (informações e citações).
49. RGIA f. 482, op. 3, d. 3, l. 202.
50. Ibid., l. 137 ob.
51. RGIA f 497, op. 1, d. 71 ("Vospominaniya E. P. Kavelinoy o teatral'noy zhizni Moskvi 1870 gg."), ll. 1-14 (informações e citações sobre este parágrafo e o seguinte).
52. Rodney Stenning Edgecombe, "Cesare Pugni, Marius Petipa and 19th--Century Ballet Music", *The Musical Times* 147, n. 1895 (Verão de 2006): 48.
53. Ele morreu em 14 de janeiro de 1870.
54. Edgecombe, "Cesare Pugni, Marius Petipa and 19th-Century Ballet Music", 40.
55. RGIA f. 659, op. 4, d. 1128, 1. 44 (memorando da Corte Imperial à diretoria dos Teatros Imperiais de Moscou, 10 de novembro de 1869).
56. RGALI f. 659, op. 4, yed. khr. 3639, l. 7.
57. Arthur Saint-Léon, *Letters from a Ballet Master: The Correspondence of Arthur Saint-Léon*, ed. Ivor Guest (Londres: Dance Books, 1981), 113 e 120; ver também Letellier, *The Ballets of Ludwig Minkus*, 22-23.
58. Roberto González Echevarría, *Cervantes' Don Quixote: A Casebook* (Oxford e Nova York: Oxford University Press, 2005), 67.
59. Neteatral, "Teatral'naya khronika", *Vseobshchaya gazeta*, 16/12/1869; citado em V. Krasovskaya, *Russkiy baletniy teatr vtoroy polovini XIX veka* (Leningrado e Moscou: Iskusstvo, 1963), 250.
60. RGIA f 497, op. 1, d. 71, l. 9.
61. [Unsigned], *Russkiye vedomosti*, 25/01/1870, 3 ("Moskovskiye vedomosti"). A crítica "ardia" no coração de Gerber. Ele sentia-se menosprezado em Moscou tanto pela imprensa como pelos burocratas do Bolshoi e, em 1º de dezembro de 1873, enviou uma carta inflamada a São Petersburgo para

queixar-se com Geodonov. As suas reclamações incluíam ser preterido em prêmios; multas e grosserias por parte do músico italiano com quem devia trabalhar — tudo isso apesar de ter melhorado a qualidade da orquestra e de ordenar a biblioteca de partituras. "Faço tudo o que posso, Vossa Excelência, e se tivesse a alegria de servir sob a sua direção pessoal estou certo de que Vossa Excelência me premiaria com a Fita Stanislavski. Porém, desses cavalheiros, que não entendem nem fazem nada, não há esperança nem mesmo de ouvir uma palavra amável, muito menos premiações". (RGIA f. 497, op. 2, d. 23344, l. 56 ob.).

62. RGIA f. 497, op. 2, d. 22660, l. 1.
63. Krasovskaya, *Russkiy baletniy teatr vtoroy polovini XIX veka*, 255.
64. RGIA f. 497, op. 2, d. 24261, l. 7.
65. "Tentei, em vão, descobrir um enredo, o interesse dramático, a consistência lógica ou qualquer coisa que remotamente remetesse à sanidade. Mesmo que fosse suficientemente afortunado de encontrar um traço disto no *Dom Quixote* de Petipa, a impressão seria imediatamente apagada por uma série interminável e monótona de execuções brilhantes, recompensadas com salvas de palmas e chamadas de palco". (Bournonville, *My Theatre Life*, 581).
66. RGIA f. 497, op. 2, d. 22646, l. 2.
67. RGIA f. 497, op. 2, d. 22036, ll. 1-19 (informações e citações neste e nos parágrafos anteriores). Também foi arquivado um informe de 1869 sobre fagulhas que provinham da chaminé que levava do quarto de vapor aos fundos do teatro. A pressão tinha sido aumentada para encher a torre de água para a cena do banho no balé *O rei Candaule* e a fonte em *O cavalinho corcunda*. Os bombeiros foram chamados ao teatro para "apagar a chaminé", mas ela continuou a arder.
68. Bournonville, *My Theatre Life*, 585; ele diz ter assistido a um ato de cada balé; *Cinderela, O diabo a quatro,* e *cavalinho corcunda*.
69. Refiro-me às biografias de David Brown e Anthony Holden, e a comentários recentes em russo. Para um contexto mais amplo, ver Simon Morrison, "Waist-Deep: In the Mire of Russian and Western Debates About Tchaikovsky", *The Times Literary Supplement*, 1º/05/2015, 14-15.
70. *Swan Lake*, Tchaikovsky, Pesquisa: http://wiki.tchaikovsky-research.net/wiki/Swan_Lake; carta de 10 de setembro de 1875.

71. P. I. Chaykovskiy, *Dnevniki 1873-1891* (São Petersburgo: EGO; Severniy olen', 1993), 198; http://wiki.tchaikovsky-research.net/wiki/Carta_681 (7 de dezembro de 1877 a Sergei Taneyev). O *"momento de absoluta felicidade"* ocorreu durante uma apresentação de *O lago dos cisnes* em Praga, em 9 de fevereiro de 1888.
72. Alexander Poznansky, *Tchaikovsky: The Quest for the Inner Man* (Nova York: Schirmer, 1999), 175; ver também Wiley, *Tchaikovsky's Ballets*, 40-41.
73. Skromniy nablyudatel', "Nablyudeniya i zametki", *Russkiye vedomosti*, 26/02/1877, 2; ver também Krasovskaya, *Russkiy baletniy teatr vtoroy polovini XIX veka*, 199.
74. Krasovskaya, *Russkiy baletniy teatr vtoroy polovini XIX veka*, 199; ver também Wiley, *Tchaikovsky's Ballets*, 55.
75. A ideia inicial era que Tchaikovski compusesse a música, e ele chegou a assinar um contrato com os Teatros Imperiais em Moscou para tal. Em parte como reparação, ele aceitou a encomenda para *O lago dos cisnes*.
76. RGALI f. 659, op. 3, yed. khr. 3065, l. 37; e também Surits, "'Lebedinoye ozero' 1877 goda".
77. RGALI f. 659, op. 3, yed. khr. 3065, l. 35; e também Surits, "'Lebedinoye ozero' 1877 goda".
78. N. D. Kashkin, *Vospominaniya o P. I. Chaykovskom* (Moscow: Muzgiz, 1954), 117. O compositor recebeu 400 rublos de entrada para a música e, ao entregar os três primeiros atos ao Bolshoi, em 12 de abril de 1876, solicitou os restantes 400 rublos. O pagamento foi "desembolsado com a receita das primeiras quatro récitas do balé *O lago dos cisnes* (100 rublos por noite)". (RGALI f. 659, op. 3, yed. khr. 3065, l. 36).
79. Chaykovskiy, *Lebedinoye ozero. Balet v 4-x deystviyakh. Postanovka v Moskovskom Bol'shom teatre 1875-1883*, 9.
80. Arlene Croce, "'Swan Lake' and Its Alternatives", em *Going to the Dance* (Nova York: Alfred A. Knopf, 1982), 184.
81. Chaykovskiy, *Lebedinoye ozero. Balet v 4-x deystviyakh. Postanovka v Moskovskom Bol'shom teatre 1875-1883*, 32.
82. Kashkin, *Vospominaniya o P. I. Chaykovskom*, 119.
83. Chaykovskiy, *Lebedinoye ozero. Balet v 4-x deystviyakh. Postanovka v Moskovskom Bol'shom teatre 1875-1883*, 87, 91.

84. Alastair Macaulay, "'Swan Lake' Discoveries Allow for a Deeper Dive into its History", *New York Times*, 03/10/2015.
85. Chaykovskiy, *Lebedinoye ozero. Balet v 4-x deystviyakh. Postanovka v Moskovskom Bol'shom teatre 1875-1883*, 210.
86. Não se sabe nada sobre a sua relação com Hansen.
87. N. Panovskiy, "Bol'shoy teatr", *Moskovskiye vedomosti*, 19/09/1863, 3; ver também Wiley, *Tchaikovsky's Ballets*, 46. Talvez a crítica a Karpakova seja dura demais. August Bournonville assistiu às duas em uma récita beneficente em Moscou, em 1874, e em suas memórias elogiou "o poder sem par e a habilidade inequívoca das duas bailarinas com nomes curiosos". (*My Theatre Life*, 584).
88. Mukhin, "kniga o balete", l. 255.
89. Ibid.
90. K. F. Val'ts, *65 let v teatre* (Leningrado: Academia, 1928), 73-75 (informações e citações neste parágrafo e no seguinte); ver também Wiley, *Tchaikovsky's Ballets*, 47.
91. U rampi, "Pochemu balet padayet? II", *Russkiy listok*, 22/11/1900, 3.
92. Ibid.
93. A fórmula habitual era que o bailarino recebesse a metade ou um quarto da receita da bilheteria, depois da dedução de despesas específicas com a apresentação e da entrega de um cheque a ser apresentado ao tesoureiro. Arranjos alternativos, que incluíam um adiantamento do pagamento, exigiam a aprovação do ministro da corte. *O lago dos cisnes* beneficente de Karpakkova está listado em RGALI f. 659, op. 4, yed. khr. 3508, l. 36.
94. Mais tarde, esta dança foi inserida em *O cavalinho corcunda*.
95. P. I. Chaykovskiy, *Perepiska s N. F. von-Mekk*, ed. V. A. Zhdanov e N. T. Zhegin, 3 vols. (Moscou e Leningrado: Academia, 1934-36), 2: 298 (carta de 14-15 de janeiro de 1880, de Nadezhda von Mekk a Tchaikovski).
96. N. K[ashkin], "Muzikal'naya khronika", *Russkiye vedomosti*, 03/03/1877, 1.
97. Citações neste parágrafo e no seguinte de Zub', "Bol'shoy teatr. Benefis g-zhi Karpakoy 1-ou-'Lebedinoye ozero,' balet Reyzingera, muzika Chaykovskogo", *Sovremenniye izvestiya*, 26 de fevereiro de 1877, 1.
98. A liberalização começou em 1858.
99. Val'ts, *65 let v teatre*, 108. No rascunho das memórias soviéticas de onde provêm estas linhas Valts acrescenta que "nada disso consta na atual pro-

dução [cerca de 1926]; tudo foi simplificado" (Muzey Bakhrushina f. 43, op. 3, no. 3, l. 10 ob.). Como o balé da era imperial não podia de forma alguma ser considerado superior ao da era soviética, a queixa de Valts foi excluída do texto publicado.

100. N. K[ashki]n, "Muzikal'naya khronika", *Russkiye vedomosti*, 25/02/1877, 1; ver também Wiley, *Tchaikovsky's Ballets*, 57.
101. Como observa Alastair Macaulay, tornou-se simultaneamente parte de produções na Rússia, Inglaterra e nos Estados Unidos. Comunicação por e-mail, 07/08/2015.
102. Chaykovskiy, *Lebedinoye ozero. Balet v 4-x deystviyakh. Postanovka vMoskovskom Bol'shom teatre 1875-1883*, 28-29. Rothbart usou um traje mais exuberante e caro em 1877: "Gibão até a cintura de cetim colorido sobre base de entretela debruado de veludo preto, renda e sutache em ouropel e franjas douradas — 1 pç., calças combinando — 1 pç., (31 rub[los]. 50 cop[eques].). Cinta com bolsos debruada em veludo preto e cetim e uma fivela dourada — 1 pç. (3 rub. 60 cop.). O conjunto com faixa: gibão até as cadeiras de veludo colorido com base em corda de seda branca e seda colorida debruado com contas, sutache, franjas em ouropel, fitas brancas de seda napolitana entremeada com anéis e ganchos — 1 pç., sobretudo combinando — 1 pç., (145 rub. 79 cop.). Faixa com bolso debruado de veludo colorido com borlas e fivela dourada - 1 pç., (4 rub. 986 cop.)." ibid., 27.
103. Intitulado *Watanabe*, contava a lenda de um velho clã samurai conhecido por enfrentar demônios, dragões e feiticeiras que comiam gente. O projeto cativou Tchaikovski e, depois de alertar Valts de que o cenário se prestava melhor a um *ballet-féerie* do que a uma ópera-balé, ele pediu para fazê-lo. "Vejo *Watanabe* como um grande tema para o balé e estou preparado para escrever a melhor música que puder para este cenário bem escolhido e bem planejado", disse ele a Valts. O compositor estimou completá-la a tempo para a temporada de 1893-94 do Bolshoi. Muzey Bakhrushina f. 43, op. 3, n. 14.
104. Alexander Poznansky, *Tchaikovsky's Last Days: A Documentary Study* (Oxford e Nova York: Oxford University Press, 1996), 71.
105. Frank Clemow, *The Cholera Epidemic of 1892 in the Russian Empire* (Londres e Nova York: Longmans, Green, and Co., 1893), 55, https://archive.org/details/39002086311652.med.yale.edu.

106. Marius Petipa, *The Diaries of Marius Petipa*, ed. Lynn Garafola (Pennington: The Society of Dance History Scholars, 1992), 14.
107. Muzey Bakhrushina f. 205, no. 230, l. 2 ob.
108. RGIA f. 497, op. 18, d. 495, l. 2. Uma testemunha ocular oferece mais detalhes: "O Teatro Mariinski apresentou uma atividade interessante para a ave. Ela aparece no palco sentada em uma pedra ou voando, quando Rothbart quer ficar invisível ou observar o que as donzelas cisnes fazem em sua ausência. A coruja voa agitada de um lado ao outro e reage como se estivesse muito impressionada com o diálogo amoroso e o encontro entre Odette e o príncipe" (G. A. Rimskiy-Korsakov, "Iz rukopisey o russkom balete kontsa XIX-nachala XX v.", em *Mnemozina: Dokumenti i fakti iz istorii otechestvennogo teatra XX veka*, ed. V. V. Ivanov [Moscou: Indrik, 2014], 21).
109. Muzey Bakhrushina f. 205, n. 230, l. 2 ob.
110. Akim Volynsky, *Ballet's Magic Kingdom: Selected Writings on Dance in Russia, 1911-1925*, (New Haven e Londres: Yale University Press, 2008), 118. De uma recordação relatada ao crítico por Ekaterina Geltser.
111. Ibid., 17 (de uma observação de 1911).
112. Ibid., 19.
113. H.S.H. The Princess Romanovsky-Krassinsky, *Dancing in Petersburg: The Memoirs of Kschessinska* (Nova York: Doubleday, 1961), 74.
114. RGIA f. 652, op. 1, d. 404, l. 4; f. 497, op. 5, d. 1708, l. 51.
115. Wortman, *From Alexander II to the Abdication of Nicholas II*, 321.
116. Romanovsky-Krassinsky, *Dancing in Petersburg*, 77.
117. RGIA f. 497, op. 5, d. 1708, l. 108.
118. O alvo do ataque das galinhas era Olga Preobrazhenskaya (Preobrajenska, 1871-1962). Ver Coryne Hall, *Imperial Dancer: Mathilde Kschessinska and the Romanovs* (Phoenix Mill, Thrupp, Stroud: Sutton, 2005), 109.
119. Romanovsky-Krassinsky, *Dancing in Petersburg*, 58-59.
120. Wortman, *From Alexander II to the Abdication of Nicholas II*, 357.
121. Romanovsky-Krassinsky, *Dancing in Petersburg*, 59.
122. Wortman, *From Alexander II to the Abdication of Nicholas II*, 350.
123. *Memories of Alexei Volkov*, (1928); "Capítulo 4: The Coronation of the Tsar", http://www.alexanderpalace.org/volkov/4.html.

124. Informações e citações neste parágrafo em RGIA f. 652, op. 1, d. 523 (Cartas e telegramas de Pchelnikov a Ivan Vsevolozhsky, 1884-91).
125. Sua solicitação de 1º de abril de 1883 termina assim: "Espero estar melhor na quarta-feira". RGIA f. 497, op. 2, d. 25346, l. 5.
126. RGIA f. 497, op. 2, d. 25074, l. 371.
127. Krasovskaya, *Russkiy baletniy teatr vtoroy polovini XIX veka*, 506.
128. Daí os detalhes no pedido do conserto de um sobretudo à prova de fogo; RGIA f. 468, op. 13, d. 680, ll. 1-3 (1890).
129. Telyakovsky, "Memoirs", 41.
130. Tim Scholl, "The Ballet's Carmen", em *Don Quixote* [programa da Royal Opera House] (Londres: ROH, 2013), 17.
131. Ibid.
132. G. Khummayeva, "'Peterburgskaya gazeta' protiv 'Don Kikhota' Aleksandra Gorskogo", *Vestnik Gosudarstvennogo khoroegraficheskogo uchilishcha Belorussii* 1, no. 2 (1994): 73-87 (informações e citações).
133. A. G., "Obrashcheniye k baletnoy truppe", 1º de agosto de 1902, em *Baletmeyster A. A. Gorskiy: Materiali, vospominaniya, stat'i*, 90.
134. Tat'yana Saburova, "Fotoetyudi Aleksandra Gorskogo", em *Moskovskiy Imperatorskiy Bol'shoy teatr v fotografiyakh. 1860-1917 gg.*, ed. L. G. Kharina (Moscou: Kuchkovo Pole, 2013), 282.

5. DEPOIS DOS BOLCHEVIQUES

Sobre o assassinato do último tsar e sua família, baseei-me principalmente em Robert K. Massie, *The Romanovs: The Final Chapter* (Nova York: Random House, 1996), 3-11; e *Nicholas and Alexandra* (Nova York: Random House, 2012), 533-62 [Nicolau e Alexandra, Editora Ibis, 1969]. Consultei também Stephen Kotkin, *Stalin*, 3 vols. (Nova York: Penguin Press, 2014-), 1: 280—81, e a descrição da revolução e da guerra civil provém das páginas 86-421 dessa publicação magistral. Sobre Gorski, em 1917-18 usei Surits, "A. A. Gorskiy i moskovskiy balet", em E. Surits e E. Belova, eds., *Baletmeyster A. A. Gorskiy: Materiali, vospominaniya, stat'I* (S. Petersburgo: Dmitriy Bulanin, 2000), 49-55. As informações biográficas sobre Elena Malinovskaya provêm do prefácio de seu RGALI f. (1933); detalhes sobre o preço dos sapatos usados pelos bailarinos do Balé Bolshoi em 1917-19 estão em RGALI f.

648, op. 3, yed. khr. Sou grato à crítica de dança moscovita Tatyana Kuznetsova por detalhar por e-mail (em 3-4 de janeiro de 2015) a carreira e o destino do seu avô, Vladimir Kuznetsov. Como parente de uma vítima das repressões stalinistas, ela teve acesso ao dossiê dele na Cheka. Kuznetsova contou que o "arquivo" consiste em uma última carta, de Tomsk, algumas fotografias e documentos burocráticos.

A maior parte dos documentos do período imediatamente posterior à revolução está em RGALI f. Teatro Bolshoi, mas também usei cópias de protocolos da biblioteca-arquivo do Sindicato do Teatro (Soyuz teatral'nïkh deyateley/ STD) em Moscou. As informações biográficas sobre Geltser estão em Aleksandr Kolesnikov, "Yekaterina Gel'tser", em *Russkiye bogini*, ed. T. Derevyanko (Moscou: Act-Press, 2011), 118-33. Também me baseei na monografia inédita de V. V. Makarov, de 1945-46, incluindo manuscritos de entrevistas, um contrato de 1909 e outros materiais: Muzey Bakhrushina f. 152, n. 205. F. 257, n° 1-2, contém as cartas sem data de Geltser a Sobeshchanskaya sobre a aprendizagem da dança "russa". A sua folha de serviços de 1909 a 1917 consultei em RGALI f. 659, op. 3, yed. khr. 802. Os detalhes sobre Geltser e Mannerheim vêm de http://photo-element.ru/story/nappelbaum/ nappelbaum.html (sobre a fotografia da bailarina de 1924); Jonathan Clements, *Mannerheim: President, Soldier, Spy* (Londres: Haus Publishing, 2010), 42 e 298 n. 13 (descontados os rumores de que ela teve um filho com Mannerheim).

Em todo este capítulo eu me beneficiei de Elizabeth Souritz, *Soviet Choreographers in the 1920s* (Durham e Londres: Duke University Press, 1990), esp. 142-53, 162-65, e 231-54. Para o contexto político em *A papoula vermelha*, usei Kotkin, *Stalin*, 1: 625-33, e especialmente Edward Tyerman, "The Red Poppy and 1927: Translating Contemporary China into Soviet Ballet" (artigo apresentado no simpósio "Cultura do movimento na Rússia nas décadas de 1920 e 1930" da Universidade Columbia, em 13 de fevereiro de 2015). Tyerman aponta a relação entre *A papoula vermelha* e a produção contemporânea do Teatro Meyerhold de *Urre, China!*, de Sergei Tretyakov, peça que fala de um torpedeiro inglês no rio Yang Tsé que ameaça destruir uma aldeia em vingança pelo afogamento de um comerciante de peles norte-americano. Os aldeãos são forçados a sacrificar dois dos seus aos ingleses, depois de decidir no cara ou coroa.

A rivalidade entre Kurilko e Fyodorovski é tratada em S. Chekhov, "Vblizi Mikhaíla Chekhova", em *Voprosi teatra: Sbornik statey i publikatsiy*, ed. K. L. Rudnitskiy (Moscou: VNII Iskusstvoznaniya, Soyuz Teatr. Deyat. RSFSR, 1990), 136.

1. "No newspaper, no program, no performance"; Marius Petipa, *The Diaries of Marius Petipa*, ed. Lynn Garafola (Pennington: The Society of Dance History Scholars, 1992), 64 (12-25 de janeiro de 1905).
2. R. H. Bruce Lockhart, *Memoirs of a British Agent* (Londres: Pan, 2002), 258-59.
3. Richard Pipes, *The Russian Revolution* (Nova York: Vintage Books, 1990), 781. Stephen Kotkin esclarece "que só há evidências circunstanciais, e não provas sólidas do envolvimento de Lenin no assassinato, ou de sua reação a ele". E-mail, 29/11/2015.
4. S. Rakhmaninov, *Literaturnoye naslediye*, ed. Z. A. Apetyan, vol. 1, *Vospominaniya. Stat'i. Pis'ma* (Moscou: Sovetskiy kompozitor, 1978), 57-61.
5. Segundo o intendente dos Teatros Imperiais à época, Vladimir Telyakovski; ver Sergei Bertensson e Jay Leyda, *Sergei Rachmaninoff: A Lifetime in Music* (Bloomington: Indiana University Press, 2001), 115.
6. Walter Duranty, "Russian Revolution 'Interrupted' Ballet", *New York Times*, 22/03/1923.
7. V. I. Lenin, "Declaration of Rights of the Working and Exploited People", Marxists.org, <http://www.marxists.org/archive/lenin/works/1918/jan/03.htm>.
8. Sally A. Boniece, "The Spiridonova Case, 1906: Terror, Myth, and Martyrdom", em *Just Assassins: The Culture of Terrorism in Russia*, ed. Anthony Anemone (Evanston: Northwestern University Press, 2010), 137.
9. Lockhart, *Memoirs of a British Agent*, 300.
10. RGALI f. 1933, op. 2, yed. khr. 12 (Ye. K. Malinovskaya, "Bol'shoy teatr po imeyushchimsya material. Vospominaniya"), l. 2.
11. Era a versão de Gorski para o balé em 1903, que deriva da versão de Petipa-Ivanov de 1885. O título também é traduzido como *A moça que precisava olhar*.
12. Surits, "A. A. Gorskiy i moskovskiy balet", 49.
13. "Otkritiye Gosudarstvennikh teatrov", *Iskri*, 26/03/1917, 96.
14. Alexandre Gretchaninov, *My Life* (Nova York: Coleman-Ross, 1952), 118.
15. Surits, "A. A. Gorskiy i moskovskiy balet", 51.
16. Souritz, *Soviet Choreographers in the 1920s*, 89.

17. RGALI f. 659, op. 3, yed. khr. 932, l. 127.
18. Arkhiv Bol'shogo teatra/STD; "'Tayna ministerskoy lozhi' (iz gaz. 'Vremya' ot 10/V-1917 g.)".
19. RGALI f. 1933, op. 2, yed. khr. 12, l. 5.
20. RGALI f. 1933, op. 2, yed. khr. 58, l. 10.
21. Ibid., l. 3.
22. RGALI f. 1933, op. 2, yed. khr. 13, l. 2.
23. Ibid., l. 3.
24. Sergei Prokofiev, *Diaries 1915-1923: Behind the Mask* (Londres: Faber and Faber, 2008), 279; entrada de 7/04/1918.
25. Rimski-Korsakov, "Iz rukopisey o russkom balete kontsa XIX-nachala XX v.", 76-77.
26. Roland John Wiley aponta tangencialmente a ausência de "burocracias padrão" — permissões para a viagem de Petipa, por exemplo — nos arquivos de Petipa guardados em São Petersburgo. E-mail 10/11/2014. Os papéis que sobreviveram ao saqueio do apartamento foram para a coleção do teatro criada pelo empresário Alexei Bakhrushin.
27. L. Sabaneyev, "Bit' li Bol'shomu teatru?", *Ekran* 7 (15-17/11/1921): 3. O autor conclui que o teatro havia sobrevivido ao seu propósito mesmo antes da revolução.
28. P. N. Lepeshinskiy, *Na povorote* (Moscou: Gospolitizdat, 1955), 111-12.
29. Ibid. Embora continuasse funcionando durante a crise, o Bolshoi não contava com o governo para obter combustível para a calefação e foi estimulado pela divisão teatral da Comissão para a Instrução Pública a comprar lenha no mercado negro (RGALI f. 649, op. 2, yed. khr. 177, l. 14).
30. RGALI f. 1933, op. 2, yed. khr. 12, l. 6.
31. Asaf Messerer, *Tanets. Misl'. Vremya* (Moscou: Iskusstvo, 1990), 70.
32. RGALI f. 764, op. 1, yed. khr. 192.
33. E-mail com Tatyana Kuznetsova, neta de Vladimir Kuznetsov, 3/01/2015.
34. RGALI f. 1933, op. 2, yed. khr. 13, l. 18.
35. *Protokol obshchego sobraniya artistov baletnoy truppi Gosudarstvennogo Bol'shogo teatra*, 17/12/1919, l. 1. Arquivo pessoal de Tatyana Kuznetsova.
36. Arkhiv Bol'shogo teatra/STD; carta de 10 de abril de 1923 de Lunacharski ao "M. G. O." (Moskovskaya gorodskaya organizatsiya).

37. Arquivo pessoal de Tatyana Kuznetsova.
38. Arquivo pessoal de Tatyana Kuznetsova.
39. Kevin Murphy, *Revolution and Counterrevolution: Class Struggle in a Moscow Metal Factory* (Nova York e Oxford: Berghahn Books, 2005), 71; informações adicionais no parágrafo de 68-73.
40. RGALI f. 1933, op. 2, yed. khr. 13, l. 20.
41. RGALI f. 648, op. 2, yed. khr. 54, l. 81.
42. Bella Cohen, "The Women of Red Russia", *New York Times*, 25/11/1923.
43. RGALI f. 648, op. 2, yed. khr. 128, l. 19.
44. E. A. Churakova, "Fyodor Fyodorovskiy i epokha eksperimentov: 1918-1932", em *Fyodor Fyodorovskiy: Legenda Bol'shogo teatra*, ed. E. A. Churakova (Moscou: SkanRus, 2014), 83.
45. RGALI f. 658, op. 2, yed. khr. 351, l. 18; minutas da assembleia de trabalhadores do Bolshoi, 21 de junho de 1924.
46. *Vlast' i khudozhestvennaya intelligentsiya: Dokumenti TsK RKP(b) - VKP(b), VChK - OGPU - NKVD o kul'turnoy politike. 1917-1953 gg.*, ed. Andrey Artizov e Oleg Naumov (Moscou: Demokratiya, 2002), 31-34; e *Muzika vmesto sumbura: Kompositori i muzikanti v strane sovetov 1917-1991. Dokumenti*, ed. Leonid Maksimenkov (Moscou: Demokratiya, 2013), 40-45.
47. RGALI f. 648, op. 2, yed. khr. 185, l. 2.
48. RGALI f. 648, op. 2, yed. khr. 187, l. 106; minutas da reunião do conselho de artistas de 10 de março de 1924.
49. Ibid., ll. 45, 48; 24 e 26 de maio de 1923.
50. RGALI f. 1933, op. 2, yed. khr. 13, l. 15.
51. A localização desta filial mudou, mas instalou-se no prédio de uma empresa privada de ópera que foi abolida. Malinovskaya havia feito lobby para que fosse instalada em uma igreja histórica junto ao rio (RGALI f. 648, op. 2, yed. khr. 734, l. 21; 8 de dezembro de 1934).
52. Arkhiv Bol'shogo teatra/STD; sem data.
53. RGALI f. 648, op. 2, yed. khr. 187, l. 77.
54. Arkhiv Bol'shogo teatra/STD; RGALI f. 648, op. 2, yed. khr. 339, l. 1. A resolução provisória de Bryusov sobre a Comissão de Controle Central é de 9 de janeiro de 1924.
55. RGALI f. 648, op. 2, yed. khr. 315, l. 19.

56. RGALI f. 648, op. 2, yed. khr. 315, l. 36.
57. Os dois períodos de Malinosvakaya como diretora do teatro marcaram a existência da Glaviskusstvo, a administração política formada no Comissariado para a Instrução Pública. Ela supervisionou o Bolshoi no final da década de 1920 durante os piores ataques ideológicos do Sindicato Comunista da Juventude e outras organizações proletárias contra o teatro. Ver Sheila Fitzpatrick, "The Emergence of Glaviskusstvo: Class War on the Cultural Front, Moscow, 1928-29", *Soviet Studies* 23, n° 2 (outubro 1971): 236-53.
58. RGALI f. 648, op. 2, yed. khr. 124, l. 22; minutas da reunião da Glavrepertkom em 22 de dezembro de 1923.
59. RGALI f. 648, op. 2, yed. khr. 187, l. 34; Souritz, *Soviet Choreographers in the 1920s*, 83.
60. RGALI f. 648, op. 2, yed. khr. 695, ll. 1-2. Reed. Jornalista norte-americano famoso pelo relato do golpe bolchevique enterrado como herói na Necrópole do Kremlin em 1920. O libreto da ópera proposta sobre o seu radicalismo socialista, adaptado de uma peça de Igor Terentyev, buscou se afastar das convenções antiquadas da ópera e foi rejeitado pelo conselho artístico e político como "um caleidoscópio que já vimos antes". Terentyev foi mandado de volta à prancheta, para "mostrar a morte de Reed em um momento em que a Rússia havia recuperado a força, e para ilustrar o seu enterro na Praça Vermelha".
61. Cohen, "The Women of Red Russia".
62. Esta citação e as informações no parágrafo seguinte em Ivor Guest, *Ballet Under Napoleon* (London: Dance Books, 2002), 481; e Alastair Macaulay, e-mail 22/07/2015.
63. Sem assinatura, "Quiet Tea Shop League Formed in Moscow to Get Peaceful Places to Talk of at Night", *New York Times*, 01/01/1928.
64. RGALI f. 2729, op. 2, yed. khr. 3, l. 1; carta de 5 de outubro de 1896.
65. Ibid., ll. 4, 6; 1897.
66. "Iz stenogrammi besedi E. Gel'tser s baletnoy molodezh'yu 16 iyunya 1937 g.", em *Baletmeyster A. A. Gorskiy: Materiali, vospominaniya, stat'i*, 124.
67. Yekaterina Geltser, "The Way of a Ballerina"; New York Public Library (NYPL) pasta de recortes.

68. Elizabeth Souritz, "Isadora Duncan and Prewar Russian Dancemakers", em *The Ballets Russes and Its World*, ed. Lynn Garafola e Nancy Van Norman Baer (New Haven e Londres: Yale University Press, 1999), 108.
69. Irina Sirotkina, *Svobodnoye dvizheniye i plasticheskiy tanets v Rossii* (Moscou: Novoye literaturnoye obozreniye, 2012), 79 (citação de um artigo na revista *Novaya rampa*). Informações adicionais sobre a escola de Duncan em 60-62.
70. RGALI f. 1933, op. 2, yed. khr. 111, l. 1. As palavras citadas estão em um informe de 7 de abril de 1931 sobre a arte de Isadora Duncan e sua possível adaptação "marxista" pelo Balé Bolshoi, com referência às descobertas da Comissão Duncan da Sociedade Teatral Russa.
71. Sem assinatura, "Pavlowa's Successor in Russian Ballet", *Musical America*, 13 de janeiro de 1912; NYPL pasta de recortes.
72. Sergei Konayev reconstruiu o filme de 1913 com a música correta. A versão divulgada no YouTube está incorreta; a música para piano de Schubert está totalmente descompassada com os movimentos. Ver Sergey Konayev, "Muzikal'niy moment. Atributsiya, ozvuchaniye i pereosmisleniye tantsev iz dorevolyutsionnikh nemikh lent", in *XVII Kinofestival' Beliye Stolbi-2013. Katalog*, ed. Tamara Sergeyeva (Moscou: Gosfil'mofund Rossii, 2013), 18-19.
73. Herbert Corey, "Lithe Grace of Pavlowa Is Missing in Mordkin's New Partner", *Cincinnati Times*, 23/12/1911; NYPL pasta de recortes.
74. Vlas Mikhaílovich Doroshevich, "Pis'ma", em *Teatral'naya kritika Vlasa Doroshevicha*, ed. S. V. Bukchin (Minsk: Kharvest, 2004), http://az.lib.ru/d/doroshewich_w_m/text_1220.shtml. Referência às delicadas esculturas em mármore de nus femininos de Antonio Canova (1757-1822).
75. Kolesnikov, "Yekaterina Gel'tser", 128.
76. Ibid., 129.
77. Akim Volynsky, *Ballet's Magic Kingdom: Selected Writings on Dance in Russia, 1911-1925*, ed. Stanley J. Rabinowitz (New Haven e Londres: Yale University Press, 2008), 86.
78. RGALI f. 648, op. 2, yed. khr. 321, l. 1
79. "Novaya faza bor'bi v Kitaye", *Pravda*, 9/01/1926, 1; "Obisk na sovetskom parakhode v Londone", *Pravda*, 9/01/1926, 1.
80. Sergey Prokofiev, *Diaries 1924-1933: Prodigal Son*, (Londres: Faber and Faber, 2012), 427; entrada de 23 de janeiro de 1923.

81. RGALI f. 2085, op. 1, yed. khr. 68, l. 31.
82. Muzey Bakhrushina f. 467, no. 62, l. 4. A recordação é de 6 de junho de 1952; foi impressa como M. I. Kurilko, "Rozhdeniye baleta", em *Reyngol'd Moritsevich Glier: Stat'i, Vospominaniya, Materiali*, ed. V. M. Bogdanov--Berezovskiy, 2 vols. (Moscou e Leningrado: Muzika, 1965—67), 1: 105—09.
83. Muzey Bakhrushina f. 467, no. 45, l. 1 (1º de junho de 1952, recordação).
84. RGALI f. 2085, op. 1, yed. khr. 55, l.7.
85. *Politbyuro TsK RKP(b) — VKP(b) i Komintern: 1919—1943 gg. Dokumenti*, ed. G. M. Adibekov (Moscou: ROSSPEN, 2004), 357 n. 1.
86. Tyerman, "*The Red Poppy* and 1927".
87. Muzey Bakhrushina f. 467, n. 676, l. 1.
88. Muzey Bakhrushina f. 467, n. 677, l. 6.
89. Messerer, *Tanets. Misl'. Vremya*, 122.
90. Muzey Bakhrushina f. 467, n. 677, l. 9.
91. Vik., "Krasniy mak", *Pravda*, June 21, 1927. A música é discutida negativamente por Yevg. Braudo, "Muzika v 'Krasnom make'", *Pravda*, 21/06/1927.
92. Citado em Tyerman, "*The Red Poppy* and 1927."
93. Sadko [Vladimir Blyum], "*The Red Poppy* at the Bolshoi" ['Krasniy mak' v Bol'shom teatre], em Marina Frolova-Walker e Jonathan Walker, *Music and Soviet Power 1917—1932* (Woodbridge: Boydell, 2012), 195.
94. Era tão popular que chegou às "populações cativas" do Gulag: *A papoula vermelha* foi apresentada por bailarinas prisioneiras em pelo menos um campo de trabalho mineiro subártico criado por Stalin na década de 1930. Os campos tinham clubes culturais e alguns artistas que haviam sido detidos por atividades traidoras escaparam de trabalhos e condições perigosas mediante suas atuações. Jake Robertson reproduz a fotografia de uma apresentação de *A papoula vermelha* no final dos anos de 1940 ou início dos anos de 1950 em Vorkuta ("Captive Audiences: The Untold Stories of Professional Theater in the Gulag Camps of the Komi Republic" [tese sênior, Princeton University, 2015], 186).
95. "Zapis' besedi i. o. zaveduyushchego Otdelom Vostochnikh narodnikh respublik VOKS tov. Erofeyeva s kitayskim poetom Emi Syao ot 6 marta 1951 goda", <http://www.rusarchives.ru/evants/exhibitions/prc60-f/89.shtml>. Parcialmente citado em Tyerman, "*The Red Poppy* and 1927".

96. RGALI f. 648, op. 2, yed. khr. 681, ll. 18-19. O balé se intitulou *O jogador de futebol* (Futbolist) e foi apresentado em Kharkov, na Ucrânia, antes de estrear no Bolshoi em 30 de março de 1930. O libreto se baseou em uma competição de 1929 para um balé com um tema esportivo.
97. Muzey Bakhrushina f. 691, op. 1, n. 14; 29 de maio de 1928, carta de Fyodorovski a Lunacharski.
98. RGALI f. 2622, op. 1, yed. khr. 98, l. 8 ob.
99. Sem assinatura, "Two Dancers Leap to Death on Moscow Stage as Solution of Both Loving Scenery Painter", *New York Times*, 29/04/1928; e "Two Men Arrested in Moscow Suicides", *New York Times*, 30/04/1928. O acontecimento foi amplamente noticiado em *Atlanta Journal Constitution*, *Los Angeles Times* e no *New York Herald Tribune*.
100. Ibid.
101. Geltser, "The Way of a Ballerina".
102. Kolesnikov, "Yekaterina Gel'tser", 132.
103. Ibid., 133
104. RGALI f. 2729, op. 2, yed. khr. 3, l. 23.
105. RGALI f. 2729, op. 2, yed. khr. 3, l. 37.

6. CENSURA

Sobre *Le pas d'acier*: Lesley-Anne Sayers e Simon Morrison, "Prokofiev's *Le Pas d'Acier* (1925): How the Steel was Tempered", em *Soviet Music and Society under Lenin and Stalin: The Baton and Sickle*, ed. Neil Edmunds (Nova York: Routledge, 2004), 81—104. Sobre Viktor Smirnov consultei S. Konayev, "Popvozvishchu Uzh. O sud'be librettista", em *Bolt* [programa do Teatro Bolshoi] (Moscou: GABT, 2005), 38-41. Também usei, para o segundo balé de Shostakovich, Simon Morrison, "Shostakovich as Industrial Saboteur: Observations on *The Bolt*", em *Shostakovich and His World*, ed. Laurel Fay (Princeton: Princeton University Press, 2004), 117-61. Na avaliação dos camponeses e operários de *O córrego límpido*, estou em dívida com Ye. S. Vlasova, *1948 god v sovetskoy muzike* (Moscou: Klassika-XXI, 2010), 155-64. O importante material sobre o contrato que levou *A lady Macbeth do distrito de Mtsensk* aos Estados Unidos está em Gosudarstvenniy arkhiv Rossiyskoy Federatsii (GARF), f. 5283, op. 3, d. 694. A prova da autoria de David

Zaslavsky da denúncia de Shostakovich no *Pravda* está em um livro de Yevgeniy Yefimov, que se apoia em documentos de Zaslavsky. Ver *Sumbur vokrug 'sumbura' i odnogo 'malen'kogo zhurnalista'* (Moscou: Flinta, 2006). *Condicionalmente morto* é a tradução usual do título da revista de Shostakovich *Uslovno ubitiy*, mas uma melhor tradução seria "provisionalmente morto" ou "morto por enquanto".

Há informações detalhadas sobre os três balés soviéticos de Prokofiev em Simon Morrison, *The People's Artist: Prokofiev's Soviet Years* (Nova York: Oxford University Press, 2009), 31-39 e 106-10 (*Romeu e Julieta*); 258-65 (*Cinderela*); 348-56 e 368-69 (*O conto da flor de pedra*). Sobre Grigorovich, o Komsomol e *A flor de pedra*, baseei-me em Christina Ezrahi, *Swans of the Kremlin: Ballet and Power in Soviet Russia* (Pittsburgh: University of Pittsburgh Press, 2012), 118-28. Os três balés de Khachaturian busquei em Harlow Robinson, "The Caucasian Connection: National Identity in the Ballets of Aram Khachaturian", em: *Identities, Nations and Politics after Communism*, ed. Roger E. Kanet (Nova York: Routledge, 2008), 23-32. Sobre *Felicidade*, consultei Aram Khachaturyan, "[O baletakh]", in Khachaturyan, *Stat'i i vospominaniya*, ed. I. E. Popov (Moscou: Sovetskiy kompozitor, 1980), 131; Khachaturyan, *Noto-bibliograficheskiy spravochnik*, ed. L. M. Person (Moscou: Sovetskiy kompozitor, 1979), 15—16; e <http://www.khachaturian.am/rus/works/ballets_1.htm>. Sobre Mikoyan, Stalin e as águas termais dos spas da Crimeia: Stephen Kotkin, *Stalin*, 3 vols. (Nova York: Penguin Press, 2014—) 1: 465—66; sobre os expurgos: Robert Conquest, *The Great Terror: A Reassessment* (Nova York: Oxford University Press, 2008), 246-47 (sobre Mikoyan), 306-07 (sobre Meyerhold e Raykh), e 431-35 (sobre a queda de Yezhov). A prisão e morte do marido diplomata de Marina Semyonova constam do seu obituário em *The Guardian*, 15/06/2010, <http://www.theguardian.com/stage/2010/jun/15/marina-semyonova-obituary>. O escândalo de 1948 no Sindicato de Compositores Soviéticos é tratado em diversos lugares, e de modo incisivo em Leonid Maximenkov, "Shostakovich and Stalin: Letters to a 'Friend'", em *Shostakovich and His World*, ed. Laurel E. Fay (Princeton: Princeton University Press, 2004), 43-58.

Sobre o censor imperial de edições (Glavnoye Upravleniye po delam pechati) e o balé de Bogdanov de 1885, *Svetlana, a princesa eslava*, a fonte é RGIA f. 497, op. 6, d. 3679, l. 59.

1. "Stalin Angry", <https://www.youtube.com/watch?v=1YsL4HXZN9E, visto em 20/01/2016>.

2. RGIA f. 497, op. 18, d. 12, l. 1.
3. RGALI f. 648, op. 2, yed. khr. 653, l. 8.
4. Sergei Prokofiev, *Diaries 1924-1933: Prodigal Son*, (Londres: Faber and Faber, 2012), 880-81; entrada de 14 de novembro de 1929.
5. D. Gachev, "O 'Stal'nom skoke' i direktorskom naskoke", em Marina Frolova-Walker and Jonathan Walker, *Music and Soviet Power 1917-1932* (Woodbridge: Boydell, 2012), 242.
6. RGALI f. 648, op. 2, yed. khr. 702, l. 21.
7. Richard Taruskin, *Defining Russia Musically* (Princeton: Princeton University Press, 1997), 94.
8. Olga Digonskaya, "Interrupted Masterpiece: Shostakovich's Opera *Orango*. History and Context", em *Shostakovich Studies* 2, ed. Pauline Fairclough (Cambridge: Cambridge University Press, 2010), 31. Os libretistas Alexei Tolstoi e Alexander Starchakov eram os autores principais de *Orango*, explica Digonskaya, e foi a sua previsão, em oposição à de Shostakovich, que levou ao cancelamento. Eles perderam o prazo de 1º de junho para apresentar o libreto completo ao Bolshoi. Digonskaya especula que Shostakovich havia decepcionado Tolstoi e Starchakov ao rejeitar o projeto de balé mais brando intitulado *O filho do partisan*. *Orango* foi o substituto de última hora. Ver ibid., 7-33.
9. Olga Digonskaya, "D. D. Shostakovich's Unfinished Opera *Orango*", em Dmitri Shostakovich, *Orango. Unfinished Satirical Opera. Piano Score* (Moscou: DSCH, 2010), 49.
10. Do seu discurso de despedida no Teatro Bolshoi, 12 de maio de 1930, <http://lunacharsky.newgod.su/lib/v-mire-muzyki/-novye-puti-opery-i-baleta>.
11. Vlasova, *1948 god v sovetskoy muzike*, 345.
12. Segundo a Reuters, os objetos supostamente roubados incluíam "um guarda-chuva, dois pares de luvas, um par de abotoaduras e um rolo de fita". O Bolshoi considerou o assunto uma "provocação". Ver "Soviet Ballerina Scoffs at Accusation of Theft", *New York Times*, 30/06/1958.
13. *Vlast' i khudozhestvennaya intelligentsiya: Dokumenti TsK RKP(b) — VKP(b), VChK - OGPU - NKVD o kul'turnoy politike. 1917-1953 gg.*, ed. Andrey Artizov e Oleg Naumov (Moscou: Demokratiya, 2002), 374-76.
14. Ezrahi, *Swans of the Kremlin*, 265.

15. Ravich., "Bol'shoi teatr na perelome ('Futbolist' na stsene mosk. Bol'shogo teatra)", *Rabochiy i teatr*, 21/04/1930, 12—13.
16. Asaf Messerer, *Tanets. Misl'. Vremya* (Moscou: Iskusstvo, 1990), 124.
17. RGALI f. 648, op. 2, yed. khr. 740, l. 15.
18. Janice Ross, "Leonid Yakobson's Muscular Choreography and *The Golden Age*" (artigo apresentado no simpósio "Russian Movement Culture of the 1920s and 1930s" da Columbia University em 13 de fevereiro de 2015).
19. Janice Ross, *Like a Bomb Going Off: Leonid Yakobson and Ballet as Resistance in Soviet Russia* (New Haven e Londres: Yale University Press, 2015), 113-14.
20. Manashir Yakubov, "Dmitri Shostakovich's Ballet *The Golden Age*: The Story of its Creation", em *Dmitri Shostakovich: New Collected Works, Vol. 60B*, ed. Manashir Yakubov (Moscou: DSCH, 2011), 358; outros detalhes em 355-39. O libreto original, de Alexander Ivanovsky, está em *Dmitri Shostakovich: New Collected Works, Vol. 60A*, ed. Manashir Yakubov (Moscou: DSCH, 2011), 8-10.
21. Carta de fevereiro de 1930 de Shostakovich a Sollertinski, em Elizabeth Wilson, *Shostakovich: A Life Remembered* (Princeton: Princeton University Press, 2006), 103.
22. Fedor Lopukhov, *Writings on Ballet and Music*, ed. Stephanie Jordan (Madison: University of Wisconsin Press, 2002), 11; sobre a *Sinfonia dançante*, ver 69—96.
23. I. I. Sollertinskiy, "Kakoy zhe balet nam v sushchnosti nuzhen?", *Zhizn' iskusstva*, 6/10/1929, 5.
24. *Rabochiy i teatr*, citado em Wilson, *Shostakovich: A Life Remembered*, 104.
25. D. D. Shostakovich, *Pis'ma I. I. Sollertinskomu*, ed. D. I. Sollertinskiy, L. V. Mikheyeva, G. V. Kopitova e O. L. Lansker (S. Petersburgo: Kompozitor, 2006), 178; carta de 17 de novembro de 1935.
26. Ezrahi, *Swans of the Kremlin*, 59.
27. Vlasova, *1948 god v sovetskoy muzike*, 160.
28. *Dmitri Shostakovich: New Collected Works, Vol. 64A*, ed. Manashir Yakubov (Moscou: DSCH, 2006), 8—9.
29. RGALI f. 648, op. 5, yed. khr. 5, ll. 1-8, esp. 1-2. Ver em Ezrahi, *Swans of the Kremlin*, 59 outras citações do documento.

30. Shostakovich, *Pis'ma I. I. Sollertinskomu*, 176; carta de 30-31 de outubro de 1935.
31. Maya Plisetskaya, *I, Maya Plisetskaya*, (New Haven e Londres: Yale University Press, 2001), 11.
32. A. Zrlikh, "'Svetliy ruchey' v Bol'shom teatre", *Pravda*, 2/12/1935, 6. Sobre a apresentação em Leningrado ver Georgiy Polyanovskiy, "Noviy balet Shostakovicha", *Pravda*, 6/06/1935, 4.
33. Nicolai Leskov, "The Lady Macbeth of Mtsensk", *Hudson Review*, <http://hudsonreview.com/2013/02/the-lady-macbeth-of-mtsensk/#.VQMyU0LWSIw>.
34. De um ensaio de Richard Taruskin sobre as "lições" morais de *Lady Macbeth* e o escândalo que provocou. A fama da ópera no Ocidente, argumenta, se deve em parte ao fato de ter sido censurada, o que lhe deu o benefício da dúvida moral. "Inelutavelmente, a ópera passou a simbolizar a resistência pertinaz à desumanidade, e é praticamente impossível hoje vê-la como a encarnação daquela mesma desumanidade." Taruskin, *Defining Russia Musically*, 509-10.
35. Nelli Kravets, *Ryadom s velikimi: Atovm'yan i yego vremya* (Moscou: GITIS, 2012), 222—23; detalhes sobre a biografia de Atovmyan em 298—301.
36. *Muzika vmesto sumbura: Kompositori i muzikanti v strane sovetov 1917-1991. Dokumenti*, ed. Leonid Maksimenkov (Moscou: Demokratiya, 2013), 135-36.
37. Ver Platon Mikhaílovich Kerzhentsev, *Zhizn' Lenina. 1870-1924* (Moscou: Partizdat, 1936).
38. As citações neste parágrafo em [David Zaslavskiy], "Sumbur vmesto muziki. Ob opera 'Ledi Makbet Mtsenskogo Uyezda'", *Pravda*, 28/01/1936, 3.
39. [David Zaslavskiy], "Baletnaya fal'sh'", *Pravda*, 6/02/1936, 3.
40. Leonid Maksimenkov, *Sumbur vmesto muziki. Stalinskaya kul'turnaya revolyutsiya 1936—1938* (Moscou: Yuridicheskaya Kniga, 1997), 112.
41. Shostakovich, *Pis'ma I. I. Sollertinskomu*, 188.
42. Sulamif' Messerer, *Sulamif'. Fragmenti vospominaniy* (Moscou: Olimpiya, 2005), 103.
43. *Muzika vmesto sumbura. Kompozitori i muzikanti v strane sovetov 1917-1991. Dokumenti*, 138.
44. Ibid., 139.
45. Ibid.

46. Prokofiev, *Diaries 1924-1933*, 411; entrada de 18 de janeiro de 1927.
47. Morrison, *The People's Artist*, 35.
48. RGALI f. 1929, op. 4, yed. khr. 302, l. 124; cartas de 30 de novembro de 1º de dezembro de 1935.
49. Prokofiev, *Diaries 1924-1933*, 1027; entrada de 1-6 de junho de 1933. Além de Marina Semyonova, Prokofiev refere-se a Vakhtang Chabukiani, com quem trabalharia no balé *Cinderela*.
50. Morrison, *The People's Artist*, 37. Palavras de Radlov usadas por Prokofiev em um escrito de 1941 sobre o balé para a revista *Sovetskaya muzika*.
51. Ibid.
52. Rossiyskiy gosudarstvenniy arkhiv sotsial'no-politicheskoy istorii (RGASPI), f. 82, op. 2, d. 951, l. 1.
53. RGASPI f. 178, op. 5, d. 5, 8769; document fornecido por Leonid Maximenkov.
54. *Bol'shaya tsenzura: Pisateli i zhurnalisti v Strane Sovetov. 1917-1956*, ed. A. N. Yakovlev; comp. L. V. Maksimenkov (Moscou: Demokratiya, 2005), 463.
55. Ibid.
56. <http://memoryfull.ru/purge/repressions.html>.
57. Sobre sua sobrevivência nos campos penais soviéticos ver Simon Morrison, *The Love and Wars of Lina Prokofiev* (Londres: Vintage, 2014), 257-79.
58. Morrison, *The People's Artist*, 49.
59. Tradução de Vera Tancibudek do programa de 30 de dezembro de 1938.
60. Morrison, *The People's Artist*, 108—9.
61. Ibid., 159.
62. Jennifer Homans, *Apollo's Angels: A History of Ballet* (Nova York: Random House, 2010), 352—53.
63. RGASPI f. 17, op. 125, d. 499, ll. 43-46.
64. Rossiyskiy gosudarstvenniy arkhiv noveyshey istorii (RGANI), f. 5, op. 36, d. 42, l. 61.
65. Agrippina Vaganova, *Basic Principles of Classical Ballet: Russian Ballet Technique*, (Nova York: Dover, 1969), 55; agradeço a Colby Hyland pela referência. Alastair Macaulay acrescenta que o método pedagógico desenvolvido por Enrico Cecchetti (1850-1928), que dançou e ensinou para Petipa

em S. Petersburgo e Diaghilev em Paris, também enfatiza o *épaulement* e a coordenação, e que Vaganova tomou emprestado dele. E-mail, 01/12/2015.
66. Opinião de Mikhaíl Khrapchenko, sucessor de Kerzhentsev como presidente do Comitê de Assuntos Artísticos; *Muzika vmesto sumbura: Kompositori i muzikanti v strane sovetov 1917-1991*, 193.
67. Valerie Hemingway, *Running with the Bulls: My Years with the Hemingways* (Nova York: Random House, 2007), 114.
68. David Satter, *It Was a Long Time Ago, and It Never Happened Anyway: Russia and the Communist Past* (New Haven e Londres: Yale University Press, 2011), 153.
69. Marina Frolova-Walker, *Russian Music and Nationalism: From Glinka to Stalin* (New Haven e Londres: Yale University Press, 2007), 378 n. 54.
70. TASS, "Priyom v Kremle uchastnikov dekadi Armyanskogo iskusstva", *Pravda*, 5/11/1939, 1.
71. G. Khubov, "'Schast'ye.' Balet A. Khachaturyana", *Pravda*, 25/10/1939, 6. Há uma fotografia do ato 1 no alto da página. Ver os pensamentos cautelosos do compositor sobre este feito em Aram Khachaturyan, "Balet 'Schast'ye'", *Izvestiya*, 20/10/1939, 3.
72. Informações e citações neste parágrafo e nos anteriores em RGALI f. 652, op. 6, yed. khr. 214. O arquivo contém uma coleção de artigos curtos sobre balé e o libreto, reunidos para publicação por "Iskusstvo" por meio do Comitê de Assuntos Artísticos.
73. Citado em Robinson, "The Caucasian Connection: National Identity in the Ballets of Aram Khachaturian", 28.
74. Constantine Pleshakov, *Stalin's Folly: The Tragic First Ten Days of WWII on the Eastern Front* (Nova York: Houghton Mifflin, 2005), 101.
75. L. D. Ribakova, *Voyna i muzika: Bol'shoy teatr v godi voyni* (Vladimir: Foliant, 2005), 163.
76. Informações e citações neste parágrafo na entrevista de Lepeshinskaya em 2004 ao jornal *Izvestiya*, <http://izvestia.ru/news/288937>.
77. Ribakova, *Voyna i muzika*, 35.
78. E-mail, 2/05/2015.
79. "Balerina. K 70-letiyu so dnya rozhdeniya O. Lepeshinskoy", *Moskovskaya pravda*, September 28, 1986; Muzey Bakhrushina f. 749, op. 55, l. 5. Le-

penshinskaya sempre voltava à história da perna quebrada com seus entrevistadores; a sua história médica no arquivo do Museu Bakhrush e as cartas de fãs desejando-lhe uma convalescência rápida confirmam os seus serviços heroicos ao Bolshoi.

80. "Take Me on a Trip a Long, Long Time Ago", Indypendent History (blog), <http://indypendenthistory.tumblr.com/post/53237349769/ballet-class-in-russia-during-world-war-ii>.
81. Ribakova, Voyna i muzika, 103-04. Conversa telefônica com Natalya Sergeyevna Sadkovskaya.
82. Ibid., 91.
83. Ibid., 92; mais informações neste parágrafo em 93.
84. RGALI f. 656, op. 5, yed. khr. 9740. O último comentário é a citação de um poema de 1928 do poeta futurista Vladimir Mayakovski, "Sekret molodosti" (O segredo da juventude), que diz coisas pesadas sobre os ociosos. O libreto do balé, de Isaak Glikman com música de Stefaniya Zaranek (1904-62), foi vetado e rejeitado em 15 de abril de 1949. Os balés anteriores do compositor e seus projetos de opereta tiveram melhores resultados.
85. Descrição de Razin no prefácio ao libreto do "bale sobre o Volga" de Nikolay Volkov para o compositor Boris Asafyev apresentado para avaliação da Glavrepertkom em 2 de março de 1939. RGALI f. 656, op. 5, yed. khr. 9687, l. 6.
86. Ezrahi, Swans of the Kremlin, 48.
87. "Obrucheniye v monastire", Vechernyaya Moskva, 17/01/1941; em Prokof'yev o Prokof'yeve: Stat'i, interv'yu, ed. V. P. Varunts (Moscou: Sovetskiy kompozitor, 1991), 189.
88. RGALI f. 656, op. 5, yed. khr. 9685, l. 17.
89. Ibid., 1.2.
90. N. Volkov, "Skazka dlya baleta", Za sovetskoye iskusstvo, 12/04/1946, 4.
91. N. D. Volkov, Teatral'niye vechera (Moscou: Iskusstvo, 1966), 397.
92. RGALI f. 656, op. 5, yed. khr. 9685, l. 10.
93. Volkov, Teatral'niye vechera, 398.
94. RGALI f. 962, op. 3, yed. khr. 139, l. 3.
95. Ibid., ll. 15-16.
96. R. Zakharov, "Vdokhnovenniy trud", Sovetskoye iskusstvo, 13/06/1947, 3.

97. RGALI f. 2329, op. 3, yed. khr. 1928, l. 81.
98. Nicholas Thompson, "My Friend, Stalin's Daughter", *The New Yorker*, 31/03/2014, <http://www.newyorker.com/magazine/2014/03/31/my-friend-stalins-daughter>.
99. RGALI f. 3045, op. 1, yed. khr. 171, ll. 8-10; and f. 3045, op. 1, yed.khr. 170, l. 12.
100. T. Khrennikov, "Obrazi ural'skikh skazov v balete", *Pravda*, 2/06/1954, 6. O autor, um compositor com mentalidade partidária hostil a Prokofiev, pouco sabia de dança, mas isto não importava.
101. Harrison E. Salisbury, "Prokofieff Work Divides Moscow", *New York Times*, 17/03/1954.
102. Em suas memórias, ele alega que a sua "irritabilidade" havia afetado a sua relação com o ministro da Cultura, Nikolai Mikhaílov, mas também que ele tinha se tornado um "bode expiatório". A sua volta ao teatro ocorreu após a indicação de Ekaterina Furtseva como ministra, embora ela também o tenha demitido. Ver M. I. Chulaki, *Ya bil direktorom Bol'shogo teatra* (Moscou: Muzika, 1994), 74-82 (sobre a "licença"), 82-83 (sobre sua volta), e 126-32 (a segunda demissão).
103. Ibid., 116 e, para o contexto mais amplo, 91-92. Ver também Tat'yana Kuznetsova, *Khroniki Bol'shogo baleta* (Moscou: RIPOL klassik, 2011), 12.
104. *Muzika vmesto sumbura. Kompozitori i muzikanti v strane sovetov 1917-1991. Dokumenti*, 553.
105. Danielle Fosler-Lussier, *Music Divided: Bartók's Legacy in Cold War Culture* (Berkeley e Los Angeles: University of California Press, 2007), 21.
106. *Muzika vmesto sumbura. Kompozitori i muzikanti v strane sovetov 1917-1991. Dokumenti*, 552.
107. Osgood Caruthers, "Russians Cheer Bolshoi Ballet That Breaks Classical Pattern", *New York Times*, 8/03/1959.
108. *Muzika vmesto sumbura. Kompozitori i muzikanti v strane sovetov 1917-1991. Dokumenti*, 513-16, esp. 514; RGANI f. 5, op. 36, d. 99, ll. 33-38.
109. Entrevista, 15 de fevereiro de 2015, Pequim, China. Agradeço a Nicholas Frisch e Suhua Xiao por marcar e fazer a entrevista por mim.

7. MAYA PLISETSKAYA

Entre 1951 e 1955, o diretor-geral do Teatro Bolshoi foi o regente de coral e compositor Alexander Anisimov (1905-76), seguido, no período 1955-59, pelo compositor Mikhaíl Chulaki (1908-89) e depois, durante dois anos cada um, por Georgi Orvid (1904-80), trompetista da orquestra do Teatro Bolshoi na juventude, e Vasili Pakhomov (1909-89). Chulaki retornou ao posto entre dezembro de 1963 e setembro de 1970. Foi substituído em 1970-72 pelo regente de ópera e pianista Yuri Muromtsev (1908-75); depois, em 1973-75, pelo compositor e funcionário do Partido Comunista Kirill Molchanov; em 1976-79, pelo ator e membro do Partido Comunista Georgi Ivanov (1919-94); e em 1979-88 por Stanislav Lushin (n. 1938). Vladimir Kokonin (1938-2005), burocrata do Ministério da Cultura por longo tempo, dirigiu o teatro em 1988-95, até o fim da União Soviética e a demissão de Yuri Grigorovich. Foi substituído pelo bailarino e coreógrafo Vladimir Vasiliev (n. 1940), que ocupou a função entre 1995 e 2000. Kokonin permaneceu no teatro no novo cargo de diretor executivo. O cargo foi extinto com a criação de um Conselho de Curadores em 2001. O regente de fama internacional Gennadiy Rozhdestvensky (n. 1931) substituiu Vasiliev brevemente como diretor-geral em 2000, antes de Anatoliy Iksanov (n. 1952). Ele já havia dirigido o Teatro Malïy em Moscou e o Teatro Tovstonogov Bolshoi Drama em São Petersburgo. Ele supervisionou a grande reforma e restauração do teatro em 2006-11, mas a reviravolta no balé lhe custou o cargo em 2013. Foi substituído por Vladimir Urin (n. 1947), que veio do Teatro Stanislavski.

Com a partida de Grigorovich, o balé passou a ser dirigido por Vasiliev, primeiro em 1995-97, em aliança com Vyacheslav Gordeyev, depois em 1997-2000, em aliança com Alexei Fadeyechev e Nina Ananiashvili. Boris Akimov assumiu em 2001-03, seguido por Alexei Ratmanski até 2008. Yuri Burlaki deixou o cargo após um ano para Sergei Filin.

Neste capítulo, eu me baseei em anotações feitas na tarde de 5 de maio de 2015 que passei com Grigorovich em sua *datcha* no sudeste de Moscou. Agradeço a Ruslan Pronin e Suhua Xiao por agendar a visita; a Sergei Konayev, que me mostrou as partituras do maestro do Bolshoi para *Lenda do amor* e *Spartacus*; e a Matthew Honegger, cuja pesquisa forneceu detalhes sobre *Spartacus* e *A era de ouro*. Sobre a turnê do Balé Bolshoi a Londres em 1956 e sobre Grigorovich, consultei Christina Ezrahi, *Swans of the Kremlin: Ballet and Power in Soviet Russia* (Pittsburgh: University of Pittsburgh Press, 2012), 137-68 e 201-31. Sobre *A gaivota*, consultei S. Davlekamova, "Ozhidaniye", *Teatr*, n. 4 (1981): 21-30. Sobre o golpe fracassado de agosto de 1991, Victor Sebestyen, "The K.G.B.'s Bathhouse Plot", *New York Times*, 20/08/2011. As informações sobre Anatoli Kuznetsov e *O lago dos cisnes* foram fornecidas pela filha dele, Tatyana Kuznetsova, em conversa em Moscou em 2 de maio de 2015. Sou grato também a ela por detalhes sobre a carreira de Grigorovich. Os detalhes da Expo 67 estão em <http://www.collectionscanada.gc.ca/expo/053302_e.html>.

1. Maya Plisetskaya, *I, Maya Plisetskaya* (New Haven e Londres: Yale University Press, 2001), 6.
2. RGALI f. 3266, op. 3, yed. khr. 6, l. 2.
3. Plisetskaya, *I, Maya Plisetskaya*, 6.
4. Ibid., 26.
5. Ibid., 27.
6. V. Gayevskiy, *Divertisment* (Moscou: Iskusstvo, 1981), 238.
7. *Maya: Portrait of Maya Plisetskaya*, dirigido por Dominique Delouche (1999; Pleasantville, NY: Video Artists International, 2009), DVD.
8. "Se é um cisne o que você quer, vá ao zoológico"; Arlene Croce, "Ballets Without Choreography", 1967, em *Afterimages* (Nova York: Alfred A. Knopf, 1978), 328. Alastair Macaulay, que me apontou esta fonte, é um pouco mais generoso, e diz que "a versão de Plisetskaya para *A morte do cisne* é um feito maravilhoso de atletismo poético, mas não de movimento sério"; e-mail, 24/09/2015.
9. George Feifer, *Our Motherland, and Other Adventures in Russian Reportage* (Nova York: Viking, 1974), 66.
10. Ibid., 52.
11. Gordeyev foi bailarino principal nas décadas de 1970 e 1980. A sua esposa, que também era estrela do Bolshoi, se divorciou dele em 1989 "citando leis soviéticas segundo as quais um cônjuge não pode 'ser obrigado a viver com um homossexual'": Alec Kinnear, "Gordeyev: A Tough but Talented Taskmaster", *The Moscow Times*, 30/05/1995, <http://www.themoscowtimes.com/news/article/tmt/338847.html>.

12. Feifer, *Our Motherland*, 52-53.
13. Maya Plisetskaya, *Trinadtsat' let spustya: Serditiye zametki v trinadtsati glavakh* (Moscou: ACT, 2008), 142-43.
14. Plisetskaya, *I, Maya Plisetskaya*, 35; informações adicionais a partir da pág. 34.
15. Sulamif' Messerer, *Sulamif'. Fragmenti vospominaniy* (Moscou: Olimpiya, 2005), 114.
16. Plisetskaya, *I, Maya Plisetskaya*, 37.
17. Ya. Chernov, "Debyut molodoy balerini", *Komsomol'skaya pravda*, 6/04/1944; STD.
18. RGANI f. 5, op. 17, d. 494, l. 55.
19. Plisetskaya, *I, Maya Plisetskaya*, 133. Criada em 1954, o KGB (Komitet gosudarstvennoy bezopasnosti/Comitê de Segurança do Estado), consolidou a polícia secreta e as operações de inteligência do NKVD e do MGB (Ministerstvo gosudarstvennoy bezopasnosti/Ministério de Segurança do Estado).
20. RGANI f. 5, op. 17, d. 494, l. 62.
21. O enredo vem da peça de Lope de Vega *Fuente Ovejuna* (1619).
22. John Martin, "Moscow's Ballet Attended by Tito", *New York Times*, 5/06/1956.
23. Ver, por exemplo, V. Zlatogorova, O. Lepeshinskaya, e N. Shpiller, "Vintimnoy blizosti so Stalinim ne sostoyali" [Não éramos íntimos de Stalin], *Argumenti i fakti*, nº 43 (26/10/1994), <http://www.aif.ru/archive/1643162>.
24. RGANI f. 5, op. 36, d. 24, l. 133.
25. Ezrahi, *Swans of the Kremlin*, 143; RGALI f. 2329, op. 8, yed. khr. 234, l. 30.
26. RGANI f. 5, op. 36, d. 24, l. 125.
27. RGALI f. 2329, op. 8, yed. khr. 234, l. 57.
28. Segundo Alastair Macaulay, presente à conferência de imprensa em Londres em 1986, quando Ulanova recordou com ternura as experiências de 1956. E-mail, 9/06/2015.
29. RGALI f. 2329, op. 8, yed. khr. 234, l. 57.
30. Margot Fonteyn, *Autobiography* (Nova York: Alfred A. Knopf, 1976), 157. A biógrafa adoradora de Fonteyn afirma que a "*ballerina* inglesa contida" se apaixonou pela "alma russa selvagem". Por meio do contato com Ulanova,

Fonteyn "ampliou e relaxou o seu estilo contido" (Meredith Daneman, *Margot Fonteyn* [Londres: Viking, 2004], 332).
31. A. V. Coton, "Contemporary Arts", *The Spectator*, 12/10/1956.
32. Margaret Willis, "Britain Welcomes the Bolshoi Ballet While US Waits its Turn", *Christian Science Monitor*, 21/10/1986.
33. RGANI f. 3, op. 35, d. 40, l. 126; 22 de maio de 1958.
34. Ibid., l. 125; 12 de maio de 1958.
35. Ibid., ll. 123-24; 7 de março de 1959.
36. Ibid., l. 128.
37. RGANI f. 5, op. 36, d. 99, l. 40; 18 de março de 1959, informe de Polikarpov ao Comitê Central. Lepeshinskaya comentou as memórias de Plisetskaya e suas críticas à sua dança e à proximidade com Stalin: "Gosto deste livro! Foi escrito com total sinceridade. Às vezes, um pouco duro, mas, você sabe... pode-se entender de onde Maya provém! Ela teve uma infância tão difícil! Como poderia se relacionar com uma *ballerina* cujo marido era do KGB?" Ela comentou que telefonara a Plisetskaya em Munique para felicitá-la pela publicação de suas memórias e a elogiou como uma bailarina com um talento fantástico". "Eu não mudei", concluiu Lepeshinskaya sobre a relação entre as duas, "mas ela sim." Mariya Vardenga, "Lichnost'. Ol'ga Lepeshinskaya. Memuari na puantakh", *Argumenti i fakti*, nº 43 (23/10/1996): 8.
38. Stav Ziv, "The Legacy of Maya Plisetskaya, Cold War-Era Bolshoi Ballerina", *Newsweek*, 4/05/2015, <http://www.newsweek.com/saying-farewell--swan-328275>.
39. RGANI f. 5, op. 36, d. 99, l. 109; 9 de junho de 1959.
40. Sobre a viagem do NYCB a Moscou, Leningrado, Kiev, Tbilisi e Baku ver Clare Croft, "Ballet Nations: The New York City Ballet's 1962 US State Department-Sponsored Tour of the Soviet Union, *Theatre Journal* 61, nº 3 (outubro de 2009): 421-42.
41. RGANI f. 5, op. 36, d. 143, l. 140; August 29, 1962, Polikarpov ao Comitê Central.
42. Ibid., ll. 68-69; 9 de junho de 1962, Semichastniy ao Comitê Central.
43. Ibid., ll. 69-70.

44. Ibid., l. 139; 23 de agosto de 1962, vice-ministro da Cultura A. Kuznetsov ao Comitê Central.
45. Mayya Plisetskaya, "Iskusstvo shagayet v kosmos", *Molodyozh' Gruzii*, 23/03/1965; STD.
46. Mayya Plisetskaya, "Russkaya terpsikhora pokorila Ameriku", *Izvestiya*, 20/12/1962; STD.
47. Laird Borrelli Persson, "Haute Cuisine: Ballerina Maya Plisetskaya's Recipes from the Pages of *Vogue*", *Vogue*, 6/11/2014, <http://www.vogue.com/3705317/haute-cuisine-maya-plisetskaya-recipes-vogue/>.
48. Feifer, *Our Motherland*, 77.
49. Plisetskaya, *I, Maya Plisetskaya*, 245-46.
50. Muzey Bakhrushina f. 737, no. 7, l. 2; dezembro de 1965.
51. Entrevista, 5 de maio de 2015, Moscou, Rússia.
52. Muzey Bakhrushina f. 737, nº 7, l. 3.
53. B. L'vov-Anokhin, "'Legenda o lyubvi' v Bol'shom teatre", *Teatr*, n. 9 (1965): 42.
54. Arlene Croce, "The Bolshoi Bows In", 1987, em *Writing in the Dark, Dancing in The New Yorker* (Nova York: Farrar, Straus and Giroux, 2000), 589, 592.
55. Tat'yana Kuznetsova, *Khroniki Bol'shogo baleta* (Moscou: RIPOL klassik, 2011), 155.
56. Entrevista, 5 de maio de 2015, Moscou, Rússia.
57. Grigorovich perdeu o prazo, mas o seu *Spartacus* estreou em 9 de abril de 1968.
58. Citado em Svetlana Borisovna Potemkina, "Osobennosti stsenarnoy dramaturgii baleta 1930-60 gg.: na materiale istorii sozdaniya baleta 'Spartak'" (tese Ph.D., Gosudarstvenniy institut iskusstvoznaniya [Moscou], 2013), 22; outras informações neste e no próximo parágrafo em ibid., 20-46, 59-64.
59. Citado em ibid., 35.
60. Ibid., 63.
61. Muzey Bakhrushina f. 468, n.1065, l. 1; tradução de <http://www.marxists.org/archive/lenin/works/1919/jul/11.htm>.
62. Muzey Bakhrushina f. 468, n. 1065, l. 5.

63. Muzey Bakhrushina f. 548, n. 462, l. 2; Moiseyev's "rezhissyorskiy stsenariy" (libreto de direção) para o balé. Mais informações nos parágrafos de ll. 4, 6 e 8.
64. Janice Ross, *Like a Bomb Going Off: Leonid Yakobson and Ballet as Resistance in Soviet Russia* (New Haven e Londres: Yale University Press, 2015), 275-76.
65. Entrevista, 5 de maio de 2015, Moscou, Rússia.
66. Ross, *Like a Bomb Going Off*, 250.
67. Ibid., 256.
68. Ibid., 269.
69. Christina Ezrahi (*Swans of the Kremlin*, 206) informa que o *Spartacus* de Yakobson de 1956 "foi revisado pelo Kirov em 1976, 1985, e 2010. Segundo as estatísticas das apresentações até 1987, ele foi encenado 197 vezes. Aparentemente, foi um sucesso de bilheteria".
70. Muzey Bakhrushina f. 548, no. 182, l. 3ob. A carta é de 4 de janeiro de 1957, oito dias após a estreia de *Spartacus* em Leningrado.
71. Ibid., 1.5.
72. Ibid., 1ob.
73. Muzey Bakhrushina f. 548, n. 268, l. 1ob.; carta a Yakobson de S. A. Reynberg, 13 de janeiro de 1957.
74. Muzey Bakhrushina f. 548, n. 1, l. 8. O manuscrito parcial de onde vem esta nota, "Moya rabota nad baletami 'Zhurale' i 'Spartak'" (Meu trabalho nos balés "Shurale" e "Spartacus") tornou-se parte das memórias de Yakobson e do seu tratado *Pis'ma Noverru* (Cartas a Noverre), impresso postumamente, em 2001.
75. Citado em Potemkina, "Osobennosti stsenarnoy dramaturgii baleta 1930-60 gg.: na materiale istorii sozdaniya baleta 'Spartak'", 83; mais informações a partir da pág. 68 (Asafyev comparando Khachaturian a Rubens), 71-87.
76. Joan Acocella, "Man of the People", *The New Yorker*, 28/07/2014, <http://www.newyorker.com/magazine/2014/07/28/man-people>.
77. Ezrahi, *Swans of the Kremlin*, 205. Em Moscou, em 1961, os dois se encararam na mesa de reuniões do conselho artístico do Teatro Bolshoi. Yakobson se recusou a encontrar Kachaturian; este não via sentido em fazê-lo, pois havia sido traído; "[Yakobson] comprou seis partituras de piano e as transformou em uma só — então pode-se imaginar o que era aquela música!" Kachaturian mencionou a discussão Leningrado — "Eu o agredi; ele me agrediu de volta" e o último esforço de conciliação. "Nós

chegamos a um acordo, tudo foi confirmado e depois houve novas mudanças!" "Stenogramma obsuzhdeniya baleta 'Spartak'", l. 10; 16 de março de 1961/Museu do Teatro Bolshoi.
78. Ezrahi, *Swans of the Kremlin*, 210.
79. Allen Hughes, "Ballet: Bolshoi Stages U.S. Premiere of 'Spartacus'", *New York Times*, 13/09/1962.
80. Allen Hughes, "'Spartacus': Can It Be Understood Though Disliked?" *New York Times*, 23/09/1962.
81. Walter Terry, "The Bolshoi: 'Spartacus'", *New York Herald Tribune*, 13/09/1962.
82. Walter Terry, "DeMille Out De-Milled", *New York Herald Tribune*, 16/09/1962. O filme da Universal *Spartacus* (1960) foi dirigido por Stanley Kubrick, e não por DeMille, embora tenha estreado em Nova York no Teatro DeMille.
83. W[alter]. T[erry]., "For the Bolshoi, Second 'Spartacus,' Warmer Crowd", *New York Herald Tribune*, 14/09/1962.
84. Terry, "The Bolshoi: 'Spartacus'", *New York Herald Tribune*, 13/09/1962.
85. "Bolshoi, in Shift, Cancels 3 'Spartacus' Showings", *New York Times*, 18/09/1962.
86. "'Spartacus' Taken Out of Ballet Repertoire", *Los Angeles Times*, 24/09/1962.
87. Plisetskaya, *I, Maya Plisetskaya*, 233.
88. Ross, *Like a Bomb Going Off*, 257-58.
89. "Stenogramma zasedaniya khuozhestvennogo soveta. Soobshcheniye Yu. N. Grigorovicha o postanovke baleta 'Spartak'", l. 5; 27 de junho de 1967/ Museu do Teatro Bolshoi. Citado também em Potemkina, "Osobennosti stsenarnoy dramaturgii baleta 1930-60 gg.: na materiale istorii sozdaniya baleta 'Spartak,'" 138.
90. "Stenogramma obsuzhdeniya baleta 'Spartak'", l. 12.
91. Ibid., l. 20.
92. Entrevista, 5 de maio de 2015, Moscou, Rússia.
93. Ibid.
94. Gayevskiy, *Divertisment*, 219.
95. Plisetskaya, *I, Maya Plisetskaya*, 103.
96. Marina Harss, "Bolshoi Ballet-Spartacus-New York", *DanceTabs*, 28/07/2014, <http://dancetabs.com/2014/07/bolshoi-ballet-spartacus-new-york/>.

97. Gayevskiy, *Divertisment*, 212.
98. Joan Acocella, "After the Fall", *The New Yorker*, 22/08/2008, <http://www.newyorker.com/magazine/2005/08/22/after-the-fall>.
99. RGALI f. 648, op. 12, yed. khr. 45, l. 8 (convites para os festivais cubanos de dança).
100. RGALI f. 648, op. 12, yed. khr. 45, l. 4 (extensão da visa de Alonso de 40 dias para 4 meses).
101. RGALI f. 648, op. 12, yed. khr. 166, l. 4 (programa de Plisetskaya no programa do balé), RGALI f. 648, op. 12, yed. khr. 45, l. 40 (detalhes financeiros de Alonso).
102. Feifer, *Our Motherland*, 53.
103. Ibid., 63.
104. Plisetskaya, *I, Maya Plisetskaya*, 278.
105. M. I. Chulaki, *Ya bil direktorom Bol'shogo teatra* (Moscou: Muzika, 1994), 125-26.
106. Feifer, *Our Motherland*, 63.
107. Clive Barnes, "Maya Plisetskaya Leads Bolshoi Stars", *New York Times*, 18/09/1974.
108. Gayevskiy, *Divertisment*, 217.
109. Ibid., 216.
110. RGALI f. 648, op. 12, yed. khr. 289, ll. 2-3.
111. Ibid., l. 5. Ela ampliou as críticas ao publicá-las: Ye. Lutskaya, "V protivorechii s partituroy", *Teatral'naya zhizn'*, no. 15 (August 1970): 15. Com o tempo, suas ideias ecoariam entre os críticos dos EUA e britânicos, que deploravam a decisão de Grigorovich de desenraizar as danças nacionais. Alastair Macaulay comenta que ele parecia não ter tido coragem de fazer o mesmo na encenação de 1984 de *Raymonda*, uma vilã "oriental". E-mail, 24/09/2015.
112. RGALI f. 648, op. 12, yed. khr. 289, ll. 7-8. Outra crítica erudita, Nataliya Roslavleva, teve de se esforçar para elogiar o balé. Grigorovich se baseou no "manuscrito de Tchaikovski", mas encenou o balé de um modo "inteiramente novo", ao passo que "respeitou a tradição e a assinatura coreográfica de Ivanov" ("Vernoye i spornoye. Novaya postanovka 'Lebedinogo ozera' v Bol'shom teatr SSSR", *Muzikal'naya zhizn'*, no. 12 [junho de 1970]: 9).

113. Segundo o que recorda Elizabeth Souritz, que assistiu ao ensaio geral. E--mail, 2/05/2015.
114. Entrevista, 5 de maio de 2015, Moscou, Rússia.
115. RGALI f. 648, op. 12, yed. khr. 289, l. 3.
116. *Spartacus* surgia sempre nas discussões sobre *O lago dos cisnes*. "Leningrado", declarou Lopukhov, "se rendeu a Moscou; eles não podem dançar *Spartacus* lá; os solistas não são melhores do que o corpo de baile" (ibid., l. 8).
117. Bernard Gwertzman, "Controversial New 'Swan Lake' Given by Bolshoi Ballet in Soviet", *New York Times*, 9/12/1969.
118. Ibid.
119. Plisetskaya, *I, Maya Plisetskaya*, 360.
120. Ibid., 361.
121. "Stenogramma zasedaniya khuozhestvennogo soveta. Soobshcheniye Yu. N. Grigorovicha o postanovke baleta 'Spartak,'" l. 5.
122. RGALI f. 648, op. 12, yed. khr. 214, l. 4.
123. M. Kapustin, "Uznayem li mi Annu? Noviy balet R. Shchedrina", *Pravda*, 5/04/1968, 6; Chulaki, *Ya bil direktorom Bol'shogo teatra*, 122-23.
124. Viktorina Kriger, "Iskusstvo molodosti", *Pravda*, 6/06/1972, 3; Hedrick Smith, "Bolshoi Ballet Scored in Pravda", *New York Times*, 8/06/1972.
125. Muzey Bakhrushina f. 737, n° 1613, l. 2; 22 de outubro de 1974.
126. Mayya Plisetskaya, "Baletu podvlastno vsyo", em *Rodion Shchedrin. Materiali k tvorcheskoy biografii: Sbornik retsenziy, issledovaniy i materialov*, ed. E. S. Vlasova (Moscou: Mosk. Gos. konservatoriya im. P. I. Chaykovskogo, 2007), 43.
127. Natalya Kasatkin e Vladimir Vasilyov o coreografaram para Plisetskaya e Fadeyechev, o seu parceiro no palco, em 1967.
128. Informações e citações nos parágrafos anteriores de *Muzika vmesto sumbura: Kompositori i muzikanti v strane sovetov 1917-1991. Dokumenti*, ed. Leonid Maksimenkov (Moscou: Demokratiya, 2013), 635-37. A carta está assinada pelos "artistas do balé".
129. Laurence Senelick, "'A Woman's Kingdom': Minister of Culture Furtseva and Censorship in the Post-Stalinist Russian Theatre", *New Theatre Quarterly* 26, n° 1 (fevereiro de 2010): 19.
130. Ibid., 18.
131. Galina Vishnevskaya, *Galina: A Russian Story* (San Diego: Harcourt Brace Jovanovich, 1984), 303.

132. Senelick, "'A Woman's Kingdom,'", 16.
133. A. I. Adzhubey, *Furtseva: Yekaterina Tret'ya* (Moscou: Algoritm, 2012).
134. Senelick, "'A Woman's Kingdom'", 23. Outras informações em Adzhubey, *Furtseva: Yekaterina Tret'ya*, 198-201.
135. Anedota contada por Bill McGuire, *Tales of an American Culture Vulture* (Lincoln, NE: iUniverse, 2003), 26.
136. Plisetskaya, *I, Maya Plisetskaya*, 362.
137. Ibid.
138. Ibid.
139. Entrevista, 5 de maio de 2015, Moscou, Rússia.
140. Ibid.
141. Ibid.
142. Ibid.
143. *Apparat TsK KPSS i kul'tura 1973—1978. Dokumenti*, ed. N. G. Tomilina, T. Yu. Konova, Yu. N. Murav'yev, M. Yu. Prozumenshchikov e S. D. Tavanets, 2 vols. (Moscou: ROSSPEN, 2011): 2: 131.
144. Plisetskaya, *I, Maya Plisetskaya*, 291.
145. *Maya: Portrait of Maya Plisetskaya*.
146. Arlene Croce, "Folies Béjart", 1971, em *Afterimages*, 381.
147. Plisetskaya, *I, Maya Plisetskaya*, 287.
148. Ibid., 340.
149. Muzey Bakhrushina f. 737, nº 1297, l. 2; em referência a uma apresentação em 24 de janeiro de 1977 de *Ivan, o Terrível* em Leningrado. Segundo a queixa, enviada a Ulanova por um espectador ofendido, o balé soviético havia perdido a compostura, como ficava claro na cena amorosa entre Ivan e Anastasia, que incomodou os espectadores. Já o sofrimento de Ivan com a morte de Anastasia mostrou Grigorovich em seu melhor momento.
150. Yuri Grigorovich e Sania Davlekamova, *The Authorized Bolshoi Ballet Book of The Golden Age* (Neptune City, NJ: T.F.H. Publishers, 1989); e Sergey Sapozhnikov, "Snova zvuchit muzika Shostakovicha", *Sovetskiy balet*, nº 1 (janeiro-fevereiro de 1983): 5-7.
151. Martin Bernheimer, "Shostakovich Ballet: Bolshoi Opens with 'The Golden Age,'" *Los Angeles Times*, 13/08/1987.
152. Alexei Yurchak, *Everything Was Forever, Until It Was No More: The Last Soviet Generation* (Princeton: Princeton University Press, 2005).

153. RGALI f. 648, op. 19, yed. khr. 171, l. 37. O Teatro Bolshoi arquivou a correspondência com o público; este arquivo inclui cartas sobre *A dama do cachorrinho* e os balés de Grigorovich. O autor da queixa contra Plisetskaya afirma ser um membro antigo do Partido Comunista.
154. Alastair Macaulay, "Grand Concerns", *The New Yorker*, 11/03/1988, 108.
155. Ibid. Arlene Croce descreve a diferença entre dança com e sem significado em "Ballets Without Choreography", 319-31.
156. A expressão vem de Stravinski. Ver Igor Stravinski e Robert Craft, *Memories and Commentaries* (Londres: Faber and Faber, 2002), 72.
157. Feifer, *Our Motherland*, 71.
158 Anna Kisselgov, "Review/Dance; 'Seagull' and Finale End U.S.-Soviet Festival", *New York Times*, 4/04/1988.
159. Sobre Plisetskaya como *prima ballerina* mundial ver Anna Kisselgov, "Success Is What Sustains Her", *New York Times*, 22/03/1977.
160. V. Kukharskiy, "Vechno molodoy", *Pravda*, 26/05/1976, 3. A página, toda dedicada ao Teatro Bolshoi, inclui um tributo de Tikhon Khrennikov, "Zdes' tsarit muzika" (Aqui reina a música). Os tsares não presidiram o teatro no período imperial, e sim os compositores, e depois da revolução o Bolshoi encontrou o seu papel como "o verdadeiro centro da construção de uma cultura musical socialista multinacional". Yu. Kartashov, funcionário da fábrica Kommunar, fornece a perspectiva operário-camponesa sobre o jubileu em um artigo intitulado "Sodruzhestvo" (Concord).
161 S. Davlekamova, "Segodnya nado rabotat'!", *Sovetskaya kul'tura*, 21/05/1987; STD.
162. Judith Mackrell, "Your Biggest Bolshoi Ballet Moments-Open Thread", *The Guardian*, 29/07/2013, <http://www.theguardian.com/stage/2013/jul/29/bolshoi-ballet-moments>.
163 Anna Kisselgov, "For the Bolshoi Ballet Director, Politics Looms as Large as Art", *New York Times*, 11/07/1990. Grigorovich indicou que seu tempo no Bolshoi estava terminando e disse a Kisselgov que estava "tentando montar um teatro de opereta como uma obra experimental", enquanto fazia "um ateliê coreográfico em um instituto chamado Academia de Dança". Estes comentários foram repetidos na imprensa soviética; Grigorovich os desmentiu. Ver Yu. Grigorovich, "Pis'mo v rekatskiyu. Dom-to obshchiy!", *Izvestiya*, 20/10/1990; STD.

164. Geyorgiy Melikyants, "Razval Bol'shogo teatra-prestupleniye pered russkoy kul'turoy", *Izvestiya*, 14/03/1995, 23.
165. Tat'yana Kuznetsova, "Ochen' nepriyatniy tsar,'" *Kommersant*, 11/10/2012, 5.
166. Kuznetsova, *Khroniki Bol'shogo baleta*, 9-44 ("Epokha Yuriya Grigorovicha 1964-1995").

EPÍLOGO

1. Yuliya Bedyorova, "Zerkalo parada", *Moskovskiye novosti*, 31/10/2011, <http://www.mn.ru/culture/20111031/306530925.html>. Este parágrafo e os seguintes após a restauração do Bolshoi foram adaptados de Simon Morrison, "The Bolshoi's Latest Act", *NYRblog*, 12/11/2011, <http://www.nybooks.com/blogs/nyrblog/2011/nov/12/the-bolshois-latest-act/>.
2. Alastair Macaulay, "A Transformed Theater in a Transformed Land", *New York Times*, 7/04/ 2014.
3. Anna Gordeyeva, "'Gospod' Bog sam znayet, shto delat' s Bol'shim teatrom': Interv'yu vedushchey balerini Bol'shogo teatra Svetlani Zakharovoy", *gazeta.ru*, 1/08/2014, <http://www.gazeta.ru/culture/2014/08/01/a 6154185.shtml>.
4. Arlene Croce, "Hard Work", 1975, em *Afterimages* (Nova York: Alfred A. Knopf, 1978), 141.
5. Joan Acocella, "Dance with Me", *The New Yorker*, 12/06/2011, <http://www.newyorker.com/magazine/2011/06/27/dance-with-me>.
6. Jennifer Homans, *Apollo's Angels: A History of Ballet* (Nova York: Random House, 2010), 547-49.
7. Wendy Lesser, "Ratmansky and Shostakovich", *The Threepenny Review*, n. 119 (outono de 2009), <http://www.threepennyreview.com/samples/lesser_f09.html>.
8. Valerie Lawson, "The Bolshoi Looks on the Bright Side of Life", *dancelines.com.au*, 10/06/2013, <http://dancelines.com.au/bolshoi-bright-side-life/>.
9. Sarah Crompton, "Flames of Paris, Bolshoi Ballet, Review", *The Telegraph*, 16/08/2013.
10. Putin declarou que 2016 seria o "ano de Prokofiev" e liberou fundos para celebrar o 125º aniversário do compositor: <http://ria.ru/culture/20151209/339037709.html>.

ÍNDICE

2001: uma odisseia no espaço, 295

A filha do Danúbio, 113
A muda de Portici, 102
A volta ao mundo, 175
Ablesimov, Alexander, 44
Abramov, Roman, 18
Abramova, Anastasia, 207
Academia de Balé Bolshoi, 15, 66, 149, 321
Academia Imperial das Artes, 48, 82
Acis e Galatea, 45
Acocella, Joan, 354
Adam, Adolphe, 105, 427
Adlerberg, conde Alexander, 134, 171
Afanasiev, Alexander, *Poeticheskiye vozzreniya slavyan na prirodu*, 174
Aída, 212, 220
Akimov, Boris, 361, 451
Aksakov, Sergei, 101, 105
Aksenova, Natalie, 250
Albéniz, Isaac, 341

Alemanha, 135, 170
 e a Segunda Guerra Mundial, 298-302, 303, 307
 e o pacto de não agressão Molotov--Ribbentrop, 297, 298
Alexandra, imperatriz, 18, 193-94
Alexandre I, tsar, 69, 72, 79, 83, 85
Alexandre II, tsar, 133, 138, 182, 192
 assassinato de, 140-41
 como o príncipe Alexandre, 116, 117
 coroação de, 132, 135, 136, 194
 e o balé, 116, 117, 136, 151, 177, 178-79
Alexandre III, tsar, 140-42, 143, 148, 178, 186, 192, 422, 426
Alexei, príncipe, hemofilia de, 193-96
Alonso, Alberto, 355
Alonso, Alicia, 356
American Ballet Theater, 396
Amor à pátria, 71-72
Amor por amor, 15
amor por três laranjas, O, 245
Ananiashvili, Nina, 451
 anarquistas na, 204

ausência de copirraite na, 86, 374
caos na, 204-05, 211, 260
cólera na, 185, 220
e a Guerra da Crimeia, 132, 155
Era de Prata na, 228-29, 240, 252
era imperial na, 66-67, 97, 138, 142-43, 151, 203-05, 258, 400-01
era romântica na, 126
ficção gótica na, 406
guerra civil na, 205, 211, 220-22, 317
influência francesa na, 69
invasão napoleônica da (1812), *ver* Guerras Napoleônicas
marcas nacionais da, 24, 27, 79, 81, 141-42
massas em autossacrifício na, 79, 97, 305-06
novo nacionalismo da, 232
pogroms na, 141
políticas do teatro, 135, 137, 141-42, 258
Tabela de Posição Social, 143, 148
Tempo de Infortúnios, 39
tradição da antiga épia narrative barda na, 88
Andersen, Hans Christian, *A pequena sereia*, 174
Andreyanova, Elena, 110-19
Andropov, Yuri, 336
Angara, 383
Anisimov, Alexander, 451
Anna Karenina, 364-67, 382
Ápio de Alexandria, *As guerras civis*, 342

aprendiz de feiticeiro, O, 270
Arbatov, Ilya, 293
Arenski, Anton, 238
Arkanov, Boris, 273
Arlequim feiticeiro, 45
ARMP (Associação Russa de Músicos Proletários), 259, 260-61, 266, 273, 274
Arnold, Mikhail, 153
Arquivo Estatal Russo de Literatura e Arte, 214
arsenal do Kremlin, artefatos no, 33
Arshinina, Avdotya, 123, 124, 418-19
Asafyev, Boris, 232, 283, 293, 341, 342
Ashton, Frederick, 24
Atovmyan, Levon, 276, 293, 311
Auber, Daniel, 102
Auber, Lavrenti, 158, 422

Bad Elms, Alemanha, spa em, 107
Bajov, Pavel, 311
Bakhrushin, Yuri, 69, 149
Balanchine, George, 24, 333, 360, 396
  O filho pródigo, 355
"Balé da ninfa da água", 343
Balé Bolshoi:
  "Estrelas do Balé Bolshoi", 358
  arquivos do, 12, 22, 198
  aumento da importância do, 201, 401-02
  bailarinos demitidos do, 146-48, 224-25, 231
  como instituição imperial, 26, 171, 238

como símbolo, 13, 24, 25-26, 27, 97, 327
conflitos internos, 17, 21, 145-48, 227, 228-29
construção de balés para, 152, 175
conteúdo ideológico forçado no, 17, 210-11, 226, 228, 231, 250, 256, 259-61, 309, 312, 317, 362, 367
continuação como empresa estatal, 148-49, 215, 217, 226, 257-58, 291, 317
corpo de baile, 171, 215
críticas do, 136, 199
cultura física dos bailarinos no, 26, 215, 337
danças a caráter no, 338
danos aos bailarinos do, 94, 264
e a Segunda Guerra Mundial, 300-04, 307, 321
e intercâmbio cultural, 249, 327
em turnê, 326-37, 343, 380, 385, 389
esquema de privatização, 148
estilo do, 198-99, 319, 395, 401
evolução do, 201, 258
finanças do, 145-47, 149, 151-52, 161, 180, 196
greves de bailarinos no, 385, 386
história paralela à história nacional, 12, 263, 317, 385, 386, 395
inércia do, 363, 365-69, 385
lealdade dos bailarinos ao, 336-37, 396
sistema de ensino no, 385
sobrevivência do, 147-50, 200-01, 210, 225, 240, 317, 396

velha guarda no, 199, 225, 233, 367-68
Balé Imperial de S. Petersburgo (Mariyinski), 148, 151, 199, 238
Balé Mariyinski, 148, 151, 199, 238
Balé Nacional da Espanha, 401
Balé Nacional de Cuba, 355-56
balé russo:
aperfeiçoamentos no, 167, 257-58
continuidade no, 24, 240, 258, 302, 401-02
danças de corte europeias no, 81
influência de Tchaikovski no, 167-84, 304, 359
influências políticas no, 22, 209, 213-14, 221-23, 231-32, 257, 264-71, 288, 292, 309, 333
invenção do, 82
modernismo no, 210, 213, 226-27, 229, 234, 260-61, 269, 278-79, 348
obras cômicas, 87
orgulho nacional no, 79, 80, 87
para o povo, 18, 240, 257, 259
Pushkin como fonte no, 79, 80, 86, 173
realismo etnográfico no, 210, 215-16
romantismo no, 87, 361, 362
sobre temas russos, 87
Tabela de Posição Social em, 104, 148, 215
tradição imperial no, 17, 18, 209-10, 231, 240, 241, 257-58
tratado de Vaganova sobre, 292

treinamento no, 69-70, 104
ver também balé
Balé:
- artistas itinerantes, 66, 86
- *attitude effacée* no, 292
- autoria em questão, 359
- bailarinos explorados, 123-24, 368-69
- *ballet d'action*, 47
- busca de ideia original no, 200, 223, 257
- características físicas dos bailarinos, 238-39, 259, 260, 337
- claques nas audiências do, 25, 112, 116, 121, 122
- corifeus (danças a caráter), 69, 215, 397-98
- corpo de baile, 171, 215
- críticos do, 105, 199-200, 240
- dança sem enredo, 25
- dançado *en pointe*, 100, 103, 414, 419
- danças folclóricas no, 71, 79-80, 81, 216, 232, 233, 249-50, 399
- *divertissements*, 81
- *drambalet*, 234, 257-58, 265, 283, 289, 290, 292, 307, 308, 310, 314, 337, 345, 360, 363
- *épaulement*, 291
- espírito criativo das *ballerinas* no, 187, 199-201, 237-38
- estilo clássico, 68, 71, 80, 233, 256, 291-92, 359, 362-63
- evolução do, 189, 199-200, 201, 233, 258, 397
- expressionista, 314
- formalismo no, 269, 288, 295, 382
- fotografia como ferramenta no, 201
- *fouetté* no, 188-89, 190
- histórias e mímica no, 25, 234-35, 258, 359-60
- imitar o "Mickey Mouse" em, 269
- melhoria da reputação do, 66, 249-50
- notação no, 187, 198, 201
- popularidade do, 130, 257
- resurreição do passado do, 396-400
- romântico, 100, 120, 359, 361, 362, 388
- russo, *ver* balé russo
- supervisão governamental do, 65, 223, 249-50, 256-57, 316-17
- *ver também* bales específicos

ballet-féerie Índia, 197
Ballets Russes, 196, 201, 210, 217, 238, 239, 289
Balmont, Konstantin, 207
Balzac, Honoré de, 379
Bantïshev, Alexander, 121
Barclay de Tolly, príncipe Michael Andreas, 72
Bartók, Béla, *O mandarim maravilhoso*, 314-15
Baryshnikov, Mikhail, 25, 383
Batalha de Borodino, 71, 73
Batalha de Stalingrado, 300
Batalha pela Comuna, A, 136
Bayard, Jean-François, 121
BBC, 382
Bedyorova, Yuliya, 391
Beethoven, Ludwig van, 269
- *Eroica* Sinfonia, 230

Begak, Dmitri, 348
Begichev, Vladimir P., 173-74, 443
Béjart, Maurice, 322, 369, 377-78
bela adormecida, A, 175, 179, 186, 187, 191, 198, 208, 236, 269, 305, 324, 400
Bela e a fera, A (Disney), 349
Belinski, Vissarion, 105
Bellini, Vincenzo, 160, 394
  I Puritani, 135-36
Bellucci, Monica, 391
Benda, Georg, 62
Benois, Alexandre, 201
Benoist, François, 126
Berg, Alban, 262
Beria, Lavrenti, 287
Bernhardt, Sarah, 235
Bessmertnova, Natalya, 379, 387-88
Bessone, Emma, 237
Betskoi, Ivan, 48, 49-50, 52-53, 59, 65
Bias, Fanny, 100
Bismarck, príncipe Otto von, 135
Bizet, Georges, *Carmen*, 162, 355, 356
Blasis, Carlo, 151-52, 171
Blyum, Vladimir, 248-49
Bogdanov, Alexei, 144-45, 196, 235, 317, 422
Bogdanov, Konstantin, 106
bolcheviques:
  Bolshoi saqueado pelos, 13, 132, 207-09
  conflitos na era dos, 17-18, 204, 208-09
  e a Revolução, 136, 204-08, 211-13, 216, 228-29, 262
  e as artes, 240, 241
  e o Partido dos Trabalhadores, 216
  e Stenka Razin, 213
  período napoleônico adotado pelos, 232
Bolero, 377-78
Bolshoi Babylon (HBO), 16, 18
Boris Godunov, 24, 231, 257, 302
Borkh, conde Alexander, 422
Bosio, Angiolina, 135-36
Bournonville, August, 165, 167
Bové, Osip (Joseph), 83, 84, 86, 93
Brejnev, Leonid, 24, 25, 258, 281, 328, 336, 349, 363, 371, 380
Brianza, Carlotta, 237
Brown, Ismene, 20-21, 27
Bryusov, Valeri, 228-29, 231
Bulgakov, Mikhail, *O mestre e Margarida*, 373, 389
Bulgakov, Pyotr, 122-23
Burlaki, Yuri, 451

Callas, Maria, 17
Calzolari, Enrico, 135
Campos nativos, 265
Cardin, Pierre, 336
Carmen Suite, 355-58, 366, 367, 372, 378, 382-83
Caruthers, Osgood, 316
Casa Imperial dos Expostos de Moscou (*Imperatorskiy Vospitatel'niydom*), 34, 36, 39, 44, 48-55
  currículo de, 65, 66-67
  e o Colégio do Teatro Imperial, 66-68
  finanças de, 48, 51, 54, 55, 59, 61

fundação de, 48
Opekunskiy sovet (junta de governo), 39-40, 41-42, 48, 54, 55, 56, 59, 63, 94
propósito do, 49, 324
talentos recrutados no, 25, 37, 44, 54, 55, 58
taxas de óbito em, 49, 66
teatro do, 52-54
casebre húngaro, O, 101
Castro, Fidel, 133, 355
Catarina a Grande, 13, 29, 38, 43, 46, 55, 57, 231, 317
ascensão ao trono, 35-36
e a Casa Imperial dos expostos, 40, 52, 53, 65
e a peste bubônica, 35
morte de, 32-33, 62
reino de, 61
cavalinho corcunda, O, 217
Cavos, Alberto, 13, 25, 133-38, 144, 201, 213
Cavos, Catterino, 71
Cerrito, Fanny, 136
Cervantes, Miguel de, *Dom Quixote*, 86, 161, 162, 164
Chabukiani, Vakhtang, 283, 307, 326
Chaliapin, Feodor, 206
chama do amor, A ou A salamandra, 154
chamas de Paris, As, 283, 291, 304, 341, 398-99
Charles, o Ousado, 114
Chasov, Stanislav, 380

Chayanov, Alexander, 30, 31
Cheka (polícia), 206, 218-19, 222, 256
Chekhov, Anton, 147, 198, 380-82
Cherkasski, príncipe Boris, 124-25, 129
Chernenko, Konstantin, 336
Chernishov, Zakhar, 53
Chernobyl, desastre nuclear (1986), 384
Chernyakov, Dmitri, 392, 393-94
Chervonenko, Stepan, 376
Chopin, Frédéric, 238
Chopiniana, 325
Chornokhova, Nina, 301
Chulaki, Mikhaíl, 314-15, 340, 349, 350, 357-58, 370, 374, 380, 450
Churchill, Winston, 395
Cinderela, 86-87, 171, 188, 292, 305-10, 333
Clustine, Ivan, 197, 198
Colégio do Teatro Imperial de Moscou:
controle burocrático do, 94-96
currículo do, 66, 67, 95-96, 215, 321
deterioração no, 93-94
e a Academia de Balé Bolshoi, 66, 215, 321
finanças do, 215
inauguração do, 66-68
no exílio, 76
prisão no, 94-95
professores no, 67-68, 74-75, 95-96
residentes no, 67, 100
Comintern, 212, 245
Comitê Central, 224, 278, 279, 281, 286, 291, 310-11, 315, 328, 333, 366, 368, 376

Comitê de Assuntos Artísticos, 258, 263, 278, 285, 289, 291, 297, 302, 308-09, 325
Comitê de Censura, 92, 114
Comunista Internacional, 256
"Concerto de demônios", 42-43
Congresso dos Sovietes de Todas as Rússias, 207, 214, 229, 255
Coppélia, 191, 217, 320
Corey, Herbert, 239
Corporação Amkino, 270
córrego límpido, O, 271-75, 276, 278-81, 282, 292, 303, 372, 397-98
cossacos, 81, 141, 142, 217, 272
Coxe, William, 52
Cranko, John, 21
Croce, Arlene, 174-75, 339, 377, 396
Crompton, Sarah, 399
Crônicas do Balé Bolshoi, 389

Daily Worker, 275
Dama do cachorrinho, 381, 382
danças [folclóricas] russas, 79-81, 294
Dante Aligheri, *Inferno*, 76-77
Daschkoff, condessa Anna, 424
De Salias-Turnemir, Yevgeni, 422, 425
Degas, Edgar, 111
Delaval, Félix, 48
Deldevez, Édouard, 122
Delibes, Léo, 427
delícias do haxixe, As ou *A ilha das rosas*, 144, 235
Demichev, Pyotr, 371-72, 381
DeMille, Cecil B., 347

Derjavin, Konstantin, 297
Dessai, Natalie, 392
Diaghilev, Sergei, 260, 289
Didelot, Charles-Louis, 69-71, 74-75, 76, 79, 80, 101
Digonskaya, Olga, 263
Diki, Alexei, 243
Dinamiada (Golden Age), 267-68
Dinamov, Sergei, 284, 286
dinastia Romanov, 18, 26-27
Dmitrichenko, Pavel, 19-21, 22, 388
Dmitriyev, Nikolai, 108-11
Dolgorukov, Vladmir, 177
Dolinskaya, Yevgeniya, 320
Dom Quixote, 15, 157, 159-65, 166, 168, 171, 177, 189, 325, 329, 356
  e Petipa, 149, 159-63, 164-65, 179, 199, 429
  encenação de, 26, 162, 163-65, 198-99, 208
  estreia de, 26, 162
  música para, 159, 160-61
  novas versões de, 198-99, 386
  romance de Cervantes, 86, 161, 162, 164
Donizetti, Gaetano, *O elixir do amor*, 135, 138
Donzela de Neve, 173, 305, 307
Doroshevich, Vlas, 239
Dostoievski, Fyodor, 82, 126
  A casa dos mortos, 209
Drigo, Riccardo, 188, 200
Dudkevich, Georgi, 340
Duncan, Isadora, 238, 378

Duport, Louis, 68
Duse, Eleonora, 235

Ein Tag aus dem Leben eines alten Souffleurs, 119
Einstein, Albert, 239
Eisenstein, Sergei, 374, 375
Elssler, Fanny, 25, 99-100, 101, 105, 113, 120
Emi Xiao, 249
Engels, Friedrich, 342
Enukidze, Avel, 251, 341
Era de Ouro, A, 21, 267-68, 363, 375, 379-384, 388
era stalinista, 256-57, 260, 317, 380, 389, 397, 399
Ertuğrul, Muhsin, 340
Eshlai, Andrei, 383
Esmeralda, 191, 232
Estrelas (Zvyozdï), 197
Eugene Onegin, 208
Exército Vermelho, 299-300
expurgos stalinistas, 13, 23, 208, 220, 256, 261, 265, 287, 293, 308, 317, 323, 342
Ezrahi, Christina, 265, 346

Fadeyechev, Alexei, 451
Fadeyechev, Nikolai, 325, 358
Falso Dmitri, O, 38
Farrell, Suzanne, 378
Fausto, 30, 86, 156, 166
Fayer, Yuri, 284, 309
Federação Russa, Constituição da, 14, 317, 323

Fedorova, Sophie, 217
Feifer, George, 322, 335, 382
Felicidade, 295-97
Fenella, 103
Filarmônica Armênia, 296
filha do faraó, A, 163, 177
filha do porto, A, 241, 242
Filin, Sergei:
  ataque a, 11, 15-16, 18, 19-20, 22, 27, 388, 395
  carreira de, 15-16, 398
  hoje, 18
Fleming, Seymour, 51
flor de pedra, A, 311-14, 315-16, 332, 334, 338, 362
Flores sempre frescas (balé-pantomima infantil), 222, 246, 250
Foice e martelo, 136
Fokine, Michel, 201, 210, 231, 238, 321
fonte da boa e da má fortuna, A, 45, 47
fonte de Bakhchisarai, A, 258, 283-84, 329, 333, 341
Fonteyn, Margot, 329
Foregger, Nikolai, 210
Francisco Ferdinando, arquiduque, 196
Furtseva, Ekaterina, 330, 338, 356-58, 360-61, 369-72
Fyodorov, Alexander, 166
Fyodorov, Vasili, 99, 100
Fyodorovski, Fyodor, 220, 250-51

Gabovich, Mikhail, 264, 302
Gagarina, princesa, 91
gaivota, A, 381, 382

Galatea, 110
Galkin, Vladimir, 214-15
Galperin, Mikhail, 243
Gardel, Pierre, 233
Gayané, 297, 329
Gayevski, Vadim, 351, 354
Gedeonov, Alexander, 92-95, 107, 116-17, 119, 120, 134
Gedeonov, Stepan, 422
Geltser, Ekaterina, 173, 196, 232-41
  acidentes de, 238
  balés adaptados por, 233-34, 236-37, 243-44
  carreira de, 235, 241, 255-56, 257
  casamento de, 234-36
  coleção de arte de, 234, 240, 253, 335-36
  e a Nova Mulher Soviética, 232-33, 239, 240
  e suicídio, 250-51
  morte de, 252
  nos últimos anos, 252-53
  papéis dançados por, 179, 236-38, 239, 245, 248, 252
  popularidade de, 240-41
  prêmios e homenagens a, 234, 235, 240
  treinamento de, 234, 235-36
Geltser, Vasili, 233
Gerber, Yuli, 163-71, 180, 182
Gerdt, Elizaveta, 321
Gerdt, Pavel, 188
Germanovich, Semyon, 145

Gessen-Gomburgskaya, princesa Marianna, 49
Geyten, Lidiya, 144, 149, 179, 180, 196
Gillert, Stanislav, 178
Giovagnoli, Raffaello, 342
Gisele, 108, 120, 174, 329, 338, 366, 388
Giuri, Adelina, 197, 197
Glaviskusstvo, 439
Glavrepertkom, 231, 234, 248, 258, 265, 304, 306, 312, 340
Glazunov, Alexander, 179, 213
Gliere, Reinhold, 242, 243, 244, 267, 293
Glinka, Mikhail, 88-89, 96, 393
  Ruslan e Lyudmila, 88, 393
  Uma vida para o tsar, 88, 90, 135, 141-42, 194, 206, 392
Glushkovskaya, Tatyana, 81
Glushkovski, Adam, 74-78, 80-82, 87, 88, 113, 152, 232
Goethe, Johann Wolfgang von:
  Fausto, 30, 86
  Os sofrimentos do jovem Werther, 109
Gogel, Georg, 51
Gogol, Nikolai, 209
  Almas mortas, 395
Goldwyn Follies, The, 343
Goleyzovski, Kasyan, 226-27, 341
Golitsin, Dmitri, 82, 87, 91, 92
Golovanov, Nikolai, 285
Golovin, Alexander, 198
Gorbachev, Mikhail, 336, 384, 386
Gordeyev, Vyacheslav, 322, 451, 452
Gorodetski, Sergei, 248

Gorski, Alexander, 197-201, 387
 como coreógrafo, 198-201, 208, 213, 217, 227, 236-37, 238-39, 246, 250, 253, 368
 como mestre de balé, 152, 209-10, 217-18, 258
 e as mudanças políticas, 222-23, 226
 e *Flores sempre frescas*, 222, 246, 250
 e *O lago dos cisnes*, 200, 237, 360
 fotografia usada por, 201
 morte de, 201
Gosselin, Genevieve, 100
gotas de Hoffman, 185
Gounod, Charles, *Fausto*, 68, 156
Grande Guerra (Primeira Guerra Mundial), 193, 203, 204, 205
Grande Terror, 219, 265, 286
Gretchaninov, Alexander, 209
Grianti, conde Carlo Brentano de, 38
Grigorovich, Yuri:
 como coreógrafo, 21-22, 315-17, 321, 337-40, 350-54, 358-63, 364, 378-79, 383-84, 385, 388
 como mestre de balé, 340, 368-69, 373-80, 383-84, 386-87, 388-89, 397, 451
 e a política, 298, 363, 368-69, 370, 372, 373, 374-75, 380
 e *Spartacus*, 340, 343, 348, 350-54, 363, 366, 388
 e *Flor de pedra*, 315-17, 338, 362-63
 e *Lenda do amor*, 362, 363, 366, 388
 e *O lago dos cisnes*, 360-62, 369
 e Plisetskaya, 321-22, 351-52, 358-59, 362, 363, 372, 376, 380, 382, 383, 389
 hoje, 387, 388-89
 marcando o tempo, 363, 366, 372-73
 oponentes de, 368-69, 372-73, 377, 378-79
Groti, Melchiore, 36
Guerinot, Théodore, 112-19
Guerra da Crimeia, 132, 155
Guerra de 1812, *ver* Guerras Napoleônicas
Guerra Fino-Soviética, 234, 252, 290
Guerra Fria, 327-28, 336, 347-48, 355, 385
Guerras Napoleônicas, 68, 299
 Batalha de Borodino, 71, 73
 em Moscou, 73-79, 97, 401
 entretenimento público na, 74-75, 79
 Grande Retirada, 78-79, 87
 prática de terra arrasada na, 72-73
 vitória russa na, 79
Guilherme Tell, 114
Gusev, Pyotr, 274, 301, 344-45
Gusman, Boris, 260, 261

Hansen, Joseph Peter, 176
Harss, Marina, 352
Hatchett, Charles, 42
Hemingway, Valerie, 293
Herzen, Alexander, 105, 141
Hikmet, Nâzim, 338
Hilverding, Franz, 45
Hitler, Adolf, 233, 298-99, 303, 342

Hoffmann, E. T. A., 359
Homans, Jennifer, 26, 290, 396
Hughes, Allen, 347
Hugo, Victor, *O corcunda de Notre-Dame*, 191, 217
Hullen, Félicité, 86-88, 91, 101, 102, 105, 108, 128, 152
Hurok, Sol, 328

I Puritani, 135-36
ideólogo marxista-leninista, 17, 216, 248, 276, 302, 312, 388, 394-95
Igreja ortodoxa russa, 141, 143, 258, 400
Iksanov, Anatoli, 15, 17, 18, 21, 451
Iluminismo, 49, 50, 65, 85
Iolanta, 156, 209
Irmãos Grimm, 173
Istomina, Evdokya (Avdotya), 414
Ivan Susanin (Uma vida para o tsar), 252
Ivan, o terrível, 374-75, 378, 383, 388 (também *Era de Fogo*), 363
Ivan, o Terrível, tsar, 88, 213, 375, 388
Ivanov, Georgi, 380, 451
Ivanov, Lev, 146, 184, 186-87, 188, 190, 200, 360, 368, 383
Ivanovski, Alexander, 379

Janin, Jules, 120
Jikharev, Stepan, 63
jogador de futebol, O, 266
Johansson, Christian, 235
José, o belo, 227, 341
Jurowski, Vladimir, 392-93, 394

Kaczynski, Lech, 393
Kaligraf, Ivan, 39, 48
Kaligraf, Nadejda, 43
Karalli, Vera, 237
Karpakova, Pelageya, 176-79, 180, 182, 183-84, 187, 200
Karpakova, Tatyana, 105-06
Kasatkina, Natalya, 364
Kashchey I imortal, 171, 209
Kavelin, Pavel, 157, 422
Kavelina, Yevgeniya, 157-59
Kennedy, Jacqueline Bouvier, 335
Kennedy, John F., 335
Kerjentsev, Platon, 274, 278, 279, 285, 288, 289
KGB, 326, 327, 331, 332-34, 370, 386
Khachaturian, Aram, 257, 258, 293-98, 309, 310, 354-55
"Dança do Sabre," 294, 297
Epártaco, 292, 298, 340, 342, 343, 345-46, 347, 349-51
Felicidade, 295-97
Gayané, 297
prêmios a, 350
Khrennikov, Tikhon, 15, 265
Kruchev, Nikita, 249, 258, 281, 370
e "o Degelo", 314, 315
e a denúncia de Stalin, 347
e o balé, 24, 26, 308, 315, 326, 328, 331-32,
Kirov, Sergei, 368
Kisselgov, Anna, 385
Kister, barão Karl, 422
Kokonin, Vladimir, 386, 451

Kolosova, Yevgeniya, 70
Komsomol, 267, 315
Kondratyeva, Marina, 368, 385
Koreleva, Agnessa, 250
Korovin, Konstantin, 199
Kosigin, Alexei, 358
Kremlin, 97, 137, 225, 248, 274, 348, 384, 400
Kreyn, Alexander, 326
Kriger, Viktorina, 366
Krupskaya, Nadejda, 223
Kshesinskaya, Matilda, 187, 189-93, 194-95, 197, 200
Kubrick, Stanley, 295
Kukharski, Vasili, 369
Kurilko, Mikhail, 241-43, 244, 247, 250, 251
Kutuzov, Mikhail, 72, 74
Kuznetsov, Anatoli, 330
Kuznetsov, Dmitri, 127
Kuznetsov, Vladimir, 217-20, 435
Kuznetsova, Tatyana, 339

L'école enchantée (A escola encantada), 44, 45
La bayadère, 151, 179, 208, 231
La fille malgardée, 208
"La Marseillaise," 209, 210, 248, 251
La servante justifée, 103
La sylphide, 25, 103, 108-11, 114, 116, 119, 123, 173
La vivandière, 136
Labache, Frederick, 135

Lady Macbeth do distrito de Mtsensk, A, 275-77, 278, 280
lago dos cisnes, O, 24, 169-83, 217, 240, 252, 268, 325, 329, 357, 369
  como símbolo, 304, 385, 386
  críticas de, 169, 174-75, 176-77, 180, 182, 183, 189, 190
  duração de, 186, 200, 257, 308
  e Petipa, 149, 181, 184-91, 200, 360
  efeitos especiais para, 157, 182-83, 184-85
  encenação de, 169, 187-88, 200
  estreias de, 26, 169, 171, 177, 178-79, 184, 186
  evolução de, 186, 200, 232, 359-62
  fouetté em, 188-89, 190
  história de, 26, 171-72, 182
  libreto de, 173-74, 233, 359
  música para, 26, 171, 174-76, 177, 179, 180, 181, 186, 346, 361, 430
  papel de Odette/Odile em, 20, 23, 171-72, 175, 176, 179-80, 183-84, 186, 188-89, 190, 191, 237, 302, 323, 330, 335, 359, 361, 362
  remontagens de, 184, 366, 400
Lakmé, 211
Lamaral, Jean, 75
Lamzdorf, conde Vladimir, 195
Lashchilin, Lev, 242, 243-44, 247, 265
Laurencia, 326, 356
Lavrovski, Leonid:
  como coreógrafo, 289, 314-15
  como mestre de balé, 334
  e Cinderela, 310

e *drambalet*, 289, 292, 308, 314, 337, 360
e *Flor de pedra*, 311-12, 313-14, 315, 334
e *Romeu e Julieta*, 289, 290, 291, 315, 345
Lawson, Valerie, 390
Le diable boiteux, 113
Le pas d'acier, ou A dança de aço, 259-61, 281
Lebedeva, Praskovya, 108
Legnani, Pierina, 187, 188-89, 190, 191, 194, 200, 236
Lenda de amor, 338-40, 362, 363, 366, 388
Lenin, Vladimir I., 204-09, 216, 217, 255-56, 260, 278
  concerto em memória de, 230
  doença e morte de, 223-24, 229, 230, 235
  e as artes, 14, 215, 222, 224, 258, 265, 266, 342
  Nova Política Econômica (NPE) of, 221-22, 260
Leningrado:
  e a Segunda Guerra Mundial, 299, 308
  ver também São Petersburgo
Lenski, Dmitri, 421
Leoncavallo, Ruggero, *Pagliacci*, 156
Lepeshinskaya, Olga, 264-65, 300-02, 309, 327, 328, 332, 350
Lermontov, Mikhail, 109, 209
Les orientales, 239

Leskov, Nikolai, 275
Lesser, Wendy, 397
Lesta, ou a ninfa das águas do Dnepr, 63
Liepa, Māris, 334, 347, 348, 352-53, 360
língua russa, sotaque e acentos na, 88, 115
Lipatov, Audrey, 19, 22
Liszt, Franz, 95
Livre, Emma, 110
Locke, John, 49
Lockhart, Bruce, 204-05, 208
London Illustrated News, 128-29
"Longa vida à Rússia livre!", 209
Lopukhov, Fyodor, 269-71, 295, 337, 360, 399
  e *Córrego límpido*, 271, 274, 275, 278-79, 372, 397
  Sinfonia dançante: a magnificência do universo, 269
Luís XIV, rei da França, 81, 197
Lujkov, Yuri, 391
Lunacharski, Anatoli, 228-29, 240
  aposentadoria de, 263
  como Comissário do Povo para a Instrução, 212, 215, 217-19, 222, 223
  e Malinovskaya, 216-18, 222, 230-31
  e o Bolshoi, 212, 216, 221, 223, 224, 230
  e Prokofiev, 245, 259, 281
Lushin, Stanislav, 451
Lutskaya, Elena, 360
Lvov, Leonid, 131, 422
Lyadov, Alexander, 127, 285

Macartney, George, 32
Macaulay, Alastair, 176, 382, 392
Maddox, Michael, 29-18, 52-64, 148
  dívidas de, 34, 39-41, 54-56, 59-61, 62
  e a concorrência, 43, 52
  e orfanato, *ver* opções de programas
    da Casa Imperial dos Expostos
    de Moscou, 30, 37, 56, 58, 85
  falência de, 31, 56, 60, 62-63
  hostilidade contra, 36-37, 39
  investigação especial de, 56-59
  morte de, 63, 64
  primeira visita à Rússia, 4-5
  primeiros anos na Inglaterra, 2-3, 4, 60
Makarova, Natalya, 25, 308, 383
Maksimova, Ekaterina, 376, 383, 385
Maksimova, Elena, 22, 353
Malavergne, Pierre-Frédéric, 122
Malinovskaya, Elena, 17, 216-19, 220-21, 224-28, 230-31, 263, 272
Mamontov, Savva, 198
mandarim maravilhoso, O, 314-15
Mannerheim, Carl Gustaf, 234, 252
Manokhina, Mariya, 126-28
Mao Tsé-tung, 249
marcha da Liberdade, A, 239
Maret, Hugues-Bernard, 78
Marie of Hesse, princesa, 116
Marin, Vasili, 129
Mariya, imperatriz consorte, 62, 64, 133
Martin, John, 326
Marx, Karl, 342

Máscaras vermelhas, 227
Maslov, Nikolai, 62
Massine, Léonide, 196, 259
Maykov, Apollon, 422
Mazilier, Joseph, 105, 126, 152
médico de aldeia infiel, O, 46
Medinski, Vladimir, 18
Medvedev, Dmitri, 24, 387, 391, 392
Melikov, Arif, 338-39
Melik-Pashayev, Alexander, 276, 277
Mendelson, Mira, 311
Méndez, José, 196, 235
mercado parisiense, O, 161
mercadores de Ryazan-Moscou, 55, 56, 59, 61, 63
Messerer, Asaf, 247, 261, 266, 324, 330
Messerer, Rakhil, 319, 321, 323-24
Messerer, Sulamith, 264, 274, 324
Metropolitan Opera, Nova York, 333
Meyerbeer, Giacomo, *Robert o diabo*, 68, 110
Meyerhold, Vsevolod, 261, 287
Mikhailov, Andrei, 82, 83, 86
Mikhailov, Nikolai, 316
Mikhalchenko, Alla, 379
Mikoyan, Anastas, 294, 295
Milioti, Konstantin, 178
Minin, Kuzma, 137
Minkus, Ludwig, 122, 142, 160-61, 163, 164, 169, 180-81, 200, 298, 312
Miss Sara Sampson, 43
Mlada, 236, 346
Moiseyev, conjunto folclórico, 389
Moiseyev, Igor, 265, 343, 344, 349, 351

Molchanov, Kirill, 451
Molotov, Vyacheslav, 297, 298-99
Molotov-Ribbentrop, pacto de não agressão, 297, 298-99
Montessu, Frederic, 122
Montreal, Expo 67 em, 356-57
Mordkin, Mikhail, 196, 237
Morelli, Cosmo, 46
Morelli, Francesco, 46
morte do cisne, A, 321-22, 325
Mortier, Édouard, 78
Moscou não acredita em lágrimas (filme), 384
Moscou:
  ascendência de, 12, 97, 224-25
  balé desenvolvido em, 82, 86
  bolcheviques em, 205
  Bolshoi em, *ver* Balé Bolshoi; Teatro Bolshoi
  capital transferida para, 192, 207-08, 290-91
  caráter rústico de, 142-43
  e a Segunda Guerra Mundial, 299-304
  evacuação de, 73-76
  fome em, 77-78, 220
  Guerra Napoleônica em, 73-79, 97, 401
  guerras do gás em, 23-24, 93, 153-56
  Incêndio de, 74-75, 77, 97, 401
  novo nacionalismo em, 79-80
  peste bubônica em, 34, 39
  reconstrução de, 80, 82-83, 85, 97, 142-43, 401
  revolta (1773) in, 35
  Sociedade Memorial de, 287
  ursos treinados de, 37
  Moskovskiye vedomosti (Gazeta de Moscou), 33-34, 39, 48, 53, 61-62, 85, 103, 113
Mossovet, 300
Movimento da Juventude Comunista, 267, 325
Movimento da Liga Comunista, 262
Mozart, Wolfgang Amadeus, *A flauta mágica*, 47
Mühdorfer, Wilhelm, 171
Mukhamedov, Irek, 375, 379
Mukhin, Dmitri, 177
Muromtsev, Yuri, 451
Musäus, Johann, 173
Museu do Teatro Bolshoi, 252-53
Museu do Teatro Maliy, 99
música russa, qualidade russa na, 88
Mussorgski, Modest, 209
  Boris Godunov, 231
Mutnikh, Vladimir Ivanovich, 272, 273, 278, 282, 283, 284-85, 341-42

Na tempestade, 265
Napoleão Bonaparte, 232-33
  abdicação de, 78-79
  invasão da Rússia (1812), 25, 69, 71, 72-78, 135, 232-33, 299
Nasser al-Din, xá da Pérsia, 158
Natarova, Anna, 103
Nekhlyudov, Vasili, 422
New York City Ballet, 333, 355

New York Times, 250, 316, 347, 366, 385
Nicolau I, tsar, 86, 104, 111, 132, 400
Nicolau II, tsar, 140, 186, 191, 192-95, 197, 203, 204, 206-08, 226
Nijinskaya, Bronislava, 378
Nikitin, Alexander, 134
Nikitin, Irakliya, 118, 119
NKVD (polícia secreta), 256, 261, 264, 285-87, 293, 300, 326
Noite e dia, 142
Noverre, Jean-Georges, 44, 47-81
Novo Homem/Mulher Soviéticos, 232, 259, 354
Novo Palco, 384, 387
Nureyev, Rudolf, 308, 334, 383

O corsário, 100, 113, 149, 152-53, 157-59, 187, 189, 191, 208, 238
O diabo a quatro, 105
O moleiro que era também mágico, trapaceiro e casamenteiro, 38, 44, 47
Ogloblin, Nikolai, 167
Okhlopkov, Nikolai, 309
Onegin, 21
Ópera de Roma, 382
Ópera Zimin, 257
ópera:
  críticas de, 138-40
  popular, francesa e italiana, 167
  qualidade russa de, 87-89
  supervisão governamental de, 65, 234
  ver também óperas específicas

Orango, 262-63, 444
Oranski, Viktor, 266
Orlov, Alexei, 35, 36
Orvid, Georgi, 451
Osipova, Natalia, 399
Ostretsov, Alexander, 284
Ostrovski, Alexander, 145
Ottonovich, Nilender, 341
Ovanesyan, Gevork, 293
Ovid, 173
ovos Fabergé, 148, 424

Pagliacci, 156
Pakhomov, Vasili, 451
Panin, Nikita, 32
"Panorama Moskvi," 85-86
papoula vermelha, A, 241-51, 301
  como *A flor vermelha*, 249
  críticas de, 248-49, 268
  dança dos marinheiros, 242, 244
  e Geltser, 244, 245, 248
  e suicídio, 251-51
  estreia de, 246, 249
  fonte de materiais para, 241-43
  libreto para, 241-43, 246-48
  mensagem política em, 243, 244, 245-46, 265, 267
  música para, 243-44, 246
  sucesso de, 248, 389, 440
  valsa de Boston em, 244, 247
Paquita, 122, 338
Paradis, Leopold, 44-45, 46, 55
parafuso, O, 268-70
Paris, balé do século XIX em, 233

Parque Petrovski, teatro de verão no, 94
Partido Comunista, 223-24, 257, 264, 268-69, 273, 281, 332, 368-70, 386
pássaro de fogo, O, 231
pato branco, O (lenda russa), 174
Paulo I, tsar, 61, 65, 69
Pavlova, Anna, 236, 239, 398
Pavlova, Nadejda, 322
Pchelnikov, Pavel, 147-49, 195-97, 422
Pé de bode, O, 219
Pedro I (o Grande), imperador, 88
Pedro III, imperador da Rússia, 35-36
peixe dourado, O, 237
Pelt, Nikolai, 422
pérola, A, 194
Perrault, Charles, 310
Perrot, Jules, 150, 152
Petipa, Jean-Antoine, 126
Petipa, Lucien, 150
Petipa, Marius, 24, 107, 123, 146, 149-53, 387
   como coreógrafo, 122, 126, 142, 159, 162, 177, 179, 191, 194, 368
   e *A bela adormecida*, 186, 198
   e *Dom Quixote*, 149, 159-63, 163-65, 179, 199-200, 428
   e Geltser, 235, 236
   e Gorski, 198-99
   e *La bayadère*, 151, 179, 208
   e o Balé Bolshoi, 149, 159
   e o Balé Imperial de São Petersburgo, 186, 192, 233
   e *O lago dos cisnes*, 149, 180, 184, 185-91, 200, 360, 361
   e o Mariyinski, 151-52, 159, 164, 198, 233
   e Tchaikovski, 175, 181, 186
   fórmula padrão de, 199, 233, 253
   influência de, 24, 149, 151, 243, 338, 419
   memórias de, 203
   morte de, 201
   registros de, 214
Petipa, Nadejda, 214
Petrushka, 231
Peysar, Laura, 113
Pigmalião, 40
Pïlyayev, Mikhail, 122
Pinucci, Pietro e Columba, 46
Piotrovski, Adrian, 273, 275, 282, 283, 284, 286
Plavilshchikov, Pyotr, 61
Pleshakov, Constantine, 298
Plisetsi, Mikhail, 319, 321, 323, 327
Plisetskaya, Maya, 319-37, 370, 391, 396
   carreira de, 23, 274, 321-22, 325-27, 382
   casamento de, 332
   como marca nacional, 326-27, 328-29, 334-35, 354, 381-82
   e a coreografia, 363-68, 372
   e envelhecimento, 381, 382-83
   e Grigorovich, 321, 352, 358, 362, 363, 372, 376, 381, 382, 389
   e o Comitê Central, 376-77, 378
   e o confinamento soviético, 325-26, 331, 336, 376, 389
   em turnê, 319, 325-30, 332-37, 354-55

entrevistas com, 335-36, 376, 385
história familiar de, 319-20, 324
iniciativas criativas de, 380-82
memórias de, 23, 322, 323, 332, 362, 363, 382, 454
morte de, 26, 389-90
papéis dançados por, 302, 322-24, 325, 329, 330, 338, 339, 347-48, 352, 356-58, 366-67, 378, 383, 385
prêmios e homenagens a, 325, 326, 354, 382
talento de, 319, 325-30, 332-37, 354-55
treinamento de, 321-22
Plutarco, *A vida de Crasso*, 342
Poe, Edgar Allan, *Máscaras vermelhas*, 226
Poema de amor, 304
Pogojev, Vladimir, 145-46
Pogrebov, Boris, 309
Pojarski, Dmitri, 137
Polenov, Vasili, *Cristo menino*, 253
Polikarpov, Dmitri, 291, 316
Politburo, 256, 264, 277
Polyakov, Andrei, 76-78
Pomerantsev, Vasili, 43
Ponomarena, Nina, 328
Pravda:
    como fonte para balé, 241, 242
    críticas no, 248, 268, 274, 277-81, 295, 313, 383, 398
    linha partidária no, 243, 248, 268, 277-81, 283, 287, 366

prisioneira do Cáucaso, A, ou *A sombra da noiva*, 79, 86
Prelúdio de Bach, 367
Primeira Guerra Mundial, 193, 203, 204, 205, 239
primórdios do, *ver* Teatro Mariyinski
Prokofiev, Sergei, 257, 392
    A flor de pedra, 311-12, 314, 316
    Cinderela, 305-07, 309, 311
    denúncia oficial de, 311
    e mudanças no ambiente político, 258, 286, 287-89, 290, 292, 311-12
    Ivan, o terrível, 374
    Le pas d'acier, ou *A dança de aço*, 259-61, 282
    morte de, 312-13, 314
    O amor por três laranjas, 245
    Romeu e Julieta, 281-85, 287-92, 305
Prozorovski, Alexander, 57, 58, 62
Psyché et l'amour, 70
Puccini, Giacomo, *Tosca*, 136
Pugachev, Yemelyan, 35
Pugni, Cesare, 159-61, 169, 298, 427
"Polca da sala de ópera", 160
Pushkin, Alexander, 55, 80, 143, 209
    A prisioneira do Cáucaso ou *A sombra da noiva*, 79, 86
    e *O lago dos cisnes*, 173
    O xale preto, 86
    "Não cante, minha bela" 392
    Ruslan e Lyudmila, 86, 393
Putin, Vladimir, 12, 132, 137, 383, 387, 391, 395, 400-01

quebra-nozes, O, 175, 179, 186, 227, 247, 305, 325, 356, 387, 400

RABIS (Sindicato Profissional de Trabalhadores das Artes de Todos os Sovietes), 227
Rachel, Mademoiselle (Élisa Félix), 164
Rachmaninoff, Sergei, 206-07, 392
Radlov, Sergei, 282, 283-84
Rasputin, Grigori Yefimovich, 18, 193
Ratmanski, Alexei, 18, 19, 387, 396-400, 451
Ravel, Maurice, *Bolero*, 378
Raykh, Zinaida, 287
Raykov, Gavrila, 55
Raymonda, 179, 338
Razin, Stepan, 304
Reagan, Ronald, 133
realismo socialista, doutrina artística oficial do, 17-18, 257-58, 288, 311, 312, 399
Reber, Napoléon Henri, 126
Reed, John, 232, 439
Reisinger, Wenzel, 170-71, 173, 175, 176, 180, 182, 200
  renda de, 32-33, 42
  teatro de, 34, 36-38, 39-43, 50, 67, 79, 83, 99;
  ver também Teatro Petrovski
Repina, Nadejda, 96-97
revolta do harém, A, 104
Revolução Francesa, 57, 205, 233, 283, 399, 419

Revolução Russa (1917), 33, 141, 201, 203-09, 258
  aniversários da, 213, 262, 283, 286, 303, 340
  e as artes, 136, 233, 262, 398
  e Domingo Sangrento, 203
  e Lenin, 204-09
  e o Bolshoi, 12, 13, 207-13, 216, 265, 317
  e o socialismo, 204, 232
  Era de Prata anterior a, 228, 240, 252
  espírito coletivo da, 226, 229, 231, 257
  governo provisório, 204, 209-11
  interpretação dos acontecimentos na, 228, 232
Ribbentrop, Joachim von, 297
Ribin, Alexei, 303
Rimski-Korsakov, Nikolai, 169, 209
  A donzela de Pskov, 213
Robert, o diabo, 68
  Cena do Balé das Freiras, 110, 167
Rodzinski, Artur, 275
Rojdestvenski, Gennadi, 350, 451
Romantismo, 87, 97, 100, 120, 126, 167, 359, 361, 362, 388
Romeu e Julieta, 281-86, 387
  e a política, 281, 283-84, 285-86, 288-89, 308
  e *drambalet*, 283, 290, 292
  e Prokofiev, 281-85, 288-89, 305
  e Shakespeare, 282, 283, 285, 288
  música para, 282, 284-85, 289-90
  novas montagens de, 315, 317, 329, 366

premières de, 281-82, 289, 290
sobrevivência de, 302, 345, 389
Rosberg, Christian, 40, 57
Roslavleva, Lyubov, 196, 197
Ross, Janice, 266-67, 343-44, 348
Rossi, Carlo, 67
Rossini, Gioachino, 89, 394
   Guilherme Tell, 114
   O barbeiro de Sevilha, 135
Rostopchin, Fyodor, 73-74, 82
Rousseau, Jean-Jacques, 49
Royal Ballet, Londres, 327
Royal Opera House, Londres, 328
RSFSR (República Socialista Federativa Soviética da Rússia), 207, 234, 235, 257, 294, 325, 386
Rubinstein, Anton, *O demônio*, 145, 147
Rubinstein, Ida, 378
Ruslan e Lyudmila, 86, 88, 393
Russell, William Howard, 138-40
Rússia libertada (*tableau vivant*), 209
Rússia:
Ryabtsev, Vladimir, 218
Ryjenko, Natalya, 364

Saburov, Andrei 422
Saint-Léon, Arthur, 136, 159, 161, 164
Saint-Saëns, Camille, *O carnaval dos animais*, 321-22
Salammbô, 237-38
Salisbury, Harrison E., 314
Salomé, 231
Salomone, Giuseppe II, 47
Saltïkov-Shchedrin, Mikhail, 105

samambaia, A, 180
Sankovskaya, Alexandra, 112-13, 114-15, 126
Sankovskaya, Ekaterina, 99-112, 385, 396
   aposentadoria de, 107-08, 112
   carreira de, 25, 99-100, 107-08, 109, 112, 126, 128
   cartas de, 126, 127, 128
   como primeira bailarina, 103-04, 106
   contratos de, 104, 105
   coreografia de, 105
   e a irmã, 112, 114-15, 126
   e o balé romântico, 100, 126
   e os Teatros Imperiais de Moscou, 101-04, 106-07
   exemplos para, 100, 101, 120
   fãs de, 105, 108-12, 116, 119, 120-21, 122, 123
   imagens de, 100, 388
   morte de, 108, 128
   nascimento e infância de, 102, 126
   nos últimos anos, 126-27
   papéis dançados por, 101, 103, 108-11, 113, 114, 115, 119, 121, 123, 127-28, 152, 418
   problemas de saúde de, 106-08, 116
   rivais de, 100, 105, 112-13, 116-19, 120-23
   técnica de, 100, 101, 103, 106, 109-10, 114, 120, 121, 123
   viagens de, 101, 105, 107, 118
São Petersburgo:
   capital imperial em, 97, 131, 142-43

capital transferida para Moscou de, 193, 205, 291
   como portal para a Europa, 143
   em rivalidade com Moscou, 97, 152, 155
Satanilla, 126-28, 130
Schlögel, Karl, 14
Schubert, Franz, *Moments musicaux*, 238
Schubertiade, 238
Scott, Julia May (Jilko), 328
Scriabin, Alexander, 226
   Prometeu: o poema de fogo, 213
Scribe, Eugene, 102
Segunda Guerra Mundial, 121, 183, 233, 257, 288, 298-307, 317, 321, 342
Šemberová, Zora, 288
Semichastni, Vladimir, 333-34
Semyonov, Alexander, 48
Semyonova, Marina, 15, 91, 283, 287, 330
Sergei Aleksandrovich, grão-duque, 141
Sergeyev, Konstantin, 267, 307, 310
Sergeyev, Nikolai, 183
Serviço Federal de Segurança, 400
servos, emancipação dos, 140
Shakespeare, William:
   Macbeth, 382
   Muito barulho por nada, 15
   Romeu e Julieta, 282, 283, 285, 289
   Sonho de uma noite de verão, 273
   Vênus e Adonis, 51
Shalikov, príncipe Pyotr, 416

Shaposhnikov, Egorov, 166
Shauro, Vasili, 377
Shchedrin, Rodion, 331-32, 356, 365, 366-68, 381, 389
Shchepkin, Mikhail, 67, 101, 108
Shcherbakov, Yuri, 326, 327
Sherazade, 346
Sheremetyev, conde Pyotr, 51
Sheremetyev, Nikolai, 30, 59
Sheremetyevskaya, Natalya, 266
Sherman, Isay, 290
Shilovski, Pyotr, 153
Shishko, Makar, 153-55, 156, 157
Sholokhov, Mikhaíl, *O plácido Don*, 373
Shostakovich, Dmitri, 258, 287-88, 309, 335, 354, 372-74, 375, 397
   A era de ouro, 267-68, 375, 379
   A Lady Macbeth do distrito de Mtsensk, 276-77, 278, 280
   denúncias oficiais contra, 274, 276-81, 283, 285, 310, 372, 373
   morte de, 373, 375
   O córrego límpido, 271-75, 276, 278-81, 282, 303, 372, 397-98
   O jogador de futebol, 266
   O nariz, 261, 262
   O parafuso, 268-70
   Orango, 262-63, 444
   Sinfonia Leningrado, 275
Shumyatski, Boris, 280
Shvernik, Nikolai, 271
Sindicato de Compositores Soviéticos, 277, 293, 312, 336, 345, 381
Skvortsov, Ruslan, 398

Smirnov, Viktor, 146, 268, 270, 364
Smirnova, Olga, 24
Sobakina, Arina, 55
Sobchak, Kseniya, 21
Sobeshchanskaya, Anna, 158, 163, 176-79, 180, 181, 184, 187, 200, 240
Sobinov, Leonid, 211
Sokolovski, Mikhail, 38
Sollertinski, Ivan, 269, 271, 274, 279
Sor, Fernando, 87
Souritz, Elizabeth, 301
Spartacus, 334, 341-54, 366
   apelo escapista de, 354
   burocracia não gosta de, 333, 343-44, 345, 347
   coreografia para, 340, 343-44, 347, 354
   em turnê, 345-46, 348
   estreia de, 340, 346
   fontes de, 342, 344, 346
   libreto de, 343, 345, 346, 349, 351, 363
   música para, 293, 298, 340, 342, 343, 346, 347, 349-51
   popularidade na turnê, 345-46, 348
   versão nº 3 de, 349-54, 355, 388
Spiridonova, Mariya, 207, 208
Stalin, Josef, 14, 234, 251, 272
   chega ao poder, 205, 223-24, 231, 255, 313
   como o Grande Jardineiro, 261-62, 279
   e a constituição, 13, 323
   e a militarização da cultura, 258, 285
   e a morte de Lenin, 229, 230
   e a Segunda Guerra Mundial, 298-99
   e Khatchaturian, 293, 294, 296
   e o balé, 216, 227, 291, 294, 300-01, 304, 308, 310, 323, 325, 327, 328, 344, 359
   e o Politburo, 256, 277
   e os expurgos, *ver* expurgos stalinistas
   e *Papoula vermelha*, 243, 245
   e princípios ideológicos, 257, 285, 293
   e Prokofiev, 288
   e Shostakovich, 271, 277, 279-80
   morte de, 313, 323, 327, 341
   planos quinquenais de, 260, 265, 271, 398
Stalin, Svetlana, 313
stalinismo, culto do, 314, 327, 328
Stanislavskaya, Mariya, 175
Stanislavski, Konstantin, 108, 240
Starchakov, Alexander, 444
Starzer, Josef, 44
Stasevich, Abram, 374
Stenka Razin, 213
Stepanov, Vladimir, *L'alphabet des mouvements du corps humain*, 198, 201
Strauss, Richard:
   Morte e transfiguração, 230
   Salomé, 231
Stravinski, Igor, 210, 231, 383, 397
   pássaro de fogo, O, 346
Suslov, Mikhail, 368
Svetlana, the Slavic Princess, 144, 317
Swift, Mary Grace, 70
Szymanowski, Karol, *Harnasie*, 314

Taglioni, Filippo, 108, 113
Taglioni, Marie, 25, 99, 101-02, 103, 105, 108, 110, 111, 114, 120, 426
Taglioni, Paul, 152, 427
Tannhäuser, 145
Taylor, Frederick Winslow, 269
Tchaikovski, Modest, 169, 173, 185-86
Tchaikovski, Peter Ilich, 14, 167-83, 189, 225, 305, 312, 392
   A bela adormecida, 175, 179, 186, 187, 400
   A rainha de espadas, 196, 231
   Abertura 1812, 140
   Capriccio Italiano, 268
   como compositor oficial da corte, 178
   E o romantismo, 167
   Iolanta, 156, 209
   morte de, 184-86, 186, 196
   O lago dos cisnes, 23, 26, 169-83, 180-88, 200, 304, 359, 360, 361, 400, 450
   O quebra-nozes, 175, 179, 186, 400
   Serenata para cordas, 320
   sinfonia *Patética*, 230
   Voyevoda, 168
   Watanabe, 432
Teatro Bolshoi Petrovski:
   era do, 87-88, 99
   ver também Teatro Bolshoi
Teatro Bolshoi:
   acústica no, 134
   administração do, 92, 95, 211, 216
   alegoria na cortina do, 137, 249
   apoio governamental ao, 193
   apresentação de gala no (1856), 138-40
   atualizações no, 155-58, 201
   bicentenário do, 384
   centennial of, 241
   como centro de convenções políticas, 221, 229, 255
   como harém, 104
   confrontos no, 166-67, 228
   conselho censor no, 258
   conselho de Curadores, 451
   construção do, 82-83, 134-35
   controle governamental do, 221-23, 225, 229, 249, 257, 263-66
   decoração do, 83-85, 134, 136-37, 138, 141
   deterioração do, 93, 95, 337
   diretores-gerais do, 451
   e a revolução, 207-13, 216, 264-64, 317
   e a Segunda Guerra Mundial, 303-04
   e o orgulho nacional, 64, 85, 88, 97, 137, 141-42, 224
   e o Petrovski, 41, 54-55, 63-64, 82, 84
   entretenimentos públicos no, 144-45
   finanças do, 154-56, 171, 221, 222, 224
   fundações do, 134-35, 336
   iluminação a gás no, 26, 93, 153-56
   inauguração do, 86, 87, 135-37
   incêndio no, 128-30
   início com vaudevile do, 25, 258
   Kremlin como segundo palco do, 348-49
   loterias para, 221, 224

marca soviética no, 201, 208-13, 264-71
óperas apresentadas no, 87-88, 231
orquestra do, 95, 220, 230
política no, 29, 133, 207-08, 209, 211-15, 225-57, 260-61, 265, 285
reconstrução, 13, 25-26, 130, 131-32, 132-37, 153
registros do, 26-27, 214
relatórios de incidentes no, 26, 165-67, 213
repertório do, 86-87, 241, 261, 265, 285, 352, 358, 367
restauração do, 15, 24, 194-95, 384, 387, 391-95, 398, 401-02
reuniões do partido Comunista no, 13, 132, 255-56, 348-49
sindicatos profissionais no, 20, 217-19, 227, 230, 263
sobrevivência do, 215-16, 223-24, 229, 264-65
transmissões televisivas do, 380, 385
Teatro do Circo Equestre, S. Petersburgo, 133
Teatro Estatal Acadêmico Bolshoi, 14, 300, 302; *ver também* Teatro Bolshoi
Teatro Estatal de Ópera Malïy, 270
Teatro Imperial Arbat, 67-68, 74, 94
Teatro Kirov, 258, 259, 343, 345, 368
Teatro Malïy, 92-93, 95, 96, 101, 108, 121, 153, 156, 285, 320
Teatro Mariyinski, 12, 133, 147, 149, 156, 259, 395
como Segundo palco, 192, 225, 232
e Petipa, 150-52, 159, 164, 198, 233
e Prokofiev, 281, 282, 289
ver também Teatro Kirov
Teatro Mikhaílovski, 271
Teatro Petrovski, 29-30
apresentações no, 45-47, 54
construção do, 37-38, 39-41
custo do, 43, 47, 55-56, 61
e o Bolshoi, 41, 54, 64, 82, 84
e o orfanato, 53-55
estagnação do, 55-57, 59
fechamento do, 63
gestão governamental do, 56-59, 65
inauguração do, 43-45
incêndios no, 63-64, 65, 67
investigação dos Teatros Imperiais no, 62
mascaradas no, 42, 47, 59, 226
memória manchada do, 79-80
projeto do, 40-41, 57
renovações do, 59
ver também Moscou
teatro público francês em Moscou, 64
Teatro Stanislavski, Moscou, 15, 21
teatros de servos, privado, 56, 59, 64, 66, 67, 77
Teatros Imperiais em Moscou:
burocracia dos, 90, 91-93, 131, 210, 212
câmbio negro nos, 130, 153, 165
diretorias do, 422
e o antigo Teatro Petrovski, *ver* Teatro Petrovski
finanças do, 180
informe de incidentes nos, 164-67

operação governamental do, 26, 55, 64, 65, 70, 95, 131, 212, 256
reconstrução dos, 68, 153
reestruturação administrativa dos, 92-93, 96-97
registros dos, 99, 213-15
supervisores técnicos dos, 156-59
Teatros Imperiais em São Petersburgo, 65, 153
controle governamental de, 256
currículo do colégio, 79
teatros de Moscou controlados por, 92-96, 131, 145, 147
Telyakovski, Vladimir, 192, 197, 922
Terentyev, Igor, 439
Terry, Walter, 347
Thompson, Llewellyn E., 316
Tikhomirov, Vasili, 196, 234-36, 238, 242, 243, 248, 250, 252, 253, 300
Timofeyeva, Nina, 330
Tito, Marshal, 326
Titov, Nikolai, 43
Tolstoi, Alexei, 444
Tolstoi, Leon, 73
   Anna Karenina, 364-67, 382
   Guerra e paz, 68
Tosca, 136
Tseytshel, Bengardt, 156
Tsiskaridze, Nikolai, 17-18, 19, 20, 21, 392, 396
Tyerman, Edward, 245

Ukrasov, Andrei, 55
Ulanova, Galina, 267, 376, 385, 396
   e *Cinderela*, 305, 308, 310
   e *Spartacus*, 350, 355
   e *Flor de pedra*, 312, 314, 334
   e Grigorovich, 337-38, 338
   e *Romeu e Julieta*, 289-90, 291, 292, 302, 307, 315, 329
   em turnê, 239, 334
   prêmios e homenagens a, 290-91
   treinamento de, 291-92
Undine, 174
União Soviética:
   "o Degelo", 314, 315, 316, 354, 373
   balé na *ver* balé russo
   burocracia na, 258-59, 281, 315
   censura na, 231-32, 234, 238, 248, 249, 256-59, 264-65, 278, 292, 298, 304, 306, 310, 312, 315, 317, 340, 344, 439
   colapso da, 12, 133, 349, 383, 387, 395
   Comissão Central de Controle, 229
   comunismo na, 204, 223-24, 230
   Constituição da, 13, 317, 323
   controle das artes, 14, 222-23, 225, 231-32, 249, 257-59, 309
   crianças na, 222, 324
   deserções na, 24, 308, 325, 332, 336, 383
   distinções e prêmios na, 264-65, 290, 291, 298, 301, 310, 325, 354, 374
   e a Segunda Guerra Mundial, 298-304, 307, 342
   e o *gulag*, 256, 287, 460
   e o pacto de não agressão Molotov-Ribbentrop, 297, 298
   enfraquecimento da, 384, 385

glasnost, 384
golpe de Estado fracassado na, 385-86
lucros do petróleo da, 328, 400
marcas nacionais da, 326-27, 328-29, 334, 354-55
mudança política na, 263-64, 282, 285-88
nascimento da, 13-14, 203-05, 256
Nova Política Econômica (NPE) da, 221
perestroika na, 384
Politburo, 256, 264, 277
preocupações financeiras da, 328, 333
registros destruídos na, 214
sacrifício do individual pelo coletivo, 223
Urin, Vladimir, 16, 21, 22, 402, 451
Urre, China!, 435
URSS, *ver* União Soviética
Urusov, príncipe Pyotr, 29, 36-38, 39

V burty (Na tempestade) [ópera], 14
Vaganova, Agrippina, 291-92
Vakhvakhishvili, Tamara, 341
Valberg, Ivan, 68, 69-71, 74, 80, 88
Valts, Fyodor Karlovich, 157
Valts, Karl, 148, 159, 170, 184, 221
65 anos no teatro, 96, 157-58, 176-78, 182-83
e *O lago dos cisnes*, 157, 176-78, 182-83, 184, 270
Vána-Psota, Ivo, 288

Vanner, Wilhelm, 163
Varlamov, Alexei, 300
Varzar, Nina, 287
Vashkevich, Anton, 146
Vasiliev, Ivan, 399
Vasiliev, Vladimir, 352-55, 361, 375, 382, 383, 385, 451
Vasiltsovski, Alexander, 92, 94
Vasilyov, Vladimir, 364
Vaynonen, Vasili, 398
Vazem, Ekaterina, 142
Vaziev, Makhar, 27, 411
Velas encarnadas, 300-01
Verdi, Giuseppi:
 Aída, 212, 220
 Rigoletto, 135
Verne, Júlio, *A volta ao mundo em 80 dias*, 175
Veronina-Ivanova, Alexandra, 113
Verstovski, Alexei, 89-91, 99, 126, 129, 131-32
 e Gedeonov, 94-97, 114, 116, 117
 e o Balé Bolshoi, 152-53
 e Sankovskaya, 106-07, 108, 117-18, 120-22
 morte de, 132
 O túmulo de Askold, 89-90, 91, 92, 96
 Os papagaios da vovó, 89
 Pan Twardowski, 89
Via luminosa, A, 305-06
vida para o tsar, Uma, 88, 90, 136, 141, 194, 206, 229, 252, 392
Virsaladze, Simon, 338, 351

Vishnevskaya, Galina, 276, 370, 391
Vitória, rainha da Inglaterra, 193
Vladimir, o Grande, 137
Vladimirov, Yuri, 375
VOKS (intercâmbio cultural), 249, 269, 275, 327
Volkonski, Grigori, 155
Volkonski, Mikhail, 36, 57
Volkonski, Sergei, 192, 422
Volkov, Nikolai, 306-07, 341-43, 349
Volynski, Akim, 189, 190, 240
Vorontsov, Roman, 38, 39
Vorontsova, Anjelina, 20
Voroshilov, Kliment, 271
Vsevolojski, Ivan, 145, 147-49, 192, 422
Vsevolojski, Nikita, 416

Wagner, Richard:
  As valquírias, 220
  Götterdämmerung, 173
  Lohengrin, 173
  O holandês voador, 173
  Siegfried, 172-73, 230
  Tannhäuser, 146
Wanzura, Ernst, 52
Weber, Carl Maria von, Der Freischütz, 89

Weiss, Luisa, 116-20
Worsley, Sir Richard, 50

xale preto, O, 86

Yakobson, Leonid, 266, 333, 343-48, 349-51, 352, 379
Yanayev, Gennadi, 386
Yanchevetski, Vasili, 341
Yejov, Nikolai, 287
Yeltsin, Boris, 386
Yurkevich, Pyotr, 100
Yurovski, Vladimir, 301

Zagoskin, Mikhail, 91-92
Zakharov, Rostislav, 284, 308, 309, 310, 337
Zakharova, Svetlana, 21, 340, 396
Zambelli, Carlotta, 237
Zampa, ou la fiancée de marbre, 113, 119
Zarutski, Yuri, 19, 22
Zaslavski, David, 278-79
Znamenka, 38-39, 57

Este livro foi composto na tipologia Minion Pro
Regular, em corpo 11/16, e impresso em
papel off-white no Sistema Cameron da
Divisão Gráfica da Distribuidora Record.